독 일 어 작 문 연 습

- Schriftliche Ausdrucksübungen im Deutschen -

독일어작문연습

- Schriftliche Ausdrucksübungen im Deutschen -

김 영 도 지음

탐 구 당

✤머 릿 말✤

외국어를 습득하기 가장 좋은 방법은 배우고자 하는 그 언어를 사용하는 나라에 가서 그 나라의 문화와 생활 습관을 접하면서 공부하는 것이 가장 이상적일지도 모른다. 그러나 모든 사람들에게 그러한 기회가 주어지지 않을 때가 많다.

우리나라의 독일어 교육은 일반적으로 독일어 문법규칙을 설명하거나 텍스트 이해에 치중하고 간단한 회화를 가르치는데 한정되어 있다, 그러므로 우리나라에서 독일어를 공부하는 사람들이 자기의 생각을 독일어로서 글로 옮기려면 많은 어려움과 표현능력의 부족을 느낄 때가 자주 있다. 이것은 독일어작문 연습 부족에 기인하고 독일어를 높은 수준에 올려놓기 위해서는 독일어 문법 과 독해력, 회화와 아울러 독일어작문 연습도 병행하여야 한다.

우리말을 독일어로 글로 옮길 때 가장 중요한 것은 상대방에게 각자의 생각을 정확하게 전달하는 것이다. 이것을 충족시키기 위해서는 첫째로 정확한 문법지식의 기초가 있어야 하고 둘째로 낱말과 관용구의 의미를 정확하게 파악하고 셋째로 광범위한 어휘를 정확히 구사할 때 가능한 것이다.

이 목적을 위하여 중급 정도의 독일어 작문용으로 이 책이 쓰여 졌다. 이 책은 문법 중심으로 우리말을 독일어로 옮기도록 하고 모두 27 개과로 품사별로 나누어져 있다. 그러나 그 중에서 내용이 많은 전치사 2 개과로, 접속사 3개과로, 접속법은 2개과로 나누었다. 각 과마다 작문을 위해 필요한, 주의를 요하는 것들을 세분하여 해설을 하고 거기에 해당한 문장을 독일어로 옮기도록 하였고 각과의 끝에는 종합 연습문제를 통하여 연습하도록 하였다. 그리고 가급적 다방면의 어휘를 사용하여 독일어작문을 연습하도록 하였고 특히 27 과에 기능동사구의 연습을 통하여 한층 더 수준 높은 독일어 작문을 할 수 있도록 하였다. 그러므로 이 책이 독일어를 공부하는 여러분들에게 조금이라도 도움이 되었으면 더 영광스런 일은 없겠다.

끝으로 이 책의 출판을 쾌히 승낙 해주신 탐구당의 홍석우 사장님의 호의에 진심으로 감사 드리며 교정과 많은 조언을 해준 황은미 박사와 원고 정리를 도와준 경기대학교 독문과 조교 이진금 양, 대학원생 이민정 양, 아내 이성미와 병원일이 바쁜데도 물심양면으로 도와준 아들(김경욱)과 며느리(김현숙 교수)와 많은 조언을 해준 모두에게 이 지면을 통해 진심으로 감사를 드리고자 한다.

이 책을 좀더 쉽게 이해할 수 있도록 표기된 숫자를 1 과를 예로서 설명하려고 한다.

1. 1 과에서 앞으로 설명할 내용을 【1】 인명고유명사, 【2】 지리적인 명칭으로 둘로 나눈다.
2. [1-1]은 1 과의 【1】 인명고유명사, [1-2]는 1 과의 【2】 지리적인 명칭을 의미한다.
3. [1-1] 인명고유명사에서 1) 인명고유명사의 1 격, 2) 인명고유명사의 2 격, 3) 칭호+고유명사, 4) 인명고유명사의 복수형 네 가지로 나눈다.
4. [1-1-1]은 [1-1]의 1) 인명고유명사의 1 격, [1-1-2]는 [1-1]의 2) 인명고유명사의 2 격 [1-1-3]은 [1-1]의 3), [1-1-4]는 [1-1]의 4)의 순서로 표시된다.
5. [1-1-1] , [1-1-2] 등의 박스 가운데는 독일어 작문할 문항이 있고 그 밑에 단어 설명이 있고 독일어 작문에 도움말의 해설이 있다,
6. [1-1-1]의 (해설)은 (1). (2). (3)으로 나누어서 설명하고 (예)를 든다. (1)에 해당하는 예는 ①. (2)에 해당하는 예는 ②, (3)에 해당하는 예는 ③으로 표시한다.
그리고 (1)에 해당하는 예가 두 개일 경우는 ①, ①로 표시하고 (2)의 해당하는 예가 세 개일 경우는 ②, ②, ②로 표시한다.
7. 박스 가운데 제시한 문항은 【역례】에서 번역되어 있다.

◈ 개정 · 증보판을 내면서 ◈

개정 · 증보판을 내면서 초판에서 미비하였든 점을 보안하는데 다음과 같은 점에 역점을 두었다.

1. 작문을위해 필요한 문법을 쉽게찾아 볼수있도록 목차에 문법의 중요한 항목을 제시하였다.
2. 많은 어휘 습득을 위해 다양한 부문의 어휘를 사용하여 작문 연습하도록 많은 예문을 보충하였다.
3. 문법적인 설명이 부족했든 것은 부분적으로 보충 설명하였다.
4. 27 과에 동사의 격지배를 보완하여 28 과로 늘리고 문법적인 완벽을 위해 노력 하였다. 그리고 예문 중에서 격지배하는 동사의 격을 명시하기 위하여 숫자로서 격을 표시하였다.

끝으로 이 책이 독일어를 공부하는 여러분에게 조금이라도 도움이 되기를 기대하며 앞으로 더 좋은 책이 되도록 더 많은 조언과 지도 편달을 바라는 간절한 마음 뿐이다.

◈ 목 차 ◈

1.고유명사 11
- 1.1 인명고유명사 11
- 1.2 지리적인 명칭 14

2 명사의 격의 용법 22
- 2.1 1격 22
- 2.2 2격 24
- 2.3 3격 28
- 2.4 4격 29

3 배어법 36
- 3.1 정치법 36
- 3.2 도치법 38
- 3.3 후치법 39
- 3.4 3·4격의 배어법 41
- 3.5 인칭대명사의 3·4격의 배어법 42
- 3.6 목적격과 다른 품사의 배어법 42

4 복합동사 48
- 4.1 분리동사 48
- 4.2 비분리동사 51
- 4.3 분리·비분리동사 52
- 4.4 전철이 두 개인 동사 55
- 4.5 파생동사 57

5 전치사 (I) 60
- 5.1 2격 지배 전치사 60
- 5.2 3격 지배 전치사 65

6 전치사 (II) 80
- 6.1 4격 지배 전치사 80
- 6.2 3·4격 지배 전치사 88

7 화법조동사 103
- 7.1 화법조동사 103
- 7.2 지각동사 · 사역동사 108

8 복합시칭 111
- 8.1 현재완료 111
- 8.2 과거완료 113
- 8.3 미래 114
- 8.4 미래완료 114

9 수동태 118
9.1 타동사의 수동태와 자동사의 수동태 118
9.2 화법조동사 + 수동형 120
9.3 상태수동 121
9.4 수동태의 의미를 가지는 문의 구조 122
10 재귀동사 -비인칭동사 127
10.1 재귀동사 127
10.2 비인칭 동사 133
11 형용사 142
11.1 형용사의 변화 142
11.2 형용사의 비교급 및 최상급 146
12 형용사의 격 지배 156
12.1 2격 지배 형용사 156
12.2 3격 지배 형용사 157
12.3 4격 지배 형용사 160
12.4 전치사 격 지배 형용사 160
13 지시대명사 165
13.1 der, die, das, die (pl.)의 용법 165
13.2 derjenige, diejenige, dasjenige, diejenigen (pl.)의 용법 167
13.3 derselbe, dieselbe, dasselbe, dieselben (pl.)의 용법 168
13.4 dieser, diese, dieses, diese (pl.); jener, jene, jenes, jene 의 용법 170
13.5 der (die, das) eine～, der (die, das) andere～; der (die, das) erstere ～, der (die, das) letztere ～의 용법 172
13.6 solcher; ein solcher; solch ein의 용법 173
14 관계대명사 -관계부사 179
14.1 정관계대명사 179
14.2 부정관계대명사 183
14.3 관계부사 187
15 접속사 (I) 191
15.1 순수 접속사 191
15.2 부사적 접속사 196
16 접속사 (II) 209
16.1 접속사 daß 209

16.2 시간의 의미를 가지는 접속사 212
16.3 이유·원인의 접속사 219

17 접속사 (III) 223
17.1 조건문 (konditional) 223
17.2 결과를 나타내는 접속사 (konsekutiv) 226
17.3 인용문 (konzessiv) 228
17.4 방법의 부사절 (modal) 232
17.5 목적문 (final) 236

18 부사 241
18.1 시간의 부사 241
18.2 원인의 부사 243
18.3 방법(양상)의 부사 245
18.4 장소의 부사 249

19 부정법 260
19.1 zu 없는 부정법 260
19.2 zu 있는 부정법 265

20 분사 278
20.1 현재분사 278
20.2 과거분사 282
20.3 미래분사 288

21 접속법 (I) 292
21.1 접속법 I의 용법 293
21.2 간접화법 296

22 접속법 (II) 301
22.1 단순문에서 접속법 II형의 용법 301
22.2 복합문에서 접속법 II형의 용법 305

23 부정하는 낱말 314
23.1 kein 과 nicht의 용법 314
23.2 문장에서 nicht의 위치 319
23.3 nicht, kein을 제외한 대명사 또는 부사의 부정하는 낱말 323
23.4 schon, noch의 부정 325
23.5 양자 부정의 접속사 weder ~ noch, ebensowenig ~ wie(als) 327

24 의문대명사 333
24.1 wer, was의 용법 333
24.2 was für ein의 용법 335
24.3 welcher의 용법 337

25 부정대명사 341
25.1 부정대명사의 용법 341
25.2 부정수사의 용법 349
26 수사 361
26.1 기수 361
26.2 서수 368
26.3 기타의 파생수사 372
27 동사의 격지배 378
27.1 1격 지배동사 378
27.2 4격 지배동사 380
27.3 4·2격 지배동사 383
27.4 3격 지배동사 386
27.5 3·4격 지배동사 389
27.6 두 개의 4격 지배동사 392
27.7 2격 지배동사 393
27.8 전치사 목적격 지배동사 393
28 기능동사구 400
문제풀이 424

1. 고유명사 (Der Eigenname)

고유명사는 인명고유명사와 지리적인 명칭(국명, 도시명, 하천, 산맥, 호수, 바다 등)의 두 가지로 대별할 수 있다.

[1] 인명고유명사

[2] 지리적인 명칭

[1-1]인명고유명사

인명고유명사는 남성과 여성이 있고 복수로서는 가족 전체, 가계, 가문을 나타낸다.

1) 인명고유명사의 1격

2) 인명고유명사의 2격

3) <칭호+고유명사>

4) 인명고유명사의 복수형

[1-1-1]

헤르만 헷세는 1946년에 노벨 문학상을 수상했다.

☞ **헤르만 헷세** Herman Hesse; 1946년에 (im Jahr)1946; **노벨 문학상** Nobelpreis für Literatur; **~을 수상하다** et.[4] verliehen bekommen

(해설)

(1) 인명고유명사는 남성, 여성 모두 관사를 붙이지 않는 것이 원칙이다.

(2) 가족 관계에서 친밀감을 나타낼 때는 붙이기도 한다.

(3) 인명 앞에 형용사가 오면 반드시 정관사를 붙인다.

(예)

① 어제 저녁에 파울은 그의 친구와 극장에 갔었다.

☞ 극장에 im Theater

Gestern abend war **Paul** mit seinem Freund im Theater.

② 칼이 아직 돌아오지 않았나? - 웬걸요, 그는 벌써 왔어요.

Ist **der Karl** noch nicht zurück(gekommen)? - Doch, er ist schon da.

③ 어린 페터는 다음 일요일에 그의 조부모를 방문한다.

☞ **어린 페터** der kleine Peter; **다음 일요일에** am kommenden Sonntag; **~를 방문하다** jn. besuchen/bei jm. einen Besuch machen

Der kleine Peter macht am kommenden Sonntag bei seinen Großeltern einen Besuch.

【역례】

H. Hesse erhielt im Jahre 1946 den Nobelpreis für Literatur.
(= **H. Hesse** bekam im Jahr 1946 den Nobelpreis für Literatur verliehen.)

[1-1-2]

나는 뮐러의 금혼식의 축하연의 초대에 응했다.

☞ 금혼식 축하연(파티, 저녁식사, 극장)의 초대 Einladung zur Feier der goldenen Hochzeit (zur Party, zum Abendessen, ins Theater); ~에 응하다 et.[4] annehmen

(해설)
인명고유명사 2격은 남성・여성이 동일하게 '-s'를 붙인다.
(1) 고유명사의 2격이 명사 앞에 위치할 수도 있고, 명사 뒤에 위치할 수 있다. <정관사+명사+고유명사>의 2격 혹은 <고유명사의 2격+명사>로서 고유명사가 선행할 때는 명사 앞에 관사는 탈락한다. (das Haus Müllers, Müllers Haus).
(2) 고유명사의 낱말의 끝이 치음 (s, ß, tz, z, x)이면 2격에서 -ens를 붙이나 이것은 고형이고, <von+고유명사> 또는 생략부호 (Apostroph ')를 사용한다 (der Hut von Max, Maxens Hut, Max' Hut).
(3) 고유명사인 이름과 성이 나란히 있으면 끝에 있는 성에만 2격 변화한다 (Friedrich Schillers Werke).
(4) <정관사+형용사+고유명사>이면 2격에서 고유명사는 변화하지 않는다 (des jungen Goethe).

(예)
① 라디오에서 베토벤의 바이올린 협주곡이 중계되고 있다.
☞ 라디오 Radio n,-s; 베토벤 Beethoven; 바이올린 협주곡 Violinkonzert n.-s; 중계되다 übertragen werden

Im Radio wird das Violinkonzert **Beethovens** (od. **Beethovens** Violinkonzert) übertragen.

② 프릿츠의 아버지는 베를린 대학 교수다.

Der Vater von Fritz (od. Fritzens Vater) ist Professor an der Berliner Universität.

③ 이 논문은 프리드리히 쉴러의 희곡 "군도"를 다루고 있다.
☞ 논문 Arbeit f.; 프리드리히 쉴러 Friedrich Schiller; 희곡 Drama n.-s,-en; ~을 다루다 vom et. handeln/bei et. handelt es sich um et.

Diese Arbeit handelt von **Friedrich Schillers** Drama „Räuber".

④ 이 소설은 정신병자인 횔더린의 비극적인 운명을 다루고 있다.
☞ 비극적 운명 das tragische Schicksal; 횔더린 Hölderlin m.; 정신병자인 geisteskrank; 다루다 behandeln/ bei et. geht es um et.

Der Roman behandelt das tragische Schicksal **des geisteskranken Hölderlin.**

【역례】
Ich nahm **Müllers Einladung** (od. die Einladung Müllers) zur Feier seiner goldenen Hochzeit an.

[1-1-3]

뮐러 교수의 강의는 학생들에게 아주 인기가 있다.

☞ 뮐러교수 Professor Müller; 강의 Vorlesung f.-en; ~에게 인기가 있다 bei jm. beliebt sein

(해설)
인명고유명사 앞에 칭호가 올 때가 있다.
(1) Frau, Fräulein, General, Direktor, Professor, Kaiser 등등인데, 이 칭호들은 관사 없이 보통 명사 앞에 오면 고유 명사만이 2격의 변화를 따르고 칭호는 변화 없다 (Professor Müllers). 그러나 정관사가 칭호 앞에 오면 칭호만이 변하고 고유명사는 변화 없다.(des Professors Müller).
(2) 가까운 친척을 뜻하는 명사가 칭호처럼 사용될 때는 남・여성명사 2격에 -s를 붙인다. (Vater-Vaters, Mutter-Mutters, Onkel-Onkels, Tante-Tantes).
(3) Herr는 앞에 관사의 유무 관계없이 단수 Herrn, 복수 Herren으로 변화한다.

(예)
① 싹트는 독일인의 언어의식의 약간이 칼 대제의 교육개혁들 가운데 나타났다.
☞ 싹트는 erwachend; 독일인의 deutsch; 언어의식 Sprachbewußtsein n.;칼 대제 Karl der Große; 교육개혁 Bildungsreform f.-en ; 나타나다 sich zeigen

Etwas von dem erwachenden deutschen Sprachbewußtsein zeigte sich in den Bildungsreformen **Karls des Großen**.

② 나는 아버지의 방을 보통 그가 없는 사이에 치운다.
☞ ~을 치우다 et.[4] aufräumen

Vaters Zimmer räume ich gewöhnlich während seiner Abwesenheit auf.

② 금년에 우리들은 어머님의 생신을 성대하게 지내려고 한다.

Dieses Jahr wollen wir **Mutters** Geburtstag festlich begehen.

③ 슈미트씨의 아들은 국방부에서 고위 관직에 있다.
☞ 고위 관리이다 ein hohes Amt bekleiden/ et.[4] innehaben

Herrn Schmidts Sohn (od. Der Sohn des Herrn Schmidt) bekleidet ein hohes Amt im Verteidigungsministerium.

【역례】
Die Vorlesungen **des Professors Müller** (od. **Professor Müllers**) sind bei den Studenten sehr beliebt.

[1-1-4]

뮐러의 가족들은 그들의 친구들과 함께 주말을 해변에서 보내려고 한다.

☞ **뮐러의 가족** Müllers Familie, die Familie Müllers; **해변에서** am Meer; **주말** Wochenende n.-s; ～을 **보내다** et.[4] verbringen

(해설)
(1) 고유명사에 -s를 붙여서 복수로서 유명인사 및 문벌의 가계 및 가족을 뜻한다(die Buddenbrooks). 그리고 때로는 -s 없이 복수를 사용할 때가 있는데, -el, -er, -en,-m 의 어미를 가진 고유명사들이다(그림형제 die Grimm; 두 슐레겔 die beiden Schlegel; 뮌히하우젠가 die Münchhausen).

(예)
① 독일어를 학문적으로 전념(연구)한 것은 야콥과 뷜헤름 그림 형제의 업적으로써 시작된다.
☞ ～을 **학문적으로 전념하는 것** wissenschftliche Beschäftigung mit. et.; **야콥과 그림 형제** die Brüder Jacob und Wilhelm Grimm; **업적** Leistung f.; ～**으로써** mit

Die wissenschaftliche Beschäftigung mit der deutschen Sprache beginnt mit der Leistung **der Brüder Jacob und Wilhelm Grimm.**

【역례】
Müllers wollen mit ihren Freunden das Wochenende am Meer verbringen.

[1-2] 지리적인 명칭

지리적인 명칭의 고유명사는 국명, 도시명, 하천, 산맥, 호수, 바다 등이 있다. 이들 지리적인 명칭의 고유명사도 각각의 성을 가지고 있다.

1) 중성의 국명 또는 도시명
2) 남성 · 여성의 국명
3) 복수의 지명 고유명사
4) 하천. · 산맥. · 바다. · 호수
5) <동격의 보통명사+도시명>
6) 형용사가 고유명사의 일부일 때
7) <도시명+er>

[1-2-1]

한국과 이태리는 반도이다. 양국은 삼면이 바다로 둘러싸여 있다.

☞ **한국** Korea; **이태리** Italien; **반도** Halbinsel f.-n

(해설)
(1) 중성의 국명 도시명은 관사 없이 사용하고 2격에는 -s를 붙인다. 그러나 치음 (s, ß, tz, z, x)으로 끝나는 도시명.국명은 생략부호 (Apostroph´)를 붙이거나 von～을 사용한다(플로렌츠 역사 Florenz' Geschichte, die Geschichte von Florenz; 파리의 박물관들

Paris' Museen, die Museen von Paris).
(2) 중성의 국명.도시 명 앞에 형용사가 오면 반드시 정관사가 앞에 오며, 고유명사의 2격의 변화는 없다.

(예)
① 그리스의 지리적 위치는 해상 무역의 발전을 위해 유리했었다.
☞ 그리스 Griechenland n.; 지리적 위치 die geographische Lage; 해상 무역 Seehandel m.-s; ～을 위해 유리하다 für et. günstig sein

Die geographische Lage **Griechenlands** war günstig für die Entwicklung des Seehandels.

① 그 학생은 플로렌츠역사에 전념하고 있다.
☞ 전념하다 sich beschäftigen mit et.

Der Student beschäftigt sich mit der Geschichte von **Florenz** (= od. mit **Florenz'** Geschichte).

② 오늘날 한국의 경제는 아직 선진국에 의존하고 있다.
☞ 오늘날의 heutig; 경제 Wirtschaft f.-en; 선진국 das fortgeschrittene Land; ～에 의존하고 있다 von et. abhängig sein

Die Wirtschaft **des heutigen Korea** ist noch immer von anderen fortgeschrittenen Ländern abhängig.

【역례】
Korea und Italien sind Halbinseln. Die beiden Länder sind auf drei Seiten vom Meer umgeben.

[1-2-2]

그는 내일 슬로바키아와 헝가리로 여행길에 오른다. 내년에 그는 근동(近東)으로, 그 중에서 이라크와 이란으로 갈려고 한다.

☞ 슬로바키아 die Slowakei f.; 헝가리 Ungarn n.; 여행길에 오르다 eine Reise antreten; 내년에 im nächsten Jahr; 근동 der Nahe Osten; 그 중에서 darunter; 이라크 der Irak; 이란 der Iran

(해설)
(1) 남성·여성 지명 고유명사는 반드시 정관사를 수반하고 대개의 경우는 남성 2격에 -s를 붙인다. 특히 외국명일 때는 가끔 -s가 탈락하기도 한다 (콩고의 des Kongos; 수단의 des Sudan(s); 예멘의 des Jemens).

(예)
① 몽고는 러시아와 중국 사이에 위치하고 있다.

Die Mongolei liegt zwischen Rußland und China.

【역례】
Morgen tritt er eine Reise in **die Slowakei** und nach **Ungarn** an. Im nächsten Jahr will er in den Nahen Osten fahren, darunter in **den Irak und den Iran**.

[1-2-3]

수상은 미합중국과 남미의 여러 나라들을 방문 (순회)하였다.

☞ (독일의) 수상 Kanzler m.-s; 미합중국 die Vereinigten Staaten von Amerika (od. die USA); 여러 mehrere; 남미의 나라 die Staaten Südamerikas

(해설)
(1) 약간의 복수 고유명사가 있는데 복수명사는 반드시 정관사를 동반하게 되고 각각의 명사 변화를 한다 (미합중국 USA = die Vereinigten Staaten von Amerika); 네덜란드 die Niederlande/den Niederlanden (3격); 아조렌군도 (대서양의) die Azoren

(예)
① 네덜란드는 유럽에서 고도로 발전한 공업국가중의 하나이다.
☞ 고도로 발전한 hochentwickelt; ~중의 하나다 zu et. gehören; 공업국가들 Industriestaaten (pl.)

Die Niederlande gehören zu den hochentwickelten Industriestaaten in Europa.

【역례】
Der Kanzler bereiste **die Vereinigten Staaten von Amerika** und mehrere Staaten **Südamerikas**.

[1-2-4]

라인강과 엘베강은 북해로 흘러 들어 간다.

☞ 라인강 der Rhein; 엘베 die Elbe; 북해 Nordsee f.-n.

(해설)
(1) 하천・산맥・바다・호수 등의 명칭들도 남성과 여성이 있고, 정관사를 동반한다. 남성은 2격에서 -s를 붙인다. 치음으로 끝나는 명사는 -es를 붙이거나 변화하지 않는 것도 있다: des Harzes, des Taunus

- 하천: der Rhein, der Neckar, der Main; die Elbe, die Donau, die Weser (독일지역 외의 강은 남성 - der Amazonas, der Nil)
- 산.산맥: der Feldberg, der Brocken, der Montblanc, der Harz, der Taunus
- 바다.해양: die Adria, die Ägäis, die Ostsee, die Nordsee,
- 호수: der Bodensee, der Chiemsee

(예)
① 부록켄 산정에서 처음 내려다 보았을 때에 모든 것이 우리들에게 아주 경이롭게 보였다.

☞ **부록켄 산정에서** vom Gipfel des Brockens; **처음 내려다 보았을 때에** beim ersten Hinabschauen; **경이롭게 보이다** wunderbar erscheinen

Sehr wunderbar erschien uns alles beim ersten Hinabschauen vom Gepfel **des Brockens.**

【역례】
Der Rhein und die Elbe fließen in die Nordsee ein.

[1-2-5]

그 학생들은 켐니츠시의 공장들을 견학한다.

☞ **켐니츠시** die Stadt Chemnitz; **공장** Fabrik f.-en; **~을 견학하다** et.[4] besichtigen/et. studienhalber besuchen

(해설)
(1) 지명 앞에 동격의 보통명사가 선행하면 보통명사만 변하고 지명은 변하지 않는다. (베를린시의 거리들 die Straßen der Stadt Berlin; 파리시의 박물관들 die Museen der Stadt Paris)

(예)
① 봐이마르시 지역은 유리한 지리적인 위치 때문에 이미 아득한 옛날에 취락 공간으로 선호되었다.
☞ **봐이마르시의 지역** das Gebiet der Stadt Weimar; **유리한** günstig; **지리적** geographisch; **위치** Lage; **때문에** aufgrund; **아득한 옛날에** vor undenklicher Zeit; **취락 공간** Siedlungsraum m.; **~을 선호하다** et.[4] bevorzugen/vorziehen

Das Gebiet der Stadt Weimar wurde aufgrund seiner günstigen geographischen Lage schon vor undenklicher Zeit als Siedlungsraum bevorzugt.

【역례】
Die Studenten besichtigen die Fabriken **der Stadt Chemnitz**.

[1-2-6]

그 영화는 로마제국의 멸망을 다루고 있다.

☞ **영화** Film m.-e,-e; **로마제국** das Römische Reich; **멸망** Untergang m.-s, Untergänge; **다루다** von et. handeln.

(해설)
(1) 형용사가 고유명사의 일부일 때, 그 형용사는 대문자를 쓰고 형용사와 명사의 변화는 형용사, 명사의 변화규칙에 따른다.

- das Rote Meer; des Roten Meers (Gen.) **홍해**
- das Schwarze Meer; des Schwarzen Meers (Gen.) **흑해**
- der Stille Ozean; des Stillen Ozeans (Gen.) **태평양**

- der Indische Ozean; des Indischen Ozeans (Gen.) 인도양
- der Atlantische Ozean; des Atlantischen Ozeans (Gen.) 대서양

(예)
① 독일연방공화국에서 온 많은 사람들이 흑해로 가서, 거기에서 그들의 휴가를 지낸다.
☞ 독일연방공화국 die Bundesrepublik Deutschland; 많은 사람 viele Leute; 흑해 das Schwarze Meer; 휴가를 지내다 js. Urlaub[4] verbringen

Viele Leute aus der Bundesrepublik Deutschland fahren an **das Schwarze Meer** und verbringen dort ihren Urlaub.

① 린드버그가 1927년 처음으로(첫번째 사람으로) 대서양을 횡단하여 비행하였다.

☞ 린드버그 Lindbergh; 1927년에 im Jahre 1927; 처음으로 als erster

Lindbergh ist im Jahre 1927 als erster über **das Atlantische Ozean** geflogen.

【역례】
Der Film handelt von dem Untergang **des Römischen Reichs**.

[1-2-7]

그의 그림은 그의 회화기법 때문에 베를린의 미술 전람회에서 많은 구경꾼들에게 끊임없이 칭찬 받았다.

☞ 그림 Bild n.-s, Bilder; 베를린의 미술 전람회에서 auf der Berliner Kunstausstellung; 회화기법 Maltechnik f.; ~ 때문에 wegen+et.[2]; 구경꾼 Betrachter m.-s; 끊임없이 immer wieder; 칭찬받다 gelobt werden

(해설)
(1) <도시명+-er> 는 「~의」의 뜻으로 형용사로 사용된다. 그리고 관사의 유무에 관계없이, 어느 격에서든지 항상 변화하지 않는다.

- die Wiener Sängerknaben 비엔나 소년 합창단
- das Ulmer Münster 울름 성당
- die Berliner Zeitung 베를린 신문
- der Frankfurter Flughafen 프랑크푸르트 공항

(예)
① 수학여행 중에 우리들은 슈트라스부르크의 대성당과 많은 명소들을 구경하였다.

Auf der Studienreise haben wir **das Straßburger Münster** und viele Sehenswürdigkeiten besichtigt.

【역례】
Wegen seiner Maltechnik ist sein Bild auf der Berliner Kunstausstellung von vielen

Betrachtern immer wieder gelobt worden.

※ 참고 ※
지명고유명사(국명) 중에서 자주 사용되는 것을 예로 든다.
a) 중성 - Amerika, Korea, Japan, Frankreich, Deutschland, China, Spanien, Italien
b) 여성 - die Schweiz, die Türkei, die Mongolei, die Slowakei
c) 남성 - der Iran, der Irak, der Jemen, der Sudan

◈ 연 습 문 제 1 ◈

1) 휴가 중에 뮐러씨 가족은 동해로 가서 거기에서 휴가를 지내려고 한다.
☞ 휴가 중에 im Urlaub; 뮐러씨 가족 Müllers od. die Familie Müller; 동해로 가다 an die Ostsee fahren; 휴가를 보내다 den Urlaub verbringen/den Urlaub machen

2) 괴테의 "베르테르의 슬픔"은 세계적으로 유명한 소설 중의 하나이다.
☞ 괴테 Goethe (Johann Wolfgang von Goethe); 베르테르의 슬픔 die Leiden des Jungen Werthers (이때 Werthers 의 -s는 현대 문법에서 탈락한다); 세계적으로 유명한 weltberühmt; 소설 Roman m.-s,-e; ～중의 하나이다 zu et. gehören

3) 전통적인 교회에 대한 루터의 신랄한 비판은 교회의 내적인 개혁의 결과를 가져 왔다.
☞ 전통적인 traditionell; 교회 Kirche f.-n; 루터 Luther; 신랄한 scharf; 비판(～에 대한) Kritik an et.[3] ; ～의 결과를 가지고 오다 (～이 되다) zu et. führen; 내적 innere

4) 대한민국은 민주국가이다. 모든 국가의 권력은 국민으로부터 시작한다.
☞ 대한민국 die Republik Korea; 민주적인 demokratisch; 국가 Staat; 권력 Staatsgewalt; 국민 das Volk; 나오다 (시작한다) von et. ausgehen

5) 한국의 헌법은 정부의 형태와 국민들의 권리와 의무들을 규정한다.
☞ 헌법 Verfassung f.-en; 정부 Regierung f.-en; 형태 Form f.-en; 권리 die Rechte (das Recht의 복수 (pl.)); 의무 Pflicht f.-en; 국민 Bürger m.-s; ～을 규정하다 et.[4] bestimmen/festlegen

6) UN은 콩고에게 경제 원조를 약속한다.
☞ die UN/die Vereinten Nationen; 콩고 der Kongo; 경제원조 die Wirtschaftshilfe; 약속하다 jm. et. in Aussicht stellen/jm. et. versprechen

7) 중국에서 출산(出産)의 수는 해마다 심하게 증가한다. 한국에서 인구는 중국과는 대조적으로 점점 감소한다.
☞ 중국에서 in China; 출산 Geburt f. -en,-en(복수를 사용); 수 Zahl f. -en; 해마다 jedes Jahr, jährlich; 심하게 stark; 증가하다 zunehmen; 인구 Einwohnerzahl f.; 한국에서 in Korea; 점점 allmählich/nach und nach; 감소하다 abnehmen

8) 아시아의 남쪽에 극심한 홍수들이 여러 해전부터 광란하고 있다. 이 범람으로 벌써 수 백명의 사망자가 생겼다.
☞ 아세아의 남쪽에 im Süden Asiens; 극심한 홍수 die schlimmsten Überschwemmungen; 광란하다 wüten; 범람 Flut f. -en (복수를 쓸 것); 수 백명의 사망자 mehrere hundert Todesopfer; 생기다(이 범람이 "사망자를 요구하다"로 번역 할 것) .. Todesopfer fordern

9) 러시아와 미합중국 사이에 새로운 무역 협정이 서명되어진다.
☞ 러시아 Rußland n.; 미합중국 die Vereinigten Staaten (von Amerika); 사이에 zwischen +3격; 무역협정 Handelsabkommen n.; 서명되다 unterzeichnet werden

10) 내년에 그는 동구 쪽으로 여행하고자 하는데, 그 때 부다페스트, 오래된 프라하와 새로이 건설된 드레스덴을 들리고자 한다.
☞ 내년에 im nächsten Jahr/nächstes Jahr; 동구 Osteuropa; 여행하다 nach et. reisen/eine Reise nach et. machen; 부다페스트 Budapest; 오래된 프라하 das alte Prag; 새로이 건설된 드레스덴 das neuaufgebaute Dresden; ~에 들르다 et.[4] besuchen

11) 브라운 교수는 내일 프로렌츠의 역사에 관하여 강연을 한다.
☞ 브라운 교수 Professor Braun; 내일 morgen; 프로렌츠의 역사 Florenz` Geschichte/die Geschichte von Florenz; ~에 관하여 강연하다 einen Vortrag über et. halten

12) 쾰른, 본, 코블렌츠는 라인강을 따라 하나의 노선 상에 위치하고 있다. 그 때문에 우리들은 배로 쾰른에서 코블렌츠로 갈 수 있다.
☞ 쾰른 Köln; 본 Bonn; 코블렌츠 Koblenz; 라인 강 der Rhein; 따라 entlang et.[2] od. et.[4] entlang; 한 (정기)노선에 auf einer Linie; 위치하다 liegen; ~에서 ~로 von~ nach~

13) 이자르강은 도나우강으로 흐르고, 도나우강은 흑해로 흘러 들어간다 (에 이른다).
☞ 이자르 die Isar; 도나우 die Donau; 흑해 das Schwarze Meer; 흘러 들어가다 (이르다) münden/einfließen

14) 사람들은 프랑크푸르트 알게마이네 신문을 독일 연방공화국의 가장 좋은 신문으로 간주하고 있다.
☞ 프랑크푸르트 알게마이네 신문 die Frankfurter Allgemeine Zeitung; 가장 좋은 신문 die beste Zeitung; ~으로서 간주하다 et.[4] als et.[4] betrachten/et.[4] als et.[4] ansehen

15) 베를린 모르겐 포스트지는 정치적으로 초당파적이면서도, 아주 강한 정치적인 성향을 띈다.

21

☞ **베를린 모르겐 포스트지** Berliner Morgenpost; **정치적으로** politisch; **초당파적** überparteilich; **~지만** jedoch, aber; **~성향이 있다** engagiert sein

고유명사

2. 명사의 격의 용법 (Der Gebrauch des Kasus)

독일어에서 명사는 네 개의 격이 있고, 이 격들을 가지고 문장이 구성된다. 이 같은 명사의 격을 지배하는 것은 동사, 전치사, 형용사들이다.

[1] 1격 (Nominativ)
[2] 2격 (Genitiv)
[3] 3격 (Dativ)
[4] 4격 (Akkusativ)

[2-1] 1 격 (Nominativ)

1) 1격은 문장의 주어로서 주로 사용된다.

2) sein, scheinen, werden, heißen, bleiben, sich dünken 의 술어명사 (Prädikatsnomen)로 1격이 사용된다.

3) 호격 (Vokativ)도 1격을 사용한다.

[2-1-1]

인간은 다만 자연의 아주 약한 갈대이다 - 그러나 생각하는 갈대이다.

☞ 다만 nur; 자연 Natur f.; 약한 schwach; 갈대 Rohr n.-es; 생각하는 denkend

(해설)

(1) 1격은 문장의 주어로서는 일반적으로 문장의 제1의 위치에 있다.

(2) 의문사가 없는 의문문에서는 제2의 위치, 그 밖에 품사가 제1의 위치에 오면 제3 혹은 제4의 위치에 주어가 온다.

(예)

① 행복을 찾는 성향은 그에게 속하고 있는 것을 상실했다는 인간의 감정에서 나온 것이다.

☞ 행복을 찾는 성향 die Neigung, nach dem Glück zu suchen; 그에게 속 하 다(그의 일부이다) zu jm gehören; 뭣을 상실했다 etwas verloren haben; 인간의 감정에서 나오다 dem Gefühl des Menschen entspringen

Die Neigung, nach dem Glück zu suchen, entspringt dem Gefühl des Menschen, etwas verloren zu haben, was zu ihm gehörte.

② 인간은 자연의 일부 (구성원)로서는 고독하다. 그의 운명의 동지와 공동체가 됨으로써 비로소 그는 인간이 된다.

☞ 자연의 일부로서 als Glied der Natur; 고독하다 einsam sein; 운명의 동지 Schicksalsgenosse m.-n; ～공동체가 됨으로써 비로소 erst in Gemeinschaft mit～;

Einsam ist **der Mensch** als Glied der Natur, **erst in Gemeinschaft mit seinen**

Schicksalsgenossen wird **er** Mensch.

【역례】
Der Mensch ist nur ein schwaches Rohr der Natur - aber er ist ein denkendes Rohr.

[2-1-2]

나는 언제까지나 너의 친구이며 친구로 있겠다.

☞ 언제까지나 für immer; ~이다 sein und bleiben ('언제까지나 ~이고 ~로 남아있겠다'의 뜻)

(해설)
(1) 1격으로 술어 명사를 가지는 동사는 이미 언급한 몇 개의 동사에 불과하다 ([2-1] 참고)
(2) 두개의 4격을 가진 동사가 수동형으로 변형될 때는 한개의 4격은 1격이 된다.

(예)
①고령(高齡)은 우리 인생의 한 단계이고 모든 인생의 단계처럼 자신의 얼굴, 자신의 분위기와 체온, 자신의 즐거움과 어려움들을 가지고 있다.
☞ 고령 Greisenalter n.-s; 모든 인생의 단계 alle Lebensstufen; 자신의 얼굴 eigenes Gesicht; 분위기와 체온 Atmosphäre und Temperatur; 즐거움과 어려움들 Freuden und Nöten.

Das Greisenalter **ist eine Stufe unseres Lebens** und hat wie alle Lebensstufen ein eigenes Gesicht, eine eigene Atmosphäre und Temperatur,Freuden und Nöten.

① 그는 나의 모든 문제에도 불구하고 언제가 나의 친구로 있었고 어느 어려운 상황에서도 나를 도와주었다.
☞ 모든 문제에도 불구하고 trotz aller Probleme; 어느 어려운 상황에서도 in jeder schwierigen Situation

Er **blieb** trotz all meiner Probleme immer **mein Freund** und half mir in jeder schwieigen Situation

① 네가 어른이 되면 무엇이 되려고 하느냐? - 나는 자연과학자가 되려고 한다.
☞ 어른이 되다 erwachsen sein; 자연과학자 Naturwissenschaftler m.

Was willst du **werden**, wenn du erwachsen bist? - Ich will **Naturwisseschaftler werden.**

① 이 소설의 제목은 뭐이라고 하니? – "전쟁과 평화라고 한다."

Wie **heißt** der Titel des Romans? – Er **heißt „Krieg und Friede"**

② 이번 도적질이 있은 후에 그는 개전의 여지가 없는 도적이라고 욕먹는 것은 당연하다.
☞ 이번 도적질 이후 nach diesen Diebereien; 개전의 여지가 없는 도적 ein

unverbesserlicher Dieb; ~를~이라고 욕하다 jn. et.[4] schelten(수동형); 당연한 mit Recht

Nach diesen Diebereien **wurde** er mit Recht **ein unverbesserlicher Dieb** gescholten.

【역례】
Ich bin und bleibe für immer dein Freund.

[2-1-3]

브라운씨, 잠깐 기다리세요, 그리고 전화 끊지 말고 계세요!

☞ 씨 Herr (pl. Herren); 전화를 끊지 않다 am Apparat bleiben

(해설)
호격은 1격을 쓴다.

【역례】
Herr Braun, warten Sie einen Moment und bleiben bitte am Apparat!

[2-2] 2 격 (Genitiv)

2격은 소유의 2격과 동사의 2격 지배 동사 (전치사, 형용사, 격지배)의 목적격이 있다.

1) 소유와 종속의 2격
2) 부분의 2격
3) 주격의 의미를 가진 2격
4) 목적격의 의미를 가진 2격
5) 술어의 의미를 가진 2격
6) 2격 지배 동사의 목적어

[2-2-1]

프릿츠는 그의 친구의 트렁크를 역으로 가지고 간다.

☞ 프릿츠 Fritz; 트렁크 Koffer m.-s; 역으로 zum Bahnhof

(해설)
(1) 2격은 소유를 나타낼 때 사용한다.
• der Koffer **seines Freundes** 그의 친구의 트렁크
(= Sein Freund hat den Koffer.)
• der Hut **meines Vaters** 나의 아버지의 모자
(= Mein Vater hat den Hut.)

위의 보기에서 2격 명사 Freund, Vater는 1격인 Koffer, Hut의 소유를 뜻한다.

(2) 2격은 또 소유의 뜻이 아니고, 어느 집단에 예속되어 있거나 어느 단체의 회원을 뜻한다.
• die Kinder **der Familie** 가정의 어린아이들

(= Die Kinder gehören der Familie an.)

• der Lehrer **der Schule** 그 학교의 선생님
(= Der Lehrer gehört der Schule an.)

• das Mitglied **eines Vereins** 어느 단체의 회원
(= Das Mitglied gehört einem Verein an.)

(예)
① 나의 아버지의 양복은 나무랄 데 없이 잘 맞다.
☞ 양복 Anzug; 나무랄 데 없이 잘 맞다 wie angegossen sitzen

Der Anzug **meines Vaters** sitzt wie angegossen.

② 그 가정의 아이들은 교육이 잘 되어 있다. 왜냐하면 그들은 양친에게 아주 예의 바르게 행동하기 때문이다.
☞ 교육되다 erzogen werden

Die Kinder **der Familie** sind gut erzogen, denn sie benehmen sich sehr anständig gegenüber ihren Eltern.

【역례】
Fritz bringt den Koffer **seines Freundes** zum Bahnhof.

[2-2-2]

모든 인디언의 절반은 (정부지정)원주민 거주지에 산다.

☞ (아메리카의)인디언 Indianer m.-s; 절반 Hälfte f.-n; (정부지정)원주민 거주지 Reservat n.-s,-e

(해설)
(1) 1격이 2격의 일부를 나타낼 때가 있다.
• die Hälfte **meines Vermögens** 나의 재산의 절반

• einer **der berühmtesten Dichter** 가장 유명한 시인 중의 한 사람

• 10% (Prozente) **des Gewinns** 이득의 10퍼센트

(예)
① 두 형제 중의 형은 베를린에서 의학을 공부하고 있다.
☞ 두 형제 die beiden Brüder; 형 der ältere (Bruder); 의학 Medizin f.-en

Der ältere **der beiden Brüder** studiert Medizin in Berlin.

【역례】

Die Hälfte **aller Indianer** lebt in dem Reservat.

[2-2-3]

나는 공원에 약속된 장소에서 여자친구가 오길(친구의 도착을) 기다리고 있었다.

☞ 약속된 장소에서 an der verabredeten Stelle; 공원에 im Park 오길(도착을) Ankunft f.; ~기다리다 jn. (et.) erwarten

(해설)
(1) 동사에서 파생한 명사의 뒤에 오는 2격은 문장의 주격의 의미를 가질 때가 있다.

• der Tanz **der Kinder** 어린아이들의 춤
(= die Kinder tanzen)

• die Freundlichkeit **der Frau** 그 부인의 친절
(= Die Frau ist freundlich)

• der Befehl **des Generals** 장군의 명령
(= Der General befiehlt)

• die Regierung **des Königs** 그 왕의 정부
(= Der König regiert)

• die Beobachtung **des Forschers** 연구가의 관찰
(= Der Forscher beobachtet)

(예)
① 장군의 공격 명령이 병사들에게 내려졌다.
☞ 장군 General m.-es,-e od. Generäle; 공격 Angriff m.-es,-e; 명령 Befehl m.-es,-e; 내려지다 jm. erteilt (gegeben) werden

Der Befehl **des Generals** zum Angriff wurde den Soldaten erteilt.

【역례】
Ich habe **die Ankunft meiner Freundin** an der verabredeten Stelle im Park erwartet.

[2-2-4]

나는 2002년 8월 15일자의 나의 편지의 답신에 진심으로 감사 드립니다.

☞ 2002년 8월 15일자의 vom 15.8.2002; 편지 Brief m.-s,-e/das Schreiben n.-s; 답신 Beantwortung f.; 진심으로 herzlich; 감사하다 jm. für et. danken/sich bei jm. für et. bedanken

(해설)
(1) 동사에서 파생한 명사 다음의 2격은 본래 동사의 목적격에 해당할 때가 있다.

• die Entdeckung **Amerikas** 미국의 발견

(= Man entdeckt Amerika)

• die Beantwortung **des Briefes** 편지의 답신
(= Man beantwortet den Brief)

• das Retten **des Kindes** 어린아이의 구조
(= Man rettet das Kind)

(예)
① 어린아이를 구하면서 구조자 자신이 위험하게 되었다.
☞ 구조자 자신 der Retter selbst; 위험하게 되다 (~에 빠지다) in Gefahr kommen (geraten)/sich in Gefahr bringen

Beim Retten **des Kindes** kam der Retter selbst in Gefahr.

【역례】
Ich danke Ihnen herzlich für Ihre Beantwortung **meines Schreibens** vom 15. August 2002.

[2-2-5]

나의 친구와 나는 이 문제에서 꼭 같은 의견 이었다.

☞ 이 문제에서 in dieser Frage; 꼭 같은 의견이다 derselben Meinung (Ansicht) sein

(해설)
(1) 명사의 2격이 성구로서 sein, werden, scheinen등의 술어로서 사용 될 때 가 있다
anderen Sinnes werden 다른 의견이 되다; guter Dinge sein 기분이 좋다; guter Hoffnung sein 임신 중이다; schlechter Laune scheinen 기분이 나쁜 것 같다; frohen Mutes sein 기분이 좋다

① 그는 갑자기 생각이 달라졌다.

Unerwartet ist er **anderen Sinnes geworden**.

① 그 여자는 임신 5개월이다.

Sie **ist** im fünften Monat **guter Hoffnung**.

【역례】
Mein Freund und ich **waren** in dieser Frage **derselben Ansicht**.

[2-2-6]

우리들은 오늘 2차 대전의 희생자를 추모한다.

☞ 희생자 Opfer n.-s; 추모하다 js. gedenken

(해설)

(1) 2격만을 지배하는 동사는 현대 독어에서 불과 몇 개이며, 또 이것도 문어체에서와 고상한 문체에서 사용하고 일상용어에는 거의 사용하지 않는다. 그 밖에 <2격 +4격+동사> ([2-4-4]참고) (회상(추모)하다 js. gedenken; 필요하다 et.^{2} bedürfen)

(예)

① 고령의 노인은 자주 그의 아름답던 청소년 시절을 회상한다.

☞ 고령의 노인 Greis m.-es,-e; 청소년 시절 Jugendzeit f.-en; 회상하다 et.^{2} gedenken (일상용어에서는 an et. denken/sich an et.^{4} erinnern)

Der Greis **denkt (erinnert sich)** oft **an seine schöne Jugendzeit.**
(= Der Greis **gedenkt** oft **der schönen Jugendzeit.)**

① 단지 (사과의)말 한마디만 필요 했었는데. 그러면 나는 그녀를 용서하였을 것이다.

☞ 말 한마디만 필요 했었는데. Es hätte nur eines Wortes bedurft; 그러면 und; 용서하다 jm verzeihen

Es hätte nur **eines Wortes bedurft**, und ich hätte ihr verziehen.

【역례】

Wir **gedenken** heute **der Opfer des Zweiten Weltkrieges.**

[2-3] 동사의 3격 목적어 (Dativ)

3격은 3격 지배동사, 형용사, 전치사의 목적어로 사용된다. 여기서는 3격 지배동사의 목적어만 다룬다.

[2-3-1]

나의 양친은 내가 국가고시에 합격한 것을 진심으로 축하한다.

☞ 나의 양친 meine Eltern pl.; 진심으로 herzlich/von(ganzem) Herzen; 국가고시에 합격한 것을 (생일을, 결혼식을) ～에게 축하하다 jm. zum bestandenen Staatsexamen (zum Geburtstag, zur Hochzeit) gratulieren

(해설)

(1) 3격 지배동사에는 jm. zu et. gratulieren처럼 전치사를 동반할 때가 있다. 자주 사용되는 3격 지배동사는 다음과 같은 것이 있다.

- jm. helfen ～를 돕다
- jm. schaden ～를 해치다 (～에게 해롭다)
- jm. nutzen(nützen) ～에게 이롭다
- jm. begegnen ～를 우연히 만나다
- jm. gleichen ～를 닮다

(2) 3격 지배동사 중에서는 bei-, ent-, entgegen-, nach-, wider-, zu- 의 전철을 동반하는

동사들이 있다.

- einem Nichtangriffspakt beitreten 불가침 조약에 가입하다
- einem Herrn entlaufen 주인으로부터 달아나다
- seinen Widersachern entgegenarbeiten 그의 적들에 대항하여 싸우다
- einem Problem nachgehen 어떤 문제를 조사하다
- jm. widersprechen ～에게 항변하다
- jm. zusehen ～를 바라보다

(3) 비인칭 동사로서 3격 지배가 있다

- es geht jm. gut (schlecht) ～잘(못) 지내다
- es gefällt jm. ～의 마음에 들다

(예)

① 좋지 못한 육류의 사건이 그 레스토랑의 명성에 크게 상처를 주었다.

☞ 좋지 못한 육류의 사건 die Affäre um das schlechte Fleisch; 그 레스토랑의 명성 der Ruf des Restaurants; 상처를 주다 jm. schaden

Die Affäre um das schlechte Fleisch hat **dem Ruf des Restaurants** sehr **geschadet**.

① 아들은 외모뿐만 아니고 그의 기질에서도 그의 아버지를 닮고 있다.

☞ 외모의 äußerlich; 기질에서 im Temperament; ～를 닮다 jm. gleichen/ ähneln

Der Sohn **gleicht seinem Vater** nicht nur äußerlich, sondern auch **im Temperament.**

② 독일연방공화국은 나토에 가입했다.

☞ 독일연방공화국 die Bundesrepublik Deutschland; 나토 die Nato; ～에 가입하다 et.[3] beitreten

Die Bundesrepublik Deutschland ist **der Nato beigetreten.**

③ 그는 오늘 더 오래 일해야 하는 것이 (그에게는) 못 마땅하다.

☞ 그는 좋아하지 않는다 es gefällt ihm nicht

Es **gefällt ihm nicht,** daß er heute länger arbeiten muß.

【역례】

Meine Eltern **gratulieren mir** herzlich zum bestandenen Staatsexamen.

[2-4] 4격 목적어

4격 목적어를 가진 동사 중에서 다음과 같이 나누어서 생각해 본다.

1) <4격+(전치사목적어)+동사>

2) <4격+4격+동사>
3) <4격+3격+동사>
4) <4격+2격+동사>

[2-4-1]

수세기에 걸쳐 로마인들은 전 지중해를 지배했다.

☞ 수세기에 걸쳐 durch die Jahrhunderte; 로마인 Römer m.-s; 지중해 Mittelmeer n.-s; ~을 지배하다 et.[4] beherrschen

(해설)
(1) <4격 목적격+동사> 또는 부사구를 동반하여 문장을 구성한다.
(2) <4격 목적격+동사> 는 임의적 혹은 필수적인 전치사 목적격을 동반할 수 있다.
- jn. um et.[4] bitten ~에게 ~을 부탁하다
- jn. nach et.[3] fragen ~에게 ~을 묻다
- jn. wegen et.[2] tadeln ~를 때문에 꾸짖다
- jn. um et.[4] bringen ~에게 ~을 뺏다
- jn. für (wegen et.[2]) rügen ~를 ~때문에 질책하다
- jn. für et. (wegen et.[2]) loben ~를 ~때문에 칭찬하다

(예)
① 그 여자는 태양, 모래, 바다를 좋아한다. 그녀는 해변에서 자주 일광욕을 한다.
☞ 일광욕을 하다 sich sonnen/ein Sonnenbad nehmen

Sie **liebt Sonne, Sand und Meer.** Sie sonnt sich oft am Strand.

① 그는 벌써 그의 금고형의 절반을 마쳤다.
☞ 금고형 Freiheitsstrafe f.; 절반 Hälfte f.; ~을 끝마치다 et.[4] hinter sich bringen

Er hat schon **die Hälfte seiner Freiheitsstrafe** hinter sich gebracht.

② 이 방에서 담배를 피우시지 않도록 부탁 드립니다.
☞ 방 Raum m.-s, Räume; 담배 피우다 rauchen

Ich **bitte Sie (darum),** in diesem Raum nicht zu rauchen.

② 그 상관은 그가 성급하기 때문에 그를 꾸짖었다.
☞ 성급한 것 Voreiligkeit f. ; 상사 der Vorgesetzte (형용사 변화); 꾸짖다 jn. rügen

Der Vorgesetzte rügte **ihn wegen seiner Voreiligkeit (od. wegen seiner Voreiligkeit).**

【역례】
Durch die Jahrhunderte **beherrschten die Römer** das ganze Mittelmeer.

[2-4-2]

그 선생은 아이들에게 정서법과 문법을 가르친다.

☞ 정서법 Rechtschreibung f.-en; 문법 Grammatik f.-en; ~에게 ~을 가르치다 jn. et.[4] lehren

(해설)
소수의 동사이지만 두 개의 4격을 가지는 동사들이 있다. 이들 동사 중에서도 두 가지 종류로 나뉜다.
(1) 두 개의 4격 중에서 한 개의 4격은 내용상으로 3격의 뜻을 가지고 있다. jn. et.[4] lehren(~에게~을 가르치다), jn. et.[4] 'kosten'(~에게~얼마의 값이 들어가다)과 'fragen', 'bitten'이 중성 지시대명사 혹은 부정수사가 목적격으로 사용될 때 이다. (Das Kind fragt den Vater vieles./Ich bitte dich das eine.)
(2) 두 개의 4격 중에서 한 개의 4격은 목적격의 성질을 서술하는 4격(Objektsprädikativ)이 있다 (nennen, schelten, schimpfen, taufen, titulieren).

(예)
① 도로교통에서 그의 경솔함이 그의 생명의 대가를 치렀다.
☞ 도로교통에서 im Straßenverkehr; ~의 생명의 대가를 치르다 jn. das Leben kosten

Seine Unachtsamkeit im Straßenverkehr **kostet ihn das Leben.**

② 너는 나의 모든 친구들처럼 그냥 나를 칼이라고 불러도 좋아.
☞ 그냥 ruhig; ~부르다 nennen

Du kannst **mich** ruhig **Karl nennen**, wie alle meine Freunde.

【역례】
Der Lehrer **lehrt die Kinder Rechtschreibung und Grammatik**.

[2-4-3]

내가 성공을 거둔 것은 나의 어머니 덕분이다.

☞ 성공 Erfolg m.-es,-e; ~을 거둔 것은 ~의 덕분이다 jm. et.[4] verdanken

(해설)
(1) 문장구성에서 4격과 3격이 함께 동사의 목적격으로 사용될 때가 있다. 이들 동사는 '주다(탈취, 전달, 허락, 거절)'의 의미를 가진 동사들이다.
• jm. et. geben ~에게 ~을 주다
• jm. et. schenken ~에게 ~을 선사하다
• jm. et. nehmen ~에게 ~을 가져가다
• jm. et. rauben ~에게 ~을 뺏다
• jm. et. mitteilen ~에게 ~을 전달하다
• jm. et. wünschen ~에게 ~을 기원하다

• jm. et. erlauben ~에게 ~을 허락하다
• jm. et. stehlen ~에게 ~을 훔치다
• jm. et. verweigern ~에게 ~을 거절하다
• jm. et. verzeihen ~에게 ~을 용서하다

(예)
① 국경선에서 당국은 피난민들에게 그 나라의 입국을 거절하였다.
☞ 국경선에서 an der Grenze; 피난민 Flüchtling m. -s,-e; 그 나라의(한국의) 입국을 거절하다 die Einreise ins Land (nach Korea) verweigern

An der Grenze **hat** die Behörde **den Flüchtlingen die Einreise** ins Land **verweigert**.

① 일요일에서 월요일에 이르는 밤사이에 도적이 보석상으로부터 수백만 유로어치의 (값이 나가는) 귀금속을 훔쳤다.
☞ 일요일에서 월요일에 이르는 밤사이에 in der Nacht von Sonntag auf Montag; 보석상 Juwelier m.-s; ~어치의 (값이 나가는) im Wert von~

In der Nacht von Sonntag auf Montag **hat** ein Dieb **einem Juwelier Edelsteine** im Wert von mehreren Millionen Euro **gestohlen**.

【역례】
Ich **verdanke meiner Mutter meinen Erfolg**.

[2-4-4]

그 소녀는 나를 거들떠 보지도 않았다.

☞ ~를 거들떠 보지도 않다 jn. keines Blicks würdigen

(해설)
<4격+2격+동사>와 <재귀대명사(4격)+2격+동사>의 형식이 있다.
(1) <4격+2격+동사>: 2격이 내용상 목적의 뜻을 가진다.
• jn. (wegen) eines Diebstahls anklagen ~의 절도로 고소하다
• jn. eines Verbrechens überführen ~의 범죄를 인정(확인)하다
• jn. des Geldes berauben ~에게 돈을 탈취하다
• jn. eines Amtes entheben ~에게 관직을 면직하다
• jn. eines Mordes beschuldigen ~에게 살인죄를 씌우다
• jn. einer Lüge bezichtigen ~에게 거짓말을 나무라다
• jn. des Meineides zeihen(= beschuldigen) ~에게 위증을 나무라다

(2) <재귀대명사(4격)+2격+동사>
• sich eines Kindes annehmen 아이를 돌보다
• sich eines Schuldners (eines Gegners, eines Verfolgers) entledigen 빚쟁이 (적,

추적자)에서 벗어나다

• sich des Vorfalls (sich an den Vorfall) erinnern 사건을 회상하다

(예)

① 검사는 그를 국가 반역죄로 기소하였다. 그가 대정부 반란 음모에 가담했기 때문이다.

☞ 검사 Staatsanwalt m.; 반역죄 Hochverrat m.-es; 대정부 반란 음모 die Verschwörung gegen die Regierung; ～에 가담하다 an et.[3] teilnehmen

Der Staatsanwalt **klagte ihn (wegen) des Hochverrates an,** weil er an der Verschwörung gegen die Regierung teilgenommen hatte.

② 군은 쿠데타로 국가 권력을 장악했다.

☞ 군 Militär n.-s; 쿠데타 Putsch m.-es,-e; 국가권력 Staatsgewalt f.-en; 장악하다 sich et.[2] bemächtigen

Das Militär **bemächtigte sich** durch den Putsch **der Staatsgewalt**.

【역례】

Das Mädchen **würdigte mich keines Blicks**.

◈ 연 습 문 제 2 ◈

1) 정부는 정부수반과 장관으로 구성되어 있다. 독일연방공화국에서 수반은 연방수상이라 일컫는다. 많은 다른 나라에서는 수상을 국무총리라고 한다.

☞ 정부 Regierung f.-en; 정부수반 Regierungschef m.-s,-s; 장관 Minister m.-s; ～으로 구성되어 있다 aus et. bestehen; 연방수상 Kanzler m.-s; 나라 Land n.-es, Länder; 국무총리 Ministerpräsident m.-en,-en

2) 국민이 선출하는 남・여성들이 의회를 형성 (구성)한다. 의회는 법률들을 심의하고 정부를 감독하여야 한다.

☞ 국민 Volk n.-s. Völker; 선출하다 wählen; 남녀 Männer und Frauen; 의회 Parlament n.-es,-e; 구성하다 bilden; 법률 Gesetz n.-es,-e (복수를 사용할 것); ～을 감독하다 et.[4] kontrollieren

3) 인간은 독불장군이 아니고 공동체의 존재이기 때문에 인간은 다른 사람과 함께 산다.

☞ 독불장군 Einzelgänger; ～이 아니고～이다 nicht～, sondern～; 공동체의 존재 Gemeinschaftswesen; 함께 산다 zusammenleben

4) 여름 방학에 나는 제주도에 가려고 한다. 왜냐하면 제주도는 관광객들에게 가장 좋은 볼거리들을 제공해 주기 때문이다.

☞ 여름방학 Sommerferien pl. (언제나 복수로 사용); 제주도로 auf die Jeju-Insel

(섬으로 갈 때 전치사는 항상 auf); 왜냐하면 denn; 관광객 der Tourist m.-en,-en; 제공하다 bieten; 가장 좋은 볼거리 (groß의 최상급) Sehenswürdigkeit f.-en (볼거리, 명소의 뜻으로 항상 복수)

5) 달에는 어떠한 생물체도 존재하지 않고, 이끼 혹은 단순 식물들도 존재하지 않는다. 우리지구와 함께 태양을 회전하는 유성에도 역시 우리와 유사한 어떠한 고등 생물도 존재하지 않는다.
☞ 달 Mond m.-es,-e; 생물체 Lebewesen n.-s; 어떠한 ~은 없다 kein; 이끼와 단순 식물 Moose und einfache Pflanze; 존재하다 <es gibt et.[4] >; 지구 Erde f.-n; 함께 돌다 mit et. umkreisen; 유성 Planet m.-en,-en; 고등생물 höheres Lebewesen; 유사하다 jm. (et) gleichen

6) 그 지방 자체는 특별히 내 마음에 드는 것은 아니다. 거기엔 첫째로 너무 많은 산업체가 있고, 둘째로는 이 지역 기후가 아주 나쁘다.
☞ 그 지방 자체 die Gegend (Region) selbst; 특히 besonders; 마음에 들다 jm. gefallen; 첫째로 erstens; 둘째로 zweitens; 기후 Klima n.-s,-s, Klimate; 지역 Gebiet n.-s,-e

7) 브라운씨가 S 대학에 "독일사"의 정교수로 초빙되었다. 학장은 교수회의 때 그를 전체 교수에게 소개한다.
☞ S대학에 an der Universität S; 독일사 Deutsche Geschichte; 정교수 ordentlicher Professor/Ordinarius m.-,-ien; 초빙되다 berufen werden (수동형); 학장 Dekan m.-s,-e; 교수회의 die Professorensitzung f.-en; 때 bei~; ~에게 ~를 소개하다 jm. jn/et. vorstellen

8) 그는 아들이 국가시험에 합격하였다는 즐거운 소식을 그의 부인에게 전했다.
☞ 국가시험 Staatsexamen n.-s, Staatsexamina; 합격하다 et[4] bestehen; ~하였다는 ~, daß ~; 즐거운 fröhlich; 소식 Nachricht f. -en; ~에게~을 전하다: jm. et.[4] mitteilen/übermitteln

9) 몇 분 후에 그는 돌아와서 차에 벌금딱지를 발견했다. 그는 그것을 가지고서 가장 가까이에 있는 경찰관에게 가서 그 딱지를 그에게 주었다.
☞ 몇 분 wenige Minuten; 차에 am Wagen; 벌금딱지 Strafzettel m.-s,-; ~을 가지다 et.[4] nehmen; 가장 가까운 nächst; 경찰 Polizist m.-en,-en/Schutzmann -s. Schutzmänner/Schutzleute

10) 우리들은 당신에게 우리들이 현재 공급하고 있는 모든 기구에 대한 안내자료들을 (우편물의) 인쇄물로 보내드립니다. 이 안내책자에는 삽화(插畵)들과 설명 및 각각의 기구들의 도량형(度量衡)들이 포함되어 있습니다.
☞ 인쇄물 Drucksache f.; 현재 zur Zeit/jetzt; 공급하다 liefern; 기구 Gerät n.-s,-e;~에 대한 über~; 안내서재료 Prospektmaterial n. -s, -ien; 보내다 senden/schicken;

안내책자 Prospekt m.-es,-e/Anweisung (Anleitung) f.-en; **삽화** Abbildung f.-en; **설명** Beschreibung f.-en; **각각의** einzeln; **도량형을 포함하고 있다** die Maße und Gewichte enthalten

11) 연방철도(국)은 그에게 차비의 환불을 거절하고 가격 할인을 해달라는 청을 거절하였다.
☞ **연방철도(국)** Bundesbahn f.-en; **차비** Fahrkosten pl.; **환불** Rückerstattung f.-en; **~을 거절하다** jm. et.[4] verweigern; **가격할인** Preisermäßigung; **거절하다** jm. et.[4] abschlagen; **~의 청** die Bitte um et.

12) 삼일간의 생각할 시간을 주게! 내가 너의 (판매) 제안을 받아 들일 수 있을지를 먼저 심사숙고 해야겠다.
☞ **삼일** drei Tage; **생각할 시간** Bedenkzeit; **숙고하다** überlegen/mit sich zu Rate gehen; **(판매) 제안** Angebot n.-s,-e; **~을 받다** et.[4] annehmen

13) 나는 아주 정신이 몽롱하였지만 진한 커피로 회복하였다 (진한 커피가 나를 회복하게 하였다).
☞ **정신이 몽롱하다** benommen sein; **진한 커피** ein starker Kaffee; **~를 도와 ~를 회복되게 하다** jm. auf die Beine helfen

14) 어느 기사가 아주 중한 교통법규를 어겼다. 왜냐하면 음주운전을 하였기 때문이다. 그 때문에 경찰이 그에게서 면허증을 빼앗았다.
☞ **심한** schwer; **교통법규** Verkehrsregeln; **어기다** verletzen/gegen et. verstoßen; **음주** betrunken; **운전하다** am Steuer sitzen; **~을 뺏다** jm. et.[4] entziehen; **면허증** Führerschein m.-s,-e

15) 한 허약한 늙은 부인이 버스에 타려고 했다. 그 때 한 소년이 그녀를 버스를 탈 때 도와주었다.
☞ **타다 (내리다)** in et.[4] (ein)steigen (aus et. (aus)steigen); **버스** Bus m.-es,-se; **~할 때 누구를 돕다** jm. bei et. helfen

3. 배어법 (Die Wortstellung)

문장은 주어, 술어, 목적어, 부사 등의 성분으로 구성되는데 이들 낱말들은 문장을 구성하기 위해서는 어느 나라의 언어나 마찬가지로 낱말의 순서가 있다. 이 낱말의 순서의 위치를 배어법이라 한다.
문장은 주문장 (Hauptsatz)과 부문장 (Nebensatz)으로 나누고 주문장은 정치법과 도치법으로 구성되고 부문장은 후치법을 사용한다.
[1] 정치법 (주어+인칭동사)
[2] 도치법 (주어 이외의 품사+동사+주어)
[3] 후치법 (부문장에서 인칭동사가 문미로 가는 것)
[4] 명사의 3 · 4격의 배어법
[5] 인칭대명사의 3 · 4격의 배어법
[6] 목적격과 다른 품사의 배어법

[3-1] 정치법

정치법은 <주어+인칭동사>의 형식으로 항상 주어가 제 1의 위치에, 인칭동사는 제 2의 위치에 온다. 정치법은 다음 세 가지로 나누어 생각 할 수 있다.
1) <주어+인칭동사+술어 (목적어, 부사 등)>
2) <주어+화법조동사+술어 (목적어, 부사 등)+부정형>
3) <주어+haben/sein + 술어 (목적어, 부사 등)+과거분사>

[3-1-1]

여론 조사자들이 청소년들에게 그들의 인생관에 관하여 물었다.

☞ 여론 조사자 Meinungsforscher m.-s; 청소년 Jugendlicher m. (형용사변화); 인생관 Lebensauffassung (-anschauung) f.-en; ～에 관하여 묻다 nach et. fragen

(해설)
(1) 정치법에서는 주어가 문장의 제 1의 위치에 동사는 제 2의 위치에 오고, 동사 다음에 오는 모든 다른 문장의 성분들은 문장의 의미 혹은 품사여하에 따라서 변화 된다 (예1, 2를 비교).
(2) 분리동사는 현재 · 과거의 문장에서 분리전철이 떨어져서 문미에 위치하여 문장의 틀 (Satzklammer)을 형성하고 문장의 다른 모든 품사들은 문장의 틀 안에 있다.

(예)
① 많은 강과 호수들이 이 나라에 필요한 에너지를 공급한다.
☞ 많은 강과 호수들 die vielen Flüsse und Seen; 나라 Land; 필요한 에너지 die notwendige Energie; ～에게～을 공급하다 jm. et.[4] liefern

Die vielen Flüsse und Seen liefern dem Land die notwendige Energie.

② 그녀가 부산으로 이사를 한 후에 지금까지 그녀의 새 주소를 아직도 나에게 알리지 않고

있다.
☞ 이사하다 umziehen; 주소 Adresse f.; ~에게 ~을 알리다 (전하다) jm. et.[4] mitteilen

Sie teilt mir bis jetzt ihre neue Adresse noch nicht **teil,** seit sie nach Busan umgezogen ist.

② 그는 그날의 중요한 사건들을 빨리 알기 위하여 펼쳐있는 신문에 가끔시선을 돌렸다.
☞ 그날의 중요한 사건 Tagesereignisse (pl.); ~을 알다 sich über et.[4] informieren; 가끔 von Zeit zu Zeit; 펼쳐있는 신문 die aufgeschlagene Zeitung; ~에 시선을 돌리다 et.[4] den Blick zuwenden

Er wendet von Zeit zu Zeit den Blick der aufgeschlagenen Zeitung **zu**, um sich noch schnell über die Tagesereignisse zu informieren.

【역례】
Meinungsforscher fragten Jugendliche nach ihrer Lebensauffassung.

[3-1-2]

그 여학생은 언제나 여성우주비행사가 되려고 한다.

☞ 여성우주비행사 Astronautin f.-nen

(해설)
(1) 화법조동사를 가지고 문장을 구성할 때는 주어 다음에 화법조동사, 부정형은 문미에 온다.
(2) 미래를 뜻하는 조동사 'werden'도 이에 준한다.

(예)
① 인간은 늘 잘못 생각하든가 늘 올바르게 생각 할 수는 없었다. 인간은 언제나 온순한 성향이나 언제나 잔인한 성향으로 기울 수는 없었다.
☞ 잘못한 falsch; 올 바른 richtig; 온순 Sanftmut m.; 자인한 것 Grausamkeit f.;~으로 기우다 zu et. neigen

Der Mensch konnte nicht immer falsch und nicht immer richtig **denken, er konnte** nicht immer zur Sanftmut und nicht immer zur Grausamkeit **neigen**.

② 그는 십중팔구 그 새로운 일을 수락할 것이다. 왜냐하면 그는 이러한 종류의 일을 좋아하기 때문이다.
☞ 새로운 일 die neue Arbeit; 수락하다 annehmen; 십중팔구 wahrscheinlich; ~을 좋아하다 et.[4] leiden mögen

Er wird die neue Arbeit wahrscheinlich **annehmen**, weil er diese Art Arbeit sehr leiden mag.

【역례】
Die Schülerin will immer Astronautin **werden**.

[3-1-3]

요하네스 구텐베르크는 1445년에 인쇄술을 발명하였다.

☞ 요하네스 구텐베르크 Johannes Gutenberg; 인쇄술 Buchdruckerkunst f.; ～을 발명(고안)하다 et.⁴ erfinden

(해설)

(1) 현재완료,과거 완료형의 haben, sein 은 정치법에서는 주어 다음에 위치하고, 과거분사는 문미에 위치하여 문장의 틀을 만든다.

(예)

① 스페인 사람들과 포르투갈 사람들이 최초로 세계를 주항(周航)한 사람이며, 위대한 발견가들 이였다.

☞ 스페인사람 Spanier; 포르투갈 사람 Portugiese m.-n,-n; 세계를 주항한 사람 Weltumsegler m.-s; 발견자 Entdecker m.-s

Spanier und Portugiesen sind die ersten Weltumsegler und großen Entdecker **gewesen**.

② 그리스인들은 페니키아 사람들로부터 그들의 문자를 받아들였다.

☞ 그리스인 Grieche m.-n,-n; 페니키아인 Phönizier m.-s; 문자 Schrift f.-en; ～을 받아들이다 et.⁴ erhalten/übernehmen

Die Griechen haben ihre Schrift von den Phöniziern **erhalten**.

【역례】

Johannes Gutenberg hat im Jahr 1445 die Buchdruckerkunst **erfunden**.

[3-2] 도치법

문장의 제1의 위치에 주어 이외의 다른 문장의 성분이 오거나 의문사가 없는 의문문에서는 주어는 제2, 그 밖에는 제3, 경우에 따라서는 제4 의 위치에 오는데, 이것을 도치법이라 한다.

1) 주어 이외의 문장의 다른 성분이 제1의 위치에 올 때

2) 의문사를 가진 의문문 및 의문사가 없는 의문문

[3-2-1]

나의 사진기가 고장이다. 그것을 가지고 너는 아무 것도 (시작)할 수 없다.

☞ 사진기 Fotoapparat m.-es,-e; 그것을 가지고 damit; 아무 것도 할 수 없다 nichts anfangen

(해설)

(1) 문장의 제1의 위치에 부사 및 목적어, 의문사 등이 올 수 있다.

(2) 부문장도 제1의 위치에 올 수 있다.

(예)

① 사람들은 증인들에게 몇 사람의 남자를 보여 주었다. 그 범인을 아무도 식별하지 못했다.

Man stellte den Zeugen einige Männer vor. **Den Täter erkannte** niemand.

① 우리는 매일 8시에 아침 식사 한다. 오늘 우리는 늦잠 잤다. 그 때문에 약간 늦게 식사를 한다.
☞ 아침 식사하다 frühstücken; 늦잠 자다 verschlafen

Wir frühstücken jeden Tag um 8 Uhr. **Heute haben wir** verschlafen. **Deswegen nehmen wir** das Frühstück etwas spät (ein).

② 네가 행실을 고치면 나는 네게 자전거를 사줄게.
☞ 행실을 고치다 sich bessern/sich gut benehmen; 자전거 Fahrrad n.

Wenn du dich gebessert hast, **kaufe ich** dir ein Fahrrad.

【역례】
Mein Fotoapparat ist nicht in Ordnung. **Damit kannst du** nichts **anfangen**.

[3-2-2]

너는 네 여자친구에게 네 비밀을 누설하였니?

☞ 비밀 Geheimnis n.; ～에게 ～을 누설하다 jm. et.[4] verraten

(해설)

(1) 의문문에서도 문장의 도치법을 쓴다. 그때는 인칭 변화한 동사가 제1의 위치에 온다.

(2) 의문사 wer, was, welcher, wann, wie, warum 등으로 시작하는 의문문은 동사가 제2의 위치에 주어는 제3의 위치에 온다.

(예)

① 너는 학교는 가지 않고 오늘 또 다시 거리에 돌아다녔느냐?
☞ 하지는 않고 statt～zu Inf.; 돌아다니다 sich herumtreiben

Hast du dich heute wieder auf der Straße **herumgetrieben**, statt in die Schule zu gehen?

② 네가 오늘 저녁에 음악회에 갈 때 어떤 야회복을 입니?

Was für ein Abendkleid ziehst du an, wenn du heute abend ins Konzert gehst?

【역례】
Hast du deiner Freundin dein Geheimnis **verraten**?

[3-3] 후치법

부문장에서 동사가 문미에 위치하는 것을 후치법이라 한다. 이들 접속사는 명사절을 이끄는 daß, 시간을 의미하는 als, wenn, nachdem, 이유를 나타내는 weil, 인용의 접속사로서 obgleich, obwohl 등이 있다.

[3-3-1]

버스가 도중에 고장이 났기 때문에 그는 오지 않았다.

☞ 버스 Bus/Autobus m.-ses,-se; 고장나다 eine Panne haben; 때문에 weil

(해설)
(1) 후치법에서 현재와 과거의 단순 시칭은 인칭 변화의 동사가 문미에 간다. 현재인칭의 화법조동사 및 미래 동사는 문미에 위치한다.
(2) 현재 · 과거 완료형에서는 인칭 변화한 haben과 sein이 문미에 위치한다.
(3) 현재 · 과거 완료형에서 화법조동사 및 이에 준하는 동사 sehen, hören, helfen, fühlen 등과 완료형이 만들어진 문장은 haben의 위치는 동사 중에서 제일 앞에 위치한다.

(예)
① 그가 곤경에 처한 나를 도와줌으로써 진정한 친구로 보였다.
☞ 곤경에 in der Not; ～을 도와주다 jn. unterstützen; 진정한 친구 wahrer Freund; ～으로 보이다 sich als et. zeigen

Er zeigte sich als wahrer Freund, **indem er** mich in der Not **unterstützte**.

① 내가 너를 신뢰할 수 있다는 것을 나는 알고 있어.
☞ 신뢰하다 sich auf jn. verlassen

Ich weiß, **daß ich** mich auf dich **verlassen kann**.

② 나는 네 편지를 받은 후에 즉시 네가 위임한 것을 처리하기 시작하였다.
☞ ～을 받다 ～et. erhalten; 즉시 sofort; 네가 위임한 것의 처리 die Erledigung deines Auftrages; ～을 시작하다 sich an et.[4] machen

Nachdem ich deinen Brief **erhalten hatte**, machte ich mich sofort an die Erledigung deines Auftrages.

③ 뮐러부인은 가족이 집 건축을 위해 더 많은 돈을 저축하기를 바랐기 때문에 다시 비서로서 일을 하였다.
☞ 가족 Familie f.-n; 집 건축 Hausbau m.-es; 위하여 für; 더 많은 mehr; 저축하다 sparen; 바라다 wollen; 비서 Sekretärin f.-nen

Frau Müller hat wieder als Sekretärin gearbeitet, **weil die Familie** mehr Geld für den Hausbau **hat sparen wollen**.

【역례】

Er kam nicht, weil der Autobus unterwegs eine Panne hatte.

[3-4] 3 · 4격의 배어법

문장 중에 3 · 4격 명사가 함께 있을 때가 있다.

1) 3격이 인물을 뜻하는 명사이고, 4격이 사물을 나타낼 때가 있다.

2) 3 · 4격 모두가 사물을 뜻하거나 인물을 뜻하는 명사일 때가 있다.

[3-4-1]

직업상의 걱정들로 그 젊은 사람은 잠과 식욕을 잃어버렸다.

☞ **직업상의 걱정들** die beruflichen Sorgen; **잠과 식욕** der Schlaf und der Appetit; **잃어버리다**(~이 ~에게~을 빼앗다 로 번역)

(해설)

(1) 3 · 4격을 가진 동사가 3격이 사람을 뜻하는 명사이면 3격이 일반적으로 4격보다 선행한다.

(예)

① 의사는 그 부인에게 흡연과 음주를 금하였다.

☞ **흡연과 음주** (der Genuß von) Zigaretten und Alkohol(Rauchen und Trinken); **~에게~을 금하다** jm et.[4] verbieten

Der Arzt **hat der Frau (den Genuß von) Zigaretten und Alkohol verboten.**

【역례】

Die beruflichen Sorgen **haben dem jungen Mann den Schlaf und den Appetit geraubt.**

[3-4-2]

그는 숄츠씨를 시장선거의 후보로서 선거권자들에게 소개를 하였다.

☞ **숄츠씨** Herr Scholz; **시장선거** die Bürgermeisterwahl; **후보** Kandidat m.-en,-en; **선거권자** Wähler m.-s, der Wahlberechtigte (**형용사 변화**)

(해설)

(1) 3 · 4격이 함께 인물을 뜻할 때는 일반적으로 4격이 3격에 선행한다.

(2) 3 · 4격이 사물을 뜻할 때도 위에 준한다.

(예)

① 그는 그녀와 휴가 가기 전에 여러 해 사귄 그의 여자친구를 어머니에게 소개하려 한다.

☞ **~와 휴가 가다** mit jm. in Urlaub fahren; **오래 사귄 여자 친구** die langjährige Freundin;

Er will **seine langjährige Freundin der Mutter** vorstellen, bevor er mit ihr in Urlaub fährt.

② 나는 재미있는 책을 텔레비전보다 좋아한다.
☞ 재미있다 interessant; 텔레비전 Fernsehen n.-s; ～을 ～보다 좋아하다 et.[4] et.[3] vorziehen

Ich ziehe **ein interessantes Buch** dem Fernsehen vor.

【역례】
Er stellte **Herrn Scholz** den Wählern als Kandidaten für die Bürgermeisterwahl vor.

[3-5] 인칭대명사의 3・4격의 배어법

문장이 정치법일 때 인칭대명사와 명사의 관계를 도표로서 표시 한다
다음의 도표 1)은 정치법 이고 2)는 도치법을 나타내고 있다. 이 도표에서 공통적인 것은 문장의 구조에서 인칭대명사는 보통명사에 선행하고 3・4격이 인칭대명사 일 때는 4격이 3격보다 선행 한다. 그러나 위의 규칙은 어디 까지나 일반적일 뿐이고, 문장에서 어느 낱말에 강세를 두느냐에 따라서 어순이 변경 될 수 있다. 그러나 인칭 변화 동사는 문장의 제 2의 위치에 온다.

1	2	3	4
Der Lehrer	gibt	dem Schüler	das Buch.
Der Lehrer	gibt	es	dem Schüler.
Der Lehrer	gibt	ihm	das Buch.
Der Lehrer	gibt	es	ihm.

(도표 1)

1	2	3	4	5
Um 7 Uhr	bringt	der Postbote	der Frau	die Post.
Um 7 Uhr	bringt	Ihr	der Postbote	die Post.
Um 7 Uhr	bringt	sie	ihr	der Postbote.
Um 7 Uhr	bringt	er	sie	ihr.

(도표 2)

[3-5-1]

그 선생은 학생에게 책을 빌려 주었니? - 그래, 그에게 그것을 빌려주었다.

☞ ～에게 ～을 빌려주다 jm. et.[4] leihen/verleihen

(해설)
선행문장의 의미를 인칭대명사로 지시할 때 사람이냐 사물이냐 관계없이 인칭대명사는 4격이 3격보다 선행한다.

【역례】
Hat der Lehrer **dem Schüler das Buch** geliehen? - Ja, er hat **es ihm** geliehen.

[3-6] 목적격과 다른 품사의 배어법

문장을 구성함에 있어 <주어+동사+3・4격> 이외에 부사구.전치사구 등이 문장의 성분으로

사용된다. 이 때의 어순은 상황에 따라서 변화될 수 있지만 일반적인 규칙은 다음과 같다.
1) <주어+동사+부사구>
2) <주어+동사+3 · 4격 명사+부사구>
3) <주어+동사+인칭대명사 3 · 4격+부사>
4) <주어+동사+전치사 목적어>

[3-6-1]

그 여자는 오늘 아침에 시험 때문에 두려운 마음으로 학교에 갔다

☞ 오늘 아침에 heute morgen; 시험 때문에 wegen der Prüfung; 두려운 마음으로 voller Furcht;

(해설)
(1)<주어+동사+부사> 일때 부사의 위치는 「시간」+「원인」+「방법」+「장소」이다
(2) 시간의 부사와 장소의 부사가 흔히 문장의 제1의 위치에 와서 문장이 도치 된다. 그래서 시간 혹은 장소의 부사가 제 3의 위치에 오면 명사인 주어는 제4의 위치에 온다.
(3) woher의 질문에 장소의 부사는 일반적으로 문장 끝에 위치한다.
(4) woher 와 wohin 의 질문에 답하는 장소의 부사가 함께 있을 때는 wohin의 질문에 답하는 부사구가 문미에 온다.

(예)
① 그는 아프기 때문에 오늘 하루 종일 집에 있었다.
☞ 하루 종일 den ganzen Tag; 집에 있다 zu Hause sein

Er war **heute den ganzen Tag** wegen der Krankheit zu Hause.

② 프랑크푸르트 중앙역에서 어제 오후 기관차가 만원 기차와 충돌 했다.
☞ 프랑크푸르트 중앙역 Frankfurter Hauptbahnhof m.; 기관차 Lokomotive f.-n; 만원 vollbesetzt

In Frankfurter Hauptbahnhof ist **gestern nachmittag** eine Lokomotive mit einem vollbesetzten Zug zusammengestoßen. (... hat ... kollidiert.)

② 부활절 일요일에 로마에서 엄숙한 예배가 거행 되었다
☞ 부활절 일요일 Ostersonntag m.-s,-e; 로마에서 in Rom; 엄숙한 feierlich; 예배 Gottesdienst m.-es,-e; 거행되다 stattfindn

Am Osternsonntag fand **im Rom ein feierlicher Gottesdienst** statt.

③ 어제 그는 어느 관광단과 함께 폴란드에서 돌아왔다.
☞ 관광단 Reisegesellschaft/Reisegruppe f.-en; 폴란드 Polen

Gestern kam er mit einer Reisegesellschaft **aus Polen** zurück.

④ 사원들은 근무시간이 끝난 후 사무실에서 거리로 떼를 지어 나왔다.
☞ 사원 (화이트칼라) Angestellter m. (형용사 변화); 근무시간이 끝난 후 nach Feierabend; 사무실 Büro m.-s,-s; 떼를 지어 나오다 strömen

Nach Feierabend strömten die Angestellten aus den Büros **auf die Straße**.

【역례】
Sie ging heute morgen wegen der Prüfung voller Furcht **zur Schule**.

[3-6-2]

그 여자는 내일 그 용건으로 그녀의 남편에게 이태리로 편지를 쓴다.

☞ 그 용건 때문에 wegen der Sache/Angelegenheit f.; 이태리로 nach Italien

(해설)
정치법 문장에서 3・4격이 명사이고 그 밖에 부사구가 수반하는 문장일 때는 일반적으로 다음과 같은 어순이다. <주어 +동사 +시간의 부사+ 3격(사람)+ 원인의 부사+ 방법의 부사+ 4격 (사물)+장소의 부사>

【역례】
Sie schreibt **morgen ihrem Mann wegen der Sache einen Brief nach Italien**.

[3-6-3]

그는 그의 여자 친구를 위해 금목걸이를 사서 작별 때 그것을 그녀에게 선사하였다.

☞ 작별 때 zum Abschied m.-es,-e; 금목걸이 eine goldene Halskette/eine Halskette aus Gold

(해설)
정치법 문장에서 여러 개의 부사 혹은 부사 구문이 인칭대명사 혹은 목적격이 함께 있을 때는 인칭 대명사가 선행하고 그 다음은 위에 준한다.

【역례】
Er hat eine Halskette aus Gold für seine Freundin gekauft und sie **ihr zum Abschied geschenkt.**

[3-6-4]

그는 수년 내 처음으로 다시 그의 아버지에게 편지를 했다.

☞ 수년 내 seit Jahren; 처음으로 zum ersten Mal; ～에게 an jn.

(해설)
(1) 전치사 목적격은 문미에 위치하는 것이 일반적이다. 전치사 목적격으로서 자주 사용되는 것은 다음과 같은 것이 있다.
• an et[4] . denken ～를 생각하다

- an et.[3] leiden ~를 앓고 있다
- an et.[3] sterben ~으로 죽다
- an et.[3] teilnehmen ~에 참가하다
- an et.[3] zweifeln ~을 의심하다
- auf jn. warten ~을 기다리다
- jn. von et. befreien ~을 ~에서 해방하다
- jn. um et. bitten ~에게 ~을 간청하다

(예)
① 우리들은 동창회 모임이 있을 때는 자주 함께 지내 온 옛날의 대학시절을 즐겨 회상하며 환담 한다 .
☞ 동창회모임 die Versammlung der alten Kommilitonen; 함께 지내온 대학시절 gemeinsame Studienzeit; ~을 회상하다 an et.[4] denken; 즐겁게 mit Freude; 환담하다 sich unterhalten

Bei der Versammlung alter Kommilitonen **denken** wir oft mit Freude **an die alte gemeinsame Studienzeit** und unterhalten uns.

① 네가 너의 목표에 도달하기를 바라면 너는 너 자신을 의심해서는 안 된다.

Wenn du dein Ziel erreichen willst. darfst du nicht **an dir selbst zweifeln**.

【역례】
Er hat seit Jahren zum ersten Mal wieder einen Brief **an seinen Vater geschrieben**.

◈ 연 습 문 제 3 ◈

1) 나의 아버지는 내일 오후 세시에 긴급한 용건 때문에 비행기로 서울에 도착하신다.
☞ 긴급한 용건 때문에 wegen dringender Angelegenheit; 비행기 Flugzeug n.-es,-e; ~에 도착하다 in et.[3] ankommen

2) 그가 역에 도착하였을 때 그 기차는 바로 직전에 (그의 코앞에서) 떠났다.
☞ 역에 당도하다 auf dem Bahnhof ankommen; (직전에)코앞에서 떠나다 jm. vor der Nase wegfahren

3) 그 학생은 그의 친구들과 함께 휴가 여행을 가서 2주 동안 동해에 머물렀다. 낮에는 그들은 해안으로 갔다. 그러나 저녁때는 그들은 함께 있으면서 서로 환담을 나누기도 하고 텔레비전을 보았다.
☞ 휴가 중의 여행 Ferienreise f.-n; 동해 Ostsee f.; 낮에 am Tag; 해안 Strand m.-es,-e; 함께 있다 zusammensitzen; 환담을 나누다 sich unterhalten; 텔레비전을 보다 fernsehen (*am Tag, am Abend는 문두에 두라!)

4) 강의가 끝난 후 우리들은 점심 식사하기 위하여 학생식당으로 갔다. 저녁때는 우리들은 오페라에 갔다. 이날의 프로그램은 베버의 "마탄의 사수"였다 (모든 문장의 도치).
☞ 강의 Vorlesung; 점심식사하기 위하여 zum Mittagessen/um zu Mittag zu essen; 학생식당 Mensa f.-sen; 오페라에 가다 in die Oper gehen; 이 날의 an diesem Tag; 베버 Weber; 마탄의 사수 der Freischütz; 프로그램 das Programm ('이날에는 마탄의 사수가 프로그램에 있었다.'라고 번역함)

5) 뮌헨에 체류할 때 나는 한 달에 한 번씩 나의 직장 동료와 함께 볼링을 치러 갔다. 나는 그것이 정말 즐거웠다.
☞ 뮌헨 München; 체류 Aufenthalt m.-es,-e; 할 때 bei +3격; 한 달에 한 번 einmal im Monat; 직장동료 Arbeitskollege m.-n,-n; 볼링 Bowling; 나는 그것이 즐거웠다 (그것은 나를 즐겁게 만들었다) jm. Spaß (Freude) machen (beim Aufenthalt를 문두에)

6) 처음에 나는 여기에서 편안함을 느끼지 못했다. 나는 전혀 독일어를 할 수 없었고 사람들과의 교제도 쉽지 않았다. 내가 더 좋은 언어 지식을 가졌을 때 그러한 어려움은 없어졌다.
☞ 처음에는 am Anfang; 편안함을 느끼다 sich zu Hause fühlen; 전혀 überhaupt, gar; 독일어를 말하다 Deutsch sprechen; ~와의 교제 der Umgang mit ~; 더 좋은 언어 지식을 가졌을 때 mit meinen besseren Sprachkenntnissen; 어려움 Schwierigkeit f.-en; 사라지다 verschwinden (*am Anfang, mit meinen bessern~을 문두에 두어서 도치법을 쓴다)

7) 오늘 오전 나는 강의가 끝난 다음에 어느 학생과 대화를 하게 되었다. 그는 친지들 중의 한 사람이 갑자기 그의 공부를 중단하지 않으면 안 된다는 것과 그의 방이 비게 된다는 것을 이야기해 주었다.
☞ ~와 대화를 하게 되다 mit jm. ins Gespräch kommen/ein Gespräch führen; 잘 알고 있는 사람 중의 한 사람 einer der Bekannten (남성), eine der Bekannten (여성); 공부를 중단하다 sein Studium unterbrechen; ~이 비게 되다 frei werden

8) 나의 친구가 지난 해 뮌헨에서 어떻게 방을 얻게 되었는지 방금 생각이 난다. 그는 벌써 많은 것을 애써 봤지만 헛되었고, 다시 뮌헨을 떠나려고 하였다(*eben을 문두에).
☞ 방을 얻다 ein Zimmer mieten; 방금 eben; 생각이 떠오르다 jm. einfallen; 많은 것 vieles; ~을 애쓰다 et.[4] versuchen; 헛되이 vergeblich; ~를 떠나다 et.[4] verlassen /von et. abreisen; ~하려고 하다 nahe daran sein, et. zu tun

9) 대부분의 도시(들)에 서는 유감스럽게도 주택의 수요가 공급보다는 아직도 더 크다
☞ 도시 Stadt f. Städte , 주택의 수요 die Nachfrage nach Wohnungen; 유감스럽게도 leider; 공급 Angebot n.-es,-e (* in den meisten Städten을 문두에)

10) 오늘 아침 미국 리포터가 연합군과 이라크 사이에 전쟁 발발에 관한 보도를 하였다.

☞ **미국 리포터** ein amerikanischer Reporter; **연합군** die Alliierten (**형용사 변화**); **이라크 사람** Iraker m.-s; **발발** Ausbruch m.-s, Ausbrüche; **~에 관한 보도를 하다** eine Meldung (Bericht) über et.[4] erstatten (machen) (*heute morgen을 문두에)

11) 회의에 참가자들이 잠깐 휴식을 취한 후에 그들 모두가 회의실로 갔다.
☞ **참가자** Teilnehmer; **회의** Tagung (Konferenz) f.-en; **잠깐의 휴식을 취하다** eine kurze Pause machen; **가다** sich begeben/gehen; **회의실** Sitzungssaal m.-s, Sitzungssäle

12) 한국에 1998년도에 홍수가 났을 때 100명 이상의 사람이 숨졌고, 수 천 명의 사람이 집을 잃게 되었다.
☞ **~년도에** im Jahr ...; **홍수** Überschwemmung; **이상의** mehr als; **숨지다** umkommen/ums Leben kommen/sterben; **수천 명** Tausende; **집을 잃게 되다** obdachlos werden (bei~ 를 문두에)

13) 40년의 재직을 끝마친 후 브라운 사장은 정년퇴임하였다. 그는 고별사에서 말하였다. "지금부터 나는 환경보호에 전력을 다하려고 한다."
☞ **40년의** vierzigjährig; **재직** Amtszeit; **정년퇴임하다** in den Ruhestand treten/sich pensionieren; **고별사** Abschiedsrede; **지금부터** von jetzt an; **환경보호** Umweltschutz m.-es,-e; **전력을 다하다** sich für et. einsetzen (* nach 40-jähriger Amtszeit 는 문두에)

14) 한국전쟁 동안 피비린내 나는 전투에서 많은 군인이 전사한 곳에 전쟁 희생자를 추모하기 위하여 기념비를 세웠다.
☞ **희생자** Opfer n.-s; **생각** Erinnerung f.-en; **한국 전쟁** Korea-Krieg m.-es,-e, der Koreanische Krieg; **피 비린내 나는** blutig; **전투** Gefecht n.-es,-e; **전사하다** fallen; **기념비(경고의)** Denkmal n.-es ,Denkmäler; **~를 세우다** et.[4] errichten (dort, wo를 문두에)

15) 동시에 교황은 일정한 조건 하에서 낙태나 안락사를 허락하는 국가의 법률에 대하여 적극적인 저항을 하도록 신도들을 격려하였다.
☞ **교황** Papst m.-es; **정해진 조건** bestimmte Bedingung; **낙태** Abtreibung f.-en; **안락사** Sterbehilfe; **허락하다** gestatten; **국가법률** Staatsgesetz n.-es,-e; **적극적** aktiv; **저항** Widerstand n.-es, Widerstände; **신자** der Gläubige(**형용사 변화**); **~에게 ~을 격려하다** jn. zu et. auffordern

16) 뮐러씨는 건축하는데 오랫동안 기다리지 않으면 안 되었다. 왜냐하면 그는 필요한 돈을 그렇게 빨리 저축할 수 없었기 때문이다.
☞ **건축하는데** mit dem Bauen; **필요한 돈을 저축하다** das notwendige (benötigte) Geld zusammensparen

4. 복합동사 (Die Zusammengesetzten Verben)

복합동사는 세 가지 종류로 나눈다. 여기서는 두 개의 전철을 가진 복합동사와 복합동사와 유사한 파생동사도 함께 다룬다.

[1] 분리동사
[2] 비분리동사
[3] 분리 · 비분리동사
[4] 전철이 두 개인 동사
[5] 파생동사

[4-1] 분리동사 (trennbare Verben)

분리동사는 동사의 전철이 분리하여 문미에 가는 동사를 말한다. 이들 분리 전철 중에는 전치사, 부사, 형용사, 명사, 동사에서 온 것이 있는데 이들은 동사와 합성하여 분리동사를 형성한다. 분리동사는 용법에 따라 분리할 때와 분리하지 않을 때가 있다.

<전치사+동사>: ankommen, auftreten
<부사+동사>: zurückziehen, hinnehmen
<형용사+동사>: freisprechen, stillstehen
<명사+동사>: danksagen, stattfinden
<동사+동사>: sitzenbleiben, stehenbleiben

1) 현재·과거·명령형에서는 언제나 분리한다.
2) 분리전철은 부문장에서 또는 화법·미래의 인칭동사와 함께 사용될 때는 분리하지 않는다.
3) 과거분사에서는 분리하지 않고 과거분사의 ge-는 전철과 어간 사이에 들어간다.
4) 부정법에서는 분리하지 않고 전철과 어간 사이에 zu가 들어간다.

[4-1-1]

세상 사람들은 정부의 새로운 대책들을 받아들이지 않는다 (반대했다).

☞ 세상 사람들 Leute/die Öffentlichkeit/die Allgemeinheit; 대책(들) Maßnahme f.-n; ～을 받아들이지 않다 (거부하다) et.[4] ablehnen

(해설)
분리동사가 분리할 때는 다음의 세가지 경우이다.
(1) 현재형일 때
(2) 과거형일 때
(3) 명령형일때
분리한 전철은 현재 · 과거 · 명령문에서는 문미에 위치하고 zu Inf. 혹은 부문장이 이어질 때면 zu Inf. 앞과 종속 접속사 앞에 위치한다.

(예)

① 그 도적은 복제열쇠를 가지고 밤에 집으로 침입한다.
☞ 도적 Dieb m.-s,-e; 복제열쇠 Nachschlüssel m.; 밤에 nachts/in der Nacht; 침입하다 eindringen

Der Dieb **dringt** nachts mit dem Nachschlüssel in die Wohnung **ein**.

② 그 피고는 벌금형을 선고 받았다. 그는 불평 없이 형을 받아들였다.
☞ 벌금형을 선고 받다 zu einer Geldstrafe verurteilt werden; 불평 없이 ohne Murren; ~을 받아들이다 et.[4] annehmen

Der Angeklagte wurde zu einer Geldstrafe verurteilt. Er **nahm** die Strafe ohne Murren **an**.

② 그는 변덕은 있지만 나는 언제나 그와 늘 사이 좋게 지냈다.
☞ 변덕이 있다 Mucken (f.-n) haben; ~와 사이 좋게 지내다 mit jm. gut auskommen

Er hatte seine Mucken, aber ich **kam** immer gut mit ihm **aus**.

② 지난 월말에 나는 나의 건강 때문에 담배를 끊었다.
☞ 지난 월말 Ende des letzten Monats; 담배 (피우는 것) das Rauchen; ~을 끊다(포기하다) mit et. aufhören

Ende des letzten Monats **hörte** ich wegen meiner Gesundheit mit dem Rauchen **auf**.

③ 가능한 한 빨리 집으로 돌아오게!
☞ 가능한 한 빨리 so schnell wie möglich

Komm doch so schnell wie möglich nach Hause **zurück**!

【역례】
Die Öffentlichkeit **lehnt** die neuen Maßnahmen der Regierung **ab** (od. Leute lehnen ... ab).

[4-1-2]

나는 내일 오전 9시 15분 기차로 출발하기 때문에 유감스럽게도 너를 방문할 수 없다.

☞ 9시 15분 기차 der Zug um 9.15 Uhr; 출발하다 abfahren; 유감스럽게도 leider

(해설)
(1) 문장이 현재인칭 일지라도 부문장에서는 분리하지 않는다.
(2) 분리동사는 화법조동사,미래 동사가 있는 문장에는 문미에 위치하고 분리하지 않는다.

(예)

① 그가 부산에서 전화를 할 때까지 나는 사무실에 있다.
☞ 부산에서 aus Busan; ~에게 전화 걸다 jn. anrufen

Bis er mich aus Busan anruft, bleibe ich im Büro.

② 우리들은 연극을 하려고 (시치미를 떼려고) 했으나 한스는 함께 하려하지 않았다.
☞ 연극을 하다 Theater spielen; 하려고 하다 wollen

Wir **wollten** Theater spielen. Hans wollte aber nicht **mitmachen**.

【역례】
Ich kann dich leider nicht besuchen, **weil** ich morgen vormittag mit dem Zug um 9.15 Uhr **abfahre**.

[4-1-3]

히치콕은 모든 그의 영화에 자신도 출연하였다.

☞ 히치콕 Hitchcock; 모든 그의 영화에서 in all(en) seinen Filmen; 자신도 auch selbst; 출연하다 auftreten

(해설)
(1) 분리전철을 가진 동사의 과거분사에는 과거분사의 전철 ge-는 전철과 동사 사이에 들어간다.

(예)
① 여당은 비상법률 안을 심의하도록 의회에 제출하였다.
☞ 여당 Regierungspartei f.; 심의하도록 zur Beratung; ~에게~을 제출하다 jm. et.[4] vorlegen

Die Regierungspartei hat dem Parlament den Entwurf eines Notstandsgesetzes zur Beratung **vorgelegt**.

【역례】
Hitchcock **ist** in allen seinen Filmen auch selbst **aufgetreten**.

[4-1-4]

우리들은 그 일을 거절하기로 (고수)하자.

☞ ~을거절하다 et.[4] ablehnen; ~을 고수하다 dabeibleiben

(해설)
(1) 부정법에서 zu는 전철과 동사 사이에 들어간다.

(예)
① 관사를 올바르게 사용하는 것은 외국인에게는 특히 어려운 것 같다.

☞ 관사의 올바를 사용 der richtige Artikelgebrauch; ~에게는 ~인 것 같다 et. scheinen jm. zu Inf.; ~에게는 어렵다 jm schwerfallen

Der richtige Artikelgebrauch scheint dem Ausländer besonders **schwerzufallen**.

【역례】
Bleiben wir dabei, die Arbeit **abzulehnen**.

[4-2] 비분리동사

1) 비분리동사의 전철은 다음과 같은 be-, emp-, ent-, ver-, zer-, er-, ge-, miß-, ob-, hinter- 만이 사용되며 어떤 경우에도 분리하지 않는다.

- be-: besuchen 방문하다, bekommen 받다
- emp-: empfangen (ent가 f 앞에서 emp) 수령하다, empfinden 느끼다
- ent-: entschuldigen 사과하다, entführen 유괴(납치)하다
- ver-: verleiten 유혹하다, versuchen 시도하다
- zer-: zerstören 파괴하다, zerreißen 갈기갈기 찢다
- er-: erklären 설명하다, erzählen 이야기하다
- ge-: gehören ~의 소유다, gedenken 회상하다
- miß-: mißlingen 실패하다, mißachten 무시하다
- ob-: obliegen ~의 책임이다, obsiegen 이기다
- hinter-: hintergehen 기만하다 hinterlassen ~유산으로 남기다

2) 비분리동사의 과거분사의 ge-는 붙이지 않는다.
3) 부정법의 zu는 동사 앞에 위치한다.

[4-2-1]

그는 새 자동차의 값을 월 200 유로의 할부로 지불한다.

☞ ~월 200 유로의 할부로 지불하다 et.⁴ in monatlichen Raten von(zu) 200 Euro bezahlen;

(해설)
1) [4-2]의 1) 참고

(예)
① 그는 그녀가 그를 기만하고 있다는 것을 어렴풋이 감지하였다.
☞ ~를 기만하다 jn. betrügen; 어렴풋이 dunkel; ~을 감지하다 et.⁴ empfinden

Er **empfand** dunkel, daß sie ihn betrogen hat.

【역례】
Er **bezahlt** das neue Auto in monatlichen Raten von 200 Euro.

[4-2-2]

이 책은 예술가들의 생활의 좋은 인상을 우리들에게 전달하여 주었다.

☞ **예술가** Künstler m.-s; **생활** Leben n.-s; **인상** Eindruck m.-s,-e; **~에게~을 전달(중개)하다** et.[4] vermitteln/geben

(해설)
1) 비분리동사에서는 과거분사에서 ge-를 붙이지 않는다.

(예)
① 전쟁 중에 이 도시의 많은 집들이 폭격으로 완전히 파괴 되었다.
☞ **폭격으로** durch Bomben; **~을 파괴하다** et.[4] zerstören

Im Krieg wurden viele Häuser in dieser Stadt durch Bomben völlig **zerstört**.

【역례】
Dieses Buch hat uns einen guten Eindruck vom Leben des Künstlers **vermittelt**.

[4-2-3]

이 책에 있는 삽화들이 소재를 쉽게 이해할 수 있게 한다.

☞ **삽화** Abbildung f.-en; **재료 (소재)** Stoff m.-es,-e; **쉽게 ~하게 한다** et.[4] erleichtern/für jn. et.[4] leicht machen

(해설)
1) 비분리동사의 부정법의 zu 는 부정법의 앞에 위치한다.

(예)
① 그는 폐암과 흡연간의 밀접한 관계를 올바르게 이해하도록 나에게 도움을 주었다.
☞ **폐암** Lungenkrebs m.; **흡연** Rauchen n.; **밀접한 관계** ein enger Zusammenhang; **올바르게** richtig; **~에게 도움을 주다** jm. helfen

Er half mir, einen engen Zusammenhang zwischen Lungenkrebs und Rauchen richtig **zu verstehen.**

【역례】
Die Abbildungen in dem Buch erleichtern uns, **den Stoff zu verstehen**.

[4-3] 분리 · 비분리동사

분리 · 비분리동사는 전철에 강음이 있을 때는 분리하고 어간에 강음이 있을때는 분리하지 않는다. 이들 전철은 über-, durch-, um-, unter-. voll-, wider-, wieder-, 등 7개가 있다. 전철이 분리하는 경우는 전철의 공간적인 의미가 그대로 유지되어 있을 때(a) 와 전철이 비분리인 경우는 전철이 전의(轉義)적일 때와, 공간적 의미를 상실한 경우이다.(b)
1) a)의 경우는 분리동사의 규칙을, b)의 경우는 비분리동사의 규칙을 따른다.

2) 분리 · 비분리동사에서 부정법의 zu의 용법도 분리할 때는 a)의 규칙, 비분리일 때는 b)의 규칙을 따른다.
3) 분 · 비분리 동사에서 과거분사의 ge-도 a)와 b)의 규칙을 따른다.

- Der Fährmann hat die Leute **übergesetzt**.(a)
- Er hat diesen Text sinngemäß **übersetzt**.(b)

- Er **schnitt** die Leine **durch**.(a)
- Ihre Stimme **durchschnitt** die Stille.(b)

- Der Betrunkene hat das Verkehrsschild **umgefahren**.(a)
- Wir **umfahren** die Stadt.(b)

- Der Mond **geht unter**.(a)
- **Unterlaß** bitte diese Bemerkung!(b)

- Er **pumpte** das Becken **voll**.(a)
- Er hat seine Arbeit **vollendet**.(b)

- Sein Gesicht **spiegelt** seinen Zorn **wider**.(a)
- Er **widersprach** dem Redner heftig.(b)

- Der Hund **holte** den Ball **wieder**.(a)
- Er **wiederholt** seine Worte.(b)

*um은 공간적인 의미일 때 비분리하고, 전의적일 때 분리한다.
*wieder는 wiederholen 한 개만이 분 · 비분리로 사용되고 다른 동사와는 항상 분리한다.

[4-3-1]

a) 그 소년은 막대기를 부러뜨렸다. b) 그 부대는 적의 전선을 돌파하였다.

☞ 막대기 Stab m,-es,Stäbe; ～을 부러뜨리다 et.⁴ durchbrechen; 부대 Truppe f.-n; 적의 전선 die feindliche Linie

(해설)
(1) 분·비분리 하는 동사가 분리하는 (a)의 경우(현재 · 과거 · 명령)는 분리동사의 규칙
(2) 비분리 하는 (b)의 경우는 비분리의 규칙을 따른다 (〔4-1-1 〕참고)

(예)
① 너는 그 책들을 트렁크에 넣을건가 혹은 이미 그 트렁크는 꽉 찬거냐?
☞ ～을 넣다(보관하다) et.⁴ unterbringen

Bringst du die Bücher im Koffer **unter,** oder ist er schon zu voll ?

② 의사는 나에게 담배 피우는 것을 엄격히 금한다. 왜냐하면 흡연이 나의 건강에 아주 해롭기

때문이다.
☞ ～을 금하다 et.⁴ untersagen(=verbieten); 엄격히 strengstens

Der Arzt **untersagt** mir strengstens zu rauchen, weil das Rauchen meiner Gesundheit sehr schadet.

【역례】
a) Der Junge **brach** den Stab **durch**.
b) Die Truppe **durchbrach** die feindlichen Linien.

[4-3-2]

a) 그 부대는 남쪽 강 언덕을 건너는데 성공하였다. b) 그 감독(영화)은 소설의 특색을 영화적인 (영화의 걸맞는) 것으로 옮겨 보려고 꾀했다.

☞ 남쪽의 강기슭 das südliche Flußufer; ～가 성공하다 es gelingt jm.; 감독 Regisseur m.-s,-e; 소설의 특색 die Eigenart des Romans; 영화에 걸맞은 것 Filmisch (Film의 형용사의 명사화함으로 "영화적인 것, 영화에 걸맞은 것"의 뜻이 됨); ～을 꾀하다 et.⁴ versuchen

(해설)
분·비분리 동사에서 부정법의 zu는
(1) 분리동사로 사용 될 때는<전철+zu+동사>
(2) 비분리로 사용 될 때는<zu+전철+동사>

(예)
① 그 배우는 스캔들 이후에 외국에 가기를 결심하였다.
☞ 스캔들 이후에 nach dem Skandal; 가다(잠적하다) untertauchen; 외국에 im Ausland; ～을 결심하다 sich entschließen

Der Schauspieler hat sich entschlossen, nach dem Skandal im Ausland **unterzutauchen**.

② 정부는 원자로에 있은 사고에 관한 보도를 은폐하려는 의도를 가지고 있다.
☞ 사고에 관한 보도 Informtionen über den Unfall; 원자로 Atomreaktor m.; ～을 은폐하다 et.⁴ unterdrücken

Die Regierung hat die Absicht, Informationen über den Unfall im Atomreaktor zu unterdrücken.

【역례】
a) Den Truppen gelang es, auf das südliche Flußufer **überzusetzen**.
b) Der Regisseur versucht die Eigenart des Romans ins Filmische **zu übersetzen**.

[4-3-3]

a) 그 두 난민은 임시로 어느 가정에 피난했다. b) 그 부대들은 정복자들에게 무조건 항복했다.

☞ 난민 Flüchtling m.-es,-e; 임시로 vorübergehend; 어느 가정에 bei einer Familie; 피난(유숙)하다 unterkommen; 부대 Truppe f.-n; 정복자 Eroberer m.-s,-; 무조건 bedingungslos; ~에게 항복하다 sich jm. unterwerfen

(해설)
분・비분리 동사의 과거분사의 ge-도 a)와 b)의 규칙을 따른다.
(1) 분리동사로 사용될 때는 과거분사에서 <전철+ge+동사>
(2) 비분리로 사용 될 때는 과거분사에서 ge-는 탈락한다.

① 나는 비가 오는 동안 발코니 밑에서 비를 피했다.

Ich habe mich während des Regens unter dem Balkon **untergestellt**.

② 광고부는 지금은 판매부장에게 예속 되어있다.

Die Werbeabteilung wird jetzt dem Verkaufsleiter **unterstellt**.

【역례】
a) Die beiden Flüchtlinge **sind** vorübergehend bei einer Familie **untergekommen**.
b) Die Truppen **haben** sich bedingungslos den Eroberern **unterworfen**.

[4-4] 전철이 두 개인 동사
많은 수는 아니지만 두 개의 전철이 이중으로 나타날 때가 있다.
• et. abbekommen ~분배받다 ,~을 제거하다
• jn. (von seinem Posten) abberufen ~를 소환하다
• et. abbestellen ~주문을 취소하다
• sich anerbieten ~ 할 용의가 있음을 밝하다,자청하다
• et. anerkennen ~을 인정(동의)하다
• jm. et. anerziehen ~을 몸에 배도록 가르치다
• jm. et. anvertrauen ~에게 ~을 맡기다
• sich et. anverwandeln ~을 자기 것으로 만들다
• jm. et. auferlegen ~에게 ~을 부과하다
• et. aufbewahren ~을 보관하다

(해설)
1) 위의 동사들은 <분리전철+비분리전철+동사>로 되어있기 때문에 현재와 과거에는 분리전철이 문미에 위치한다.
2) 과거분사에는 ge-를 넣지 않고 비분리처럼 사용되고 부정법의 zu 는 분리전철 다음에 zu가 들어간다.

[4-4-1]

여당은 야당의 정당성을 인정하였다.

☞ 여당 Regierunspartei; 야당 Opposition(spartei); ~을 인정하다 jn.(et.) anerkennen; 정당성 Berechtigung f.

(예)
① 나는 이제 어떻게 이 기름얼룩을 이 바지에서 제거하지?
이제 nun; 기름얼룩 Fettfleck/ Fettflecken m.; ~을 ~에서 제거하다 et.⁴ von et. abbekommen

Wie **bekomme** ich nun diese Fettflecken von der Hose **ab**?

① 그는 그녀에게 그 고가구(古家具)에 대해 너무 지나친 비싼 값을 요구한다.
☞ 고가구 das alte Möbel; 지나친 비싼 값 ein zu hoher Preis

Er **verlangt** der Frau für das alte Möbel einen zu hohen Preis **ab**.

【역례】
Die Regierungspartei **erkannte** die Berechtigung der Opposition **an**.

[4-4-2]

나는 신문배달여인에게 신문구독을 취소했다.

☞ 신문배달 여인 Zeitungsfrau f.-en; 신문구독 das Abonnement der Zeitung; ~의 주문을 취소하다 et.⁴ abbestellen

(해설)
1) 완료형의 과거분사는 ge-가 탈락한다.
2) 부정법의 zu는 분리전철과 비분리 전철 사이에 들어간다.

(예)
① 나는 나의 여자친구에게 나의 비밀을 털어놓았다.
☞ ~에게 비밀을 털어놓다 jm. ein Geheimnis **anvertrauen**

Ich habe meiner Freundin mein Geheimnis anvertraut.

① 정확성과 청결은 어린아이들에게 몸에 배이도록 교육되어있다.
☞ 정확성과 청결 Pünktlichkeit und Sauberkeit; ~에게~을 몸에 배이도록 교육하다 jm. et.⁴ anerziehen

Pünktlichkeit und Sauberkeit sind den Kindern **anerzogen.**

② 이 약은 시원한 곳에서 보관되어져야 한다. 그렇지 않으면 그 효력이 떨어진다.
☞ ~을 보관하다 et.⁴ aufbewahren

Diese Medikamente sind kühl **aufzubewahren**. Sonst verringern sich ihre Wirkungen.

【역례】
Ich habe das Abonnement der Zeitung bei der Zeitungsfrau **abbestellt**.

[4-5] 파생동사

복합명사 혹은 복합동사에서 파생한 동사들이 있다. 이들은 마치 복합동사처럼 보이지만 분리하지 않고 과거분사에는 ge-가 낱말의 앞에 붙고 언제나 약변화 한다. 단, 비분리전철과 파생어가 만들어졌을 때는 과거분사에서 ge-가 탈락한다.

- frühstücken < Frühstück 아침식사하다
- rechtfertigen < rechtfertig ~을 옳다고 시인하다
- handhaben < Handhabe ~를 사용하다
- beantragen < Antrag ~을 제안(신청)하다
- beauftragen < Auftrag ~을 위임하다
- bemitleiden < Mitleid ~을 동정하다

[4-5-1]

그는 그 기계들을 능숙하게 조작하였다.

☞ 기계 Maschine f.-en; 능숙하게 geschickt; ~을 조작하다 et.[4] handhaben

(해설)
(1) handhaben의 변화형 handhabte - gehandhabt에 주의하라. 비분리 전철을 가지고 파생하는 동사는 beantragen - beantragte - beantragt로 ge-가 탈락한다.

(예)
① 사람들이 회의를 준비하는 것을 나에게 위임했다.

Man hat mich **beauftragt**, mich für die Konferenz vorzubereiten.

【역례】
Er hat geschickt die Maschine **gehandhabt**.

◈ 연 습 문 제 4 ◈

1) 경찰은 사회에서 질서를 보살피고 범죄를 적발한다. 경찰은 그들의 일에 있어서 법률들을 정확히 지켜야 한다.
☞ 경찰 Polizei f.-en; 사회 Öffentlichkeit f.; 돌보다 für et. sorgen; 적발하다 et. aufklären/aufdecken; ~에 있어서 bei; ~지키다 sich an et.[4] halten

2) 교통신호등 역시 교통표지이고, 많은 교통규칙을 나타낸다. 많은 교통표지는 단지 자동차

운전자나 자전거 운전자에만 해당된다, 또한 보행자에게도 해당되는 다른 교통 표지도 있다.
☞ **교통신호등** Ampel f.-n; **교통표지** Verkehrszeichen n.-s; **교통규칙** Verkehrsregel f.-n; **자동차와 자전거 운전자** Auto- und Radfahrer; ~**으로 해당된다(간주한다)** für et. gelten

3) 한 취객이 교통표시판을 치어 넘어뜨리고 뺑소니치려고 하였다. 그러나 그는 경찰에 현장에서 체포되었다.
☞ **교통표시판** Verkehrsschild n.; ~**을 치어 넘어뜨리다** et.[4] umfahren; **뺑소니치다** Fahrerflucht begehen; **현장에서** auf frischer Tat

4) 여행이 얼마나 싸질 수 있는가 하는 것을 당신은 전혀 상상도 못합니다. 사람들이 단지 계획을 올바르게 세우고 뜻밖에 있을 어려움을 예견하여야만 합니다.
☞ **여행** Reisen n.-s; **값싸다** billig sein; **상상하다** sich vorstellen; **계획을 올바르게 세우다** et. richtig planen/einen richtigen Plan entwerfen (aufstellen); **뜻밖에 있을** eventuell; **어려움** Schwierigkeit f.-en; ~**을 예견하다** ins Auge fassen

5) 당신이 언제 여기 서울에 도착하는지 알려주십시오. 내가 공항에 기꺼이 마중 가겠습니다.
☞ **알리다** jm. Bescheid sagen; ~**를 공항에 마중가다** jn. am (vom) Flughafen abholen

6) 그는 그의 친구들을 저녁식사에 초대를 하고 그들에게 즐거운 저녁이 되도록 많은 애를 썼다.
☞ ~**를 저녁식사에 초대하다** jn. zum Abendessen einladen; **즐거운 저녁이 되다** ('즐거운 저녁시간을 제공하다'로 번역) jm. einen schönen Abend anbieten; **애를 쓰다** sich anstrengen

7) 연극공연이 오늘 밤 7시에 대학 강당에서 열린다. 네가 관심이 있다면 같이 가자!
☞ **연극공연** Theateraufführung f.-en; **대학 강당** Aula f. pl.-len od. s; **관심이 있다** Interesse haben

8) 독일에 장기간 체류 하려면 독일연방공화국에 도착한 후에 주민신고소에 등록하지 않으면 안 된다.
☞ **장기간** lange/lange Zeit; **도착** Ankunft f. Ankünfte; **주민신고소에 주민등록하다** sich bei dem Einwohnermeldeamt anmelden

9) 그 장군은 국경선에 주둔하고 있는 군대를 철수시키려고 하였다. 왜냐하면 전황이 악화되었기 때문이다.
☞ **장군** General m.-s.-e od. Generäle; **국경선** Grenze f.-n; **주둔한** stationiert; **군대** Truppe f.-n; **철수시키다** zurückziehen; **상황(전황)** Kriegslage f.-n; **악화하다** sich verschlechtern

10) 그 교수는 이 질환을 영양 불량에 기인되어진 것이라고 추측한다.

☞ **영양불량** schlechte Ernährung f.-en; **~에 기인되다** auf et.[4] zurückzuführen sein(**접속법 I로 사용하라 - 간접화법**); **~을 추측 하다** et.[4] vermuten/die Vermutung aufstellen

11) 기상학자는 멀지 않은 장래에 날씨를 100% 확실하게 예보할 수 있다고 주장한다.
☞ **멀지 않은 장래에** in absehbarer Zeit; **100%의** 100-prozentig; **확실함** Sicherheit; **예보하다** voraussagen; **~을 주장하다** et.[4] behaupten/die Behauptung aufstellen

12) 2000년에는 올림픽경기가 시드니에서 열렸다. 그 경기는 위성으로 전 세계에 중계되었다.
☞ **올림픽 경기** Olympiade f.-n/die Olympischen Spiele; **시드니** Sydney; **위성으로** über Satellit; **~이 중계되다** übertragen werden

13) 저녁 7시경에 교통이 아주 번잡하여진다. 그 때문에 우리들은 러시아워 (출퇴근시간)에 정체되지 않도록 하기 위하여 교통이 분비는 큰 도시들을 우회하도록 노력해야 한다.
☞ **7시경에** um 7 Uhr herum; **교통이 아주 번잡하여진다** es herrscht ein starker Verkehr; **러시아워** Berufsverkehr; **정체되다** steckenbleiben; **교통이 분비는** mit ihrem dichten Verkehr; **~을 우회하다** et.[4] umfahren; **~을 노력하다** et.[4] versuchen

14) 그 후 그 연사는 경제발전의 몇 가지 문제들을 다루면서 지난 5년 사이에 아직도 극복 될 수 없었던 기존의 불균형들을 (주: 경제발전이 인구증가를 따라갈 수 없다는 뜻에서) 지적했다.
☞ **연사** Redner m.-s; **경제발전** die wirtschaftliche Entwicklung; **~을 다루다** auf et.[4] eingehen; **극복되다** überwunden werden; **불균형** Disproportion f.-en; **~을 지적하다** auf et.[4] hinweisen

15) 이 문학작품에는 이 시대의 정치적 상황들이 분명히 반영되어 있다.
☞ **문학작품** Dichtung f.-en; **시기** Epoche f./Zeit f.; **정치적** politisch; **상황** Verhältnis n.-se,-se; **반영되어지다** sich widerspiegeln

5. 전치사 (Die Präposition) (I)

전치사들은 사람과 사물들이 그들의 활동, 상태와 성질들을 통하여 다른 대상물과 갖게 되는 관계를 나타낸다. 전치사는 불변사로서 변치 않으며, 장소와 방향 (von, an, längs), 시간 (um, an, zu), 방법 (im allgemeinen, auf diese Art und Weise), 이유와 원인 (wegen, halber) 등을 나타낸다. 전치사에는 2격, 3격, 4격, 3 · 4격 지배로 분류되지만 무관사의 명사, 부사와의 결합에서는 격의 표시가 나타나지 않을 때도 있다.

[1] 2격 지배
[2] 3격 지배

[5-1] 2격 지배 전치사

2격 지배 전치사 중에는 명사의 앞에 혹은 뒤에 위치하기도 하고 3격도 지배하는 것도 있다. 다음 빈도수가 많은 2격 지배 전치사의 예를 들어본다.

1) wegen
2) während
3) trotz
4) statt, anstatt
5) ober-, unter-, außer-, innerhalb
6) diesseit(s), jenseit(s)
7) angesichts
8) anläßlich
9) hinsichtlich
10) laut
11) um～willen

※ binnen은 in, innerhalb 의 동의어
※ längs는 entlang의 동의어

[5-1-1]

재판관은 피고를 증거부족으로 무죄 선고하였다.

☞ **재판관** Richter m.-s; **피고** der Angeklagte (**형용사 변화**); **증거** Beweis m.-es,-e; ～**의 부족** Mangel an et [3] ; ～**으로** wegen+2격; ～**무죄 선고하다** jn. freisprechen

(해설)

wegen은 주로 2격 지배를 사용한다. 동의어로 aufgrund, halber, halben이 있다. halber, halben은 항상 명사 뒤에 위치하고 halben은 meinet-, deinethalben처럼 인칭대명사 2격과 결합하고. halber(고형으로 자주 사용 않됨)는 명사 뒤에 위치한다.

(1) wegen 은 명사 전, 후에 위치할 수 있다.

(2) <von et.+2격+-wegen >은 「～위임을 받고 im Auftrag von ～」, 「어떠한 특정한 일로」의 뜻이다 (법률상 von Rechts wegen; 직업상 von Berufs wegen; 직무상 von Amts wegen).

(3) 인칭대명사 2격 (meiner, deiner, seiner)은 <mein-, dein-, sein+et>가 되며 meinet-,

deinet-, seinetwegen의 결합형이 사용되고 halben도 wegen처럼 인칭대명사와 합성어로 사용된다. 의미는 「나 때문에」의 뜻이 되며 「나로서는, 너로서는, 그로서는 반대 안는다」의 뜻이 있다. halber는 wegen,um...willen의 동의어이고 명사 뒤에 위치하거나 혹은 명사와 합성어로 사용된다.

(예)
① 나는 내가 아프기 때문에 가을에 열리는 사회학회에 참가할 수 없다.
☞ 가을에 im Herbst; 사회학회 die Soziologische Tagung (Tagung은 전문인들이 모여 몇 일간 계속하는 학술회의); ~에 참가하다 an et.³ teilnehmen

Meiner Krankheit wegen kann ich an der Soziologischen Tagung im Herbst nicht teilnehmen.

② 그는 직업상 자주 출장을 갔고 많은 흥미로운 것을 보아왔다.
☞ 직업상 von Berufs wegen; 출타 중이다 unterwegs sein

Von Berufs wegen war er oft unterwegs und hat viel Interessantes gesehen.

③ "내가 내일 네 자동차를 사용할 수 있을까?" - "마음대로 하게."
☞ 마음대로 하게 (나로서는 반대 않는다) meinetwegen (= ich habe nichts dagegen); ~을 사용하다 et.⁴ haben (= et. gebrauchen)

„Darf ich morgen dein Auto haben?" - „**Meinetwegen.**"

③ 그여자는 긴급한 용무로 여행을 떠났다.
☞ 긴급한 용무 dringende Geschäfte (pl.)

Sie ist **dringender Geschäfte halber** verreist.

③ 나는 신중을 기해 우산을 가지고 갈것이다. 왜냐하면 일기예보에 따르면 오후에 비가 온다고 하기 때문이다.
☞ 신중을 기해 vorsichtshalber; 우산을 가지고가다 einen Schirm mitnehmen; 일기예보에 따르면 nach der Wettervorhersage; 비가 온다고 하다 es soll regnen

Vorsichtshalber werde ich einen Schirm mitnehmen, weil es nach der Wettervorhersage am Nachmittag regnen soll.

【역례】
Der Richter hat den Angeklagten **wegen Mangels** an Beweisen freigesprochen.

[5-1-2]

신형기계들의 모형의 시범(회)가 일주일 동안 계속했다.

☞ 신형기계 neuartige Maschine; 모형/모델 Modell n.-s,-e; 일주일 eine Woche;

시범(회) Vorführung f.-en; 계속하다 dauern

(해설)
während 는 2격 지배지만 während dem Essen, während fünf Monaten등 3격 지배도 사용될 때가 있다.

【역례】
Die Vorführung der Modelle von neuartigen Maschinen dauerte **während einer Woche.**

[5-1-3]

그 국회의원은 (그의) 고령에도 불구하고 모든 회의에 참석했다.

☞ 국회의원 Abgeordneter m. (형용사 변화); 그의 고령 sein hohes Alter; 불구하고 trotz (2, 3격 지배)/ungeachtet; 모든 회의 jede Sitzung; ～참석하다 zu et. kommen

(해설)
(1) trotz는 3격 지배로도 사용이 되고 동의어로서 ungeachtet가 사용 된다. ungeachtet는 명사의 뒤에 위치할 때도 있다.

(예)
① 그는 비가 몹시 오는데도 불구하고 그의 여행을 중단하려고 하지 않았다.

Trotz des starken Regens (dem starken Regen) wollte er seine Reise nicht unterbrechen.

① 여러 차례의 경고에도 불구하고 그 공장들은 대기 오염에 대해 아무 일도 꾀하지 않았다.
☞ 여러 차례의 wiederholt; 경고 Mahnung f.-en; ～에 대해 일을 꾀하다 et.[4] gegen et. unternehmen

Ungeachtet wiederholter Mahnungen (Wiederholter Mahnungen ungeachtet) unternahmen die Industriebetriebe nichts gegen die Luftverschmutzung.

【역례】
Der Abgeordnete kam **trotz seines hohen Alters** zu jeder Sitzung.

[5-1-4]

그 여자는 조깅을 그만둔 대신에 수영하러 간다.

☞ 조깅 Joggen n.-s; ～을그만두다 mit et. aufhören/et. aufgeben; 수영하러 가다 schwimmen gehen

(해설)
statt 와 anstatt는 같은 뜻이고 언제나 명사 앞에 오고 때로는 an des Vaters statt처럼 anstatt가 분리하여 그 가운데 2격 명사가 들어갈 때도 있다.

【역례】
Sie hat das Joggen aufgegeben, **statt dessen** geht sie schwimmen.

[5-1-5]

우리 의사는 면담시간 외에도 전화연락이 될 수 있다.

☞ 면담시간 Sprechstunde f.-n; 외에 außerhalb; 전화 연락이 가능하다 telefonisch erreichbar sein

(해설)
(1) außerhalb와 innerhalb는 시간과 장소의 의미로서 사용될 수 있다.
(2) oberhalb, unterhalb는 장소의 의미로서 사용된다.

(예)
① 일주일 이내에 당신의 회답을 기다리고 있겠습니다.

☞ 이내에 innerhalb; 회답 Antwort f.-en; ～를 기다리다 jn.(et.)erwarten

Wir erwarten Ihre Antwort **innerhalb einer Woche**.

① 월드컵 축구대회가 개최되었던 축구경기장은 도시 내에 (외곽에) 위치하고 있다.
☞ 축구경기장 Fußballstadion n.

Das Fußballstadion, in welchem die Fußballweltmeisterschaft stattfand, liegt **innerhalb (außerhalb) der Stadt**.

② 대부분의 비타민은 사과껍질의 바로 아랫부분에 있다.
☞ 비타민 Vitamin n.-s,-e; 껍질 Schale f.-n; 바로 direkt; 아랫부분에 unterhalb

Die meisten Vitamine liegen direkt **unterhalb der Schale des Apfels**.

② 2000 미터 위에서는 비가 눈으로 변한다.
☞ 2000 미터 위에 oberhalb 2000 Meter; ～이 ～으로 변하다 in et.[4] übergehen; 눈 Schnee m.-s

Oberhalb 2000 Meter geht der Regen in Schnee über.

【역례】
Unser Arzt ist **außerhalb der Sprechstunde** telefonisch erreichbar.

[5-1-6]

알프스 저 쪽에는 기후가 훨씬 더 온화하다.

☞ 알프스 die Alpen (pl.); 저편 jenseits; 기후 Klima n.-s,-s

(해설)
diesseit(s), jenseit(s) 는 장소를 뜻하는 2격 지배 전치사이다. -s가 붙어있으면 전치사, 부사로서 사용되나 -s가 없을 때는 전치사로만 사용된다.

【역례】
Jenseits der Alpen ist das Klima viel milder.

[5-1-7]

실업자들의 많은 (높은) 수를 참작하여 정치가들은 적절한 대책들을 심사숙고 하지 않으면 안 된다.

☞ 높은 숫자 hohe Zahl f.-en; 실업자 der Arbeitslose (형용사 변화); 참작하여 (직면하여) angesichts; 정치가 Politiker m.-s; 적절한 geeignet; 대책 Maßnahme f.; 심사숙고하다 sich[3] et.[4] überlegen

(해설)
angesichts (직면하여, 참작하여)는 언제든지 명사 앞에 위치한다.

【역례】
Angesichts der hohen Zahl an Arbeitslosen müssen sich die Politiker geeignete Maßnahmen überlegen.

[5-1-8]

이 회사의 백 주년 기념일을 맞이하여 큰 축제가 있었다.

☞ 회사 Firma f.-en; 백 주년 기념일 das hundertjährige Jubiläum; 맞이하여 anläßlich; 축제 Feier f.-n

(해설)
anläßlich (맞이하여)도 명사 앞에 위치한다.

【역례】
Anläßlich des hundertjährigen Jubiläums der Firma gab es eine große Feier.

[5-1-9]

접속법 I형과 II형에 있어서 형식과 용법에 관하여서는 독일인(의 화자)에 까지도 불확실한 것이 있다.

☞ 접속법 I Konjunktiv I; 형식과 용법 die Form und die Verwendung; 독일인(의 화자)에 까지도 selbst bei den deutschen Sprechern; 불확실한 것 Unsicherheit f.-en; 있다 (지배적이다) herrschen

(해설)
(1) hinsichtlich는 in Bezug auf et.[4] /in Hinsicht auf et.[4] 의 뜻이다.

(예)
① 그의 건강에 관하여서는 당신은 걱정할 필요가 없습니다.

Hinsichtlich seiner Gesundheit brauchen Sie sich keine Sorge zu machen.

【역례】
Beim Konjunktiv I und II herrscht **hinsichtlich der Form und der Verwendung** selbst bei deutschen Sprechern Unsicherheit.

[5-1-10]

도로교통법규의 1조에 의하면 그는 그 사고에 공범이다.

☞ 도로 교통법규 Straßenverkehrsordnung f.-en; 1조 Paragraph I; ～에 따르면 laut ～; ～에 공범이다 an et.[3] mitschuldig sein

(해설)
(1) laut는 gemäß, nach Angabe von ～의 의미로 2·3격을 지배한다. 2격 지배일 때 무관사, 2격의 어미 없이 사용되고 3격 지배일 때는 격변화를 한다.

(예)
① 의사의 진단서에 의하면 그는 황달을 앓고 있다.
☞ 의사의 ärztlich; 진단서 Attest n.-es,-e; 황달 Gelbsucht f. Gelbsüchte; ～앓고 있다 an et.[3] leiden

Laut ärztlichem Attest leidet der Patient an der Gelbsucht.

【역례】
Laut Paragraph 1 der Straßenverkehrsordnung ist er an dem Unfall mitschuldig.

[5-1-11]

가정의 평화를 위하여 그 여자는 그녀의 남편의 질책에 아무런 대꾸도 하지 않았다.

☞ 가정의 평화 Familienfriede m.-ns,-n; 위하여 um～willen; 질책 (비난) Vorwurf m.-es, Vorwürfe; 아무런 대꾸도 않다 nichts auf et. erwidern

(해설)
「～을 위하여」 <um+2격+willen>으로 사용한다.

【역례】
Um Familienfriedens willen erwiderte sie nichts auf die Vorwürfe ihres Mannes.

[5-2] 3격 지배 전치사

3격 지배 전치사들은 다음과 같은 것이 있다.
1) aus
2) außer

3) bei
4) entgegen
5) gemäß
6) gegenüber
7) mit
8) nach
9) nebst, samt
10) seit
11) von
12) zu
13) zufolge
※ zufolge는 명사의 전후에 위치하고 명사 앞에서는 2격, 명사 뒤에서는 3격 지배이다.

[5-2-1]

아버지께서는 방에서 나오셔서 집에서 거리로 나가신 것 같다.

☞ 집에서 aus dem Haus; 거리로 auf die Straße; ~인 것 같다 scheinen + zu + Inf.

(해설)
(1) 공간적인 의미를 지닌 aus는 내부에서 밖으로 (von innen nach außen)의 의미이다.
(2) 출신 (Herkunft)을 나타낼 때는 aus를 사용한다.
(3) 시간의 의미로 「...에서,..부터 」의 뜻을 나타낸다.
(4) 추상적인 의미로 이유, 원인을 나타낸다 (aus Höflichkeit 예의상; aus Freundschaft 우정에서; aus Langeweile 권태 때문에; aus Mitleid 동정에서; aus Angst 불안에서; aus Versehen 실수로; aus technischen Gründen 기술적인 이유에서; aus Liebe 사랑에서).
(5) 재료적인 용법

(예)
① 그는 서랍에서 볼펜을 꺼내어서 그녀의 전화번호를 주소록에 기입하였다.
☞ 서랍 Schublade f.-n.; ~을 꺼내다 et.[4] nehmen

Er nahm einen Kugelschreiber **aus der Schublade** und trug ihre Telefonnummer ins Adreßbuch ein.

② 그 주민은 가까운 주변의 출신인 수공업자들과 농부들로 이루어 졌다.
☞ 주민 Bevölkerung f.-en; 가까운 주변 die nähere Umgebung; ~의 출신이다 aus et. stammen; 이루어지다 (구성되다) sich zusammensetzen

Die Bevölkerung setzte sich aus Handwerker und Bauern zusammen, die **aus** der näheren Umgebung **stammten**.

③ 이 도시는 중세 시대의 아름다운 인상적인 건축물들을 아직 가지고 있다. (이 도시는 아직도 중세 시대의 아름다운 인상적인 건축물들이 있다.)
☞ 중세 Mittelalter n.-s; 건축물 Bauwerk n.-s,-e; 인상적인 eindrucksvoll

Die Stadt hat noch schöne, eindrucksvolle Bauwerke **aus dem Mittelalter**.

④ 기술적인 이유에서 새로운 박물관의 낙성식이 2～3일 연기 되었다.
☞ 박물관 Museum n.-s,-en; 낙성식 Einweihung f.-en; 연기 (지체)하다 sich verzögern; 2～3일 um einige Tage

Aus technischen Gründen verzögerte sich die Einweihung eines neuen Museums um einige Tage.

⑤ 나의 아내를 위하여 나는 순금반지를 한 개 샀다.
☞ 위하여 für et.[4] ; 순금 reines Gold

Für meine Frau habe ich einen Ring **aus reinem Gold** gekauft.

【역례】
Vater kommt **aus dem Zimmer** und scheint **aus dem Haus** auf die Straße zu gehen.

[5-2-2]

그 기차는 일요일을 제외하고는 매일 운행한다.

☞ 제외하고 außer; 운행하다 verkehren

(해설)
(1) außer는 mit Ausnahme von, ausgenommen의 뜻으로 사용한다.
(2) (1)의 거의 반대의미로 「포함하여」, 「추가하여」(zusätzlich)의 뜻이 있는데 이 때는 그 문중에 auch, auch noch 가 함께 사용된다.
(3) 「바깥에」라는 뜻이 있다.
(4) 비유적으로 「벗어나다」의 뜻이 있다.

(예)
① 그 교통사고 때 그녀는 가벼운 멍든 것 외에는 상처를 입지 않았다.
☞ 교통사고 때 beim Verkehrsunfall; 가벼운 멍 leichte Prellung; 상처를 입지 않다 unverletzt sein

Beim Verkehrsunfall blieb sie **außer** einer leichten Prellung unverletzt.

② 그 젊은 숙녀 외에도 세 신사가 기차의 객실 안에 앉아 있었다.
☞ 젊은 숙녀 die junge Dame; ～도 auch, auch noch; 신사 Herr m.-n,-en; 기차의 객실 안에 im Abteil

Außer der jungen Dame saßen **auch noch** drei Herren im Abteil.

③ 너는 그 비행기를 이제는 더 볼 수 없어. 비행기는 시야에서 벗어나있다.

Das Flugzeug kannst du nicht mehr sehen, es ist **außer** Sichtweite.

④ 그 중상자는 수술을 받은 후에 비로소 생명의 위험에서 벗어난다.
☞ 비로소 erst; ～에서 벗어나다 außer et.[3] sein

Erst nach der Operation ist der Schwerverletzte **außer Gefahr**.

【역례】
Der Zug verkehrt täglich **außer sonntags**.

[5-2-3]

그림 형제의 고향도시인 하나우는 마인 강변의 프랑크푸르트 근교에 있다.

☞ 하나우 Hanau; 고향도시 Geburtsstadt; 근교에 bei et.[3] ; 마인강변의 am Main; 프랑크푸르트 Frankfurt

(해설)
(1) bei가 근접한 공간적인 의미로서 사용될 때는 두 사물이 접촉 없이 어느 정도의 거리가 있을 때 사용한다.
(2) 임석(臨席), 체류를 뜻한다.
(3) 직장, 예속
(4) 시간을 의미할 때가 있는 wenn, als의 부문장으로 문장 전환이 된다. 그리고 bei 다음에 오는 명사는 명사화한 부정형 및 동사에서 파생한 명사이다.
(5) 인용의 뜻은 주로 <bei+all+추상명사>

(예)
① 매점(키오스크)은 우체국 바로 옆에 있다.

Der Kiosk liegt direkt **bei dem Postamt**.

② 그 의사는 지금 그의 환자들 곁에 있다 (진료하고 있다).
☞ 환자 Patient m.-en,-en

Der Arzt ist jetzt **bei seinen Patienten**.

② 그 여자는 지금 그녀의 숙모 댁에 거주하고 이제는 나의 집에 거주하지 않는다.
☞ 숙모 Tante f.-n

Sie wohnt jetzt **bei ihrer Tante**, nicht mehr **bei mir**.

③ 그는 지금 어느 건축회사에서 일하는데 전에는 공군장교였다.
☞ 건축회사 Baufirma f.-en; 전에는 vorher; 공군 Luftwaffe f.-n; 장교 Offizier

Jetzt arbeitet er **bei einer Baufirma**, vorher war er Offizier **bei der Luftwaffe**.

④ 연극공연이 시작될 때 관람석의 불이 꺼졌다.
☞ 연극공연 Theatervorstellung f.-en; 시작 Beginn m.-s,-e; 관람석 Zuschauerraum; (불이) 꺼지다 ausgehen

Bei dem Beginn der Theatervorstellung ging das Licht im Zuschauerraum aus.

⑤ 그의 모든 열성에도 불구하고 그는 재차 실패하였다.
☞ 열성 Fleiß; 재차 immer wieder; 실패 Mißerfolg; ～하다(가진다) et.[4] haben

Bei all seinem Fleiß hatte er doch immer wieder Mißerfolg.

【역례】
Hanau, die Geburtsstadt der Brüder Grimm liegt **bei Frankfurt am Main**.

[5-2-4]

그 사병은 장교의 명을 거역하고 그의 초소를 떠났다.

☞ 사병 Soldat m.-en,-en; 장교 Offizier m.-s,-e; 명령을 거역하여 dem Befehl entgegen; 초소 Posten m.-s

(해설)
entgegen은 명사의 앞, 뒤에 위치한다.
(1)「～쪽을 향하여」
(2)「～에 반하여, ～을 거슬러서」

(예)
① 아이들은 환호와 환성을 지르며 아버지를 향해 달려갔다.
☞ 환호와 환성을 지르며 mit Jubel und Gejauchze

Die Kinder liefen **dem Vater** mit Jubel und Gejauchze **entgegen.**

② 나는 사장의 지시에 거역하여 행동할 수 없다.

Entgegen den Weisungen des Chefs kann ich nicht handeln.

【역례】
Der Soldat verließ **dem Befehl des Offiziers entgegen (od. entgegen dem Befehl des Offiziers)** seinen Posten.

[5-2-5]

사람들은 그 나라의 법에 따라서 행동해야 한다.

☞ 법률 Gesetz n.-es,-e; 따라서 gemäß; 행동하다 sich verhalten; ～해야 한다 sollen

(해설)
gemäß는 명사의 앞, 뒤에 위치할 수 있다.

【역례】
Man soll sich **gemäß dem Gesetz des Landes (dem Gesetz des Landes gemäß)** verhalten.

[5-2-6]

시청은 교회와 대각선으로 (비스듬히) 마주보고 있다.

☞ 시청 Rathaus n.; 비스듬히 schräg; 교회 Kirche f.

(해설)

(1) gegenüber도 명사의 앞, 뒤에 위치할 수 있고 뜻은「맞은편에」「비하면」「~대하여」이다

(2) 인칭대명사가 gegenüber와 함께 사용될 때는 반드시 인칭대명사가 선행한다. 뜻은 위와 동일하다.

(예)

① 버스 정류장 맞은편에 당신은 많은 여행사를 발견하게 됩니다.
☞ 버스정류장 Bushaltestelle f.-n; 여행사 Reisebüro n.-s,-s

Der Bushaltestelle gegenüber (Gegenüber der Bushaltestelle) finden Sie viele Reisebüros.

② 그 젊은이는 나에 게는 언제나 아주 정중하게 행동했다.
☞ 나에 대해서는 mir gegenüber; 정중한 höflich; 행동하다 sich verhalten/ sich benehmen

Der junge Mann hat sich **mir gegenüber** immer sehr höflich benommen.

【역례】
Das Rathaus liegt schräg **der Kirche gegenüber (gegenüber der Kirche).**

[5-2-7]

당신은 우리들과 함께 시내로 가실 생각이 있습니까?

☞ 시내 Innenstadt f. Innenstädte; 생각 (의향) 을 가지다 Lust haben

(해설)

(1) 두 사람, 둘 이상의 사물과 함께의 뜻일 때 mit을 쓴다.

(2) 도구, 수단을 나타낸다.

(3) 방법

(4) 두 사람 또는 사물이 함께 종속관계를 갖는다.

(5) 동시성을 나타내는 시간, 시점 (Zeitpunkt)

(예)

① 그 여학생은 오늘 저녁에 몇몇 여자 친구와 함께 극장에 간다.

Die Schülerin geht heute abend **mit ein paar Freundinnen ins** Theater.

② 그는 망치로 벽에 못을 박고 있다.
☞ **망치** Hammer m.-s, Hämmer; **못** Nagel m.-s, Nägel; **치다** schlagen

Er schlägt einen Nagel **mit dem Hammer** in die Wand.

③ 우리들은 이 축제를 아주 꼼꼼하게 준비 (조직)했다.
☞ **아주 꼼꼼하게** mit großer (voller) Sorgfalt; **~을 준비하다** organisieren/sich auf et.[4] vorbereiten

Wir haben uns **mit großer Sorgfalt** auf die Feierlichkeiten vorbereitet.

④ 아침 식사가 포함된 숙박료는 60 유로입니다.
☞ **아침식사가 포함된** mit Frühstück; **숙박(료)** Übernachtung; **값이 ~이다** et.[4] kosten

Die Übernachtung **mit Frühstück** kostet 60 Euro.

⑤ 19살 때 그는 고등학교 졸업 시험을 치렀다. 그 후 그는 법률을 공부하기 위하여 뮌헨대학을 다녔다.
☞ **19살 때** mit 19 Jahren; **고등학교 졸업시험** Abiturientenexamen; **치르다** machen/ablegen; **법률을 공부하다** Jura studieren

Mit 19 Jahren machte er das Abiturientenexamen. Danach besuchte er die Münchener Universität, um Jura zu studieren.

【역례】
Haben Sie Lust, **mit uns** in die Innenstadt zu gehen?

[5-2-8]

휴가 중에 나는 뮌헨에서 잘츠부르크를 경유하여 빈으로 가서 일주일 동안 그 곳 나의 친척집에서 머무르려고 한다.

☞ **휴가** Urlaub m.-s,-e; **뮌헨** München; **잘츠부르크를 경유하여** über Salzurg; **빈** Wien; **나의 친척댁에** bei meinem Verwandten; **머물다** unterkommen

(해설)
(1) nach 는 일정한 방향을 나타내어 동서남북향으로는 nach Osten, nach Westen, nach Süden, nach Norden 또 상하좌우 nach oben, nach unten, nach links, nach rechts를 쓴다. 특히 중성 국명, 도시명은 nach Korea, nach Seoul 등으로 nach를 쓰지만 남성, 여성의 관사가 있는 지명은 in den Irak, in die Schweiz를 쓰고 정관사를 수반하는 섬은 auf die Kanarischen Inseln, 하천, 호수, 대양은 an(zu도 가능)을 쓴다 (예: an die Nordsee fahren). 그러나 사람이나 건물, 광장의 방향일 때는 zum Arzt, zum Bahnhof, zum Fußballplatz를 쓴다. (각 전치사 참고)

(2) 시간의 「경과 후」를 나타낸다.
(3) 어떤 순서에서 「그 다음의」뜻으로 사용한다.
(4)「~에 의하면」뜻으로 zufolge의 동의어 이며 이때는 nach는 명사의 전후에 위치한다.
(5) 척도를 나타낸다.

(예)
① 첫째 모퉁이에서 당신은 왼쪽을 가셨다가 다음은 오른쪽으로, 마지막에는 바로 곧장 가세요.
☞ 첫째 모퉁이에서 an der ersten Ecke; 왼쪽 nach links; 다음은 dann; 마지막에는 schließlich; 바로 곧장 geradeaus

An der ersten Ecke gehen Sie **nach links**, dann **nach rechts**, schließlich geradeaus.

① 우리들은 지금 북에서 남쪽으로 비행하고 있습니다. 우리들은 삼십분 이내에 제주공항에 도착합니다.

Wir fliegen jetzt von Norden **nach Süden**. In einer halben Stunde erreichen wir die Jeju-Flughafen.

② 사고 후 2~3분 만에 벌써 경찰이 왔었다.
☞ 사고 Unfall m.-s, Unfälle; 2~3분 wenige Minuten; 경찰 Polizei; 와있다 da sein

Wenige Minuten **nach dem Unfall** war die Polizei schon da.

② 그는 우리들을 부활절 후에야(화요일 이후, 9월초(말) 이후) 우리들을 방문하려고 한다.
☞ 부활절 Ostern; 화요일 Dienstag m.-es,-e; 9 월초(말) Anfang (Ende) September

Erst **nach Ostern (nach Dienstag, nach Anfang (Ende) September)** will er uns besuchen.

③ 몽블랑 다음으로 몬테로자가 구라파에서 가장 높은 산이다.
☞ 몽블랑 Mont Blanc; 몬테로자 Monte Rosa; 가장 높은 산 der höchste Berg

Nach dem Mont Blanc ist der Monte Rosa der höchste Berg Europas.

④ 네게 좋은 생각이 없다면, 내 생각으로는 우리들은 그 문제를 달리 풀어야겠다.
☞ 내 생각으로는 meiner Meinung (Ansicht) nach (od. nach meiner Meinung (Ansicht)); 좋은 생각이 있다 eine gute Idee haben; ~을 달리 풀다 et.[4] anders lösen

Meiner Meinung nach müssen wir das Problem anders lösen, wenn du keine gute Idee hast.

⑤ 화씨 86도 (86°)는 섭씨온도의 눈금의 기준으로는 30°이다.

☞ **화씨** Fahrenheit f.; **섭씨온도의 눈금** Celsiusskala f.-len

86 Grad (86°) Fahrenheit sind **nach der Celsiusskala 30°**.

【역례】
Im Urlaub will ich von München über Salzburg **nach Wien** fahren und eine Woche dort bei meinem Verwandten unterkommen.

[5-2-9]

그 집은 모든 귀속재산과 함께 경매되었다.

☞ **귀속재산** Inventar n.-s,-e; **~을 경매하다** et.[4] versteigern

(해설)
(1) samt와 nebst는 「~와 함께」(zusammen mit ~)의 뜻이다. 단, a samt b 「a는 b와 함께」, a nebst b 는 「b와 함께 a」로 번역한다.

(예)
① 그는 친구에게 차고와 함께 집을 팔았다.
☞ **차고** Garage f.-n

Er verkauft dem Freund das Haus **nebst Garage**.

【역례】
Das Haus samt allem Inventar wurde versteigert.

[5-2-10]

당신은 언제부터 한국에 있습니까? - 나는 지난해 여름부터 이곳에 있습니다.

☞ **언제부터** seit wann; **지난해의 여름부터** seit letztem Sommer

(해설)
seit는 시간의 계속, 시작을 의미한다.

(예)
① 당신은 박씨를 아십니까? - 예, 나는 그의 이름만을 알고 있습니다. 왜냐하면 나는 나의 유년 시절부터 그를 보지 못했기 때문이다.
☞ **이름만을 알다** jn. nur dem Namen nach kennen; **유년시절** Kindheit

Kennen Sie Herrn Park?- Ja, aber ich kenne ihn nur dem Namen nach, denn ich habe ihn **seit meiner Kindheit** nicht gesehen.

【역례】
Seit wann sind Sie in Korea? - Ich bin **seit letztem Sommer** hier.

[5-2-11]

프랑스에서 온 저기압권의 중심이 알프스산맥에 접근하고 있다.

☞ 프랑스 Frankreich n.-s; 에서 von～her; 저기압권 Tief n.-s,-s/ Tiefdruckgebiet; 중심 Zentrum n.-s,-tren; 알프스 산맥 die Alpen; ～에 접근하다 sich et.[3] nähern

(해설)
(1) von은 어떤 장소에서의 시발점을 말한다. 공간적인 시점을 말할 때 von ～ab (an), von ～ aus, von ～her처럼 전치사 및 부사를 동반할 때가 있다.
(2) von은 또 von ～ab (an), von ～her처럼 전치사, 부사를 동반하며 시간의 출발 시점을 나타낸다.
(3) von은 또 von～nach, von～bis 의 전치사를 동반하여 시간의 시작에서 끝까지, 장소의 시발점에서 종점까지를 의미한다.
(4) 어떤 사물이 분리되는 과정을 나타내며 「～에서～을」의 뜻
(5) ～의 특징을 나타낼 때

(예)
① 여기에서 길은 폐쇄되어 있다. 우리들은 더 갈 수가 없다.

Von hier ab ist die Straße gesperrt. Wir können nicht weiter fahren.

① 부산에서 나는 배로 계속 여행하려고 한다.
☞ 배로 mit dem Schiff; 계속 여행하다 weiterreisen

Von Busan aus will ich mit dem Schiffe weiterreisen.

① 거리에서 이리로 큰 웃음소리가 들렸다.
☞ 거리에서 이리로 von der Straße her; 큰 웃음소리 lautes Lachen

Von der Straße her hörte man lautes Lachen.

② 그들은 유년시절 (청소년시절) 때부터 서로 알고 있었다.
☞ 유년 (청소년)시절 때부터 von Kindheit (Jugend) an (od. auf)

Sie kannten sich **von Kindheit an (auf).**

② 나의 형은 그 여자를 학창시절부터 알고 있고 좋은 관계를 가지고 있다.
☞ 학창시절 Schulzeit f.; 아주 좋은 관계를 가지다 sich prima mit jm. verstehen

Mein Bruder kennt sie **von der Schulzeit her** und versteht sich prima mit ihr.

③ 그 초원은 여기에서 강까지 이른다.
☞ 초원 Wiese f.-n; 강까지 bis zum Fluß; ～에 이른다 sich erstrecken

Die Wiese erstreckt sich **von hier bis zum Fluß.**

④ 그녀는 이마에서 땀을 닦아내었다.
☞ 이마 Stirn f.-en; 땀 Schweiß m.-es,-e; 닦아내다 sich abwischen

Sie hat sich den Schweiß **von der Stirn** abgewischt.

⑤ 그는 건장한 체격의 남자이다.
☞ 건장한 체격 kräftige Statur

Er ist ein Mann **von kräftiger Statur**.

【역례】
Von Frankreich her nähert sich das Zentrum eines Tiefdruckgebietes den Alpen.

[5-2-12]

그 여자는 전보를 치기 위해 우체국으로 갔다.

☞ 전보를 치다 ein Telegramm aufgeben; 우체국에 zur (auf die) Post/zum Postamt

(해설)
(1) 방향을 의미하며 「~사람에게」, 「어떤 건물.광장을」 향하여 갈 때 zu를 쓴다: zum Arzt, zu Eltern, zur Kirche, zum Bahnhof
(2) 어떤 모임, 집회에 갈 때: zur Party, zu einer Tagung, zu einem Kongreß gehen (kommen)
(3) 축제일 때 zu 또는 an을 쓴다: zu (an) Ostern, zu (an) Weihnachten, zum Geburtstag, zu (an) Pfingsten
(4) 목적: zum Kegeln, zur Beruhigung
(5) 가격을 나타낼 때: zu 30 Won

(예)
① 나는 기념우표를 사기 위해 우체국에 간다,
☞ 기념우표 Gedenkausgaben/Sonderausgaben

Ich gehe **zum Postamt**, um Gedenkausgaben zu kaufen.

① 이번 주 중에 우리들은 시골에 계시는 우리들의 조부모에게 간다.
☞ 이번 주 중에 im Laufe der Woche; 조부모 Großeltern

Im Laufe der Woche fahren wir **zu unseren Großeltern** aufs Land.
② 그 국회의원은 어느 국제회의에 초청되었다.
☞ 어느 국제회의 ein internationaler Kongreß m.-sses,-sse; 초청되어 있다 zu et. eingeladen sein

Der Abgeordnete ist **zu einem internationalen Kongreß** eingeladen worden.

③ 지난해에는 크리스마스 때 많은 눈이 내렸다. 그러나 금년에는 눈이 없는 크리스마스 이다.
☞ 지난 해 letztes Jahr; 크리스마스 때 zu (an) Weihnachten; 눈이 내리다 es schneit; 눈이 없는 크리스마스 Weihnachten ohne Schnee

Letztes Jahr hat es **zu Weihnachten** viel geschneit. Dieses Jahr haben wir aber Weihnachten ohne Schnee.

③ 4월 15일에는 사람들은 그 아파트에 (그 집에) 입주할 수 있다.
☞ 4월 15일에는 zum 15. April; 아파트에 입주하다 die Wohnung beziehen/in die Wohnung einziehen

Zum 15. April kann man die Wohnung beziehen.

④ 오늘 저녁에 뭐 하시겠습니까? - 나는 볼링 치러 갑니다.
☞ 볼링 치러 가다 zum Kegeln (Bowling) gehen

Was machen Sie heute abend? - Heute abend gehe ich **zum Kegeln**.

④ 나는 당신을 안심하도록 당신에게 말할 수 있는 것은 사고 때에 당신의 어린아이들에게는 아무 일도 없었다는 것입니다.
☞ ～를 안심하도록 zu js. Beruhigung; ～에게는 아무 일도 없다 jm. passiert nichts.

Zu Ihrer Beruhigung kann ich Ihnen sagen, daß Ihren Kindern beim Unfall nichts passiert ist.

⑤ 당신은 이 집을 얼마에 나에게 팔려고 합니까?
☞ 얼마에 welcher Preis; ～을 팔다 et.[4] verkaufen

Zu welchem Preis wollen Sie mir dieses Haus verkaufen?

⑤ 백화점에서 양말들이 한 켤레 2 유로의 값으로(켤레 2 유로의 양말들이) 매매(제공)되었다.

Im Kaufhaus werden ein Paar Socken **zu 2 Euro** (od. Socken **zu 2 Euro** das Paar) angeboten.

【역례】
Sie ging **zur Post**, um ein Telegramm aufzugeben.

[5-2-13]

그의 진술에 의하면 자전거 탄 사람은 사고에 아무런 과실이 없었다.

☞ 진술 Aussage f.-n; 자전거 탄 사람 Radfahrer; 과실 Schuld (an et.[3])

(해설)
(1) [5-2]를 참고하라.

(예)
① 한국과 미국의(사이에) 무역협정에 의하여 대량의 밀들이 미국에서 한국으로 수입된다.

Zufolge des Handelsvertrags zwischen Korea und Amerika werden große Mengen Weizen von Amerika in Korea importiert.

【역례】
Seiner Aussage zufolge hatte der Radfahrer keine Schuld an dem Unfall.

◈ 연 습 문 제 5 ◈

(A) 2 격 지배 전치사

1) 기다렸던 송금이 일주일 이내에 도착하지 않으면 우리들은 그 원인을 알기 위하여 철저한 조사를 해야겠다.
☞ 기다렸던 erwartet; 송금 Überweisung f.-en; 이내에 innerhalb; 도착하다 eintreffen; 그 원인을 알기 위하여 um die Ursachen herauszufinden;철저한 조사를 하다 gründliche Nachforschung anstellen

2) 그 시인의 백 년제에 즈음하여 그의 작품들은 새로 출판되었다.
☞ 백 년제 das 100. Todesjahr m.-es,-e; 즈음하여 anläßlich+2격; 작품 Werk n.-es,-e; ~을 출판하다 et.[4] herausgeben

3) 시 당국은 끊임없이 증가하는 교통 때문에 새로운 대책을 강구하여야 한다.
☞ 시당국 Stadtverwaltung f.-en; 끊임없이 증가하다 (↔ 감소하다) ständig zunehmen (↔ abnehmen); 교통 Verkehr m.-s; 대책을 강구하다 Maßnahmen treffen

4) 브라운씨는 취중 운전으로 인하여 벌금형을 선고 받았다.
☞ 취중운전 때문에 wegen Trunkenheit am Steuer; 벌금형 Geldstrafe f.-n; ~를 ~으로 선고하다 jn. zu et. verurteilen

5) 삼일전부터 나는 서울시 외곽이고 국도에서 떨어져 있는 이곳 작은 마을에서 생활하고 있다.
☞ 삼일전부터 seit drei Tage; 서울시 die Stadt Seoul; 외곽에 (~의 밖에) außerhalb+2격; 국도 Landstraße f.-n; 떨어진 곳에 abseits+2격

6) 그 주택은 대학 가까이에 있다. 대학의 근처이기 때문에 나는 교통수단을 위한 지출은 않는다. 그 때문에 나는 그 집을 비싼 세에도 불구하고 얻는다.
☞ 주택 (셋집, 아파트) Wohnung f. -en; 대학 Universität (Hochschule - 단과대학) f.-en; 가까이 unweit/unfern + 2격/in der Nähe von ~/nahe bei+ et.[3] ; 때문에 wegen + 2격. (명사의 앞, 뒤에 위치할 수 있음); 대학의 근처 die Nähe der Universität; 교통수단을 위한 지출 Ausgabe für Verkehrsmittel; 비싼 세 die hohe Miete; 불구하고 trotz+2격 (3격);

(방을) 얻다 nehmen/mieten

7) 그가 오늘 오려고 하였으나 올 수가 없었다. 그 대신 우리들에게 전화를 걸어서 그가 아프기 때문에 올 수 없었다고 용서를 구하였다.
☞ 그 대신에 stattdessen; ~에게 전화하다 jn. anrufen; ~에게 용서를 구하다 sich bei jm. entschuldigen

8) 2002년 5월 12일에 효력이 발생한 법에 따르면 당신은 다음의 세금을 세무서에 납부할 의무가 있습니다.
☞ 효력이 발생하다 in Kraft treten; ~의 법에 따르면 laut Gesetz von ~; 세금 (공과금) Abgabe f. (대개는 복수사용); 세무서 Finanzamt n.-es,-e; ~을 납부하다 et.[4] entrichten

9) 전쟁동안에 그 도시는 심하게 폭격되어서 그 때 많은 집들이 파괴되었다. 이 집 없는 사람들(이재민)을 위하여 상당히 큰 금액이 기부되어졌다.
☞ 심하게 stark; 폭격하다 bombardieren; ~을 파괴하다 zerstören; 집 없는 사람 (이재민) Obdachloser m. (형용사어미변화); 금액 Summe f.-n (복수를 사용할 것); ~을 기부하다 et.[4] spenden

10) 그 시인이 죽었을 때 그는 그의 가족에게 재산 대신에 많은 빚만을 유산으로 남겨 두었다.
☞ 죽다 sterben; 가족 Familie; 대신에 statt(anstatt)+2격.; 빚 Schuld f.-en; ~을 유산으로 남기다 jm. et.[4] hinterlassen

(B) 3격 지배 전치사

1) 우리들은 거리를 건너기 전에 좌우로 살펴보아야 한다.
☞ (거리)를 건너다 et.[4] überqueren/überschreiten/über et. hinweggehen; 좌, 우로 nach links und nach rechts; ~을 살펴보다 et.[4] schauen

2) 오늘날에는 환경오염 다음으로는 인구의 과밀이 가장 큰 문제이다.
☞ 오늘날에는 heutzutage; 환경오염 Umweltverschmutzung; 다음으로 nächst+3격.; 인구의 과밀 Überbevölkerung f.-en/Übervölkerung f.; 가장 큰 문제 das größte Problem

3) 장교들이 반정부 음모를 꾸몄으나 한 배신자가 경찰에 고발하였기 때문에 모두 체포되었다.
☞ 장교 Offizier m.-s,-e; 음모 Verschwörung f.-en; 반대하는 gegen+4격; 배신자 Verräter m.-s; 경찰 Polizei f.-en; 고발하다 Anzeige bei jm. erstatten(machen)/jn. bei jm. anzeigen

4) 우주선의 귀환과 착륙은 아주 위험하다. 우주선은 적절한 순간에 그리고 필요한 속도로 궤도에서 지구로의 진로를 잡아야 한다.
☞ 귀항 Rückflug m.-es, Rückflüge; 착륙 Landung f.; 우주선 Raumschiff n.-es,-e; 적절한 순간에 im richtigen Augenblick; 속도 Geschwindigkeit f.; 궤도 Umlaufbahn

f.-en; 지구로의 진로를 잡다 den Kurs auf die Erde einschlagen

5) 부활절에 우리들은 대개 스키 타려고 알프스산으로 가고, 성탄절에는 우리들은 집에 있으나 섣달 그믐날에는 우리들은 기꺼이 친구들에게 가서 축제를 벌인다(즐겁게 논다).
☞ 부활절 Ostern; 스키타려고 zum Ski(Schi-)fahren; 알프스 die Alpen pl.; ～으로 in+4격(산위가 아니고 산 속으로 이기 때문에 in을 쓴다); 성탄절 Weihnachten; 섣달 그믐날 Silvester n.-s; 친구에게 가다 bei den Freunden sein/zu den Freunden gehen; 축제를 벌이다(즐겁게 놀다) feiern

6) 고용주들이 더 많은 임금을 바라는 노동조합의 요구를 거절하였다. 그 때문에 어제부터 스트라이크를 하였다.
☞ 고용주 Arbeitgeber m.-s; 더 많은 임금 mehr Lohn m.-s, Löhne; 노동조합 Gewerkschaft f.-en; 요구 Forderung(nach～) f.-en; ～을 거절하다 et.[4] ablehnen; 어제부터 ab gestern; 스트라이크하다 streiken(여기에서는 수동형을 써보라!)

7)일주일 전부터 노동조합은 벌써 업체의 관리부와 상의를 하고 있다. 몇 사람의 노동조합의 지도자들이 언급하는 바에 의하면 사람들은 지금까지 임금인상에 관한 합의에 이르지 못했다.
☞ 전부터 seit+3격.; 업체의 관리부 Betriebsleitung f.-en; 상의를 하고 있다 in Verhandlung mit ～ sein; 몇 사람의 einige; 노동조합의 지도자 Gewerkschaftsführer; 언급 Angabe f.-n; ～에 의하면 nach (이 경우는 명사의 전후에 위치할 수 있다); 지금까지 bis jetzt; 임금인상 Lohnerhöhung f.-en; ～에 관해 합의를 보다 sich über et.[4] einigen

8) 그 농부는 어느 이웃사람에 대해 방화의 혐의가 있다고 언급하였다. 그러나 이 혐의에 반해서 사람들은 전기 쇼트가 이 화재의 원인이라는 것을 후에 확신하게 되었다.
☞ 이웃사람 Nachbar m.-n,-n; 방화 Brandstiftung f.-en; 혐의 Verdaht m.-es,Verdächte; 다르게(～와 반하여) entgegen+3격 (명사의 전후에 위치); 전기쇼트 Kurzschluß m.-es, Kurzschlüße; 화재 Brand m.-es, Brände; 원인 Ursache f.-n; 후에 später; ～을 확인하다 et.[4] feststellen

9) 협회의 규약에 따라서 동물보호와 동물 양육이 회원들의 가장 중요한 과제 중의 하나이다.
☞ 협회 Verein m.-s,-e; 규약 Satzung f.-en; 동물보호 Tierschutz m.-es; 동물양육 Tierpflege f.-n; 회원 Mitglied n.-es,-er; 과제 Aufgabe f.-en; ～ 중의 하나이다 zu et. gehören

10) 수많은 기부금 덕택으로 이 협회는 새로운 동물 보호소를 지을 수가 있었다. 고양이와 개들 외에도 모든 다른 가축들도 수용되어진다.
☞ 수많은 zahlreich; 기부금 Spende f.-n; 덕택으로 dank+2격 od. 3격.; 동물보호소 Tierheim n.-es,-e; 고양이 Katze f.-n; 개 Hund m.-es,-e; 외에도 außer+3격. ～ auch; 가축 Haustier n.-s,-e; ～을 수용하다 et.[4] aufnehmen

6. 전치사 (Die Präposition)(II)

다음은 4격 지배와 3・4격 지배가 있다. 이들 전치사들도 시간, 원인, 방법, 장소의 의미를 가지고 있다.

[1] 4격 지배

[2] 3・4격 지배

[6-1] 4격 지배 전치사

4격 지배 전치사는 다음의 8개가 있다.

1) bis
2) durch
3) entlang
4) für
5) gegen (wider)
6) ohne
7) um

[6-1-1]

그 가게는 아침 8시부터 저녁 6시까지 열려있다.

☞ 가게 Geschäft n.-es,-e; 아침 8시 8 Uhr morgens; 까지 bis; 열려있다 geöffnet sein

(해설)

(1) bis 는 bis zu (an, auf, in)등과 함께 사용되지만, bis 다음에 부사, 수사, 무관사의 명사가 오면 bis만 사용한다.

(2) 어떤 시간의 극점, 경과한 시간의 끝을 뜻한다.

(3) 장소의 의미로는 여행의 마지막 지점을 뜻한다.

(4) <bis auf+4격> 은 두 가지 뜻이 있다.「~을 제외하고」, 「~까지 포함하며」의 뜻이다.

(예)

① 스튜트가르트까지 나는 자동차로 가고 다음은 기차를 탄다.

Bis Stuttgart fahre ich mit dem Auto, dann nehme ich den Zug.

① 이전에는 나는 매일 저녁 이곳까지 뛰어다녔고 더는 가지 않았다.
☞ 이전에는 früher; 이곳까지 bis hierher

Früher bin ich jeden Abend **bis hierher** gelaufen und nicht weiter.

② 내년까지 극장의 신축(新築)이 완성되어진다고 한다.
☞ 내년까지 bis zum nächsten Jahr; 극장의 신축 der Neubau des Theaters; 완성되어지다 fertiggestellt sein

Bis zum nächsten Jahr soll der Neubau des Theaters fertiggestellt sein.

③ 우리는 산의 정상까지 올라가려고 한다.
☞ 산의 정상까지 bis zur Spitze des Berges; 올라가다 hinaufsteigen

Wir wollen bis **zur Spitze des Berges** hinaufsteigen.

④ 두 사람을 제외하고 모든 학생들이 시험에 합격했다.
☞ 두 사람을 제외하고 bis auf (= außer) zwei; 시험에 합격하다 die Prüfung bestehen

Bis auf zwei haben alle Studenten die Prüfung bestanden.

④ 나는 그 돈을 마지막 페니히까지도 써버렸다.

Ich habe das Geld **bis auf den letzten Pfennig** ausgegeben.

※ 헤어질 때 인사말로서 「곧 다시 (내일, 후에, 월요일, 다음 주에) 만나세!」
Bis bald (morgen, später, Montag, nächste Woche)!

【역례】
Das Geschäft ist von 8 Uhr morgens **bis 6 Uhr abends** geöffnet.

[6-1-2]

도적이 창문을 통하여 보석상으로 들어가서 2백만 유로 값의 패물을 훔쳤다.

☞ 도적 Dieb m.-es,-e, Einbrecher m.-s; 안으로 들어가다 (침입하다) eindringen/heimlich klettern (einsteigen); 보석상 Juweliergeschäft f.; 백만 유로 값의 im Wert von einer Million Euro; 패물 Schmuck m.

(해설)
(1) durch는 공간적으로 「통과」, 「이리저리로 (kreuz und quer)」의 뜻
(2) durch는 시간적으로 「처음에서 끝까지 계속되는 동안」의 뜻이다: (durch)den ganzen Tag hindurch 하루 종일동안; (durch) den ganzen Sommer hindurch 여름 내내; (durch) viele Jahre hindurch 여러 해 동안
(3) 원인, 이유
(4) 수단, 방법

(예)
① 우리는 독일에서 프랑스를 통과하여 스페인으로 간다.

Wir fahren von Deutschland **durch Frankreich** nach Spanien.

① 경찰은 시내 여기저기 범인을 뒤쫓았으나 그를 체포 할 수 없었다.
☞ 여기저기, 이리저리 durch (kreuz und quer); 범인 Verbrecher m.-s; ~를 뒤쫓다

jn.verfolgen; ～를 체포하다 jn. verhaften

Die Polizei verfolgte den Verbrecher **durch die Stadt**, konnte ihn aber nicht verhaften.

② 그 남자는 그의 전 생애를 중노동을 하지 않으면 안 된다.
☞ 그의 전 생애 (동안) (durch) sein ganzen Leben hindurch

Er muß **(durch) sein ganzes Leben hindurch** schwer arbeiten.

③ 그 도시는 지진으로 인해 파괴 되었다. 그 때 이십 명 이상의 사람들이 죽었다.
☞ 지진 Erdbeben n.-s; ～을 파괴하다 et.[4] zerstören

Die Stadt wurde **durch ein Erdbeben** zerstört, dabei wurden mehr als 20 Menschen getötet.

④ 주민들은 확성기를 통하여 상세하게 그날의 중요한 일들에 관한 소식을 알게 된다.
☞ 확성기 Lautsprecher m.-s; ～에게 소식을 알리다 jn. informieren

Die Bevölkerung wird **durch(über/ mit Hilfe von) Lautsprecher** ausführlich über die Tagesereignisse informiert.

④ 불이 빨리 번졌을 때 비상구를 이용해서 거주자들이 구조될 수 있었다.
☞ 불이 번지다 das Feuer greift um sich; 비상구 Notausgang m.-es, Notausgänge; 이용함 das Benützen(das Benutzen); 거주자 Bewohner; 구조되다 sich retten

Als das Feuer rasch um sich griff, konnten sich die Bewohner **durch das Benutzen eines Notausgangs** retten.(od...., konnten sich die Bewohner durch den Notgang retten.)

【역례】
Der Dieb drang **durch das Fenster** in das Juweliergeschäft (ein) und stahl Schmuck im Wert von zwei Millionen Euro.

[6-1-3]

전 고속도로 연변을 따라서 많은 전나무들이 서있다.

☞ 전 고속도로 die ganzen Autobahnen f.-en; 따라서 entlang

(해설)
(1) entlang 은 4격 지배일 때는 명사 뒤에, 2격 지배일 때는 명사 앞에 위치한다.
(2) an～ entlang 으로서 entlang은 부사적으로 사용된다.

(예)
① 우리들은 거의 매일 저녁때 강을 따라서 산책한다.
☞ 산책하다 spazierengehen

Wir gehen fast jeden Abend **den Fluß entlang** (od. **entlang des Flusses** od. **am Fluß entlang**) spazieren.

② 관객들이 경주를 보기 위하여 길을 따라 서있었다.
☞ 길을 따라 an der Straße entlang; 경주를 보기 위해 um das Rennen zu sehen

An der Straße entlang stellten sich die Zuschauer auf, um das Rennen zu sehen.

【역례】
Die ganzen Autobahnen entlang stehen viele Tannenbäume.

[6-1-4]

그는 선거 때 야당 후보에 찬성 투표했다.

☞ 선거 Wahl f.-en; 때에 bei et.[3] (동사에서 파생한 명사); 야당 Oppositionspartei f.; 후보 Kandidat m.-en,-en; ～에 (편에) 찬성 투표하다 für jn. (et.) stimmen/für jn. (et.) die Stimme abgeben

(해설)
(1) 용도, 목표를 「위하여」의 의미
(2) ～을 대신하여 (anstelle von et.)
(3) 비교하여 (im Vergleich zu et.)
(4) 가치, 가격(Preis)
(5) 시간(일정한 기간동안)
(6) 낱말의 뜻을 강조하여 같은 낱말을 für로서 연결한다: Schritt für Schritt 한 걸음 한 걸음; Tag für Tag 날마다; Jahr für Jahr 해마다; Wort für Wort 한 마디 한 마디; Satz für Satz 한 문장 한 문장

(예)
① 그는 세입자의 이익을 위하여 적극적으로 변호하였다.
☞ 세입자 Mieter m.-s; 이익 Interesse n.-s,-n; 적극적으로 tatkräftig; ～을 위해 변호하다 sich für et. einsetzen

Er hat sich tatkräftig **für die Interessen der Mieter** eingesetzt.

① 성숙함이란 그의 생활 자체를 떠맡는 한 인간의 능력에 대한 표현이다.
☞ 성숙한 것 Reife f.; 생활 자체를 떠맡다 das Leben selbst in die Hand nehmen/ et. übernehmen; 능력 Fähigkeit f.; 표현 Ausdruck m.

Reife ist der Ausdruck **für die Fähigkeit** eines Menschen, sein Leben selbst in die Hand zu nehmen.

② 나의 아버지가 나를 대신하여 서명하셨다. 왜냐하면 내가 아직 미성년이기 때문이다.
☞ ～을 서명하다 et.[4] unterschreiben; 성년인 volljährig (↔ minderjährig)

Mein Vater hat **für mich unterschrieben**, weil ich noch nicht volljährig bin.

③ 그가 80대의 연령임을 고려한다면 그의 연령에 비해 그는 아직도 건장하다.
☞ 연령 Alter n.-s; 건장한 rüstig; 80대의 나이다 in den Achtzigern sein; 고려한다면 wenn man berücksichtigt

Für sein Alter ist er noch rüstig, wenn man berücksichtigt, daß er in den Achtzigern ist.

④ 그는 20,000 Euro로 자동차를 샀다. 그리고 월부로 1000 Euro로씩 지불 한다.
☞ 월부로 1000 Euro씩 지불하다 in monatlichen Raten von (od. zu) 1000 Euro abzahlen

Er hat sich ein Auto **für 20,000 Euro** gekauft und zahlt es in monatlichen Raten von (od.zu) 1000 Euro ab.

⑤ 그는 5년간의 임대계약에 서명하였다.
☞ 5년간 für fünf Jahre; 임대계약 Mietvertrag m.-es, Mietverträge

Er hat einen Mietvertrag **für 5 Jahre** unterschrieben.

⑥ 그는 그의 목발로 한 걸음 한 걸음 출구 쪽을 향해 움직였다.
☞ 출구 Ausgang m.-s, Ausgänge; ～을 향해 auf et.[4] zu

Er bewegte sich mit seinen Krücken **Schritt für Schritt** auf den Ausgang zu.

⑥ 나는 그 편지를 한국어로 축어역(逐語譯) 하였다.
☞ 축어번역하다 Wort für Wort übersetzen.

Ich habe den Brief **Wort für Wort** ins Koreanische übersetzt.

【역례】
Er hat bei der Wahl seine Stimme **für den Kandidaten der Oppositionspartei** abgegeben.

[6-1-5]

자동차가 고속으로 나무에 충돌하였다.

☞ 고속으로 mit hoher Geschwindigkeit; ～ 와 충돌하다 gegen et.[4] fahren

(해설)
(1) 방향 (gegen Osten) 혹은 접촉할 때까지 어떠한 방향으로 움직일 때
(2)「향하여」의 유사한 뜻으로「거슬러서」,「반대로」,「반하여」의 뜻
(3) 비교
(4) 교환

(5) 대략의 시간 및 숫자를 나타낼 때

(예)
① 한 시간 전에는 하늘은 구름에 덥혀 있었다. 그러나 지금은 산쪽으로는 하늘이 점점 맑게 개인다.

Vor einer Stunde war der Himmel mit Wolken bedeckt, aber jetzt wird er **gegen** die Berge (**hin**) immer klarer.

(1) 그는 등을 벽을 향해 기대고 잠시 생각 하였다.
☞ 등을 벽을 향해 기대다 sich mit dem Rücken gegen die Wand lehnen

Er hat sich mit dem Rücken **gegen** die Wand gelehnt und überlegte sich eine Weile.

② 그는 방세를 인상한 것에 항의를 하였다.
☞ ~에 항의하다 gegen et. protestieren

Er protestierte **dagegen**, daß man ihm die Miete erhöht hatte.

② 금지령에 위반하는 사람은 벌을 받는다.
☞ 금지령에 위반하는 사람 Wer gegen das Verbot handelt; 벌을 받는다 bestraft werden

Wer **gegen das Verbot** handelt, wird bestraft.

② 네가 나의 조건을 수락 않으면 나는 너의 제안에 반대다.
☞ 제안 Vorschlag m.-es, Vorschläge; 반대하다 gegen et. sein

Ich bin **gegen deinen Vorschlag**, wenn du meine Bedingung nicht annimmst.

③ 부는 건강에 비하면 아무것도 아니다.
☞ 부 Reichtum m.-s, Reichtümer; 건강 Gesundheit f.; 비하면 gegen+4격

Reichtum ist nichts **gegen Gesundheit**.

④ 그는 오토바이를 이 사진기와 교환하려고 한다.
☞ 오토바이 Motorrad n.-s, Motorräder; 사진기 Fotoapparat m.-s,-e; ~을 ~와 교환하다 et.⁴ gegen et. austauschen

Er möchte sein Motorrad **gegen einen Fotoapparat** austauschen.

⑤ 우리들은 그것에 관하여 계속 이야기 해야겠습니다. 내일 6시경에 나의 사무실로 오십시오.
☞ 그것에 관하여 darüber; 이야기하다 sprechen; 6시경 gegen 6 Uhr

Darüber müssen wir weiter sprechen. Kommen Sie morgen **gegen 6 Uhr** in mein

Büro!

⑤ 회사 설립 백주년 기념일에 약 천명의 저명인사들이 참석했었다.
☞ (회사)설립 백주년 기념일에 beim Jubiläum zum 100-jährigen Bestehen (der Firma); 저명인사 Prominenter(형용사변화); 참석하다 anwesend sein

Beim Jubiläum zum 100-jährigen Bestehen der Firma waren **gegen** 1000 Prominente anwesend

【역례】
Das Auto fuhr mit hoher Geschwindigkeit **gegen einen Baum**.

[6-1-6]

전기와 난방요금은 포함하지 않고 그는 월세로 월 800 유로를 지불한다.

☞ 전기 Strom m.-s; 난방 Heizung f.; 없이 ohne; 방세로 지불하다 für die Miete zahlen

(해설)
(1) ohne는 정확한 규정이 필요 없으면 대개는 무관사로 사용된다. 의미는 「~없이」, 「계산에 넣지 않고 (ausgenommen, nicht gerechnet)」이다.

(예)
① 언어의 지식이 없으면 너는 수석 여비서가 되지 못한다.
☞ 언어의 지식 Sprachkenntnis f.-se; 수석여비서 Chefsekretärin

Ohne Sprachkenntnisse wirst du nicht Chefsekretärin.

① 나의 친구의 도움이 없었다면 나는 어떤 일도 찾지 못했을 것이다.
☞ 도움 Hilfe f. -n

Ohne die Hilfe meines Freundes hätte ich keine Arbeit gefunden.

【역례】
Ohne Strom und Heizung zahlt er im Monat für seine Miete 800 Euro.

[6-1-7]

우리들은 낡은 탁자 주위에 앉아서 토론하였다.

☞ 낡은 탁자 der alte Tisch; 주위에 um ~ (herum); ~에 관해 토론하다 über et.[4] diskutieren

(해설)
(1) 동사가 정지상태를 나타내면 「주위에 ~ 있다」, 동사가 이동을 나타낼 때는 「돌아서」의 뜻이다. 자주 um ~ herum 의 형태로 사용된다.
(2) 시계가 표시하는 시각은 정각을 나타낼 때는 um 을 쓰고, 대략의 시간은 um + 시간 +

herum 을, 세기(世紀), 축제일 등, 대략의 숫자등을 말할 때는 um을 쓴다.
(3) 부사로서 <um+(die)+숫자+명사> 는 ungefähr 의 뜻
(4) 「분실」,「상실」을 나타낼 때
(5) <명사+um+명사>의 형으로 시간 또는 행위가 연이어질 때: einer(eine, eins) um den anderen (das andere, die andere) 번가라서; einen Tag um den anderen(= alle zwei Tage) 하루걸러; einen Fehler um den anderen 실수를 연달아; Stunde um Stunde vergeht 시간이 연속 흐른다.

(예)
① 저 집을 돌아서 가십시오. 그러면 우체국을 발견하게 됩니다.

Gehen Sie mal **um dieses Haus herum**! Dann finden Sie das Postamt.

② 그 기차는 오후 4시경에 서울에서 출발하여 저녁 9시에 부산에 도착한다.
☞ 출발하다 abfahren; 도착하다 eintreffen/einlaufen

Der Zug fährt **um 4 Uhr nachmittags** in Seoul ab und trifft **um 9 Uhr abends** in Busan ein.

② 그 회의는 네 시경에 끝날 것이다.
☞ 회의 Sitzung f.-en; 끝나다 zu Ende gehen

Die Sitzung wird **um 4 Uhr herum** vorbei sein(zu Ende gehen).

② 이 피라미드는 기원전 3000년경에 만들어졌다.
☞ 기원전 3000년경에 um 3000 v. Chr. (vor Christo od. Christus)

Diese Pyramide wurde **um 3000 v. Chr.** erbaut.

② 신년에 처음으로 눈이 내렸다.
☞ 신년 Neujahr n.-s,-e

Um Neujahr hat es das erste Mal geschneit.

③ 자동차의 수리비는 약 350 유로가 들것이다.
☞ 약 um die + Zahlwort ; 자동차의 수리비 die Reparatur des Autos

Die Reparatur des Autos wird **um die 350** Euro kosten.

③ 이번 학기에 대략 30명의 대학생들이 독일 미술사 강의에 수강 신청 하였다
☞ 이번 학가에 in diesem Semester; 독일 미술사 deutsche Kunstgeschichte; ～을 수강하다 die Vorlesung[4] belegen ; 대략 삼십 um die 30

In diesem Semester haben **um die 30 Studenten** die Vorlesung über die deutsche

Kunstgeschichte belegt.

④ 그의 친구는 교통사고로 생명을 잃었다.

Sein Freund ist durch einen Verkehrsunfall **ums Leben gekommen**.

⑤ 그는 초조하게 그녀의 전화를 기다리고 있었다. 시간이 연달아 흘러갔지만 그녀는 전화하지 않았다.

Er wartete ungeduldig auf ihren Anruf. **Stunde um Stunde** verging, aber sie rief (ihn) nicht an.

【역례】
Wir saßen **um den alten Tisch** und diskutierten.

[6-2] 3 · 4격 지배 전치사

3. 4격 지배 전치사는 다음과 같다.
1) an
2) auf
3) unter
4) über
5) in
6) vor
7) hinter
8) neben
9) zwischen

위의 전치사는 다음 두 가지의 공통점을 가지고 있다.
a) 어떤 곳으로의 이동, 다시 말하면 wohin의 질문에 답변일 때는 4격 지배를 한다.
b) 어떤 곳에 「정지상태」에 있거나 한정된 지역 내에서의 운동을 나타내어서 wo에 대한 답변일 때는 3격을 사용한다.

[6-2-1]

이번 휴가 중에 어디로 가시렵니까? – 나는 금년에는 북해로 갈려고 합니다.

☞ 휴가 중에 im Urlaub; 북해 die Nordsee

(해설)
(1) wohin에 대한 답으로서 「북해로」는 <an+4격>을 쓴다. wo에 대한 답변으로 3격은 공간적인 의미에서 「~에 인접한 곳에」의 의미이다.
(2) 시간적인 의미는 wann에 대한 답변으로 3격을 쓴다. 하루의 낮 시간, 날짜, 요일, 시작 및 끝을 <an+3격> 이다:
- am Morgen, am Abend (단, in der Nacht) 아침에, 저녁에 (밤에)
- am fünften April 4월 5일에
- am Montag 월요일에

• am Anfang (am Ende) 처음에 (끝에)

(3) <an +die +숫자+명사> 로서 대략의 숫자 <거의 ～의>뜻을 나타낸다.

(4) 어떤 행위 혹은 과정의 경과 및 진행 중임을 나타낼 때는 <an+3격+동사에서 파생된 명사>를 쓴다.

(예)

① 그는 나와 작별하려 할 때, 그는 너에게 정중한 안부 인사를 나에게 부탁하였다.
☞ ～와 작별하다 sich von jm. verabscieden; ～에 대한 정중한 안부 인사를 ～에게 부탁하다 jm. herzliche Grüße an jn. auftragen

Als er sich von mir verabschieden wollte, trug er mir herzliche Grüße **an dich** auf.

① 그녀가 손을 씻은 후에 앞치마에 손을 깨끗이 닦았다.
☞ 손을 씻다 sich die Hände waschen; ～을 앞치마에 닦다 et.[4] an der Schürze abwischen

Nachdem sie sich die Hände gewaschen hatte, wischte sie sie **an der Schürze** ab.

② 저녁때는 언제나 너는 나의 집에 전화로 연락할 수 있다.
☞ 저녁때에는 am Abend; 전화로 telefonisch; ～ 에게 집에 연락하다 jn. zu Hause erreichen

Am Abend kannst du mich immer telefonisch zu Hause erreichen.

② 4월 3일이 나의 부인의 생일이다. 우리들은 여행을 하려고 한다.
☞ 4월 3일에 am 3. April; 생일이다 Geburtstag haben

Am 3. April hat meine Frau Geburtstag. Wir beabsichtigen, eine Reise zu machen.

③ 어제 거의 오 백명의 사람이 극장에 왔다.
☞ 거의 오 백명 an die fünfhundert Personen

Gestern waren **an die fünfhundert Personen** im Theater.

④ 소말리아에는 이 삼년동안 흉년이 계속되었다. 그 결과로 전국이 거의 아사지경이었다.
☞ 소말리아 Somalia n.; 흉년 Mißernte f. -n; 그 결과로 infolgedessen; 아사지경이다 am Verhungern sein

Einige Jahre lang dauerten die Mißernten in Somalia. Infolgedessen war das ganze Land fast **am Verhungern**.

【역례】
Wohin wollen Sie in den Urlaub fahren? - In diesem Jahr möchte ich **an die Nordsee** fahren.

[6-2-2]

그는 자동차를 주차장으로 가져다 놓은 다음에 쇼핑을 하였다.

☞ 차를 주차장으로 가지고 가다 das Auto auf den Parkplatz fahren; 쇼핑을 하다 Einkäufe machen

(해설)

(1) 위에 접촉의 의미에서 wohin의 답변에서는 「~위로」, wo의 답변에서 「위에」 뜻이 있다. 그리고 방향의 의미를 위하여 <auf +4격+zu>를 사용한다.

(2) auf는 시간의 계속, 일정한 시점, 예상되는 시점을 나타내는데 wie lange? 혹은 auf welche Zeit?로 질문한다.

- 잠시 동안 auf kurze Zeit, 결국에는 auf die Dauer
- <auf+시간의 명사+hinaus> 는 상당히 긴 시간을 뜻한다.
- <auf+시간의 명사+zu> 는 「~시간을 향해」의 뜻이다.

(3) 도량의 단위를 뜻한다.

(예)

① 그는 울고 있는 아이를 달래기 위해 (울고 있는) 아이의 어깨 위에 손을 얹고 말했다: “걱정 말아라! 내가 너를 집에 데려다 줄께.”

☞ ~를 달래다 jn. beruhigen; ~의 어깨 위에 손을 얹다 jm. die Hand auf die Schulter legen; 걱정 말아라! Keine Angst!; ~를 집에 데리고 가다 jn. nach Haus begleiten

Er legte dem weinenden Kind seine Hand **auf die Schulter**, um es zu beruhigen, und sagte: „Nur keine Angst! Ich begleite dich nach Hause.“

① 프랑크푸르트는 오더강변에 있다. 오더 강에는 활발한 수상운송이 행하여지고 있다.

☞ 오더 die Oder; 활발한 rege; 수운 Schiffsverkehr m. -s , Schiffahrt f.

Frankfurt liegt an der Oder. **Auf der Oder** herrscht ein reger Schiffsverkehr.

① 많은 비행기들이 프랑크푸르트 시로 향해 날아간다.

Viele Flugzeuge fliegen **auf die Stadt Frankfurt zu**.

② 일요일에서 월요일에 이르는 밤사이에 자동차 한 대가 도난당했다.

☞ 일요일에서 월요일에 이르는 밤에 in der Nacht von Sonntag auf Montag; 도난당하다 gestohlen werden

In der Nacht von Sonntag auf Montag wurde ein Auto gestohlen.

② 장관의 도착은 5월 11일이다.

☞ 도착 Ankunft f. Ankünfte; 5월 11일이다 auf den 11. Mai fallen

Die Ankunft des Ministers fällt **auf den 11. Mai.**

② 그 교수는 여기에서 아직도 수년간 계속 일이 있다.
☞ 수년간 계속 auf Jahre hinaus

Der Professor hat hier noch **auf Jahre hinaus** Arbeit.

② 우리들은 지금 집에 가야겠다. 왜냐하면 벌써 한 밤중이 되어가기 때문이다.
☞ 한밤중이 되어간다 es geht auf Mitternacht zu

Wir müssen jetzt nach Haus gehen, denn es geht schon **auf Mitternacht zu**.

③ 이 약에서 다섯 방울을 한 숟가락의 물에 타시오.
☞ 약 Medizin f.-en; 방울 Tropfen m.-s; 숟가락 Löffel m.-s; ~을 타다 et.[4] nehmen

Nehmen Sie von dieser Medizin fünf Tropfen **auf einen Löffel Wasser**!

【역례】
Er hat sein Auto **auf den Parkplatz** gefahren und dann seine Einkäufe gemacht.

[6-2-3]

모임의 (소규모) 소장파(少壯派)의 참가자들 중에서 활발한 토론이 전개되었다.

☞ 모임 (소규모) Runde f.-n; 소장파의 jünger; 참가자 Teilnehmer m.-s; 활발히 lebhaft; 전개되다 sich entwickeln

(해설)
(1) wohin 에 대한 질문에서는 <unter+4격> 으로서 「~아래로」, wo의 대한 질문에서는 <unter+3격> 으로서 「아래에」의 뜻으로 공간적인 의미를 갖는다.
(2) <unter+숫자+명사>는 편지의 일부, 또는「보다 적게 = weniger als」의 뜻으로 사용된다.
(3) 여러 사람 또는 사물 중에서 한 사람 혹은 여러 사람을 뜻한다.
(4) 어떤 조건, 상황 하에서 「~하에서」의 의미로 사용된다.
(5) 동사와 동시에 일어나는 사건을 말한다.
(6) unter et. verstehen 「~을 ~으로 해석한다,~을~으로 생각하다」

(예)
① 그 여자는 큰 화병을 창 밑에 갖다 놓는다(세운다).
☞ 화병 Vase f.-n; 놓다 (세우다) hinstellen

Sie stellt eine große Vase **unter das Fenster** hin.

① 그 학생의 성적이 점점 나빠져서 평균점을 아주 밑돌고 있다.
☞ 성적 Leistung f.-en(복수를 쓸 것); 점점 나빠지다 nachlssen; 평균점 아래 unter dem Durchschnitt; 밑에 있다 liegen

Die Leistungen des Schülers lassen nach und liegen weit **unter dem Durchschnitt.**

② 나는 이달 12일부의 당신의 편지를 받았습니다.
☞ 일부의 unter dem~

Ich habe Ihren Brief **unter dem 12. dieses Monats** erhalten.

② 20개비 이하의 담배는 면세로 수입되는 것이 허락된다.
☞ 20개비 이하의 담배 unter zwanzig Zigaretten; 면세로 zollfrei; 수입되다 eingeführt werden

Unter 20 Zigaretten dürfen zollfrei eingeführt werden.

③ 다행히도 여행자 중에서 의사가 한 사람 있었다. 그 환자는 응급 치료를 받을 수 있었다.

Zum Glück war **unter den Reisenden** ein Arzt. Der Patient konnte behelfsmäßig behandelt werden.

④ 등산객은 큰 어려움 가운데 가까스로 전진할 수 있었다.
☞ 큰 어려움 가운데 unter großen Schwierigkeiten

Der Bergwanderer konnte nur **unter großen Schwierigkeiten** vorankommen.

⑤ 고함을 지르고 소란을 피우면서 아이들은 집에서 거리로 뛰어나갔다.
☞ 고함지르고 소란을 피우면서 unter Geschrei und Lärm

Unter Geschrei und Lärm liefen die Kinder aus dem Haus auf die Straße.

⑥텔레비전 광고란 텔레비전 (판매)을 위한 광고가 아니고 광고를 위해 텔레비전을 이용하는 것으로 생각 한다.
☞ 텔레비전광고 Fersehenreklame f.; 텔레비전을 광고를 위해 이용하는 것 die Benützung des Fernsehens für die Reklame

Unter Fernsehenreklame versteht man nicht die Reklame für das Fernsehen, sondern die Benützung des Fernsehens für die Reklame.

【역례】
Unter den jüngeren Teilnehmern der Runde entwickelte sich eine lebhafte Diskussion.

[6-2-4]

오리떼가 강 너머로 날라 간다.

☞ 오리떼 Entenschwarm m.-s/ein Schwarm Enten; 강 넘어 über den Fluß

(해설)
(1) über 가 공간적으로 wohin 에 답변에 <über+4격> 으로서 「~위로 (~넘어서)」, wo에 대한 답변으로서 <über+3격> 으로서 「~위에」의 의미이고, auf는 위에서 접촉이 이루어지지만 über는 사물과 사물사이에 공간이 있다. über는 4격 지배로서 「횡단」또는 「경유」를 나타낸다.
(2) 4격과 함께 「일정한 기간을 지나서」의 뜻과 명사의 전후에 위치하여 일정한 기간 「~동안」의 뜻이 있다.
(3) <über+4격> 지배로서 비교의 뜻을 나타내 「~보다 오래」, 「~보다 더 많이」의 뜻이 있다.
(4) 어떤 주제에 「관하여」라는 뜻이 있다.

(예)
① 우리 비행기는 알프스를 넘어서 이태리로 비행 한다.

Unser Flugzeug fliegt **über die Alpen** nach Italien.

① 아이들이 거리를 지난 다음 다리 위를 건너갔다.
☞ 다리 Brücke f.-n

Die Kinder liefen **über die Straße** und dann **über die Brücke**.

① 우리들은 프랑크푸르트에서 뮌헨을 경유하여 빈으로 갔다.

Wir sind von Frankfurt **über München** nach Wien gefahren.

② 그 여자는 통증 때문에 밤새 잠을 잘 수 없었다.
☞ 밤 새 die ganze Nacht über

Sie konnte **die ganze Nacht über** vor Schmerzen nicht schlafen.

③ 그 건설 공사는 한 달 이상 걸렸다.
☞ 건설공사 Bauarbeit f.-en; 한 달 이상 über einen Monat

Die Bauarbeiten haben **über einen Monat** gedauert.

④ 프랑스 혁명에 관하여 여러 가지의 의견이 있다.
☞ 프랑스 혁명 die Französische Revolution; 여러 가지의 의견 (견해) 들 verschiedene Meinungen

Über die Französische Revolution gibt es verschiedene Meinungen.

④ 신문은 독자들에게 그날의 중요한 결정적인 사건들을 알려준다.
☞ 독자 Leser m.-s; 그날 der Tag; 결정적 entscheidend; 사건 Ereignis n,-es,-se;

～에게 ～을 알려주다 jn. über et.⁴ unterrichten

Eine Zeitung unterrichtet ihre Leser **über die wichtigen, entscheidenden Ereignisse** des Tages.

【역례】
Der Entenschwarm fliegt **über den Fluß**.

[6-2-5]

그 학생은 빨리 새로운 환경에 적응 하였다.

☞ 새로운 환경 die neue Umgebung;～에 적응하다 sich in et.⁴ einfügen

(해설)
(1) wohin의 질문에 대한 답변으로 <in et⁴ >을 써서 「안으로, 속으로」의 뜻으로 답하고, wo에 대한 답변으로 <in et.³ >으로 「안에, 속에」의 정지상태를 뜻한다.
(2) 3격으로 시간을 나타낸다. 초・분・시간・년・월・주・계절・세기를 나타낼 때는 <in+3격> 이다: in 5 Sekunden (Minuten,Stunden) 5초(분, 시간); im Mai 1999 1999년 5월에; im Jahr 1990 1990 년에; im Herbst 가을에; im Winter 겨울에; im 20. Jahrhundert 20 세기에; in den 1960er Jahren 1960년대에; in fünf Minuten 5분 내에; in einem halben Jahr 반년 내에

(예)
① 그 여자는 상당한 규모의 세놓는 집과 현금 천만 유로를 지참금으로 가지고 왔다.
☞ 상당한 규모의 세놓는 집(세놓는 여러 채의 집) großes Mietshaus n.; 현금 천만 유로 10 Millionen Euro bar; ～을 지참금으로 가지고 오다 et.⁴ in die Ehe einbringen

Sie hat ein großes Mietshaus und 10 Millionen Euro bar **in die Ehe** eingebracht.

① 문화계 소식들은 교육, 예술, 학문 분야의 사건들에 관한 것이다.
☞ 문화계 소식(라디오, 텔레비전 등) Kulturnachrichten pl.; 교육 Erziehung f.; 예술 Kunst f.; 학문 Wissenschaft f.

Kulturnachrichten beziehen sich auf Ereignisse **im Bereich** der Erziehung, der Kunst und der Wissenschaft.

② 1938년에 세계 제 2차 대전이 발발해서 1945년에 끝났다.

Im Jahr 1938 brach der Zweite Weltkrieg aus und endete im Jahr 1945.

② 내주 오늘 우리 다시 만날 수 있겠지.
☞ 내주 오늘 heute in acht Tagen

Heute in acht Tagen können wir uns wiedersehen.

【역례】
Der Schüler hat sich schnell **in die neue Umgebung** eingefügt.

[6-2-6]

하품할 때는 손을 입 앞에 갖다 대어야 한다.

☞ 하품하다 gähnen 의 명사 Gähnen n.; 입 Mund m.-es, Münde

(해설)
(1) wohin의 답변으로 <vor+4격>을 써서 「앞으로」, wo에 대한 답변으로 「vor+3격」으로 「앞에」의 뜻으로 공간적인 의미를 나타낸다.
(2) <vor+시간의 의미의 명사> 는 「~전에」 뜻이다: vor einer Stunde 한 시간 전에; 10 (Minuten) vor 3 Uhr 3시 10분전
(3) 원인, 이유를 나타낼 때는 <vor+추상명사> 를 쓴다: vor Schmerzen 고통 때문에; vor Angst 불안하여; vor Freude 기뻐서; vor Wut 화나서

(예)
① 우리들은 집 앞에 장미를 심는다.
☞ 심다 pflanzen

Wir pflanzen die Rosen **vor das Haus** (od. **vor dem Haus**).

① 기념비 앞에 많은 화환들과 꽃다발이 놓여 있었다.
☞ 기념비 Denkmal n. -s, Denkmäler; 화환 Kranz m. -es, Kränze; 꽃다발 Blumenstrauß m. -es, Blumensträuße

Vor dem Denkmal lagen viele Kränze und Blumensträuße.

② 유감스럽게도 그는 시험 직전에 그의 학업을 중단했다. 왜냐하면 그의 아버지가 그에게 그의 공부에 돈을 댈 수 없었기 때문이다.
☞ 유감스럽게도 leider; 시험 직전에 kurz vor der Prüfung; 학업 Studium n.-s,-ien; ~을 중단하다 et.^{4} abbrechen

Leider hat er kurz **vor der Prüfung** sein Studium abgebrochen, weil ihm sein Vater das Studium nicht finanzieren konnte.

③ 나는 피곤하여 이젠 더 이상 일할 수 없었다.
☞ 피곤 때문에 vor Müdigkeit

Ich konnte **vor Müdigkeit** nicht mehr arbeiten.

【역례】
Beim Gähnen soll man die Hand **vor dem Mund** halten.

[6-2-7]

그는 그의 업적에 있어서는 그의 선임자들에 뒤떨어졌다.

☞ 업적 Leistung f.-en; 전임자 Vorgänger m.-s; ～에 뒤떨어지다 hinter et.[4] zurückfallen

(해설)

(1) wohin 에 대한 대답으로서 <hinter+4격 > 은 「뒤로」의 뜻이고 wo의 질문에 대한 대답은 <hinter+3격> 으로 「뒤에」의 뜻이 된다.
(2) hinter는 "보조(조력)하다"는 뜻이 있다.
(3) 어떤 시간이나 행위가 종결 한다는 뜻을 가진다.
(4) <hinter+3격+zurück> 는 뒤떨어져 있다의 뜻이다.

(예)

① 그 삽을 난로 뒤에 세워 두어라!
☞ 삽 Schaufel f.-n

Stelle die Schaufel **hinter den Ofen**!

① 이 언덕들 뒤에 있는 땅들은 옛날에는 나의 가족의 소유물의 일부였다.
☞ 언덕 Hügel m. -s; 땅 Land n. -es, Länder; 옛날에는 ehemals; 소유물 Besitztum n, -s, Besitztümer; ～의 일부다 zu et. gehören

Das Land **hinter diesen Hügeln** gehörte ehemals zu den Besitztümern meiner Familie.

② 수상은 야당이 장관의 퇴진을 요구하였을 때 그 장관을 한결같이 지지하고 나섰다.
☞ 야당 die Opposition; 퇴진 Rücktritt m.-es; 요구하다 fordern; 한결같이 (완전히) voll; 지지하다 sich hinter jn. stellen

Der Kanzler stellte sich **hinter seinen Minister**, als die Opposition dessen Rücktritt forderte.

③ 그는 상당한 거리를 한 시간 내에 답파(踏破)하였다.
☞ 상당한 거리 eine große Strecke; ～을 답파하다 et.[4] hinter sich bringen

Er hat eine große Strecke in einer Stunde **hinter sich** gebracht.

③ 나는 국가고시를 먼저 치르고 나면 안전한 일터를 찾겠다.

Wenn ich das Staatsexamen erst mal **hinter mir** habe, suche ich einen sicheren Arbeitsplatz.

④ 그 학생은 그의 동급생들보다 재능에서 뒤떨어진다.

☞ 동급생 Mitschüler m.-s; 재능에서 an Begabung

Er bleibt **hinter seinen Mitschülern** an Begabung zurück.

【역례】
Er ist in seinen Leistungen **hinter seine Vorgänger** zurückgefallen.

[6-2-8]

그 여자는 자신의 가족 외에도 그녀의 부모를 돌보아야 한다.

☞ 자신의 가족을 돌보다 die eigene Familie versorgen/sich um jn. kümmern

(해설)
(1) wohin에 대한 질문에 답변으로서 <neben+4격>는 「곁으로」, wo에 대한 질문에 답변으로 <neben+3격>은 「곁에」의 뜻이다.
(2) neben은 「~와 동시에」, 「밖에도」(= zusätzlich)의 뜻이 있다.

(예)
① 그 우산을 현관문 옆에 세워둬!
☞ 우산 Regenschirm m.-s,-e; 현관 Haustür f.-e

Stelle den Regenschirm **neben die Haustür**!

① 그 우체국은 시청 바로 옆에 있다.
☞ 시청 Rathaus n.-es, Rathäuser; 바로 곁에 unmittelbar neben

Das Postamt steht unmittelbar **neben dem Rathaus**.

② 그 물리학자는 그의 물리학 연구 외에도 시를 썼다.
☞ 물리학자 Physiker m.-s; 물리학 연구 physikalische Forschungen; 시 Gedicht n.-es,-e

Der Physiker schrieb **neben seiner physikalischen Forschung** Gedichte.

【역례】
Sie hat **neben der eigenen Familie** noch ihre Eltern zu versorgen.

[6-2-9]

나의 남동생과 나의 누나 사이에 앉으세요.

☞ 앉다 sich setzen

(해설)
(1) wohin에 답변으로 <zwischen+4격> 은 「사이로」, wo에 대한 답변으로 <zwischen+3격> 은 「~사이에」의 공간의 의미를 갖는다.

(2) 3격으로서 시간을 나타내는 명사와 <숫자+명사> 앞에서 「사이에」, 「중에」 라는 의미를 갖는다.
(3) 3격으로 상호의 관계를 뜻한다.

(예)
① 이 신문을 책들 사이에 끼워 넣으시오!
☞ 끼워 넣다 stecken

Stecken Sie die Zeitung **zwischen die Bücher**!

① 그 기차는 아우구스부르크와 쾰른 사이를 매 시간마다 왕래한다.
☞ 왕래하다 verkehren

Der Zug verkehrt stündlich **zwischen Augsburg und Köln**.

① 십대(틴에이저)는 13세와 19세 사이의 청소년(대개는 소녀들)이고 이십대(Twen=트벤)는 20세와 29세 사이의 젊은 남자이다. (대개는 젊은 남자와 부인)
☞ 십대 Teenager; 청소년 Jugendlicher(형용사 변화); 이십대 Twen m.

Ein Teenager ist ein Jugendlicher **zwischen** 13 und 19 Jahren, und ein Twen ist ein junger Mann **zwischen** 20 und 29 Jahren.

② 성탄절과 신년사이에는 많은 업체에서 일하지 않는다.
☞ 신년 Neujahr n.-s,-e; 업체 Betrieb m.-es,-e; 일하지 않다 nicht gearbeitet werden

Zwischen Weihnachten und Neujahr wird in vielen Betrieben nicht gearbeitet.

③ 대사는 정부들 간의 관계를 조정한다.

Der Botschafter vermittelt **zwischen den Regierungen**.

【역례】
Setzen Sie sich **zwischen meinen Bruder und meine Schwester**.

◈ 연 습 문 제 6 ◈

(A) 4격 지배
1) 학생들은 환경오염에 대한 캠페인에 열심히 참가하자는 결의를 하였다.
☞ 환경오염 Umweltverschmutzung f.-en; 대한 gegen+4격; 캠페인 Kampagne f. –n./Kampf m. es, Kämpfe; ～에참가하다 an et.[3] teilnehmen/sich an et.[3] beteiligen; ～을 결의하다 et.[4] beschließen

2) 비행기가 정각에 떠날 수 없었다. 짙은 안개 때문에 비행기의 출발이 한 시간 연기되었다.

☞ 비행기 Maschine f. n/Flugzeug n. -es, -e; 떠나다 abfliegen; 짙은 dicht; 안개 Nebel m.-s; 때문에 wegen+2격; 출발 Start m.-es,-e, Abflug m.-es, Abflüge; 한 시간 um eine Stunde (시간, 온도, 가격 등을 나타내는 명사 앞에 숫자 앞의 um은 대략 (ungefähr)을 뜻한다); 연기되다 verschoben werden

3) 사람들은 신경을 신체의 통신 체계라고 한다. 신경들은 모든 감관인상(感官印象)을 받아들이고, 그것을 뇌로 이끌어간다. 예를 들면 우리들은 신경 없이는 들을 수도 볼 수도 없다.

☞ 신경 Nerv m.-s,od.-en; 신체 Körper m.-s; 통신체계 Nachrichtensystem n.-s,-e; 감관인상 Sinneseindruck m.; ～을 받아들이다 (수용하다) et.[4] aufnehmen; 뇌 Gehirn n.-s,-e; ～을 ～으로 이끌다 et.[4] zu et.[3] leiten

4) 모든 세균과 박테리아의 유해한 작용에 대항하는 많은 왁친들이 있다. (왁친의) 접종을 통하여 인체에 위험한 질병에 대한 항독소들이 형성된다.

☞ 세균 Bazillus m.-,-zillen; 박테리아 Bakterie f.-n; 유해한 schädlich; 작용 Wirkung f.-en; 왁친 Impfstoff m.-es,-e; 접종 Impfen(impfen 동사에서) n.-s; 항독소 Abwehrstoff m.; 위험한 gefährlich; 질병 Krankheit f.

5) 새 자동차 구입을 위해서 나는 은행대부가 필요했다. 기대도 하지 않았는데 나의 숙부가 나에게 어느 금융기관으로부터 대부를 주선해주셨다. 완전히 변제할 때까지 물론 그 차는 은행의 소유 (재산)로 되어있다.

☞ 새 자동차구입을 위하여 für das neue Auto; 은행대부 Bankkredit m.-es,-e/Darlehen n,-s; 필요하다 brauchen/benötigen; 기대 Erwartung f.-en; 하지 않았는데 (～에 반하여) wider/gegen+4격; 금융기관 Geldinstitut n.-es,-e; ～에게～을 주선하다 jm. et.[4] besorgen; 완전히 변제 völlige Zurückzahlung f.-en; 까지 bis zur; 소유 (재산) Eigentum n.-s, Eigentümer; 되어있다 bleiben

6) 돈 없이 하는 카드놀이는 우리들에게 아무런 재미도 없다. 다른 사람의 카드를 남몰래 들어다 보는 것은 노름규칙에 위배된다.

☞ 카드놀이 Kartenspielen n.-s; ～에게 재미있다 (우리들을 즐겁게 만든다) jm. Spaß (Vergnügen) machen; 다른 사람의 der andere (Menschen); 남몰래 heimlich; ～을 들어다 보다 in et.[4] schauen; 노름규칙 Spielregel f.-n; 위배되는 wider/gegen+4격

7) 이 곳 기후는 나를 위해서는 건강에 효험이 대단히 있다. 아침마다 나는 일곱 시에는 벌써 언제나 집에서 (나아가) 해변으로 간다.

☞ 이 곳 기후 das Klima hier/das hiesige Klima n.-s pl.s od.-mate; 이미 schon; 집에서 (내에서 밖으로) aus dem Haus; 해변 (강변, 연변은 an + 4격) an den Strand

8) 대개는 나는 4 유로로 보트를 빌려서 바다로 나아간다. 그 때는 태양은 이미 하늘에 상당히 높이 (떠)있다.

☞ 대개는 meist, meistens; 로서 (가격, 대가) für; ～을 빌리다 sich et.[4] leihen/sich et. ausleihen; 그때는 dann; 하늘에 am Himmel; 상당히 ziemlich; 높이 hoch; 있다 stehen

9) 그 검사는 중요한 서류를 아주 꼼꼼히 조사하였다. 그는 모든 것을 신중히 처리하며 결정하기 전에 심사숙고한다. 그 가운데 그의 개성이 분명히 나타난다.
☞ 검사 Staatsanwalt m.-s, Staatsanwälte; 서류 Dokument n.-es,-e; 꼼꼼히(일면일면) Seite für Seite/aufs Haar/ganz genau; ～조사하다 et.[4] überprüfen; 신중히 sorgfältig; ～을 처리하다 et.[4] erledigen;～을 결정하다 sich entscheiden; 전에 bevor (여기서는 vor 는 불가능, 부문장의 접속사는 항상 bevor);～을 심사숙고하다 sich überlegen/(über et.[4]) nachdenken; 그 가운데 darin; 개성 Persönlichkeit f.-en; 분명히 klar; 나타나다 sich zeigen

10) 온도계는 밖에 영상(영하) 2도를 가르친다. 이 계절로서는 너무나 춥다.
☞ 한란계 Thermometer n. (m.)-s; 밖에서 draußen; 영상 (영하) über (unter) Null; 2도 zwei Grad; 계절로서는 (비교의) für diese Jahreszeit; 너무나 viel zu+부사(형용사)

11) 현대농업은 기계나 기술의 보조수단 없이는 이제는 더 (농사를) 꾸려나가지 못한다. 농업을 위한 특수한 농기구가 있다.
☞ 농업 Landwirtschaft f.-en; 기계 Maschine f.-n; 기술적 보조수단 technische Hilfsmittel(pl.); 이제는 더 ～못하다 nicht mehr; 견디어나가다(그럭저럭해나가다) (mit et.) auskommen; 특수한 besonder; 농기구 landwirtschaftliche Maschine

(B) 3・4격 지배

1) 일요일 오전에 가족은 함께 예배보기 위하여 교회로 갔다. 그리고 오후에는 그 가족은 자동차로 드라이브하였다.
☞ 함께 gemeinsam; 예배 Gottesdienst m.-es,-e; 위하여 (목적을 나타낼 때는) zu; 교회 Kirche f.-n; ～로 in + 4격 (in die Schule, ins Kino 등등)

2) 이 뉴스를 나는 라디오에서 들었고, 텔레비전에서 보았고 방금 신문에서도 읽었다. 지금 나는 정말로 잘 알고 있다 (정통하고 있다).
☞ 뉴스 Neuigkeiten pl.; 라디오 Radio n.-s,-s; 텔레비전 Fernsehen n.-s; 신문 Zeitung f.-en; 정말 wirklich; 잘 안다 Bescheid wissen

3) 뮌헨에서 우리들은 호텔에 숙소를 찾을 수 없어서 옥외에서 밤을 지내지 않으면 안 되었다.
☞ 숙소 Unterkunft f. Unterkünfte; 찾다 finden; 옥외에서 im Freien/ unter freien Himmel; 밤을 지내다 übernachten/über Nacht bleiben

4) 주말을 지내기 위하여 우리들은 대개 시골로 혹은 바다로 혹은 산으로 간다.
☞ 주말 Wochenende n.-s; 지내기 위하여 (목적의 zu); 시골 Land n.-s; 바다 Meer n.-s,-e, See f.-n; 산 Gebirge n.-s

5) 그는 고정된 수입이 없어서 근근이 생활하고 있다. 그 때문에 무엇을 저축할 가능성도 없고 십년 전부터 그는 그의 아버지의 부양을 받고 있다.
☞ 고정된 fest; 수입 Einkommen n.-s; 근근이 살다 von der Hand in den Mund leben; ～을 저축하다 et.[4] auf die Seite legen/et. auf die hohe Kante legen/zurücklegen; 가능성이 없다 keine Möglichkeit haben; ～의 부양을 받고 있다 jm. auf der Tasche liegen

6) 이 법은 2002년 1월 15일에 발효한다. 그 사이 (동안)에는 옛 규정대로다.
☞ 발효하다 in Kraft treten; 그 사이에는 für die Zwischenzeit; 옛 규정대로다 bei der alten Regelung bleiben

7) 가을에 시작한 건축공사는 추위가 시작되기 전에 중단되었고, 2개월 후에 비로써 다시 시작되리라고 한다.
☞ 가을에 시작한 im Herbst begonnen; 건축공사 Bauarbeit f.-en (여기서는 복수를 사용); 추위 Kälte f.-n; 시작 Einbruch m.-(e)s, Einbrüche/Beginn m.-s; 중단하다 einstellen (여기서 수동형을 쓸 것); 2개월 후에야 비로소 erst in zwei Monaten (여기서는 미래의 시간을 말함으로 nach가 아니라 in 이다.); ～을 시작하다 aufnehmen (수동형 쓸 것)

8) 그 여급은 손님의 뻔뻔스러움에 화가 났다. 그녀는 격분하여 그 손님의 얼굴에 스프를 부어버렸다.
☞ 여급 Kellnerin f.-nen; 뻔뻔스러움 Frechheit f.; ～에 화가 나다 über et[4] empört sein; 격분하여 vor Wut; ～의 얼굴에 붓다 jm. et.[4] ins Gesicht schütten

9) 라디오 수신기에서 사람들은 중파, 장파, 단파와 초단파라고 말하고 있다. 이 각각의 주파수로서 상이한 프로그램들이 방송되어 진다.
☞ 라디오 수신기 Rundfunkgerät n.-es,-e/-empfänger m.-s; ～에 서 bei+3격; 중(장, 단, 초단)파 Mittel- (Lang-, Kurz-, Ultrakurz-)welle; ～라고 말하다 von et. sprechen; 이 각각의 주파수로서 auf jeder dieser Wellen (Frequenzen); 상이한 verschieden; 프로그램 Programm n.-es,-e; ～을 방송하다 et.[4] senden/ausstrahlen (수동형 쓸 것)

10) 군인들은 일정한 기간동안 공무원들이다. 그들도 군인으로 병역의무를 수행하는 동안은 국가를 위해 봉사하고 있다. 병역 의무를 사람들은 잠깐 동안 군인이 되는 의무로 이해하고 있다.
☞ 일정한 기간 동안 auf Zeit/nur für eine bestimmte Zeit; 공무원 Beamter m. (형용사 변화); 병역의무 Wehrpflicht; 수행하다 ableisten; 동안 solange (종속접속사); ～을 위해 봉사하고 있다 im Dienst+2격. stehen; ～을 ～으로 이해하고 있다 (해석하고 있다) et.[4] unter et.[3] verstehen

11) 우리의 안테나로 한국의 프로그램 외에 일본과 중국의 프로그램을 수신할 수 있다.
☞ 안테나 Antenne f.; 한국의 koreanisch; 일본의 japanisch; 중국의 chinesisch; 외에 neben, auch außer; ～을 수신하다 et.[4] empfangen

12) 우리들이 아주 느렸으므로 우리들은 늘 그 도보 여행 그룹의 뒤 쪽에 떨어져 있었다.
☞ **느리다** langsam sein; **늘** ständig; **도보 여행 그룹** Wandergruppe f.; **뒤 쪽에 떨어져있다** hinter jm. zurückbleiben

13) 슈퍼마켓에서는 생필품 외에 접시와 잔, 냄비와 전기레인지등을 살 수 있다.
☞ **슈퍼마켓** Supermarkt m.-es; **생필품** Lebensmittel n.-s; **접시** Teller m.-s; **잔** Tasse f.-n; **냄비** Kochtopf m.-es, Kochtöpfe; **전기 레인지** Mikrowellenherd m.; **~을 살 수 있다** et. kaufen können, es gibt et.[4] zu kaufen

14) 장학금에 관해서는 대사관에 문의하십시오.
☞ **장학금** Stipendium n.-s,-ien; **관해서는** wegen+2격; **대사관** Botschaft f.-en; **문의하다** sich an jn. wenden

15) 어머니는 오른쪽에 아들과 왼쪽에는 그녀의 남편을 두고 사이에 앉아 있었다.
☞ **오른 (왼)쪽에** auf der rechten (linken) Seite; **사이에** zwischen

7. 화법조동사 (Das Modalverb)

화법조동사는 대개는 동사의 부정형과 함께 가능 · 기호 · 허가 · 필연 등의 의미 등을 가진 조동사를 말한다. 그리고 화법조동사는 아니지만 문법적인 형식이 동일하므로 준화법조동사(lassen, hören, sehen + Inf.)라고 사용하는 것이 있다.

[1] 화법조동사

[2] 지각동사, 사역동사

[7-1] 화법조동사

화법조동사와 함께 문장을 구성할 때는 현재와 과거에서 화법조동사에 동반되는 부정형은 언제나 문미에 위치한다. 그리고 화법조동사는 다음의 여섯 개가 사용되고 있다.

1) dürfen
2) können
3) mögen
4) müssen
5) sollen
6) wollen

[7-1-1]

오늘 저녁에 내가 영화관에 가도 좋습니까? - 그럼, 가도 좋다.

☞ 영화관 Kino n. -s, -s; 좋습니까? darf ich (허가)

(해설)

(1) 허가를 문의할 때 또는 허가할 때

(2) <nicht+dürfen>은 금지

(3) 추측을 나타낼 때

(4) <nur od. bloß + dürfen> 은 「 하기만 하면 되다 」

(예)

① 내가 물어봐도 된다면 이차의 값은 얼마 주셨습니까?

Was hat das Auto gekostet, wenn ich Sie **fragen darf**?

② 이 콜렉션 (최신 복식 작품의 견본수집)은 스포츠모드(유행)의 적절한 선발 품(목)으로 간주되어서는 안 된다.

☞ 콜렉션 Kollektion; 스포츠모드 Sportmode; 적절한 선발 품(목) aussagekräftiger (ausgewogener) Querschnitt(Auswahl); ~을~으로 간주하다 et.[4] als et.[4] ansehen

Die Kollektion **darf** als aussagekräftiger Querschnitt durch Sportmode **nicht** angesehen werden.

③ 한 시간 전에 나의 친구는 떠났다. 지금쯤 그는 벌써 집에 도착했을 거야.

Mein Freund ist vor einer Stunde weggegangen. Jetzt **dürfte** er schon zu Hause **sein**.

④ 네가 비판의 말을 한마디만 하면 그는 벌써 제정신이 아닐 것이다.
☞ 제정신을 잃어버리다 außer sich geraten

Du **darfst nur** ein Wort der Kritik sagen, dann gerät er schon außer sich.

【역례】
Darf ich heute abend ins Kino **gehen**? - Ja, du **darfst**.

[7-1-2]

그 피아니스트는 그의 아주 뛰어난 연주로 청중들을 감격시킬 수 있었다.

☞ 피아니스트 Pianist m.-en,-en; 뛰어난 meisterhaft/virtuos; 청중 Zuhörer m.-s; ～을 감격시키다 jn. begeistern

(해설)
(1) 능력 (Fähigkeit, Kraft haben)
(2) 가능성 (Möglichkeit)
(3) 추측 (Vermutung)
(4) 확인 (Feststellung)
(5) für et. nichts können 「～에 대해 책임이 없다」

(예)
① 나의 손녀는 15개월 때 벌써 말을 할 수가 있었다.

Meine Enkelin **konnte** schon mit 15 Monaten **sprechen**.

② 우리나라에서는 전차표 한 장으로 단지 한 번만 갈아탈 수 있다.
☞ 우리나라에서 bei uns; 전차표 Fahrschein; 갈아타다 umsteigen

Bei uns **kann** man mit einem Fahrschein der Straßenbahn nur einmal **umsteigen**.

③ 일기 예보에 의하면 내일은 날씨가 더 좋아질 것이다.

Morgen **kann** das Wetter der Wettervorhersage nach besser **werden**.

④ 그는 오래 전에 그의 공부를 끝마칠 수 있었을 것이다.
☞ ～을 끝마쳐 버리다 et.[4] abgeschlossen haben

Er **könnte** sein Studium längst **abgeschlossen haben**.

⑤ 네가 너의 우산을 잃은 것에 대해서는 나는 책임이 없다.

Ich **kann nichts dafür**, daß du deinen Regenschirm verloren hast.

【역례】
Der Pianist **konnte** die Zuhörer durch sein sehr virtuoses Spiel **begeistern**.

[7-1-3]

나는 현대음악을 즐긴다. 나는 현대음악의 레코드판을 사고 싶다.

☞ 현대음악 moderne Musik; 레코드판 Schallplatte f.-n; ~을 사다 sich et.[4] kaufen

(해설)
(1) mögen 은 <Inf.+mögen> 으로서 wünschen, wollen의 뜻이 가장 기본적인 뜻이다. 흔히 정중한 표현으로서 wollen 대신에 möchten을 사용하고 möchten의 과거의 뜻으로서 wollten를 사용한다.
(2) 가능성
(3) mögen 이 다른 부정형을 동반하지 않고 단독으로 사용될 때는 기호 · 호의를 나타낸다.

(예)
① 어제 나는 영화관에 가려고 하였다. 그러나 오늘은 오히려 집에 있고 싶다.
☞ 오히려 lieber; 집에 있다 zu Hause bleiben

Gestern **wollte** ich ins Kino **gehen**, heute **möchte** ich aber lieber zu Hause **bleiben**.

② 그 여자는 이 사건에 전혀 죄가 없지는 않을지도 모른다.
☞ 죄가 없다 unschuldig sein

Es **mag sein**, daß sie an dieser Sache nicht ganz unschuldig ist.

③ 그 학생들은 그들의 새 여선생님을 아주 좋아한다. 그녀가 그들에게 아주 친절하게 대해 주기 때문이다.
☞ 여선생님 Lehrerin f.-nen

Die Schüler **mögen** ihre neue Lehrerin sehr, denn sie ist sehr freundlich zu ihnen(od. zu ihnen sehr freundlich).

【역례】
Ich **mag** moderne Musik. Ich **möchte** mir gern die modernen Schallplatten **kaufen**.

[7-1-4]

한국에는 어린이들이 여섯 살이 되면 초등학교를 다녀야 한다.

☞ 여섯 살이 되면 mit 6 Jahren/wenn sie 6 Jahre alt sind; 학교에 in die Schule

(해설)
(1) 의무, 강요

(2) 필연성
(3) 화자(話者)의 가정 · 개연성
(4) 논리적 결론

(예)
① 나는 나의 공부를 끝마칠 수가 없었다. 왜냐하면 나는 나의 생활비를 스스로 벌어야만 했기 때문이다.
☞ ~을 끝마치다 vollenden; 생활비 Lebensunterhalt m.; 돈벌이하다 Geld verdienen

Ich konnte mein Studium nicht vollenden, weil ich meinen Lebensunterhalt selbst habe verdienen **müssen**.

① 그는 그의 범죄 행위 때문에 5 년간의 금고형을 치르지 않으면 안되었다.
☞ 범죄행위 Straftat f.; 5년간의 금고형 eine Haftstrafe von 5 Jahren; ~을 치르다 verbüssen

Er **mußte** wegen seiner Straftat eine Haftstrafe von 5 Jahren **verbüssen**.

② 내가 태양을 바라보면 나는 언제나 재채기를 하여야 한다.

Ich **muß** immer **niesen**, wenn ich in die Sonne sehe.

③ 버스가 벌써 두 시간이나 연착하고 있다. 그렇다면 어떤 일이 일어났음에 틀림없다.
☞ 연착하다 Verspätung haben/ sich verspäten; 일어났다 passiert sein

Der Bus hat schon zwei Stunden Verspätung, da **muß** etwas passiert **sein**.

④ 그 사고는 운전자가 운전 중에 잠들었음에는 틀림없다는 것으로만 설명 되어질 수 있었다.
☞ 운전 중에 am Steuer; 설명되어질 수 있다 sich erklären lassen

Der Unfall ließ sich nur so erklären, daß der Fahrer am Steuer **eingeschlafen sein mußte.**

【역례】
In Korea **müssen** Kinder mit 6 Jahren in die Schule **gehen**.

[7-1-5]

제 6 계명은 다음과 같은 내용이다: "살인하지 말라."

☞ 제 6 계명 das 6. Gebot; ~같은 내용이다 lauten; 살인하지 말라. Du sollst nicht töten.

(해설)
(1) 계명, 명령
(2) 도덕적 요구

(2) 3자의 요구
(3) 소문

(예)
① 너는 너의 부모에게 순종 해야한다.

Du sollst deinen Eltern gehorchen.

② 노인들은 특히 친절하고 정중하게 대접되어야 (다루어져야) 한다.

Alte Leute **sollen** besonders freundlich und höflich **behandelt werden**.

③ 당신은 지원서에 모든 필요한 서류(자료)들을 첨부해야 합니다.(나는 그것을 간곡히 부탁합니다.)
☞ 지원서 Bewerbung f.; 모든 필요한 alle erforderlichen Unterlagen; ~을 첨부하다 et.[4] beifügen

Sie **soll(t)en** alle erforderlichen Unterlagen für Ihre Bewerbung beifügen. (Das empfehle ich dringend.)

④ 반도들의 주모자가 체포되었다고 한다.

Der Anführer der Rebellen **soll** festgenommen **worden sein**.

【역례】
Das sechste Gebot lautet: „Du **sollst** nicht **töten**.“

[7-1-6]

12월에 우리들은 새 집으로 이사하려고 한다.

☞ 12월 Dezember m.-s; 새 집 das neue Haus; ~으로 이사하다 in et.[4] umziehen

(해설)
(1) 의도, 계획
(2) 주장

(예)
① 내가 언젠가 한번 네게 말하려 하던 것에 관해 우선 한번 깊이 생각해보려 한다.

Ich **will** noch einmal über das **nachdenken**, was ich dir noch **sagen wollte**.

② 그 남자는 5 년간 미국에 있었다고 주장하지만 영어는 한 마디도 못한다.

Er **will** fünf Jahre in Amerika **gewesen sein**, dabei spricht er kein Wort Englisch.

【역례】
Im Dezember **wollen** wir ins neue Haus **umziehen**.

[7-2] 지각동사 · 사역동사

화법조동사에 준하는 hören, sehen, helfen, lassen, fühlen, spüren 등이 zu 없는 부정법이 사용된다. 이 밖에 lehren, lernen 및 gehen, bleiben 다음에 zu 없는 부정법이 오지만 앞에서 언급한 동사등과는 문법적인 형식이 조금 달리 사용된다 (부정법 참고).
1) hören, sehen, helfen, lassen
2) lehren, lernen

[7-2-1]

어머니는 이곳 창문에서 그녀의 어린 아이들이 정원에서 놀고 있는 것을 보고 있다.

☞ 이곳 창문에서 hier von dem Fenster aus; 놀다 spielen

(해설)
hören, lassen, sehen, helfen, fühlen, spüren 등이 부정형과 함께 사용되면 부정형은 문미에 오며 zu 없이 사용된다. 주문장과 부문장에도 화법조동사와 같은 배어법이 된다.

【역례】
Die Mutter **sieht** hier von dem Fenster aus ihre Kinder im Garten **spielen**.

[7-2-2]

최근에 그는 밤늦게까지 속기술과 타자를 배우고 있었다.

☞ 최근에 in der letzten Zeit; 밤늦게까지 bis spät in die Nacht; 속기하는 것과 타자를 배우다 stenographieren und Schreibmaschine schreiben lernen

(해설)
lehren, lernen 의 다음에 오는 부정형은 zu 없이 문미에 오지만 완료형에서 ge-를 붙여서 과거분사를 사용하는 것이 일반적이고 부문장에서도 [7-2-1]과는 배어법이 다르다.

【역례】
In der letzten Zeit hat er bis spät in die Nacht **stenographieren** und Schreibmaschine **schreiben gelernt**.

◈ 연 습 문 제 7 ◈

1) 선거 패배 후에 그는 그의 정치 생활에서 물러났다. 그는 지금 그의 여생을 조용히 시골에서 지내려고 한다.
☞ 선거패배 Wahlniederlage f.; 정치적 politisch; 여생 der Rest des Lebens; 물러나다 sich zurückziehen; 시골에서 auf dem Land

2) 국민들은 상이한 정당들이나 혹은 사람들 중에서 선출할 수 있다. 즉 각각의 성인이 된

국민들은 그가 좋아하는 정당이나 그가 바라는 후보자에게 투표할 수 있다 (해도 좋다).
☞ 국민 Bürger m.-s; 상이한 verschieden; 정당 Partei f.-en; 선출하다 wählen; 성인이 된 erwachsen; 그가 좋아하는 von ihm bevorzugt; 그가 바라는 von ihm gewünscht; ~에게 투표하다 jm. js. Stimme geben

3) 고속도로에서 사람들은 자전거를 타고 가서는 안 된다. 고속도로에서 자전거를 타고 가는 것은 생명이 위험할 뿐 아니라 법적으로 금지되어 있다.
☞ 고속도로에서 auf der Autobahn; 자전거를 타고가다 mit dem Rad fahren/ radfahren; 안 된다 nicht dürfen; 생명이 위험한 lebensgefährlich; 법적으로 금지되어 있다 gesetzlich verboten sein

4) 경찰은 재임대자 (셋집에서 다시 세를 얻은 사람)의 방을 두 번이나 수색하였다고 한다. 그 밖에 그는 가끔 정체불명의 사람들과 만났다고 하며, 이 정체불명자들이 그의 집에 있었다고 한다.
☞ 재임대자 Untermieter; 수색하다 durchsuchen; 가끔 häufig; 정체불명의 zwielichtig; ~와 만나다 sich mit jm. treffen; 그의 집에 있다 bei jm. sein

5) 오늘날 젊은이들이 그의 생의 반려자에 대한 기대(들)는 그들 양친의 세대의 그것과 모든 점에서 비교되어질 수 있다.
☞ 오늘날의 청소년들 die heutigen Jugendlichen; 생의 반려자 Lebenspartner m.-s/Lebensgefährte m.; 기대 Erwartung f.-en; ~의 그것과 mit denen+2격.; 모든 점에서 (철두철미) durchaus; 비교되다 verglichen werden

6) 생활수준을 확고히 보장할 경제적 발전은 뭣보다 한 나라의 기초 연구에 달려있다
☞ Lebensstandard m.; 보장하다 sichern; 경제적 발전 der wirtschaftliche Fortschritt; 기초연구 Grundlagenforschung f.; 달려 있다 von et. abhängig sein

7) 그녀의 건방짐을 그는 좋아하지 않았다. 그래서 그는 그 여자와 헤어질 수밖에 없었다.
☞ 건방진 것 Arroganz f.; 좋아하다 mögen/jn. leiden mögen; 헤어지다 sich von jm. trennen

8) 어제 저녁 나는 나의 친구와 집에 있었다. 그럼에도 불구하고 그녀는 나를 어제 극장에서 보았다고 주장한다.
☞ 극장에서 im Theater; ~을 보았다고 주장하다 wollen + gesehen haben

9) 나는 유감스럽게도 나의 수중에 돈이 없습니다. 그러나 나는 빨리 수표를 발행할 수 있습니다. 당신은 그 수표를 언제든지 국민은행에서 현금으로 바꿀 수 있습니다.
☞ 유감스럽게도 leider; 나의 수중에 bei mir; 수표를 발행하다 einen Scheck ausschreiben; 그 수표 (지시대명사의 4격을 사용하면) den; 언제든지 jederzeit; 국민은행에서 bei der Kukmin-Bank; 수표를 현금으로 바꾸다 den Scheck einlösen

10) 방금 그들은 페르시아에 관한 텔레비전 보도를 예고하였지만 지금은 폴란드에 관한 화면들을 보여주고 있다. 그러니까 또 다시 어떤 착오가 발생하였음에 틀림없다.
☞ 방금 eben; 페르시아 Persien n.; 텔레비전 보도 Fernsehbericht m.-es,-e; 예고하다 ankündigen; 지금 jetzt; 폴란드 Polen; 화면 Bilder pl.; 그러니까 da; 또 다시 doch wieder; 착오 Irrtum m.-s, Irrtümer; 발생하였다 passiert sein; 틀림없다 müssen

11) 촌락에서는 차들이 기껏해야 보통 시속 50킬로로 달리는 것이 허락되어 있다. 사람들은 규정된 최고속력을 초과해서는 안 된다.
☞ 촌락 Ortschaften (pl.); 차 Kraftfahrzeug n.-es,-e (승용, 버스, 트럭 등 모든 차종의 총칭); 기껏해야 höchstens; 시속 50 Km. (50 Kilometer) in der Stunde; 허락되어있다 dürfen; 규정된 vorgeschrieben; 최고 속력 Höchstgeschwindigkeit; ~을 초과하다 et.[4] überschreiten

12) 학자들은 어떠한 능력을 가져야만 하는가? 먼저 학자는 어느 정도 학구열을 가져야 하고 끈기 있게 그리고 조직적으로 연구해야 한다.
☞ 학자 Wissenschaftler m.-s; 능력 Fähigkeit f.; 어느 정도 ein gewisser; 연구열 Forschungsdrang m.; 끈기 있게 ausdauernd; 조직 적으로 methodisch; ~을 연구하다 nach et. forschen

13) 우리들은 기차로는 여기에서 부산까지 여섯 시간 걸리지만 비행기로 30분 내에 그곳에 닿을 수 있다.
☞ 여기에서 ~까지 von hier bis~; 30분 내에 in einer halben Stunde; 닿다 da sein

14) 자전거 타는 사람이나 보행자 역시 교통법규를 어기면 경찰서로부터 (형사)처벌 통지서를 받을 수 있다. 사고들이 나거나 혹은 심한 위반을 하였을 때 경찰은 그 당사자를 법원에 고발하지 않으면 안 된다.
☞ 보행자 Fußgänger m.-s; 교통법규 Verkehrsregel f.-n; 어기다 gegen et. verstoßen; (형사) 처벌통지서 Strafmandat n.-es,-e; ~을 받다 et.[4] erhalten/ bekommen; 심한 (큰)위반 schwere Verstöße pl.; 때는 bei+3격; (교통) 당사자 Verkehrsteilnehmer; 법원 Gericht n.-es,-e; ~를 고발하다 jn. bei jm. anzeigen

15) 그는 그의 전 재산을 어느 구호기관에 기증하였다고 하며 그가 살아있을 때도 검소한 생활을 하였다고 한다.
☞ 재산 Vermögen n.-s; 구호기관 Hilfsorganisation f.-en; ~을 기증하다 et.[4] an jn. verschenken; 그가 살아있을 때 zu seinen Lebzeiten; 검소한 생활하다 ein sparsames Leben führen

8. 복합시칭
(Die Zusammengesetzten Verbformen)

독일어는 여섯 개의 시제를 사용한다. 그 중 현재와 과거를 단순시칭이라 하고 현재완료, 과거완료, 미래, 미래완료를 복합시칭이라 한다. 복합시칭에는 시칭의 조동사가 필요하다.

[1] 현재완료
[2] 과거완료
[3] 미래
[4] 미래완료

[8-1] 현재완료

현재완료형은 haben (sein)+ p.p로 시제를 구성하고 의미는 (a) 과거에 끝났으나 현재까지 지속되어 있는 것, (b) jetzt,eben,soeben과 함께 행위가 방금 끝났을 때, (c) 미래의 어느 때에 어떤 상태가 완료하였을 것이라는, 즉 미래 완료형 대신에 현재완료형을 쓴다.

1) haben을 쓸 때
2) sein을 쓸 때

[8-1-1]

나의 가족의 안전을 보장하기 위하여 나는 생명보험에 가입하였다.

☞ 안전을 보장하다 sichern; 하기 위하여 um ~ zu + Inf.; 생명보험 Lebensversicherung f.-en; ~을 체결하다 et.[4] abschließen

(해설)

완료형에 haben과 결합하는 동사는 다음과 같다.

(1) 4격을 지배하는 타동사
(2) 모든 재귀동사
(3) 자동사로서 어떤 상태가 지속하고 있는 동사
(4) 비인칭 동사
(5) 화법조동사

(예)

① 웨이터가 손님에게 정중하게 문을 열어주었다.
☞ 웨이터 Kellner m.-s; 정중하게 höflich

Der Kellner hat dem Gast höflich die Tür **geöffnet**.

② 관객들 중에는 몇 명의 유명한 극작가와 배우들이 있었다.
☞ 관객 Zuschauer m.-s; 극작가 Dramatiker m.-s; 배우 Schauspieler m.-s

Unter den Zuschauern **haben** sich einige berühmte Dramatiker und Schauspieler

befunden.

③ 폭우가 내린 후에 초원에는 어디나 물이 고여 있었다.
☞ 폭우 heftige Regenfälle; 초원 Wiese f. -n

Nach heftigen Regenfällen **hat** überall das Wasser auf den Wiesen **gestanden**.

④ 어제 오후에 비가 억수로 퍼부었다.
☞ 비가 억수로 오다 es regnet in Strömen

Gestern nachmittag **hat** es in Strömen **geregnet**.

⑤ 단지 치통 때문에 나는 잠을 이룰 수 없었다. (a)

Vor lauter Zahnschmerzen **habe** ich nicht **einschlafen können**.

⑤ 시의 한 연을 나는 벌써 암기할 수 있었다. (b)

Eine Strophe des Gedichtes **habe** ich schon **auswendig gekonnt**.

⑤ 그가 우리들을 방문할 수 없었다는 것이 섭섭하다. (c)

Es ist schade, daß er uns nicht **hat besuchen können**.

※ (a)의 완료형은 화법조동사가 부정형 (본동사)을 동반한 형식으로서 완료형에 조동사는 부정형 형태의 과거분사를 사용하며 문미에 위치한다. (b)는 können이 조동사가 아니고 본동사 (Vollverb)로서 사용되었고, 이 경우는 ge～+ -t의 형태로서 문미에 위치한다. (c)는 <화법조동사+부정형>의 완료형의 문장이 후치할 때는 haben동사는 동사군 중에서 제일 앞에 위치한다. 위의 규칙은 화법 조동사에 준하는 동사 hören, sehen, helfen, lassen 등도 이에 따른다.

【역례】
Um meine Familie zu sichern, **habe** ich eine Lebensversicherung **abgeschlossen**.

[8-1-2]

밤사이에 정원에 빨간 장미들이 만발하였다.

☞ 밤사이에 über Nacht; 빨간 rot; 장미 Rose f.-n; 만발하다 erblühen

(해설)
현재 완료형에서 sein을 쓰는 경우는 다음과 같다.
(1) 어떤 상태에서 다른 상태로의 변화를 나타내는 동사
(2) 어떤 곳에서 다른 곳으로 이동을 나타내는 동사
(3) sein, bleiben, werden
(4) mißlingen, gelingen, entlaufen 등의 3격 지배동사의 일부가 sein과 결합하여

완료형이 된다.

(예)
① 일출(日出) 후에 거리에 눈이 서서히 녹아 내렸다.
☞ 일출 후에 ~이 녹다 auftauen

Nach dem Sonnenaufgang **ist** der Schnee langsam auf den Straßen **aufgetaut**.

② 토요일에서 일요일에 이르는 밤사이에 한 범죄자가 감옥에서 탈옥하여 국경선을 넘어 도주하였다.
☞ 탈옥하다 aus dem Gefängnis ausbrechen

In der Nacht von Samstag auf Sonntag **ist** ein Verbrecher aus dem Gefängnis ausgebrochen und über die Grenze **geflohen**.

③ 그는 세계의 가장 부유한 사람 중의 한 사람이 되었다.

Er ist zu einem der reichsten Männer der Welt **geworden**.

④ 그를 즐겁게 하려던 나의 시도는 완전히 실패로 돌아갔다.

Der Versuch, ihm eine Freude zu machen, **ist** mir völlig **mißlungen**.

※
(a) [8-1-2]의 해설 (2)의 동사 중에서 장소의 이동을 나타내는 동사 fliegen, fahren과 같은 동사라 할지라도 타동사일 때는 haben을 쓴다. (Der Pilot hat sein Flugzeug nach Amerika geflogen.)
(b) [8-1-2]의 해설 (3)의 동사 중에서 gehen, bleiben 동사 뒤에 부정형이 사용되는 동사의 완료형은 <sein+Inf.+p.p>형으로 문장을 구성한다. (Er ist in derselben Klasse sitzengeblieben.)

【역례】
Über Nacht **sind** die roten Rosen im Garten **erblüht**.

[8-2] 과거완료

과거완료형은 haben, sein을 과거형으로 바꾸는 것을 제외하면 모든 것이 현재완료와 동일하다. 그리고 과거완료형의 사용은 A, B 라는 두 사건이 과거에 일어났다고 할 때 A 라는 사건이 B 사건 보다 시간적으로 선행했을 때는 A는 과거완료형을 쓴다.

[8-2-1]

그가 강도 있게 연습한 다음에 삼십분 동안 휴식하였다.

☞ 강도 있게 연습하다 hart trainieren; 삼십분 동안 eine halbe Stunde; 휴식하다 sich ausruhen

(해설)
[8-2] 참고

【역례】
Nachdem er hart **trainiert hatte**, **ruhte** er sich eine halbe Stunde **aus.**

[8-3] 미래

1) 미래형은 <werden+부정형>의 형태로서 시제를 구성하여 앞으로 어떤 사건, 사태가 일어날 것을 표현한다.

[8-3-1]

내가 내일 아침 네게 가면서, 그 때 (네게) 사진을 가지고 갈게.

☞ 내일 아침 morgen früh; ~에게 가다 zu jm. kommen; ~에게 ~을 가지고 가다 jm. et.[4] mitbringen

(해설)
(1) 미래의 어떤 사건이 일어나는 것이 확실할 때는 부사와 함께 현재형을 미래로 대신한다.
(2) <werden+Inf.>를 사용하여 wohl, vielleicht등과 함께 추측을 나타낸다.
(3) 드물게는 명령을 뜻한다.

(예)
① 어학코스는 2월에 끝난다. 이 코스를 끝마치면 나는 어느 대학에 등록할지를 결정하게 된다.
☞ 어학코스 Sprachkurs m.-es,-e; 등록하다 sich immatrikulieren

Der Sprachkurs endet **im Mai. Wenn ich den Kurs hinter mir habe, stehe** ich vor der Entscheidung, an welcher Universität ich mich immatrikulieren soll.

② 나의 친구들이 아마도 그 자동차를 수리할 수 있을 것이다.
☞ 수리하다 reparieren

Meine Freunde **werden** das Auto **wohl reparieren können**.

③ 지금 네 숙제를 해라!

Du **wirst** jetzt deine Hausaufgaben **machen**!

【역례】
Ich **komme** morgen früh zu dir und **bringe** dir dabei die Fotos **mit**.

[8-4] 미래완료

1) <werden+p.p+haben (od. sein)>으로 미래완료형의 시제를 구성한다. 장차에 일어날 어떤 사건, 사태가 미래의 어느 시점에서 완료, 완성될 것이라는 것을 표현한다.

[8-4-1]

당신이 내일 아침 열 시에 오신다면 우리들은 벌써 아침식사를 끝마치고 있을 겁니다.

☞ 아침식사하다 frühstücken

(해설)

(1) 미래에 어떤 사건이 확실히 완료 된다는 확실성이 있을 때 미래의 뜻을 지닌 부사 및 부사절이 문중에 있으면 현재완료형으로 미래완료형을 대신한다.

(2) 과거의 사실에 대해 추측을 강조할 때 wahrscheinlich, vielleicht, wohl등의 부사를 사용한다.

(예)

① 네가 돌아 올 때까지는 그는 네 부탁을 처리해버릴 것이다.

☞ 너의 부탁을 처리하다 deinen Auftrag erledigen

Bis du zurückkommst, **hat** er deinen Auftrag **erledigt**.

②그는 더 좋은 직장을 구하지만 아마도 아무런 성과를 얻지 못했을 것이다.

☞ ~을 찾지만 bei seiner Suche nach et.; ~더 좋은 직장 eine bessere Stellung; 성과를 얻다 Erfolg haben

Er **wird** bei seiner Suche nach einer besseren Stellung wohl keinen Erfolg **gehabt haben**.

【역례】

Wenn Sie morgen früh erst um 10 Uhr kommen, **haben** wir schon **gefrühstückt**.

◈ 연 습 문 제 8 ◈

1) 아인슈타인은 상대성이론을 발전시켜갔다. 현대물리학은 그것으로 인해 결정적 영향을 받았다.

☞ 아인슈타인 Einstein; 상대성이론(원리) Relativitätstheorie f.-n; 발전시키다 entwickeln; 물리학 Physik f.;~ 영향을 주다 et.[4] beeinflußen (여기서는 수동형 완료); 결정적 entscheidend

2) 고대로부터 철학자들, 문법학자들과 언어학자들이 언어와 문법에 전념하고 있었다. 하지만 인구(印歐)어의 유사성을 발견한 것이 비로써 현대적인 의미에서 학문적 언어 연구가 되었다.

☞ 고대로부터 seit dem Altertum; 언어학자들 Sprachforscher m.; 문법 Grammatik f; 전념하다 sich mit et. beschäftigen; 인구어의 유사 성 die Verwandtschaft der indoeuropäischen Sprachen; 발견 Entdeckung f.; 현대적 의미에서 in dem modernen Sinne; 학문적 언어연구 die wissenschaftliche Sprachforschung; 되다 zu et. führen

3) 교차로에서 경관이 교통을 차단시켰다. 그는 수상과 함께 가는 차의 긴 행렬을 방해 받지 않고 통과시키려고 했다.
☞ 교차로 Straßenkreuzung f.-en; 교통을 차단시키다(중지) den Verkehr stoppen; 수상 Ministerpräsident m.-en,-en (독일수상인 경우는 Kanzler); 차의 행렬 Wagenkolonne f.-n; 방해받지 않고 ungehindert; 통과시키다 passieren lassen

4) 이 규정들은 학생들의 행동의 자유를 제한하려는 목적을 가진 것은 아니다.
☞ 규정 Bestimmung f.-en; 활동의 자유 Bewegungsfreiheit f.; 제한하다 et.⁴ einschränken; 목적을 가지다 den Zweck haben/bezwecken

5) 피사(Pisa)의 사탑이 모든 예언에도 불구하고 아직도 무너지지 않고 있다. 그러나 1990년 1월 6일에 아무도 가능하다고 생각지 못한 어떤 일이 생겼다. (과거완료) 그 탑이 붕괴 위험의 가능성 때문에 그의 800년을 넘는 역사에서 처음으로 방문객들에게 폐쇄되었다.
☞ 피사의 사탑 der Schiefe Turm von Pisa; 예언 Voraussagen (pl.); 아직도 noch immer; 무너지다 einstürzen; ~을 가능하다고 생각하다 et.⁴ für möglich halten; ~일이 생기다 geschehen; 붕괴위험의 가능성 mögliche Einsturzgefahr; 때문에 wegen+2격; 800년이 넘는 역사에서 in seiner über 800-jährigen Geschichte; 방문객들에게(위하여) für Besucher; 폐쇄하다 geschlossen sein

6) 2•3년 전에는 몇몇 나라들은 아직 많은 낡은 입국규정을 갖고 있었다. (과거완료) 이것은 물론 국제 여행왕래에 많은 지장을 주었다 (방해하였다). (현재완료)
☞ 몇몇의 einige; 낡은 veraltet; 입국규정 Einreisebestimmung f.-en; 물론 natürlich; 여행왕래 Reiseverkehr m.-s; ~에 지장을 주다 (방해하다) et.⁴ behindern

7) 우리 지방에는 밤사이 눈이 많이 내렸다. 따라서 거리 교통이 대단히 지장을 받고 있다.
☞ 지방 Gegend f. -en; 밤사이에 über Nacht; 눈이 내리다 es schneit/Schnee fällt; 거리 교통 der Verkehr auf den Straßen; 지장을 받다 behindert sein

8) 시내에 별안간 전기가 나갔다. 그 결과로 거리와 상가에서 아주 큰 혼란이 발생했다.
☞ 전기 der elektrische Strom; 나가다 (끊어지다) ausgefallen sein; 그 결과로서 infolgedessen; 아주 큰 (정말, 진짜의) wahr/groß; 혼란 Chaos n.-es; 상가 Geschäftshaus n.-es, Geschäftshäuser/ Laden m.; 발생하다 entstehen

9) 등산객들은 (에베레스트) 첫 등정(登頂)의 기념일을 맞이하여 에베레스트 8850 높이의 정상을 오르려고 하였다.
☞ 등산객 Bergsteiger m.; 첫 등정 Erstbergbesteigung; 기념일을 맞이하여 anläßlich des Jubiläums; 8850 미터 높이 8850 Meter hoch; 에베레스트 정상 Gipfel des Mount Everest; 오르다 erklimmen

10) 함부르크의 항구에서 짙은 안개로 인해 중대한 결과를 가지고 온 사고가 발생하였다. 그 때 다음과 같은 일이 발생하였다. 한 대의 화물선이 구라파에서 가장 큰 승개교(昇開)에

부딪쳤다.
☞ 함부르크의 항구 Hamburger Hafen; 짙은 안개로 bei dichtem Nebel; 중대한 결과를 가지고 오는 folgenschwer; 화물선 Frachter m.-s; 승개교 Hubbrücke f.-n (배가 지나갈 때 드는 다리); 부딪치다 rammen

11) 기상상황이 어제 변했다. 기상학자들은 일기예보에서도 그렇게 예보하였다.(과거완료)
☞ 기상상황 Wetterlage f.-n; 변하다 sich verändern; 기상학자 Meteorologe m.-n,-n; 그들의 일기예보 ihre Wettervorhersage f.-n; 그렇게 예고하다 es so ankündigen

12) 부산에서 나의 체류는 유감스럽게도 이삼일간만 계속하였다. 그러나 나는 이 시간을 이용하여서 이 큰 항구도시의 가장 재미나는 볼거리를 구경하였다.
☞ 체류 Aufenthalt m.-es,-e; 이삼일간 wenige Tage; 계속하다 dauern; 이용하다 nützen; 흥미 있는 interessant; 항구도시 Hafenstadt f.; 볼거리 Sehenswürdigkeit f.-en; ∼을 구경하다 et.[4] besichtigen

13) 내가 교차로에 도착하였을 때 (과거완료), 별안간 오른쪽에서 자전거 탄 한 사람이 와서 나의 차에 부딪쳤다.
☞ 십자로 Straßenkreuzung f.-en; ∼에 도착하다 an+et.[3] ankommen; 자전거 탄 사람 Radfahrer m.-s,-; ∼에 부딪치다 gegen et. fahren

14) 그는 마분지 상자들을 마련하여 그 안에다 책들을 포장하였다. 그는 용달차를 대여하여 옛집에 갔다. 친구들은 가구들을 들고 내려와서 차에다 가구를 쌓아 넣었다.
☞ 마분지 상자 Karton m.-s,-s;∼을 마련하다 et.[4] sich besorgen; ∼을 포장하다 darin et.[4] verpacken; 용달차 Lieferwagen m.-s; ∼을 대여하다 sich et.[4] leihen; 옛집 alte Wohnung f.; 가구 Möbel n.-s; ∼을 들고 내려오다 et.[4] hinuntertragen; ∼을 차에 쌓아 넣다 et.[4] im Auto verstauen

15) 가스가 방으로 스며들었다. 가족은 거의 질식할 뻔하였다. 구급차가 와서 사람들은 병원으로 데리고 갔다.
☞ 가스 Gas n.-es,-e; 방 Zimmer n.-s; 스며들다 dringen; 거의 fast; 질식하다 ersticken; 구급차 Ambulanz f.-en; ∼를 병원으로 데리고 가다 jn. ins Krankenhaus bringen

9. 수동태 (Das Passiv)

수동태는 주어가 행위를 취하는 것이 아니고 타인에 의해 사건이 일어나는 과정(Vorgang)을 표현하게 된다. 그리고 행위를 취하는 사람을 밝히고 싶지 않을 때 수동태를 사용한다.

[1] 타동사의 수동태와 자동사의 수동태
[2] 화법조동사+수동형
[3] 상태수동태 <p.p + sein>
[4] 능동태로서 수동태의 의미를 가지는 문의 구조

[9-1] 타동사의 수동태와 자동사의 수동태

수동태의 6시칭의 변화는 다음과 같다

- 현재: Sie wird von ihm gefragt.
- 과거: Sie wurde .... gefragt.
- 현.완: Sie ist .... gefragt worden.
- 과.완: Sie war .... gefragt worden.
- 미래: Sie wird .... gefragt werden.
- 미.완: Sie wird .... gefragt worden sein.

1) 타동사에서 수동태를 만들 때
2) 자동사에서 수동태를 만들 때

[9-1-1]

의사일정의 변경이 그 국회의원에 의해 제안되었다.

☞ 의사일정 Tagesordnung f.-en; 변경 Änderung f.-en; 국회의원 der Abgeordnete (형용사 변화); ~을 제안하다 et.[4] beantragen

(해설)
타동사는 수동태로 전환할 때는 4격 목적격만이 수동태의 주어가 된다.
(1) <4격+동사>
(2) <3격+4격+동사>
(3) <4격+4격+동사>의 능동태는 한 개의 4격은 목적격 서술어이므로 수동태로 전환할 때는 목적격 서술어는 1격으로 바뀐다. 이 형태의 동사들은 다음과 같은 것이 있다: nennen, schelten, schimpfen, heißen (= nennen), taufen, titulieren
(4) <man+타동사>는 능동태에서 <von+3격>이 생략된다.
(5) <von+3격>대신에 수단・도구로서 <mit+3격>, 수단・원인・이유로서 <durch+ 4격>을 쓸 때가 있다.

(예)
① 1589년에 25세의 Galilei가 피자대학으로부터 수학교수로 초빙되었다.

☞ 25세의 Galilei der 25 jährige Galilei; 피자대학 die Universität Pisa; 수학교수 der Professor der Mathematik; ～를 ～으로 초빙하다 jn. zu et. berufen

Im Jahre 1589 **wurde** der 25-jährige Galilei **von** der Universität Pisa zum Professor der Mathematik **berufen**. (... berief die Universität Pisa den 25 jährigen Galilei zum ...)

② 지금까지 그녀의 새 주소가 그녀로부터 나에게 전달되지 않았다.
☞ 지금까지 bis jetzt; 주소 Adresse f.; ～에게 ～을 전하다 jm. et.[4] mitteilen

Bis jetzt **ist** mir ihre neue Adresse **von ihr** nicht **mitgeteilt worden**.

③ 그는 그의 친구로부터 바보라고 불리어졌다.
☞ 바보 Dummkopf m.-es, Dummköpfe; 일컫다 nennen (두 개의 4격을 가지는 동사)

Er wurde von seinem Freund **ein Dummkopf genannt**.

④ 이 들에는 뭣이 경작 됩니까? 이 들에는 감자가 경작됩니다.
☞ 경작 (재배하다) anbauen; 감자 Kartoffeln (pl.)

Was wird auf diesem Feld **angebaut**? - Auf dem Feld **werden Kartoffeln angebaut**.

⑤ 장관의 퇴진이 신문을 통해 널리 알려졌다.
☞ 장관의 퇴진 der Rücktritt des Ministers; 신문 die Presse/die Zeitung; ～을 알리다 et.[4] bekanntgeben

Der Rücktritt des Ministers **wurde durch die Presse bekanntgegeben**.

⑤ 이 회사의 50회 기념축제가 아주 세심하게 준비되어지고 있다.
☞ 50회의 기념축제 die 50 jährige Jubiläumsfeier; 아주 세심하게 mit großer Sorgfalt; ～을 준비하다 et.[4] organisieren/vorbereiten

Die 50 jährige Jubiläumsfeier der Firma **wird mit großer Sorgfalt organisiert**.

【역례】
Eine Änderung der Tagesordnung **wurde von** dem Abgeordneten **beantragt**.

[9-1-2]

도보여행 중에는 당연히 날씨에 관해서 많이 이야기 된다.

☞ 도보여행 중에 auf Wanderung; ～에 관해서 이야기되다 über et.[4] sprechen
(해설)
자동사의 수동태, 즉 4격 목적격이 없는 문장에서 수동태를 만들려면, 수동태의 주어는 es로 쓰고 werden은 3인칭 단수로 사용한다. 이 때에 문장이 도치, 후치될 때면 es 는 생략한다.

(1) 능동태에서 전치사 목적격은 수동태에서 변화 없이 그대로 나타난다.
(2) 능동태에서 3격 목적격은 수동태에서 그대로 나타난다.
(3) <man+자동사>의 능동태는 <von+3격>이 생략되고 일반적인 의미의 복수의 능동태의 주어도 수동태에서 <von+3격>이 생략된다.

(예)
① 모든 가능한 것에 관해 잡담하거나, 이야기하거나 혹은 토론한다.
☞ 모든 가능한 것 alles Mögliche; ~관해서 잡담하다 über et.^{4} plaudern; 이야기하다 erzählen

Über alles Mögliche **wird geplaudert**, **erzählt oder diskutiert**.

② 그 젊은 부인은 그녀의 남편이 외투 입는 것을 도와주었다.
☞ 젊은 부인 die junge Frau f.; ~에게 외투 입는 것을 돕다 jm. in den Mantel helfen

Von der jungen Frau wird ihrem Mann in den Mantel geholfen.

③ 축제동안 밤늦게까지 식사하며 술을 마셨다.
☞ 축제동안 während des Festes; 밤늦게까지 bis spät in die Nacht

Während des Festes **wurde** bis spät in die Nacht **gegessen und getrunken**.

【역례】
Auf Wanderung wird natürlich über das Wetter viel **gesprochen**.

[9-2] 화법조동사 + 수동형

화법조동사가 있을 때의 수동태의 6시칭의 변화는 다음과 같다.

• 현재:	Sie muß von ihm	gefragt werden.
• 과거:	Sie mußte	gefragt werden.
• 현.완:	Sie hat	gefragt werden müssen.
• 과.완:	Sie hatte	gefragt werden müssen.
• 미래:	Sie wird	gefragt werden müssen.
• 미.완:	....	없음 ....

[9-2-1]

교통법규의 위반은 시경에 의해 강력히 단속되어져야 한다.

☞ 교통법규 Verkehrsregel f.-n; 위반 Verstoß m.-es. Verstöße; 시경 die städtische Polizei; 강력히 energisch; ~을 단속하다 et.^{4} kontrollieren

(해설)
화법조동사가 있을 때의 수동태는 화법 조동사가

(1) 현재, 과거는 그 위치에 그대로 있지만
(2) 완료형, 미래형에서는 문미에 위치한다.

(예)
① 지난해에 마침내 우회도로가 완공될 수 있었다.
☞ 우회도로 Umgehungsstraße f.-n; 완공되다 fertiggestellt werden

Im letzten Jahr **konnte** endlich die Umgehungsstraße **fertiggestellt werden**.

② 무엇보다 시청의 수리가 먼저 착수되지 않으면 안 되었다.
☞ 무엇보다 vor allem/vor allen Dingen; 수리 Renovierung f.-en; 시청 Rathaus n.-es, Rathäuser; ~를 착수하다 et.[4] in Angriff nehmen

Vor allem **hat** die Renovierung des Rathauses zuerst in Angriff **genommen werden müssen**.

【역례】
Der Verstoß gegen die Verkehrsregeln **muß** von der städtischen Polizei energisch **kontrolliert werden**.

[9-3] 상태수동

상태수동(Zustandspassiv)은 <sein+(타동사의)과거분사> 로서 만들어진다. 이 형태는 어떠한 행위의 결과를 표현하며 능동형에서 행위의 목적어인 상태수동의 주어가 어떠한 상태에 있는가를 말한다. 이 때의 상태수동의 과거분사는 형용사의 구실을 하고 시제는 현재와 과거형만이 사용된다.

- 수동태의 현재: Kurz vor 8 Uhr **wird** der Laden **geöffnet**.
- 수동태의 현재완료: Kurz vor 8 Uhr **ist** der Laden **geöffnet worden**.
- 상태수동현재: Jetzt ist es 10 Uhr. Seit zwei Stunden **ist** der Laden **geöffnet**.
- 상태수동과거: Als ich kam, **war** der Laden schon **geöffnet**.

[9-3-1]

마인강변의 프랑크푸르트에서 지금 국제 책 박람회가 열리고 있다.

☞ 마인강변의 프랑크푸르트 Frankfurt am Main; 국제 international; 책 박람회 Buchmesse

(해설)
상태수동태의 현재완료, 과거완료가 만들어지지만 이 형태는 전적으로 접속법 (I, II)에서만 사용된다.
(1) 상태수동태의 현재
(2) 상태수동태의 과거

(예)
① 지난 가을부터 대학생 기숙사들이 완성되어 있다.

☞ 대학생 기숙사 Studentenwohnheim n.-s,-e; 완성되어있다 fertig gestellt sein

Seit dem letzten Herbst **sind** die Studentenwohnheime **fertiggestellt**.

② 일주일 전에 내가 대학생 기숙사의 한 방을 얻으려고 하였지만 그 때는 모든 방이 이미 다 나갔었다.
☞ 방을 세내다 ein Zimmer mieten; 다 나가다 vergeben sein

Vor einer Woche wollte ich ein Zimmer der Studentenwohnheime mieten, aber da **waren** alle Zimmer schon **vergeben**.

【역례】
In Frankfurt am Main **ist** jetzt die internationale Buchmesse **eröffnet**.

[9-4] 수동태의 의미를 가지는 문의 구조

능동태로서 수동태의 뜻을 가지는 문장들이 있다. 이들 문장을 수동태로 전환하면 두 가지 형태가 나타난다.
1) <werden+p.p>
2) <können (sollen, müssen)+p.p werden>

[9-4-1]

어떤 우연에 의해 그 사건이 마침내 밝혀졌다.

☞ 어떤 우연에 의해 durch (einen) Zufall; 사건 Sache f.-n; 마침내 endlich; 밝혀지다 sich aufklären

(해설)
<werden+p.p>의 의미를 가지는 것은 다음 세 가지로 생각할 수 있다.
(1) 타동사의 재귀동사는 가끔 수동태의 의미를 가진다: sich bedecken, sich öffnen, sich aufklären 등
(2) <p.p+ erhalten (bekommen, kriegen)>: geschickt erhalten, geschenkt bekommen
(3) 기능동사구(Funktionsverbgefüge)가 수동태의 의미를 가질 때가 있다. 동사에서 파생한 동작을 뜻하는 명사(-ung으로 끝나는 명사가 많음)와 erfahren, finden, erhalten 또는 gehen, kommen, gelangen, geraten등이 연결되어서 수동태의 뜻을 가진다.
- Verbesserung erfahren = verbessert werden
- Beachtung finden = beachtet werden
- Unterstützung erhalten = unterstützt werden
- in Erfüllung gehen = erfüllt werden
- zur Aufführung kommen = aufgeführt werden
- zur Uraufführung gelangen = uraufgeführt werden

(예)
① 하늘은 구름으로 서서히 덮인다.
☞ 구름 Wolke f.-n; 서서히 덮인다 sich überziehen

Der Himmel **überzieht sich** mit Wolken.

② 그 상품은 우편료 없이 당신의 집으로 보내집니다.

Sie **erhalten (bekommen, kriegen)** die Ware portofrei ins Haus **geschickt**.
(= **Ihnen wird die Ware** portofrei ins Haus **geschickt**.)

③ 이미 오랫동안 예고되었든 연극이 내주에 공연된다.
☞ 예고하다 ankündigen의 p.p를 쓸 것; 연극 Theaterstück n.-s,-e; 공연하다 zur Aufführung kommen

Das schon lange angekündigte Theaterstück **kommt** in der nächsten Woche **zur Aufführung**. (**wird** ... **aufgeführt**.)

③ 그가 십 년 전부터 품고 있던 자기 집의 꿈이 금년에 드디어 이루어졌다.
☞ 품고 있다 ～et. hegen; 이루어지다 in Erfüllung gehen

Der Traum vom eigenen Haus, den er seit 10 Jahren gehegt hatte, ist dieses Jahr endlich **in Erfüllung gegangen**.

【역례】
Durch einen Zufall **klärt sich** die Sache endlich **auf**.

[9-4-2]

피고의 죄과는 이제 더 부인되어질 수 없다.

☞ 피고 der (die) Angeklagte (형용사 변화); 죄과 Schuld f.-en; ～을 부인하다 et.[4] bestreiten (zu+Inf. sein을 사용하라)

(해설)
능동태에서 수동태의 의미를 가질 때 화법조동사 können, müssen, sollen의 의미가 동반될 때가 있다.
(1) <sein+zu Inf.> = können, sollen, müssen + p.p +werden
(2) <sein+동사의 어간+-bar od.-lich> = können + p.p + werden
(3) <lassen+sich+Inf.> = können + p.p + werden

(예)
① 이 외국인의 발음은 이해되어질 수 없다. (이 외국인의 발음은 이해할 수가 없다.)
☞ 발음 Aussprache f.; ～되어 질 수 있다 zu+Inf.+sein

Die Aussprache des Ausländers **ist** nicht **zu verstehen**.
= Die Aussprache des Ausländers **kann** nicht **verstanden werden**.
= Die Aussprache des Ausländers **ist** un**verständlich**.
= Die Aussprache des Ausländers **läßt sich** nicht **verstehen**.

② 그가 아주 이기적이라는 것이 누구에게나 증명되어질 수 있다.

☞ 이기적 egoistisch; 증명되어질 수 있는 beweisbar

Es **ist** jedem **beweisbar**, daß er sehr egoistisch ist.

② 소음으로 그녀의 말들이 나에게는 거의 이해되지 않았다.
☞ 소음으로 bei dem Lärm; 거의 이해되지 않는 kaum verständlich

Bei dem Lärm **waren ihre Worte** für mich kaum **verständlich**.

③ 피고가 범행 시에 술을 약간 마셨는지 아닌지는 증명되어질 수 없다.
☞ 범행 시 zur Tatzeit f.; 술을 약간 마신 상태다 angetrunken sein; 증명될 수 있다 Es läßt sich beweisen, daß ...

Es **läßt sich** nicht **beweisen**, ob der Angeklagte zur Tatzeit angetrunken war.

【역례】
Die Schuld des Angeklagten **ist** nicht mehr **zu bestreiten**.

◈ 연 습 문 제 9 ◈

1) 교통혼란은 일어나지 않도록 하여야 하고 이 목적을 위해서는 거리의 공간이 새로이 분할되어야 한다. 자전거 타는 사람과 보행자를 위하여 자리가 충분히 마련되어야 한다. 그들은 동등한 권리를 가진 교통의 참여자로서 대우받기를 바란다.
☞ 교통혼란 Verkehrschaos n. -s; 일어나지 않도록 한다 (저지되다) verhindert werden; 이 목적을 위하여 zu diesem Zweck; 거리의 공간 Straßenraum m.; ~을 새로이 분할하다 et.[4] neu verteilen; 보행자 Fußgänger m.-s; 자리 Platz m.-es, Plätze; 충분히 ausreichend; 마련되다 geschaffen werden; 동등한 권리를 가진 gleichberechtigt; 교통의 참여자 Verkehrsteilnehmer; ~를 대우하다 jn. (als et.) behandeln

2) 자동차기사들은 가끔 교통법규를 위반하고 사고를 유발한다. 그 다음에는 그들은 벌을 받지 않기 위하여 (그들이 벌 받는 것을 저지하기 위하여) 뺑소니를 친다.
☞ ~을 위반하다 gegen et. verstoßen; ~을 유발하다 et.[4] verursachen; ~을 피하다 (저지하다) et.[4] verhindern; ~을 위하여 um ~zu + Inf.; 벌 받다 bestraft werden; 뺑소니치다 Fahrerflucht begehen

3) 그 자동차기사는 보행자를 치었다. 그 때 그 사건의 원인들이 경찰에 의해 조사되었고, 그는 (타인에 대한) 사려(思慮) 부족으로 고발되었다.
☞ ~를 치다 jn. überfahren (vgl. anfahren, umfahren); 사건 Fall m.-es, Fälle; 원인 Ursache f.-n; ~를 조사하다 jn. untersuchen; 사려의 부족으로 wegen mangelnder Rücksichtnahme (auf andere); ~를 고발하다 jn. anklagen

4) 1976년에 독일 연방공화국에서 자동차운전자를 위하여 안전벨트착용의무가 도입되었다.

1983년 이래로 그것을 지키지 않은 사람은 벌금형을 받았다. 많은 운전자들은 그러나 아직도 벨트착용을 좋아하지 않는다.
☞ 안전벨트착용의무 Gurtpflicht f./Anschnallpflicht; ~을 도입하다 et. einführen; 이래로 seit+3격; 그것을 지키다 sich daran halten; ~하는 사람은 derjenige, der ~ (관계 문); 벌금형을 받다 mit Bußgeld bestraft werden; 벨트를 착용하다 sich anschnallen; 아직도 noch immer; 좋아하지 않는 ungern

5) 가령 라디오와 텔레비전이 어느 (특정) 당의 혹은 어느 개인의 수중에 있다고 가정한다면, 라디오와 텔레비전은 쉽게 남용되어질 수 있을 것이다.
☞ 가령 ~가정한다면 wenn + 접속법 II; 개인 Privatmann m.-s, Privatmänner; 수중에 in den Händen sein; ~을 남용하다 et.[4] mißbrauchen

6) 자기의 정치적 견해에 대해 반론하는 사실들은 전적으로 무시되거나 왜곡될 때 비로소 그 보도는 부당하고, 일방적이고, 편파적이 된다.
☞ 보도 Berichterstattung f.-en; ~에 대해 반론하다 gegen et. sprechen; ~을 무시하다 et.[4] ignorieren; ~을 왜곡하다 et.[4] verdrehen; 그 때 비로소 erst dann wenn~; 부당한 unfair; 일방적 einseitig; 편파적 parteilich

7) 한 주에 두 번 일반적인 회의를 하고 (행해지고) 환자들에 관하여 상의되고, 그들의 병력과 상태들도 의논된다. 그리고 다음에는 수술이 필요한지 아닌지와 그 수술이 어떻게 실시되어져야 할 것인지를 결정할 것이다.
☞ 일반적 회의 allgemeine Konferenz f.; ~(회의를) 하다(행하다) (eine Konferenz) abhalten; ~을 상의하다 jn. (et.) besprechen; 병력 Krankheitsgeschichte f.; 상태 Befund m.-es,-e; ~을 결정하다 et.[4] entscheiden; 필요하다 nötig sein; ~을 실행(실시)하다 et.[4] durchführen

8) 전문의가 되기 위해서는 일정한 회수의 수술이 혼자서 실행되어야 한다. 처음에는 물론 쉬운 수술이 행해진다. 그러나 후에는 큰 수술도 혼자서 실시되어진다(시작하게 된다).
☞ 전문의 Facharzt m.-s, Fachärzte; 일정한 회수의 eine bestimmte Zahl von~; 혼자서 selbständig; 처음에는 am Anfang; 쉬운 leicht; 큰 수술들 die großen Operationen; ~을 실시하다 et.[4] ausführen; ~을 실시하다 (시작하다) et.[4] vornehmen

9) 질병은 부상으로 인해 야기될 수 있고 혹은 우리들 인체의 한 기관이 제대로 활동 않음으로써 생긴다. 많은 질병은 병원체로 인해 일어나게 된다.
☞ 부상 Verletzung f.-en; ~을 야기하다 et.[4] hervorrufen; 기관 Organ n.-s,-e; 제대로 활동하다 richtig arbeiten; ~함으로서 ~dadurch, daß~; 병원체 Krankheitserreger m.-s; 일어나게 되다 verursacht (hervorgerufen) werden

10) 환자의 맥박을 헤아리고 열을 측정하지 않으면 안 된다. (능동의 문장이나 맥박과 열을 주어로 수동으로 고칠 것) 사람들은 이 두 가지를 카드에 기록해야 한다.

☞ 맥박 Puls m.-es,-e; 헤아리다 zählen; 열 Fieber n.-s; ～을 재다 et.[4] messen; 카드 Karte f.-n; 기록하다 aufzeichnen

(11.부터는 능동태로서 수동태의 뜻을 가진 작문)

11) 백화점에서 사람들은 실제로 필요한 것 이상 살려는 유혹을 항상 받게 된다.
☞ 백화점 Kaufhaus n.-es, Kaufhäuser(여기서는 복수를 사용); 실제로 eigentlich; 필요하다 brauchen; 유혹을 받다 in Versuchung kommen

12) 그가 전혀 사고를 내지 않았다고 할지라도 그에게서 잠시 동안 운전면허증이 압수되어질 수 있다.
☞ 사고를 내다 einen Unfall verursachen; 전혀 gar kein～; 할지라도 auch wenn; ～잠시 동안 für einige Zeit; ～에게 ～이 압수되다 er bekommt et. entzogen (= Ihm wird etwas entzogen [9-4-1] 참고)

13) 교육분야에서 특히 대학에서는 그런 정도의 개혁이 서서히 신중하게 착수되어야 한다는 것에 대해서는 아무런 반론의 여지가 없다.
☞ 교육분야 Bildungsbereich m.-es; 특히 zumal/insbesondere; 신중하게 bedacht; 그런 정도의 derart; 개혁 Reform f.-en; ～을 착수하다 et.[4] in Angriff nehmen; ～에 대하여 반론을 제기하다 gegen et. einwenden (여기서는 einzuwenden sein)

14) 작은 가게에서는 아직도 고객이 가게 주인으로부터 조언을 받을 수 있고 그에게 불평도 할 수 있다. 여기는 인간관계가 아직도 약간은 있다 (통용이 되고 있다).
☞ 고객 Kunde m.-n,-n; 가게 주인 Inhaber m.-s (소유주); 조언을 받을 수 있다 sich von jm. beraten lassen; ～에게 불평하다 sich bei jm. beschweren; 인간관계 die menschliche Beziehung f.; 있다 (유효하다) gelten

15) 강변화 하는 동사들의 수는 이제는 많지 않고 계속 감소한다. 왜냐하면 시간이 경과함에 따라서 이들 동사 중 많은 동사들 중에서 약변화 하는 형태들이 발전되어지고 완성되어지기 때문이다.
☞ 강변화 하는 동사들 die stark gebeugten Verben (Zeitwörter); 감소하다 abnehmen (↔ zunehmen); 시간이 경과함에 따라서 im Laufe der Zeit; 이들 동사중의 많은 동사 manche der Zeitwörter(Verben); 약변화의 형태 schwach gebeugte Formen; 발전되다 sich entwickeln; 완성되다 sich durchsetzen

10. 재귀동사 · 비인칭동사(Die Reflexiven Verben · Die unpersönlichen Verben)

[1] 재귀동사
[2] 비인칭 동사

[10-1] 재귀동사

재귀대명사는 1 · 2 인칭 단수 · 복수는 인칭대명사를 동일하고, 3인칭 단수 · 복수와 존칭을 나타내는 Sie의 재귀대명사는 sich를 쓴다. 문어체에서 드물게 재귀대명사의 2격을 사용하는 경우는 Sie의 재귀대명사는 대문자를 써서 Ihrer selbst를 쓴다.

수	단수			복수		
인칭	1인칭	2인칭	3인칭	1인칭	2인칭	3인칭
4격	mich	dich	sich	uns	euch	sich
3격	mir	dir	sich	uns	euch	sich
2격	meiner	deiner	seiner selbst	unser	euer	ihrer selbst

재귀동사를 다음과 같이 나누어서 생각하려고 한다.
1) 본래의 재귀동사로서 재귀대명사가 4격인 경우
2) 본래는 4격 목적격을 가지는 타동사가 재귀적으로 사용할 경우
3) 재귀대명사가 3격인 경우
4) 재귀동사가 가지는 의미
5) 문장에서 재귀대명사의 위치

[10-1-1]

박람회의 방문객들이 전람실로 가는 길을 묻는다.

☞ 박람회의 방문객 Messegast(=-besucher)m.-s, Messegäste; 전시장 Ausstellungsgelände n.-s,-e; 묻다 sich (bei jm.) nach et. erkundigen

(해설)
본래의 재귀동사를 다음 세 가지로 나눌 수 있다.
(1) 다른 목적격이 없는 재귀동사
- sich ereignen ~이 일어나다, ~이 발생하다
- sich erkühnen ~을 (대담하게) 감행하다
- sich gedulden ~인내하다

(2) 2격 목적어 + 재귀동사
- sich befleißigen et.[2] ~에 전념하다, 노력하다

- sich bemächtigen et.[2] ~을 점령하다
- sich weigern et.[2] ~을 거절하다
- sich bedienen et.[2] ~을 사용하다

(3) 전치사 목적어 + 재귀동사

- sich begnügen mit et.[3] ~에 만족하다
- sich behelfen mit et.[3] ~으로 임시변통하다
- sich besinnen auf et.[4] ~을 상기하다
- sich bewerben um et.[4] ~을 얻으려 애쓰다
- sich bücken nach et.[3] ~구부려 ~을 줍다.
- sich bücken vor et. (jm.) ~에게 절하다
- sich entschließen zu et.[3] ~을 결심하다
- sich erholen von et.[3] ~에서 회복하다
- sich erstrecken auf et.[4] ~에 미치다
- sich irren (in et.[3]) ~을 틀리다, ~을 잘못 생각하다
- sich schämen für et.[4] ~을 창피하게 여기다
- sich schämen vor jm.[3] ~을 부끄러워하다
- sich sehnen nach et.[3] ~을 동경하다
- sich verbeugen vor jm. ~에게 허리를 굽혀 인사하다
- sich verneigen vor jm. ~에게 허리를 굽혀 인사하다

(예)

① 오늘은 나에게 하루종일 어떤 특별한 일은 일어나지 않았다. 그러나 어제는 기이한 것을 체험했다.

☞ 어떤 특별한 일 etwas Außergewöhnliches; 일어나다(발생하다) sich ereignen; 기이한것 etwas Merkwürdiges

Heute hat **sich** bei mir den ganzen Tag nichts Außergewöhnliches **ereignet**, aber gestern hatte ich etwas Merkwürdiges erlebt.

② 그는 분명하고 정확한 발음을 하려고 노력하고 있다.

☞ 정확한 발음 eine korrekte Aussprache

Er **befleißigte sich** einer deutlichen korrekten Aussprache.

③ 삼년간의 망명생활 후 그는 그의 나라로 돌아갈 수 있기를 갈망하고 있다.

☞ 삼년간의 망명생활 후 nach drei Jahren Exil; 나라 Land n.-s, Länder; 돌아가다 zurückkehren; 갈망하다 sich nach et. sehnen (여기서는 "돌아갈 수 있기를" 부정법을 받기에 danach를 씀)

Nach drei Jahren Exil **sehnt** er **sich danach**, in sein Land zurückkehren zu können.

【역례】

Die Messegäste **erkundigen sich nach** dem Weg zum Ausstellungsgelände.

[10-1-2]

그 여자는 조소당할까봐 두려워하고 있다.

☞ 조소당하다 ausgelacht werden; 두려워하다 sich vor et. fürchten (뒤에 부정법이 오므로 davor를 씀)

(해설)

타동사가 재귀적으로 사용될 때 다음 두 가지로 나눌 수 있다.

(1) 다른 목적격이 없는 재귀적 용법

- sich ändern 변하다
- sich retten 자신을 구하다
- sich beherrschen 극기하다
- sich töten 자살하다
- sich (mit einer Pistole) erschießen (권총으로) 자살하다
- sich waschen 씻다
- sich anziehen 옷을 입다
- sich erheben 일어서다
- sich setzen 앉다

(2) <전치사 목적격+재귀동사>

- sich beklagen über et.[4] ~을 불평하다
- sich bemühen um et.[4] ~을 얻으려고 노력하다
- sich beschweren über et[4] ~불평을 하다 (항의하다)
- sich entscheiden für et.[4] ~을 결정하다
- sich erinnern an et.[4] ~을 기억(상기)하다
- sich freuen auf et.[4] ~을 고대하다
- sich freuen über et.[4] ~(의 결과)를 기뻐하다
- sich wundern über et.[4] ~을 의아하게 생각하다
- sich bewegen um et.[4] ~의 주위를 돌다

(3) 타동사가 재귀적으로 사용될 때 재귀동사의 의미는 본래의 타동사의 수동태의 의미 및 자동사 ([10-1-5] 참고)의 의미로 일반적으로 사용되지만 한편으로는 재귀동사에서 본래의 타동사의 의미가 크게 벗어나서 나타날 때가 있다. (a와 b)

(예)

① 그는 그녀의 따귀를 때리지 않으려고 몹시 자제하여야 하였다.

☞ 따귀를 때리다 jm. eine Ohrfeige geben; 자제하다 sich beherrschen

Er mußte sich sehr beherrschen, um ihr keine Ohrfeige zu geben.

② 그는 나에게 그녀의 처신에 대하여 부당하게 불평을 하였다.

☞ 처신 Verhalten n.-s; 부당하게 zu Unrecht; ~에게 ~에 관해서 불평하다 sich bei jm. über et.[4] beschweren

Er hat **sich** bei mir zu Unrecht **über** ihr Verhalten **beschwert**.

③ (a)와 (b)
(a) 우리들은 당분간 독일에 체류하면서 산업박람회를 시찰하고자 한다.

Wir wollen **uns** für einige Zeit (für eine Weile) in Deutschland **aufhalten** und die Industrieausstellung besichtigen.

(b) 우리들은 이 정치적 파국을 이제는 더 저지 시킬 수 없다.

Wir können die politische Katastrophe nicht mehr **aufhalten**.

【역례】
Sie **fürchtet sich davor**, ausgelacht zu werden.

[10-1-3]

그가 이해하지 못하는 일에 관하여 주제넘게 비평하였다.

☞ ~에 관하여 진술 (평가)하다 über et. urteilen; 주제넘게 ~하다 sich[3] et.[4] anmaßen

(해설)
재귀대명사가 3격일 때는 다음 두 가지로 나눈다.
(1) 본래의 재귀동사
• sich[3] et.[4] anmaßen 감히 (주제넘게)~하다
• sich[3] et.[4] ausbitten (bei) ~에게 간청하다
• sich[3] et.[4] aneignen ~을 제 것으로 하다
(2) 3격 목적어 대신에 3격 재귀대명사를 써서 재귀적으로 사용한다.
• sich[3] schmeicheln (mit et.) ~으로 자위하다
• sich[3] viel einbilden (auf et.[4]) ~을 자만하다
• sich[3] et.[4] vorstellen ~을 상상하다
• sich[3] et.[4] vornehmen ~을 의도하다
• sich[3] et.[4] erlauben ~을 감히 하다
• sich[3] et.[4] gestatten ~을 감히 하다

(예)
① 나의 친구는 그의 이웃으로부터 신문을 빌렸다 (간청해서 빌려왔다).
☞ 이웃 Nachbar m.-n,-en; ~을 간청해서 빌리다 sich et.[4] ausbitten

Mein Freund hat **sich** von seinem Nachbarn **die Zeitung ausgebeten**.

② 그는 그의 핵물리학 분야의 지식을 자만하고 있다(사실은 큰 지식이 없다).

Er **bildet sich** viel auf seine Kenntnisse auf dem Gebiet der Atomphysik ein.

【역례】
Er hat **sich angemaßt**, über Dinge zu urteilen, die er nicht versteht.

[10-1-4]

초대 받은 손님들 중에는 정치 경제계의 몇몇의 저명인사들이 있었다.

☞ 초대 받은 손님들 die eingeladenen Gäste; 정치 경제계의 aus Politik und Wirtschaft; 저명인사 prominente Persönlichkeit f./Prominente pl. (형용사 변화); 있다 sich befinden

(해설)
재귀적으로 사용되는 동사가 여러 가지의 의미를 나타낸다.
(1) 타동사가 자동사의 뜻으로 사용된다.
(2) 수동태의 의미가 있다.
(3) 주어가 복수인 경우는 sich는 einander의 뜻을 가질 때가 있다. sich가 상호대명사의 뜻을 명백히 하기위해서는 sich gegenseitig을 쓴다. (Sie lieben sich gegenseitig. = Sie lieben einander.) 또 상호대명사의 뜻을 지닌 재귀동사가 전치사 구문이 있을 때는 miteinander, voneinander처럼 전치사와 결합형을 쓴다. 또 재귀대명사를 한층 명백히 표현하고자 할 때는 einer der andere를 사용하고 변화는 einer (m.)는 eine (f.), eines (n.)의 1격으로 하고 der andere 는 동사의 격지배를 따른다.
(4) <sich+부사+동사>의 형태로서 부사는 동사의 활동의 결과, 종결을 나타낸다.
(5) <es+동사(상태를 나타내는)+sich+부사> = <man+kann+부사 +동사>

(예)
① 그는 위험한 수술을 겪고 난 다음에(사람이) 대단히 변했다.
☞ 위험한 수술 eine gefährliche Operation; ～을 겪다 (극복하다) et.[4] überstehen

Nachdem er eine gefährliche Operation überstanden hatte, **änderte** er **sich** sehr.

② 열렬한 박수갈채로 두 번이나 막이 열렸다.
☞ 열렬한 박수갈채로 beim stürmischen Applaus; 두 번 zweimal; 막 Vorhang m.-s, Vorhänge

Beim stürmischen Applaus **öffnete sich** der Vorhang zweimal.

③ 어머니와 선생이 어린이 교육문제에 관하여 의견을 나누었다.
☞ 어머니와 선생 die Mutter und der Lehrer; 어린이의 교육문제 Erziehungsproblem n.; ～에 관해 의견을 나누다 sich über et.[4] aussprechen

Die Mutter und der Lehrer haben **sich (miteinander)** über das Erziehungsproblem für die Kinder **ausgesprochen.**

③ 그들은 서로 포옹하기 전에 서로 오래 동안 말없이 마주보고 서있었다.
☞ ~를 포옹하다 jn. umarmen/jm. in die Arme fallen; 말없이 schweigend; 마주보고 서있다 sich gegenüberstehen

Sie **standen sich** lange schweigend **gegenüber**, bevor sie **sich gegenseitig in die Arme fielen**.

③ 그 쌍둥이는 서로 쉽게 구별되지 않는다.
☞ 쌍둥이 Zwilling m.-es,-e; 서로 구별되다 sich voneinander unterscheiden

Die Zwillinge **lassen sich** nicht leicht **voneinander unterscheiden**.

④ 그는 지치도록 일했다.

Er hat **sich müde gearbeitet**.

⑤ 이 안락의자에 사람들은 편안하게 앉아 있을 수 있다.

In diesem Sessel **sitzt es sich bequem**.
(= In diesem Sessel **kann man bequem sitzen**.)

【역례】
Unter den eingeladenen Gästen haben **sich** einige prominente Persönlichkeiten aus Politik und Wirtschaft **befunden**.

[10-1-5]

그 두 사람은 밤늦게까지 그들의 학창시절에 관해 서로 이야기 하였다.

☞ 그 두 사람 die beiden; 밤늦게까지 bis spät in die Nacht; 학창시절 Studienzeit f.; ~에 관해 서로 이야기하다 sich miteinander über et.[4] unterhalten

(해설)
문장에서 재귀대명사의 위치는 일반적으로 (문장의 강세가 어디에 있는가에 따라 바꾸어질 수도 있다) 다음과 같은 변화이다.
(1) 재귀대명사의 문장에서 위치는 정치법에서 동사 다음에 위치한다.
(2) 도치법에서 주어가 보통명사이면 재귀대명사가 동사 뒤에 위치하고 인칭대명사가 주어이면 주어가 동사 뒤에 간다.
(3) 후치법에서는 주어가 보통명사이면 재귀대명사는 접속사 뒤에, 주어가 대명사이면 주어가 접속사 뒤에 온다.

(예)
① 그 신사는 자기 자신을 그 부인에게 소개한다.

- Der Herr **stellt sich** der Dame **vor**.
- Er **stellt sich** der Dame **vor**.

② 그 신사는 자기 자신을 그 부인에게 소개하는가?

- **Stellt sich** der Herr der Dame **vor**?
- **Stellt er** sich der Dame **vor**?

③ 우리선생이 무엇을 의아스럽게 생각하는지를 모르겠다.
☞ 의아스럽게 생각하다 sich über et. wundern

- Ich weiß nicht, worüber **sich** unser Lehrer **wundert**.
- Ich weiß nicht, worüber **er sich wundert**.

【역례】
Die beiden haben **sich miteinander** bis spät in die Nacht über ihre Studienzeit **unterhalten**.

[10-2] 비인칭 동사

자연현상 · 사람의 느낌을 나타내거나 또는 행위자가 불확실할 때는 3인칭 단수의 es를 주어로 사용하며 자연현상이나 어떤 과정을 표현하는 동사를 비인칭 동사라 한다.
1) 자연현상을 나타내는 본래의 비인칭 동사
2) 사람의 느낌, 희로, 애락을 나타내는 동사
3) 「~이 있다」,「~이 없다」를 나타낼 때
4) 행위의 주체가 불분명할 때
5) 관용적인 비인칭

[10-2-1]

밤 내내 눈이 많이 내렸다. 지금은 산과 들이 눈으로 덮여 있다.

☞ 눈이 내리다 es schneit; 으로 덮이다 sich mit et. bedecken

(해설)
자연현상을 나타내는 본래의 비인칭 동사와 <es+sein, werden, bleiben+형용사 혹은 명사>로서 비인칭적으로 사용된다.
(1) 본래의 비인칭 동사 (자연현상)
- es blitzt 번개 치다
- es friert 얼음이 얼다
- es hagelt 우박이 내리다
- es donnert 천둥이 치다
- es regnet 비가 오다
- es graut (=es dämmert) 동이 트다
- es reift* (=es gibt Frost, Reif fällt) 서리가 내리다
- es taut 이슬이 내리다

- es weht 바람이 불다
- es wetterleuchtet (먼 곳에서) 번갯불이 번쩍이다
- es nebelt*(=es ist/wird neblig) 안개가 끼여 있다 (끼다)
- es tagt* (=es wird Tag) 날이 세다
- es dunkelt* (es wird dunkel) 어두워지다

* (별표)는 시어(詩語)에서 주로 사용한다.

(2) sein, werden, bleiben 의 비인칭적 용법

- es ist kalt, warm, Nacht 춥다, 덥다, 밤이다
- es wird kalt, warm, Herbst 추워지고, 따뜻해지다, 가을이 되다
- es bleibt kalt, warm, kühl 추위, 더위, 시원함이 계속된다

(예)

① 번개가 치고, 천둥이 치고 비가 내렸다.

Es blitzte, donnerte und regnete.

② 가을이 되고 날씨가 점점 선선해진다(추워진다, 서늘해진다).

Es wird Herbst und immer kühler.

【역례】

Die ganze Nacht (hindurch) **hat es geschneit**. Jetzt bedecken sich Berge und Felder mit Schnee.

[10-2-2]

너도 함께 가는 것이 나는 기쁘다.

☞ 같이 가다 mitkommen; 나는 기쁘다 es freut mich

(해설)

사람의 느낌 · 희로 · 애락을 나타낼 때 비인칭을 사용하는데 <es+동사+4격>, <es+동사+3격>및 <es+sein(werden)+3격+형용사>등이 있다. es는 문장이 도치되거나 후치되면 거의 생략되지만 별표 (*)한 것은 생략할 수 없다. 허사(虛辭) (Füllwort) es는 뒤따르는 부문장 또는 부정사절을 지시한다.

(1) 4격 목적어를 갖는 것

- es ärgert mich 나는 화나다
- es freut mich 나는 기쁘다
- es fröstelt mich 나는 오한이 난다
- es reut mich 나는 후회 한다
- es wundert mich 나는 이상하게 생각하다 (놀란다)
- es hungert mich (besser: Ich habe Hunger) 배고프다
- es durstet mich (besser: Ich habe Durst) 목이 마르다

(2) 3격 목적어를 갖는 것
• es ahnt mir 나는 예감이 들다
• es behagt mir 나의 마음에 든다(쾌적하다)
• es graut mir (vor+3격) ~이 무섭다
• es träumt mir 나는 꿈꾸다
• es gefällt mir 내 마음에 든다(*)
(3) <es ist(wird)+3격+형용사>
• es ist mir kalt, warm 나는 춥다, 따뜻하다
• es ist mir angenehm 나는 기쁘다, 기분이 좋다

(예)
① 네가 나의 파티에 오지 않아서 나는 몹시 화가 났다.
☞ 파티 Party f.-ies; 몹시 furchtbar; 화가 났다 es ärgerte mich, daß ...

Es ärgerte mich furchtbar, daß du nicht zu meiner Party gekommen bist. (Mich ärgerte, daß ...)

② 우리들의 아버지를 당신 (하나님)에게 부르신 것은 하나님의 뜻이다.
☞ ~를 자신에게 부르다 jn. zu sich rufen; 하나님의 뜻이다 (하나님의 마음에 들다) es gefällt Gott[3]

Es gefällt Gott (= Gott gefällt es), unseren Vater zu sich zu rufen.

③ 당신이 내년에 다시 우리들을 찾아주신다면 대단히 기쁘겠습니다.
☞ 내년에 im nächsten Jahr; 대단히 우리들은 기쁩니다 es wäre uns angenehm

Es wäre uns sehr angenehm, wenn Sie uns im nächsten Jahr wieder besuchen.

【역례】
Es freut mich, daß du mitkommst.

[10-2-3]

그 기업에는 엄격한 관리가 부족하였다.

☞ 기업 Unternehmen n.-s; 엄격한 straff; 관리 (지도) Führung f. (pl. 없음); 부족하다 es mangelt (gebricht) an et.[3]

(해설)
「있다」「없다, 부족하다」를 나타낼 때 비인칭 es를 사용하는데 이 때 es 는 생략할 수 없다.
(1) 없다, 부족하다
• es fehlt (gebricht, mangelt) jm.+an+et.[3] (*)
(2) ~이 있다 <es gibt+et.[4] >

(예)
① 지진의 희생자들에게는 음식물과 숙소가 부족했다.
☞ 지진의 희생자 die Opfer (pl.) des Erdbebens; 음식물 Nahrung f. (pl. 없음); 숙소 Unterkunft f. Unterkünfte; 부족하다 es fehlt(mangelt) jm. an et.[3]

Den Opfern des Erdbebens **fehlte es an** Nahrung und Unterkünften.

① 그에게는 당연한 모든 예의범절이 부족했다.
☞ 당연한 (자명한) selbstverständlich; 모든 jeder; 친절한 태도 Höflichkeit

Es gebrach ihm **an** jeder selbstverständlichen Höflichkeit.

① 그에게는 경험, 용기, 단호한 태도와 이해력이 부족하다.
☞ 경험 Erfahrung f.-en; 단호한 태도 Entschlossenheit; 이해력 Einsicht f.

Ihm **mangelt es an** Erfahrung, Mut, Entschlossenheit und Einsicht.

② 현재로는 시장에서 더 좋은 것은 없다.

Zur Zeit **gibt es** nichts Besseres auf dem Markt.

【역례】
Dem Unternehmen **fehlte es an** einer straffen Führung.

[10-2-4]

누가 방금 문에 노크를 하였다. 누가 왔는지 확인해 보게!

☞ 방금 soeben; 노크하다 es klopft; ~확인하다 et.[3] nachsehen

(해설)
(1) 행위의 주체가 분명하지 않을 때 무엇을 감지하거나 느낌을 나타내는 동사의 주어로서 es 가 사용되며 어느 경우나 es 는 생략할 수 없다.
• es braust 쏴쏴 소리가 나다
• es klopft 노크하다
• es zwitschert 지저귀다
• es glänzt 번쩍이다
• es duftet 향내가 나다
• es heult 울부짖다
• es pfeift (피리, 휘파람) 불다
• es flimmert 가물거리며 빛을 내다
• es wimmelt von et. ~이 우글거리다

(예)
① 여기에 개미들이 우글거리고 있다.

Hier **wimmelt es** von Ameisen.

① 역 앞에는 옛 고향으로 돌아 갈려는 많은 귀환병들이 있다.

Vor dem Bahnhof **wimmelt es** von den Heimkehrern, die in ihre Heimat zurückkehren wollen.

① 여기에 대체 무슨 냄새가 나는가? - 생선 (마늘, 치즈, 가스) 냄새가 난다.

Wonach **riecht es** denn hier? - Es riecht nach Fisch (Knoblauch, Käse, Gas).

【역례】
Es hat soeben an die Tür **geklopft**. Sieh doch nach, wer da ist.

[10-2-5]

그가 그 일자리를 받아들이느냐 아니냐는 보수에 달려있다.

☞ 일자리 Arbeitsstelle f.-n; ~을 받아들이다 et.[4] annehmen; ~이냐 아니냐는 ob~; 보수 Bezahlung f.-en/Lohn m.-s,Löhne; ~에 달려있다 es kommt auf et.[4] an = von et. abhängen

(해설)
(1) 비인칭 es를 주어로 관용적으로 사용되는 것이 있다. es는 어느 경우에서든지 생략할 수 없다.
- es geht jm. gut (schlecht) ~누가 잘(못) 지내다
- es bessert sich (mit et. (jm.)) ~이 더 좋아지다
- es kommt darauf an ~무엇에 달려있다
- es kommt jm. auf jn.(et.) an ~이 ~에게 아주 중요하다
- es verhält sich ganz anders (mit Sache) 그 일은 사정이 완전히 다르다
- es bedarf keiner weiteren Erklärung 어떤 더 부연 설명은 필요 없다
- es braucht (keines Beweises) ~(어떤 증명도)필요 없다
- es genügt 만족하다
- es setzt etwas 얻어맞다

(예)
① 당신은 건강이 어떠하십니까? - 감사합니다. 날마다 더 좋아집니다.

Wie geht es Ihnen? - Danke, es geht mir von Tag zu Tag besser.

① 대체 행방불명이 된 소포는 어떻게 되었습니까?
☞ 행방불명이 된 소포 das vermißte Paket; 대체 eigentlich; (어떻게) 되었다(~상태이다) sich verhalten

Wie **verhält es sich** eigentlich mit dem vermißte Paket?

【역례】

Es kommt auf die Bezahlung **an**, ob er die Arbeitsstelle annimmt.

※ 참고 ※

(1) <es+형용사+haben>은 주어가 처해있는 상태, 상황을 뜻한다. es는 형식상의 목적어이다. haben에 준하는 동사는 machen, meinen, bringen, treiben, nehmen 등이 있다.

- es leicht(eilig) haben 편안하다 (바쁘다)
- es gut haben 운이 좋다
- es jm. bequem machen 편하게 하다
- es gut mit jm. meinen 호의를 가지고 있다
- es weit bringen 성취하다
- es zu arg treiben 너무 비열하게 행동하다
- es genau nehmen (mit et.) ～을 엄격히 지키다

(예)
① 편안하게 하십시오!

Machen Sie`s **sich bequem**!

◈ 연 습 문 제 10 ◈

(A) 재귀동사

1) 명예와 부에 대한 욕망에 지배당하여 자신의 자유시간을 가지지 못하고 (자신에게 시간을 배려하지 않다) 늘 악착같이 일에만 전력을 다하는 사람은 정말로 바보이다.

☞ 명예와 부에 대한 욕망 die Gier nach Ruhm und Reichtum; ～에 지배당하여 von et. beherrscht(sein); 자신의 자유시간을 가지다 (자신에게 시간을 배려하다) sich eine freie Stunde gönnen; 악착같이 일하다 sich plagen; ～을 전력을 다하다 sich mühen et. mit allen seinen Kräften tun; 정말로 wahrhaftig; 바보 Narr m.-en,-en

2) 미숙(未熟)함은 타인의 지도 없이는 판단력을 사용 못하한다. 만약 미숙함의 원인이 판단력의 부족에서가 아니고 타인의 지도 없이 판단력을 사용 해야하는 결심이나 용기의 부족에 있다면 그 미숙함은 자기 자신의 책임이다

☞ 타인의 지도 없이 ohne Leitung eines anderen; 판단력을 사용하지 못하다 das Unvermögen sein, sich seines Verstandes zu bedienen; 미숙 f. Unmündigkeit f.; 미숙함의 원인 (지시대명사를 사용하여) die Ursache derselben; 판단력의 부족에 있다 am Mangel des Verstandes liegen; 결심 Entschließung f.; 용기 Mut m.-es; 자기 자신의 책임 이다 selbstverschuldet sein

3) 권력과의 교류는 정치에서 기독교도들의 핵심 문제이다. 기독교도들은 병역의무에 찬성 혹은 반대, 핵무기에 찬성 혹은 반대, 계획경제, 사형에 찬성 혹은 반대 입장을 취할 수 있다.

☞ **권력과의 교류관계** der Umgang mit der Macht; **기독교도** Christ m.-en,-en; **핵심문제** Kernproblem n.; **병역의무** Wehrpflicht f.; **찬성 혹은 반대** für oder gegen et.; **핵무기** Atombewaffnung f.-en; **계획경제** Planwirtschaft f.; **사형** Todesstrafe f.; **~에 반대(발언) 입장을 취하다** sich gegen et. aussprechen

4) "제3제국"과 세계 제 2차대전의 시대들을 기억할 수 있는 충분한 연령의 독일인은 독일연방공화국에서 때때로 마술에 홀린 것처럼 여길 때가 있음에 틀림없다.
☞ **제3제국** das Dritte Reich; **세계 제2차 대전** der Zweite Weltkrieg; **~을 기억하다** sich an et.[4] erinnern; **충분한 연령인 (사람)** (jd.), der alt genug ist, (**관계문**); **때때로** zuweilen; **마술에 홀린 것처럼** wie verzaubert; **여기다** sich vorkommen

5) 많은 사람은 약이 필요하지 않을지라도 약을 먹는다. 그들은 약에 습관이 되어서 약간의 경우에는 중독이 된다.
☞ **많은 사람** manche Menschen; **~이 필요하다** et. benötigen; **약을 먹다** Medikamente einnehmen; **비록 ~ 할지라도** auch wenn; **~에 습관이 되다** sich an et.[4] gewöhnen; **약간의 경우에는** in einigen Fällen; **중독이 되다** süchtig werden

6) 사람들은 준비에 대해 너무 지나치게 익숙해 있다. 그리고 만약 사람들이 자기 자신을 위한 준비가 끝나면 다른 사람들을 위해 준비를 한다.
☞ **준비** das Vorbereiten; **너무 지나치게** zu sehr; **~에 익숙해 있다** sich an et.[4] gewöhnen; **자기 자신을 위한 준비를 끝마치다** damit fertig sein, für sich selbst vorzubereiten

7) 공동체에서는 한 사람이 다른 사람에게 서로 의지하고 있다. 그 때문에 우리들은 우리 서로를 배려하고 돕지 않으면 안 된다.
☞ **공동체** Gemeinschaft f.-en; **한 사람이 다른 한 사람에게** einer der andere; **~에 의지하고 있다** auf jn. angewiesen sein; **~를 배려하다** Rücksicht auf jn. nehmen

8) 조심성과 배려가 가장 중요하다. 모든 교통참여자는 다른 사람이 손해를 입거나 위험에 처하게 되거나 방해를 받거나 성가심을 당하지 않도록 행동해야 한다.
☞ **조심성과 배려** Aufmerksamkeit und Rücksicht; **교통참여자** Verkehrsteilnehmer m.; **손해를 주다** jn. schädigen; **~를 위험하게 하다** jn. gefährden; **~를 방해하다** jn. behindern; **~를 성가시게하다** jn. belästigen; **~행동하다** sich benehmen

9) 많은 인공위성을 통하여 전화 통화나 텔레비전 송신이 한 대륙에서 다른 대륙으로 중개된다. 다른 인공위성들은 일기예보를 위하여 설치되어 있다. 인공위성 안에는 자동으로 작동하는 많은 측량기와 무선기구들이 있다.
☞ **인공위성** Satellit m.-en,-en; **~를 경유(통)하여** über+4격; **텔레비전 송신** Fernsehsendung f.; **전화통화** Telefongespräch n.; **한 대륙에서 다른 대륙으로** von einem Erdteil zum anderen; **~을 위해 설치되어 있다** für et.[4] eingesetzt sein; **~(배, 비행기, 우주선)의 안에** an Bord; **자동적으로 작동하다** selbständig arbeiten (**관계문**);

측량기 Meßinstrument n.; 무전기 Funkgerät n.

10) 인공위성의 궤도는 지구로부터 아주 멀리 떨어져 있으므로 인공위성은 인력과 원심력 사이의 균형을 이루는 그 곳에 있다.
☞ 궤도 Umlaufbahn f.; 아주 멀리 떨어져 있으므로 soweit (entfernt), daß～; 인력 Gravitation f./Anziehungskraft f.; 원심력 Zentrifugalkraft f./ Fliehkraft f.; 균형 Gleichgewicht n.-es,-e; 그곳에 있다 sich dort in et.[3] befinden

(B) 비인칭 동사

1) 밤 내내 내 번개가 번쩍이고 천둥이 쳤다. 후에는 폭풍이 몰아치고 우박이 내렸다. 지금은 비가 오고 있다.
☞ 폭풍이 몰아치다 es stürmt; 우박이 내리다 es hagelt

2) 일기 예보는 다르게 말하였지만 날씨는 아주 좋아졌다. 이삼일 더 날씨가 계속 청명하기를 바란다.
☞ 다르게 말하는 anderslautend; ～하였지만 trotz+2격; 계속 청명하다 heiter bleiben; 바라건대 hoffentlich

3) 화요일에는 남쪽에 구름이 더 많이 끼고 곳에 따라 소나기가 온다. 그 밖에는 날씨가 쾌청하고 건조 하다.
☞ 화요일 에는 am Dienstag; 남쪽에는 im Süden; 구름 Wolke f.-n; 더 많다 überwiegen; 소나기 Schauer m.-s; 쾌청하다 freundlich; 건조한 trocken

4) 어제 고속도로에서 교통사고가 일어났다. 사고 당한 차를 바라보았을 때 (끔직해서) 온몸이 떨렸다.
☞ ～이 있다 es gibt et.[4] ; 사고를 당한 차 der verunglückte Wagen; 보았을 때 beim Anblick + 2격); ～의 온몸이 떨리다 es schüttelt jn. am ganzen Körper.

5) 우리에게는 핵에너지와 전자 분야에 전문가들이 부족하다.
☞ 핵에너지 Kernenergie f.; 전자 Elektronik f.; 전문가 Sachverständiger m.(형용사변화)/Experte m.-n,-n/Fachmann m.-s

6) 나에게는 높은 보수보다 오히려 노동 황경이 더 중요하다.
☞ 높은 보수 hohe Bezahlung; 노동황경 Arbeitsverhältnis n.; ～이 중요하다 es kommt jm. auf et.[4] an

7) 내가 계속하여 공부할 수 있는지 없는지는 나의 양친의 결정에 달려있다. 왜냐하면 나는 경제적으로 양친에게 의존하고 있기 때문이다.
☞ 계속 공부하다 weiter studieren; 결정 Entscheidung f.-en; 달려 있다 es kommt auf et.[4] an; 경제적으로 finanziell

8) 객원교수의 강연 가운데 중요한 것은 현대어에서 발달을 다루고 있다.

☞ **객원교수** Gastprofessor m.; **강연** Vortrag m.-es, Vorträge; **현대어** Gegenwartssprache f.; **발달경향** Entwicklungstendenz f.; **다루고 있다** (~이 중요하다) es handelt sich um et.[4]

9) 이 책은 외국인들을 가르치면서 수년 동안의 경험에서 나온 것이고 독일어 문법에서 철두철미하고 서로 연관이 있는 지식이 부족한 모든 사람들을 위하여 계획되어있다.
☞ **이 책** das vorliegende Buch(여기에 제출한 책); ~를 **가르치면서** im Unterricht mit jm.; **실습에서** aus der Praxis; **수 년 동안의** jahrelang; **철두철미한** gründlich; **연관이 있는** zusammenhängend; **지식** Kenntnis f.-se; ~이 **부족하다** an et.[3] fehlen; **계획(고려)되어 있다** gedacht sein

10) 이 피고가 아주 아둔한 사람인 것이 문제입니다. 그의 유년시절에 관한 질문에 대한 답(들)에서 집안의 어려운 가정사정들을 추측하게 합니다.
☞ ~**에게는** ~**이 문제다** es handelt sich bei jm. um et.[4] ; **유년시절** Kindheit f.; ~**에 관한 질문** Frage nach et.; ~**에 대답** Antwort auf et.[4] (Antwort를 주어로 하여 "대답은 ~하게 한다"의 뜻으로 쓸 것); **어려운 가정사정** schwere Familienverhältnisse (pl.); ~을 **추측케 하다** auf et.[4] schließen lassen

11. 형용사 (Das Adjektiv)

형용사의 용법은 부가어적 용법과 술어적인 용법이 있다. 술어적 용법은 어미의 변화가 없으나 부가어적 용법은 명사의 성 · 수 · 격에 따라 형용사가 변화 한다. 형용사에는 원급 · 비교 · 최상급이 있다.
Das Haus ist schön. (술어적용법)
Das schöne Haus gehört meinem Onkel. (부가어적용법)

[1] 형용사의 변화
[2] 형용사의 비교급과 최상급

[11-1] 형용사의 변화
형용사의 부가어적 변화는 다음과 같이 세 가지로 변한다.
1) 강변화 → 형용사 + 명사: rote Rose
2) 약변화 → 정관사 + 형용사 + 명사: die rote Rose
3) 혼합변화 → 부정관사 + 형용사 + 명사: eine rote Rose
4) -el, -er, -en 의 변화와 hoch의 부가어적 용법

[11-1-1]

그는 그의 신념을 위하여 큰 용기와 강인한 끈기로 투쟁하였다.

☞ 신념 Überzeugung f.-en; 용기 Mut m.-es; 강인한 zäh; 끈기 Ausdauer f.; 투쟁하다 (für et.) kämpfen

(해설)
(1) 형용사의 강변화의 어미는 dieser의 성 · 수 · 격의 어미를 따라 변화하지만 남성은 2격에서 -es, -en, 중성은 -en을 취한다. (남성의 -es는 뒤에 약변화 명사가 올 때이다.)

	m.	f.	n.	pl.
Nom.	-er	-e	-es	-e
Gen.	-en (-es)	-er	-en	-er
Dat.	-em	-er	-em	-en
Akk.	-en	-e	-es	-e

(2) 관계대명사의 2격 (혹은 2격 명사) + 형용사 + 명사일 때 형용사는 강변화를 따른다.
(3) 어미변화가 없는 종수(種數).부정수사 allerlei, mehr, viel, wenig, 부정대명사 etwas, nichts 또는 solch-, welch-, manch- 등이 어미 없이 형용사 앞에 오면 형용사는 강변화 한다.

(예)
① 오래된 좋은 포도주의 보관 (저장)은 특별한 (면밀한) 주의를 필요로 한다.
☞ 포도주 Wein m.-es; 보관 Lagerung f.; 특별한 besonder-; 면밀한 주의 Sorgfalt f.

Die Lagerung **guten alten** Weines erfordert **besondere** Sorgfalt.

① 그는 찬물, 더운물이 나오는 방을 구한다.

Er sucht ein Zimmer mit **fließendem**, **kaltem** und **warmem** Wasser.

② 노부(老父)가 세상을 떠난 그 부인은 통곡을 하였다.
☞ 세상을 떠나 gestorben sein; 통곡하다 bittere Tränen weinen

Die Frau, deren **alter** Vater gestorben ist, hat bittre Tränen geweint.

② 우리들은 칼의 새 차로 주말에 바다 혹은 산으로 가려고 한다.
☞ 주말에 zum Wochenende

Mit **Karls neuem** Wagen wollen wir zum Wochenende an die See oder ins Gebirge.

③ 이 일로 얼마나 많은 애를 썼던가!

Welch große Mühe hat das gekostet!

③ 그 젊은이들은 가엾은 여인인 나를 어려울 때 정성껏 돕습니다. 이것은 나에게 아주 큰 기쁨입니다.
☞ 가엾은 여인인 나에게 mir armer Frau (나에게와 동격); 어려울 때 in der Not; 정성껏 mit voller Herzlichkeit; 아주 큰 기쁨 solch große Freude; 기쁨을 주다 (기쁘게 하다) jm. Freude machen

Die jungen Leute helfen mir armer Frau mit voller Herzlichkeit in der Not. Das macht mir **solch große** Freude.

③ 그는 어제 저녁에 텔레비전에서 보았든 흥미로운 것에 대해 이야기 해주었다.

Er erzählte mir von **etwas Interessatem**, was er gestern abend ferngesehen hatte.

【역례】
Er kämpfte mit **großem** Mut und **zäher** Ausdauer für seine Überzeugung.

[11-1-2]

우리들이 토의하였던 그 경제적 문제들은 아직은 미해결 상태이다.

☞ 토의하다 diskutieren; 경제적 wirtschaftlich; 문제 Problem n. -es, -e; 미해결의 ungelöst

(해설)
(1) 형용사의 약변화 (정관사 + 형용사 + 명사)는 남성 1격, 여성 · 중성의 1 · 4격에 -e, 그 외에는 모두 -en 의 어미를 취한다.

	m.	f.	n.	pl.
Nom.	der –e	die –e	das –e	die –en
Gen.	des –en	der –en	des –en	der –en
Dat.	dem –en	der –en	dem –en	den -en
Akk.	den –en	die –e	das –e	die –en

(2) 지시대명사 dieser, jener, derjenige, derselbe, solcher; 부정대명사, 부정수사 mancher, welcher, aller, jeder 등의 -er 로 끝난 대명사가 형용사 앞에 오면 형용사는 역시 약변화 한다.

(예)
① 사랑하는 남녀 청취자 여러분! 이로서 국제경기들이 끝났습니다.

Meine lieben Zuhörer und Zuhörerinnen! Hiermit sind **die internationalen** Wettkämpfe beendet.

② 결석한 모든 관여자들은 우편으로 의사록을 받을 것입니다.
☞ 결석한 abwesend; 참가자 (관여자) Teilnehmer m. -s; 의사록 Protokoll n. -s,-e; ～을 받다 et.[4] erhalten/bekommen

Alle abwesenden Teilnehmer erhalten das Protokoll per Post.

② 적십자사가 가난한 사람을 위해 어떤 좋은 물건들을 수집하고 있다.
☞ das Rote Kreuz; 어떤 좋은 물건 irgendwelche guten (schönen) Sachen

Das Rote Kreuz sammelt **irgendwelche guten** Sachen für die armen Leute.

② 이 작은 도시에서 정신적, 문화적 생활은 이 시기에는 분명히 교회적 성격을 띠고 있었다.
☞ 정신적, 문화적 생활 das geistig-kulturelle Leben; 이 시기에 zu dieser Zeit; 분명히 deutlich/ausgeprägt; 성격 Charakter m.-s; ～을 띠다 et.[4] tragen

Das geistig-kulturelle Leben in **dieser kleinen** Stadt trug zu dieser Zeit einen ausgeprägt kirchlichen Charakter.

② 같은 날에 태어난 두 노인은 신교도이고 일요일에는 예배 보러 함께 교회에 간다.
☞ 같은 날에 태어나다 am gleichen Tag geboren sein; 신교도이다 Protestant sein; 예배 보기 위하여 zum Gottesdienst

Beide alten Leute, die **am gleichen** Tag geboren sind, sind Protestanten und gehen sonntags zusammen zum Gottesdienst in die Kirche.
(= Die beiden alten Leute ...)

【역례】
Die wirtschaftlichen Probleme, die wir diskutiert haben, sind noch ungelöst.

[11-1-3]

그는 그의 부인을 위하여 완전 자동세탁기를 사려고 한다.

☞ **완전 자동세탁기** vollautomatische Waschmaschine f.-n

(해설)

(1) 형용사의 혼합변화 (부정관사 + 형용사 + 명사)는 남성 1격 -er, 중성 1 · 4격 -es이고 이를 제외하면 모두가 약변화와 동일하다. 그러나 복수에는 강변화의 복수형태와 약변화의 복수형태의 두 가지가 있다.

	m.	f.	n.	pl.
Nom.	ein –er	eine –e	ein –es	-e –en
Gen.	eines –en	einer –en	eines –en	-er -en
Dat.	einem –en	einer –en	einem –en	-en -en
Akk.	einen –en	eine –e	ein –es	-e -en

(2) 부정관사 외에 mein, dein, sein, ihr, unser, euer, Ihr (당신(들)의)와 kein 다음에는 형용사의 혼합변화를 하고 이들 다음에 복수명사가 오면 형용사의 약변화 복수형이 된다.

(예)

① 그 여자는 가구가 있는 다섯 개의 방과 가구가 없는 한 개의 방을 세 놓는다.

☞ 가구가 있는 방 möbliertes Zimmer; 가구가 없는 unmöbliert; 방을 세놓다 ein Zimmer vermieten (an jn.)

Sie vermietet fünf möblierte Zimmer und **ein unmöbliertes** Zimmer.

① 그 영화는 나에게 이상한 무미건조한 뒷맛을 남겼다.

☞ 이상한 merkwürdig; 무미건조한 fad; 뒷맛 Beigeschmack m.-es; 남기다 et. hinterlassen

Der Film hat bei mir **einen merkwürdigen, faden** Beigeschmack hinterlassen.

② 그것은 특별한 뉴스가 아니잖아. 나는 이미 그것을 라디오에서 들었다.

☞ 뉴스 Neuigkeiten pl.

Das sind ja **keine besonderen** Neuigkeiten. Davon habe ich schon im Radio gehört.

【역례】

Er will **eine vollautomatische** Waschmaschine für seine Frau kaufen.

[11-1-4]

나는 그 친구에게 그렇게 쓰라린 실망을 겪은 일은 없었다.

☞ 그러한 쓰라린 실망 eine bittere Enttäuschung; ~에게 ~을 겪다 et.[4] mit jm. erleben

(해설)
(1) 형용사의 어간음절 -er, -en (bitter, offen) 이 형용사 변화어미를 가질 때는 어간 음절의 -e가 탈락할 때가 많다. 그리고 어간 음절이 -el이 변화어미를 가질 때는 어간 음절의 -e가 탈락하거나 변화음절의 -e가 탈락한다.
(2) hoch는 부가어적으로 사용될 때는 c가 탈락한다.

(예)
① 민주당은 그를 공개 (비밀) 투표로 당수로 선출 하였다.
☞ 민주당 die demokratische Partei; 공개 투표 offne (geheime) Abstimmung; 당수로 선출하다 jn. zum Vorsitzenden wählen

Die demokratische Partei hat ihn in **offner (geheimer)** Abstimmung zum Vorsitzenden gewählt.

① 그 살인(사건)에 경찰은 아직 완전히 오리무중상태에 있다(암중모색 하고 있다).
☞ 살인 Mordfall m.-es; 아직 완전히 noch völlig; 오리무중이다 (암중모색하다) im dunkeln (od. im dunklen) tappen

Bei dem Mordfall tappt die Polizei noch völlig **im dunkeln**.

② 후버 부인은 편안한 여주인이고 너무 비싼 값을 받지 않는다.
☞ 편안한 angenehm; 여주인 Wirtin f. -nen; 너무 비싼 값 hohe Preise pl.; ～을 받다(취하다) et.[4] nehmen

Frau Huber ist eine **angenehme** Frau und nimmt nicht zu **hohe** Preise.

【역례】
Mit diesem Freund habe ich nie so eine **bittere** Enttäuschung erlebt.

[11-2] 형용사의 비교급 및 최상급

형용사의 비교급에는 -er, 최상급에는 -(e)st의 어미를 붙여서 만든다. 비교급과 최상급에서 단철 형용사일 때는 변모음이 생길 때가 많다. 형용사의 어미가 치음 -d, -t, -s, -sch, -ß, -x, -z인 경우는 최상급에 -est를 붙이나 현재분사 -nd, 혹은 과거분사 (ge)-t가 형용사의 최상급으로 사용될 때는 -st만이 붙는다.

원급(Positiv)	비교급(Komparativ)	최상급(Superlativ)
schön	schöner	am schönsten
alt	älter	am ältesten
reizend	reizender	am reizendsten
gelehrt	gelehrter	am gelehrtsten

* 불규칙 변화도 있다.

원급(Positiv)	비교급(Komparativ)	최상급(Superativ)
gut	besser	am besten
groß	größer	am größten
hoch	höher	am höchsten
nah	näher	am nächsten
viel	mehr	am meisten
wenig	weniger minder	am wenigsten am mindesten

1) 비교급의 부가어적 용법은 <비교급-er + 형용사 격변화 어미>
2) <so + 원급 + wie>
3) <비교 어미 -er + als ～; mehr + 원급 + als>
84) <je + 비교급 ～, desto(um so) + 비교급; immer + 비교급>
5) 최상급의 부가어적 용법
<der(die, das) + ～ste + 2격 혹은 von, unter>
<die + ～sten (pl.) + 2격 혹은 von, unter>
6) 최상급의 술어적 용법 <am +～sten>

[11-2-1]

금은 은보다 더 비싼 금속이다.

☞ **비싼** teuer; **금속** Metall n.-s,-e

(해설)
(1) 비교급이 부가어적 용법일 때는 비교급의 어미의 격변화 외 형용사의 어미가 더 추가된다.

(예)
① 아세아는 미국 보다 더 큰 대륙이다.

Asien ist **ein größerer Erdteil als** Amerika.

【역례】
Gold ist **ein teureres** Metall als Silber.

[11-2-2]

그는 강철처럼 강하고 얼음처럼 차갑고 여우처럼 영리하다.

☞ 강철 Stahl m.-s, Stähle; 꾀가 많은 schlau/listig

(해설)
(1) 양자가 우열의 차이가 없거나 정도가 같은 것을 나타낼 때는 so + 원급 + wie 로서 표현한다.
(2) 의미를 강조할 때는 <eben-, gerade-, genauso + 원급 + wie>를 쓴다.
(3) 2배, 3배처럼 배수를 나타낼 때는 <doppelt (dreimal) so + 원급 + wie>를 쓴다.

(예)
① 그 아들은 아버지처럼 음악에 재능이 있다.

Der Sohn ist **so begabt** für Musik **wie** sein Vater.

② 나이 들은 것은 젊은 것과 꼭 같이 아름답고 성스런 일이다. 죽음을 배우는 것과 죽는 것은 모든 다른 것과 꼭 같이 값진 기능이다.
☞ 나이 들어 (젊어)있는 것 Alt(Jung)sein; 꼭 같이 so~wie; 성스런 heilig; 일 Aufgabe f.; 죽음을 배우는 것 Sterbenlernen; 모든 다른 것 jeder andere; 값진 wertvoll; (맡은 바) 기능 Funktion

Altsein ist eine **ebenso** schöne und heilige Aufgabe **wie** Jungsein, Sterbenlernen und Sterben ist eine **ebenso** wertvolle Funktion **wie** jede andere.

② 나의 친구도 나처럼 꼭 같이 돈을 가지고 있지 않다. 그러므로 우리들은 계획을 포기하지 않으면 안 된다.
☞ 꼭 같이~없다 so wenig~wie; ~을 포기하다 et.⁴ aufgeben

Mein Freund hat **so** wenig Geld **wie** ich, also müssen wir den Plan aufgeben.

② 나의 동료는 재능이 있는 것 (그 정도) 만큼 부지런하다.

Mein Kollege ist **ebenso fleißig wie begabt**.

③ 금년의 수확은 작년에 두 배 정도 많다.
☞ 수확 Ernte f. -n; 작년에 im vorigen(letzten) Jahr

Die Ernte in diesem Jahr ist **doppelt so groß wie** im vorigen Jahr.

③ 그 교회는 우리 학교 보다 세배 높다.

Die Kirche ist **dreifach so hoch wie** unsere Schule.

【역례】
Er ist **so hart wie** Stahl, **so kalt wie** Eis, **so schlau wie** ein Fuchs.

[11-2-3]

우리들이 기대 했든 것 보다 훨씬 더 많은 손님들이 왔다.

☞ 한층 더 많은 viel mehr als ~

(해설)
(1) 상이한 두 개의 본질 혹은 사람이 한 개의 성질로 비교될 때는 「비교 + als ~」를 쓴다.
(2) 한 개의 본질 또는 한 사람이 두 가지 성질의 정도의 차이를 비교할 때 <mehr A als

B>=<B보다는 오히려 A이다> ; <weniger (minder) A als B>=<A라기 보다는 오히려 B이다>를 쓴다.
(3) <eher A als B>는 「B의 성질은 없고 A의 성질만이 있다」의 뜻으로 사용된다.
(4) <als et. + 비교급 + denn + als et. (als의 중복을 피하기 위하여 denn을 쓴다)>

(예)
① 잉게는 같은 나이 때의 그녀의 어머니 보다 훨씬 더 예쁘다.
☞ 잉게 Inge; 같은 나이 때 im gleichen Alter

Inge ist viel **hübscher, als** es ihre Mutter im gleichen Alter war.

① 이 병원을 짓는데 대체적으로 볼 때 본래 예상하였던 것 보다 더 많은 돈이 들었다.
☞ 이 병원 짓는 것 der Bau des Krankenhauses; 본래 ursprünglich; 예정하다 vorgesehen sein; 대체적으로 볼 때 wesentlich; 돈이 들다 (공적인 돈 혹은 자금은 복수로 쓴다) Gelder verschlingen

Der Bau des Krankenhauses hat wesentlich **mehr** Gelder verschlungen, **als** es ursprünglich vorgesehen war.

② 우리들은 여행에서 돌아 왔을 때 살아 있다기보다는 오히려 죽은 듯 했다. 우리들은 여행에서 몹시 지쳐버렸기 때문이다.
☞ 살아 있다기보다는 죽은듯한 mehr tot als lebendig

Wir waren **mehr** tot als lebendig, **als** wir von der Reise zurückkamen, denn wir waren von der Reise sehr müde.

② 그 여자는 경솔하기 보다는 무분별하게 행동하였다.
☞ 경솔하게 leichtsinnig; 무분별한 unüberlegt; 행동하다 handeln (weniger A als B)

Sie handelte **weniger (minder) leichtsinnig als** unüberlegt.

③ 그 여자는 소녀 같은 모습이라기보다는 (소녀 같은 모습은 없고) 어머니 같은 모습을 지니고 있었다.
☞ 소녀 같은 모습 mädchenhafte Gestalt; 어머니 같은 mütterlich; ~을 지니고 있다 et.[4] annehmen

Sie nahm eine **eher mütterliche als** eine mädchenhafte Gestalt an.

④ 그는 시인으로서 보다 학자로서 더 유명하다.
☞ 학자 Wissenschaftler m.-s; 유명한 bedeutend/berühmt; 시인 Dichter

Er ist **als** Wissenschaftler **bedeutender denn als** Dichter.

【역례】

Es kamen **viel mehr** Gäste, **als** wir erwarteten.

[11-2-4]

연극 공연에 출연하는 예술가들이 유명하면 유명할수록 관객들은 한층 더 많은 관심을 나타내었다.

☞ 연극공연에 출연하다 im Theater auftreten; 예술가 Künstler m.-s; 유명하다 berühmt sein; 관객 Zuschauer m.-s

(해설)
(1) 「～하면 할수록 점점 더 ～하다」는 <je + 비교급 + 후치법, desto (um so) + 비교급 + 도치법>으로 표현한다.
(2) <immer + 비교급>혹은<비교급 und 비교급>은 「점점 더」라는 뜻이다.

(예)
① 경제상태가 나쁘면 나쁠수록 한층 더 빨리 가격이 상승한다.

Je schlechter die Wirtschaftslage ist, **um so schneller** steigen die Preise.

① 그의 (직업)교육은 잘 받으면 잘 받을수록 그는 한층 더 높은 봉급을 받게 된다.
☞ (직업)교육 Ausbildung f. -en; 보수 (봉급) Gehalt n. -es

Je besser seine Ausbildung ist, ein **desto höheres** Gehalt bekommt er.

① 그가 외국을 (정처 없이) 많이 돌아다니면 다닐수록 외국을 한층 더 알게 되었다.
☞ 정처 없이 돌아다니다 herumreisen; 알게 되다 et. kennenlernen

Er lernte das fremde Land **um so besser** kennen, **je mehr** er dort herumreiste.

② 봄에는 날들이 점점 길어진다. 반대로 가을엔 날들이 점점 짧아진다.

Im Frühling werden die Tage **länger und länger (immer länger**). Umgekehrt werden sie im Herbst **kürzer und kürzer**.

【역례】
Je berühmter die Künstler, die im Theater auftraten, waren, **desto mehr** Interesse zeigten die Zuschauer.

[11-2-5]

괴테는 모든 독일 시인 중에서 가장 뛰어난 시인이다.

☞ 시인 Dichter m.-s; 뛰어난 bedeutend

(해설)
(1) 형용사의 부가어적 최상급은 다음과 같이 만들어진다.
der (die, das) ～ste + von + et.[3]

+ unter + $et.^3$

die ~ste + 2격 명사

위의 형식은 3인 (세 개 이상의 본질.물체) 이상 중에서 최상급을 나타낼 때 사용하고 두 사람(혹은 두 개의 물체)을 비교할 때는 <der (die, das) 비교급 + von + $et.^3$>을 쓴다. 때로는 <am +~sten>의 용법도 혼용할 때가 있다.

(예)

① 12월 22일은 그 해의 가장 짧은 날이다. 그날을 동지라고 한다.
☞ 동지 Wintersonnenwende f.

Der 22. Dezember ist **der kürzeste** Tag des Jahres. Den Tag nennt man Wintersonnenwende.

① 모든 네 개의 구간 중에서 뮌헨 쪽으로 새로이 확장된 구간이 가장 길다.
☞ 구간 Strecke f. -n

Von allen vier Strecken ist die neu ausgebaute Strecke nach München **die längste** (od. am **längsten**)

① 19세기 초에 일어난 사회적 분쟁들은 도시와 가장 가까운 주변에서는 혁명운동을 유발하지는 못했다.
☞ 사회적 분갱 die sozialen Auseinandersetzung; 초에 zu Beginn; ~ 와~ 도 아니다 weder~noch; 가장 가까운 주변 die nächste Umgebung; 혁명운동 die revolutionäre Bewegung; ~ 을 이르키다 $et.^4$ auslösen

Die sozialen Auseinandersetzungen zu Beginn des 16. Jahrhunderts lösten weder in der Stadt noch **in der nächsten** Umgebung eine revolutionäre Bewegung aus.

① 칼은 프릿츠 보다 한살 더 많다. 그러나 프릿츠가 두사람 중에서 키가 더 크다(두 사람을 비교할 때는 두사람 중에 가장 큰이라고 하지 않는다).

Karl ist ein Jahr älter als Fritz. Fritz ist aber **der größere von den beiden**.

【역례】
Goethe ist **der bedeutendste aller** deutschen Dichtern (od. **von allen deutschen** Dichtern).

[11-2-6]

학생들은 졸업시험 전에 가장 부지런하다.

☞ 졸업시험 전에 vor dem Examen

(해설)

(1) 주어가 동일 혹은 유사한 다른 것과 비교되는 것이 아니고 어떤 조건 · 상황 · 장소에서

최상급의 의미를 가질 때이다.

(2) 종류가 서로 상이한 것을 비교할 때 최상급을 술어적 용법으로 쓴다.

(3) <am + wenigsten>은「결코 ~아니다」의 부정의 뜻으로 nichts weniger als ~/nicht im geringsten (mindesten)의 동의어로 사용한다.

(예)

① 장미꽃이 피기 시작할 때면 가장 아름답다.

Die Rosen sind **am schönsten**, wenn sie anfangen aufzublühen.

① 한 민족의 눈에 보이지 않는 개인적인 정신은 그의 외적으로, 눈에 보이는 모든 행동들에서 나타나지만 가장 분명하게 들어나는 것은 언어에서이다.
☞ 눈에 보이지 않는 unsichtbar; 개인적인 individuell; 외적인 äußere; 행위 들 Handlungen (pl.); 나타나다 sich offenbaren; 가장 분명하게 am offenbarsten

Der unsichtbare, individuelle Geist eines Volks offenbart sich in allen seinen äußeren sichtbaren Handlungen, aber **am offenbarsten** wird er doch in seiner Sprache.

② 잉게는 회화(繪畫)에 재능이 있다. 그녀의 아버지는 더 재능이 있다. 그러나 그녀의 어머니가 가장 재능이 있다.
☞ 회화 Malerei f.-

Inge ist für Malerei **begabt**, ihr Vater ist **begabter**, aber ihre Mutter ist **am begabtesten.**

③ 그의 부인이 그로부터 도망을 쳤다. 그러나 어느 날 그녀는 그가 전혀 기다리지 않고 있을 때 돌아왔다.
☞ ~로부터 도망치다 jm. durchbrennen (entlaufen); 그것을 전혀 기다리지 않다 es am wenigsten erwarten

Seine Frau ist ihm durchgebrannt. Aber eines Tages kam sie zurück, als er es **am wenigsten** erwartete.

【역례】
Die meisten Studenten sind **am fleißigsten** vor dem Examen.

◈ 연 습 문 제 11 ◈

1) 우리들은 배가 고파서 길모퉁이에 새로이 개점한 간이식당으로 들어갔다. 우리들은 자리에 앉아서 메뉴판도 받았다. 우리들은 메뉴판을 넘겨보면서 정식을 주문했다.
☞ 배고프다 Hunger haben; 길모퉁이에 있는 an der Ecke; 새로이 개점한 neu eröffnet; 간이식당 Schnell-Restaurant; 자리에 앉다 Platz nehmen/ sich setzen; 메뉴판

Speisekarten f.-n; 넘기면서 보다 darin blättern; 정식 Menü n.-es,-s

2) 그 방들은 냉온수가 나오고 전기와 중앙난방이 있는 모두가 현대적 이다. 그 큰 방들은 3식(三食), 중앙난방, 봉사료를 포함하여 월 50만원이다.
☞ 냉온수가 나오는 mit kalten und warmen Wasser; 전기 elektrisches Licht/elektrischer Strom; 중앙난방 Zentralheizung f.-en; 3식 Vollverpflegung f.-en; 봉사료 Bedienung f.; 월에 im Monat

3) 어느 취객이 어제 고속도로에서 반대 방향으로 차를 몰았다. 그때 그는 버스에 부딪쳤다.
☞ 취객 Betrunkner m. (형용사 어미변화); 잘못된 (반대) 방향 falsche (entgegengesetzte) Richtung; ~을 어디에 들이받다 et. irgendwohin rammen

4) 삽화잡지의 특별한 특징은 사진보도이다. 여기에는 몇 마디의 말로서, 그러나 훌륭하고 인상적인 사진들로서 독자에게 알리고 즐겁게 해주고 생각하도록 하는 것이 주제이다(중요하다).
☞ 삽화의 잡지 illustrierte Zeitschriften pl.; 사진보도 Bildreportage f. -n; 여기에 있어서는 hierbei; 몇 마디의 말로서 in wenigen Worten; 인상적인 eindrucksvoll; 사진 Foto n.-s,-s; ~에 보도하다 jn. informieren; ~를 즐겁게 하다 jn. unterhalten; ~를 ~를 생각하도록 하다 jn. zum Nachdenken anregen; ~하는 것이 중요하다 Es geht (um et.)

5) 더 작은 지방신문의 자유를 진정으로 위태롭게 하는 것은 그들 수입의 대부분이 광고에서 나오고 있다는 사실에서 생긴다.
☞ 더 작은 지방신문 kleinere Lokalzeitung; 진정으로 ernst; 위태롭게 하는 것 Gefährdung f.-en ('자유를 위태롭게 하는 것'을 표현할 때 자유를 2격을 써서 '자유의 위태로움'으로 표현); 수입 Einnahme f.; 광고 Anzeige f.-n; ~에서 나오다 von et. herrühren; 사실 Tatsache; ~ 생기다 sich ergeben

6) 그는 그의 휴가동안 그의 일에서 휴식을 취하기 위하여 산으로 갔다. 그러나 그는 휴양보다는 지쳐서 휴가에서 돌아왔다.
☞ 휴가 Urlaub m.-s,-e; 산 Gebirge n.-s; 휴식 (휴양, 회복) 하다 sich von et. erholen; 지쳐서 erschöpft

7) 사람들이 소식 (뉴스)들을 저녁때 이미 텔레비전에서 보았기 때문에 조간에 대한 관심이 더 적어져버렸다. 그 때문에 많은 신문들은 순수한 소식 (뉴스)보다는 오히려 이면기사에 더 많은 중점을 둔다.
☞ 소식 Nachricht f.-en; 텔레비전 Fernseher n.-s; 때문에 da (weil) (문두에는 보통 da를 쓴다); 조간 Morgenzeitung; ~에 대한 관심 Interesse an et.[3]; 이면기사 Hintergrundinformation; ~에 중점을 두다 Wert auf et.[4] legen

8) 그 나라의 경제사정이 나쁘면 나쁠수록 사람들의 일자리를 찾는 것이 점점 더 힘들다.

☞ ~하면 할수록 점점 더 ~하다 je + 비교급, desto (um so) + 비교급

9) 황제의 두 아들은 제국 (황제의 나라)에서 무제한의 권력을 누렸고 그 권력을 가장 잔인하게 이용하였다.
☞ 제국 (황제의 나라)에서 im Reich des Kaisers; 무제한의 unumschränkt; 권리 Macht f.; 잔인한 grausam; (이용 할대로) 이용하다 (aus)nutzen

10) 삶은 오직 사랑을 통해서 의의를 얻게 된다. 즉 우리들이 사랑을 할 수 있고 우리들을 희생 할 수 있으면 있을수록 우리들의 삶은 의의가 있게 된다.
☞ 삶 das Leben; 오직 einzig; 통해서 durch; 의의를 얻다 den Sinn erhalten; 희생하다 sich hingeben; ~을 할 수 있다 fähig / imstande sein, et.[4] zu tun; 한층 더 의의가 있게 되다 sinnvoller werden

11) 지구의 환경오염은 기후를 지속적으로 변화시킬지 모른다. 그렇게 많은 화석의 연료가 땔감으로 사용되면 이산화탄소의 함량이 공기 중에서 증가함에는 틀림없다.
☞ 지구의 global; 환경오염 Umweltverschmutzung f.; 지속적으로 nachhaltig; 변화시키다 et. verändern; 화석의 연료 fossile Brennstoffe; ~이 땔감으로 사용하다 verfeuern; 이산화탄소의 함량 Kohlendioxidgehalt n.; 공기(대기) 중에서 in der Atmosphäre; 증가하다 ansteigen

12) 농산물들이 한국에서 보다는 몇몇 나라에서 훨씬 더 값싸게 생산되어질 수 있다. 왜냐하면 그 나라들에는 더 많고 더 큰 농장들이 있기 때문이다.
☞ 농산물들 landwirtschaftliche Produkte (od. Erzeugungen)/Agrarprodukt; 두서너 나라 einige Länder; 훨씬 더 값싸게 sehr billiger als; 생산되다 erzeugt (produziert) werden; 더 많고 더 큰 농장 mehr und größere Bauernhöfe

13) 향수. 여러 번 나는 나의 어머니가 그리워 하루 종일 운적이 있다. 그럼에도 불구하고 나는 고향으로 돌아갈 수 없었다. 나는 점점 더 큰 도시로 갔고 점점 더 먼 나라를 찾아가고 (방문하고) 나의 양친을 찾아뵙는 것은 점점 드물어졌다.
☞ 향수 Heimweh n.-s; 여러 번 mehrmals; 어머니가 그리워 vor Sehnsucht nach der Mutter; 점점 더 큰 immer größer; 점점 더 먼 immer weiter entfernt; 양친을 찾아뵙다 bei meinen Eltern vorbeischauen; 점점 드물어지는 immer seltner

14) 우리 인간들이 의의 없이 살기를 원한다면 동물들 보다 못하다. 우리들이 가능한 한 이기적인 욕구에의(욕구를 향한) 어리석은 노력을 피한다면 삶은 의의를 얻는다.
☞ ~보다 못하다 weniger als; 의의 없이 살다 ohne Sinn leben; 가능한 한 soweit möglich; 이기적 욕구에의(을 향한) nach egoistischer Lust; 어리석은 추구 das naive Streben; 피하다 entziehen

15) 양당은 그들의 논리적인 근거를 통해 그들 각각의 입장을 밝히려고 노력한다. 그 대화가 더 객관적이고 더 감정을 배제하여 진행하면 할수록 한층 더 그 대화는 양측에게 (양측을

위하여) 만족스럽게 끝날 것이다.

☞ **각각의** jeweilig; **입장** Standpunkt m.-s,-s; ∼**을 밝히다** et.[4] verdeutlichen; **객관적** sachlich/objektiv; **감정을 배제한** emotionsfrei; **진행하다** verlaufen; **만족스럽게** befriedigend; **끝나다** enden

12. 형용사의 격지배
(Die Rektion der Adjektive)

전치사,동사와 마찬가지로 형용사도 격을 지배할 때가 있다.

[1] 2격 지배형용사

[2] 3격 지배형용사

[3] 4격 지배형용사

[4] 전치사 격지배하는 형용사

[12-1] 2격 지배 형용사

1) 현대 독어에서는 몇 개의 2격 지배와 주로 명사와 형용사의 합성어로서 사용된다.

2) 2격 지배 대신에 전치사 격 지배로 사용한다.

- et.² bedürftig sein ~이 필요하다
- et.² bewußt sein ~을 의식하고 있다
- et.² (zu et.³) fähig sein ~을 할 수 있다
- et.² gewärtig sein ~을 기대하고 있다
- et.² gewiß sein ~을 확신하다
- et.² kundig sein ~에 정통하다
- et.² (von et.³) ledig sein ~으로부터 벗어나다
- et.² mächtig sein ~할 수 있다(지배하다)
- et.² (von et.³) müde sein ~에 지치다
- et.² satt werden ~에 싫증나다
- et.² schuldig sein ~에 죄가 있다, 책임이 있다
- et.² sicher sein ~ 안전하다
- et.² verdächtig sein ~ 혐의가 있다
- et.² (von et.³) voll sein ~으로 가득 차다
- et.² würdig (unwürdig) sein ~에 어(안어)울리다
- et.² wert (unwert) sein ~의 가치가 있(없)다

[12-1-1]

그 가난하고 부지런한 노동자는 원조가 필요했다. 왜냐하면 그는 부상으로 일을 할 수 없었기 때문이다.

☞ 원조 Unterstützung; 필요하다 et.² bedürftig sein (= et.² bedürfen)

(해설)

(1) 2격 지배 형용사는 문어체에서 고풍스런 표현으로 사용될 뿐이고 불과 몇 개에 한한다. 그 대신 stadtkundig처럼 합성어로 사용한다.

(2) 2격 대신 전치사 구를 동반하기도 한다.

(예)
① 그 피후견인은 후견인의 동의를 확신하고 있다.

Das Mündel ist **der Zustimmung seines Vormundes gewiß.**

② 그 간병인은 아주 헌신적이다.

Die Pflegerin ist **höchster Aufopferung fähig**.
(=Die Pflegerin ist **zu jeder Aufopferung fähig**. (= **aufopferungsfähig**)

【역례】
Der arme, fleißige Arbeiter war **einer Unterstützung bedürftig (unterstützungsbedürftig**), weil er wegen seiner Verletzung nicht arbeiten konnte.

[12-1-2].

그 여자는 놀라서 분별 있는 말을 할 수가 없었다.

☞ 놀라서 vor Schreck; 분별있는 말 ein vernünftiges Wort; 할 수 없다 nicht fähig dazu sein

(해설)
(1) 2격 지배형용사도 전치사격지배로 사용하는 것이 있고 anpassungsfähig, denkfähig처럼 합성어로 사용할 수 있다.

① 우리들은 모든 시험을 끝마쳤기 때문에 아무런 걱정 없이 휴가 여행길에 오를 수 있었다.

Aller Sorgen ledig (Ledig von allen Sorgen) konnten wir die Ferienreise antreten, weil wir alle Prüfungen hinter uns gehabt hatten.

① 그는 모든 생활 상황에 아주 적응 능력이 있다.

Er ist zu jeder Lebenslage sehr anpassungsfähig.

【역례】
Sie **war** vor Schreck nicht **(dazu) fähig,** ein vernünftiges Wort zu sagen.

[12-2] 3격 지배 형용사
3격 지배 형용사는 현대 독일어에서 자주 사용 된다. 3격 지배 형용사는 다음과 같이 나눈다.
1) <3격 + 형용사 + sein> 이나 leistungsgerecht처럼 합성어로 사용하는 것
2) <3격 + 형용사 혹은 전치사 + 명사 + 형용사 + sein>

(A) 1) 에 해당하는 형용사 (괄호속의 형용사는 반대말 형용사)
- jm. abträglich (↔ zuträglich) sein ～에 해(이)롭다
- jm. ähnlich sein ～를 닮다
- jm. angeboren sein ～의 천성이다

- jm. angemessen sein ~에(게) 적절하다
- jm. behilflich sein ~ jm. helfen
- jm. bekannt sein ~에 알려져 있다
- jm. entsprechend sein ~에 알맞다, 어울리다
- jm. fremd sein ~에게 낯설다
- jm. gegenwärtig sein ~의 마음에 떠오르다, 기억에 남다
- jm. geläufig sein ~에 능숙하다
- jm. gelegen sein ~의 형편에 알맞다
- jm. gewachsen sein ~에 비해 손색이 없다
- jm. gleichgültig sein ~에 상관이 없다, 무관심 하다
- jm. leid sein ~에게 유감스럽다, 애석하다
- jm. nahe (fern) sein ~에게 가깝다 (멀다)
- jm. peinlich sein ~에게 괴롭다, 창피하다
- jm. recht sein ~의 형편에 맞다
- jm. sympathisch sein ~에게 호감이 가다
- jm. treu sein ~에게 충실하다
- jm. überlegen (an et.) sein ~에서 누구보다 뛰어나다
- jm. unterlegen sein ~보다 못하다
- jm. verhaßt sein ~에게는 ~이 싫다 (미움 받다)
- jm. willkommen sein ~를 환대하다

(B) 2)에 해당하는 3격 지배 및 전치사 격 지배 für 와 공용하는 형용사들
- jm. (od. für jn.) beschwerlich sein ~에게 귀찮다, 번거롭다
- jm. (od. für (gegen) jn.) dankbar sein ~에게 감사하다
- jm. (od. für jn.) eigentümlich sein ~에게 전형적이다, ~에 속하다
- jm. (od. für jn.) gefährlich sein ~에게 위험하다
- jm. (od. für jn.) an et. gelegen sein ~에게 ~이 중요하다
- jm. (od. für jn.) günstig sein ~에게 유리하다
- jm. (od. für jn.) lästig werden ~에게 귀찮게 되다
- jm. (od. für jn.) leicht sein ~에게는 쉽다
- jm. (od. für jn.) möglich sein ~에게는 가능하다
- jm. (od. für jn.) nachteilig sein ~에게 불리하다
- jm. (od. für jn.) nötig sein ~에게 필요하다
- jm. (od. für jn.) notwendig sein ~에게 불가피하다
- jm. (od. für jn.) nützlich sein ~에게 이롭다
- jm. (od. für jn.) schädlich sein ~에게 해롭다
- jm. (od. für jn.) schwer fallen ~에게 어렵다
- jm. (od. für jn.) vorteilhaft sein ~에게 이익이다

이외에 gleich, angenehm등이 있고 특히 3격 지배 동사에서 파생한 형용사 gehorsam과

-bar, -lich의 어미를 가진 동사에서 파생한 수동의 의미를 가진 형용사 unbegreiflich, furchtbar 등이 있다.

[12-2-1]

그는 그의 친구보다 작가적인 역량에서 뛰어나다.

☞ 작가적인 schriftstellerisch; 능력 Können n.-s/Leistungsfähigkeit; ~에서는 뛰어나다 (우세하다) an et.³ überlegen sein

(해설)
(1) 3격 지배 형용사 중에서는 본래의 형용사 외에 3격 지배 동사에서 파생한 gehorsam < gehorchen, folgsam < folgen 그리고 -lich, -bar의 접미어에서 파생한 형용사가 있다.
(2) 이러한 형용사들은 전치사 목적어를 가지는 경우와 전치사 없이 사용되는 것 과 두 가지 함께 사용하는 것이 있다.

(예)
① 두 자매는 서로 매우 닮았다.

Die beiden Geschwister **sind sich (= einander) sehr ähnlich**.

① 이 책이 어떻게 나의 책상으로 오게 되었는지 나에게는 설명되어질 수 없다(나는 설명 할 수 없다).
☞ 나의 책상으로 오다 auf meinen Tisch kommen; ~에게 설명 되어질 수 없다 jm. unerklärlich sein

Es ist **mir unerklärlich**, wie das Buch auf meinen Tisch gekommen ist.

① 그 여자는 직업과 가사로 인한 이중의 부담을 극복할 수 없었다.
☞ 직업과 가사 Beruf und Haushalt; 이중의 부담 Doppelbelastung f.; ~을 극복할 수 있다 et.³ gewachsen sein

Der Doppelbelastung durch Beruf und Haushalt war sie nicht **gewachsen**.

② 알코올과 흡연은 우리들의 건강에 매우 해롭다.

Alkohol und Rauchen sind **der Gesundheit (für die Gesundheit**) sehr **schädlich**.

【역례】
Er ist **seinem Freund** an schriftstellerischem Können **überlegen**.

[12-2-2]

나의 어려운 입장에 대한 친구의 이해가 필요하다.

☞ 어려운 schwierig; 입장 Lage f.-n; 이해 Verständnis; 필요하다 unentbehrlich /notwendig sein

(해설)
unentbehrlich는 3격 지배 또는 전치사 für를 지배한다.

【역례】
Das Verständnis des Freundes für meine schwierige Lage **ist mir unentbehrlich**.
(od. ... **ist unentbehrlich für mich**.)

[12-3] 4격 지배 형용사
1) 공간 · 시간 · 중량 혹은 가격의 단위:
alt, breit, dick, groß, hoch, lang, schwer, tief, weit, wert usw.
2) 이 외에 2격과 4격을 지배할 수 있는 몇 개가 있다:
los, quitt, satt, müde, gewohnt usw.

[12-3-1]

나의 낡은 자동차는 아직 1500 유로 가치가 있다.

☞ ~의 가치가 있다 et.[4] wert sein

(해설)
(1) 공간 · 연령 · 시간 · 중량 · 가격의 단위를 나타내는 것이 4격 지배이므로 수사 (혹은 수사의 의미를 가진 명사) + 형용사 가 된다.
(2) 2 · 4격의 두 가지를 가질 때 의미가 달라지는 것이 있다.

(예)
① 칼은 그의 형보다 머리 하나는 더 크다.

Karl ist um einen Kopf **größer als** sein Bruder.

② 우리들이 이 성가신 불편한 이웃에게서 벗어난 것이 다행이다.

Gut, daß wir **diesen lästigen, unangenehmen Nachbarn los** sind.

② 이 박물관에 있는 그리스의 화병들은 경탄할만한 하였다.

Die griechischen Vasen in diesem Museum waren **der Bewunderung wert**.

【역례】
Mein altes Auto ist noch **1500 Euro wert**.

[12-4] 전치사 격 지배 형용사
일정한 전치사 격 지배 하는 형용사들이 자주 사용된다.
- arm(reich) an et.[3] sein ~이 없다(많다)
- angesehen bei jm. sein ~에게 명망이 있다
- aufmerksam auf et.[4] sein ~을 주의하다

- begeistert von et.^{3} sein ～을 기뻐 어쩔 줄 모르다
- bekannt mit jm. sein ～와 아는 사이다
- bekannt bei jm. sein ～에게 잘 알려져 있다
- bekümmert über et.^{4} sein ～을 근심하고 있다
- beleidigt über et.^{4} sein ～에 모욕을 당하고 있다
- beliebt bei jm. sein ～에게 인기가 있다
- bewandert in et.^{3} sein ～에 숙달하고 있다
- blaß (rot) vor et.^{3} sein ～ 때문에 파래 (빨개)지고 있다
- böse (zornig) auf jn. sein ～에 대해 화내고 있다
- ehrgeizig nach et.^{3} sein ～에 대해 공명심 (야심)이 있다
- eifersüchtig auf jn. sein ～를 질투하다
- empfänglich für et.^{4} sein ～(병)에 감염되기 쉽다
- empfindlich gegen et.^{4} sein ～에 (감수성이) 민감하다
- entsetzt über et.^{4} sein ～을 무서워하다
- erfreut über et.^{4} sein ～을 기뻐하다
- fähig zu et.^{3} sein ～을 할 수 있다, ～능력이 있다
- fertig mit et.^{3} sein ～을 끝맺다
- fertig zu et.^{3} sein ～이 준비되어 있다
- frei von et.^{3} sein ～에서 벗어나다
- freigebig gegen et.^{4} sein ～에 관대하다
- freundlich zu et.^{3} (gegen et.^{4}) sein～에 친절하다
- froh (glücklich) über et.^{4} sein ～을 기뻐하다
- gefaßt auf et.^{4} sein ～을 각오하고 있다
- gefühllos gegen et.^{4} sein ～에 무감각하다
- gesund (krank) an et.^{3} sein～에 건강(아프다)하다
- gleichgültig gegen et.^{4} sein ～에 무관심하다
- interessiert an et.^{3} sein ～에 관심이 있다
- nachläßig in et.^{3} sein ～에 태만하다
- nachsichtig gegen et.^{4} sein ～에 관대하다
- neidisch auf jn. sein ～를 부러워하다
- neugierig auf et.^{4} sein ～에 호기심이 있다
- sicher vor et.^{3} sein ～에 대해 안전하다
- stolz auf jn. sein ～을 뽐내다/자랑스럽게 생각하다
- streng gegen et.^{4} sein ～에 대해 엄하다
- taub auf et.^{4} sein ～에 귀가 먹다
- taub gegen et.^{4} sein ～청을 들어주지 않다
- traurig über et.^{4} sein ～슬퍼하다
- überzeugt von et.^{3} sein ～을 확신하다
- verliebt in jn. sein ～에 반하다/ 사랑에 빠지다

- verrückt nach et.^{3} sein ～에 미쳐있다/ ～에 반하다
- verschieden von et.^{3} sein ～와는 상이하다
- verschwenderisch mit et.^{3} sein ～을 낭비하다
- verständnisvoll gegenüber et.^{3} sein ～에 대해 이해심이 많다
- verwandt mit et.^{3} sein ～와 친척이다
- verwundert über et.^{4} sein ～에 놀라다
- voll von et.^{3} sein ～이 가득하다
- voreingenommen gegenüber et.^{3} sein～에 대해 편견이 있다
- zufrieden mit et.^{3} sein ～에 만족하다
- zurückhaltend gegenüber et.^{3} sein ～에 대해 겸양하다

[12-4-1]

아버지는 아들의 좋은 성적에 만족하고 있다.

☞ 좋은 성적 gute Leistung(Zensur); ～으로 만족하다 mit et. zufrieden sein

(해설)
(1) 전치사 격 지배 형용사는 전치사 앞에 혹은 전치사구 뒤에 위치한다.

(예)
① 나는 그녀가 별안간에 크게 소리 지르기 시작 하였을 때 그녀를 눈 여겨 보게 되었다.
☞ 별안간 plötzlich; ～를 눈여겨보게 되다 auf jn. aufmerksam werden

Ich bin **auf sie aufmerksam geworden**, als sie plötzlich laut zu schreien begann.

【역례】
Der Vater ist **mit** der guten Leistung des Sohns **zufrieden**. (... **zufrieden mit** der guten Leistung des Sohns.)

[12-4-2]

그는 이 목표에 도달한 것을 정말 자랑스럽게 여길 수 있다.

☞ 이 목표 dieses Ziel n.-s; 도달하다 erreichen; ～을 자랑스럽다 auf et.^{4} stolz sein

(해설)
(1) 선행문장의 내용을 또는 daß로 이끄는 부문장이 뒤에 따를 때는 da(r) + 전치사의 합성형으로 나타낸다.

(예)
① 그 관리의 정직함은 의심할 여지가 없다. 이 관점에서 나는 그것을 확신하고 있다.

An der Ehrlichkeit des Beamten ist nicht zu zweifeln. In dieser Hinsicht **bin** ich **davon überzeugt**.

【역례】
Er kann wirklich **darauf stolz sein**, daß er dieses Ziel erreicht hat.

◈ 연 습 문 제 12 ◈

1) 양친은 모든 아이들에게 언제 어디서나 그들이 할 수 있으면 도와준다. 그러나 모든 아이는 양친에게 그들이 언제 어디서나 할 수 있으면 언제나 순종하고 성실하고 감사해야 한다.
☞ 그들이 언제 어디서 wann und wo~; ~를 도와주다 jm. behilflich sein; ~에게 순종하다 jm gehorsam sein; 성실한 treu; 감사하는 dankbar

2) 그 큰 폭음 소리가 아이를 죽도록 놀라게 하였다. 그 아이는 불안하여 말을 할 수 없었다.
☞ 요란한 laut; 폭음 Knall m. -s; 죽도록 놀라게 하다 jn. zu Tode erschrecken; 불안 Angst m.-s, Ängste; 때문에 (하여) vor + 3격; 말할 수 있다 eines Wortes mächtig sein

3) 물고기가 물 없이 살 수 없는 것처럼 생애에 있어서 인간은 한 순간도 모든 걱정에서 벗어나 살 수 없다.
☞ 생에 있어서 im Leben; ~처럼 wie~; 한 순간도 ~없다 keinen Augenblick; 모든 걱정 alle Sorgen (pl.); 없이 et.[2] + ledig od. von et.[3] ledig (frei)

4) 이 방의 면적은 20평방미터이다. 방의 길이는 5미터이고 넓이는 4미터이다.
☞ 평방미터 Quadratmeter n. -s; 긴 lang; 넓은 breit; 면적 Fläche f.-n

5) 방사선(능)광선은 인체에 매우 해롭고 자주 이로 인하여 질병이 생기게 된다. 사람들은 방사능에 감염되어 있다는 것을 처음에는 감지할 수 없다. 왜냐하면 방사선(능) 광선의 해로운 작용이 여러 해 후에야 비로소 종종 나타나기 때문이다.
☞ 방사선(능)광선 radioaktive Strahlen; 인체 der menschliche Körper; 해롭다 jm. schädlich sein; 질병 Krankheit f. -en; 생기다 (durch et.) hervorgerufen werden; 오염되어 있다 verseucht sein; ~을 감지하다 et.[4] wahrnehmen; 작용 Wirkung; 여러 해 후에 nach vielen Jahren; 나타나다 sich zeigen/jm. erkennbar (deutlich) werden

6) 네가 반대하건 찬성하건 우리들에겐 상관없다. 우리들은 내일 어떻든 결정하지 않으면 안 된다.
☞ 반대 (찬성)하다 dagegen (dafür) sein; ~에게 상관없다 jm. gleichgültig sein; 어떻든 auf jeden Fall/jedenfalls; 결정하다 eine Entscheidung treffen

7) 그 중년 신사는 이웃의 젊은이들을 좋아한다. 그들은 그에게 호감을 가고 그는 그들에게 진심으로 애착을 가지고 있다. 반대로 그들은 물건을 구입하고 운반할 때 그를 도와주기를 좋아한다 (친절히 대한다).
☞ 중년신사 der ältere Herr; 이웃 nebenan/im Nachbarzimmer; ~에게 마음에 들다 jm. sympathisch sein; ~에게 애착을 갖다 jm. zugetan sein; 물건을 구입 Einkaufen der Sachen; ~를 도와주기를 원하다 jm. gefällig(hilfsbereit zu et. sein) sein

8) 많은 사람들은 정치적 전개(展開)에 대하여 불안해하고 있다. 그들은 현대 무기의 가공할만한 것에 무서워하고 있고 평화를 유지해야 할 필요성에 대하여 확신하고 있다.
☞ 정치적 politisch; 전개 Entwicklung f.-en; ～을 불안해하고있다 über et.[4] unberuhigt sein; 무기 Waffe f.-n; 가공할만한 것 Furchtbarkeit; ～을 무서워하다 über et.[4] entsetzt sein; 평화를 유지하다 den Frieden bewahren; 필요성 Notwendigkeit f.-en; 확신하고 있다 von et. überzeugt sein

9) 나는 청소년들이 록 콘서트에 열광하고 있는 것을 근본적으로 이해할 수 없다.
☞ 청년들 die Jugendlichen; 록 콘서트 Rockkonzert n.-s,-n; ～에 열광하다 von et. begeistert sein; 근본적으로 im Grunde genommen

10) 너는 직장여성에 대하여 편견이 있다. 그것은 정말 근거 없는, 전적으로 선입견이다. 너는 그 생각에서 벗어나야 한다.
☞ 직장여성 die berufstätigen Frauen (pl.); ～에 편견이 있다 jm. gegenüber (gegen jn.) voreingenommen sein; 근거 없는 unbegründet; 전적인 (순전한) rein; 선입견 Vorurteil n.-s,-e; ～에서 벗어나다 von et. frei sein

11) 그 교수는 그의 동료들에게 대단히 존경 (명망)을 받고 있다. 왜냐하면 그는 그의 곧고, 용감한 태도와 학문적 업적으로 잘 알려져 있기 때문이다. 그는 모든 학생들에게 친절하고 학생들의 관심사에 이해심이 있다.
☞ 존경을 받다 bei jm. angesehen sein; 곧은 aufrichtig/gerade; 태도 Haltung; 학문적 wissenschaftlich; 업적 Leistung/Arbeit; 관심사 Anliegen n.-s; 이해심이 있다 jm. gegenüber verständnisvoll sein

12) 대부분의 사람들의 생활은 근심과 걱정들이 많지만 행복과 즐거움은 적다.
☞ 근심과 걱정 Sorgen und Nöten; ～이 많(적)다 an et.[3] reich(arm) sein

13) 그 여선생은 그 학생이 공부를 게을리 한다고 주의를 주었다. 그는 화가 나서 파랬다가 빨개졌다 하였다. 왜냐하면 그는 그것으로 모욕을 받았기 때문이다.
☞ ～을 게을리 하다 in et.[3] nachlässig sein; 누구에게 ～을 주의시키다 (～을 환기시키다) jn. auf et.[4] aufmerksam machen; 화가 나서 vor Zorn; ～이랬다 저랬다 bald ～ bald/abwechselnd; ～으로 모욕을 받다 über et.[4] beleidigt sein

14) 그 농부는 그의 수확에 대단히 만족하고 있지만 곡식의 풍작으로 가격들이 하락하는 것에 대하여 씁쓸하게 여기고 있다.
☞ 수확 Ernte f.-n; 곡식의 풍작 die reiche Getreideernte; 가격 Preis m.-es,-e (여기서는 복수를 사용할 것); 하락 (상승)하다 fallen(steigen); ～을 씁쓸하게 여기다 über et.[4] verbittert sein

15) 시험 준비를 끝마친 사람은 모든 시름에서 해방된다.
☞ ～준비를 끝마치다 zur Vorbereitung auf et.[4] fertig sein; ～사람은 (관계 대명사) wer～, (der); 에서 해방되다 von et.[3] frei sein

13. 지시대명사
(Das Demonstrativpronomen)

지시대명사는 이미 알고 있는 사람 또는 사물을 지시한다. 지시대명사는 부가어적으로 (명사 앞에) 또 대명사적으로 (단독으로) 사용된다.

[1] der, die, das, die (pl.)
[2] derjenige, diejenige, dasjenige, diejenigen (pl.)
[3] derselbe, dieselbe, dasselbe, dieselben (pl.)
[4] dieser, diese, dieses, diese (pl.)
jener, jene, jenes, jene
[5] der (die, das) eine ~, der (die, das) andere ~; der (die, das) erstere ~, der (die, das) letztere ~
[6] solcher; ein solcher; solch ein

[13-1] der, die, das, die (pl.)의 용법

1) der, die, das, die (pl.)의 부가어적 용법
2) der, die, das, die의 대명사적 용법
3) 중성 지시대명사 das의 용법

[13-1-1]

저기 쇼윈도에 있는 거기 빨간 모자를 보세요(구경하세요).

☞ **쇼윈도** Schaufenster n.-s; **저기** dort; **~을 보다 (구경하다)** sich et.[4] ansehen

(해설)

(1) 지시대명사 der, die, das, die는 구어체에서 강음이 들어가고 문어체에서는 옛날 형태로서 d e r처럼 한 칸 띄어쓰기도 하였다. 요즘은 hier, da, dort 같은 지시부사가 명사 뒤에 와서 의미를 강조한다.

(예)

① 어떤 외투를 당신은 원하십니까? - 저기 검은 외투요.

Welchen Mantel möchten Sie haben?- **Den schwarzen Mantel da**.

【역례】

Sehen Sie sich **den** roten Hut **dort** im Schaufenster an!

[13-1-2]

당신은 나의 제안을 어떻게 생각하십니까? – 나는 그것을 좋다고 생각합니다.

☞ **제안** Vorschlag m,-es, Vorschläge; **어떻게 생각하십니까?** was halten Sie von et.[3] ?; **~을 좋다고 생각한다** et.[4] gut finden

(해설)

(1) der, die, das, die의 대명사적 용법은 단.복수 2격과 복수 3격을 제외하면 정관사와 동일한 변화한다.
(2) 대명사적 용법의 der, die, das, die의 남・중성 2격 dessen과 여성・복수 2격 deren은 문장에서 바로 선행한 명사의 소유의 뜻을 가진다.
(3) 복수 2격의 derer는 관계대명사 (복수)의 선행사로 사용된다.
(4) deren + 수사는 「수사 + von + 선행한 명사」의 뜻이다.

(예)

① 누가 그 일에 잘못이 있습니까? - 저기 저 사람이 모든 것에 잘못이 있습니다.
☞ ~에 잘못이 있다 an et.[3] schuld sein; 모든 것 alles

Wer ist dran schuld? - **Der da** ist an allem schuld.

① 하나님은 자신의 죄를 뉘우치는 자를 용서한다.
☞ 죄 Sünde f.; 뉘우치다 bereuen; ~를 용서하다 jm. verzeihen

Gott verzeiht **denen**, die ihre Sünde bereuen.

② 나의 친구는 우리들에게 그의 친구와 그의 (친구의) 운명에 관해서 이야기 했다.
☞ 운명 Schicksal n.-es,-e; ~을 이야기하다 et. erzählen

Mein Freund erzählte uns von seinem Freund und **dessen** Schicksal (= das Schicksal seines Freundes).

② 그 여학생은 그녀의 여선생과 그 여선생의 친구와 함께 극장에 갔다.

Die Schülerin ging mit **ihrer Lehrerin** und **deren** Freundin ins Theater (= die Freundin der Lehrerin).

③ 그 상을 받게 된 사람들의 업적들은 탁월하였다.
☞ 표창 받다 ausgezeichnet werden; 탁월한 überragend

Die Leistungen **derer**, **die** mit dem Preis ausgezeichnet werden, sind überragend.

③ 우리들은 파시즘으로부터 해방을 위해 그들의 생명을 바친 사람들을 추모한다.
☞ 해방 Befreiung f.; 파시즘 Faschismus m,-en; 생명을 바치다 jm. js. Leben geben; ~를 추모하다 et.[2] gedenken

Wir gedenken **derer**, die ihr Leben für die Befreiung vom Faschismus gaben.

④ 우리들은 버섯을 채집하고 있다. 숲 속 여기저기에 많은 버섯들이 있다.
☞ ~을 채집하다 et.[4] sammeln; 여기 저기 hier und da; 버섯 Pilz m.-es,-e

Wir sammeln Pilze; hier und da gibt es **deren** viele im Walde.

【역례】
Was halten Sie von meinem Vorschlag? - **Den** finde ich gut.

[13-1-3]

너는 그의 성공에 관해서 들었니? - 그럼, 그것은 우리들을 아주 놀라게 했다.

☞ ~을 놀라게 하다 jn. erstaunen

(해설)
(1) das는 선행한 문장 전체 또는 일부의 의미를 받는다.
(2) das는 「das ist (sind) + 술어」의 형식으로 술어의 성 · 수에 관계없이 지시대명사로 사용할 수 있다.

(예)
① 그녀는 나에게 또다시 거짓말을 하였다. 나는 이것을 그녀에게 용납하지 않을 것이다.
☞ ~에 거짓말하다 jn. anlügen; ~에게 ~을 용납하다 jm. et.[4] verzeihen

Sie hat mich wieder angelogen. **Das** werde ich ihr nie verzeihen.

② 대체 그는 누구냐? - 그는 칸느의 황금 종려상을 수상한 유명한 배우B씨 이다.
☞ 칸느 Cannes; 황금 종려상 die Goldene Palme; 수상하다 mit et. ausgezeichnet werden; 배우 Schauspieler m.

Wer ist das denn? - **Das** ist der berühmteste Schauspieler B, der mit der Goldenen Palme ausgezeichnet worden ist.

【역례】
Hast du von seinem Erfolg gehört? - Ja, **das** hat uns sehr erstaunt.

[13-2] derjenige, diejenige, dasjenige, diejenigen (pl.)의 용법

1) der-, die-, dasjenige, diejenigen (pl.)의 지시대명사의 변화는 der- 부분은 정관사와 동일한 변화를 하나 -jenig-는 형용사의 약변화를 따른다. 이 지시대명사는 부가어적. 대명사적으로 사용하나 일반적으로 뒤에 관계문장이 뒤따른다.

[13-2-1]

사고가 났을 때 나를 도와준 그 부인이 어디론가 사라졌다.

☞ 사고 Unfall m.-s; 어디론가 irgendwo 사라지다; verschwinden

(해설)
(1) 뒤따르는 명사들 특히 강조하기 위해 부가어적으로 사용한다.
(2) 뒤따른 관계문장이 충분한 정보를 제공했다면 대명사적으로 사용한다.

(예)

① 외국어지식을 충분히 소유한 지원자를 선발했다.
☞ 외국어지식 Fremdsprachkenntnis f.; ~을 소유하다 et.[4] besitzen; ~을 선발하다 et. auswählen

Man hat **denjenigen** Bewerber ausgewählt, **der** ausreichend Fremdsprachkenntnisse besaß.

① 어학강좌에 참가하려는 학생들은 총무과 (비서과)로 오세요.
☞ 어학강좌 Sprachkurs m.; 총무 (비서)과 Sekretariat n.-es,-e

Diejenigen Schüler, **die** an dem Sprachkurs teilnehmen wollen, möchten bitte ins Sekretariat!

② 우리들은 가장 뛰어난 음악적 재능을 가진 사람들을 찾아내지 않으면 안 된다.
☞ 가장 뛰어난 음악적 재능 die größte musikalische Begabung; ~을 찾아내다 et.[4] herausfinden

Wir müssen **diejenigen** herausfinden, welche die größte musikalische Begabung haben.

② 내가 창유리를 깬 사람을 잡으면 그 때 그는 좀 혼날 것이다.
☞ 창유리 Fensterscheibe f.; 잡다 erwischen; 혼날 수가 있다 et.[4] (was) erleben können

Wenn ich **denjenigen** erwische, **der** die Fensterscheibe eingeschlagen hat, dann kann er was erleben.

② 우리들은 산으로 소풍을 갔다. 그 소풍이 너무 힘겨운 사람은 음식점에서 기다리고 있었다.
☞ 소풍 Tour f./Ausflug m.; 너무 힘들다 zu anstrengend sein; 음식점 Gaststätte

Wir machten eine Tour in die Berge. **Derjenige**, dem die Tour zu anstrengend war, wartete in der Gaststätte.

【역례】
Diejenige Frau, **die** mir beim Unfall geholfen hat, ist irgendwo verschwunden.

[13-3] derselbe, dieselbe, dasselbe, dieselben (pl.)의 용법

1) der-, die-, dasselbe, dieselben의 변화는 [13-2]의 변화와 동일하고 의미는 「동일한」「같은」의 뜻이다.
2) der(die, das) gleiche, die gleichen

[13-3-1]

그 여자는 나와 같은 마을의 출신이다.

☞ 마을 Dorf n.-s, Dörfer; ~의 출신이다 aus et[3] stammen

(해설)
(1) derselbe형과 같은 뜻으로 der (die, das)-selbig- 혹은 der (die, das) nämliche, die nämlichen 등은 고형이고 요즘은 전자만을 많이 사용한다.
(2) <전치사 + demselben (zu+derselben)>은 결합형으로 am selben Tag, im selben Zug 및 zum selben Ziel, zur selben Zeit 등을 사용할 때가 있다.
(3) 의미를 강조하기 위하여 ein und der(die-, das-)selbe를 쓸 때가 있다. 그때에 ein und는 변화 없고 뒷부분의 der(das-, die-)selbe, die selben 만이 격변화 한다.

(예)
① 그 여자는 옷을 한 벌만 가지고 있다. 그러므로 그 여자는 매일 똑같은 옷을 입고 있다.

Sie besitzt nur ein Kleid. Also hat sie jeden Tag **dasselbe** an.

② 브라운씨와 나, 우리들은 같은 날 같은 기차로 뮌헨으로 갔다.

Herr Braun und ich, wir sind **am selben** Tag **im selben** Zug nach München gefahren.

③ 그 여자는 아직도 그 당시와 똑같이 그대로다. 그 여자는 변하지 않았다.
☞ 그 당시 damals; 아직도 noch immer

Sie ist noch immer **dieselbe wie** damals. Sie hat sich nicht verändert.

【역례】
Sie stammt aus **demselben** Dorf **wie** ich.

[13-3-2]

그 여자는 너와 유사한 헤어스타일이다.

☞ 헤어스타일 Frisur f. -en

(해설)
(1) der (das, die) gleiche, die gleichen은 이미 언급한 것처럼 유사한 뜻이다.
(2) 또 der(das-, die-)selbe, dieselben처럼 동일한 뜻으로 사용할 때가 있다.

(예)
① 나의 여자 친구는 나와 유사한 옷을 입고 다닌다. 단지 그녀의 옷은 흰 칼라가 달려있다.
☞ ~을 입고 다니다 et.[4] tragen; 흰 칼라 weißer Kragen

Meine Freundin trägt **das gleiche** Kleid **wie** ich, nur hat ihr Kleid einen weißen Kragen.

② 칼과 파울은 뮌헨에 살고 있다. 그들은 같은 시구(市區)에서 거주하지만 그들은 아주 드물게 만난다.

☞ 칼 Karl m.; 파울 Paul m.; 살고 있다 leben; 시구 Stadtteil m./Stadtviertel n.; 드물게 selten; 서로 만나다 sich sehen (treffen)

Karl und Paul leben in München. Obwohl sie **im gleichen** Stadtteil wohnen, sehen sie sich selten.

【역례】
Sie hat **die gleiche** Frisur **wie** du.

[13-4] dies-er, -e, -es, -e (pl.); jen-er, -e, -es, -e (pl.)의 용법

1) dies-와 jen-
2) dies- (후자) ～, jen- (전자)～
3) dies (dieses) ist (sind) + 명사형

[13-4-1]

이 두 집은 누구의 것이냐? - 이것은 나의 것이고 저것은 나의 형의 것이다.

☞ 이 두 집 die beiden Häuser; ～것이다 jm. gehören

(해설)
(1) dies-, jen-은 화자로부터 떨어진 곳은 jen-, 가까운 곳은 dies-를 쓴다.
(2) 의미를 강조하기 위해서는 eben dieser 또는 ebendieser로 붙여 쓰기도 하고 diese Worte eben처럼 명사 뒤에 위치하기도 한다. jen-도 eben을 똑같이 붙일 수 있다.
(3) 앞에 언급되지 않았을지라도 전자 후자 관계없이 관계문장의 선행사로 dieser, jener를 쓴다.

(예)
① 나는 16시 새마을호로 가려고 한다. 우리들은 이 기차로 포항행 열차에 더 연결이 잘 된다. (더 좋은 연결을 가진다)
☞ 새마을호 기차로 가다 mit Saemaul-Zug fahren; 연락이 더 잘 되다 eine bessere Verbindung nach et. haben

Ich will mit Saemaul-Zug um 16 Uhr (dem 16-Uhr-Saemaul-Zug) fahren. **Mit diesem** (Zug) haben wir eine bessere Verbindung nach Pohang.

① 그 옛 시절에는 우리나라에는 다른 풍습과 관습이 통용되었다.
☞ 그 옛 시절에는 in jenen alten Zeiten; 우리나라에는 bei uns; 풍습과 관습 Sitten und Gebräuche; 통용되다 gelten

In **jenen** alten Zeiten galten bei uns andere Sitten und Gebräuche.

② 그 젊은 숙녀의 옷이 보기에 흉하게 보인다. - 그래, 나도 바로 그것을 말하려고 하였다.
☞ 보기 흉한 häßlich; 바로 그것을 eben dies (od. ebendies)

Das Kleid der jungen Dame sieht häßlich aus. - Ja, **ebendies** wollte ich auch sagen.

③ 나는 병 때문에 결석한 그 사람들에 대해 말하는 것은 아니다.

Ich spreche nicht von **jenen**, die wegen Krankheit gefehlt haben.

【역례】
Wem gehören die beiden Häuser? - **Dieses** Haus (hier) gehört mir, **jenes** (dort) meinem Bruder.

[13-4-2]

브라운씨와 루드비히씨가 태양에너지 개발계획에 참여한다. 후자 (루드비히)는 백만 유로로서 전자 (브라운)는 5000만 유로를 가지고서.

☞ **태양에너지 개발계획** der Projekt zur Erschließung der Sonnenenergie; **~에 참여하다** sich an et³ beteiligen; **백만** eine Million

(해설)
(1) dieser (후자), jener (전자)로서 문장을 지시할 때 선행한 명사의 성을 따라야 한다.

(예)
① 슈미트씨가 그의 부인과 딸과 함께 왔다. 후자 (딸)는 즉시 다른 사람과 환담을 하고 있는 반면에 전자 (부인)는 말 수 없이 그대로 있었다.

Herr Schmidt ist mit seiner Frau und seiner Tochter zusammengekommen. Während **diese (Tochter)** sich sofort mit den anderen unterhielt, blieb **jene (Frau)** zurückhaltend.

【역례】
Herr Braun und Herr Ludwig beteiligen sich am Projekt zur Erschließung der Sonnenenergie; **dieser** mit einer Million Euro, **jener** mit 5000 Euro.

[13-4-3]

그는 우리들이 일할 때 도와주기를 결정했다. 이것은 우리들을 위하여 아주 큰 도움이 된다.

☞ **~을 결정하다** et.⁴ beschließen; **이것은** dies (dieses); **아주 큰 도움이 되다** von großem Nutzen sein/sehr nützlich sein

(해설)
(1) dies (dieses)도 das처럼 선행한 문장의 의미를 받는 지시대명사가 된다.
(2) dies (dieses), jenes도 성 · 수 관계없이 술어 명사를 지시할 수 있다.

(예)
① 그는 그의 시험을 틀림없이 훌륭하게 합격할 것이다. 이것은 의심할 여지가 없다.
☞ **시험을 합격하다** Prüfung bestehen; **의심할 여지가 없다** außer Frage stehen

Er wird seine Prüfung sicher gut bestehen. **Dies** steht außer Frage.

② 이들은 나의 동료의 딸이고 저들은 나의 사촌의 딸이다.
☞ 사촌 Cousin m.-s,-s

Dies(es) sind die Töchter meines Kollegen, **jenes** (sind) die meines Cousins.

【역례】
Er beschloß, uns bei der Arbeit zu helfen. **Dies** ist für uns von großem Nutzen.

[13-5] der (die, das) eine~, der (die, das) andere ~의 용법

전자 후자를 나타낼 때 dies-, jen- 외에 사용되는 것이 있다.
1) der (die, das) eine ~, der (die, das) andere (pl. die einen ~, die anderen)
2) der (die, das) erstere~, der (die, das) letztere (pl. die ersteren~, die letzteren)

[13-5-1]

로버트와 칼은 그의 두 아들이다. 그 하나 (칼)는 아직도 초등학교에 다니고 다른 하나 (로버트)는 뮌헨에서 의학을 공부한다.

☞ 로버트 Robert m.; 칼 Karl m.; 둘 beide; 초등학교 Grundschule f.; 의학 Medizin f.

(해설)
(1) der (die, das) eine, (die einen)~, der (die, das) andere, (die anderen)은 ein-, ander-는 각각 형용사의 어미변화를 하고 der eine 후자, der andere는 전자이다.
(2) der eine~, der andere는 후자 전자의 의미 구별 없이 「그 하나」「다른 하나」의 뜻으로 사용될 때가 있다.

(예)
① 어머니와 딸이 여기 왔었다. 후자는 판탈롱 슈트(바지정장)를 입고 있었고, 전자는 치마정장(부인정장)을 입고 있었다.
☞ 여기 오다 da sein; 판타롱슈트(부인 바지정장) Hosenanzug m.; 부인정장(치마정장) Kostüm n.-s,-e

Mutter und Tochter waren da. **Die eine** trug einen Hosenanzug, **die andere** ein Kostüm.

② 그는 두 권의 책을 썼다. 그 하나는 1967년에, 다른 하나는 1970년에 출판되었다.
☞ 출판되다 erscheinen

Er hat zwei Bücher geschrieben; **das eine** ist im Jahr 1967, **das andere** im Jahr 1970 erschienen.

【역례】
Robert und Karl sind seine beiden Söhne. **Der eine (Karl)** geht noch in die Grundschule, **der andere (Robert)** studiert Medizin in München,

[13-5-2]

그는 두 딸, 엘케와 질케가 있다. 전자는 결혼 하였고 후자는 미혼으로 있다.

☞ ~와 결혼하다 jn. heiraten/sich mit jm. verheiraten; 미혼으로 있다 ledig bleiben; 전자 die erstere; 후자 die letztere

(해설)
(1) 전자, 후자의 뜻으로 der (die, das) erstere, (pl. die ersteren)~, der (die, das) letztere, (pl. die letzteren)가 사용된다. 뒷부분은 형용사의 변화를 따른다. 주로 관용어(官用語)로 사용된다.

(예)
① 칼과 파울은 친구이다. 전자는 의학을 공부하는 반면에 후자는 자연과학을 전공한다.
☞ 의학 Medizin f. -e; 반면에 während; 자연과학 Naturwissenschaft f.; ~을 전공하다 sich mit et. beschäftigen

Karl und Paul sind Freunde. Während **der erstere** Medizin studiert, beschäftigt sich **der letztere** mit Naturwissenschaft.

① 너는 수영 가거나 혹은 산책갈 수가 있다. 나는 전자를 선호한다.
☞ 수영가다 baden(schwimmen) gehen; 산책하다 spazieren gehen; ~을 선호하다 et.[4] vorziehen

Du kannst baden (gehen) oder spazieren gehen, ich ziehe **das erstere (dem letzteren)** vor.

【역례】
Er hat zwei Töchter, Elke und Silke. **Die erstere** ist verheiratet, **die letztere** bleibt noch ledig.

[13-6] solcher; ein solcher; solch ein의 용법

	m.	f.	n.	pl.
a)	solcher	solche	solches	solche
b)	ein solcher	eine solche	ein solches	
c)	solch ein	solch eine	solch ein	

이들 지시대명사는 부가어적 및 대명사적으로 사용되고 의미의 구별 없이 사용된다.
1) 부가어적 a)형은 형용사의 강변화, b)는 ein은 부정관사의 변화를 하고 solch-는 형용사의 혼합변화, c)는 solch는 변화 없고 ein은 부정관사의 변화를 따른다.
2) 대명사적 용법일 때는 solcher, ein solcher는 부가어적 용법과 동일하지만 solch ein은 solch는 변화 없이 ein만이 정관사의 변화를 따른다.

m.	f.	n.
solch einer	solch eine	solch ein(e)s

[13-6-1]

그러한 궂은 날씨에는 집에 있는 것이 더 좋다.

☞ 그러한 solcher, ein solcher, solch ein; 궂은 naß; 날씨 Wetter n.-s; 집에 있는 것이 더 좋다 besser zu Hause bleiben

(해설)

(1) solch-가 부가어적 용법에서 solch- 다음에 형용사가 오면 약변화 하지만 복수 1・4격에서는 강변화 혹은 약변화를 따른다.
(2) solch ein 다음에 형용사가 오면 ein이 종종 탈락하여 <solch+형용사>가 된다.
(3) solch ein 대신에 구어체로 so ein을 쓸 수 있다.
(4) solcher가 명사 앞에서 「아주, 대단히, 매우」 하는 뜻으로 사용할 때가 있다.
(5) solch- 앞에 정관사는 오지 못하지만 jeder가 올 수 있다.
(6) kein이 solch-앞에 오는데 solch-는 형용사 혼합변화 한다.

(예)

① 나는 나의 친구가 나에게 추천한 그러한 좋은 책들을 네게 사주고 싶다.

Ich möchte dir **solche** gute (guten) Bücher kaufen, die mir mein Freund empfohlen hat.

② 나는 내 생애에 그러한 불안한 시간을 전혀 겪어보지 못했다.
☞ 불안한 시간 unruhige Stunden; 전혀 ~않는다 lange nicht; ~을 겪다 et.[4] erleben

Solch unruhige Stunden habe ich in meinem Leben lange nicht erlebt.

③ 나는 아직 그러한 감동적인 영화를 구경한 일이 없었다.

Ich habe mir noch nie **so (solch) einen** ergreifenden Film angesehen.

④ 나는 아주 심한 허기와 심한 두통이 있다.

Ich habe **solchen** Hunger und **solche** Kopfschmerzen.

⑤ 매번 그러한 쾌청한 날들은 들판에서 일하는 농부들에게 이로울 것이다.
☞ 쾌청한 날 Sonnentag m.-es,-e; 들판에서 auf den Feldern; ~에 이롭다 jm. nützlich sein

Jeder solche Sonnentag wird den Bauern für ihre Arbeit auf den Feldern nützlich sein.

⑥ 나는 아직 그러한 꽃을 본 적이 없었다.

Ich habe noch **keine solchen** Blumen gesehen.

【역례】

Bei **solchen (solch einem, einem solchen)** nassen Wetter bleibt man besser zu Hause.

[13-6-2]

쇼 윈도우에 나는 멋진 옷을 보았다. 나도 그러한 것을 사고 싶다.

☞ 쇼 윈도우 Schaufenster n.-s; 멋진 toll; 그러한 것 solch ein(e)s, ein solches

(해설)

(1) solch-, ein solch-의 대명사적 용법은 부가어적 용법과 동일하지만 solch ein-은 남성1격 -er 중성 1・4격 -es를 취한다. 중성으로 solch ein(e)s 대신에 구어체에는 so was를 사용할 수 있다.

(2) jd. (et.) als solch-는 「그 자체」의 뜻.

(3) Es gibt + immer solche und solche(이런저런)는 관용적 용법

(예)

① 많은 전보 중에서 런던에서 온 것이 하나 있었다.

Unter den vielen Telegrammen war **ein solches (solch eines)** aus London.

① 그 여자는 현대적인 목카 접시 세트를 가지고 있다. 나도 그러한 것을 가지고 싶다.

☞ 목카 접시 세트 Mokkaservice n.

Sie hat ein modernes Mokkaservice. **So was** (= **solch eines**) möchte ich auch haben.

① 외교관계의 단절을 촉구하는 사람들과 끝까지 기다리기를 바라는 사람들이 있었다.

☞ 외교관계의 단절 Abbruch der diplomatischen Beziehung; ～을 촉구하다 auf et.[4] drängen; ～을 (끝까지) 기다리다 et.[4] abwarten

Es gab **solche**, die auf Abbruch der diplomatischen Beziehung drängten, und **solche**, die abwarten wollten.

② 프로그램 그 자체는 좋았으나 그 실행에 결함이 있었다.

☞ 프로그램 그 자체 das Programm als solches; 실행 Ausführung f.; 결함이 있다 Mängel haben

Das Programm **als solches** war gut, aber die Ausführung hatte Mängel.

③ 인생에는 언제나 이런 사람 저런 사람이 있는 법이다.

Es gibt im Leben immer **solche und solche**.

【역례】

Ich habe ein tolles Kleid im Schaufenster gesehen. **Solch eines** (= **so eines, ein solches, so was**) möchte ich mir kaufen.

◈ 연 습 문 제 13 ◈

1) 많은 기업체에서는 밤낮으로 일하여야 한다. 노동자와 사원들은 조별작업시간으로 나누어지게 된다. 예를 들자면 그 하나의 조별 작업조 시간은 아침에, 둘째 조별 작업조 시간은 정오에, 셋째는 저녁때 시작한다.
☞ **기업체** Betrieb m.-s,-e/Firma f.; **밤낮** (bei) Tag und Nacht; **사원** Angestellte; **조별작업 시간으로 나누다** in Schicht einteilen; **예를 들자면** beispielsweise; **그 하나의** die eine; **둘째** die zweite

2) 모든 물체를 지구 중심점을 향하여 끌어당기는 그 힘은 중력이라 일컫는다.
☞ **물체** Körper m.-s; **지구중심점** Erdmittelpunkt m.; **향하여** in der Richtung auf et.[4] ; **끌다** ziehen; **중력** Schwerkraft f./Gravitation f.

3) 우리들의 전체의 존재는 정신과 육체에 의존 하고 있다. 지배하는 것은 정신이고 시중드는 것은 오히려 육체이다. 우리들은 전자 (정신)를 신들과 (신의 성질을) 공유(共有)하고 후자 (육체)를 동물들과 (동물성을) 공유하고 있다.
☞ **우리전체의 존재** unser ganzes Wesen; **정신과 육체** Geist und Körper; **~에 의존하고 있다** auf et.[3] beruhen; **지배하는 것** das Herrschende; **시중드는 것** das Dienende; **오히려** mehr; **전자** der erstere; **후자** der letztere; **~을 ~와 공유하다** et.[4] mit jm. gemein haben;

4) 악인이나 선인이나 같은 정도로 명성, 명예와 권력을 원하고 있다. 전자는 그에게는 좋은 성품들이 없기 때문에 욕망과 사기로 그것을 얻으려고 애를 쓰는 반면에 다만 후자는 정당한 방법으로 그의 목표에 도달하려고 한다.
☞ **악인과 선인** der schlechte und der gute Mensch; **같은 정도로** in gleichem Maße; **명성** Ruhm m.; **명예** Ehre f.; **권력** Macht f. **~원 하다** sich et.[4] wünschen; **좋은 성품들** gute Eigenschaften; **~이 없다** jm. fehlen; **욕망과 사기** Lust und Trug; **~을 얻으려고 애쓰다** um et. kämpfen; **정당한 방법으로** auf dem rechten Weg; **목표** Ziel n.; **~에 도달하다** erlangen

5) 그에 대한 회상은 나에게는 언제나 그의 어머니에 대한 그것 (회상)과 연결되어 있다. 나는 내 생애에서 그 어머니를 결코 잊을 수 없다.
☞ **~에 대한 회상** Erinnerung (an + et.[4]); **~와 연결되어 있다** mit et. verknüpft (verbunden) sein; **나의 생애에서** in meinem Leben

6) 대체 형이상학은 무엇인가? 논리학이 정신을 연구한 것처럼 형이상학은 존재 그 자체의 근본을 캐고 있다.

☞ **형이상학** Metaphysik f.; **대체** überhaupt; **논리학** Logik f.; **정신** Geist m.-es,-er; **존재** Sein n.-s; **자체** als solch-; **~의 근본을 캐다** et.[4] ergründen

7) 나의 집에 네 명의 대학생이 거주하고 있다. 한 신사 혹은 숙녀가 방문 온다면 그것은 나에게 더욱이 바라는 바이기도 하다. 그것은 정상적이다. 그것에 대해서는 나는 반대하지 않는다.
☞ **~댁에 거주하다** bei jm. wohnen; **방문 오다** zu Besuch kommen; **더욱이 바라는 바이기도 하다** jm. ist es sogar recht; **정상적이다** normal sein; **~에 반대하지 않다** nichts dagegen haben

8) 수상은 바로 그 날에 연방의회를 해산하도록 연방대통령에게 제안하려 한다. 연방대통령은 이 제안에 즉각 따를 것이라는 것은 의심할 여지가 없다.
☞ **수상** Kanzler m. -s; **의회를 해산하다** den Bundestag auflösen; **~을 따르다** et.[3] folgen; **의심할 여지가 없다** es besteht kein Zweifel, daß ~

9) 그는 이십년 후에 그가 태어나서 성장하였던 옛 고향으로 돌아왔다. 그 고향은 아직도 그 당시와 꼭 같았다.
☞ **태어나다** geboren sein; **성장하다** aufgewachsen sein; **옛 고향** die alte Heimat; **전과 꼭 같다** dieselbe wie damals (früher) sein

10) 우리는 당신에게 110 유로의 숙박료를 청구하는 바입니다. 이 금액에는 14%의 부가가치세가 포함되어 있습니다. 우리들은 이 청구 금액을 1999.9.28일 까지 우리의 구좌에 입금하여 주시기 바랍니다.
☞ **110 유로의** in Höhe von 110 Euro; **숙박료** der Betrag für Übernachtung f./Übernachtungskosten (pl.); **~을 청구하다** et.[4] in Rechnung stellen; **청구액** Rechnungsbetrag m.-es; **~의 구좌에 입금 (송금)하다** et.[4] auf js. Konto überweisen; **부가가치세** Mehrwertssteuer f.; **포함되어있다** enthalten sein

11) 터키에서 1999년에 리히터 지진계로 강도 6.5의 아주 격렬한 지진이 일어났다. 이 지진에 이어서 다음 며칠 사이에 또 두서너 번의 가벼운 여진들이 이어졌다.
☞ **터키** die Türkei; **리히터 지진계로** auf der Richter-Skala; **강도** Stärke f.; **아주 격렬한** sehr heftig; **지진** Erdbeben n.-s; **일어나다** es gibt et.[4] ; **~이 이어지다** auf et.[4] folgen; **다음 며칠 사이에** in den nächsten Tagen; **가벼운** leicht; **여진** Nachbeben

12) 그 여자가 아주 아름다운 옷을 입고 있었으므로 모든 사람들이 그녀를 돌아보았다. 나도 그러한 옷을 가지고 싶다.
☞ **아주 ~함으로** solch ein (solcher, ein solcher) + 형 + 명사, daß~; **옷을 입고 있다** ein Kleid tragen; **사람들** Leute; **돌아보다** sich nach jm. umdrehen; **가지고 싶다** gern haben

13) 결코 모든 세균, 박테리아, 바이러스가 질병을 일으키거나 해로운 것은 아니다. 대단히

유익한 그러한 것들도 그들 가운데 있다. 그들 가운데 몇개는 우리들의 장에 살며, 소화할 때 중요한 역할을 한다.
☞ **세균** Bazillus m. -, len; **박테리아** Bakterie f.-n; **바이러스** Virus n.-,-en; **질병을 일으키다** Krankheiten verursachen; **~의 장에 살다** js. Darm bewohnen; **그들 중의 몇개** einige davon; **소화** Verdauung; **중요한 역할을 하다** eine wichtige Rolle spielen

14) 나는 역에서 이러저러한 사람을 만나서 이러저러한 것에 관하여 이야기하였지만, 너에게 관심을 일으킬 어떤 사람도 그 가운데는 없었다.
☞ **이러저러한 사람** dieser und jener; **이야기하다** von diesem und jenem sprechen/sich über dieses und jenes unterhalten; **~의 관심을 일으키다** jn. interessieren; **어떤 사람** jemand; **그 가운데는** darunter

15) 연방의회는 어제 (자동차의) 선행권(先行權)의 규칙과 연금보험에 대한 법안에 토의하였다. 전자에 관한 법안에 대하여는 사람들은 빨리 합의할 수 있었으나, 후자에 관하여는 활발한 논쟁을 하게 되었지만 그 논쟁은 성과 없이 중단되지 않으면 안 되었다.
☞ **연방의회** Bundestag m.; **선행권** Vorfahrtsrecht n.-s; **연금보험** Rentenversicherung f.-en; **~에 대한 법안** Gesetzvorschläge zu; **~을 토의하다** über et.[4] verhandeln; **전자에 관하여** (die) erstere(n); **합의하다** sich einigen; **활발한** lebhaft; **논쟁을 하게 되다** es kommt zu einer Debatte; **성과 없이** ergebnislos; **중단되다** abgebrochen werden(**선행사** Debatte로 하고 관계문을 만들 것)

14. 관계대명사 · 관계부사 (Das Relativpronomen und -adverb)

관계대명사는 어떤 문장을 다른 하나의 문장의 낱말에 연결시키고 선행하는 낱말과 관계의 기능을 가진 대명사이다.

[1] 정관계대명사
[2] 부정관계대명사
[3] 관계부사

[14-1] 정관계대명사

정관계대명사 der는 아래 표와 같이 변하고 welcher의 변화는 정관사와 동일한 변화를 하지만 2격을 거의 사용하지 않고 welcher의 2격 대신에 dessen, deren을 사용한다.

	m.	f.	n.	pl.
Nom.	der	die	das	die
Gen.	dessen	deren	dessen	deren
Dat.	dem	der	dem	denen
Akk.	den	die	das	die

1) 관계문장의 성 수와 격
2) 관계대명사의 선행사가 1 · 2인칭 인칭대명사인 경우
3) 관계문장의 동사가 전치사격을 요구하는 경우
4) 관계대명사 welch-는 문장의 혼란을 피하기 위해 사용될 때가 있다.

[14-1-1]

그가 지구의 둘레를 돈 첫 번째 사람이었다.

☞ 지구의 둘레를 돌다 die Erde umkreisen/um die Erde kreisen

(해설)
정관계대명사의 성 · 수는 선행사에 따르고 격은 관계문장의 동사가 요구하는 격에 따른다.
(1) 관계대명사 1격
(2) 관계대명사 2격
(3) 관계대명사 3격
(4) 관계대명사 4격

(예)
① 피고용인들이란 임금이나 혹은 봉급을 위하여 일하는 모든 노동자와 사무직 사원들이다.
☞ 피고용인 Arbeitnehmer m.; 임금 Lohn m.-s, Löhne; 봉급 Gehalt n.-es; 사무직 사원 Angestellter m. (형용사 변화)

Arbeitnehmer sind Arbeiter und Angestellte, **die** für einen Lohn und ein Gehalt arbeiten.

② 내가 네게 준 그 책의 저술가는 지난 해 세상을 떠났다.
☞ 저술가 Schriftsteller m.-s; 지난 해 im letzten Jahr

Der Schriftsteller, **dessen** Buch ich dir gegeben habe, ist im letzten Jahr gestorben.

② 나의 친구가 처음에 나에게 그 목적지를 비밀에 붙였던 드라이브는 우리들을 가까운 군청소재지로 이끌고 갔다.
☞ ~에게 ~을 비밀에 붙이다 jm. et.[4] verheimlichen; 드라이브 Autofahrt f.; 군청소재지 Kreisstadt f.; 이끌고 가다 führen

Eine Autofahrt, **deren** Ziel mir mein Freund zunächst verheimlicht hat, führte uns in die nahe Kreisstadt.

③ 우리들이 아주 많은 신세를 지고 있는 그 교수는 표창을 받는다.
☞ ~에게 신세를 지다 jm. et.[4] verdanken; 표창 Auszeichnung f.-en

Der Professor, **dem** wir so viel verdanken, erhält eine Auszeichnung.

③ 내가 집중적으로 몰두하였던 하이네의 풍자 시는 종종 인용 되어진다.
☞ 집중적으로 몰두하다 sich intensiv mit et. beschäftigen; 풍자 시 die satirischen Gedichte (pl.); 종종 häufig; 인용되다 zitiert werden

Die satirischen Gedichte, **mit denen** ich mich intensiv beschäftigt habe, wird häufig zitiert.

④ 어제 나는 신문들이 아주 대단히 칭찬하는 그 영화를 봤다.

Gestern habe ich mir den Film angesehen, **den** die Zeitungen so sehr loben.

【역례】
Er war der erste, **der** die Erde umkreiste.

[14-1-2]

벌써 십년동안이나 이곳에 살고 있는 나는 이 도시를 떠나지 않는다.

☞ 십년동안이나 zehn Jahre lang; ~을 떠나다 et.[4] verlassen

(해설)
(1) 관계대명사의 선행사가 1・2인칭 인칭대명사 단・복수이고 뒤따르는 관계대명사가 1격일 때 ich, der (die: 여성) ich ... ; du, der (die) du ... ; ihr, die ihr ...처럼 선행사의 1·2인칭 대명사가 관계문에 중복될 수 있다. 그 때에 관계문장의 인칭동사는 관계문장의 주어에 따르지만 인칭대명사가 중복되지 않으면 3인칭으로 사용한다.

(2) 관계대명사의 선행사가 존대의 뜻일 때는 Sie, die Sie (Sie가 남성을 뜻할 때는 der도 가능) 관계문에서 Sie를 생략하지 못한다.

(예)
① 그를 위하여 모든 것을 다한 나는 어떠한 비난도 가당치 않다.
☞ 비난을 받을만하다 einen Vorwurf verdienen

Ich, der ich alles für ihn getan habe, verdiene keinen Vorwurf.
(= Ich, der alles ... getan hat, ...)

① 이 일에 책임이 없는 너는 자신을 책망할 필요가 없다.
☞ 일 (용건) Angelegenheit f.; ~에 책임이 있다 an et.³ schuld sein; 자신을 책망하다 sich³ Vorwürfe machen

Du, der du an der Angelegenheit nicht schuld bist, mußt dir keine Vorwürfe machen.
(= Du, der an der Angelegenheit ... ist, ...)

① 그는 그의 걱정을 알고 있는 네게 상의하려고 한다.
☞ 걱정 Sorge f.-n; 상의하다 um Rat fragen

Er will **dich, der du** seine Sorge kennst, um Rat fragen.
(=... , der seine Sorgen kennt)

① 선생은 아주 부지런한 너희들에게 만족하고 있다.
Der Lehrer ist mit **euch, die ihr** so fleißig seid, zufrieden.
(= ..., die so fleißig sind, ...)

② 나는 호의를 베풀어 주신 당신에게 감사합니다.

Ich danke **Ihnen, der (die) Sie** mir einen Gefallen erwiesen haben.

② 언제나 정직하였든 당신에게 이 문제에서도 나는 당신을 믿겠습니다.
☞ 언제나 stets/immer/jedesmal; 정직한 aufrichtig/ehrlich; 이 문제에도 auch in dieser Frage; ~를 믿다 jm. glauben

Ich glaube **Ihnen, die (der) Sie** stets aufrichtig waren, auch in dieser Frage.

【역례】
Ich, der (die) ich schon zehn Jahre lang hier wohne, verlasse diese Stadt nicht.
(=Ich, der schon ... wohnt, ...)

[14-1-3]

그가 그의 연구 논문에서 보고한 실험들이 성공적으로 진행되었다.

☞ 연구 논문 Arbeit f.; ~에 관해 보고하다 über et.⁴ berichten; 실험 Experiment n.-es,-e; 성공적으로 erfolgreich; 진행되다 verlaufen

(해설)
(1) 관계문장의 동사가 전치사 격지배하는 동사인 경우는 전치사는 언제나 관계대명사 앞에 위치한다.
(2) 선행사가 장소와 시간을 나타내는 명사이고 이어지는 관계대명사 앞에 전치사가 올 때는 관계부사로 대치할 수 있다 ([14-3-1] 참고).

(예)
① 이들이 내가 최근에 친해진 여자친구들이다.
☞ ~와 친구가 되다 (친해지다) sich mit jm. anfreunden

Das sind Freundinnen, **mit denen** ich mich in der letzten Zeit angefreundet habe.

① 그가 전념하고 있는 주제를 그의 동료가 그에게 제안 했었다.
☞ ~에 전념하다 an et.[3] arbeiten

Das Thema, **an dem** er arbeitet, hat ihm sein Kollege vorgeschlagen.

① 내가 휴가를 보낸 그 집의 양친은 연금생활자이다.
☞ 연금생활자 Rentner m.-s

Seine Eltern, **in deren** Haus ich Ferien verbrachte, sind Rentner.

② 그는 그가 4년간 공부하였던 도시를 떠난다.

Er verläßt die Stadt, in **der** (od. **wo**) er vier Jahre studiert hat.

【역례】
Die Experimente, **über die** er in seiner Arbeit berichtet hat, sind erfolgreich verlaufen.

[14-1-4]

어제 여기에 있었던 서류가 어디에 있느냐?

☞ 서류 Akt f.-en

(해설)
(1) welcher형의 관계대명사는 구어체에서 거의 사용되지 않고 der형으로 대치하고 문어체에서도 자주 사용되지 않는다.
(2) welcher는 여러 개의 관계문장이 있을 때 선행사가 다른 각각의 문장에서 생길 수 있는 문장의 혼란을 피하기 위해 사용한다.
(3) 관계대명사와 정관사가 나란히 있을 때 같은 형태의 중복을 피하기 위하여 welcher를 쓴다.

(예)

① 이 기구의 사용(법)을 설명한 책은 유감스럽게도 절판되었다.

☞ 사용법 Bedienung f.-en; 절판이다 vergriffen sein

Das Buch, **welches** (= **das**) die Bedienung des Gerätes beschreibt, ist leider vergriffen.

② 안나는 그녀의 소유인 공을 잃어버린 페터와는 이제는 더 놀지 않는다.

☞ ~의 소유이다 jm. gehören; 공 Ball m.-es,Bälle

Anna spielt nicht mehr mit Peter, **welcher** den Ball, **der** ihr gehörte, verloren hatte.

③ 시구(市區)의 면모를 바꿀 큰 건설계획이 계획되어 있다.

☞ 시구의 면모 das Gesicht des Stadtteils; ~를바꾸다 et.[4] ändern; 건축계획 Bauvorhaben n.-s; 계획되어있다 geplant sein

Ein großes Bauvorhaben, **welches (nicht das) das** Gesicht des Stadtteils ändern wird, ist geplant.

【역례】

Wo sind die Akten, **welche(=die)** gestern hier lagen?

[14-2] 부정관계대명사

부정관계대명사는 [14-1]에서 언급한 일정한 의미를 가진 관계대명사에 부가어적으로 사용되는 것이 아니고 일반적인, 불확실한 의미를 나타내는 관계대명사이고 wer형과 was형이 있다.

1) wer 관계대명사 (사람을 뜻함)

2) was 관계대명사 (사물을 뜻함)

[14-2-1]

책을 쓸려고 하는 사람은 시간과 끈기가 필요하다.

☞ ~하는 사람은 wer + 후치, der + 정치; 시간과 끈기 Zeit und Ausdauer

(해설)

(1) wer 관계대명사의 격은 관계문장의 동사의 격 지배를 받고 지시대명사 der를 주문장의 문두에 두어서 관계문장의 내용을 받는다. 지시대명사의 변화는 der, dessen, dem, den이고 주문장의 격 지배를 받는다. wer와 der가 동일한 1격이거나 동일한 4격일 때는 지시대명사 der를 생략할 수 있다.

(2) 관계대명사와 지시대명사가 동일한 2격과 3격 에서는 지시대명사를 생략할 수 없다.

(3) wer와 der가 서로 격이 틀리면 지시대명사를 생략할 수 없다.

(4) wer 관계문장에 auch, immer, auch immer가 있으면 일반화하는 의미가 강조된다.

(예)

① 무엇인가를 알고 있는 사람은 손을 드시오.

☞ 손을 들다 die Hand heben

Wer etwas weiß, (**der**) soll die Hand heben.

① 우리들이 사랑스럽다고 생각한 사람을 우리들은 잃어버리는 것을 원치 않는다.
☞ ~을 ~이라 생각하다 et.[4] für et.[4] halten; 사랑스런 liebenswürdig; 잃어버리다 verlieren

Wen wir für liebenswürdig halten, (**den**) möchten wir nicht verlieren.

② 충고에 귀를 기울이지 않는 사람에게 도울 도리가 없다.
☞ 충고에 귀를 기울이지 않는 (사람) ~ nicht zu raten sein

Wem nicht zu raten ist, **dem** ist auch nicht zu helfen.

② 책들에 관해서 말할 수 있는 사람들과는 무엇인가가 사람들을 연결시킨다.
☞ ~에 관해 이야기하다 über et.[4] reden; ~을 ~와 연결하다 jn. mit et. verbinden

Mit wem man über Bücher reden kann, **mit dem** verbindet einen etwas.

② 그가 관심을 가지는 사람을 그는 적극적으로 변호한다.
☞ ~에게 관심을 가지다 sich für jn. interessieren; 적극적으로 tatkräftig; ~을 변호하다 sich für jn. einsetzen

Für wen er sich interessiert, **für den** setzt er tatkräftig ein.

③ 독서가 즐거움을 주지 못하는 사람은 아마도 텔레비전을 더 즐겨볼지 모른다.
☞ 독서 Lesen; ~에게 즐거움을 주다 jm. Spaß machen; 더 즐겨 lieber; ~인지 모르다 vielleicht; 텔레비전을 보다 fernsehen

Wem Lesen keinen Spaß macht, **der** sieht vielleicht lieber fern.

③ 장학금신청서가 아직 제출되어 있지 않는 사람은 지금 즉시 비서실에 제출하세요.
☞ 장학금신청서를 제출하다 Stipendienantrag abgeben; 비서실(총무과) Sekretariat n.-s,-e; 지금 즉시 jetzt gleich

Wessen Stipendienantrag noch nicht abgegeben ist, **der** soll ihn jetzt gleich bitte im Sekretariat abgeben.

③ 어릴 때 사교성이 없던 사람에게는 후에 친구들을 발견하기가 힘들 뿐이다.
☞ 어릴 때(어린아이로서) als Kind; 사교성이 없는 kontaktarm; 후에 später; 친구들을 발견하다 Freunde finden; ~하기가 힘들 뿐이다(힘들게 성공하다) es gelingt nur schwer, zu +Inf.

Wer als Kind kontaktarm war, **dem** gelingt es später nur schwer, Freunde zu finden.

④ 이 선량한 사람에게 누가 도움을 구하더라도 도움을 받게 되었다.
☞ 이 선량한 사람에게 bei diesem guten Menschen; 도움을 구하다 Hilfe suchen; 도움을 받게 되다 Hilfe finden

Wer auch immer Hilfe bei diesem guten Menschen suchte, fand sie auch.

【역례】
Wer ein Buch schreiben will, (**der**) braucht Zeit und Ausdauer.

[14-2-2]

모든 작가가 스스로에게 바라는 것은 성공이다.

☞ 작가 Autor m.-s.-en; 스스로에게 바라다 sich wünschen

(해설)
(1) was 관계대명사가 선행하면 주문장의 문두에 das, dessen, dem, das의 지시대명사로서 관계문장의 내용을 받지만 격은 주문장의 동사의 격지배를 받으며 was 다음에 das (1・4격)가 올 때는 언제나 생략 할 수 있다.
(2) was의 선행사는 지시대명사 외에 부정대명사 etwas, nichts, 부정수사의 명사적 용법 vieles, einiges, alles, 형용사의 중성명사화한 것 (최상급) das Beste, das Schönste 등이다
(3) was 관계대명사 앞에 전치사가 와야 할 경우는 wo(r) + 전치사의 결합형을 쓴다. (전치사가 모음인 경우만 wor + 전치사)
(4) was 관계대명사는 선행한 문장 전체의 의미, 부분의 의미를 받는다.
(5) was 관계문장 가운데 auch, immer, auch immer가 있으면 일반화의 의미를 강조한다.

(예)
① 나를 화나게 하는 것은 너의 마지막 편지의 내용이다.
☞ ~를 화나게 하다 jn. ärgern; 마지막 편지 letzter Brief; 내용 Inhalt m.-es,-e

Was mich ärgert, (**das**) ist der Inhalt deines letzten Briefes.

② 이 책은 사람들이 이해 할 수 없는 많은 것을 포함하고 있다.
☞ ~을 포함하다 et.⁴ enthalten; ~을 이해하다 et.⁴ verstehen

Das Buch enthält **vieles**, **was** man nicht verstehen kann.

② 네가 편지에 쓴 가장 좋은 것은 너의 약혼 소식이다.

Das Schönste, was du geschrieben hast, ist die Nachricht von deiner Verlobung.

③ 우리들이 이야기한 모든 것을 문서상으로 확정합시다.
☞ ~에 대해 이야기하다 von et. sprechen; 문서상으로 확정하다 schriftlich festlegen

Alles, wovon wir gesprochen haben, wollen wir schriftlich festlegen.

③ 우리 도시들의 중앙에 있는 아름다운 옛날 집들이 끊임없이 헐리고 있다. 그것에 대해 이 도시의 시민들은 격렬하게 항의하고 있다
☞ 우리도시들의 중앙에 in den Zentren unserer Städte; 끊임없이 immer wieder; 헐리다 abgerissen werden; 격렬하게 heftig; ~에 항의하다 gegen et. protestieren

Immer wieder werden in den Zentren der Städte schöne alte Häuser abgerissen, **wogegen** die Bürger der Städte heftig protestieren.

③ 이것은 사람들이 진지하게 심사숙고해야 할 무엇이다.
☞ 진지하게 ernstlich; ~에 심사숙고하다 über et.[4] nachdenken

Das ist **etwas, worüber** man ernstlich nachdenken soll.

④ 플랑크톤은 암을 유발하는 물질들로 축적되어 있다. 이것은 간접적으로 인간의 영양 섭취를 위해 위험을 의미하고 있다.
☞ 플랑크톤 Plankton n.-s; 암을 유발하는 krebserregend; ~으로 축적되다 mit et. angereichert werden; 간접적으로 indirekt; 인간의 영양 섭취를 위해 für die Ernährung der Menschen; ~을 의미하다 [4] bedeuten

Das Plankton wird mit krebserregenden Stoffen angereichert, **was** indirekt eine Gefahr für die Ernährung der Menschen bedeutet.

④ 이 책은 베스트셀러가 되었다. 사람들 역시 그것을 예상했다.
☞ 베스트셀러 Bestseller m.-s; 예상하다 mit et. rechnen

Das Buch wurde ein Bestseller, womit man auch schon gerechnet hat.

④ 자연보호자들도 고래들을 멸종에서 구하려고 노력하고 있다. 그 때에 그들은 그들의 생명을 걸고(모험)한다.
☞ 자연보호자 Naturschützer m.; 고래 Wal m,-s,-e; 멸종 Ausrottung f.-en; ~을~에서 구하다 et.(jn.) vor et.[3] retten; 생명을 걸다 Leben aufs Spiel setzen

Naturschützer versuchen auch, Wale vor der Ausrottung zu retten, **wobei** sie ihr Leben aufs Spiel setzen.

⑤ 무슨 일이 일어난다고 할지라도 용기를 잃지 마라라!
☞ ~일이 발생하다 geschehen; 용기를 잃다 den Mut sinken lassen/den Mut verlieren

Was immer auch geschehen **mag**, laß den Mut nicht sinken!

【역례】
Was sich jeder Autor wünscht, (**das**) ist Erfolg.

[14-3] 관계부사

관계대명사의 선행사가 <시간 · 장소의 의미를 가진 명사 + 전치사 + 관계대명사>일 때는 관계부사 wo, wohin, woher로 대치할 수 있다.

[14-3-1]

우리들이 언제나 만나는 카페는 대학 근처에 있다.

☞ 카페 Café n.-s,-s; 근처에 in der Nähe von + et.[3]

(해설)

(1) 관계부사 wo는 <전치사 + 관계대명사>의 의미가 장소의 의미를 가지고 일정한 곳에 정지하고 있을 때 쓰고 또 <전치사 + 관계대명사>를 양용할 수 있으나 선행사가 지명고유명사일 때는 wo만이 가능하다.
(2) woher는 <aus(von) + 관계대명사>의 형이다.
(3) wohin은 <nach (od. in, an, auf et.[4]) + 관계대명사>등의 형이다.

(예)

① 이미 아주 많은 사람이 살고 있는 제 3세계의 대도시들은 아직도 계속 증가하고 있다.
☞ 제 3세계 die Dritte Welt; 대도시 Großstadt f. Städte; 아직도 immer noch; 증가하다 anwachsen

Die Großstädte der Dritten Welt, **wo** (= **in denen**) schon sehr viele Menschen leben, wachsen immer noch weiter an.

① 그는 3년간 공부하였던 파리로 내일 간다.

Er fährt morgen nach **Paris, wo (nicht: in dem)** er drei Jahre studiert hat.

① 3세계의 인구가 증가한 지난 수십 년 사이에 모든 사람들이 충분히 먹을 것을 가진 것은 아니었다.
☞ 지난 수십 년 사이에 in den letzten Jahrzehnten; 인구 Bevölkerung f. -en; 충분히 먹을 것을 가지고 있다 genügend zu essen haben

Im letzten Jahrzehnten, wo (= als, da) die Bevölkerung der Dritten Welt anwuchs, hatten nicht alle Menschen genügend zu essen.

② 그는 그의 출신 도시에 대하여 우리들에게 이야기해 주었다.

Er erzählt uns von **der Stadt, woher (aus =der)** er stammt.

② 내가 떠나온 곳에서는 모든 것이 여기와 다르다.

Dort, woher ich gekommen bin, (od. **Dort, wo** ich hergekommen bin) ist alles anders als hier.

③ 점점 더 많은 사람들이 이동해오는 대도시들에서는 생활조건들이 점점 더 나빠진다.
☞ 점점 더 많은 immer mehr; 이동하다 ziehen; 생활조건 Lebensbedingung f.-en; 점점 더 나빠지다 immer schlechter

In den Großstädten, wohin (=in die) immer mehr Menschen ziehen, werden die Lebensbedingungen immer schlechter.

【역례】
Das Café, wo (in dem) wir uns treffen, ist in der Nähe (von) der Universität.

◈ 연 습 문 제 14 ◈

(A)
1) 모국어로 동일한 언어를 말하고 공통의 혈통과 역사를 가진 모든 사람을 한 민족이라고 칭한다. (부른다)
☞ 모국어 Muttersprache f.; 동일한 언어 gleiche Sprache; 혈통 Herkunft f. (pl.) Herkünfte; ~를 ~이라고 (으로) 칭하다 (부르다) jn. als et.[4] bezeichnen

2) 의회는 국민에 의해 선출된 모든 남・녀의 집회이다. 이들 남녀들은 상이한 당에 속하고 있다.
☞ 선출하다 gewählt werden; 집합(체) Versammlung f.-en; 상이한 verschieden; 당 Partei f.-en; ~에 속하다 jm. angehören

3) 우리들의 지구와 함께 태양을 돌고 있는 유성에는 우리들과 유사한 고등생물이 역시 존재하지 않는다.
☞ ~을 돌다 et.[4] umkreisen; 유성 Planet m.-en,-en; 고등생물 höhere Lebewesen; ~에 유사하다 et.[3] gleichen

4) 욕구(欲求)가 우리들을 노동하도록 강요하고 그 노동의 소득으로 욕구가 진정이 된다. 욕구가 늘 새로이 생기는 것은 우리들을 노동에 익숙하게 한다.
☞ 욕구 Bedürfnis n.-ses,-sse; ~를~도록 강요하다 jn. zu et.[3] zwingen; 그 노동의 (관계대명사 2격); 소득 Ertrag m.-es,-e; 진정 되다 gestillt werden; 욕구가 늘 새로이 생기는 것이 das immer neue Erwachen der Bedürfnisse; ~를 ~에 익숙하게 하다 jn. an et.[4] gewöhnen

5) 프랑크푸르트 사람들이 그 오랜 전통을 대단히 자랑으로 여기는 프랑크푸르트 서적 전시회는 프랑크푸르트의 문화생활과 경제생활에서 이제는 떼어놓고 생각 할 수 없다.
☞ 그 오랜 전통을 자랑하다 auf js. lange Tradition stolz sein; 프랑크푸르트의 문화생활과 경제생활에서 aus Frankfurter Kultur-und Wirtschaftsleben; 이제는 ~ 없다 nicht mehr; ~을 떼어놓고 생각하다 et.[4] wegdenken

6) 그렇게 많은 두꺼운 책자들이 쓰여 졌던 자유는— 올바르게 이해했다면 — 행동하는 능력일 뿐이다. 자유는 그러므로 사람들이 원하는 어떠한 것을 하는 재능일 뿐이고 역시 어떤 다른 것일 수는 없다.

☞ 자유 Freiheit f.; 많은 두꺼운 책자 so viele dicke Bände; ~에 관해 쓰여 지다 über et.[4] geschrieben werden; 올바르게 이해했다면 richtig verstanden; 행동하는 능력 die Fähigkeit zu handeln; 재능 das Vermögen; 어떤 다른 것일 수 없다 nichts anderes sein können

7) 요양원에서 그 여자는 그 여자가 큰 수술 후에 꼭 필요한 안정과 보살핌을 받았다.

☞ 요양원 Sanatorium n.-s,-ien; 큰 수술 schwere Operation; 꼭 필요한 notwendig; 안정과 보살핌을 받다 Ruhe und Pflege haben; 필요로 하다 et.[2] bedürfen

8) 일간지의 어떤 신문도 중립적이지 못하다. 왜냐하면 이들 모두가 하나의 의견을 가지고 이 의견을 주장하는 사람들에 의하여 제작되기 때문이다.

☞ 일간지의 어떤 신문도 ~아닌 keine der Tageszeitungen; 중립적 neutral; 하나의 의견을 가지다 eine Meinung haben; ~을 대표하다 et.[4] vertreten

9) 명성에 반대하여 글을 쓰는 사람들도 글을 잘 썼다는 명성을 얻으려고 노력하고 있다. 그리고 이것을 쓰고 있는 나도 아마도 같은 욕망을 가지고 있을지 모른다,

☞ 명성에 반대하여 글을 쓰다 gegen den Ruhm schreiben; ~을 얻으려 노력하다 et.[4] erstreben; 이 글을 쓰는 나 ich, der ich das schreibe; 욕망을 가지다 (품다) den Wunsch haben (hegen)

10) 생활필수품 판매부에서 일하던 여자 판매원에게 해고가 통고 되었다. 왜냐하면 그 여자는 몇 번의 절도를 범했기 때문이다.

☞ 생활필수품부 Lebensmittelabteilung; 여자 판매원 Verkäuferin f.-nen; ~에게 해고를 알리다 jm. kündigen; 여러 번의 mehrere; 절도를 범하다 Diebstahl begehen

(B)

1) 또 어떤 중요한 것이 생각에 떠오르는 사람은 그것을 쪽지에 써서 그것을 나에게 주시요!

☞ 어떤 중요한 것 etwas Wichtiges; ~의 생각에 떠오르다 jm. einfallen; 쪽지 Zettel m.-s,-; ~에 쓰다 et.[4] auf et.[4] schreiben; ~하시오 ~sollen

2) 인생에서 큰 성공 거두기를 원하는 사람은 전력을 다하여 목표를 향하여 가야한다. 그렇지 않으면 성공에 대한 가망이 없다.

☞ 큰 성공 großer Erfolg m.-(e)s,-e; 전력을 다하여 mit aller Kraft; 목표 Ziel n.-(e)s,-e; ~을 향하여 가다 auf et.[4] losgehen; ~에 대한 가망이 있다 Aussichten auf et.[4] haben

3) 필기시험에 합격하지 못한 사람은 구술시험 (면접시험)이 허락되지 않는다.

☞ 필기시험 die schriftliche Prüfung; 합격하다 die Prüfung bestehen; 구술시험 die mündliche Prüfung; ~를 시험에 허락하다 jn. zur Prüfung zulassen

4) 필기시험에 수 (sehr gut)를 받은 사람에게는 면접시험이 면제된다.
☞ ~에게 면제하다 jm. et.[4] erlassen

5) 컨닝 시도를 한 사람을 시험위원은 시험에서 제외한다.
☞ 컨닝 시도 Spickenversuch m.-es,-e; 시험위원 Prüfungskommission f.-en/-ausschuß m.; ~을 ~에서 제외하다 jn. von et. ausschließen

6) 정부는 국가명의로 발생하는 것에 대하여 책임을 진다. 정부는 의회가 의결한 법을 집행한다.
☞ 국가의 명의로 im Namen des Staates; ~에 대해 책임을 지다 für et.[4] Verantwortung tragen; 법들을 집행하다 die Gesetze ausführen

7) 개인과 사생활이 언급 (관계)되어지는 곳에서는 언론자유에도 제한되어 있다. 어느 신문이 입증되지 않는 주장을 하면, 관계된 국민은 소위 반대설명을 요구할 수 있다.
☞ 개인 Persönlichkeit f.; 사생활 Privatleben; 언급 (관여)되다 berührt werden; ~을 제한하다 et.[3] Grenzen setzen (여기서는 상태수동 et.[3] sind Grenzen gesetzt); 입증되지 않은 unbewiesen; 주장을 하다 Behauptung aufstellen; 관계된 betroffen; 국민 Bürger m,-s; 반대설명 Gegendarstellung

8) 출장 (업무여행) 차 나는 고도(古都) 경주 시에 머무르고 있다. 내가 이 도시를 처음으로 방문하기 때문에 나는 내가 보고 듣는 모든 것에 놀라게 된다.
☞ 업무여행 차 auf einer Geschäftsreise; 현재 jetzt/zur Zeit/gegenwärtig; 처음으로 zum ersten Mal; 놀라게 되다 sich von et. überraschen lassen

9) 물질의 순수함이 우리들이 실험할 때 주의해야 할 가장 중요한 것이다.
☞ 물질 Substanz f.-en; 순수 Reinheit; 실험 Experiment n.-es,-e; ~을 주의하다 auf et.[4] achten/beachten

10) 온 세계에서 온 관광객들은 많은 볼거리 (관광명소)들이 있는 하이델베르크로 온다. 아주 유명한 인물들의 출신지인 넥카 강변의 그곳은 로맨틱한 도시의 명성을 가지고 있다.
☞ 모든 세계에서의 aus aller Welt; 관광객 Tourist m.-en,-en; 볼거리 Sehenswürdigkeit f,-en; 하이델베르크 Heidelberg; 넥카 강변의 그곳 der Ort am Neckar; ~의 출신인 aus et.[3] stammen (여기서 관계부사로서 woher를 쓸 것); 로맨틱한 romantisch; 명성 Ruf

11) 도시의 상부의 산 중턱에 유명한 성이 있다. 그곳에서 사람들은 고도(古都)가 보이는 (고도를 바라보는) 아름다운 전망을 갖게 된다.
☞ 상부의 oberhalb; 중턱 Hang m.-es, Hänge; 성 Schloß n.-es, Schlösser; 고도 Altstadt f.; ~을 바라보는 아름다운 전망을 갖다 einen schönen Blick auf et.[4] haben

15. 접속사(Konjunktion) (I)

접속사의 기능은 문장의 성분과 성분 혹은 문장과 문장을 연결하여 서로 문법적 관계를 갖게 하는 것이다. 이들 접속사를 크게 나누어 등위접속사와 종속접속사로 분류한다.
접속사 (I)에서는 등위접속사만을 취급 한다.
등위접속사는 동급의 문장의 성분과 성분, 주문장과 주문장, 부문장과 부문장을 연결시킨다.
등위접속사는 순수접속사와 부사적 접속사로 나눌 수 있다.
[1] 순수접속사
[2] 부사적 접속사

[15-1] 순수 접속사

순수접속사는 접속되는 문장의 순서에 영향을 주지 못한다. 주문장이 <주어 + 동사>의 순서로 접속되는 문장에서 다른 품사가 주어의 자리에 위치하지 않는 한 문장의 순서의 변동은 없다.
1) und는 병렬적 (additiv)인 의미로 사용한다.
2) aber는 대립을 이루는 (adversativ) 의미로 사용한다.
3) oder는 선택적인 (alternativ)의 의미로 사용한다.
4) denn은 이유・원인 (kausal)의 의미로 사용한다.
5) nicht～, sondern은 정정(訂正) (korrigierend)의 의미로 사용한다.

[15-1-1]

에스페란토어는 열여섯 개의 기본 원칙에 의거하고 예외는 없다 (예외를 알지 못한다).

☞ 에스페란토 Esperanto n.; 기본원칙 Grundregel f.-n; ～에 의거하다 auf et.³ beruhen; 예외가 없다 keine Ausnahme kennen

(해설)
(1) und로 낱말과 낱말을 연결하거나 절과 절을 연결 한다. 그리고 접속된 문장의 주어와 선행문장의 주어가 동일할 때는 und 다음의 문장의 주어는 생략할 수 있고 콤마 (Komma)없이 연결한다.
(2) und로 접속되는 문장에서 주어가 있고 독립된 문장일 때는 und 앞에 콤마를 찍는다.
(3) und로서 3인칭 명사와 1인칭 대명사, 2인칭과 1인칭 대명사를 연결하면 모두가 복수 1인칭이 되어 문장의 동사는 복수 1인칭이고 2인칭과 3인칭이 연결이 되면 복수 2인칭의 동사를 사용한다.

(예)
① 그 시인은 장편소설, 단편소설과 동화 및 방송극을 썼다.
☞ 장편소설 Roman m.-s,-e; 단편소설 Novelle f.; 방송극 Hörspiel n.; 및 sowie

Der Dichter hat Romane, Novellen **und** Märchen sowie Hörspiele geschrieben.

① 그는 그 여자가 준비를 잘하였으며 시험에 두려움을 가지고 있지 않다는 것을 알고 있었다.

☞ 준비 잘되어있다 gut vorbereitet sein; ~을 두려워하다 vor et.[3] Angst haben

Er wußte, daß sie gut vorbereitet war **und** keine Angst vor der Prüfung hatte.

② 수(數) 5는 소수(素數)이고 그 수는 단지 일과 그 자체(5의 수)로서만 나누어 질수 있다.
☞ 소수(素數) Primzahl f.; 일 eins; 나누어 질수 있다 teilbar sein

Die Zahl 5 ist eine Primzahl, **und** sie ist nur durch eins und durch sich selbst teilbar.

② 나는 어제 시험에 합격하였고 내일 나는 (합격)증서를 받는다.

Ich habe gestern die Prüfung bestanden, **und** morgen bekomme ich das Zeugnis.

③ 한스와 나, 우리들은 형제이지만 우리들은 서로 닮지 않았다.

Hans und ich, wir sind Brüder, und doch sind **wir uns** nicht ähnlich.

③ 한스와 너는 장난감 때문에 끊임없이 서로 다투고 있다. 너희들은 서로 양보하는 태도를 가져야 한다.
☞ 장난감 Spielzeug n.-es,-e; 끊임없이 andauernd; 다투다 sich (miteinander) streiten; 서로 양보하는 태도를 가지다 sich füreinander nachgiebig verhalten

Hans und du streitet euch andauernd um das Spielzeug. **Ihr** sollt euch füreinander nachgiebig verhalten.

【역례】
Esperanto beruht auf 16 Grundregeln **und** kennt keine Ausnahme.

[15-1-2]

젊은 짜멘호프는 3개 국어를 하면서 성장했으나 그는 그 정도로 그대로 있지 않았다.

☞ 짜멘호프 Zamenhof m.; 3개 국어로 dreisprachig; 성장하다 aufwachsen; 그 정도로 그대로 있다 es dabei belassen

(해설)
(1) 문장의 구와 구 또는 문장과 문장을 연결한다. aber도 역시 선행하는 문장의 주어와 aber의 문장의 주어가 동일하면 aber 문장의 주어를 생략할 수 있다.
(2) 문장에서 aber는 주어 앞에, 주어 뒤에, 또는 동사 뒤에 위치할 수 있다.
(3) zwar를 aber 혹은 doch 앞에 두어 대립적인 의미를 약화한다.
(4) wohl aber, aber doch로서 aber의 의미를 강조한다.
(5) aber 대신에 allein이 사용되나 문어체에서 가끔 사용되고 aber 보다는 의미가 강하다.

(예)
① 인간들은 신앙심의 부족 때문에 또는 이기적인 심성 때문에 불행하다. 그러나 이것을 어떻게 이해시킬 수 있겠는가?

☞ 신앙심의 부족(이기적인 심성) 때문에 aus Mangel an Glauben(aus Egoismus); ~을 이해시키다 et.[4] verständlich machen

Die Menschen sind unglücklich aus Mangel an Glauben oder aus Egoismus. **Aber** wie soll man das verständlich machen?

① 사람들은 그에게 큰 기대들을 걸었으나 그 기대에 대단히 실망하게 되었다.
☞ ~에게 기대들을 걸다 Erwartung in jn. setzen; 기대에 darin (지시부사를 쓴다); 실망하게 되다 enttäuscht werden

Man setzte große Erwartungen in ihn, wurde darin **aber** sehr enttäuscht.

② 나는 그것을 들었으나 나는 그것을 믿지 않는다.

Ich habe davon gehört, **aber** ich glaube es nicht.
................, ich **aber** glaube es nicht.
................, ich glaube es **aber** nicht.

③ 그는 그의 분야의 이론에 통달 해있지만 아직 실무적인 경험이 거의 없다.
☞ 그의 분야의 이론 die Theorie seines Faches; ~을 통달하다 et.[4] beherrschen; 실무적 경험 praktische Erfahrung

Er beherrscht zwar die Theorie seines Fachs, **aber** er hat noch wenig praktische Erfahrungen.

④ 그는 공부를 많이 하지 않았지만 그는 시험을 합격하였다.
☞ 많이 공부하다 viel arbeiten

Er hat nicht viel gearbeitet, die Prüfung hat er **aber doch (wohl aber)** bestanden.

⑤ 사람들은 풍작을 바랬으나 그것이 착각이었음을 알게 되었다.
☞ 풍작 eine gute Ernte; ~를 바래다 auf et.[4] hoffen; ~을 착각하다 sich in et.[3] täuschen (그러나 여기서는 darin täuschen); ~이라고 알게 되다 sich finden

Man hoffte auf eine gute Ernte, **allein** man fand sich darin getäuscht.

【역례】
Der junge Zamenhof wuchs dreisprachig auf, **aber** er beließ es nicht dabei.

[15-1-3]

이 호수에서 사람들은 수영을 하거나, 서핑을 하거나 혹은 범선을 탈 수 있다.

☞ 호수 See m.-s,-n; 서핑하다 surfen; 범선 타다 segeln

(해설)
(1) oder도 낱말과 낱말 또는 절과 절을 연결할 수 있다. oder 다음의 주어와 선행한 문장의

주어가 동일할 때는 oder 다음의 주어를 생략할 수 있다.
(2) 선행한 문장과 oder 다음의 문장에 각각의 주어가 있을 때는 oder 앞에 콤마를 찍는다.
(3) oder로서 ich oder du, er oder du, er oder ich 일 때는 oder 다음의 주어의 인칭을 따른다.

(예)
① 오늘 혹은 내일 우리들은 한국 대사관에서 더 정확한 소식을 얻을 것 입니다.
☞ 한국 대사관 die Koreanische Botschaft; 더 정확한 소식 eine genauere Nachricht

Heute **oder** morgen werden wir eine genauere Nachricht von der Koreanischen Botschaft erhalten.

① 내가 그에게 편지를 쓰거나 근일 중에 그를 방문하겠다.

Ich schreibe ihm einen Brief **oder besuche** ihn in den nächsten Tagen.

② 이 직책을 떠맡거나 혹은 더 편안한 자리를 결정한 다음 대신에 돈을 더 적게 받는다. – 양자 함께는 안 된다.
☞ 직책 Posten m.; ~을 떠맡다 übernehmen; 더 편안한 bequemer; ~을 결정하다 sich für et. entscheiden; 대신에 dafür; 돈을 적게 받다 weniger Geld haben; 양자 중 택일이다 entweder~ oder; 양자 함께 beides zusammen

Entweder übernimmt man diesen Posten, **oder** man entscheidet sich für einen bequemeren und hat dafür dann weniger Geld - Beides zusammen geht nicht.

② 네가 정신을 차리지 않으면 직장을 잃게된다.
☞ 정신 차리다 sich zusammennehmen; 직장을 잃다 js. Stellung verlieren

Entweder du nimmst dich zusmmen,**oder** du verlierst deine Stellung.

② 너희들은 점잖게 행동하든지 나가든지 (꺼지든지) 해라!
☞ 점잖게 anständig; 행동하다 sich benehmen; 나가다 rausfliegen (hinausfliegen의 구어체)

Ihr benehmt euch anständig, **oder** ihr fliegt raus!

③ 만약 사고로 우리 친구에게 어떤 일이 생기면 나나 네가 오늘 밤 여기에서 지내야겠다.
☞ 어떤 일이 생기다 etwas passiert

Ich **oder** du mußt heute über Nacht hier bleiben, wenn beim Unfall unserem Freund etwas passiert ist.

【역례】
In diesem See kann man schwimmen, surfen **oder** segeln.

[15-1-4]

그 여자는 그녀의 승리에 대하여 확신하고 있었다. 왜냐하면 승리하기 위하여 그녀는 강한 훈련을 하였기 때문이다.

☞ 승리 Sieg m.-es,-e; 확신하다 von et.[3] überzeugt sein; ~을 이기다 gewinnen; ~하기 위하여 um ~ zu; 강한 hart; 훈련하다 trainieren

(해설)
(1) denn은 원인 · 이유를 나타내고 절과 절을 연결시킨다.
(2) denn의 동의어로서 nämlich를 사용할 수 있으나 nämlich는 접속되는 동사 다음에 위치한다.
(3) denn은 비교급에서 als의 중복을 피하여 <als et. + 비교급 + denn (nicht: als) als et.>로 사용한다. ([11-2-3] 비교) 그리고 <비교급 + denn je [zuvor]>의 형태로 사용된다.

(예)
① 그 학생은 그 문제를 풀 수 없었다. 왜냐하면 그에게는 전문지식이 없었기 때문이다.
☞ 전문지식 Sachkenntnis f.; ~에게 ~이 없다 jm fehlt et.

Der Student konnte das Problem nicht lösen, **denn** ihm fehlte die Sachkenntnis.

① 너는 우선 너의 연수를 끝마쳐야 한다. 왜냐하면 그것이 너에게 도움이 되기 때문이다.
☞ 연수 Ausbildung f.; ~에게 도움이 되다 jn. weiterbringen/jm. helfen

Du sollst erst deine Ausbildung beenden, **denn** das bringt dich weiter.

② 그는 그 일에 대하여 아무것도 모르고 있었다. 왜냐하면 그는 여행 중이었기 때문이다.

Er wußte nicht von der Sache, er war **nämlich** verreist.

③ 그는 후견인으로 보다는 친구로서 너에게 조언한다.
☞ 후견인 Vormund m.; ~에게 조언하다 jn. beraten

Er berät dich mehr als Freund **denn** als Vormund.

③ 금년은 예년 (이때까지)보다 날씨가 더 나쁘다.

Dieses Jahr ist das Wetter **schlechter denn** je [zuvor].

【역례】
Sie war von ihrem Sieg überzeugt, **denn** sie hatte hart trainiert, um zu gewinnen.

[15-1-5]

나는 지난여름에 계획했던 것처럼 이태리로 간 것이 아니고 스페인으로 갔다.

☞ 지난여름에 im letzten Sommer; 계획하였던 것처럼 wie geplant

(해설)
(1) sondern 앞에는 부정하는 nicht, kein이 선행하며 「~이 아니고 ~이다」의 뜻으로 사용한다.
(2) nicht nur~, sondern auch는 「~뿐만 아니라 ~이다」의 뜻으로 사용한다.

(예)
① 그는 즉시 지불한 것이 아니고 은행을 통하여 그 금액을 송금하였다.
☞ 즉시 sofort; 지불하다 zahlen; 금액 Betrag m.; 금액을 (계좌로) 송금하다 den Betrag überweisen

Er zahlte **nicht** sofort, **sondern** überwies den Betrag durch die Bank.

① 에스페란토어의 고안자는 학자가 아니고 안과 의사였다.
☞ 고안자 Erfinder m.; 안과 의사 Augenarzt m.

Der Erfinder des Esperanto war **nicht** Wissenschaftler, **sondern** Augenarzt.

② 그는 사적인 걱정 뿐 만 아니라 그는 금전적으로 막다른 골목에 있었다.
☞ 사적 privat; 걱정 Sorge f. -n; 금전적으로 finanziell; 막다른 골목에 있었다 am Ende sein

Er hatte **nicht nur** private Sorgen, **sondern** er war auch finanziell am Ende.

【역례】
Ich bin im letzten Sommer wie geplant **nicht** nach Italien, **sondern** nach Spanien.

[15-2] 부사적 접속사

부사적 접속사는 접속되는 문두에 위치하면 접속된 문장의 주어는 도치된다. 그리고 부사적 접속사는 접속되는 문장 가운데 있게 되는데 그 때 다른 품사가 문두에 오지 않는 한 주어는 접속되는 문두에 위치한다. 부사적 접속사는 다음과 같이 대별하여 볼 수 있다.
1) 이유 · 원인: deshalb, deswegen, darum, daher
2) 결과: also, so, folglich, infolgedessen, mithin, demnach, insofern
3)인용 · 대립: trotzdem, jedoch, doch, dennoch, allerdings, indessen dagegen, hingegen
4) 시간: dann, danach, da, daraufhin, inzwischen

[15-2-1]

그의 어머니는 희랍 출신이다. 그런 연유로 그는 희랍문화에 관심을 가지고 있다.

☞ ~의 출신이다 aus et.[3] stammen; 연유로 daher (deshalb, deswegen)
(해설)
(1) daher, deshalb, deswegen, darum 모두가 동의어이다.

(예)

① 우리들은 지금 휴가중이므로 유감스러우나 3주 후에 비로소 당신을 방문 할수 있겠습니다.
☞ 지금 zur Zeit; 휴가중 im Urlaub; 유감스러우나 leider; 3주 후에i 비로소 erst in drei Wochen später

Wir sind zur Zeit im Urlaub, **deshalb** können wir Sie erst in drei Wochen später besuchen.
(= Wir können deshalb, ...)

① 그 여자는 여권을 잃어버렸다. 그 때문에 여권이 새로이 한국 영사관에서 발급되었다.

Sie hatte ihren Paß verloren, **darum** wurde er von dem Koreanischen Konsulat neu ausgestellt.
(= Er wurde darum, ...)

① 우리들은 가구를 들여놓으려고 한다. 그 때문에 우리들은 당분간 절약을 해야 하고 이를 악물고 저축하여야 한다.
☞ ~을 들여놓다 (마련하다) sich et.[4] anschaffen; 그 때문에 daher/aus diesem Grund; 절약하다 sich einschränken; 이를 악물고 eisern

Wir wollen uns Möbel anschaffen, **daher** müssen wir uns sehr einschränken und eisern sparen.

【역례】
Seine Mutter stammt aus Griechenland, **daher** interessiert er sich für griechische Kultur.

[15-2-2]

그 회사가 파산하였다. 따라서 모든 동료직원들이 면직되지 않으면 안 되었다.

☞ 회사 Firma f.-en; 동료직원 Mitarbeiter m.-s; ~를 면직하다 jn. entlassen; 파산하다 Bankrott machen

(해설)
(1) folglich, also, demnach, mithin 등의 동의어로 사용된다.
(2) infolgedessen도 「~의 결과로서」 또는 deshalb 등의 동의어이다.
(3) insofern은 「이 점에 있어서」(in dieser Hinsicht) 및 종속접속사로서 wenn, falls 등의 동의어이다.

(예)
① 그 여자는 만성 천식을 앓고 있었다. 그러므로 그 여자는 병원에 입원하여 의사의 치료를 받지 않으면 안 되었다.
☞ 만성 천식을 앓다 an chronischem Asthma leiden; 병원에 입원하다 ins Krankenhaus gebracht werden; 의사의 치료를 받다 ärztlich behandelt werden

Sie litt an chronischem Asthma, **also** war sie gezwungen, ins Krankenhaus gebracht zu werden und ärztlich behandelt zu werden.

① 그가 손해를 끼쳤으니 그것에 대해 배상하여야 한다.
☞ 손해를 끼치다 den Schaden anrichten; ~을 배상하다 für et. aufkommen

Er hat den Schaden angerichtet, **mithin (demnach, folglich)** muß er dafür aufkommen.

② 길이 어떤 사고 때문에 폐쇄되어 있었다. 따라서 우리들은 우회를 하여야 했다.
☞ 폐쇄되어 있다 gesperrt sein; 우회하다 einen Umweg machen

Die Straße war wegen eines Unfalls gesperrt, **infolgedessen (folglich, deshalb)** mußten wir einen Umweg machen.

③ 파울은 훌륭한 학생이다. 이 점에 있어서는 내가 당신에 동의하지만 그의 거동은 아주 좋지 못하다.
☞ ~에게 동의하다 jm. zustimmen; 거동 Benehmen n.-s

Paul ist ein guter Schüler, **insofern** stimme ich Ihnen zu, aber sein Benehmen ist schlecht.

【역례】
Die Firma machte Bankrott, **folglich** mußten alle Mitarbeiter entlassen werden.

[15-2-3]

그는 훌륭한 수학자이긴 하지만 그는 자꾸만 계산이 틀린다.

☞ 훌륭한 großartig; 수학자 Mathematiker m.-s; 자꾸만 immer wieder; 계산이 틀리다 sich verrechnen

(해설)
(1) trotzdem, dennoch는 동의어로서 인용의 뜻으로 사용되고 zwar~, aber처럼 zwar~, trotzdem으로 사용할 수도 있다. trotzdem은 문어체에서 종속접속사로 사용되지만 드물다.
(2) allerdings도 zwar~, allerdings 로서 사용되고 또 부사로서 freilich, natürlich, aber gewiß의 뜻으로 사용한다.
(3) indessen은 인용적인 의미로서 jedoch, aber의 뜻이고 시간적인 의미로 inzwischen 이다.
(4) doch, jedoch는 접속되는 문두에 와도 반드시 도치되는 것도 아니고 정치법도 사용된다.

doch의 어순
Wir wollen ins Kino gehen, **doch** wir bekamen keine Karten mehr.
Wir wollen ins Kino gehen, **doch** bekamen wir keine Karten mehr.
Wir wollen ins Kino gehen, wir bekamen **doch** keine Karten mehr.

jedoch의 어순

Wir gehen fort, **jedoch** ihr bleibt zu Hause.
Wir gehen fort, **jedoch** bleibt ihr zu Hause.
Wir gehen fort, ihr bleibt **jedoch** zu Hause.
Wir gehen fort, ihr **jedoch** bleibt zu Hause.

(5) dagegen, hingegen은 im Gegensatz dazu의 뜻으로 사용된다. 접속사로 문두에오면 그 문장은 도치되지만 문장 가운데 들어갈 수 있다.

(예)
① 그는 건강상태가 좋지 않았지만 (그는) 기운을 내어서 그의 일을 하였다.
☞ 건강 상태가 좋지 않다 es geht ihm schlecht; 기운을 내어 ~을 하다 sich zu et.[3] aufraffen

Es ging ihm schlecht, **trotzdem** raffte er sich zu seiner Arbeit auf.

① 그는 아픈데도 그는 그의 여행을 연기 하려고 하지 않았다.

Er war krank, **dennoch** (**trotzdem**) wollte er seine Reise nicht verschieben.

① 사실 그 방은 난방이 안 되어 있었지만 아이들은 맨발로 걸어 다니고 있었다.
☞ 난방이 되어있지 않다 ungeheizt sein; 맨발로 barfuß; 돌아다니다 umherlaufen

Zwar war das Zimmer ungeheizt, **trotzdem** liefen die Kinder barfuß umher.

② 어머니는 우리들이 떠나지 말라고는 안 하셨지만 우리들이 어린아이를 홀로 버려두어서는 안 된다고 말씀 하셨다.
☞ 떠나지 말라고 하시다 wegzugehen verbieten; ~를 홀로 버려두다 jn. allein lassen; 어린아이 der Kleine

Die Mutter hat uns nicht verboten wegzugehen, sie hat **allerdings** gesagt, wir sollen den Kleinen nicht allein lassen.

② 너 자신이 대체 거기에 있었니? - 물론.

Bist du denn selbst dort gewesen? - **Allerdings**. (**Aber sicher**, **Natürlich**, **Freilich**)

③ 사람들은 그에게 여러 가지의 (판매)제안을 하였지만 그는 모든 것을 거절하였다.
☞ ~에게 제안을 하다 jm. Angebote machen; ~을 거절 (거부)하다 et.[4] ablehnen

Man hat ihm mehrere Angebote gemacht, **indessen** (**jedoch**) lehnt er alles ab.
③ 나는 몇 가지의 것을 처리해야 된다. 너는 그 사이에 식사를 준비할 수 있어.

Ich habe noch einiges zu erledigen, du kannst **indessen** (**inzwischen**) das Essen vorbereiten.

④ 앞으로 어떻게 될지는 아무도 정확하게 모른다. 그렇지만 장관이 물러날 것이라는 것은 확실한 것으로 간주된다.
☞ 앞으로 어떻게 될지 wie es weitergeht; 물러나다 zurücktreten; 확실한 sicher; ～으로 간주되다 als et.[1] gelten

Wie es weitergeht, weiß niemand genau, es gilt **jedoch** als sicher, daß der Minister zurücktreten wird.

⑤ 도보여행 그룹의 소장파(少壯派)의 참가자들은 도보로 갔다. 반면에 노장 (중년)들은 산간철도편으로 갔다.
☞ 도보여행그룹 Wandergruppe f.; 소장파의 참가자 die jüngeren Teilnehmer (pl.); 산간철도편 mit der Bergbahn

Die jüngeren Teilnehmer der Wandergruppe gingen zu Fuß, die älteren **dagegen** fuhren mit der Bergbahn. (= **dagegen** fuhren die älteren ...)

【역례】
Er ist ein großartiger Mathematiker, **allerdings** verrechnet er sich immer wieder.

[15-2-4]

호위대의 선두에 경찰들이 오토바이를 타고 갔고 그 다음에 대통령이 탄 차가 뒤를 따랐다.

☞ 호위대 Konvoi n.-s,-s; 선두 Spitze f.-n; 오토바이 Motorrad n.; 대통령 (Staats)präsident m.-en,-en; ～에 뒤따르다 auf et.[4] folgen

(해설)
dann, da, danach, daraufhin은 시간의 부사로서 접속사적인 역할 하는 것 이외에 여러 가지 뜻을 가지고 있다. 여기서는 시간의 의미를 가진 것만 다루겠다.
(1) dann은 때로는 danach와 동의어로서 이미 언급한 것에 이어 행위가 미래에 일어날 시점을 이야기한다. wenn ～, dann ～을 사용하여 행위가 시간적으로 바로 이어진다.
(2) da는 별안간에 나타나는 행위・현상을 나타낼 때 또 동시성일 때
(3) danach는 시간적으로 später, hinterher의 뜻이다.
(4) daraufhin은 im Anschluß daran, unmittelbar nach et.[3] 의 의미로서 시간이 경과하는 사이에 어떠한 결과를 가졌느냐에 대한 것을 나타낸다.

(예)
① 그들이 해변에 왔을 때 먼저 수영을 한 다음에 일광욕을 했다.

Als sie am Strand waren, badeten sie erst, **dann** (= **danach**) sonnten sie sich.

① 먼저 아침 식사를 하자. 그 다음에 일을 시작하자.

Zuerst nehmen wir das Frühstück (ein), und **dann** fangen wir mit der Arbeit an.

① 그가 어떠한 일을 마음먹으면 그때는 (그는) 그것을 역시 실행한다.
☞ ~을 마음먹다 sich et.[4] vornehmen; ~을 실행하다 et.[4] ausführen

Wenn er sich etwas vorgenommen hat, **dann** führt er es auch aus.

② 내가 파리에 도착하면 네게 전화를 하겠다.

Sowie ich in Paris angekommen bin, **da** rufe ich dich an.

② 백화점에 경비원이 거의 잠들 무렵에 (그 순간에) 그는 수상한 소리를 들었다.
☞ 경비원 Wächter m.-s; 거의 잠들다 beinahe einschlafen; 수상한 verdächtig; 소리 Geräusch n.-es

Der Wächter im Kaufhaus war beinahe eingeschlafen, **da** hörte er ein verdächtiges Geräusch.

③ 우리들은 처음에는 바이에른 알프스로 가서 그 다음에 뮌헨에서 며칠간 더 체류한다.
☞ 바이에른 알프스 Bayerische Alpen; 며칠간 더 noch einige Tage; 체류하다 sich aufhalten.

Wir fahren zuerst in die Bayerische Alpen, und **danach** halten wir uns noch einige Tage in München auf.

④ 그의 행위가 신문에도 크게 보도되고 그 일로 인해 그는 표창을 받게 되었다.
☞ 행위 Tat f.-en; 신문 Zeitung f.-en; Presse f.; 크게 보도되다 groß herausgebracht werden; 표창되다 ausgezeichnet werden

Seine Tat wurde in der Presse groß herausgebracht, **daraufhin** wurde er ausgezeichnet.

【역례】
An der Spitze des Konvois fuhren Polizisten auf Motorrädern, **dann** folgte der Wagen mit dem Staatspräsidenten.

※ 참고 ※
다음 몇 개의 접속사는 부사와 부사 또는 부사와 접속사가 서로 연관을 가지고 한 개의 접속사의 역할을 한다. 작문할 때 문장의 배어법에 유의하여야 한다.
1) bald ~, bald ~→「때로는 ~ 때로는 ~」하는 뜻으로 구와 구, 절과 절을 연결한다. 두 개의 주문장을 연결할 때는 bald는 각 문장 문두에 위치하고 문장은 도치된다.

그는 때로는 프랑크푸르트로 때로는 베를린으로 간다.
Er fährt **bald** nach Frankfurt, **bald** nach Berlin.

때로는 그 여자는 나에게 편지를 쓰기도 하고 때로는 나와 전화통화를 한다.
Bald schreibt sie mir einen Brief, **bald** telefoniert sie mit mir.

2) einerseits ~, ander(er)seits ~→「한편으로~, 다른 한편으로 ~」의 뜻이고 낱말과 낱말, 구와 구, 절과 절을 연결한다. 그 때 einerseits ~, andererseits ~가 문두에 오면 그 문장은 도치된다. 동의어로는 zum einen~, zum anderen ~; auf der einen Seite ~, auf der anderen Seite ~이다.

서가들에는 한편으로는 전문서적들이, 다른 한편으로는 소설과 그림책들이 있었다.
In den Regalen standen **einerseits** Fachbücher, **andererseits** Roman- und Bildbände.

한편으로는 나는 대도시에 살고 싶기도 하지만, 다른 한편으로 이곳 농촌 생활에 만족한다.
Einerseits möchte ich gern in der Großstadt wohnen, **andererseits** bin ich mit dem hiesigen Landleben zufrieden.

3) entweder A oder B →「A 이냐 B 이냐」의 뜻으로서 두 개 혹은 그 이상의 것 중에서 하나를 선택하는 것을 뜻한다. 낱말과 낱말, 구와 구, 절과 절을 연결하고 entweder 다음에는 정치 · 도치가 가능하고 oder 다음에는 언제나 정치법이다.

너는 사과나 배를 택할 수 있지만 양자는 안 된다.
Du kannst **entweder** den Apfel **oder** die Birne haben, aber nicht beides.

네가 나의 제안을 받아들이거나 우리들의 우정이 끝이 나거나 둘 중의 하나다.
Entweder wirst du meinen Vorschlag annehmen, **oder** unsere Freundschaft ist beendet.

네가 정신을 차리거나 그렇지 않으면 직장을 잃게 되거나 할 것이다.
Entweder du nimmst dich zusammen, **oder** du wirst deine Stellung verlieren.

4) geschweige (denn) → 부정하는 nicht, kaum 등을 동반하고 자주 denn과 결합한다. 뜻은 「하물며」이다.

그는 생활할 돈도 없는데 하물며 자동차를 살 돈이 있겠는가.
Er hat nicht einmal Geld zum Leben, **geschweige** (**denn**) für ein Auto.

5) kaum~, da/so ~ → kaum은 선행하는 문두에 또는 문중에 위치할 수 있고 문두에 위치할 때는 문장이 도치되고 da/so 는 접속되는 문두에 온다.

그가 집에 당도 하자마자 그는 나에게 전화를 걸었다.
Kaum war er zu Hause gewesen, (**da**) rief er mich an.

우리들이 극장에서 앉자마자 불이 꺼지고 공연이 시작하였다.
Wir hatten **kaum** in Theater Platz genommen, **da** (od. **so**) ging (auch schon) das Licht aus, und die Vorstellung begann.

6) mal~, mal~ (= bald~, bald~) → 구어체에서 사용한다.

때로는 그녀가 부엌을 청소하고 때로는 그녀의 남편이 청소를 한다.
Mal putzt sie die Küche, **mal** tut es ihr Mann.

7) sowohl~ als(wie) auch ~ → 「nicht nur~, sondern auch ~」의 뜻이고 낱말과 낱말, 구와 구를 연결한다. 이 접속사로 연결된 낱말이 각각 단수의 주어일 때는 그 문장의 동사는 단・복수가 가능하다.

그뿐 아니라 그의 부인도 불어와 영어를 유창하게 한다.
Sowohl er **als auch** seine Frau spricht (sprechen) fließend Französisch und Englisch.

이 재료는 내벽뿐만이 아니라 외벽에도 적합하다.
Dieses Material ist **sowohl** für Innenwand **als** (**wie**) auch für Außenwand geeignet.

8) teils~, teils~; zum Teil~, zum Teil~ → 구와 구, 절과 절을 연결한다.「부분적으로~ 부분적으로」의 뜻

우리들은 휴가 중에 일부는 좋은 날씨를 일부는 나쁜 날씨로 보냈다.
Wir hatten **teils** schönes Wetter, **teils** schlechtes Wetter im Urlaub.

그는 그의 집을 (마음속으로) 한쪽으로는 팔고자 하지만 그러나 또 한 쪽으로는 그것을 지니고 있고 싶어 한다.
Teils will er sein Haus verkaufen, teils will er es aber behalten.

9) und zwar ~ → nämlich와 동의어로서 이미 언급한 것에 대하여 정확하게 말할 때 쓴다.「즉, 말하자면」의 뜻이다.

그의 60세의 생일에 우리들은 작은 잔치를 하는데 즉 다음 수요일이다.
Zu seinem 60. Geburtstag veranstalten wir eine kleine Feier, **und zwar** am nächsten Mittwoch.

10) weder~ noch~ → 구와 구, 주문장과 주문장을 연결하고 weder~ noch ~가 문두에 위치하면 문장은 도치한다.「~아니고 ~도 아니다」의 뜻이다.

그는 전화도 하지 않았고 누구를 보내지도 않았다.
Er hat **weder** angerufen, **noch** hat er jemanden geschickt.
(= Weder hat er angerufen, ...)

그와 그의 누이도 양친을 닮지 않았다.
Weder er **noch** seine Schwester ähnelt (드물게: ähneln) den Eltern.

그 여자는 육체적으로나 심리적으로 그러한 과로 (힘든 일)를 감당하지 못했다.
Sie ist **weder** physisch **noch** psychisch einer solchen Strapaze gewachsen.

11) zwar~, aber (doch, jedoch, trotzdem, allerdings) ~ ([15-2-3] 참고)

나는 이미 많이 알고 있지만 나는 모든 것을 더 알고 싶다.
Zwar weiß ich schon viel, **aber** ich möchte noch alles wissen.

◈ 연 습 문 제 15 ◈

접속사 (I)

(A)

1) 그 박사학위과정에 있는 학생은 큰 향상에도 불구하고 더 많은 공부를 하여야 한다. 왜냐하면 그는 그의 학위논문의 가장 어려운 부분을 종결하지 못하였기 때문이다.
☞ 박사학위과정 생 Promovend m.-en,-en,/Doktorand m.-en,-en; 향상 (발전) Fortschritt m.; 학위논문 Dissertation f.-en; 어려운 부분 schwieriger Teil; ~를 종결하다 et.[4] abschließen

2) 처음에 괴테와 쉴러는 서로 서로가 수용할 수 없는 듯 냉담하게 대립하여 있었다. 그 다음 그들은 서로를 더 가까이 알고 존경하게 되었다. 결국 그들은 끈끈한 우정으로 결합하게 되었다.
☞ 처음에는 anfänglich; 괴테 Goethe; 쉴러 Schiller; 냉담한 kühl; 수용할 수 없는 ablehnend; 서로서로 대립하다 sich gegenüberstehen; 그 다음 dann; 서로를 더 가까이 알게 되고 존경하다 sich näher kennen und schätzen; 결국은 schließlich; 끈끈한 우정 enge Freundschaft; 결합하다 miteinander verknüpft sein

3) 수많은 독일 시인들은 그들의 젊은 시절에 법률을 공부하였다. 그러나 그들은 그것을 계속 않고 시작(詩作)에 전념하였다.
☞ 수많은 zahlreich; 그들이 젊은 시절에 in ihrer Jugend; 법률 die Rechte/ das Gesetz; 그것을 계속하지 않다 nicht dabeibleiben; 시작 Dichtkunst f.; ~에 전념하다 sich et.[3] zuwenden

4) 그 학급은 어제 소풍을 갔다. 처음에는 소년들은 호수로 가서 거기에서 목욕을 하고 모터보트 타고 마지막에는 함께 호반에서 놀았다.
☞ 학급 Schulklasse f.-n; 처음에는 zuerst; 호수로 가다 an einen See fahren; 목욕하다 baden; 모터보트 타다 mit dem Motorboot fahren; 마지막 zuletzt; 호반 Strand m.-es,-e

5) 나는 당신에게 좀더 오랜 휴가를 가지도록 권합니다. 그렇지 않으면 당신의 건강이 현저하게 악화될 위험에 처해 있습니다.
☞ ~에게 ~하도록 권하다 jm. zu et.[3] raten; 더 오랜 휴가 ein längerer Urlaub; 그렇지 않으면 sonst/in den anderen Fällen; 현저하게 erheblich/ beträchtlich; 악화하다 sich verschlechtern; ~ 될 위험에 처해지다 Gefahr laufen, daß ~

6) 어제 나의 비자가 일본 영사관에 의해 발급되었다. 그러므로 나는 드디어 나의 여행 준비를 시작할 수 있다.
☞ 비자 Visum n. (pl.)-sa; 영사관 Konsulat n.-es,-e; ～을 발급 (발행)하다 et.[4] ausstellen; 드디어 endlich; 여행준비 Reisevorbereitung f. -en; ～을 시작하다 mit et. beginnen (anfangen)

7) 모든 그의 친구들은 그에게 그의 계획을 그만두도록 권고하였다. 그럼에도 불구하고 그는 그의 계획을 착수하였다. 지금은 그는 거의 도움을 받을 수 없을지 모른다.
☞ 계획 Vorhaben n.-s; ～에게 ～을 그만두게 하다 jm. von et. abraten; 착수하다 et.[4] in Angriff nehmen; ～ 없을지 모르다 nicht zu Inf. sein werden

8) 나는 물론 또 한번 극장에 가고 싶고, 오페라나 콘서트를 듣고 싶고 영화를 보고 싶다. 그리고 그 때문에 나는 돈을 벌려고 한다.
☞ 오페라 Oper f.-n; 콘서트 Konzert n.-es,-e; 영화를 보다 sich einen Film ansehen; ～을 벌다 et.[4] verdienen

9) 나는 기꺼이 당신의 논문을 들여다 볼 용의가 있지만 당신은 나에게 이에 대한 약간의 시간의 여유를 주어야 합니다. 단지 약간의 시간을 주도록 부탁합니다.
☞ 논문 Arbeit f.-en; ～을 들여다보다 durchsehen; ～할 용의가 있다 bereit sein, et. zu tun; ～에게 약간의 시간을 주다 jm. etwas Zeit lassen; ～에게 부탁하다 jn. (um et.) bitten

10) 암 발병의 실질적인 원인들은 아직도 발견되지 않았다. 그러므로 이 무서운 질병을 저지시킬 수 있으리라는 것은 당분간은 기대되어질 수 없다.
☞ 암 발병 Krebserkrankung; 원인 Ursache f.-n; 발견하다 auffinden (장시간이 걸릴 때); 그러므로 mithin/ somit; ～을 저지시키다 et.[3] Einhalt gebieten; 당분간은 vorläufig; 기대되어질 수 있다 mit et. zu rechnen sein

11) 큰 회사의 대표로서 그는 여행을 많이 하지 않으면 안 된다. 그 때문에 그는 지금 자동차를 사려고 한다. 하지만 그는 그것을 3개월 할부로 지불할 수 있다.
☞ 대표로서 als Vertreter; 3개월 할부로 in vierteljährigen Raten; 하지만 allerdings

12) 나는 네가 오락영화의 애호가가 아니라는 것을 알고 있다. 그렇지만 내가 영화관에 가면 너는 오늘 저녁때 나와 같이 갈수 있겠지 (동반해 줄 수 있겠지).
☞ 오락영화 Unterhaltungsfilm m.-es,-e; 애호가 Freund m.-es,-e; 그렇지만 aber doch; ～에 말동무가 되어주다 jm. Gesellschaft leisten

13) 지난 회의에서 그는 주 강연(主 講演)을 하였지만 반면에 이번에는 그는 토론의 발표(발언)를 사회하고 있다.
☞ 지난 회의에서 auf der letzten Konferenz; 주 강연을 하다 einen Hauptreferat halten; 이번에는 diesmal; 토론의 발표를 사회하다 eine Diskussionsbeitrag leiten

14) 원료가가 현저히 상승하였다. 그 때문에 우리들도 역시 가격을 인상하지 않으면 안 된다.
☞ **원료가** Rohstoffpreis m.-s,-e (복수를 사용할 것); **현저히** bedeutend; **상승하다** steigen; **가격인상** Preiserhöhung f.; **~하지 않으면 안 된다** zu et. gezwungen sein

15) 시간의 걸음은 삼중이다. 미래는 느릿느릿하게 다가오고 현재는 화살처럼 빨리 사라진다. 과거는 영원히 정지하고 있다.
☞ **미래** Zukunft f.; **느릿느릿하게** zögernd; **다가오다** herzogen kommen; **화살처럼 빨리** pfeilschnell; **사라지다** entfliegen; **현재** das Jetzt; **영원히** ewig; **정지하고 있다** stillstehen

(B)
1) 그 공사(公使)는 그의 직에서 송환되었다. 즉, 그 해임은 더욱이 거의 명예스럽지 못한 상황 하에서 일어났다.
☞ **공사** Gesandter m. (형용사변화); **직(직책)** Posten m. -s; **~를 소환하다** jn. zurückberufen; **해임** Abberufung f. -en; **거의 명예스럽지 못한** wenig ehrend; **더욱이** und zwar; **상황 하에서** unter Umständen; **일어나다** erfolgen

2) 지배인들은 그 계획에 대하여 반대의사를 표명하였다. 그들은 부분적으로는 그 실현을 시기상조로 생각하였고 부분적으로는 그 계획에 너무 비용이 많이 든다고 간주하였다.
☞ **지배인** Geschäftsführer m.-s; **반대 (찬성) 의사를 표명하다** sich gegen (für) et. aussprechen; **그 계획의 실현** seine Durchführung; **시기상조** verfrüht; **~을 ~으로 생각하다** et.[4] für et.[4] halten; **비용이 많은** kostspielig; **~을~으로 간주하다** et.[4] für (als) et.[4] ansehen (= et. für et. halten)

3) 그 수험생은 졸업시험에서 준비한 것과 이해력을 나타내지 못했고 그는 그의 재치를 보여주지도 못했다.
☞ **수험생** Prüfling m.-es,-e; **졸업시험** Examen n.-s,- od.-amina; **준비** Vorbereitung f. -en; **이해력** Auffassungsgabe f.-n; **~을 나타내다(증명하다)** et.[4] beweisen; **재치** Schlagfertigkeit f.; **~에게~을 보여주다** jm. et.[4] zeigen

4) 사실 그는 성실하게 노력을 하였지만 그의 능력들은 세워진 목표에 이르기에는 불충분했다.
☞ **성실하게** redlich/aufrichtig; **노력하다** sich Mühe geben; **능력** Kraft f. ; **세워진 목표** Zielsetzung f.; **~에는 충분하다** für et. ausreichen

5) 이 비디오 레코드는 모든 텔레비전 프로그램을 녹화할 뿐 아니라 당신의 부재중에도 자동적으로 켜졌다가 꺼졌다 한다.
☞ **비디오레코드** Videorekorder m.-s; **모든** jed-, all-; **텔레비전 프로그램** Fernsehprogramm n.-es,-e; **~을 녹화하다** et[4] aufzeichnen; **자동적으로** automatisch; **켜졌다 꺼지다** sich an- und abstellen

6) 한편으로 이 나라는 관광 진흥을 위한 아주 좋은 가능성을 가지고 있지만 다른 한편으로는

그것을 위한 돈이 없다.
☞ **관광** Tourismus m. -; **진흥** Förderung f.; **~을 위한** zur~; **가능성** Möglichkeit; **없다** fehlen

7) 인간은 선하게도 악하게도 태어나는 것은 아니다. 그러나 교육, 좋은 혹은 나쁜 선례, 국가의 질서, 간단하게 말하면 외적인 정황들과 기회들이 인간에게 덕행이나 범행을 하도록 결정한다.
☞ **선량하게** gut; **악하게** böse; **A 도 B 도 아니다** weder A noch B; **태어나다** zur Welt kommen; **좋은 혹은 나쁜 선례** das gute oder schlechte Beispiel; **교육** Erziehung f.; **국가의 질서** Staatsordnung f.; **간단하게 말하면** kurz; **외적인 정황과 기회들** die äußeren Umstände und Gelegenheiten; **~를~으로 결정 하다** jn. zu et. bestimmen; **덕행** Tugend f.; **범행** Verbrechen

8) 우리들은 텔레비전 수상기를 당신에게 염가로 매매할 뿐 아니라 우리들이 그것을 집으로 가지고 가서 조정해 드립니다.
☞ **텔레비전 수상기** Fernseher m.-s,/Fernsehapparat m.-es,-e(-gerät); **집으로 운반하다** ins Haus bringen; **~을 조정하다** et.[4] einstellen

9) 그 실직자는 제공된 직장을 가지거나 그렇지 않으면 그는 실직자 보조금을 못 받는다. (보조금을 상실한다).
☞ **실직자** Arbeitsloser (**형용사 변화**); **제공된** angeboten; **직장** Stelle f.-n; **~을가지다** et.[4] nehmen; **그렇지 않으면** entweder~ oder; **실직자 보조금을 받다 (상실하다)** Arbeitslosenunterstützung/-geld bekommen (verlieren)
10) 그는 한편으로는 인색하고 한 푼 한 푼을 셈 하지만 다른 한편으로는 헤프게 돈을 쓴다.
☞ **인색한** geizig; **한 푼 한 푼을 셈하다** mit jedem Pfennig rechnen; **헤프게** mit vollen Händen/verschwenderisch; **~돈을 쓰다** das Geld ausgeben

11) 때로는 그는 잡힐 듯이 가까이 있고 때로는 무한히 멀리 있는 것 같았다.
☞ **때로는** bald~, bald~; **잡힐 듯** greifbar; **무한히** unendlich; **멀리 있는 것 같다** fern zu sein scheinen

12) 그 젊은 남자는 우체국에서 우체국 직원으로 일하고 있다. 그는 사실 많은 돈은 가지고 있지는 않지만 많은 유익한 책들을 사고 있다.
☞ **우체국에서** bei der Post; **우체국 직원** Postbeamter m.(**형용사 변화**); **유익한** nützlich

13) 내가 아직 어린아이였을 때 우리들은 가스기구, 수도, 전기, 엘리베이터, 에스컬레이터도 없었다.
☞ **가스기구** Gasapparat m.-es,-e; **수도** Wasserleitung f.-en; **전기** Elektrizität f.-en; **엘리베이터** Fahrstuhl m.-s/Aufzug m.-es; **에스컬레이터** Rolltreppe f.-n

14) 눈이 아직도 들판에 부분적으로 있고 부분적으로는 그 눈이 녹아버렸다.
☞ **들판에** auf den Feldern; **~이 녹다** schmelzen

15) **날이 밝자마자 그 노동자는 일에 착수한다.**
☞ **날이 밝다** Der Tag bricht an; ~**하자마자** kaum ~ + **과거완료**, da/so ~ + **과거**; ~**에 착수하다** sich an die Arbeit machen

16. 접속사(Konjunktion) (II)

종속접속사 (A)
접속사 (Ⅱ)에서는 종속접속사의 일부를 다룬다. 부문장은 내용적으로는 주문장을 보완하는 기능을 가지고 일반적으로 주문장에 종속된다. 형식적으로는 종속접속사로 주문에 연결이 되고 일반적으로 주어는 접속사 다음에 위치하고 인칭동사는 부문장의 끝에 위치한다. 부문장의 위치는 주문장의 전후에 위치할 수 있고 삽입적인 용법도 가능하다.
종속접속사 (A)에서 다음과 같은 종류의 접속사를 다룬다.

[1] daß 접속사
[2] 시간의 의미의 접속사
[3] 이유 · 원인 의미의 접속사

[16-1] 접속사 daß

1) 접속사 daß는 명사절을 이끄는 기능을 하며 명사절은 문장의 주어 또는 목적어로서 사용된다.
2) daß의 선행하는 문장에 <da(r) + 전치사>를 두어서 daß 이하의 문장을 지시하게 된다.
3) daß 절이 부가어적으로 사용 된다.

[16-1-1]

내가 고의가 아니게 너를 모욕한 것을 나는 정말 유감스럽게 생각한다.

☞ ~를 모욕하다 jn. beleidigen; ~에게는 유감스럽다 jm. leid tun

(해설)
(1) daß는 주문장의 주어의 기능을 가진 부문장을 이끄는 종속접속사이다. 이 때에 es ~, daß의 형식으로서 es가 daß 이하의 절의 의미를 가지고 주어의 기능을 하고 daß 이하의 절이 문장의 문두에 오면 es는 생략한다.
(2) daß 문장은 선행한 주문장의 목적어의 기능을 하며 때로는 주문에 es를 두어서 daß의 의미를 지시할 때가 있다. 선행한 절의 지시대명사의 부가어로도 사용된다.

(예)
① 아들이 학급에서 수석이라는 것이 그의 양친을 아주 기쁘게 한다.
☞ ~를 기쁘게 하다 jm. Freude machen; 수석이다 der Beste sein

Es macht den Eltern große Freude, **daß** der Sohn der Beste in der Klasse ist.
(= **Daß** der Sohn der Beste in der Klasse ist, macht ...)

① 생의 의의에 관한 질문과 그에 대한 몇 가지의 대답이 책의 서두에 있는 것은 우연이 아니다.
☞ 생의 의의에 관한 질문 die Frage nach dem Sinn des Lebens; 그에 대한 몇 가지의 대답 einige Antworten darauf; 우연한 zufällig; 책의 서두 am Anfang dieses Buchs

Es ist nicht zufällig, **daß** die Frage nach dem Sinn des Lebens und einige Antworten darauf am Anfang dieses Buchs stehen.

② 태양이 하늘에서 궁형(弓形)을 그리기 때문에 (그리면서 돌기 때문에) 사람들은 옛날에 태양이 지구를 돈다고 믿었다.
☞ 궁형을 그리며 돌다 einen Bogen beschreiben; 지구를 돌다 um die Erde kreisen

Da die Sonne am Himmel den Bogen beschreibt, glaubte man früher, **daß** sie um die Erde kreise.

② 나는 어제 한 승용차가 이 교차로에서 한 오토바이와 충돌하는 것을 보았다.

Ich habe **es** gesehen, **daß** gestern ein PKW an dieser Kreuzung mit einem Motorrad zusammengestoßen ist.

② 그가 예방접종을 받지 않았다는 이유 때문에 그는 외국으로 갈수 없다.
☞ 예방접종 받고 있다 geimpft sein

Auf Grund **dessen**, **daß** er nicht geimpft ist, kann er nicht ins Ausland fahren.

【역례】
Es tut mir wirklich leid, **daß** ich dich unabsichtlich beleidigt habe.

[16-1-2]

학교제도가 본질적으로 개선되어야 한다고 확신한다.

☞ 학교제도 Schulsystem n.; 본질적으로 wesentlich; 개선되다 verbessert werden; 확신하다 von et. überzeugen
(해설)
(1) 선행하는 주문장에 지시부사 dadurch, damit, darum, dazu 또는 접속사 deshalb등을 두어서 daß절의 의미가 방법 · 이유 · 목적 등을 나타낼 때 있다.
(2) daß의 선행하는 문장에 동사가 전치사 목적격을 요구할 때 darauf, damit, davon등의 지시부사가 daß 이하의 문장을 지시한다.

(예)
① 그 좋은 결과는 각자가 그의 의무를 다함으로서 이루어졌다.
☞ 결과 Ergebnis n.-ses,-se; 의무 Pflicht f.-en; 다하다 tun; 이룩되다 erreicht werden.

Das gute Ergebnis wurde **dadurch** erreicht, **daß** jeder seine Pflicht tat.

① 그는 재삼 나에게 도움을 청하므로 나를 계속 못가도록 했다.

Er hatte mich dauernd **damit** aufgehalten, **daß** er mich immer wieder um meine Hilfe bat.

① 너의 아버지는 네가 쓸모없는 물건에 돈을 쓰기 때문에 돈을 보내지 않았다.

☞ 쓸모없는 물건들 nutzlose Dinge; 돈을 쓰다 Geld ausgeben; ～하기 때문에 deshalb ～, daß ～

Dein Vater hat dir das Geld nicht **deshalb** geschickt, **daß** du es für nutzlose Dinge ausgibst.

② 그 여직원(사무직)은 아직도 인금인상(분)을 받지 못했다고 인사과장에게 불평을 하였다.
☞ 여직원 die Angestellte; 아직도 noch immer; 인금인상(분) Lohnerhöhung f.; ～을 받다 bekommen; 인사과장 Personalleiter(-chef); ～에게～을 불평하다 sich bei jm. über et.[4] beklagen

Die Angestellte beklagte sich bei dem Personalchef **darüber**, **daß** sie noch immer keine Lohnerhöhung bekommen hat.

② 나는 세상의 어떠한 재화도 인간들에게 도움이 될 수 없다는 생각으로 꽉 차있었다.
☞ 어떠한 재화도～ 없는 keine Reichtümer; ～에게 도움이 되다 jm helfen/jn. weiterbringen; ～의 생각으로 꽉 차있다 von et. fest durchdrungen sein

Ich bin **davon** fest durchdrungen, **daß** keine Reichtümer der Welt die Menschen weiterbringen können.

② 그는 이 일에서 그녀가 그를 도와주리라는 것을 믿었다 (신뢰하였다).
☞ 이 일에서 bei dieser Angelegenheit; ～를 신뢰하다 sich auf et.[4] verlassen

Er hat sich **darauf** verlassen, **daß** sie ihm bei dieser Angelegenheit half.

【역례】
Ich bin **davon** überzeugt, **daß** das Schulsystem wesentlich verbessert werden muß.

[16-1-3]

나는 모든 것이 꼭 좋은 방향으로 가리라는 (잘 되리라는) 희망을 갔고 있다.

☞ 좋은 방향으로 가다 sich zum Guten wenden; 희망을 가지다 hoffen/die Hoffnung haben

(해설)
(1) daß 부문장은 선행하는 명사에 부가어적으로 사용될 때가 있다.

(예)
① 우리들이 신의 손에 있다는 믿음이 산을 옮길 수 있다.
☞ 믿음 Glaube m.-ens,-en; 신의 손에 in Gottes Hand; 산을 옮기다 Berge versetzen

Der Glaube, daß wir in Gottes Hand sind, kann Berge versetzen.

① 모든 것이 꼭 성공할 것이라는 그의 확신을 그만두게 할 수 없었다.

☞ 모든 것이 성공할 것이다 (접속법 Ⅱ) alles würde noch klappen; 확신 Überzeugung f.-en; ～를 ～을 그만두게 하다 jn. von et. abbringen

Er war **von seiner Überzeugung, daß alles noch klappen würde**, nicht abzubringen.
(od. Man konnte ihn **von seiner Überzeugung, daß** ..., nicht abbringen.)

【역례】
Ich habe **die Hoffnung, daß sich alles noch zum Guten wendet**.

[16-2] 시간의 의미를 가지는 접속사

시간을 나타내는 비교적 빈도가 많은 접속사는 다음과 같다.

1) als
2) wenn
3) nachdem
4) sobald
5) bis
6) bevor
7) während, solange
8) seitdem, seit

[16-2-1]

유럽의 시민계급이 18세기에 경제적으로 강하게 되었을 때, (시민계급은) 역시 정치적 권력을 소유하려고 했다.

☞ 유럽의 시민계급 das europäische Bürgertum; 경제적으로 wirtschaftlich; 강해지다 erstarken; 정치적 권력 politische Macht

(해설)
접속사 als가 시간을 나타낼 때는 과거 및 과거완료형을 쓰고 일회에 일어난 사건을 말한다. als 에 이어지는 종속절은 원칙적으로 현재형은 쓰지 않는다.
(1) 주문장과 부문장이 사건이 동시에 일어날 때.
(2) 시간의 부사와 함께 과거의 한 시점을 나타낼 때.
(3) als가 nachdem처럼 부문장의 시간이 주문장보다 선행할 때가 있다.

(예)
① 그 연사가 주먹으로 책상을 쳤을 때 청중들은 다시 깨어났다.

Als der Redner mit der Faust auf den Tisch schlug, **da** wachten die Zuhörer wieder auf.

② 내가 지난해 바이마르에 갔을 때 괴테의 집은 닫혀있었다.

Als ich **voriges Jahr** im Weimar war, war das Goethe-Haus geschlossen.

③ 귀족이 그의 정치적 주도권을 상실했을 때 (한 후에) 19세기에 시민계급의 시대가

시작했다.
☞ 귀족 Adel m.-s; 주도권 Vormachtsstellung f.-en /Vorherrschaft f./Hegemonie f. -en; 시대 Zeitalter

Als (nachdem) der Adel seine politische Vormachtsstellung **verloren hatte, begann** im 19. Jahrhundert das bürgerliche Zeitalter.

【역례】
Als das europäische Bürgertum im 18. Jahrhundert wirtschaftlich erstarkte, wollte es auch politische Macht haben.

[16-2-2]

대표단들이 내일 도착하면 그들은 시장으로부터 환영 인사를 받게 된다.

☞ 대표단들 die Delegierten (형용사 변화); 도착하다 ankommen; 시장 (대도시의) Oberbürgermeister; 환영인사를 받다 begrüßt werden

(해설)
als 다음의 시제가 과거 · 과거 완료로서 과거 어느 시점에서 일회에 일어난 사건을 나타내는 반면에 wenn 다음의 시제는 미래 · 현재 · 과거 · 현재완료의 시제를 사용한다.
(1) 미래 · 현재의 어느 시점을 나타낸다.
(2) 현재와 과거의 시간의 반복을 나타낸다. 그 때 의미를 분명하게 강조하기 위해서는 jedesmal wenn, immer wenn을 사용한다.
(3) wenn으로서 조건을 나타낸다.

(예)
① 내가 그에 관한 소식을 들으면 그것을 즉시 네게 알리지.
☞ 소식을 듣다 Nachricht (von jm) haben; ～에게 ～을 알리다 jn. et[4] wissen lassen.

Wenn ich eine Nachricht von ihm habe, **dann** lasse ich es dich sofort wissen.

① 새로운 광고가 가장 짧은 시일 내에 총 매상고를 전반적으로 높일 수 있다면 그 광고는 결정적인 성과를 거둔 것이다.
☞ 광고 Reklame f.-n; 가장 짧은 싱일 내에 innerhalb kürzester Zeit; 총 매상고 Umsatz m.; 전반적으로 wesentlich 높일 수 있다 zu steigern vermögen; 결정적인 durchschlagend

Wenn eine neue Reklame innerhalb kürzester Zeit den Umsatz wesentlich zu steigern vermag, **dann** hat sie einen durchschlagenden Erfolg gehabt.

② 내가 너희들의 옛집 곁을 지나갈 때마다 나는 옛 시절을 회상한다.

Jedesmal wenn (so oft) ich an eurem alten Haus vorbeigehe, denke ich an frühere Zeiten.

② 내가 여름방학에 시간이 있을 때마다 언제나 돈 벌려고 갔다.
☞ 돈벌러가다 Geld verdienen gehen

Wenn ich in den Sommerferien Zeit hatte, ging ich **immer** Geld verdienen.

③ 누름단추를 누르기만 하면 문이 자동적으로 열린다.
☞ 누름단추 Knopf m.-es; ~을 누르다 auf et.[4] drücken; 자동적으로 von selbst/automatisch

Wenn man auf den Knopf drückt, öffnet sich die Tür von selbst.

【역례】
Wenn morgen die Delegierten ankommen, (**dann**) werden sie vom Bürgermeister begrüßt.

[16-2-3]

그가 위험을 알아차린 후 즉각 경관을 불렀다.

☞ 위험 Gefahr f.-en; ~을 알아차리다 et.[4] erkennen; ~를 부르다 jn. rufen

(해설)
(1) 주문장이 현재이면 nachdem 문은 현재완료의 문장이다.
(2) 주문장이 과거이면 nachdem 문은 과거완료의 문장이다.
(3) nachdem 문에서 동작이 끝난 완료상태를 나타낼 때는 과거형일 때도 있다.

(예)
① 수일간 태양이 전혀 나타나지 않더니 오늘은 별안간에 푸른 하늘과 햇빛이 밝게 빛나고 있다.
☞ 수일간 tagelang; 나타나다 hervorkommen; 밝게 빛나는 strahlend

Nachdem tagelang die Sonne gar nicht **hervorgekommen ist**, **ist** heute plötzlich blauer Himmel und Sonnenschein strahlend.

② 양 외무장관 사이의 담판이 끝난 다음에 공동 성명이 발표되었다.
☞ 담판 Verhandlung; 성명(코뮈니케) Kommuniqué; 발표되다 herausgegeben werden

Nachdem die Verhandlung zwischen den beiden Außenministern **abgeschlossen worden waren, wurde** ein gemeinsames Kommuniqué **herausgegeben**.

③ 그의 아버지가 세상을 떠난 후에 그는 그의 고향을 떠났다.

Nachdem sein Vater **tot war (gestorben war), verließ** er seine Heimat.

【역례】
Nachdem er die Gefahr **erkannt hatte, rief** er sofort die Polizei.

[16-2-4]

그가 더 정확한 정보를 입수하자 곧 우리들에게 알려 줄 것이다.

☞ 더 정확한 genauer; 정보 Information f.-en; 입수하다 haben; ～에게 알려줄 것이다 jm. Bescheid sagen

(해설)
sobald의 동의어로서 sowie; kaum ～, daß～; gleich wenn; sobald als 등이 「～하자마자」의 뜻으로 사용한다.
(1) 시제는 nachdem의 시제를 따른다.
(2) 주문장이 미래이면 sobald 문은 현재완료.
(3) 주문과 부문장이 거의 동시라고 생각하면 주문 · 부문장이 동일한 시제를 갖는다.

(예)
① 그 여자는 그녀의 남자친구를 보자마자 그를 향해 달려갔다.

Sobald (sowie) sie ihren Freund **sah (gesehen hatte), eilte** sie auf ihn zu.

② 파울은 그의 시험을 치르자마자 공장에서 일을 시작할 것이다.

Sobald Paul seine Prüfung **gemacht hat, wird** er seine Arbeit in der Fabrik beginnen,

③ 벨이 울리자 그들은 그들의 자리에 앉는다 (앉았다).

Sobald es läutet (läutete), setzen (setzten) sie sich auf ihre Plätze.

【역례】
Er **wird** uns Bescheid sagen, **sobald** er genauere Informationen **hat**.
(= ..., gleich wenn er ...)

[16-2-5]

그 아이는 그의 숙제를 끝마칠 때까지 놀이터로 가서는 안 된다.

☞ ～을 끝마치다 et.[4] fertig haben/mit et. fertig sein; 놀이터 Spielplatz m.

(해설)
접속사 bis는 대개는 미래를 가리키는 행위를 위해서 사용된다. 주문장의 행위는 부문장의 행위가 시작하는 시점에서 끝난다.
(1) 일반적으로 주문장과 부문장에는 현재와 미래를 쓰지만 과거형도 가능하다. 주문장의 행위가 부문장의 행위보다 뚜렷이 앞서서 일어났을 땐 주문장이 현재완료를 쓴다.

(예)
① 내가 더 상세한 정보를 얻을 때까지는 나는 그러한 중요한 일을 결정할 수 없다.
☞ 더 상세한 정보 nähere Information; 그러한 중요한 일 so eine wichtige

Angelegenheit; ～을 결정하다 et.[4] entscheiden

Ich kann so eine wichtige Angelegenheit nicht entscheiden, **bis** ich nähere Informationen habe.

① 소위 여성의 집들이 지어지기 전까지 많은 여성들은 그들이 어디에서 그들의 공격적인 남자들로부터 보호를 받을 수 있을지를 몰랐다.
☞ 소위 sogenannt; 여성의 집 (남자로부터 학대받은 여자들이 그들의 어린이와 함께 법적, 재정적 자원을 받으며 거주하는 시설) Frauenhaus n.; 세우다 et.[4] errichten; 공격적인 aggressiv; ～부터 보호를 받다 Schutz vor et.[3] finden

Bis sogenannte Frauenhäuser errichtet wurden, wußten manche Frauen nicht, wo sie Schutz vor ihren aggressiven Männern finden konnten.

【역례】
Das Kind **darf** nicht auf den Spielplatz **gehen**, **bis** es seine Hausaufgabe fertig **hat**.

[16-2-6]

여행 떠나기 전에 우리들은 또 많은 것을 처리하지 않으면 안 된다.

☞ ～을 처리하다 et.[4] erledigen

(해설)
bevor의 부문장은 시간적으로 주문장의 행위 다음에 따르나 독일어에는 일반적으로 주문장과 부문장에 같은 시제가 사용된다.
(1) 부문장과 주문장이 동일한 현재, 동일한 과거를 사용한다.
(2) 의미에 따라서 주문이나 부문장이 현재완료형을 사용할 때가 있다. bevor 다음의 완료형은 미래완료의 뜻이다.
(3)「 nicht～ , bevor～nicht～」은 「～nicht～ , wenn～ nicht vorher～」혹은 「erst dann～ , wenn～」의 뜻이다.
(4) ehe가 bevor의 동의어로 사용된다.

(예)
① 그 학생은 학위논문을 쓰기 전에 그는 목차(논문의 구성)를 작성한다.
☞ 학위논문을 쓰다 Dissertation niederschreiben; 목차(구성) Gliederung; 작(완)성하다 ausarbeiten

Der Student arbeitet seine Gliederung aus, **bevor** er seine Dissertation niederschreibt.

② 그는 기계의 결함을 발견하기 전에 작업장을 떠나려 하지 않는다.
☞ 기계의 결함 der Fehler an der Maschine; 작업장 Arbeitsplatz m.

Er will seinen Arbeitsplatz **nicht** verlassen, **bevor** er (**nicht**) den Fehler an der

Maschine gefunden hat.

③ 무슨 일이 일어났는지를 내가 알기 전에는 너를 도울 수 없다.

Bevor ich (**nicht**) weiß, was geschehen ist, kann ich dir **nicht** helfen.

③ 네가 서명을 하기 전에는 너는 돈을 받지 못해.

Du **bekommst** das Geld **nicht**, **bevor** du **nicht** unterschrieben hast.

④ 산지기는 날이 밝기 전에 그 집을 떠났다.
☞ 날이 밝다 es wird Tag; 산림 감독관 Förster m.-s

Der Förster verließ das Haus, **ehe** es Tag wird.

【역례】
Bevor wir **abreisen, müssen** wir noch viel **erledigen**.

[16-2-7]

모차르트가 유럽 여기저기 연주여행을 하는 동안에 그는 많은 악곡을 작곡했다(썼다).

☞ 유럽에 여기저기를 durch Europa; 연주여행을 하다 Konzertreisen machen

(해설)
(1) während「동안에」(= zu der Zeit, als ~)의 뜻으로서 주문장과 부문장의 시간이 동시에 일어나는 사건을 말할 때 사용한다. 의문사는 wann을 사용한다.
(2) während는 주문과 부문장이 대립되는 것을 나타낼 때도 사용한다.
(3) solange「~ 하는 동안」(= in der Zeit, für die Zeit)은 während의 동의어로서 사용되나 의문사는 wie lange를 사용하여「얼마나 오랫동안」의 뜻으로 약간의 어감의 차이가 난다.

(예)
① 그들이 극장에 가 있는 동안 아이들은 할머니 댁에 있었다.
☞ 할머니 Oma f. (= Großmutter) (↔할아버지 Opa m. (= Großvater))

Während sie im Theater waren, waren die Kinder bei der Oma.
② 그 부인은 아주 절약하는 반면에 남편은 그의 전 재산을 술로 탕진하고 있다.
☞ 전 재산 ganzes Vermögen; ~을 술로 탕진하다 et.[4] vertrinken

Während die Frau sehr sparsam **ist**, vertrinkt ihr Mann sein ganzes Vermögen.

③ 그의 자동차가 고장나있는 동안 그는 자전거로 다닌다.
☞ 고장나다 kaputt sein

Solange (**wie** od. **als**) sein Auto kaputt **ist**, **fährt** er mit dem Fahrrad.

【역례】

Während Mozart Konzertreisen durch Europa **machte**, **schrieb** er viele Musikstücke.

[16-2-8]

그가 실제로 어떻게 생각하고 있는가를 알고부터 나는 그를 이제 더 신뢰하지 않는다.

☞ 실제로 wirklich; 신뢰하다 jm. trauen

(해설)

(1) seit, seitdem은 「그 때부터, 그 때 이래로」(=von einem bestimmten Zeitpunkt an)의 뜻으로서 과거에서 시작하여 계속되는 행위가 주문에 동시에 일어날 때는 주문장과 부문장의 시제가 동일하다.

(2) 부문장의 행위가 주문장의 행위보다 앞설 때는 다음과 같다.

종 속 문	주문
현재완료 과거완료	현재 과거

(예)

① 여성들에게 선거권이 인정된 이래로 그들은 남성들과 동등한 범위에서 선거권을 사용한다.

☞ 선거권 Wahlrecht n.; ~인정되다 (가치가 있다) für jn. gelten; 동등한 범위에서 im gleichen Umfang; ~을 사용하다 et.[4] nutzen

Seit das Wahlrecht auch für Frauen **gilt**, **nutzen** sie es in gleichem Umfang wie Männer.

② 여성들이 한층 더 공적인 생활에 참여한 이래로 많은 여성들로서는 어머니의 역할이 이제는 더 이상 그들의 생활의 중심에 있지 않다.

☞ 한층 더 강력하게 stärker; 공적 생활 das öffentliche Leben; ~에 참여하다 sich an et.[3] beteiligen; 어머니의 역할 Mutterrolle n.; ~의 중심에 있다 in js. Mittelpunkt stehen

Seit Frauen sich stärker am öffentlichen Leben **beteiligt haben**, **steht** für viele Frauen die Mutterrolle nicht mehr im Mittelpunkt ihres Lebens.

② 사람들이 교통표시판을 이곳에 세운 후로는 교통사고들이 더 적게 발생한다.

☞ 교통표시판 Verkehrschild n.-es,-er; ~을 세우다 et.[4] aufstellen; 사고가 발생하다 Unfälle passieren

Seitdem das Verkehrsschild hier **aufgestellt worden ist, passieren** weniger Unfälle(Seit dem ... war, passierten ...).

【역례】
Seit ich weiß, wie er wirklich **denkt**, **traue** ich ihm nicht mehr.

[16-3] 이유 · 원인의 접속사
이유 · 원인을 나타내는 종속접속사는 주로 다음 세 개가 있다.
1) weil
2) da
3) zumal

[16-3-1]

그는 베를린으로 갔다. 왜냐하면 영화제가 개최되기 때문이다.

☞ 왜냐하면 weil; 영화제 Filmfestspiele (pl.)/-festival n.-s; 개최되다 stattfinden

(해설)
(1) weil, da는 원인 · 이유를 나타내고 동일한 의미로 사용될 때가 있지만 화자가 상대편이 그 이유를 모르고 있다고 생각할 때 weil을 쓴다. 그리고 원칙적으로는 주문장이 선행하고 weil 부문장이 뒤따르지만 weil 문이 선행할 때도 있다.
(2) weil 문장을 강조하기 위해서는 주문장의 가운데 darum, deshalb, deswegen을 둔다.

(예)
① 그가 그 여자를 이미 여러 번 기만하였기 때문에 그 여자는 그를 불신한다.
☞ ~를 기만하다 jn. hintergehen; ~를 불신하다 jm. mißtrauen

Sie mißtraute ihm, **weil** er sie schon mehrmals hintergangen hatte.

② 자금조달이 보증되어있지 않았기 때문에 나는 그것을 허락 않았다.
☞ 자금조달 Finanzierung f.-en; 보증되었다 gesichert sein; 나는 이것을 허락하지 않다 das kommt mir nicht in Frage/das erlaube ich nicht

Das kam mir schon **deshalb** nicht in Frage, **weil** die Finanzierung nicht gesichert war.

【역례】
Er ist nach Berlin gefahren, **weil** dort die Filmfestspiele stattfinden.

[16-3-2]

눈 속에 산행이 위험하기 때문에 그 산행을 그만두도록 우리들에게 권했다.

☞ 눈 속에 im Schnee; 산행 Bergwanderung f.-en; ~을 그만두다 (체념하다) auf et.[4] verzichten; ~에게~을 권하다 jm. et.[4] raten

(해설)
(1) da는 화자와 상대편의 사람이 서로 그 이유를 알고 있을 때 쓰며 대개는 da 부문장이 주문장보다 선행한다.)

① 우리들의 계획이 이제는 더 변경되어 질수 없기 때문에 우리들은 그것을 따르지 않으면 안 된다.
☞ 변경되다 zu ändern sein; ～을 따르다(～에 순응하다) sich in et.[4] schicken

Da unser Plan doch nicht mehr zu ändern ist, müssen wir uns darein schicken.

【역례】
Da eine Bergwanderung im Schnee gefährlich ist, hat man uns geraten, darauf zu verzichten.

[16-3-3]

아무도 그에게 잘못을 나무라지 않았다. 그 중 무엇보다 그가 평소에 아주 신뢰할 수 있는 사람이었기 때문이다.

☞ ～를 나무라다 jm. et.[4] vorwerfen; 특히 ～ 때문에 zumal = vor allem weil (od. da); 평소에 sonst/gewöhnlich; 신뢰할 수 있는 zuverlässig

(해설)
(1) zumal은 weil, da를 강조하기 때문에 「무엇보다, 특히」의 뜻이 있다.

(예)
그 소설은 많이 논의 되어졌다. 왜냐하면 그 소설이 특히 비범한 언어의 형식으로 쓰여 있기 때문이다.
☞ 많이 논의되다 viel diskutiert werden; 비범한 언어의 형식으로 in einer ungewöhnlichen sprachlichen Form

Der Roman wurde viel diskutiert, **zumal** (da) er in einer ungewöhnlichen sprachlichen Form geschrieben ist.

【역례】
Niemand warf ihm den Fehler vor, **zumal** er sonst so zuverlässig war.

◈ 연 습 문 제 16 ◈

접속사 (Ⅱ)
1) 통증도 신경에 의해 받아들여진다. 통증들은 중요한 경보신호이다. 그것은 어떤 것이 몸과 정상적이지 않다는 것을 알린다.
☞ 통증 Schmerz m.-es,-en; 경보신호 Alarmzeichen n.; 어떤 것이 irgend etwas; 정상적이다 in Ordnung sein; ～에게 ～을 알리다 jm. et.[4] anzeigen

2) 네가 국경선에 올 때마다 너도 약간 불안하니? - 그럼, 최근에 독일 세관원이 나에게 담배에 관해 물었을 때 나는 곧 말 더듬기 시작했다.
☞ 국경에 오다 an die Grenze kommen; 약간 ein bißchen; 불안 Angst f.; 최근에

neulich; **세관원** Zollbeamter m. (**형용사 변화**); **~에게 ~에 관해 묻다** jn. nach et.[3] fragen; **말 더듬다** stottern

3) 사람들은 독일에서 일자리를 가지는 허락을 받기 전에 그의 고향으로 돌아가서 그 곳에서 체류허가를 신청하여야 한다. 체류허가는 일년 기간이고 연장되어질 수 있다.
☞ **일자리** Arbeitsplatz m.; **~을 가지다** et.[4] annehmen; **허락하다** dürfen; **고향으로** in js. Heimat; **체류허가** Aufenthaltsgenehmigung f.; **~을 신청하다** et.[3] beantragen; **일년 기간이다** auf ein Jahr befristet sein; **~을 연장하다** et.[4] verlängern

4) 첫 번째의 마취제가 발견될 때까지 사람들은 수술할 때 고통을 참지 않으면 안 되었다.
☞ **마취제** Betäubungsmittel n.; **발견하다** entdecken; **수술** Operation f.-en; **~을 참다** et. aushalten/erdulden

5) 유럽에서 미국으로의 첫 번째의 전화케이블이 1956년에 설치된 이래로 전화교류는 더 안전하고 잡음이 없게 되었다.
☞ **유럽에서 미국으로** von Europa nach USA; **전화케이블** Telefonkabel m.-s; **~을 설치하다** et.[4] verlegen; **전화 교류** Telefonverkehr m.-s; **더 안전한** sicherer; **잡음이 없는** störungsfrei

6) 사람들이 부상자를 병원으로 수송하고 있는 동안 그 부상자는 이미 구급의(救急醫)에 의하여 진료되었다. 그가 병원에 도착하자 곧 전문의들이 그를 진찰하였다.
☞ **부상자** der Verletzte (**형용사 변화**); **~을 수송하다** et.[4] transportieren; **구급의** Notarzt m.; **~를 진료하다** jn. behandeln; **~에 도착하다** in (an) et.[3] ankommen; **전문의** Facharzt m.; **~를 진찰하다** jn. untersuchen

7) 환자는 그의 집으로 돌아간 후에 이 주간 또 자리에 있지 않으면 안 되었다.
☞ **그의 집으로 돌아가다** in seine Wohnung zurückkehren; **이 주간** zwei Wochen/vierzehn Tage; **자리에 있다** im Bett liegen bleiben

8) 인간의 성향과 생활을 결정하는 생각들은 신비롭게도 그의 마음속에 주어져 있다. 그가 유년시절에서 벗어나면 이 생각들은 그의 마음 속에 꽃봉오리가 나기 시작한다. 그가 진리와 선(善)을 위하여 청년의 열광에 의해 사로잡히면 그 생각들은 피어서 열매를 맺는다.
☞ **생각** Idee f, -n, Gedanke m. –n; **성향과 행활** das Wesen und das Leben; **신비롭게도** auf geheimnisvolle Weise; **유년시절에서 벗어나다** aus der Kindheit heraustreten; **꽃봉오리가 나다** knospen; **진리와 선을 위하여** für das Wahre und Gute; **청년의 열광에 의해 잡히다** von der Jugendbegeisterung ergriffen werden; **꽃이 피고 열매를 맺다** blühen und Frucht setzen

9) 우리들은 산행을 포기하지 않으면 안 되었다. 특히 눈이 내린다는 예보가 있었기 때문이다.
☞ **산행** Bergwanderung f.-en; **~를 포기하다(체념하다)** auf et.[4] verzichten; **특히 ~하기 때문에** zumal; **눈 내리는 것(강설)** Schneefälle pl.; **~을 예보하다** et.[4]

voraussagen

10) 나는 음식점에 들어가기 전에 나는 (출입)문 앞에 있는 메뉴판에 가격들은 본다. 그것이 너무 비싸면 그때는 나는 다른 음식점으로 간다.
☞ 음식점 Lokal n. -e, -e; ～에 들어가다 et.[4] betreten/in et.[4] treten; 문 앞에 vor der Tür; 메뉴판에 auf der Speisekarte; ～을 본다 sich et.[4] anschauen; 너무 비싸다 zu hoch sein

11) 그 대학은 외국인 학자가 객원 강의에 오도록 노력하고 있다.
☞ 외국인 학자 der ausländische Wissenschaftler; 객원 강의 Gastvortrag m.; ～에 오다 zu et. kommen; ～을 위해 노력하다 sich um et.[4] bemühen

12) Rachel Carson 이라는 미국 여인이 "침묵의 봄"이라는 그녀의 책에서 11년 전에 미래상을 기술하였을 때 우리들 중의 많은 사람이 믿고 있었다. "그것은 망상일 테지."
☞ 미국 여인 Amerikanerin f. -nen; 침묵의 봄 Der stumme Frühling; 미래상 Zukunftsvision; 기술하다 beschreiben; 망상 Spinnerei f. -en

13) 독일에서 멸종하는 것은 황새들과 많은 나비 종류들뿐만이 아니다. 거의 90종의 새들에게 죽음이 위협하고 있다. 왜냐하면 산업, 환경오염과 곤충 구충제 들이 이들에게 삶의 자리를 허락하지 않기 때문이다.
☞ 사멸 (멸종)하다 aussterben; 황새 Storch m. -es, Störche; 나비 종류 Schmetterlingsarten; 뿐만 아니라 nicht nur; 거의 fast; 종류의 새들 Vogelarten(pl.); ～에게 ～이 위협하고 있다. et.[1] droht jm./et.[1] steht jm. bevor; 산업 Industrie; 환경오염 Umweltverschmutzung f.-en; 곤충 구충제 Insektenvertilgungsmittel n. -e; 삶의 자리 Lebensraum; ～에게 ～을 허락하다 jm. et.[4] lassen

14) 회의 참가자들이 잠시 휴식을 취한 다음에 참가자 중의 한 사람이 슬라이드로 강연을 하였다. 강연이 끝난 다음에 활발한 토론이 시작됐다.
☞ 참가자 Teilnehmer m. -s; 휴식을 취하다 eine Pause machen; 슬라이드의 강연하다 Lichtbildervortrag halten; 활발한 lebhaft; 토론 Diskussion f.; ～을 시작하다 einsetzen/beginnen

15) 우주선이 다시 대기권으로 진입하면 아주 높은 열이 생긴다. 왜냐하면 우주선이 대기(大氣)에서 마찰하기 때문이다.
☞ 우주선 Raumschiff n.; 다시 wieder; 대기권 Atmosphäre f.; 진입하다 eintauchen; 높은 열 hohe Temperatur f.-en; 대기 Lufthülle f/Atmosphäre f.; 마찰하다 sich an et.[3] reiben

17. 접속사(Konjunktion) (Ⅲ)

종속접속사 (B)
종속접속사 (B)에서는 또 다음과 같은 의미의 접속사들이 있다.

[1] 조건문 (konditional)
[2] 결과를 나타내는 문 (konsekutiv)
[3] 인용문 (konzessiv)
[4] 방법을 나타내는 문 (modal)
[5] 목적문 (final)

[17-1] 조건문
조건을 나타내는 접속사로서 다음과 같은 접속사를 사용한다.
1) wenn
2) falls ～; für den Fall, daß ～; im Fall, daß ～
3) angenommen, (daß)～; unter der Bedingung, daß ～; unter der Voraussetzung, daß ～; vorausgesetzt ～, daß ～; den Fall gesetzt, (daß)
4) es sei denn, (daß)

[17-1-1]

그 치료가 효과 없으면 그 환자는 수술을 받아야 한다.

☞ 치료 Therapie f.-n; 효과가 없다 erfolglos sein

(해설)
(1) wenn은 조건문외에 시간을 의미하는 접속사로서 사용되기 때문에 주의하여야 한다.
(2) 조건문의 wenn이 생략될 때는 부문장의 동사가 문두에 위치한다.

(예)
① 음성이나 화면이 갑자기 멈춰버리면, 텔레비전 수상기를 즉시 꺼야 한다.
☞ 음성 혹은 화면 Ton oder Bild; 갑자기 꺼지다 ausfallen; 텔레비전 수상기 Fernseher m.-s/Fernsehapparat (-gerät n.) m.; 스위치를 끄다 ausschalten

Wenn Ton oder Bild ausgefallen ist, dann ist das Fernsehgerät sofort auszuschalten.

② 그 여자가 나에게 전화를 걸면 내가 없다고 말해주게.

Sollte sie mich **anrufen**, sagst du, daß ich nicht da bin.
(= Wenn sie mich anrufen sollte, ...)

② 만약 인간이 자기 자신을 연구하기 시작한다면 그가 얼마나 발전할 수 없는가 하는 것을 곧 인지(認知)할 수 있을 것이다.

☞ 자기 자신을 연구하다 sich selbst studieren; 발전하다 vorwärtskommen; ~을 할 수 없다 außerstande sein, zu Inf.; 인지하다 merken (참고: 이 문장은 가정법이므로 접속법 2를 사용할 것)

Wenn der Mensch anfinge(=Finge der Mensch an), sich selbst zu studieren, würde er bald merken, wie sehr er außerstande ist, vorwärtszukommen.

【역례】
Wenn die Therapie erfolglos ist, muß der Patient operiert werden.

[17-1-2]

열이 다음 며칠 사이에 내리면 그 여자는 일어나도 좋습니다.

☞ 열 Fieber n.-s; 다음 며칠 사이에 in den nächsten Tagen; (열이) 내리다 zurückgehen.

(해설)
(1) falls는 wenn과 같은 뜻으로 조건을 분명히 하고자 할 때 사용된다.
(2) falls가 생략이 되면 조건문장의 동사가 문두에 위치한다.
(3) für den Fall, daß ...; im Fall, daß... 는 wenn, falls로서 바꾸어 쓸 수 있다.

(예)
① 그의 건강 상태가 악화되면 내가 즉시 돌아오겠다.
☞ 상태 Zustand m. -es; 악화하다 sich verschlechtern

Falls sich sein Gesundheitszustand verschlechtert, komme ich sofort zurück.

② 내일 날씨가 어떻게 될지는 모른다. 만약 내일 비가 온다면 우리들은 집에 머무는 것이 더 좋다.

Man weiß nicht, wie das Wetter morgen wird. **Sollte** es morgen **regnen**, bleiben wir lieber zu Hause.

③ 교부된 약들이 효력이 있을 경우에는 고통이 곧 멎을지도 모릅니다.
☞ 교부된 verabreicht (et. verabreichen의 p.p); das Medikament n. -es,-e; ~이 효력이 있다 et.[1] schlägt an; ~이 멎다 et.[1] läßt nach

Falls (od. **wenn**; **im Falle**; **für den Fall**) die verabreichten Medikamente anschlagen, können die Schmerzen bald nachlassen.

【역례】
Falls das Fieber in den nächsten Tagen zurückgeht, darf sie aufstehen.

[17-1-3]

그 학생들이 부지런하면(가정한다면) 그들은 외국어를 빨리 배운다.

☞ ～을 가정한다면 angenommen, (dass); 외국어 Fremdsprache f.

(해설)
wenn, falls의 동의어로서 im Falle, daß ...; für den Fall, daß ... ([17-1-2] 참고) 외에 angenommen, daß ...; gesetzt den Fall, daß ...와 unter der Bedingung (unter der Voraussetzung), daß... 등이 사용된다.
(1) angenommen, daß ...와 gesetzt den Fall, daß... 는 daß를 흔히 생략을 한다. 생략될 경우에 그 다음 문장은 정치법 혹은 도치법이다.
(2) 위에서 열거한 동의어 중에서 위의 두 개를 제외하면 거의 daß는 생략 않는다.

(예)
① 피고가 진실을 말하면 그는 무죄 선고됨에는 틀림없다.
☞ 진실 Wahrheit f.; ～를 무죄 선고하다 jn. freisprechen

Angenommen, **daß** (= **wenn**, **falls**) der Angeklagte die Wahrheit sagt, so muß er freigesprochen werden.
(= **Angenommen**, der Angeklagte sagt die Wahrheit, ～.)

② 그를 (시험) 준비할 때 도와준다면 그는 시험에 합격 할 수 있다.
☞ 준비 Vorbereitung f.-en; ～을 도와주다 jn. unterstützen

Er kann die Prüfung nur **unter der Voraussetzung** bestehen, **daß** man ihn bei der Vorbereitung unterstützt.

② 네가 열심히 공부하여 국가 고사에 합격한다는 조건 하에서 나는 너를 도와준다.

Ich helfe dir nur **unter der Bedingung, daß** du fleißig arbeiten und das Staatsexamen bestehen wirst.

【역례】
Angenommen, daß die Schüler fleißig sind, so lernen sie Fremdsprache schnell.

[17-1-4]

그가 용서를 구하지 않는 한 나는 그에게 가지 않는다.

☞ ～에게 용서를 구하다 jn. um Verzeihung bitten

(해설)
(1)「～하지 않는 한, ～않는다면」의 뜻으로 es sei denn, (daß)를 사용한다. 동의어로서 außer wenn, wenn nicht를 사용하고 daß가 생략이 되면 정치법 혹은 도치법을 사용한다.

(예)
① 의외의 일이 생기지 않으면 그가 승리할 것이다.
☞ 의외의 일 etwas Unvorhergesehenes

Er wird gewinnen, **es sei denn, daß** etwas Unvorhergesehenes passiert.
(..., **es sei denn**, etwas Unvorhergesehenes passiert ...)

【역례】
Ich gehe nicht zu ihm, **es sei denn, daß** er mich um Verzeihung bittet.

[17-2] 결과를 나타내는 접속사

결과를 나타내는 접속사는 다음과 같은 것이 있다.

1) <so+형용사(부사)+daß ...>; <so +형용사+명사+daß ...>
2) so daß... ; so, daß .
3) <solch- (ein solch-, solch ein)+명사+daß... >; <solch- (ein solch-, solch ein)+형용사+명사+daß... >
4) <dermaßen +형용사(부사)+daß ...>; <dermaßen>+형용사+명사+,daß... >

[17-2-1]

그 영화가 아주 지루하여 나는 그때 하마터면 잠들 뻔했다.

☞ 아주 ~하므로 so ~, daß ~; 그 때 dabei; 하마터면 ~할 뻔했다 beinahe (fast) + 접속법 II 의 과거

(해설)
(1) so ~, daß... 에는 형용사 또는 부사를 두어「아주 ~하므로」또는「~할 만큼 ~하다」의 뜻으로 사용한다. so ~, daß... 사이에 형용사의 비교급은 사용 못한다.
(2) <so + 형용사 + 명사 + daß... >도 사용할 수 있다.

(예)
① 최근 며칠 사이에 날씨가 아주 사늘해 졌으므로 우리들은 에어컨을 꺼버렸다.
☞ 최근 며칠 사이에 in den letzten Tagen; 에어컨을 끄다 die Klimaanlage abschalten

Es ist in den letzten Tagen **so kühl** geworden, **daß** wir die Klimaanlage abgeschaltet haben.

② 그는 아주 성공한 실업가로 짧은 시간에 국제적 기업을 설립하였다.
☞ 실업가 Geschäftsmann m.; 국제적 international; 기업 Unternehmen n.-s; ~을 설립하다 et.[4] aufbauen

Er war ein **so** erfolgreicher Geschäftsmann, **daß** er in kurzer Zeit ein internationales Unternehmen aufbaute.

【역례】
Der Film war **so** langweilig, **daß** ich dabei fast eingeschlafen wäre.

[17-2-2]

그는 극도로 당황하였으므로 그가 무엇을 말하고 있는지를 더 이상 알지 못했다.

☞ 아주 극도로 völlig/im höchsten Grade; 당황한 verwirrt

(해설)

(1) <so + 형용사(부사) +daß...>의 뜻은 문장을 강조하기 위하여 ~, so daß를 붙여서 부문장 앞에 둔다.

(2) ~ so, daß... 처럼 so 다음에 콤마가 있을 때는 적절한 부사 및 형용사를 보충하여야 한다.

(예)

① 제 3세계의 나라들의 도시들은 아주 빨리 커지므로 수도들은 통제 불능이 된다.

☞ 제 3세계 die Dritte Welt; 커지다 wachsen; 수도 Metropole f.-n; 통제 불능이 되다 außer Kontrolle geraten

Die Städte in den Ländern der Dritten Welt wachsen schnell, **so daß** die Metropolen außer Kontrolle geraten.
(=... **so** schnell, **daß** die Metropole ...)

② 시골의 생활조건이 악화되어 점점 더 많은 사람들이 시골에서 도시로 간다.

☞ 시골의 ländlich; 생활조건 Lebensbedingung; ~이 악화되다 sich verschlechtern; 점점 더 많은 immer mehr; 시골에서 vom Land

Die ländlichen Lebensbedingungen verschlechtern sich **so** (**derart**), **daß** immer mehr Menschen vom Land in die Stadt ziehen.
(= ... so stark, daß immer mehr ...)

【역례】

Er war völlig verwirrt, **so daß** er nicht mehr wußte, was er sagte.
(= Er war **so völlig verwirrt**, daß er ...)

[17-2-3]

자동차가 아주 빨리 달려서 우리들은 방금 도착했다.

☞ 방금 gerade

(해설)

(1) 주문장에서 명사를 강조할 때는 so ~, daß... 대신에 <solch- (ein solch-, solch ein) + 명사 +, daß>를 쓴다.

(2) <solch- (ein solch-, solch ein) + 형용사 + 명사 + daß... >를 쓸 수 있다.

(예)

① 추위가 엄습하여 숲 속에 동물들이 얼어 죽었다.

☞ 추위가 엄습하다 es herrscht eine solche Kälte; 얼어 죽다 erfrieren

Es herrscht **eine solche (solche, solch eine) Kälte, daß** Tiere im Wald erfroren.

① 인구의 팽창이 아주 심하므로 점점 더 많은 사람이 굶주린다.
☞ 인구의 팽창 Bevölkerungswachstum n.; 굶주리다 hungern

Es gibt **ein solches (solch ein, ein derartiges) Bevölkerungswachstum, daß** immer mehr Menschen hungern.

② 줄타기 광대가 아주 위험한 도약을 하므로 관중들은 숨을 죽이고 있었다.
☞ 줄타기 광대 Seiltänzer (-akrobat) m.; 위험한 도약을 하다 gefährlichen Sprung machen; 관중 Zuschauer m.; 숨을 죽이다 den Atem anhalten

Die Seiltänzer machten **solch (dermaßen)** gefährlichen **Sprung**, **daß** die Zuschauer den Atem anhielten.

【역례】
Das Auto fuhr mit **solcher Schnelligkeit, daß** wir noch gerade kamen.

[17-2-4]

그는 대단히 오만하므로 먼저 한번도 인사하는 일이 없었다.

☞ 대단히 ～하므로 dermaßen (so) ～, daß ～; 오만한 eingebildet; 먼저 als erster; 한번도 ～않다 niemals

(해설)
so ～, daß... 보다는 강조하는 표현으로 dermaßen (derart) ～, daß... 를 사용하고 용례는 <so + 형용사 (부사)+ daß...>이다.([17-2-1] 참고)
(1) <dermaßen + 형용사 (부사) +, daß... >
(2) <dermaßen + 형용사 +명사 +, da.ß...>

(예)
① 교통량이 많이 늘어나서 유해물질 집적(集積)이 공기 중에 아주 높다.
☞ 교통량 Verkehrsaufkommen n.; ～이 늘어나다 et.[1] ist stark; 유해물질 집적 Schadstoffkonzentration f.; 공기 중에 in der Luft; 아주 높은 so hoch

Das Verkehrsaufkommen ist **dermaßen stark, daß** die Schadstoffkonzentration in der Luft so hoch ist.

② 우리들은 아주 좋은 영화를 보아서 대단히 감격하였다.

Wir haben **einen dermaßen schönen Film** gesehen, **daß** wir ganz begeistert waren.

【역례】
Er war **dermaßen eingebildet, daß** er niemals als erster grüßte.

[17-3] 인용문

인용문을 나타내는 접속사는 다음과 같은 것이 있다.
1) obwohl, obgleich, obschon, wenngleich (드물게)
2) wenn ～ auch, (auch wenn)... ; selbst wenn... ; wenn... auch noch so
3) 의문사 (was, wann, wo, wie) ... auch (immer); <wie+형(부)+auch (immer)>
4) <so +형+jd. (et.¹)+auch +sein>; <so (sooft, sosehr, soviel) +jd. (et.) auch+동사>

[17-3-1]

그가 부당했지만 그는 사과하려고 하지 않았다.

☞ 부당 (정당)하다 im Unrecht (↔im Recht) sein; 사과하다 sich entschuldigen

(해설)
(1) obwohl, obgleich, obschon, wenngleich는 모두가 같은 인용을 나타내는 접속사이고 때로는 ob ～ wohl (gleich, schon) 등이 분리되어서 사용되기도 한다.
(2) 인용을 나타내는 부문장이 문두에 오고 그 뒤에 주문장이 위치하면 주문장의 주어는 도치 또는 정치법이 가능하다

(예)
① 그는 자주 훈계를 받을 만큼 충분히 받았지만 그의 나태성을 버리지 못했다.
☞ ～를 훈계하다 jn. ermahnen; 나태성 Faulheit f.; 버리다 von et. ablassen

Er ließ von seiner Faulheit nicht ab, **obgleich** er oft genug ermahnt wurde. (..., ob er gleich oft ...)

② 사람들은 아침부터 저녁까지 그 계획의 실행에 관해 상의하였지만 그 일에 대해 아무런 결정을 할 수 없었다.
☞ 아침부터 저녁까지 von morgens bis abends; ～에 대해 상의하다 über et.⁴ beraten; 계획의 실행 die Ausführung des Plans; 그 일에 대해 결정하다 eine Entscheidung dafür treffen

Obwohl man von morgens bis abends über die Ausführung des Plans beriet, konnte man (= man konnte....) keine Entscheidung dafür treffen.

【역례】
Obwohl er (ob er wohl) im Unrecht war, **wollte er** (od. **er wollte**) sich nicht entschuldigen.

[17-3-2]

타협의 용의가 많이 있지만 사람들은 모든 문제에 좀처럼 합의를 보지 못한다.

☞ 타협용의 Kompromißbereitschaft; 모든 문제에 in allen Fragen; 좀처럼 ～못하다 selten; 합의하다 sich einigen

(해설)

(1) 인용을 나타낼 때 wenn auch, (wenn ~ auch), selbst wenn을 사용할 수 있다.
(2) 인용의 문을 강조하기 위하여 wenn ~ auch noch so ~를 쓴다.
(3) (1)과 (2)의 wenn을 생략할 수 있으며 이때에 부문장의 동사는 문두의 자리에 간다.

(예)
① 길들이 (자동차로) 꽉 막혀있지만 한국에서 자동차의 수는 계속 증가한다.
☞ 꽉 막혀있다 überfüllt sein; 수 Zahl f.-en

Auch (od. **Selbst**) **wenn** die Straßen überfüllt sind, **die Zahl der Autos nimmt** in Korea weiter **zu**.

② 비록 네가 나의 친구라고 할지라도 나는 네게 모든 비밀을 다 말할 수는 없다.
☞ 비록 ~라고 할지라도 wenn ~ auch noch so ~; 비밀 Geheimnis n. -ses, -se; ~에게 ~을 말하다 (누설하다의 의미의) jm. et.⁴ verraten.

Wenn du **auch noch so** mein Freund bist, **so** kann ich dir nicht alle Geheimnisse verraten.

③ 대화파트너들이 아주 노력했지만 모든 견해 차이는 제거될 수 없었다.
☞ 대화파트너 Gesprächspartner m.; ~을 위해 노력하다 sich um et. bemühen; 견해의 차이 Meinungsverschiedenheit f.; ~을 제거하다 et.⁴ ausräumen

Bemühten sich die Gesprächspartner **auch noch so**, alle Meinungsverschiedenheiten konnten nicht ausgeräumt werden.

【역례】
Auch (**Selbst**) **wenn** Kompromißbereitschaft groß ist, einigt man sich selten in allen Fragen.

[17-3-3]

어느 방향에서 그 도시에 가까이 갈 지라도 사람들은 먼저 그 성곽을 보게 된다.

☞ 어느 방향에서 aus welcher Richtung; 가까이 하다 sich et.³ nähern; 성곽 Burg f.-en; ~을 바라보다 et.⁴ erblicken

(해설)
(1) 의문사(was, wann, wo, wie) ~ auch immer도 일반화하여 인용문을 나타낸다. (관계대명사 [14-2-1] 참고)
(2)<wie + 형(=부) + auch(immer)… >도 인용문으로 사용된다.

(예)
① 그 결정이 어떻게 나더라도 우리들은 수용해야 한다.
☞ 결정이 나다 die Entscheidung fällt aus; 어떻게 ~ 날지라도 wie ~ auch (immer); 수용하다 akzeptieren

Wie die Entscheidung **auch** (**immer**) ausfallen wird, **wir müssen** sie **akzeptieren**.

① 그 유명한 축구선수는 어디로 가든지 그의 팬들로부터 열광적인 환영을 받는다.
☞ 그 유명한 추구선수 der berühmte Fußballspieler; 어디로 가든지 wohin ~ auch immer kommen; 열광적인 환영을 받다 jubelnd begrüßt werden; 팬 Fan m.-s,-s

Wohin der berühmte Fußballspieler **auch** kommt, er wird von seinen Fans jubelnd begrüßt.

① 네가 언제 오든지 나는 너를 환영한다. 네가 곧 방문해 주기를 바란다.

Du bist mir willkommen, **wann** du **auch** kommst. Ich hoffe auf deinen baldigen Besuch.

② 날씨가 아무리 나쁠지라도 그는 내일 일본으로 갈 것이다.

Er wird morgen nach Japan fliegen, **wie schlecht** das Wetter **auch immer** sein wird.

【역례】
Aus welcher Richtung man sich der Stadt **auch immer** nähert, zuerst erblickt man die Burg.

[17-3-4]

그 일이 아주 힘들지만 나는 그 일을 끝마칠 것이다.

☞ 아주 ~ 이지만 so + 형 + auch immer ~; ~을 끝내다 et.[4] beenden

(해설)
(1) <so + 형 + auch (immer) + sein>은 「아주 ~ 하지만」하는 뜻으로 인용의 의미를 나타낸다.
(2) <sooft (sosehr, soviel) + 부사 + ~auch (immer)>도 인용의 의미를 나타낸다.

(예)
① 그가 자동차로 아무리 빨리 달릴지라도 나는 그를 곧 따라잡을 것이다.
☞ ~을 따라잡다 jn. einholen

So schnell er **auch immer** mit dem Auto fährt, ich werde (od. werde ich) ihn bald einholen.

② 나는 그를 높이 사지만 이번 경우는 그의 태도를 시인하지 못하겠다.

☞ ~를 높이 사다 jn. schätzen; 이번 경우는 in diesem Fall; 태도 Verhalten n.-s; ~을 동의(시인)하다 jn. (et.) billigen

Sosehr ich ihn **auch** schätze, billige ich in diesem Fall sein Verhalten nicht.

② 내가 나의 여자친구를 만날 때마다 그녀는 같은 이야기를 나에게 한다.

Sooft ich **auch** meine Freundin traf, (jedesmal) erzählte sie mir die gleiche Geschichte.

【역례】
So schwer die Arbeit **auch immer** ist, ich werde sie beenden.

[17-4] 방법의 부사절

방법 · 상황을 나타내는 접속사로 연결된 문을 양상문 (Modalsatz)이라고 하고 이를 연결하는 접속사는 다음과 같은 것이 있다.

1) indem; dadurch, daß…
2) anstatt, daß… ; ohne daß…
3) wie; als; je… , desto …
4) je nachdem (+ ob, wer, wie, was für ein)

[17-4-1]

인체는 음식물을 섭취함으로서 에너지가 공급되어진다.

☞ **인체** der menschliche Körper; **음식** Nahrung f. -en; **~을 섭취하다** et.[4] aufnehmen; **에너지가 공급되어지다** mit Energie versorgt werden

(해설)
방법을 나타내는 접속사로서 indem; dadurch, daß ~「**함으로서**」**사용이 된다.**
(1) indem은 주문장과 부문장에 동시에 일어나므로 시제는 동일하다.
(2) dadurch, daß ~는 daß 이하의 문장을 지시부사가 뜻을 받는다.

(예)
① 그는 빗장을 질러서 문을 잠갔다.
☞ **빗장을 지르다** einen Riegel vorschieben; **문을 잠그다** die Tür verschließen

Er verschloß die Tür, **indem** er einen Riegel vorschob.
(Er verschloß **dadurch** die Tür, **daß** er ...)

② 산업시대에 주민의 식량은 농경지가 넓어짐으로서 보장되어질 수 있었다.
☞ **산업시대** Industriezeitalter n.-s; **주민** Bevölkerung; **식량** Nahrung f./ Ernährung f.; **농경지** die landwirtschaftliche Anbaufläche; **확대되다** vergrößert werden; **보장되다** sichergestellt werden

Die Ernährung der Bevölkerung in dem Industriezeitalter konnte **dadurch** sichergestellt werden, **daß** die landwirtschaftliche Anbaufläche vergrößert werden.

【역례】
Der menschliche Körper wird mit Energie versorgt, **indem** er Nahrung aufnimmt.

[17-4-2]

한 집단의 노동자가 노동조합 지도위원회에게 (그것을) 알리지도 않고 스트라이크를 하였다.

☞ 한집단의 노동자 eine Gruppe Arbeiter; 노조지도위원회 Gewerkschaftsführung; ~에게 ~을 알리다 jn. von et.[3] informieren 의 수동태 (=jd. ist von et.[3] informiert worden)

(해설)
ohne, daß ... 「~하지 않고」, (an)statt da...ß 「대신에」 라는 뜻으로 사용한다.
(1) ohne, daß... 는 주문장과 부문장의 주어가 동일하면 ohne ~ zu + Inf.가 된다.
(2) (an)statt, daß... 도 (1)과 동일하다.

(예)
① 어느 성분들이 효능이 있는지를 모르면서 식물에서 치유의 효과가 있는 것을 확인하였다.
☞ 성분 Bestandteil m.-s; 효능이 있는 wirksam; 식물에서 bei der Pflanze m.-es; 치유의 효과 heilende Wirkung; ~을 확인하다 et.[4] feststellen

Man hat bei der Pflanze eine heilende Wirkung festgestellt, **ohne daß** man wußte, welche Bestandteile wirksam waren.

② 너 여기서 게으르게 빈둥빈둥 앉아있지 말고 오히려 나를 도와주지 그래!
☞ 게으르게 빈둥빈둥 앉아있다 faul herumsitzen

Anstatt, **daß** du hier faul herumsitzt, sollst du mir lieber helfen.

② 그 의사는 그가 진찰 (검진)을 자신이 하지 않고 (과장) 보조 의사에게 맡겼다.
☞ 진찰 (검진) Untersuchung f.; (과장) 보조의사 Assistent m.-en,-en; 검진하다 die Untersuchung durchführen; ~에게~을 맡기다 jm. et.[4] überlassen

Der Arzt überließ dem Assistenten die Untersuchung, **anstatt daß** er sie selbst durchführte.

【역례】
Eine Gruppe Arbeiter streikte, **ohne daß** die Gewerkschaftsführung davon informiert worden war.

[17-4-3]

내가 그를 어떻게 알게 되었는지를 이미 너에게 편지에 써 보냈다.

☞ ~를 알게 되다 jn. kennenlernen 편지 쓸 때는 2인칭 대명사는 항상 대문자이다.

(해설)
방법을 나타내는 양상문 (Modalsatz)에는 wie, soviel wie, soweit 등으로 표현한다. 여기서 wie; als; je... , desto... (형용사 비교급 [11-2]를 참고)

(1) wie는 방법을 묻는 의문사에서 접속사로서 사용된 것이다.
(2) wie + 형(부) 로서도 사용할 수 있다.
(3) wie로서 화자(話者)는 주문장의 행위에 대하여 주관적인 입장을 표명한다.
• wie ich annehme, ～내가 추측(가정)하는 바로는
• wie ich glaube, ～내가 믿는 바로는, 내가 생각하는 바로는
• wie er sagte, ～그가 말한 바로는
• wie ich erfahren habe, ～내가 경험한 바로는
(4) soviel; wie; soweit 등은「～한에 있어서는」뜻으로 사용된다.

(예)
① 여기 이 호수에 물이 얼마나 깊은지 내게 말할 수 있겠니?

Kannst du mir sagen, **wie** tief das Wasser hier im See ist?

② 그가 반대자의 공격에 얼마나 의연하게 자기 자신을 방어했는지 우리들은 모두가 들었다.
☞ 의연하게 standhaft; 자신을 방어하다 sich verteidigen; 반대자의 공격 der Angriff des Gegners

Wie standhaft er sich gegen den Angriff des Gegners verteidigt hatte, hörten wir alle.
(= Wir hörten alle, wie standhaft er sich …)

③ 내가 들은 바로는 그는 도박으로 그의 전 재산을 잃어버렸다.

Wie ich gehört habe, hat er durchs Hasardspiel sein gesamtes Vermögen verloren.

④ 내가 판단할 수 있는 한에 있어서 그 실험은 대단히 중요하다.

Soweit ich es beurteilen kann, ist das Experiment sehr wichtig.

【역례】
Wie ich ihn kennengelernt habe, habe ich Dir(im Brief) schon geschrieben.

[17-4-4]

여행비가 싸나 (혹은) 비싸냐에 따라서 나는 가거나 가지 않는 거다.

☞ 여행비 Reisekosten pl.; 따라서 je nachdem ～

(해설)
주문장의 내용이 부문장 (je nachdem)의 상황 여하에 따라서 선택을 결정한다.
(1) je nachdem만을 사용할 때는 주문장에 선행하여 위치한다.
(2) je nachdem, ob 또는 wer, wie, was für ein,wann 등의 의문사가 그때그때의 의미에 따라 따른다. 이때는 부문장이 주문장의 전후에 위치할 수 있다.

(예)
① 나의 친구는 시간이 있고 또 포도주 한잔 하고 싶으냐 아니냐에 따라 나에게 들리거나 않거나한다.

Je nachdem, ob mein Freund Zeit und Lust auf Wein hat, kommt er bei mir vorbei oder nicht.

② 우리들은 그것이 마음에 드느냐 아니냐에 따라서 결정한다.

Wir entscheiden uns, **je nachdem, ob** es uns gefällt oder nicht.

② 우리들은 바다로 가느나 혹은 산으로 가느냐에 따라서 수영용품 혹은 산행 준비용품을 가지고가지 않으면 안 된다.
☞ 수영용품 Badesachen pl.; 산행준비용품 Wanderausrüstung f.; 가지고가다 mitnehmen

Je nachdem, ob wir an die See oder ins Gebirge fahren, müssen wir Badesachen oder eine Wanderausrüstung mitnehmen.

② "너 언제오니?" - "내가 언제 그 일을 끝마치느냐에 따라서."

„Wann kommst du?" - „**Je nachdem, wann** ich mit der Arbeit fertig bin."

② 그 연속 강연은 교수가 그의 외국여행에서 언제 돌아오느냐 여하에 따라 구월에 혹은 시월에 시작할 것이다.
☞ 연속강연 Vortragsreihe f.(동일 주제에 대한 일련의 강연); 그의 외국 여행에서 돌아오다 von seiner Auslandsreise zurückkehren f.

Die Vortragsreihe wird im September oder Oktober beginnen, **je nachdem wann** der Professor von seiner Auslandsreise zurückkehrt.

② 재판관들은 어떠한 종류의 범죄행위인가의 여하에 따라서 더 관대한 혹은 더 가혹한 형의 판결을 한다.
☞ 어떠한 종류의 범죄행위 was für eine Straftat; 더 관대한 milder; 더 가혹한 härter; ~의 형을 판결하다 eine Strafe verhängen; ~이다 vorliegen

Richter verhängen mildere oder härtere Strafe, **je nachdem, was für eine** Straftat vorliegt.

② 자동차의 품질이 어떤지 여부에 따라 나는 자동차 값을 지불한다.

Je nachdem, wie die Qualität des Autos ist, bezahle ich es.

【역례】
Je nachdem, ob die Reisekosten billig **oder** teuer sind, fahre ich oder fahre ich nicht.

[17-5] 목적문

목적을 나타내는 접속사는 damit이고 주문장과 부문장이 동일한 사람.사물인 경우에는 um ~ zu + Inf.를 쓴다.

[17-5-1]

우리들은 기차를 놓치지 않도록 시간에 맞추어 (여유 있게) 가자.

☞ 기차를 놓치다 den Zug verpassen; 시간에 맞추어 (여유 있게) rechtzeitig

(해설)
(1)[17-5] 참고

(예)
① 선거가 실행될 수 있기 위해서는 일정한 전제조건들이 충족되어 있어야 한다.
☞ 선거 Wahl f.-en; ~를 실행하다 et.[4] durchführen; 일정한 전제 조건들 bestimmte Voraussetzungen pl.

Damit Wahlen durchgeführt werden können, müssen bestimmte Voraussetzngen erfüllt sein.

【역례】
Gehen wir rechtzeitig, **damit** wir den Zug nicht verpassen. (=..., um den Zug nicht zu verpassen.)

※ 참고 ※
다음은 종속접속사와 종속접속사 또는 부사와 종속접속사와 결합하여 한 개의 접속사 구실을 하는 것들이다.
1) als ob, als wenn 「마치 ~인 것처럼」→ ob, wenn이 가끔 생략 될 때가 있다. 이 때는 부문장의 동사가 als 다음에 오고 als ob (wenn) 다음은 접속법 Ⅱ 를 사용한다.

그는 이 분야에 전혀 통달하지 않는 것처럼 행동한다.
Er benimmt sich, **als ob** (= **als wenn**) er in diesem Fach nicht ganz genau Bescheid wüßte. (= ..., als wüßte er ...)
2) zu ~, als daß ~「너무나 ~하므로 ~하지 못하다」→ 주문장의 주어와 부문장의 주어가 동일할 때는 zu ~, um ~ zu + Inf. 이다.

나의 시간이 너무나 귀중하여 나는 그 시간을 여기에 낭비할 수 없다.
Meine Zeit ist **zu kostbar**, **als daß** ich sie hier vergeuden könnte.

3) kaum ~, als~(= kaum~, so (da) ~, (15과 ※ 5) 참고)「하자마자 ~이었다」→ als 다음에는 후치법이지만 so (da) 뒤에는 도치법이다. 또 kaum daß ~를 같은 의미로 사용한다.

새로운 고속도로 구간이 통행을 위해 개통되자마자 첫 번째 사고가 발생했다.

Kaum war die neue Autobahnstrecke für den Verkehr freigegeben worden, **als** sich der erste Unfall ereignete.

내가 눕자마자 전화가 울렸다.
Kaum, **daß** ich mich hingelegt hatte, klingelte das Telefon.

4) insofern (= insoweit) ~, als~ 「~인 한에서는」 → als 다음에는 문장이 후치한다.

그가 단지 손에 골절상을 입은 것으로 그는 이 사고에서 행운이었다.
Er hatte **insofern** noch Glück beim Unfall, **als** er sich nur die Hand gebrochen hat.

5) abgesehen davon, daß ~; außer daß ~ 「~을 도외시하면」 → daß의 부문장으로 문장은 후치한다.

그 학생은 한번 병고로 결석한 것을 제외하면 언제나 수업에 왔었다.

Der Schüler ist immer zum Unterricht gekommen, **außer daß** er einmal wegen Krankheit gefehlt hat.

6) (egal) ob ~ oder nicht ~ 「이든 아니든 간에」 → 인용의 의미를 나타내며 ob ~ 종속문이 선행하면 주문장은 정치법도 가능하다.

그는 바깥에 날씨가 덥건 덥지 않건 간에 매일 산책한다.
Täglich machte er einen Spaziergang, (**egal**) **ob** es draußen warm ist **oder nicht**.

너희들이 나를 인정하건 않건 간에 나는 나이다.
Ob ihr mich anerkennt **oder nicht**, bin ich, was ich bin.

7) um so mehr, als 「특히 ~이기 때문에 한층 더 ~」 → 한 개의 접속사로 사용된다. 또 um so mehr 혹은 um so + 비교급 + als와 분리하여 주문장의 문 가운데 있을 때도 있다.

나는 그 콘서트를 듣고 싶다. 특히 나는 그 지휘자를 개인적으로 알기 때문이다.
Ich möchte das Konzert hören, **um so mehr**, **als** ich den Dirigenten persönlich kenne. (= Ich möchte das Konzert **um so mehr** hören, **als** ich ...)

8) um so weniger, als ~ 「특히 ~이기 때문에 ~ 아니다」의 뜻으로 um so mehr와 동일하게 위치하지만 um so weniger, als가 붙어있을 때는 주문장에 부정하는 nicht, kein이 들어간다.

그 아이는 아직 감기 들어 있기 때문에 특히 놀러 가서는 안 된다.
Das Kind darf nicht spielen gehen, **um so weniger, als** es noch erkältet ist. (= Das Kind darf **um so weniger** spielen gehen, **als** es ...)

9) außer wenn [17-1-4] 참고

◈ 연 습 문 제 17 ◈

접속사 (III)

1) 세계 제2차 대전이 끝났을 때 독일은 절망적인 상태에 있었다. 이 나라를 파멸에서 구하기 위해서는 독일 정부는 무엇보다 경제를 다시 활성화하려고 노력하지 않으면 안 되었다. (um ~ zu Inf.)
☞ 세계 제2차 대전 der Zweite Weltkrieg; 끝나다 zu Ende sein; 절망적인 상태에 있다 sich in einer hoffungslosen Lage befinden; 무엇보다 vor allem; ~을 활성화 하다 et.[4] in Gang bringen; ~을 위해 노력하다 sich bemühen um et.

2) 인간성은 자연 그대로의 재료이고 이 재료는 인간(성)이 자기 관심의 힘을 어느 방향으로 이끌어 가는가의 여하에 따라서 사회에 의해 완전한 범죄자로 만들어 지거나 혹은 완전한 인간(동료)으로 만들어진다. (je nachdem, in welch-)
☞ 인간성 die menschliche Natur; 자연 그대로의 재료 das rohe Material; 자기 관심의 힘 der Druck des Eigeninteresses; 어느 방향으로 가는가의 여하에 따라서 je nachdem, in welche Richtung; ~를 이끌다 jn. leiten; 사회 Gesellschaft f.; 완전한 범죄자(인간) ein vollendeter Verbrecher (Mitmensch); ~을 ~으로 만들다 et.[4] zu et.[3] verarbeiten

3) 냉장고의 온도는 조정버튼을 돌림으로서 한정된 범위 내에서 변화될 수 있습니다. (indem)
☞ 냉장고 Kühlschrank m.; 온도 Temperatur f.-en; 조정버튼 Regulierknopf m.; ~을 돌리다(비틀다) et.[4] verdrehen (수동형으로 할 것); 정해진 범위 내 in begrenztem Umfang; 변화되다 verändert werden

4) 자신의 살림에 대한 확고한 물질적인 기초가 존재하지 않는 한 너무 젊어서 결혼하는 것은 바람직하지 않다. (es sei denn, daß ~)
☞ 자신의 살림에 대한 zu einem eigenen Herd; 확고한 fest; 물질적 materiell; 기초 Grundlage f. -n; 존재하다 vorhanden sein; ~하지 않는다면 es sei denn, daß ~; 너무 allzu; 결혼하다 sich verheiraten; 바람직한 ratsam/empfehlenswert

5) 중요한 통지 혹은 서류에 관한 것 일 때는 그 편지를 등기로 보내는 것이 가장 좋습니다. 그 편지가 가능한 한 빨리 수취인에게 닿아야 한다면 당신은 그것을 속달로 보낼 수 있습니다. (wenn)
☞ 통지(들) Mitteilung f.-en; 서류 Dokument m.-es,-e; ~에 관하다 es handelt sich um et.; 등기 Einschreiben n.-s; 편으로 per; 가장 좋은 am besten; 가능한 한 빨리 möglich schnell; 수취인 Empfänger m.-s; ~에 닿다 et.[4] erreichen; 속달 Eilbrief; 로서 als

6) 원자력이 어떻게 사용되는가 여하에 따라서 (원자력은) 지상의 생활을 윤택하게 할 수도 있고 혹은 파괴할 수 있다. (je nachdem, wie)
☞ 원자력 Atomenergie f. -n; ~다 어떻게 하느냐 여하에 따라서 je nachdem, wie; ~윤택하게 하다 et.[4] bereichern

7) 땅이 갑자기 아주 심하게 진동함으로서 사람들은 죽도록 (깜짝) 놀라서 집에서 뛰쳐나갔다.(so ~, daß ~)
☞ **진동하다** beben; **죽도록 (깜짝) 놀라다** zu Tode erschrecken; **에서 (내부에서 밖으로)** aus; **뛰쳐나가다** rennen

8) 도서관의 개관 시간이 연장되었으므로 사람들은 저녁때도 역시 도서관에서 공부할 수 있다. (~, so daß ~)
☞ **도서관** Bibliothek f. -en; **개관시간** Öffnungszeit f.-en (복수를 사용할 것); **공부하다** arbeiten

9) 실험실의 기술 장비가 많이 개선되었지만 학자들은 어떠한 새로운 연구결과를 달성하지 못했다.(wenn ~ auch noch so ~, obgleich, wenn ~ auch)
☞ **실험실** (Versuchs)Labor; **기술 장비** technische Ausrüstung; **~을 개선하다** et. verbessern; **연구결과들** Untersuchungsergebnisse (pl.); **~에 달성하다** erzielen

10) 주민이 여러 차례 불평을 하였지만 쓰레기는 제때에 치워지지 않았다. (차로 운반되다) (obgleich)
☞ **주민** Hausbewohner; **여러 차례** wiederholt; **불평하다** sich beschweren; **쓰레기** Müll m.-es; **제때에** pünktlich; **~을 치우다** et.[4] abfahren (**차로 치우다**)

11) 그 여자는 아무리 젊고 경험이 없다고 하지만 그녀에게 부과된 과제를 충분히 (만족하리만큼) 해낸다. (wie + auch + sein (mögen))
☞ **경험이 없는** unerfahren; **~에게 부과된** jm. übertragen (vgl. jm. et. übertragen의 과거분사); **과제** Aufgabe f.-n; **충분히** zur vollen Zufriedenheit; **~을 해내다** et.[4] erfüllen

12) 그 소설을 영화화한 것이 아무리 좋을지라도 그 소설이 내 마음에 더 든다. (wie + 형 + auch sein (mögen))
☞ **소설** Roman m.-s,-e; **영화화** Verfilmung f.-en; **~의 마음에 들다** jm. gefallen

13) 그는 극도로 긴장하여서 불면의 밤들을 보냈다. 그 때문에 그는 더 쉽게 잠을 이룰 수 있도록 수면제를 복용하였다. (damit ~ od. um ~ zu Inf.)
☞ **극도로** aufs äußerste; **긴장하다** angespannt sein; **불면의 밤을 보내다** schlaflose Nächte verbringen; **잠들다** einschlafen; **수면제** Schlaftablette f. -n; **~을 복용하다** et.[4] (ein)nehmen

14) 우리들은 일정한 거리에 얽매이지 않고 무선전신의 방법으로 정보를 전달할 수 있다. (ohne daß ~ od. ohne ~ zu Inf.)
☞ **일정한 거리** eine bestimmte Entfernung f.; **~에 매이다** an et. gebunden sein; **무선전신으로** auf funktelegraphische Weise; **~에게 ~을 전달하다** jm. et.[4] übermitteln

15) 그 과제는 너무너무 힘들므로 사람들은 그것을 단번에 풀 수 없다. (zu ~, als daß ~)

☞ 너무너무 viel zu + 형(부); 단번에 auf Anhieb, sofort; ~을 풀다 et.[4] lösen

16) 그 도둑은 한층 더 엄하게 벌을 받아야 한다. 왜냐하면 그는 이미 한번 절도 때문에 감옥에 간 일이 있었기 때문이다. (um so + 비교급 +, als)
☞ 엄하게 streng; 벌 받다 bestraft werden; 절도 Diebstahl m. -es, ¨-e; 감옥에 있다 im Gefängnis sein

17) 그 학생은 시험 준비하는 것 대신에 시간을 헛되게 낭비하고 있다. (anstatt ~, daß ~)
☞ 준비하다 sich auf et. vorbereiten; ~하는 것 대신에 anstatt, daß oder anstatt ~ zu Inf.; 시간을 헛되게 낭비하다 die Zeit verbummeln

18) 그러한 인생의 행복을 얻는 것이 단순하지는 않다. 즉 사람들이 길을 한번 벗어나면 목표에서 멀어지기 까지 될 수 있다. 다시 말하면 사람들이 목표에 가까이 가려고 서두르면 서둘수록 점점 더 멀어진다. (um so + 비교급~, je + 비교급)
☞ 생의 행복 Lebensglück n.; ~을 얻다 (~에 도달하다) erlangen; 길을 벗어나다 den Weg verfehlen; ~에서 멀어지다 sich von et. entfernen; 목표 Ziel n.-s,-e; 즉 und zwar; ~에 가까이 가다 sich et.[3] nähern; 서두르는 hastig; ~하면 할수록 점점 더 je + 비교급 ~, um so (desto) mehr ~

19) 정부는 연기와 배기가스의 여과기를 법적으로 규정함으로서 (정부는) 공기를 산업오염에서 방지할 수 있다. (indem)
☞ 연기와 배기가스의 여과기 Rauch- und Abgasfilter; 법적으로 gesetzlich; ~을~에게 규정하다 jm. et.[4] vorschreiben; 산업의 industriell; 오염 Verschmutzung; ~을 ~에서 방지하다 jn. vor et.[3] schützen

20) 고용주와 노동조합 사이의 담판이 성과 없으면 스트라이크가 일어날 수 있다.(wenn ~)
☞ 고용주 Arbeitgeber m.-s; 노동조합 Gewerkschaft; 단판 Verhandlung; 스트라이크 Streik m.-es,-e; 일어나다 es kommt zu et. (「좋지 못한 일이 일어나다」의 뜻)

18. 부사 (Das Adverb)

부사는 동사, 형용사, 부사의 수식어로 사용하며 항상 변화하지 않는다. 부사는 의미상으로 크게 네 가지로 분류한다.

[1] 시간의 부사 (Temporaladverbien)
[2] 원인의 부사 (Kausaladverbien)
[3] 방법 (양상)부사 (Modaladverbien)
[4] 장소의 부사 (Lokaladverbien)

[18-1] 시간의 부사

시간의 부사 (Temporaladverbien)는 다음의 세 가지로 요약할 수 있다.

1) wann의 질문에 대답하는 부사

jetzt, soeben, nun, immer, niemals, schon, früher, kürzlich, neulich, künftig, bald, morgens, nachts, vorgestern, morgen früh, endlich; eines Tages, in diesem Jahr, im letzten Jahr, in Zukunft, in absehbarer (unabsehbarer) Zukunft

2) wie lange, von wann bis wann, seit wann의 의문사에 답하는 부사

immer, einstweilen, inzwischen, eine Zeitlang, von alters her, seither, bis dahin, auf immer, für immer, den ganzen Tag

3) wie oft의 질문에 대답하는 부사

manchmal, zuweilen, mitunter, häufig, selten, jährlich, monatlich, wöchentlich, täglich, stündlich, zweimal, oft, abermals; dann und wann, jeden Tag, jeden zweiten Tag, alle Tage, alle zwei Tage

[18-1-1]

네 살 난 사내아이가 어제 오후에 시내에서 승용차와 부딪혀서 경상을 입었다.

☞ 네 살 난 사내아이 ein vier Jahre alter (vierjähriger) Junge; 시내 Innenstadt f.; 승용차 PKW (= Personenkraftwagen); 부딪힘 Zusammenstoß m.; 경상을 입다 leicht verletzt werden

(해설)

(1) 어느 한 때, 한 시점에 대한 질문은 wann이다. 이 질문의 답변에서 시간의 부사 (이 밖의 모든 시간의 부사)는 일반적으로 다른 부사 앞에 위치한다. ([3-6-1] 비교)

(예)

① 초기 청소년 시기에는 우리들은 마치 극장 무대의 막 앞에 아이들처럼 곧 다가올 일들을 즐거움과 긴장된 기대 가운데 우리들의 면전에 있는 인생행로 앞에 앉아있다.

☞ 초기 청소년 시절에 in früher Jugend; 극장 무대의 막 Theatervorhang m.;곧 다가올 일들 Dinge,die da kommen sollen, 즐거움과 긴장의 기대 가운데 in froher und gespannter Erwartung; 면전에 있는 bevorstehend; 인생행로 Lebenslauf m.

In früher Jugend sitzen wir vor unserem bevorstehenden Lebenslauf wie die

Kinder vor dem Theatervorhang, in froher und gespannter Erwartung der Dinge, die da kommen sollen.

① 양친에게 순종 하지 않으면 언젠가는 너는 그것을 후회할 것이다.

Eines (schönen) Tages wirst du das bereuen, wenn du deinen Eltern nicht gehorsam bist.

【역례】
Ein vier Jahre alter Junge ist **gestern nachmittag** in der Innenstadt beim Zusammenstoß mit einem PKW leicht verletzt worden.

[18-1-2]

나는 러시아어를 4년간 배웠다. 그럼에도 나는 아직 그 언어를 잘 구사할 수 없다.

☞ 러시아어 russische Sprache/Russisch; ~을 구사하다 et.[4] beherrschen

(해설)
시간을 나타내는 부사 중에서 시간의 계속을 나타낼 때가 있다.
(1) wie lange의 질문의 답변으로<시간의 명사 + (lang)>「동안」<시간의 명사 + (hindurch)>「~내내」등의 시간의 계속적인 것을 나타낸다.
(2) bis wann의 의문문의 답변으로 언제부터 시작하여 끝날 때까지의 계속적인 시간을 나타낸다.
(3) seit wann의 의문문의 질문의 답변으로 시작의 기점을 말한다.

(예)
① 그 농부는 하루 종일 들판에서 쉬지 않고 일했다.

Der Bauer hat **den (lieben) langen Tag (=den ganzen Tag) lang** pausenlos auf dem Feld gearbeitet.

① 그 여자는 그녀의 남편의 침대 곁에서 밤새 지켜보았다. 왜냐하면 그가 중병이기 때문이다.
☞ 침대 곁에서 am Bett; 밤 내내 die ganze Nacht (hindurch); 지켜보다 wachen

Die Frau wachte **die ganze Nacht hindurch** am Bett ihres Manns, weil er schwerkrank war.

② 6월 1일부터 10월 31일까지 독일에서는 처음으로 세계 박람회가 하노버에서 개최된다.
☞ 하노버 Hannover; 세계 박람회 Weltausstellung; 개최되다 stattfinden

Vom 1. Juni bis zum 31. Oktober findet in Hannover zum ersten Mal die Weltausstellung in Deutschland statt.

③ 6년 이래 처음으로 독일 내에 기업들의 파산의 수가 약간 줄었다. 그렇지만 전문가들은 지나친 낙관론을 경고하고 있다.

☞ 처음으로 erstmals; 기업들의 파산의 수 die Zahl der Unternehmenspleiten pl.; 줄다 zurückgehen; 그렇지만 jedoch; 전문가 Experte m.-n; 지나친 낙관 übertriebener Optimismus; ~않도록 경고 하다 vor et.[3] warnen

Erstmals **seit sechs Jahren** ist die Zahl der Unternehmenspleiten in Deutschland leicht zurückgegangen. Experten warnen jedoch vor übertriebenem Optimismus.

【역례】
Vier Jahre lang habe ich Russisch gelernt. Trotzdem kann ich die Sprache noch nicht beherrschen.

[18-1-3]

그 잡지는 한 달에 몇 회 발간되나? - 한 달에 네 번 발간된다.

☞ 잡지 Zeitschrift f.-e; 몇 회 wie oft?; 발간되다 erscheinen; 한 달에 im Monat/monatlich

(해설)
(1) wie oft의 답변으로「몇 회, 몇 번」의 의미에서 시간의 반복을 뜻한다.

(예)
① 버스가 몇 분마다 대학에서 역으로 갑니까? - 매 십분 마다 갑니다.

Wie oft fahren die Busse von der Universität zum Bahnhof? - **Alle zehn Minuten**.

① 젊은이는 엄청난(믿을 수 없는) 유리한 점을 가지고 있다. 젊은이는 날마다 더 젊어지지는 않고 약간은 더 늙게 된다는 단 하나의 큰 불리한점을 가지고 있다. 그리고 원숙한 연령은 내면적으로 더 젊어질 것이라는 유리한 점을 가지고 있다,
☞ 엄청난 (믿을 수 없는) unglaublich; 유리(불리)한 점 Vor(Nach)teil m.-s; 원숙한 연령 die reiferen Jahre; 내면적으로 innerlich; 젊어지다 sich verjüngen

Jugend hat einen unglaublichen Vorzug. Nur den einen großen Nachteil hat sie, daß sie nicht **von Tag zu Tag** jünger, sondern **immer** ein wenig älter wird, und die reiferen Jahre haben den Vorzug, daß sie sich innerlich verjüngen werden.

【역례】
Wie oft erscheint diese Zeitschrift im Monat? - Sie erscheint **monatlich viermal**.

[18-2] 원인의 부사

원인의 부사 (Kausaladverbien)는 어떤 행위・상태・성질・원인・이유 등을 나타내는 부사이다.

1) weshalb (weswegen, warum, wessentwillen)의 의문에 답하는 부사
deshalb, deswegen; meinet- (deinet-, seinet-, ihret-, unser(e)t-, euret-, Ihret-)wegen, <vor +추상명사 (vor Freude, vor Ärger)>, <aus +추상명사(aus Mitleid, aus Versehen)> 등

2) warum, wozu, wofür, zu welchem Zweck 등의 이유 · 목적을 나타내는 의문사에 답하는 부사
dazu, dafür, danach; gewiß, wirklich, wahrhaftig, <zu + 추상명사 (zur Arbeit, zum Spaß, zum Vergnügen)>
3) unter welcher Bedingung (Voraussetzung)의 답변으로 unter welcher Bedingung (Voraussetzung), daß ~를 쓴다.

[18-2-1]

그는 어젯밤 늦게까지 사무실에서 일해야 했고 그 때문에 우리들에게 올 수 없었다.

☞ 밤늦게까지 bis spät in die Nacht; 그 때문에 deshalb, deswegen; ~에게 오다 zu jm. kommen

(해설)
(1) warum, weswegen, weshalb의 질문에 deshalb, deswegen 등으로 답할 때 접속사 weil과 함께 또는 <전치사 +명사>등으로 사용된다.
(2) warum, weswegen, weshalb, um wessentwillen 등의 답변으로 um seinetwillen 등으로 답한다.
(3) warum, weswegen, weshalb의 답변으로 <vor (aus)+추상명사>로 대답한다.

(예)
① 그 비행기는 국내 비행 중 악천후로 우박과 낙뢰로 훼손되었다.
☞ 국내 비행 중 während eines Inlandsflugs; 악천후로 in einem Unwetter; 우박과 낙뢰 Hagel und Blitz; 훼손 되다 beschädigt werden

Die Maschine wurde während eines Inlandsflugs in einem Unwetter **durch Hagel und Blitz** beschädigt.

② 나는 너의 아버지를 대단히 존경한다. 그를 위해서 나는 너의 말을 경청하고 있다.
☞ ~를 존경하다 jn. schätzen; 그를 위하여 um seinetwillen; ~에게 경청하다 jn. anhören

Ich schätze deinen Vater sehr, **um seinetwillen** höre ich dich an.

③ 나는 자존심 때문이 아니라 일단 예절 때문에 침묵을 지켰다.
☞ 자존심 Stolz m.; 예절 Höflichkeit

Ich habe nicht **aus Stolz, nur aus Höflichkeit** geschwiegen.

③ 그 여자가 슬픔으로 거의 절망하였을 때 그는 그녀에게 용기를 가지도록 타일렀다.

Als sie **vor Trauer** fast verzweifelte, sprach er ihr Mut zu.

【역례】
Er mußte gestern bis spät in die Nacht im Büro arbeiten und konnte **deshalb** nicht

zu uns kommen.

[18-2-2]

그는 그녀에게 그의 사랑을 증명하기 위해 빨간 장미를 선사한다.

☞ 그의 사랑을 증명하기 위하여 zum Beweis für seine Liebe

(해설)
(1) warum, wozu, zu welchem Zweck의 의문의 답변으로 dazu, zu + 추상명사를 사용한다.

(예)
① 그는 계속 치료 받기 위하여 스위스로 가야만 했다. 왜냐하면 그의 병은 이 나라에서는 치료 될 수 없었기 때문이다.

Er mußte **zu einer weiteren Behandlung** in die Schweiz fahren, weil seine Krankheit hier im Land nicht ärztlich zu behandeln war.

【역례】
Er hat ihr zum Beweis **für seine Liebe** rote Rosen geschenkt.

[18-2-3]

그가 내일 온다는 조건하에서 우리들은 모든 것을 상의할 수 있다.

☞ 조건하에서 unter der Bedingung; ~을 상의하다 et.[4] besprechen

(해설)
(1) 조건을 나타내는 절도 원인의 부사절에 넣는다. 이 부사절은 너무나 많아서 여기서는 unter der Bedingung, daß… ; unter der Voraussetzung, daß… 만 취급한다.(접속사 [17-1] 비교)

(예)
① 네가 함께 한다는 전제하에서 나는 네게 동의한다.
☞ 함께하다 mitmachen; ~에게 동의하다 jm. zustimmen

Unter der Voraussetzung, daß du mitmachst, stimme ich dir zu.

【역례】
Unter der Bedingung, daß er morgen kommt, können wir alles besprechen.

[18-3] 방법(양상)의 부사

방법(양상)부사(Modaladverbien)은 어떤 사건이 어떻게 진행되는가, 상태・성질이 어떠한가를 기술하는 부사이다. 의문사는 wie, wie sehr, auf welche Weise?이다. 방법의 부사의 종류로는 다음과 같은 것이 있다.
1) 거의 모든 형용사가 변화 없이 방법의 부사로 사용 된다: fleißig, schön, schnell, gut 등

2) <명사 · 형용사 + weise>의 합성어와 -lings의 접미를 가진 부사
a) -weise와 합성어로서 파생된 부사 와 <전치사+명사>
<명사 + weise>: stückweise, teilweise, massenweise
<형용사 + er + weise>: glücklicherweise, dummerweise zufälligerweise, törichterweise
b)<명사 · 형용사 · 동사의 어간 + lings>: blindlings, jählings, rittlings, rücklings, meuchlings
3) 다음의 방법의 부사는 문장의 표현에 일정한 윤색을 하게 된다.
강조: ungewöhnlich, sehr, besonders, außerordentlich
약화: fast, kaum, beinahe, einigermaßen, ziemlich
의아 · 추측: wohl, vielleicht, vermutlich, möglicherweise, wahrscheinlich (의문사로 의문문 불가)
확신 · 확인: sicher, bestimmt, allerdings, gewiß, tatsächlich, absichtlich, unbedingt
부정: gar nicht, überhaupt nicht, keineswegs, keinesfalls, vergebens, umsonst

[18-3-1]

그 사건은 그가 (그것을) 설명 하는 것과는 상황이 다르다.

☞ 사건 Sache f./Angelegenheit f.; 기술하다. darstellen/beschreiben; 보다 다른 anders als; 상태이다 sich verhalten

(해설)
형용사가 부사로 사용될 때는 변화 없이 사용된다.
(1) 동사를 수식한다.
(2) <부사 + 형용사>로서 형용사를 수식한다.
(3) <부사 + 부사>를 수식한다.

(예)
① 내가 너를 최근에 보았을 때 안색이 좋지 않았다.
☞ 최근에 neulich; 안색이 좋지 않다 schlecht aussehen

Du sahst sehr **schlecht** aus, als ich dich neulich sah.

② 네가 함부르크에서 나에게 보내준 아주 아름다운 이 그림엽서에 대해 진심으로 네게 감사하네.

Ich danke dir herzlich für diese **besonders** schöne Ansichtskarte, die du mir aus Hamburg geschickt hast.

③ 그의 말이 아마도 그녀에게 상당히 상처를 주었을지도 모른다. 왜냐하면 그녀는 생각한 것을 나타내지는 않았지만 약간 모욕당한 것처럼 보였기 때문이다.
☞ ~에게 상처를 주다 jm. weh tun; 상당히 schön = ziemlich; 생각한 것을 나타내다 verraten, was jd. denkt; 약간 모욕당한 것처럼 보이다 ein wenig beleidigt aussehen

Seine Worte haben ihr vielleicht **schön weh** getan, denn sie sah ein wenig beleidigt aus, obgleich sie nicht verriet, was sie dachte.

【역례】
Die Sache verhält sich **anders**, als er sie darstellt.

[18-3-2]

그 관리는 무조건 (맹목적으로) 상관의 명령에 복종한다.

☞ 무조건 (맹목적으로) blindlings; 상관 der Vorgesetzte m. (형용사 변화)

(해설)
(1) wie에 답변으로 형용사 · 명사 · 동사에서 파생한 -lings의 접미어를 가진 부사가 사용된다.
(2) <명사 +weise 혹은 형용사 + er +weise>가 합성어로 부사로 사용된다.

(예)
① 그는 말을 탄 자세로 의자에 앉아서 그의 이야기를 시작했다.
☞ 말을 탄 자세로 rittlings; 이야기 Erzählung f.-en

Er setzte sich **rittlings** auf den Stuhl und begann seine Erzählung.

② 나는 어리석게도 그의 제안에 동의하였다.
☞ 어리석게도 törichterweise; ~에 동의하다 auf et.[4] eingehen

Ich bin **törichterweise** auf seinen Vorschlag eingegangen.

② 사람들은 가엾은 여인에게 진실을 조금씩만 조심스럽게 전할 수 있었다.
☞ 가엾은 bedauernswert; 조금씩 stückenweise; 조심스럽게 ~에게 ~을 전하다 jm. et.[4] beibringen

Man konnte der bedauernswerten Frau die Wahrheit nur **stückenweise** beibringen.

② 위협받는 (멸종에서) 호랑이와 표범 종류들이 앞으로는 정자(精子)은행의 도움으로 사멸(멸종)에서 보호 되리라고 한다.
☞ 위협받는 bedroht; 호랑이와 표범종류 Tiger-und Leopardarten pl.; 앞으로는 in Zukunft; 정자은행 Samenbank f.; ~의 도움으로 mit Hilfe von~; ~를~에서 보호하다 jn.(et.) vor et.[3] bewahren; 사멸 Aussterben n.

Bedrohte Tiger- und Leopardarten sollen in Zukunft **mit Hilfe von Samenbanken** vor dem Aussterben bewahrt werden.

【역례】
Der Beamte gehorcht **blindlings** dem Befehl des Vorgesetzten.

[18-3-3]

그의 목소리는 눈에 띄게 떨렸다. 그 때문에 사람들은 그가 몹시 흥분하였다고 느꼈다.

☞ **눈에 띄게** merkbar/deutlich wahrnehmbar; **떨리다** zittern; **몹시** außerordentlich; **흥분하여 있다** erregt sein; **느끼다** fühlen/spüren

(해설)

방법의 부사 중에서 문장의 표현에 일정한 윤색을 한다.

(1) 강조 또는 약화로서
(2) 의아 · 추측의 부사로서
(3) 확신 · 확인의 부사로서
(4) 부정의 강조의 부사로서

(예)

① 그 연극 공연은 아주 극단적인 (날카로운) 대화를 이해해가면서 쫓아가기는 상당히 힘들었지만 내게는 아주 좋았다 (마음에 들었다).

☞ **그 연극 공연** Theatervorstellung f.; **극단적인 (날카로운)** zugespitzt; **대화** Dialog m.-es,-e; **~을 이해해가면서 쫓아가다** et.³ folgen; **힘 드는** anstrengend; **아주** ausnehmend /sehr; **~의 마음에 들다** jm. gefallen

Die Theatervorstellung gefiel mir **ausnehmend** gut, obwohl es anstrengend war, daß ich dem zugespitzten Dialog folgte.

② 너는 오늘 마치 바보 같은 소년처럼 행동 한다. 너 혹시 정신이없니?

Du benimmst dich heute wie ein dummer Junge. Du hast **wohl** deinen Verstand verloren?

③ 그 여자는 서두르지 않으면 틀림없이 기차를 놓칠 것이다.

Sie versäumt (verpaßt) **bestimmt** den Zug, wenn sie sich nicht beeilt.

③ 사람들이 늙게 될지라도 마음속으로는 사람이 젊었을 때, 아직 어린 아이였을 때와 동일한 사람으로 전적으로 느낀다.

☞ **~일지라도** wenn~auch noch so; **마음속으로** im Innern; **젊었을 때** als man noch jung war; **사실** ja; **꼭 같은 사람** derselbe; **전적으로** ganz und gar; **느끼다** sich fühlen

Wenn man auch noch so alt wird, so fühlt man sich doch im Innern **ganz und gar** als denselben, der man war, als man jung war, als man noch ein Kind war.

④ 나는 사고가 어떻게 일어났는지 전혀 모르겠다.

Ich habe **gar** keine Ahnung davon, wie der Unfall passiert ist.

④ 나는 어제 그를 만나지 못했어. 그는 집에 있는 일이 아주 드물다.

Ich habe ihn gestern nicht angetroffen. Er ist **überhaupt** selten zu Hause.

【역례】
Seine Stimme zitterte merklich. Dabei spürte man, daß er **außerordentlich** erregt war.

[18-4] 장소의 부사

장소의 부사 (Lokaladverbien)는 다음의 세 가지 종류로 분류된다.
1) wo에 대한 질문에 대한 답: hier, dort, da, draußen, drinnen, droben (südd.,österr.) drunten (südd.,österr.) mitten, vorn, hinten, links, rechts; hier oben, hier unten, hier vorn, dort hinten
2) woher의 질문에 대한 답: her, herein, herab, heraus, hervor, herbei, herüber, herunten
3) wohin의 질문에 대한 답: hin, hinein, hinab, hinaus, hinüber

[18-4-1]

여기서 당신은 머물 수 없습니다. 다른 곳에서 숙박할 곳을 찾으시오.

☞ 다른 곳에 anderswo; 숙박하다 unterkommen

(해설)
(1) wo에 대한 질문의 답은 정지 상태에 있는 때이다.
(2) 방향을 정하지 않고 일정한 곳에서 왕래할 때 쓴다.

(예)
① 한 길손 (등산객)이 산꼭대기에 서서 주변을 둘러보다.

Ein Wanderer steht auf dem Gipfel des Berges und blickt **umher**.

② 저녁식사 후 그는 대략 한 시간 동안 공원에서 산책하는 습관이 있다.

Nach dem Abendessen pflegt er ungefähr eine Stunde **im Park** spazierenzugehen.

【역례】
Hier können Sie nicht bleiben, suchen Sie **anderswo** unterzukommen.

[18-4-2]

학생들이 교실에 앉아서 선생이 들어올 때까지 기다리고 있다.

☞ 안으로 들어오다 hereinkommen

(해설)
부사 hin과 her는 분리동사의 전철 · 의문사 · 부사 · 전치사와 합성어로 대부분 사용된다.
her(hinkommen), woher (-hin), her (hin-)auf, daher (-hin), irgendwoher (-hin) 등
(1) woher의 질문에 답으로서는 유래 · 기원을 말할 때 쓴다.
(2) 사람 · 사물이 어느 시발점에서 화자를 향하여 올 때 her를 쓴다.

(3) 사람과 사람, 사물과 사물 사이에 거리가 동일하게 변함없이 유지되면서 같은 방향으로 움직일 때.
(4) 두 물체 또는 사람이 평행하여 같은 방향으로 움직일 때.

(예)
① 우리들은 물론 개인이 속해 있는 사회의 입장에서 어느 행위의 목표에 관해 분명히 말할 수 있다.
☞ 개인이 속하다 das Individiuum gehört; 사회 Gesellschaft f.; 입장에서 vom Standpunkt aus; 분명히 klar; ~에 관해 말하다 über et.[4] sprechen

Wir können natürlich **vom Standpunkt einer Gesellschfat aus**, zu der das Individiuum gehört, klar über das Ziel einer Handlung sprechen.

① 당신들은 어디에서 당신들의 포도주를 구입하십니까? - 그 포도주를 내가 잘 아는 포도주 판매상점에서 구입 합니다.

Woher beziehen Sie Ihren Wein?/**Wo** beziehen Sie Ihren Wein **her**?
- Den beziehe ich **von der Weinhandlung**, die ich gut kenne.

② 다음 모임 때에 무엇에 관해 이야기 되어야할 것인가를 모두가 어디에서인지 (어디에서 알았는지)이미 잘 알고 있었다.
☞ 다음 모임 때 bei dem nächsten Zusammentreffen; 무엇에 관해 worüber; 이야기 되다 gesprochen werden; 어디에서인지 irgendwoher; 잘 알다 Bescheid wissen

Irgendwoher wußten schon alle Bescheid, worüber bei der nächsten Zusammentreffen gesprochen werden sollte.

③ 그 소년은 오토바이를 타고서 자동차와 나란히 가고 있다.

Der Junge fährt mit seinem Motorrad **neben** dem Wagen **her**.

④ 그 부인은 유모차를 자기 앞에 밀고 가고 있다.

Die Frau schiebt ihren Kinderwagen **vor sich her**.

【역례】
Die Schüler sitzen in ihrem Klassenzimmer und warten, bis der Lehrer **hereinkommt.**

[18-4-3]

그는 현관문을 열고 집으로 들어가서 4층으로 올라간다.

☞ ~(문을) 열다 aufschließen (= ein Schloß mit einem Schlüssel öffnen); 현관문 Haustür f.; 4층 dritter Stock; 올라가다 zu et.[3] hinaufsteigen

(해설)
(1) hin은 화자에서 멀리 떨어져있는 방향으로 갈 때와 (집)안에서 밖으로 나갈 때 쓴다.
(2) hin은 화자의 위치에 관계되는 것이 아니고 문장의 주어의 위치에 가끔 관계된다.
(3) hinaus, hinunter, hinein과 heraus, herunter, herein이 구어체에서 방향을 고려 않고 동일한 형태 raus, runter, rein으로 사용될 때가 있다.

(예)
① 그는 공원에서 거리로 나아가서 거기에서 5번 전차를 기다린다.

Er geht aus dem Park **auf die Straße (hinaus)** und wartet dort auf die Straßenbahn Fünf.

② 그 여자는 피곤하였다. 그 때문에 옷도 벗지 않고 침대로 누웠다.

Sie war müde. Deswegen **legte** sie sich ins Bett **hinein**, ohne auszukleiden.

③ 밖으로 나와 하늘을 쳐다봐! 보름달이 뜨고 있다.

Komm mal **raus** (**heraus**) und blick zum Himmel **hinauf**! Da geht der Vollmond auf.

③ 계단 아래 지하실로 내려가서 포도주 한 병을 가지고 와!

Geh(e) **die Treppe runter** (**hinunter**) in den Keller und hol eine Flasche Wein!

【역례】
Er schließt die Haustür auf, geht **in das Haus hinein** und steigt **zum dritten Stock hinauf**.

※ 참고 ※
여기에 비교적 빈도수가 많은 부사구들을 기록해 둔다.
1) 시간의 부사구
- dann und wann (= von Zeit zu Zeit, ab und zu) 때때로
- jahraus, jahrein 세세 연년, 해마다 똑같이
- in den besten Jahren (30세에서 50세까지) 한창 시절에
- Tag für Tag (= jeden Tag) 매일매일
- (bei) Tag und Nacht 밤낮으로
- heute in acht Tagen (vierzehn Tagen) 내주 (이주 후) 오늘
- heute vor acht Tagen (vierzehn Tagen) 지난(전전)주 오늘
- auf meine (deine) alten Tage (= in meinem (= in deinem) hohen Alter) 내가 (네가) 늙어서도
- den lieben langen Tag (= den ganzen Tag)
- von einem Tag auf den andern 갑자기 (unerwartet)
- in den Tag hinein leben 미래를 걱정 않는다. 되는대로 산다.

- im Laufe der Zeit 시간이 경과함에 따라서
- mit der Zeit (= langsam, nach und nach) 서서히, 차츰차츰
- zu gegebener Zeit 적당한 시점에
- auf Zeit 일정한 시간 동안
- in jüngster Zeit 최근 몇 주 혹은 며칠 동안
- zur Zeit (= im Moment), jetzt 지금
- für alle Zeiten (= für immer) 영원히
- vor Zeiten (= vor langer Zeit) 오래 전에
- zu meinen (deinen, seinen) besten Zeiten 나의(너의, 그의) 전성기 (경제적으로, 육체적으로)
- seit ewigen Zeiten (= seit langen)
- tagaus, tagein 매일매일

내주 오늘 그녀는 유럽 여행을 갈 것이다.
Heute in acht Tagen wird sie eine Europareise machen.

2) 원인 · 이유의 부사구
~을 목표로 하여, ~의 목적으로

auf + et.^{4} + hin

우리들의 기업은 소량의 생산을 목표로 하고 있다.
Unser Betrieb ist **auf** eine kleine Produktion **hin** ausgerichtet.

auf + et.^{4} + hin

in Rücksicht auf et.^{4} ~을 고려하여; in Hinblick auf et.^{4} ~의 관점에서; in Hinsicht auf et.^{4} ~의 관점에서

의사는 그 환자를 암이라는 관점에서 진찰하고 있다.
Der Arzt will den Kranken **auf** Krebs **hin** untersuchen.

auf + et.^{4} + hin

- wegen(때문에), aufgrund et.^{2} (auf Grund von et.^{3}) ~을 근거로
- auf js. Worte hin ~의 말을 믿고, ~말을 근거로
- auf Versicherung hin ~확언을 믿고서, ~을 근거로
- auf js. Beteuerung hin ~의 확언을 믿고서, ~을 근거로
- auf Zeugenangaben hin ~증인의 진술에 근거하여
- auf Zeitungsangaben hin 신문의 광고를 믿고서
- auf Zeitungsangeboten hin 신문의 광고를 믿고서
- auf Sinnestäuschungen hin 착각에서 출발하여

- auf einen flüchtigen Eindruck hin 힐끗 본 인상으로는
- auf grundlose Gerüchte hin 근거 없는 소문으로
- auf eine anonyme Angabe hin 익명의 밀고를 근거로

그는 오로지 혐의 때문에 체포되었다.
Auf einen bloßen Verdacht **hin** wurde er verhaftet.

aus + 추상명사

～ 때문에, ～이유에서
- aus Versehen 실수로
- aus Mangel an Zeit (Gelegenheit) 시간 (기회)가 없어서
- aus diesen vielen (persönlichen, politischen) Gründen 이 많은(개인적인, 정치적인) 이유에서
- aus Vorsicht (Unvorsichtigkeit) 주의 (부주의)에서
- aus Leichtgläubigkeit 쉽사리 믿기 때문에
- aus Mißtrauen 불신에서
- aus Interesse 관심에서
- aus Langeweile 권태로워서
- aus Mitleid (Freundschaft, Kollegialität) 동정 (우정, 동료의 우정)에서
- aus Überzeugung ～의 확신에서 (때문에)
- aus Ehrgeiz 명예욕에서
- aus Bescheidenheit (Zurückhaltung) 겸손 (겸양)에서
- aus Leichtsinn (Dummheit) 결손 (우둔) 때문에
- aus Neugier 호기심에서
- aus Rache (Eifersucht, Egoismus) 복수심 (질투, 이기심) 때문에

나는 실수로 다른 버스를 탔다.
Aus Versehen bin ich in den falschen Bus eingestiegen.

vor + 추상명사

- vor Kälte (Hitze, Hunger, Durst) 추위(더위, 굶주림, 갈증) 때문에
- vor Schrecken (Aufregung, Überraschung) 공포(흥분, 놀람) 때문에
- vor Zorn (Empörung) 화가 나서
- vor Schmerzen 고통 때문에
- vor Glück (Freude) 행복(기쁨)으로
- vor Müdigkeit 피로 때문에

그녀는 고통 때문에 밤 새 신음 하였다.
Vor Schmerzen hat sie die ganze Nacht hindurch gestöhnt.

3) 방법의 부사
- meines Erachtens 나의 생각으로는
- meines Wissen 내가 아는 바로는
- in leichtsinniger Weise 경솔하게
- in korrekter Weise 정확하게, 올바르게
- in seltsamer Weise 이상하게도
- auf diese Weise (in dieser Weise), auf die Art und Weise 이러한 방법으로
- zum Glück 다행히도
- zum Schluß 결국에는
- aus freien Stücken (= freiwillig) 자의로

그는 자발적으로 여기에 머물기로 결정 했다. 아무도 그것을 강요 하지 않았다.
Aus freien Stücken entschloß er sich, hier zu bleiben. Es hat niemand dazu gezwungen.

4) 장소의 부사 •
- hin und her 이리저리로
- eine Fahrkarte hin und zurück 왕복차표
- auf und ab (auf und nieder) 이리저리로 (아래위로)
- im Freien 교외 (야외)에서
- unter freiem Himmel 노천에서
- in der Sonne 햇볕에서
- im Schatten 그늘에서
- am Himmel 하늘에서
- im Radio (im Fernsehen, in der Zeitung) 라디오 (텔레비전, 신문)에서
- am Telefon 전화에서
- auf 15. Seite (im 5. Kapitel, im vierten Vers) 15면 (5장, 4행)에
- am Bahnhof(am Zoo, an der Grenze) 역에 인접한 곳 (동물원에 인접한 곳, 국경선)에서
- am Schalter (우체국, 은행, 역의) 창구에서
- an der Kasse 카운터에서

그 어린 소녀는 기뻐서 깡충 깡충 뛰었다.
Vor Freude hüpfte das kleine Mädchen **auf und nieder**.

hin 과 her

hin과 her가 본래의 공간적인 의미를 상실하고 비유적 또는 관용(慣用)적으로 사용될 때가 있다.
1) her
(1) her가 비유적으로 문장에서 약간의 의미가 나타날 때가 있다.
(2) <von+irgendwo+her>는 화자를 향하여 행위가 시작하는 시발점을 나타낸다.
(3)<von+irgendwann+her>는 어느 일정한 시간의 시발점에서 그때 이래로 계속되는 것을

말한다.

(예)
① 그 출판사는 지금 한 권의 새 책을 출판한다.
Der Verlag **gibt** jetzt ein neues Buch **heraus**.

② 그는 길 저 건너편에서 나를 불렀다.
Er hat mich **von** der anderen Straßenseite **her** gerufen.

③ 나는 그를 학교시절부터 알고 있다.
Ich kenne ihn **von der Schulzeit her.**

2) hin
(1) hin은<전치사+공간적인 의미를 가진 명사+hin>의 형으로 공간적인 확장 · 연장의 의미로서 「~에 걸쳐, ~따라, ~에 연하여」의 뜻
(2)<전치사 + 시간의 명사 + hin」>은 「내내, 계속하여」의 뜻

(예)
① 이 운하는 수 킬로미터에 이른다 (걸쳐 뻗어있다).
Der Kanal erstreckt sich **über mehrere Kilometer hin**.

① 담쟁이넝쿨이 온 벽을 따라 퍼진다.
Der Efeu breitet sich **über die ganze Wand hinaus**.

② 산업국가로의 한국의 발전은 20년에 걸쳐서 이루어졌다.
Die Entwicklung Koreas zu einer Industriestaat vollzog sich **über 20 Jahre hin.**

3) hin과 her가 함께 관용적으로 사용되는 것
① < ~hin, ~ her>는 「~이건, ~ 아니건」의 뜻

여자친구이건 아니건 간에 나는 그녀에게 나의 생각을 말하겠다.
Freundin **hin**, Freundin **her**, ich sage ihr meine Meinung.

② <hin und her>는 「이리저리 (오랫동안 이것저것)」의 뜻

토론은 어떠한 결말에 이르지도 못하고 말을 주고 받기만 하였다.
Die Diskussion ging **hin und her**, ohne zu einem Ergebnis zu führen.

③ <hin oder her>는 「다소간, 안팎, 내외」

이틀 전후로는 우리들은 그것에 대하여 다툴 필요없다.
Zwei Tage hin oder her, darüber brauchen wir uns nicht zu streiten.

④ **nach außen hin**「표면상으로(äußerlich)」

그는 표면상으로는 자유주의적인 인상을 준다.
Er gibt sich **nach außen hin** liberal.

⑤ **<vor sich hin murmeln (weinen, sprechen, singen)>**은「혼자서 중얼거리다(울다, 말하다, 노래하다)」의 뜻

herum, umher

(1) herum, umher는 일상어에서 가끔 구별 없이 사용되나 일반적으로 herum은 동사의 분리전철로「주위에」뜻으로 사용되고 um ~ herum으로서「근처에, 둘레에」의 의미를 강조하고, 또 대략의 시간을 뜻할 때가 있다.

① 나는 어떤 사람이 우리 개를 보았는지를 이웃의 여러 사람에게 두루 물어볼 것이다.
Ich **werde in der Nachbarschaft herumfragen**, ob jemand unseren Hund gesehen hat.

② 호반 주변의 길은 눈에 덮여 있다.
Der Weg um den See herum ist verschneit.

③ 환자 주변의 모든 사람들은 그의 절망적인 상태를 알고 있었다.
Alle **um den Kranken herum** kannten seinen hoffnungslosen Zustand.

④ 내가 4시경에 네게 들리겠다.
Ich komme **um** 4 Uhr **herum** bei dir vorbei.

(2) umher는「이리저리, 여기저기에, 사방으로」의 뜻

① 난파선의 조각들이 주위 사방에 흩어져 있었다.
Die Wrackteile eines Schiffes waren weit **umher** verstreut.

② 그는 숲 속에서 사방으로 헤매었다.
Er irrte **im Wald umher**.

◈ 연 습 문 제 18 ◈

1) 오늘 나는 조합원들과 상의하여 내일 아침 당신에게 서면으로 회신을 보내겠습니다.
☞ **조합원** Teilhaber m.-s; **의논하다** mit jm. sprechen; **내일 아침** morgen früh; **~에게 서면으로 회신을 보내다** jm. einen schriftlichen Bescheid zugehen lassen/schicken

2) 기술적인 이유에서 문화관의 개관이 2·3일 지연된다. (um)
☞ **기술적** technisch; **이유에서** aus Gründen; **문화관** Kulturhaus n.; **개관** Einweihung f.-en; **2·3일** einige Tage; **지체되다** sich verzögern

3) 남한과 북한 사이에 역사적 정상회담이 뜻밖에 화요일로 하루 연기되었다. 북한이

명목상으로는 기술적인 이유에서 연기를 요청했다.
☞ 역사적 historisch; 정상회담 Gipfeltreffen n.-e; 뜻밖에 überraschend; ~를 연기하다 um einen Tag verschieben; 화요일로 auf Dienstag; 명목상으로 angeblich; 연기 Verlegung; ~에게~을 요청하다 jn. um et.[4] bitten

4) 그것은 52년 전 한반도의 분단 이래로 적대관계가 되어진 국가들의 첫 번째 만남이다. 화해, 평화와 협력에 관한 회담도 예정되어 있다.
☞ 한반도 koreanische Halbinsel f.; 분단 Teilung; 적대관계가 되어진 verfeindet (sein); 만남 Begegnung; 화해 Versöhnung f.-en; 협력 Zusammenarbeit f.; 회담 Gespräch n.-s,-e (여기서는 복수를 쓸 것); 예정되어 있다 vorgesehen sein

5) 나의 주치의의 권유로 나는 건강회복을 위하여 바닷가로 가서 3개월간 그곳에 머문다.
☞ 주치의 Hausarzt m.; 권유로 auf Veranlassung hin; 건강회복 die Wiederherstellung meiner Gesundheit; 바다로 가다 ans Meer fahren; 3개월간 drei Monate (lang)

6) 그의 공로를 참작해서 사람들은 그에게 의장직을 위임하였다.
☞ 공로 Verdienst m.-es,-e (복수사용); 고려하여 im Hinblick auf et.[4] ; 의장(수상)직 das Amt des Vorsitzenden; 에게 ~을 위임하다 jm. et.[4] übertragen

7) 그 노인은 이웃들이 그를 도와주지 않았다면 근심과 고독으로 인하여 병이 났을 것이다. (이 문장은 가정법으로)
☞ Nachbar m.-n,-n; ~를 도와주다 jm. helfen; 근심과 고독으로 인하여 vor Kummer und Einsamkeit f.; 병이 나다 krank werden

8) 그는 오로지 권태 때문에 그 기구를 분해하고 조립하였다.
☞ 오로지 bloß; 권태로 인하여 aus Langeweile; 기구 Gerät n.-s,-e; ~을 분해하다 auseinandernehmen; ~을 조립하다 et.[4] zusammensetzen

9) 가족 재회의 가능성에 관한 남북간의 제 2차 회의가 추후의 시기로 연기되었다고 한다.
☞ 가족 재회 Familienzusammenführung; 가능성 Möglichkeit f.-en; 회의 Konferenz f.-en; 추후의 시기 ein später Termin; ~으로 연기되다 auf et.[4] verschoben (aufgeschoben) werden

10) 사람이 대만에서 격렬한 지진으로 적어도 두 사람이 사망하였다. 대만 라디오 방송의 보도에 따르면 그밖에 22명이 부상당하였다.
☞ 적어도 mindestens/wenigstens; 대만 Taiwan; 격렬한 heftig; 지진 Erdbeben; 죽다 getötet werden/sterben; 대만의 라디오 방송 der Taiwanische Rundfunk; 보도 Angabe f. -n, Bericht m.-es,-e; 그밖에 außerdem; 부상하다 verletzt werden

11) 두려움과 무지에서 많은 사람들은 병이 났는데도 약을 복용하지 않는다.

☞ 두려움과 무지 Angst und Unkenntnis; 병이 났는데도 bei Krankheiten; 의약품 Medikament n.-s,-e; ~을 복용하다 et.[4] einnehmen

12) 그 소년은 학교에 가는 도중이었다. 그는 우연히 사람들이 무리를 지어서 백화점 앞에 모여든 것을 보았다.
☞ 소년 Junge m.-n,-n; ~이 가는 도중에 있다 sich auf dem Weg befinden 우연히 durch Zufall/zufällig; 사람들 Leute; 무리를 지어 massenweise/im Massen; 모여들다 sich vor et.[3] versammeln

13) 처음에는 그는 무슨 일이 일어났는지를 알지 못했다. 그 다음에 그는 한 도둑이 백화점에서 달아나다 다행히도 그때 마침 행인들에 의하여 제지당하였다는 것을 알았다. (과거완료형을 쓸 것)
☞ 처음에는 am Anfang/anfangs; 일어나다 geschehen sein; 달아나다 flüchten; 다행히도 zum Glück/glücklicherweise; 때마침 zur rechter Zeit; 행인 Passant m.-en,-en; 제지당하다 von jm. gestellt werden

14) 거리의 소음이 열린 창으로 들어온다. 그러나 선생은 밖으로 내다보지 말고 책을 들여다보도록 학생들에게 경고한다.
☞ 소음 Lärm m. -s; 열린 창으로 zum offenen Fenster; 들어오다 dringen; 밖으로 내다보다 hinaussehen; ~으로 들여다보다 in et.[4] hineinsehen; ~에게 경고하다 jn. ermahnen

15) 리히터 지진계의 측도로서 강도 6.7의 지진은 금년에는 가장 강한 것이었고 약 1분간 지속하였다.
☞ 리히터 지진계의 측도로서 auf der Richter-Skala; 강도 6.7 die Stärke 6.7; 약 etwa; 일분 간 지속하다 eine Minute dauern

16) 그 지진은 2000명의 죽음을 가지고 온 지난 9월의 대지진에 대한 기억들을 불러일으켰다. 많은 사람들은 공포에 질려 거리로 뛰어나갔다.
☞ 2000명의 죽음을 가지고 온 mit 2000 Toten; 대 지진 das schwere Erdbeben; 기억들을 불러일으키다 Erinnerungen an et.[4] wecken; 공포에 질려 in Panik; ~로 뛰어나가다 auf et.[4] rennen

17) 그 왕은 다가오는 화요일에 그의 고향에 안장된다고 한다. 이 사실은 토요일에 공식적인 소식통으로 알려졌다.
☞ 다가오는 화요일에 am kommenden Dienstag; 고향 Heimatort m.-s,-er; 안장되다 beigesetzt werden; ~을 하게 되어있다 sollen (계획이나 대책을 세운 것을 하게끔 되어있다 의 뜻); 이 사실 das; 공식적인 보도에서 aus offiziellen Quellen; 알려지다 verlauten/bekannt werden

18) 이 홈페이지는 오늘날의 기후와 기상학적 분야에서 가장 흥미 있는 테마 중의 하나를

취급하고 있다.

☞ **홈페이지** Homepage f.; **오늘날의** heutige Zeit; **기후의** klimatisch; **기상학적** meteorologisch (Meteorologie **기상학**); **분야(영역)** Bereich m.-s,-e; **흥미 있는** interessant; ~**테마 중의** einer der Themen n.; **취급하고 있다** von et.[3] handeln

19) **이 홈페이지는 엘니노 (EL-Nino)현상의 부분적으로 복잡한 과정들을 일목요연하고 쉽게 이해되어질 수 있는 방법으로 설명해준다.**

☞ **엘니노현상** das EL-Nino-Phänomen; **부분적으로** teils; **복잡한** kompliziert; **과정** Ablauf m.-s, Abläufe; **일목요연한** anschaulich; **쉽게 이해되어질 수 있는** verständlich; **방법으로** in einer Weise; ~**에게**~**을 설명하다** jm. et.[4] näherbringen/jn. mit et.[3] vertraut machen

20) **엘니노는 장차 지상에서 한층 더 큰 역할을 할 것이고 그러므로 관심이 있고 첨단사회를 살아가고 (시대의 상황에 알맞게 살아가고)있는 모든 인간들에 의해 이해되어져야 한다.**

☞ **장차** in Zukunft; **더 큰 역할을 하다** eine noch größere Rolle spielen; **관심이 있는** interessiert; **첨단 사회를 살아가다 (시대의 상황에 알맞게 살다)** auf der Höhe der Zeit leben(sein,bleiben); **살아가다** leben; **인간** Erdenbürger/Menschen; ~**이 이해되다** verstanden werden; ~**할 텐데** Inf. + sollte

19. 부정법 (Der Infinitiv)

부정법 (Infinitiv)은 동사가 인칭변화 동사에서 보다는 다른 기능으로 나타나는 형태이다. 부정법은 zu 없는 부정법과 zu 있는 부정법으로 나눈다. 이밖에 동사가 명사화 한 것이 있는데 성은 중성이고 변화는 강변화다.

[1] zu 없는 부정법: kaufen, kommen

[2] zu 있는 부정법: zu kaufen, zu kommen

[19-1] zu 없는 부정법

문장 중에서 다음과 같은 조건하에서는 zu 없는 부정법을 쓴다.

1) 화법· 미래 조동사와 함께 사용할 때 zu 없는 부정형을 쓴다.

2) 문장의 주어로서 가끔 zu 없는 부정법이 사용된다.

3) 사역· 지각 동사 즉 lassen, hören, sehen, fühlen, heißen (= befehlen의 뜻), helfen동사 다음에는 zu 없는 부정법을 쓴다.

4) lehren, lernen, machen 다음에도 zu 없는 부정법을 쓴다.

5) bleiben 다음 정지 상태를 뜻하는 동사는 zu 없는 부정법이다.

6) gehen, kommen, fahren, reiten 다음에 장소의 의미 및 목적· 이유의 의미로 zu 없는 부정법이 사용된다.

7) haben이 jd. hat jn. (et.[4]) + irgendwo + Inf. 의 형식으로 zu 없는 부정법이 사용된다.

[19-1-1]

경찰은 수색영장을 가져야만 주택에 들어갈 수 있다.

☞경찰 Schutzmann m.-s,-leute; Polizist m.-en,-en; 수색영장 Durchsuchungsbefehl m.; 주택에 들어가다 eine Wohnung betreten; 할 수 있다 (허가) dürfen

(해설)

(1) 화법조동사 ([7-1] 참고) 다음의 모든 동사는 zu 없는 부정법이다.

(2) 미래 werden 동사 다음의 모든 동사도 이것에 준한다.

(예)

① 지배하는 집단이나 혹은 권력을 위해 투쟁하는 정치적인, 종교적인 집단의 언어는 이념적인 언어로 간주되어야 한다.

☞ 이념적인 언어 ideologische Sprache; 지배하는 집단들 die herrschenden Gruppen; 권력을 위해 투쟁하다 um die Herrschaft ringen; 정치적이고 종교적인 politisch und religiös; ∼으로 간주되다 als et.[1] gelten

Als ideologische Sprache **soll** die Sprache der herrschenden oder um die Herrschaft ringenden politischen und religiösen Gruppen **gelten**.

② 나의 행위와 의도를 역사의 굳건한 발자취가 정당함을 인정 할 것이다. 나는 그것을 굳게

(반석처럼) 믿는다.
☞ **나의 행위와 의도** mein Handeln und Wollen; **굳건한 발자취** der eherne Gang; **정당함을 인정하다** rechtfertigen; **굳건하게** felsenfest; **~을 확신하다** auf et.[4] vertrauen

Mein Handeln und Wollen **wird** der eherne Gang der Geschichte **rechtfertigen**; darauf vertraue ich felsenfest.

【역례】
Ein Schutzmann **darf** nur mit einem Durchsuchungsbefehl eine Wohnung **betreten**.

[19-1-2]

익지 않은 과일을 먹는 것은 건강에 나쁘다.

☞ **익지 않은** unreif; **과일** Frucht f. Früchte; **건강에 나쁜** ungesund

(해설)
(1) 문장의 주어로서 zu 없는 부정법이 사용될 수 있다. 물론 동일한 의미로서 zu를 삽입할 수 있다. 이 때 부정법의 목적어를 zu 없는 부정법 앞에 둔다.

(예)
① 러시아 사람들로부터 배우는 것은 승리하는 것을 배우는 것이라고 그는 생각 하였을지도 모른다.
☞ **러시아인** Russe f.-n; **승리하는 것을 배우다** siegen lernen; **하다** heißen; **상상하다** sich denken

Von den Russen lernen heißt **siegen lernen**, mag er sich gedacht haben.

【역례】
Unreife Früchte (zu) essen ist ungesund.

[19-1-3]

그 환자는 그의 맥박이 점점 약하게 뛰는 것을 느꼈다.

☞ **맥박** Puls m.-es,-e; **점점 약하게 뛰다** immer schwächer schlagen

(해설)
(1) lassen, spüren, sehen, hören, fühlen, finden, helfen, heißen(=befehlen) 다음에 오는 동사들은 zu 없는 부정법을 가진다.
(2) 이들 동사가 완료형으로 사용할 때는 과거 분사에서 ge-없이 부정형의 형태를 사용한다.

(예)
① 그녀가 그를 뻔뻔스럽게 속일 때마다 그는 자기 마음속에 분노가 치밀어 오는 것을 감지했다.
☞ **뻔뻔스럽게** unverschämt/frech; **~를 속이다** jn. anlügen; **화** Zorn m.; **치밀어 오다**

aufsteigen; 느끼다 spüren/fühlen
Jedesmal wenn sie ihn unverschämt anlügt, **spürt** er Zorn in sich **aufsteigen**.

② 옛날의 환상적인 한 쌍의 부부가 금년 초에 뮌헨에서 이혼을 하였다.
☞ 옛날의 einstig; 환상적인 한 쌍의 부부 Traumpaar n.; 이혼하다 sich (voneinander) scheiden lassen

Das einstige Traumpaar **hat** sich (am) Anfang dieses Jahres in München **scheiden lassen**.

【역례】
Der Kranke hat seinen Puls immer schwächer **schlagen fühlen**.

[19-1-4]

어머니는 그녀의 아이들에게 읽기와 쓰기와 계산하는 것을 가르친다.

☞ 읽기와 쓰기와 계산하다 lesen, schreiben und rechnen

(해설)
(1) lehren, lernen 다음에도 zu 없는 부정법을 쓴다.
(2) 완료형에서는 lehren, lernen은 gelehrt, gelernt 의 과거분사를 쓴다.

(예)
① 그 학생들은 제 2 외국어로 프랑스어를 (말하는 것을) 배운다.

Die Schüler **lernen** als zweite Fremdsprache Französisch **sprechen**.

① 그 여자는 이미 은퇴의 나이가 되었지만 그 여자는 아직도 아이들에게 무용과 수영을 가르친다.
☞ 은퇴의 나이가 되다 das Pensionsalter erreichen; 무용과 수영을 가르치다 tanzen und schwimmen lehren

Obwohl sie bereits das Pensionsalter erreicht hat, **lehrt** sie die Kinder **tanzen und schwimmen**.

② 그는 그의 나중의 부인(현재의 부인)을 경주로 가는 여행 중에 알게 되었다.
☞ 그의 나중의 부인 seine spätere Frau; 경주로 가는 여행 중에 auf der Reise nach Kyongju

Er **hat** seine spätere Frau auf der Reise nach Kyongju **kennengelernt**.

② 네가 이 일을 좀 잘 알게 되었다면 그 일은 아마도 네 마음에 들지 모른다.
☞ ~을 좀 더 잘 알게 되다 et.[4] besser kennenlernen

Wenn du die Arbeit etwas besser **kennengelernt** hast, wird sie dir vielleicht gefallen.

【역례】
Die Mutter **lehrt** ihre Kinder **lesen**, **schreiben und rechnen**.

[19-1-5]

너는 지금 조용히 누워있어야 하고 몸을 일으켜서는 안 된다.

☞ 조용히 ruhig; 누워있다 liegenbleiben; 몸을 일으키다 sich aufrichten

(해설)
(1) <bleiben+상태를 나타내는 동사의 부정형>은「~인 채로(그대로)있다」의 뜻으로 사용된다. 완료형에 ge-가 붙은 과거분사를 쓴다.

- stehen bleiben 선 채로 있다
- liegen bleiben 누운 채로 있다
- sitzen bleiben 앉은 채로 있다
- hängen bleiben 걸린 채로 있다
- stecken bleiben 꽂인 채로 있다
- kleben bleiben 풀에 붙어 있다
- haften bleiben 달라붙어 있다
- wohnen bleiben 거주하고 (머무르고) 있다
- leben bleiben 생존하고 있다
- bestehen bleiben 지속하고 있다
- sitzenbleiben이 「앉은 채로 있다」뜻으로 쓸 때는 띄워 써야하고 「낙제하다」의 뜻이면 붙여 쓴다.

(예)
① 지하자원 개발을 위한 계획들이 초기단계에서 아직 그대로 정체되었다. 왜냐하면 그 계획들이 정부로부터 보조를 받지 못했기 때문이다.
☞ 지하자원 개발을 위한 계획들 die Projekte zur Erschließung der Bodenschätze; 초기단계에서 im Anfangsstadium; 그대로 정체되어있다 steckenbleiben; 그 계획을 보조하다 die Projekte unterstützen

Die Projekte zur Erschließung der Bodenschätze **blieben** im Anfangsstadium **stecken**, weil sie von der Regierung nicht unterstützt worden sind.

② 칼은 그의 (학창시절에) 5학급에서 한번 낙제 했다.

Karl **ist** (während seiner Schulzeit) zweimal in der 5. Klasse **sitzengeblieben**.

【역례】
Du **mußt** jetzt ruhig **liegenbleiben** und **darfst** dich nicht **aufrichten**.

[19-1-6]

그 노인은 일하지 않는다. 그는 매일 구걸하러 간다.

☞ 구걸하러 가다 betteln gehen

(해설)

(1) gehen, kommen, fahren, reiten과 같은 어떤 곳으로의 이동을 나타내는 동사의 뒤에 zu 없는 부정법이 공간을 의미하거나 이유・목적을 나타내는 보충어로 쓰인다.

- essen gehen (in ein Lokal zum Essen gehen) 식사하러 가다
- schlafen gehen (zu Bett gehen) 자러 가다
- baden gehen (in einen Fluß oder einen See zum Baden gehen)목욕하러 가다
- einkaufen gehen 쇼핑하러 가다
- et.[4] kaufen gehen ~을 사러 가다
- beten gehen 기도하러 가다
- jm. et.[4] sagen gehen ~에게 ~을 말하러 가다
- et.[4] holen kommen ~을 가지러 오다
- et.[4] trinken kommen ~을 마시러 오다
- et.[4] spielen kommen ~(놀이・운동)을 하러 오다

(예)

① 네가 숙제를 다 끝마치면 내일 수영하러 가도 좋다.

Du **kannst** (**darfst**) morgen **schwimmen gehen**, wenn du mit deinen Hausaufgaben fertig bist.

① 나의 친구는 내일 오후 미니 골프 치러 우리에게 온다.
☞ 미니 골프 Minigolf n.-s

Mein Freund **kommt** morgen nachmittag zu uns Minigolf **spielen**.

【역례】

Der alte Mann arbeitet nicht. Er **geht** jeden Tag **betteln**.

[19-1-7]

그녀는 그녀의 남편이 죽은 이래로 남편의 사진을 항상 책상 위에 두고 있다.

☞ 사진 Bild n.-es,-en; 책상 Schreibtisch m.; ~을 세워 두고 있다 et.[4] stehen haben

(해설)

(1)<jd. (et.[1])+haben+jn. (et.[4])+irgendwo+부정형>의 형식으로「jn. (et.[4])가 주어의 처분에 맡겨져 있다는 뜻으로 사용된다. 반드시 장소의 부사가 필요하다.

- eine Kerze auf dem Schreibtisch brennen haben 촛불을 책상 위에 켜두고 있다
- Besucher im Vorzimmer sitzen haben 방문객을 대기실에 앉혀두고 있다
- das Telefon am Bett stehen haben 전화기를 침대 옆에 두고 있다
- Geld auf der Bank liegen haben 돈을 은행에 넣어두고 (저금) 있다
- Kleider im Schrank hängen haben 옷들을 옷장에 두고 있다

(예)
① 그녀는 옷장에 많은 좋은(품위)있는 옷들을 걸어두고 있다.

Sie **hat** viele elegante Kleider **im Schrank** hängen.

【역례】
Seitdem ihr Mann gestorben ist, **hat** sie immer das Bild ihres Manns **auf dem Schreibtisch stehen**.

[19-2] zu 있는 부정법

zu있는 부정법의 시제는 현재와 과거가 있다. zu있는 부정법은 ~, daß문장의 준 형태이다.

	부문장	부정법
능동 현재	..., daß er ... kauft	zu kaufen
능동 미래	..., daß er ... kaufen wird	(부정법 현재)
능동 과거	..., daß er ... kaufte	
능동 현재완료	..., daß er ... gekauft hat	... gekauft zu haben
능동 과거완료	..., daß er ... gekauft hatte	(부정법 과거)
능동 과거	..., daß er kam	
능동 현재완료	..., daß er gekommen ist	... gekommen zu sein
능동 과거완료	...,.daß er gekommen war	(상동)
수동 현재	..., daß er gelobt wird	... gelobt zu werden
수동 미래	..., daß er gelobt werden wird	(수동 부정법 현재)
수동 과거	..., daß er gelobt wurde	
수동 현재완료	..., daß er gelobt worden ist	...gelobt worden zu sein
수동 과거완료	..., daß er gelobt worden war	(수동 부정법 과거)

zu 있는 부정법의 용법은 크게 나누면 다음과 같다.
1) 문장의 주어
2) 타동사 문장의 목적어
3) 타동사 · 재귀동사 · 자동사의 전치사 목적어가 지시부사로 부정사절을 지시한다.
4) 형용사의 전치사 목적어가 지시부사로서 부정사절을 지시한다.
5) zu 부정법은 선행한 추상명사를 수식하는 부가어적 용법으로 사용된다.
6) 부문장 damit; anstatt(statt), daß; ohne, daß를 부정사절로 줄인 um~zu+Inf., anstatt(statt)~zu+Inf., ohne~zu+Inf. 부정사 절이 된다.
7) (um)~zu Inf. 의 독립적 용법

[19-2-1]

어린이를 올바르게 교육시키고 잘 양육하는 것은 어렵다.

☞ **올바르게** richtig; **~를 교육하다** jn. erziehen; **~를 잘 양육하다** et.[4] gut pflegen

(해설) zu 부정법도 문장의 주어로 사용된다. 이것은 es ~, daß ~의 절을 zu 부정법으로 바꾸어 쓴 것이다. es ~, daß ~문을 zu 부정법으로 바꾸어 쓰는 경우는
(1) es ~, daß ~에서 daß 이하의 문장의 주어가 man일 때
(2) es ~, daß ~에서 주문장의 목적어와 daß 이하의 주어가 동일한 사람일 때 이다.

(예)
① 요컨대 자신의 존재 및 피조물들의 존재의 의의 혹은 목적에 관해 질문한다는 것은 객관적인 입장에서 나에게 언제나 무의미하게 보였다.
☞ **자신의 (피조물의) 존재** das eigene Dasein (das Dasein der Geschöpfe); **의의 혹은 목적** der Sinn oder Zweck; **요컨대** überhaupt; **객관적인 입장에서** aus einem objektiven Standpunkt aus; **늘** stets; **~에게는 보이다** jm. erscheinen

Nach dem Sinn oder Zweck des eigenen Daseins sowie des Daseins der Geschöpfe überhaupt zu fragen, ist mir von einem objektiven Standpunkt aus stets sinnlos erschienen.

② 나는 그녀에게 사실의 전부를 이야기할 결심이 서있지 않다.
☞ **사실의 전부** die volle Wahrheit; **~을 결심하다** sich zu et.entschließen/es über sich bringen

Ich bringe es nicht über mich, **ihr die volle Wahrheit zu sagen**.
(= Ich bringe es nicht über mich, **daß ich ihr die volle Wahrheit sage**.)

【역례】
Die Kinder richtig zu erziehen und gut zu pflegen ist schwer.
(=**Es** ist schwer, **die Kinder richtig zu erziehen und gut zu pflegen**.)
(=**Es** ist schwer, **daß man die Kinder richtig erzieht und gut pflegt**.)

[19-2-2]

그 증인은 손을 들고 진실을 말할 것을 서약하지 않으면 안 되었다.

☞ **증인** Zeuge m.-n,-n; **손을 들고서** mit erhobener Hand; **진실을 말하다** die Wahrheit sagen; **서약하다** schwören

(해설)
zu 부정법이 문장의 목적격으로 사용된다. 이것은 ~, daß ~이하의 절을 zu 부정법으로 바꾸어 쓴 것이다. ~, daß ~의 문장을 zu 부정법으로 바꿀 수 있는 경우는
(1) 주문장의 주어와 부문장의 주어가 동일한 사람 또는 사물일 때.
(2) 주문장의 목적어와 부문장의 주어가 동일한 사람 또는 사물일 때.
(3) 주문장에 es를 두어서 뒤에 따르는 zu 부정법을 받을 때가 있는데 필수적인 es와

임의적인 es가 있다. 이 때 이것은 동사의 성질에 의한 것이다. 다음의 A), B)가 여기에 속한다.

A) 4격 지배동사로서 대어 (Korrelat) es를 취하는 동사

- es ablehnen, et. zu tun ～ 하는 것을 거절하다
- es aufgeben, et. zu tun ～ 하는 것을 포기하다
- es aufschieben, et. zu tun ～ 하는 것을 연기하다
- es aushalten, et. zu tun ～ 하는 것을 견디다
- es beklagen, et. zu tun ～ 하는 것을 탄식하다
- es ertragen, et. zu tun ～ 하는 것을 견디다
- es (dumm, klug, töricht와 함께) finden, et.zu tun ～바보 (영리,어리석은) 라고 생각하다
- es unterlassen, et. zu tun ～ 하는 것을 중단하다
- es verdienen, et. zu tun ～ 하는 것이 적절 (적당)하다
- es verscheuen, et. zu tun ～ 하는 것을 싫어하다
- es vermeiden, et. zu tun ～ 하는 것을 피하다
- es versäumen, et. zu tun ～ 하는 것을 놓치다
- es verschieben, et. zu tun ～ 하는 것을 연기하다

B) 3 · 4격 지배동사로서 4격이 대어 (Korrelat) es를 취하는 동사

- es jm. ausreden, et. zu tun ～ 하는 것을 말리다
- es jm. gestatten, et. zu tun ～ 하는 것을 허락하다
- es jm. überlassen, et. zu tun ～ 하는 것을 ～에게 맡기다
- es jm. verwehren, et. zu tun ～ 하는 것을 ～에게 거절하다

(예)

① 그 상사(上士)는 신병들을 트집을 잡아 극도로 괴롭히는 것으로 즐거움을 느낀다.
☞ 상사 Feldwebel m.-s; 트집을 잡아 괴롭히다 jn. schikanieren; 극도로 bis aufs Blut; 신병 Rekrut m.-en,-en; 즐거움을 느끼다 sich ein Vergnügen daraus machen

Der Feldwebel macht sich ein Vergnügen daraus, **die Rekruten bis aufs Blut zu schikanieren.**

② 선생이 학생들에게 교실에 조용히 앉아있도록 명했다.

Der Lehrer befahl den Schülern, **in dem Klassenzimmer ruhig sitzen zu bleiben**.
(=..., daß sie ... sollte.)

③ 나는 이 묵은 이야기를 재삼 꺼내는 것을 싫어한다.
☞ 이 묵은 이야기 diese alte Geschichte; 재삼 immer wieder; 꺼내다 aufwärmen; 싫어하다 verabscheuen

Ich verabscheue **es, diese alte Geschichte immer wieder aufzuwärmen**.
③ 나는 나의 친구에게 유럽 여행하는 것을 설득하여 말렸다.

☞ ~에게~을 설득하여 말리다 jm. et.[4] ausreden

Ich habe **es** meinem Freund ausgeredet, **eine Europareise zu machen**.

【역례】
Der Zeuge mußte mit erhobener Hand schwören, **die Wahrheit zu sagen**.

[19-2-3]

어머니는 어린 아이들에게 거리에서 놀지 않도록 주의시켰다.

☞ 거리에서 놀다 auf der Straße spielen; ~에게 ~하도록 주의 시키다 jn. zu et. ermahnen

(해설)
주문장의 전치사 목적어를 가지는 동사가 문장들 중에서 전치사구가 지시부사로서 뒤에 따르는 부정법을 지시할 때가 있다. 그러나 이 지시부사는 문장에서 생략 될 때가 많다. (괄호 안 지시부사는 생략 가능 한 것이다.)
(1) 4격 목적어와 전치사 목적어를 가지는 동사 A)
(2) 재귀동사가 전치사 목적어를 가진 동사 B)
(3) 자동사가 전치사 목적어를 가진 동사 C)

A) 4격 목적어와 전치사 목적어를 가지는 것
• jn. (davon) abhalten, et. zu tun ~을 그만두게 하다
• jn. (dazu) anreizen, et. zu tun ~을 촉진시키다
• jn. (dazu) antreiben, et. zu tun ~을 하도록 채근하다
• jn. (dazu) auffordern, et. zu tun ~을 하도록 요구 (권유)하다
• jn. (darum) bitten, et. zu tun ~을 하도록 간청하다
• jn. (dazu) drängen, et. zu tun ~을 하도록 독촉하다
• jn. (dazu) ermuntern, et. zu tun ~을 하도록 원기를 북돋우다
• jn. (dazu) ermutigen, et. zu tun ~을 하도록 기운 내게 하다
• jn. (darum) ersuchen, et. zu tun ~을 하도록 부탁하다
• jn. (daran) hindern, et. zu tun ~을 저지하다
• jn. (dazu) überreden, et. zu tun ~을 하도록 설득하다
• jn. (dazu) veranlassen, et. zu tun ~을 하게 하다
• jn. (dazu) verführen, et. zu tun ~을 하도록 유인하다 (타락시키다)
• jn. (dazu) verleiten, et. zu tun ~을 하도록 유인하다 (타락시키다)
• jn. (dazu) verpflichten, et. zu tun ~을 하도록 확약케 하다
• jn. (dazu) zwingen, et. zu tun ~을 하도록 강요하다

B) 전치사 목적어를 가진 재귀동사
• sich abgeben damit, et. zu tun ~에 종사하다
• sich beschäftigen damit, et. zu tun ~에 전념하다
• sich kümmern darum, et. zu tun ~걱정 (염려)를 하다

- sich nichts daraus machen, et. zu tun ~화를 내지 않는다
- sich verlassen darauf, et. zu tun ~을 기대하다, 믿다
- sich verstehen dazu, et. zu tun ~을 할 용의가 있다
- sich begnügen (damit), et. zu tun ~을 만족하다
- sich freuen (darüber), et. zu tun ~을 기뻐하다
- sich hüten (davor), et. zu tun ~하는 것을 주의하다
- sich wundern (darüber), et. zu tun ~을 의아하게 생각하다

C) 전치사 목적어를 가진 자동사
- darauf bauen, et. zu tun ~을 신뢰하다
- dazu beitragen, et. zu tun ~에 기여하다
- daran denken, et. zu tun ~을 기억하다
- dazu verhelfen, et. zu tun ~을 도와서 ~을 얻게 하다
- darauf vertrauen, et. zu tun ~을 신뢰하다
- (damit) beginnen, et. zu tun ~을 시작하다
- (darüber) klagen, et. zu tun ~을 슬퍼하다
- (damit) prahlen, et. zu tun ~을 과시 (자랑)하다
- (darauf) rechnen, et. zu tun ~을 신뢰하다
- (danach) streben, et. zu tun ~을 위해 노력하다
- (davor) warnen, et. zu tun ~하는 것을 경고하다

(예)
① 그 사장은 노동자에게 일을 빨리 끝마치도록 독촉하였다.
☞ ~에게 ~하도록 독촉하다 jn. dazu antreiben, et. zu tun

Der Chef trieb die Arbeiter (**dazu**) an, **die Arbeit schnell zu beenden**.

① 그 부인은 그녀의 남편에게 진실을 말하도록 강력히 요구했다.
☞ ~에게 ~하도록 요구하다 jn. zu et. auffordern; 진실을 말하다 Wahrheit zu sagen

Die Frau hat ihren Mann energisch (**dazu**) **aufgefordert, die Wahrheit zu sagen**.

② 그는 금년에 그의 박사학위 논문을 끝마치는데 전념하고 있다.

Er beschäftigt sich **damit, in diesem Jahr seine Doktorarbeit zu beenden (fertigzustellen)**.

② 그는 수학에 A (수) 성적을 받으려고 노력하고 있다.
☞ A(수) 성적 die Note Eins; ~노력하다 sich um et. bemühen

Er bemüht sich (**darum**), **für die Mathematik die Note Eins zu bekommen**.
③ 루이스 파스퇴르는 박테리아 연구에 많은 기여를 하였다.

☞ 기여하다 zu et. beitragen; 박테리아를 연구하다 Bakterien erforschen

Louis Pasteur trug viel **dazu** bei, **Bakterien zu erforschen**.

③ 그는 그의 생활에 어떤 의미를 부여할려고 노력하였다.

Er **hat danach** gestrebt, **seinem Leben einen Sinn zu geben.**

【역례】
Die Mutter ermahnte die Kinder **dazu**, **nicht auf der Straße zu spielen**.

[19-2-4]

그녀는 그의 말들을 결코 믿지 않는다.

☞ 결코 ~ 않다 davon weit entfernt sein, et. zu tun; 그의 말을 믿다 seinen Worten glauben

(해설)
(1) 전치사 목적어를 가진 형용사에서 전치사 목적어는 지시부사로서 뒤에 따른 부정법을 지시한다.(형용사 [12-4] 참고)
• dazu bereit sein, et. zu tun ~할 용의가 있다 (각오하다)
• darüber erstaunt sein, et. zu tun ~에 놀라다
• darüber traurig sein, et. zu tun ~에 슬프다

(2) 4격 지배 형용사에서 대어 (Korrelat) es가 뒤따르는 zu 부정법을 지시한다.
• es gewohnt sein, et. zu tun ~하는 것이 습관이 되어 있다
• es wert sein, et. zu tun ~할 가치가 있다

(예)
① 나는 이 모험을 할 용의가 없다.

Ich bin nicht **(dazu) bereit, dieses Risiko einzugehen**.

② 그는 유년시절부터 그의 일을 빈틈없이 하는데 익숙하여 있다.

Er ist **es** gewohnt, **von Kindheit an seine Arbeit gründlich zu leisten**.

② 그는 이 좋은 보수의 일을 받을 자격이 없다.
Er ist **es** nicht wert, **diese gut bezahlte Arbeit zu bekommen**.

【역례】
Sie ist **davon** weit entfernt, **seinen Worten zu glauben**.

[19-2-5]

그는 지금 미국으로 이민 갈 의도를 가지고 있다.

☞ 이민가다 auswandern; 의도를 가지고 있다 die Absicht haben

(해설)

(1) 부정법이 부가어적 용법으로서 사용되는데 선행하는 명사는 부정형의 형태로 파생한 명사 Vergnügen, Streben, Verlangen, Bemühen과 동사에서 파생한 명사 Hoffnung, Wunsch, Absicht, Erlaubnis 등 외에 형용사에서 파생한 명사 Gelegenheit, Gewohnheit 등이다.

(예)

① 그 여자는 식후에 담배 피우는 습관을 가지고 있다.

Sie hat **die Gewohnheit, nach dem Essen eine Zigarette zu rauchen**.

【역례】

Er hat **die Absicht, nach Amerika auszuwandern**.

[19-2-6]

나는 더 잘 보고 듣기 위하여 첫째 줄에 자리를 잡았다.

☞ 더 잘 보고 듣다 besser sehen und hören; 줄 (열) Reihe f. -n; 자리를 잡다 einen Platz nehmen

(해설)

damit, ohne daß, anstatt (statt) daß는 주문장의 주어와 부문장의 주어가 동일할 때는 um ~ zu + Inf.; ohne ~ zu + Inf.; anstatt(statt) ~ zu + Inf.로 바꾸어 쓸 수 있다.

(1) um ~ zu + Inf.는 목적, 의도, 소원을 나타낸다.

(2) ohne ~ zu + Inf.는 보통 기대되었던 것이 나타나지 않는 것을 표현한다.

(3) anstatt (statt) ~ zu + Inf.는 보통 기대되었던 것 보다는 다른 상태임을 표현한다.

(예)

① 그 농부는 들을 경작하기 위해 트랙터가 필요하다.

☞ 들을 경작하다 die Felder bearbeiten; 트랙터 Traktor m.-s,-en

Der Bauer braucht einen Traktor, **um** die Felder **bearbeiten zu können**.

② 그는 운전면허증도 없이 차를 몰았다.

Er hat den Wagen gefahren, **ohne** einen Führerschein **zu besitzen**.

③ 그는 아버지의 사업을 계속 이어가는 것 대신 외국으로 갔다.

☞ 사업 Geschäft n.-es,-e; ~를 계속 이어가다 weiterführen

Er ging ins Ausland, **anstatt** das Geschäft des Vaters **weiterzuführen**.

【역례】

Ich nahm einen Platz in der ersten Reihe, **um** besser **zu sehen** und **zu hören**.

[19-2-7]

신문에 난 것으로 판단하면 한국은 중국에 대하여 아주 새로운 정책을 추구하려는 의도를 가지고 있다.

☞ 신문에 나다 in der Zeitung stehen; 난 것 was 관계대명사, 선행사는 der 지시대명사의 3격; ~에 의해 판단하면 nach et. zu urteilen; ~에 대하여 3격 + gegenüber; 아주 새로운 völlig neu; ~을추구하다 et.[4] verfolgen; 의도를 가지고 있다 die Absicht haben/beabsichtigen

(해설)

(1) zu 부정법이 문장의 다른 성분에 영향을 주는 것 없이 독립적으로 사용될 때가 있다.

- (um) mit jm. zu reden (sagen) ~의 말을 빌리면
- (um) die Wahrheit zu sagen 사실을 말하면
- (um) gelinde zu urteilen 완곡하게 평가하면
- (um) das Bisherige kurz zusammenzufassen 이때까지 언급한 것을 간단히 요약하면
- (um) nach seinen Worten zu schließen 그의 이야기로 추론하면
- (um) aufrichtig zu sein 정직하게 말하면
- (um) davon ganz zu schweigen 그것을 완전히 묵살하면
- (um) es anders auszudrücken 환언하면
- (um) nur ein Beispiel anzuführen 단 하나의 예를 들면
- (um) es frei zu sagen 기탄없이 말하면
- (um) ehrlich zu sein 정직하게 말하면
- (um) es kurz zu sagen 간단히 말하면

【역례】

Korea beabsichtigt, **nach dem zu urteilen**, was in der Zeitung steht, China gegenüber eine völlig neue Politik zu verfolgen.

※ 참고 ※

<zu + Inf.>이 문장에서 관용구로 사용될 때가 있다. 여기에 빈도가 높은 몇 개의 예를 들어본다.

1) in der Lage sein (= imstande sein), zu Inf.; dazu fähig sein, zu Inf. →「할 수 있다」의 뜻이고 반대말로는 <außerstande sein, zu Inf. (= nicht fähig sein)>

그는 이 단순한 문제를 풀 수가 없다.
Er **ist nicht in der Lage**, diese einfache Aufgabe zu lösen.
(= Er **ist nicht imstande**, ...)
(= Er **ist außerstande**, ...)

2) im Begriff sein, zu Inf. (= gerade et.[4] anfangen = auf dem Sprung sein, zu Inf.)

→「~을 막 시작하려고 하다」

네가 나에게 전화를 했을 때 나는 막 극장에 가려고 했다.
Ich war **im Begriffe**, ins Theater **zu gehen**, als du mich anriefst.

3)a) jn (et.[4]) zu tun haben (müssen) →「~**하지 않으면 안 된다**」
b) viel, wenig, nichts zu tun haben → **부정법이 부가어로 사용될 때가 있다.**

(의사)선생님이 당신을 보시기 전에 또 한 환자를 치료해야 합니다.
Herr Doktor **hat** noch einen Patienten **zu behandeln**, bevor er für Sie Zeit hat.

네가 여기서 끼어들 것은 없어. 꺼져!
Du **hast** hier **nichts** (**wenig**) **mitzureden**. Verschwinde!

4) a) zu tun sein (Passiv + können, müssen, sollen) →「**행하여 질수 있다**」
b) viel, wenig, nichts zu tun sein → **부정법이 부가어로 사용된다.**

그 청구서는 10일 이내에 (계좌로) 송금되어져야 한다.
Die Rechnung **ist** innerhalb 10 Tagen **zu überweisen**.
(= ... muß ... überwiesen werden.)

모든 노력에도 불구하고 그 환자는 구조되어질 수 없었다.
Trotz aller Bemühung **war** der Patient nicht mehr **zu retten**.
(= ... konnte ... gerettet werden.)

그 곳에는 할 일이 많이 (거의 없는, 충분한, 약간, 없는 것) 있는 것 같다.
Dort **scheint** viel (wenig, genug, etwas, nichts) **zu tun**.

5) a) brauchen nicht (kein) + zu Inf. →「~**할 필요가 없다**」
b) brauchen nur (bloß) + zu Inf.「→ 「~**만 하기만 하면 되다**」
* **부정하는** nicht, kein(a) **또는** nur, bloß(b)**와** brauchen**이 함께 사용 될 때만** zu Inf.**가 가능하고 완료형의 과거분사는 부정형** brauchen**을 사용한다.**

당신이 버튼 (누름단추)을 누르기만 하시면 기계가 작동합니다.
Sie **brauchen nur** auf den Knopf **zu drücken**, dann funktioniert die Maschine.

나의 아버지는 나에게 돈을 보내 줄 필요는 없다. 왜냐하면 내가 돈을 충분히 벌기 때문이다.
Mein Vater **braucht** mir **nicht** mehr Geld **zu schicken**, denn ich verdiene schon viel genug.

그 때문에 너는 그 여 판매원을 즉시 해고할 필요는 없었다.
Deshalb **hast** du der Verkäuferin doch **nicht** gleich **zu kündigen brauchen**.
6) drohen + zu Inf. (= im Begriff sein, et. zu tun; in Gefahr sein) →「~**하려고 하다. 위험하다**」**의 뜻.**

그 여자는 기진맥진 하여 금방이라도 쓰러질 것 같다.
Sie **drohte** vor Erschöpfung **zusammenzubrechen**.

이 집은 금방이라도 붕괴할 것 같다 (붕괴 할 정도로 위험하다).
Das Haus **droht einzustürzen**.

7) pflegen + zu Inf. (= die Gewohnheit haben, et. zu tun) → 「~하는 습관이 있다」의 뜻.

나의 아버지는 매일 아침 일찍 일어나서 공원에 산책하는 습관이 있다.
Mein Vater **pflegt** morgens früh **aufzustehen** und im Park **spazierenzugehen**.

8) scheinen + zu Inf. (= den Anschein erwecken/den Eindruck machen) → 「~인 것 같다」의 뜻

그는 경제 분야에서 전문가인것 같다.
Er **scheint** ein Fachmann auf dem wirtschaftlichen Gebiet **zu sein**.

9) vermögen + zu Inf. (= in der Lage sein, et. zu tun) → 「~할 수 있다」의 뜻.

우리들은 우리들이 할 수 있는 모든 것을 다 할 것이다.
Wir werden alles tun, was wir **(zu tun) vermögen**.

10) versprechen + zu Inf. + werden → 「~의 기대를 걸게 하다」의 뜻.

그 소년은 훌륭한 피아니스트가 되리라는 기대를 하게 한다.
Der Junge **verspricht** ein großer Pianist **zu werden**.

11) es gibt + et.[4] + zu Inf. → 「~하는 것이 필요, 가능하다」의 뜻.

유럽 여행 가기 전에 아직 처리할 일이 많이 있다.
Vor der Europareise **gibt es** noch viel **zu erledigen**.

12) et.[1] steht + zu Inf. (befürchten, hoffen, erwarten) → 「걱정되어지다, 희망된다, 기대되어 진다」의 뜻.

다음 수주 사이에 달러시세가 상승이 되리라고 기대되어진다.
Es steht zu erwarten, daß der Dollarkurs in den nächsten Wochen steigen wird.

13) et.[1] bleibt + (jm.) + zu Inf. → 「et.[1]가 (때로는 유일한 가능성으로서) 남아있다」의 뜻.

그녀가 다시 건강하게 되리라는 희망만이 아직 남아있다.
Mir **bleibt** es nur noch **zu hoffen**, daß sie wieder gesund wird.

14) wissen + zu Inf. (= können, in der Lage sein, et. zu tun) → 「~을 할 수 있다」의 뜻.

그 여자는 자기 자신을 내세울 줄 안다.
Sie **weiß** etwas aus sich **zu machen**.

◈ 연 습 문 제 19 ◈

1) 이 때는 우리 모두를 위하여 단결을 나타낼 시점이다. 이 거대한 동맹 가운데서 견해의 차이를 불러일으키는 그 시점은 아니다.
☞ 이 때는 (시점) 이다 Dies ist (Zeitpunkt); 시점 Zeitpunkt m.; 단결은 나타내다 Einigkeit zeigen; 거대한 großartig; 동맹 Allianz f.-en; 견해의 차이 Meinungsverschiedenheit f.; 불러일으키다 heraufschwören; 이때는 ~하는 시점이다 Dies ist der Zeiitpunkt für ~

2) 간섭(干涉)과 행동에 대한 욕망이 점점 적어지면 적어질수록 점점 더 자연의 생활과 이웃의 생활을 바라보고 듣게 되는 능력이 더 커진다.
☞ 간섭과 행동 Eingriff und Tat; ~에 대한 욕망 Verlangen nach ~; 점점 적어지면 적어질수록 점점 더 크게 되다 je geringer ~, desto größer~; 자연의 생활과 이웃의 생활을 보고 듣다 dem Leben der Natur und dem Leben der Mitmenschen zuschauen und zuhören

3) 이미 어릴 때부터 소녀들은 소년들보다 더 빨리 말하는 것을 배우고 더 많은 어휘를 발전시켜간다. 그들은 더 인내심이 있고 더 재치 있게 공작을 하고 더 잘 읽고 쓴다.
☞ 작은 어린이 Kleinkind n.; 소년 Junge m.-n,-n; 더 많은 어휘 ein größerer Wortschatz; ~을 발전시키다 et.[4] entwickeln; 인내심이 있는 geduldig; 재치 있는 geschickt; ~을 (취미로) 공작하다 et.[4] (als Hobby) basteln

4) 인간이 개인으로서 완전히 발전하고 독자적으로 생각하고 느낄 능력을 얻게 되었을 때만 어떠한 권력에 대해 '안돼'라고 말하고 순종하지 않는 용기를 낼 수가 있다.
☞ 개인으로서 als Individuum n.-s,-duen; 발전하다 sich entwickeln; 독자적으로 selbständig; 용기를 내다 den Mut aufbringen; 어떤 권력에 대해 안돼 라고 말하다 zu einer Macht nein sagen

5) 그들은 그 사이에 이미 많은 집들을 태양열 혹은 풍력 (에너지)의 시설에 연결한 것을 자랑하고 있다. 그들은 자체의 에너지 공급원을 건설하고 동시에 태양과 바람을 에너지원으로 이용하는 데 성공하였다.
☞ 그 사이에 inzwischen; 태양 혹은 풍력 (전류)시설 Solar- oder Windstromsystem n.; ~을 ~에 연결하다 et.[4] an et.[4] anschließen (여기서는 과거부정법); 자랑하고 있다 auf et. stolz sein; 에너지 공급(원) Energieversorgung f.; 건설하다 et.[4] aufbauen; 동시에

dabei; 에너지원 Energiequelle f.; ~가 성공하다 jm. gelingen; ~이용하다 et.⁴ nutzen

6) 상이한 기구들이 — 협회들, 노동조합들, 교회들 — 사회의 고통 (불행)을 완화시키는 것에 대하여 찬성하였다.
☞ 상이한 verschieden; 기구 Organisation f.; 협회 Verein m.-es,-e; 노동조합 Gewerkschaft f.-en; 사회의 고통 das soziale Elend; ~을 완화하다 et.⁴ mildern; ~에 찬성하다 für et.⁴ plädieren

7) 나는 이 경고와 권고를 사적인, 작은 토론회에서 아니고 책임 있는 곳, 최고의 재판정(재판을 하는 곳)에서 진술하는 그 하나의 목적에 도달하였다. 나는 이 권고를 위하여, (민주적인 국가로) 복귀하기를 위한 간절한 청을 위하여 나의 생명을 바치겠다.
☞ 경고와 권고 Warnung und Mahnung; 사적인 privat; 토론회모임 Diskutierklub m.; 책임 있는 곳에 an verantwortlicher (Stelle); 최고의 재판하는 곳에 an höchster richterlicher Stelle; ~을 진술하다 et.⁴ vorbringen; 그 하나의 목적 das eine Ziel; 간절한 청 diese beschwörende Bitte; 복귀하기를 위한 zur Rückkehr; ~을 위해 생명을 바치다 für et.⁴ js. Leben einsetzen

8) 한 로켓 안에서 (타고서) 우주를 (통과하여) 비행하고 모든 세상에서 단절되어 있는 것은 독특한 느낌에는 틀림없다.
☞ 한 로켓 안에서 in einer Rakete; 우주 Weltraum m.-s; 모든 세상 alle Welt; 단절되어 있다 abgeschnitten sein; 독특한 eigenartig; 느낌 Gefühl (주어는 es ~, zu + Inf.)

9) 그 기업의 새로운 사장은 이미 기존의 거래관계를 유지하도록 하고 새로운 거래를 맺으려는데 마음을 쓰고 있다 (중시하고 있다).
☞ 기업 Unternehmen n.-s; 거래관계 Geschäftsverbindung f.; 유지하다 (이전 상태를 유지하도록 조치하다) pflegen; ~을 맺다 et.⁴ anknüpfen; ~에 마음을 쓰다 sich³ et.⁴ angelegen sein lassen

10) 부당함을 감수하는 것이 부당한 것을 행하는 것 보다 낫다. 폭력의 수단으로 바라는 것을 이루려는 것은 잘못이다.
☞ 부당함을 감수하다 Unrecht (zu) leiden; 부당한 것을 행하다 Unrecht (zu) tun; 폭력 Gewalt f.-en; 수단 Mittel n.-s; 바라던 erwünscht(형용사의 명사화를 사용할 것); ~을 이룩하다 (도달하다) et.⁴ erreichen

11) 정상회담이 한반도에서 전쟁의 위협을 제거하고 냉전을 종식하는 노력의 전환점이 되기를 나는 바란다.
☞ 정상회담 Gipfeltreffen n.-s; 한반도 koreanische Halbinsel f.; 전쟁의 위협 Kriegsdrohung f.; ~으로부터 ~을 제거하다 et.⁴ von jm. (et.³) nehmen; 노력 Bemühen n.; ~의 전환점 Wendepunkt um et.; 되다 werden; 냉전을 종식하다 den Kalten Krieg beenden

12) 아무도 자기 자신의 전화, 자동차 혹은 자기 자신의 텔레비전을 소유하려는 요구를 하지 않는다. 그들은 과욕을 버리고 안락과 사치를 단념할 각오가 되어있다.
☞ 아무도 ~ 않는 keiner; 자기의 eigen; ~을 소유하다 et.[4] besitzen; 요구하다 Anspruch erheben; 욕심이 아주 많다 hohe Ansprüche stellen; (나쁜) 버릇을 버리다 es sich abgewöhnen; 안락 Komfort m.-s; 사치 Luxus m.; ~을 단념하다 auf et.[4] verzichten

13) 불순종하기 위해서는 사람들은 혼자 있고, 방황하며 죄를 짓는 용기를 가지지 않으면 안 된다. 그 용기에 대한 능력은 관련자의 발전단계에 달려있다.
☞ 불순종 하다 ungehorsam sein; 혼자 있고 방황하고 죄를 짓는 것 allein zu sein, zu irren und zu sündigen; ~에 대한 능력 die Fähigkeit zu et.[3]; 발전 단계 Entwicklungsstadium n.; ~에 달려있다 von et. abhängen

14) 무지와 불안에서 외국인 노동자들은 그들에게 주어진 권리를 종종 감히 이용을 못하고 있다. 왜냐하면 그들은 약속된 땅을 다시 떠나기를 원하지 않기 때문이다.
☞ 외국인 노동자 Gastarbeiter m.-s; 무지와 불안에서 aus Unkenntnis und Angst; ~에게 귀속되다 jm. zustehen (현재분사 사용); 권리 Rechte (pl.); 이용하다 nutzen/wahrnehmen (eine Chance, Gelegenheit, Rechte wahrnehmen, nutzen); 감히 ~하다 et.[4] wagen (여기서는 es wagen으로 es는 뒤의 부정법을 지시한다); 약속된 땅 das gelobte Land (성경에서 이용한 말)

15) 현수막, 확성기와 유사한 보조도구도 없이 여섯 명의 여성들이 토요일 역전 광장에서 시민들에게 그들이 물건을 구입할 때 가격인상을 부추기는 사람들을 보이콧 하도록 요구(권유)하였다.
☞ 현수막 Transparent n.-es,-e; 확성기 Lautsprecher m.-s; 유사한 보조도구 ähnliche Hilfsmittel; 역전 광장 Bahnhofsvorplatz m.; 시민 Mitbürger m.; 물건을 구입할 때 bei ihren Einkäufen; 가격을 부추기는 사람 Preistreiber m.; 보이콧하다 boykottiern; ~에게 ~을 요구하다 jn. zu et.[3] auffordern

20. 분사 (Das Partizip)

독일어에는 세 가지 종류의 분사가 있는데 현재분사, 과거분사, 미래분사 이다

[1] **현재분사**: lobend, kommend
[2] **과거분사**: gelobt, gekommen
[3] **미래분사**: zu lobend

[20-1] 현재분사

현재분사는 현재에 일어나고 있는 행위· 과정· 상태를 나타내고 능동적인 의미를 가지고 있다. 용법상으로는 명사적인 용법과 형용사의 부가어적 및 술어적 (제한적이지만) 용법과 부사적으로 사용되고 분사 절을 형성할 수 있다.

1) 명사적 용법
2) 현재분사의 부가어적 및 술어적 용법
3) 부사적 용법
4) 분사 절([20-1-4] 참고)

[20-1-1]

회의 혹은 집회를 주재하는 사람을 의장이라 부른다.

☞ (학술적, 전문적, 정치적)회의 Konferenz f.-en; 집회 Versammlung f.-en; ～을 주재하다 et.[4] leiten; 의장 (ein) Vorsitzender m.

(해설)

(1) 의미가 허락하는 한에 있어서는 어떠한 동사든지 현재분사로 사용할 수 있고 이 현재분사는 명사적으로는 대문자를 쓰고 형용사 변화한다. 다음에 자주 사용되는 현재분사의 명사적 용례를 몇 개 들어본다.

der Anwesende*, ein Anwesender 참석자; der Abwesende*, ein Abwesender 부재자; der Heranwachsende, ein Heranwachsender 청소년; der Leidtragende, ein Leidtragender 상중의 유족/피해자; der Reisende, ein Reisender 여행자; der Überlebende, ein Überlebender 생존자; der Vorsitzende, ein Vorsitzender 의장

* an(ab-)wesend는 중세에는 부정형 wesen이 있었으나 현대어 에서는 분사만이 사용되고 있다.

(예)

① 이혼 할 때는 언제나 어린 아이들이 피해자이다.

☞ 이혼 할 때 bei einer Scheidung; 피해자 Leidtragender m. (형용사 변화)

Bei einer Scheidung sind immer die Kinder **die Leidtragenden**.

① 모든 참석자들은 조용히 행동을 취하도록 요청 받았다.

☞ **참석자** Anwesender m.; **조용히** ruhig; **행동하다** sich verhalten; **요청받다** gebeten werden

Alle Anwesenden wurden gebeten, sich ruhig zu verhalten.

【역례】
Wer eine Konferenz oder eine Versammlung leitet, (der) heißt ein **Vorsitzender**.

[20-1-2]

내가 울고 있는 아이를 달래자 그 아이는 곧 울음을 멈추고 나를 향해 미소 지었다.

☞ **달래다** beruhigen; **울다** weinen/heulen; **멈추다** aufhören; **~향해 미소 짓다** jm. zulächeln

(해설)
(1) 울고 있는 아이 „ein weinendes Kind"는 „ein Kind, das weint"의 관계문장의 준형태이다. ([20-1-4] 참고)
(2) 현재분사가 형용사의 술어적으로 사용될 때 동사의 성질을 상실하고 형용사에 더 가까울 때 쓴다. 독일어에는 현재 진행형이 없으므로 <sein + d>는 형용사의 술어적 용법이다. 다음 형용사화한 분사들의 예를 든다.
entzückend **황홀하게 하는**; reizend **매력적인**; dringend **긴급한**; brennend **매우 중요한**; leidend **병들어 고생하는**; zuvorkommend **공손한**; wütend **분노한**; überraschend **놀라운**

(예)
① 크게 고함치는 그 아이는 익사 직전에 구조될 수 있었다.
☞ **고함치는** schreiend; **익사 전에** vor dem Ertrinken; **구조되다** gerettet werden

Das laut **schreiende** Kind konnte kurz vor dem Ertrinken gerettet werden.
(= Das Kind, das laut schrie, konnte ...)

② 그 여자 판매원은 모든 고객에게 아주 공손히 대한다.
☞ **고객** Kunde m.-n; **~대하여** jm. gegenüber; **공손한** zuvorkommend

Die Verkäuferin ist allen Kunden gegenüber sehr **zuvorkommend**.

【역례】
Als ich ein **weinendes** Kind beruhigte, hörte es bald auf zu weinen und lächelte mir zu.

[20-1-3]

이사(理事)는 그의 가장 가까운 부하 직원들에게 미소 지으면서 그의 결정을 알렸다.

☞ **이사** Direktor m.-s,-en; **가장 가까운** engst; **부하직원** Mitarbeiter m.; **~을 향해 미소 짓다** zulächeln; **결정** Entscheidung f.-en; **~을 알리다** et.[4] bekannt geben

(해설)
(1) 현재분사의 부사적 용법은 다른 부사처럼 변화는 없다. 방법을 나타내 부문장 (indem)이 주문장의 주어와 부문장의 주어가 동일 할 때 부문장의 주어와 접속사 (indem)를 생략하고 부문장의 동사를 현재분사로 만든다.
(2) 분사 절에서 여러 개의 문장 성분이 있으면 그 성분들은 순서의 변함없이 분사 앞에 위치한다.

(예)
① 그녀는 귀가 하면서 집이 잠겨져 있는 것을 발견하였다.
☞ 귀가하다 heimkehren 잠겨져 있는 verschlossen

Heimkehrend fand sie die Wohnung verschlossen.

② 그는 점화 플러그를 교체함으로서 모터를 쉽게 수리할 수 있었다.
☞ 점화플러그 Zündkerze f.-n; 교체하다 auswechseln; 모터 Motor m.-s,-en; 수리하다 reparieren

Er kann den Motor leicht reparieren, **die Zündkerzen auswechselnd**.
(= ..., indem er die Zündkerzen auswechselte.)

【역례】
Der Direktor gab seine Entscheidungen bekannt, **seinen engsten Mitarbeitern zulächelnd**.

[20-1-4]

그 책임을 깊이 생각한 그 정치가는 어려운 직무를 떠맡았다.

☞ 책임 Verantwortung f.-en; ～을 깊이 생각 하다 sich auf et.[4] besinnen; 어려운 schwer; 직무 Amt -s, Ämter; 떠맡다 übernehmen

(해설)
다음과 같은 부문장이 현재분사 절로 변형할 수 있다.
(1) 관계대명사가 1격이고 관계문의 동사가 현재 · 과거 능동형인 문장일 때
(*관계문의 성분들이 현재분사절로서 선행사 앞에 위치하거나 선행사 뒤에도 위치한다. 관계문장의 정동사가 haben 혹은 sein인 경우에는 habend, seiend 는 생략하고 관계문에 속한 성분들은 선행사 뒤에 위치한다.)
(2) 시간을 의미하는 부문장(분사 절 만드는 규칙은 (2)～(6) [20-1-4] 참고)
(3) 방법을 의미하는 indem 부문장
(4) 이유를 의미하는 da, weil 부문장
(5) 조건을 의미하는 wenn 부문장
(6) 인용을 의미하는 obgleich의 부문장

(예)
① 적절한 시기의 진단을 근거로 한 입원치료가 그 환자의 생명을 구하였다.

☞ 적시의 rechtzeitig; 진단 Diagnose f.-n; ~을 근거로 하다 auf et.[3] aufbauen; 환자 Patient m.-en,-en; 구하다 retten

Eine **auf einer rechtzeitigen Diagnose aufbauende**, stationäre Behandlung hat das Leben des Patienten gerettet.

① 손에 모자를 가지고 있는 그 방문객은 잠시 동안 그 주부와 환담하였다.
☞ 방문객 Besucher m.-s; 잠시 동안 eine Weile; 주부 Hausfrau f.-en; 환담하다 plaudern

Der Besucher, **den Hut in der Hand (habend)**, plauderte noch eine Weile mit der Hausfrau.
(= Der Besucher, der den Hut in der Hand hat, plauderte ...)

① 일심동체인 (한 마음 한 뜻) 형제자매는 같은 대학을 다녔다.
☞ 일심동체 ein Herz und eine Seele; 형제자매 Geschwister pl.; 같은 der- (die-, das-)selbe

Die Geschwister, **ein Herz und eine Seele (seiend)**, besuchten dieselbe Universität.
(= Die Geschwister, die ein Herz und eine Seele sind, besuchten ...)

② 그는 굵은 시가를 피우는 동안 그의 계획을 전개 시켜갔다.
☞ 굵은 시가 dicke Zigarre; 전개 시키다 et. entwickeln

Dicke Zigarre rauchend, entwickelte er seinen Plan.
(Während er dicke Zigarre rauchte, ...)

③ 그 여자는 도와달라고 크게 외치면서 밤거리를 달려갔다.
☞ 도와달라고 외치다 um Hilfe schreien; 밤거리를 달리다 durch die nächtlichen Straßen laufen

Laut um die Hilfe schreiend, lief die Frau durch die nächtlichen Straßen.
(= Indem die Frau um Hilfe schrie, lief sie ...)

④ 그 소녀는 어두움을 두려워했기 때문에 숲을 지나는 길을 피했다.
☞ 어두움 Dunkelheit f.-en; ~을 두려워하다 sich vor et.[3] fürchten; 숲을 지나는 길 der Weg durch den Wald; 피하다 vermeiden

Sich vor der Dunkelheit fürchtend, vermied das Mädchen den Weg durch den Wald.
(=Weil sich das Mädchen vor der Dunkelheit fürchtete, vermied es ...)

⑤ 국제적인 최고수준을 출발점으로 삼는다면 사람들은 객관적(실질적)인 평가를 하게 된다.
☞ ~을 출발점으로 삼다 von et. ausgehen; 최고수준 Höchststand m.; 객관적인 평가

realistische Bewertung; ~하게 되다 zu et.[3] kommen

Vom internationalen Höchststand ausgehend, kommt man zu einer realistischen Bewertung.
(=Wenn man vom internationalen Höchststand ausgeht, kommt man ...)

⑥ 그들은 상당히 비역사적으로 생각 하였지만 일정한 인식에 도달하였다.
☞ 상당히 in hohem Maße; 비역사적으로 ungeschichtlich; 일정한 bestimmt; 인식 Einsicht f.-en; ~에 도달하다 et.[4] erreichen

Obgleich in hohem Maße ungeschichtlich denkend, erreichten sie bestimmte Einsichten.
(=Obwohl sie in hohem Maße ungeschichtlich dachten, erreichten sie ...)

* 인용문에서 obgleich는 생략하지 않는다. wenn 문장의 분사절과 혼란을 가지고 오기 때문이다.

【역례】
Der **sich auf die Verantwortung besinnende** Politiker übernahm das schwere Amt.
(=Der Politiker, sich auf die Verantwortung besinnend, übernahm ...)
(=Der Politiker, der sich auf die Verantwortung besann, übernahm ...)

[20-2] 과거분사

시제구성에서 현재 (과거)완료형의 과거 분사를 제외하면 과거분사의 용법은 다음의 다섯 종류의 용법으로 분류된다. 이 때 타동사의 과거분사는 거의 수동태의 의미이고 자동사는 능동태의 뜻이다.

1) 명사적 용법
2) 형용사의 부가어적 및 술어적 용법
3) 부사적 용법
4) 분사 절
5) 분사의 독립적 용법

[20-2-1]

범행을 하였기 때문에 법정에 서있는 사람은 피고이다.

☞ 범죄행위 Straftat f.-en; ~하다(범하다) begehen; 법정 Gericht n.-es,-e (형사)피고 Angeklagter m. (형용사 변화); (민사) 피고 Beklagter m. (형용사 변화)

(해설)
(1) 현재분사와 같이 의미가 허락하는 한에 있어서는 명사적 용법이 가능하다. 변화는 형용사의 그것과 동일하다.
der Angeklagte, ein -er 피고; der Angestellte, ein -er (사무직)종업원; der Beamte, ein -er 관리; der Behinderte, ein -er 장애자; der Betrogene, ein -er 기만당한 사람; der

Betrunkene, ein -er 취객; der Eingeborene, ein -er 토착인; der Gefangene, ein -er 포로; der Geschiedene, ein -er 이혼자; der Verheiratete, ein -er 기혼자; der Verletzte, ein -er 부상자; der Verlobte, ein -er 약혼자; der Verstorbene, ein -er 고인; der Vorgesetzte, ein -er 상관
* Beamte 는 본래 beamten (~에게 관직을 주다)의 동사의 과거분사 beamtet의 명사형으로서 18 세기에 어미 -t가 탈락하여 오늘날의 형태 Beamte가 사용되고 있다. 변화는 형용사 변화를 따르나 여성형은 Beamtin 이다.

(예)
① 민사 소송에서 고발된 사람은 (민사)피고이다.
☞ 민사소송 Zivilprozeß m. -zesses, -zesse; 고발하다 verklagen; 피고 Beklagter m. (형용사 변화)

Wer im Zivilprozeß verklagt worden ist, (der) ist ein **Beklagter**.

② 나는 경찰관에게 박물관으로 가는 길을 물었다.
☞ 박물관 Museum n.-s, Museen; 경찰관 Polizeibeamter m. (형용사 변화); 묻다 sich bei jm. nach et.[3] erkundigen

Ich habe mich bei einem **Polizeibeamten** nach dem Weg zum Museum erkundigt.

【역례】
Wer vor Gericht steht, weil er eine Straftat begangen haben soll, ist ein **Angeklagter**.

[20-2-2]

전쟁 중에 폭격으로 파괴된 도시는 끔찍한 모습이었다.

☞ 전쟁 중에 im Krieg; 폭격으로 durch Bomben; ~을 파괴 하다 et.[4] zerstören; 끔찍한 schrecklich; 모습 Anblick m.-es,-e

(해설)
(1) 과거분사도 형용사의 부가어적 및 술어적 용법은 현재분사와 동일하다. 단지 과거분사가 형용사적으로 사용될 수 없는 과거분사는 첫째로 비인칭 동사의 과거분사 (geregnet, geschneit), 둘째로 상태의 계속을 나타내는 동사 (geblüht, gestanden, geschlafen), 셋째로 화법조동사 (gekonnt, gewollt를 제외), 넷째로 재귀동사 등이다. 재귀동사 중에는 다만 동사의 성질을 상실한 sich betrinken > betrunken, sich verirren > verirrt 등의 극히 제한되어 사용 된다. 부가어적 용법에서 sich는 탈락한다.
여기에 동사의 성질을 상실한 형용사 몇 개를 예로 든다.

geeignet 합당한; erfahren 경험이 있는; angesehen 명망이 있는; vertraut 친밀한; beliebt 인기 있는; bekannt 유명한

(2) gehen, fahren, eilen 등의 장소의 이동을 나타내는 동사의 과거분사는 방향을 나타내는 부사구를 동반하거나 선행한 문장에 시간, 거리를 나타내는 4 격명사가 있을 때 한한다.
(3) 화법조동사 중에서 gekonnt (능숙한), gewollt (의도적) 만이 형용사적으로 사용된다.

(예)
① 6000 석으로 설치되고, 5분의 4 정도 채워진 발트뷔네 (숲 속 극장)는 65세의 나이에도 불구하고 청중에게 건강하고 즐거운 모습으로 나타난 저명한 손님의 말에 귀를 기울였다.
☞ 5분의 4 정도로 zu vier Fünftel; 좌석 Platz m.-es, Plätze; ～으로 설치된 mit et. ausgestattet; 발트뷔네 (숲 속 극장) Waldbühne f.; 그의 나이 65세에도 불구하고 trotz seiner 65 Jahre; 건강하고 즐거운 모습으로 fit und fröhlich; 나타나다 (보이다) sich präsentieren; 저명한 prominent; 말 die Worte (pl.); 귀를 기울이다 lauschen

Die **zu vier Fünftel gefüllte, mit 6000 Plätzen ausgestattete** Waldbühne lauschte den Worten des prominenten Gastes, der sich trotz seiner 65 Jahre fit und fröhlich dem Publikum präsentierte.

① 모든 신문에 의해 칭찬 받았던 그 가수는 어제 암으로 세상을 떠났다.
☞ 암으로 죽다 an Krebs sterben

Der Sänger, **von allen Zeitungen gelobt**, ist gestern an Krebs gestorben.

① 그는 핵에너지 분야에서 아주 정통하다.

Er ist auf dem Gebiet der Kernenergie sehr **erfahren**.

② 차도로 달려간 아이는 자동차에 치었다.
☞ 차도 Fahrbahn f.-en; ～를 치다 jn. anfahren

Das **auf die Fahrbahn gelaufene** Kind wurde von einem Auto angefahren.

② 나는 매일 30 분 달려야 한다. 달린 시간이 관리되어진다.

Ich muß jeden Tag **30 Minuten** laufen. Die **gelaufene** Zeit wird kontrolliert.

② 나는 100 킬로미터를 달렸다. 주행한 킬로미터를 나는 운행 일지에 기록했다.
☞ 운행일지 Fahrtenbuch n.-s; ～을 기록하다 et.[4] eintragen

Ich bin **100 Kilometer** gefahren. Die **gefahrenen** Kilometer habe ich ins Fahrtenbuch eingetragen.

③ 그 축구팀은 아주 탁월한 경기를 보여주었다.
☞ 탁월한 gekonnt

Die Fußballmannschaft zeigte ein sehr **gekonntes** Spiel.

③ 그때문에 그 협연(協演)은 절대 자신감이 있고 훌륭하고 조화롭게 이루어졌다 (성공하였다).
☞ 협연 Zusammenspiel n.-s; 절대 자신감이 있는 absolut sicher; 훌륭한 gekonnt; 조화로운 harmonisch; 이루어지다 (성공하다) klappen

Deshalb klappte das Zusammenspiel absolut sicher, **gekonnt** und harmonisch.

③ 이 의도적인 모욕을 나는 견디지 못하겠다.

☞ 모욕 Beleidigung f.-en; ~을 견디다(감수하다) sich et.[4] gefallen lassen

Diese **gewollte** Beleidigung lasse ich mir nicht gefallen.

【역례】
Die im Krieg durch Bomben zerstörte Stadt war ein schrecklicher Anblick.
(= Die Stadt, die im Krieg zerstört worden war, ...)

[20-2-3]

실직자들의 상황은 아주 심각하게 보였다.

☞ 실직자 Arbeitsloser m. (형용사 변화); 상황 Situation f.-en; 아주 심각한 verzweifelt ernst; 보이다 aussehen

(해설)
(1) 과거분사도 현재분사와 동일하게 부사적으로 사용한다.
(2) <kommen+(an-)gelaufen, (an-)gerannt, (an-)geflogen>처럼 장소의 이동을 나타내는 동사가 방법의 부사로 사용된다. 이 때 과거분사 앞에 전철 an- 의 유무는 의미의 변화를 가지고 오지 않는다.

(예)
① 그는 형제와 유산 상속분 때문에 다툰 후에 마음이 상하여 집에서 나갔다.
☞ 유산 상속분 Erbteil n.; ~와 다투다 sich mit jm. streiten; 마음이 상하여 gekränkt

Nachdem er sich mit seinem Bruder um sein Erbteil gestritten hatte, ging er **gekränkt** aus dem Haus.

② 그가 가게 문을 막 닫으려고 할 때 한 고객이 달려왔다.
☞ 가게 문을 닫다 das Geschäft schließen; 고객 Kunde m.-n

Als er eben das Geschäft schließen wollte, **kam** ein Kunde **angerannt**.

【역례】
Die Situation der Arbeitslosen sah verzweifelt ernst aus.

[20-2-4]

누이는 병이 완쾌한 후에 퇴원하였다.

☞ ~에서 완쾌하다 von et. vollkommen genesen; 퇴원하다 das Krankenhaus verlassen/aus dem Krankenhaus entlassen werden

(해설)
부문장의 시제가 주문장에 선행하고 주문장의 주어와 부문장의 주어가 동일한 사람 혹은 사물일 때와 관계대명사가 1격일 때 과거분사로 분사절을 만들 수 있다. 규칙은 [20-1-4] 참고
(1) 관계문장
(2) 시간을 의미하는 부문장 (als, nachdem)
(3) 방법을 의미하는 부문장 (indem)
(4) 이유를 의미하는 부문장 (da, weil)
(5) 조건을 의미하는 부문장 (wenn)
(6) 인용을 의미하는 부문장 (obgleich)

(예)
① 다소간 경험이 있는 도보여행자들로 구성된 그룹이 산행(산악여행)을 계획하였다.
☞ 다소간 mehr oder weniger; 경험이 있는 erfahren; 도보여행자 Wanderer m.; ~으로 구성된 aus et.[3] zusammengesetzt; 그룹 Gruppe f. 산행 Bergtour f.; 계획하다 et.[4] planen

Eine **aus mehr oder weniger erfahrenen Wanderern zusammengesetzte** Gruppe plante eine Bergtour.
(=od. Eine Gruppe, aus mehr oder weniger erfahrenen Wanderern zusammengesetzt …)

① 끊임없이 아이들의 교육에 전념하고 가사를 돌보는데 얽매인 여성들은 인간성을 망치고 거칠게 하는 이 모든 직업들로부터 제외되어있다.
☞ 끊임없이 unablässig; 교육 Erziehung f.; ~에 전념하는 mit et.[3] beschäftigt; 가사를 돌봄 häusliche Sorge; ~얽매인 von et. in Anspruch genommen(et. in Anspruch nehmen의 과거분사); 인간성 die menschliche Natur; ~을 망치다 et. verderben; ~을 거칠게 하다 et. verrohen; 제외되어있다 ausgeschlossen sein

Die Frauen, **unablässig mit der Erziehung der Kinder beschäftigt und von ihren häuslichen Sorgen in Anspruch genommen,** sind von all diesen Berufen, die die menschliche Natur verderben und verrohen, ausgeschlossen.

② 공항에 도착했을 때 젊은이들은 비행기가 연착하였다는 것을 알았다.
☞ 공항에 am Flughafen; 도착하다 ankommen; 연착하다 Verspätung haben/sich verspäten

Am Flughafen angekommen, erfuhren die jungen Leute, daß das Flugzeug Verspätung hatte.

③ 그 군인은 적의 총탄에 맞아서 죽었다.

Der Soldat starb, **von den Kugeln der Feinde getroffen**.
(=..., indem er von den Kugeln der Feinde getroffen wurde.)

④ 그 선생은 그의 학급의 좋은 성적에 (의외라는 듯)깜짝 놀라서 그의 학생들을 칭찬하였다.
☞ 성적 Leistung f.-en; 깜짝 놀라다 überrascht sein

Von den guten Leistungen seiner Klasse überrascht, lobte der Lehrer seine Schüler.

⑤ 이 건축방법은 다른 산업과 비교하면 뒤져있다.
☞ 건축방법 Baumethode; ~을~와 비교하다 et.[4] mit et.[3] vergleichen; 뒤져있다 im Rückstand sein

Mit anderen Industrien verglichen, sind diese Baumethoden im Rückstand.
(=Wenn diese Baumethoden mit anderen Industrien verglichen werden, sind sie ...)

⑥ 그 저항 운동가는 그의 친구들로부터 위험하다는 주의를 받았지만 은신처를 떠났다.
☞ 저항운동가 Widerstandskämpfer m.; ~에게 위험하다고 주의를 주다 jn. warnen; 은신처 Versteck n.

Obwohl von seinen Freunden gewarnt, verließ der Widerstandskämpfer doch sein Versteck.
(=Obwohl der Widerstandskämpfer von seinen Freunden gewarnt worden war, verließ er ...)

【역례】
Von der Krankheit vollkommen genesen, verließ die Schwester das Krankenhaus.
(= Als die Schwester von ihrer Krankheit vollkommen genesen war, verließ ...)

[20-2-5]

정중하게 표현한다면 그는 약간 완고한 사람이다.

☞ 정중한 höflich; 표현하다 ausdrücken; 완고한 eigenwillig

(해설)
(1) 과거분사도 독립적인 용법으로 사용된다.
- oberflächlich (äußerlich) betrachtet 표면 (외)적으로 관찰하면
- mit aller Ruhe betrachtet 아주 침착히 관찰하면
- durchschnittlich betrachtet 평균적으로 보면
- von dieser Seite betrachtet 이편에서 본다면
- objektiv (theoretisch) betrachtet 객관(이론)적으로 관찰하면
- et.[4] richtig angesehen ~을 직시한다면
- offen gestanden 솔직히 고백한다면
- streng (genau) genommen 엄격히 말하면

- allgemein formuliert 일반적으로 언급하면
- im großen gesehen 대략적으로 보면
- von den politischen Institutionen gesehen 정치적 관행에서 보면
- historisch (juristisch) gesehen 역사 (법)적으로 보면
- soziologisch (objektiv) gesehen 사회학 (객관)적으로 보면
- rein praktisch gesehen 오로지 실용적으로 보면
- rundheraus (ehrlich) gesagt 솔직히 (정직하게) 말하면
- besser (in Kürze) gesagt 더 좋게 (간단히) 말하면
- ohne Beschönigung gesagt 미화하지 않고 말한다면
- unter uns gesagt 우리끼리 이야기이지만
- positiv ausgedrückt 긍정적으로 표현한다면
- negativ ausgedrückt 부정적으로 표현한다면
- auf das knappste ausgedrückt 아주 간결하게 표현하면
- zeitgemäß ausgedrückt 시류에 맞추어 말한다면
- das ausgenommen 이것을 제외한다면
- antipodisch verstanden 정반대로 이해하면
- im Grunde genommen 근본적으로 (말하면)
- im Augenschein genommen 엄밀히 (비판적으로)보면
- alles in allem genommen 전체적으로 보아서는

(예)
① 청소년기의 입장에서 본다면 인생은 무한한 긴 미래이고 노년기의 입장에서 보면 아주 짧은 과거이다.
☞ 청소년기 Jugend f.; 입장 Standpunkt m.; ～에서 본다면 von ～ aus gesehen; 노년기 Alter n.-s; 과거 Vergangenheit f.

Vom Standpunkt der Jugend aus gesehen, ist das Leben eine unendlich lange Zukunft, vom Standpunkt des Alters aus eine sehr kurze Vergangenheit.

【역례】
Höflich ausgedrückt, ist er ein etwas eigenwilliger Mensch.

[20-3] 미래분사

미래분사 (Gerundivum)은 <zu+현재분사>이다. 수동의 가능과 필연의 의미를 가지고 있고 명사적 용법과 형용사의 부가어적 용법이 있다.

1) 명사적 용법
2) 형용사의 부가어적 용법

[20-3-1]

기업체나 관청에서 직업을 익히고 있는 사람은 견습생이라 한다.

☞ 기업체 Betrieb m.-es,-e; 관청 Behörde f.-n; 직업을 익히다 einen Beruf erlernen; 견습생 Auszubildender m. (형용사 변화)

(해설)
미래분사는 명사적으로 사용되면 대문자를 쓰고 형용사 변화를 따른다.

【역례】
Wer in einem Betrieb oder in einer Behörde einen Beruf erlernt, (der) heißt ein **Auszubildender**.

[20-3-2]

이 시험은 간단하게 풀릴 수 있는 문제를 포함하고 있다.

☞ 간단하게 풀릴 수 있는 einfach zu lösend; ～을 포함하다 et.⁴ enthalten

(해설)
미래분사는 부가어적으로만 사용된다.

【역례】
Die Prüfung enthält einfach **zu lösende** Aufgaben.

◈ 연 습 문 제 20 ◈

1) 알프스 남쪽에 우세하고 햇빛이 많고 건조한 기후와는 대조적으로 우리나라에는 강우량이 많다.
☞ 알프스 die Alpen; 남쪽에 südlich+2격; 우세한 vorherrschend; 햇빛이 많은 sonnig; 건조한 trocken; 대조적으로 im Gegensatz zu et.³ ; 우리나라에는 bei uns; 강우량이 많은 niederschlagsreich

2) 주변의 부락에서 달려온 소방대가 공장을 파괴하려는 듯한 화재를 즉시 꺼버렸다.
☞ 주변의 umliegend; 부락 Ortschaft f.-en; 달려오다 herbeieilen; 소방대 Feuerwehr f.; 파괴하려 하다 zu vernichten drohen; 화재 Brand m.-s. Brände; 불을 끄다 et.⁴ löschen

3) 1930년 베를린에서 태어난 저술가가 최근에 새로운 장편소설을 발표하여 그것으로 문학상을 수상하였다.
☞ 태어나다 geboren sein; 저술가 Schriftsteller m.-s; 최근에 vor kurzem; 장편소설 Roman m.-s,-e; 발표하다 veröffentlichen; 그것으로 dadurch; 문학상 Literaturpreis m.-es,-e; ～을 수상하다 et.⁴ verliehen bekommen

4) 재해(를 입은) 지역을 위한 의약품을 실은 비행기가 그의 목적지에 도착하였다.
☞ 재해(를 입은) notleidend; 지역 Gebiet n.-es,-e; 의약품 Medikament n.-es,-e;

목적지 Bestimmungsort n.; ~을 실은 mit et. beladen

5) 그 연사는 그의 강연의 시발점으로 되돌아와서 자연보호를 위한 더 엄한 제제를 요구하였다.
☞ 연사 Sprecher m.-s; 강연 Vortrag m.-s Vorträge; 시발점 Ausgangspunkt m.; ~으로 돌아오다 auf et.[4] zurückkommen; 자연보호 Schutz der Natur; 위해 zu; 엄한 scharf; 제제 Kontrolle f.-n

6) 점점 증가하는 대기 오염의 통계를 가리키면서 그는 더 강력한 법률의 필요성의 이유를 설명하였다.
☞ 점점 증가하는 zunehmend; 대기오염 Luftverschmutzung f.; ~을 가리키다 et.[4] hinweisen; 더 엄한 härter; 필요성 Notwendigkeit f.-en; ~의 이유를 설명하다 et.[4] begründen

7) 장기간의 연속적인 기상관찰 가운데서 확인된 결과들은 확실한 예보들을 하기에는 아직 충분 하지 못하다.
☞ 장기간의 langjährig; 연속적인 기상관찰 Wetterbeobachtungsreihe f.; 가운데 in + 3격; 확인된 festgestellt (p.p); 결과 Ergebnis n.-ses,-se; 확실한 sicher; 예보 하다 Prognose stellen; (~을 위하여)충분하다 (für et.[4])ausreichen

8) 사민당의 (교섭단체)의원들이 새로운 쟁의권에 관한 법안을 토의하기 위하여 의장에 의해 정해진 시간에 호텔로 회동하였다.
☞ 사민당의 sozialdemokratisch; (교섭단체)의원 Fraktionsmitglied n.-s; 쟁의권 Streikrecht n.; 법안 Gesetzentwurf m.; ~관해~을토의하다 et.[4] über et.[4] debattieren; 의장 Vorsitzender m.(형용사변화); 시간을 정하다 den Zeitpunkt festlegen; 시간에 zum Zeitpunkt m.; ~와 회동하다 sich mit jm. treffen /zusammenkommen

9) 연방정부는 연방의회에 선출되어지고 연방 대통령에 의해 임명된 연방수상과 연방 장관들로서 구성되어있다.
☞ 연방정부 Bundesregierung f.; 연방의회 Bundestag m.; ~을 선출하다 jn. wählen; ~를 임명하다 jn. ernennen; 연방대통령 Bundespräsident m.-en; 연방수상 Bundeskanzler m.-s; 연방장관; Bundesminister m.-s; ~으로 구성되다 aus et. bestehen

10) 세계사의 새롭고 더 밝은 한 시대는 분명히 다음 전쟁의 승자들에 의해 창조되어지는 것이 아니라, 추측컨대 괴로움을 당하는 사람들과 폭력을 사용하지 않는 사람들에 의해 창조되어질 것이다.
☞ 세계사 Weltgeschichte f.; 밝은 hell; 시대 Epoche f.-n; 분명히 gewiß; 승자 Sieger m.-s; ~만들다 schaffen; 추측컨대 vermutlich; 괴로움을 당하는 사람 die Leidenden (leiden 의 현재분사의 명사적 용법); 폭력을 사용 않는 (체념하는) 사람 die auf Gewalt

Verzichtenden (verzichten의 현재분사의 명사적 용법)

11) 통계적으로 보면 5000 개의 지뢰뇌관을 제거할 때 한 사람의 지뢰제거하는 사람이 죽고 두 사람이 부상당한다.
☞ 통계적으로 보면 statistisch gesehen; 지뢰뇌관 제거 Minenentschärfung f.; ~할 때 bei + et.[3] ; 지뢰제거인 Minenräumer m.

12) 법적 규정들은 엄하다. 이미 쓰레기처리가 불가피한 경우에는 쓰레기는 적어도 분리 수집되어지고 꼼꼼하게 처리되어져야 한다.
☞ 법적인 규정들 die gesetzlichen Vorschriften; 엄한 scharf; 불가피하다 nicht vermieden werden können/unvermeidlich sein; 쓰레기 Müll m.-s; 적어도 zumindest; 분리되어져 getrennt; 수집되어져 gesammelt; 꼼꼼하게 sorgfältig/fachgerecht; (쓰레기가)처리되다 entsorgt werden

13) 간단하게 말하면 노인으로서 그의 뜻 (생각)을 이행하고 그의 일 (과제)을 정당하게 평가하기 위하여 사람들은 연령과 그것이 (연령)필연적으로 가지고 오는 모든 것을 인정하여야 (동의 하여야) 한다.
☞ 노인 Alter m. (형용사변화); 뜻 (생각) Sinn m.-es,-e; 이행하다 erfüllen; 일 (과제) Aufgabe f.-n; 올바르게 평가하다 jm. (et.) gerecht werden; 연령 Alter n.-s; ~을 필연적으로 가지고 오다 et.[4] mit sich bringen;~을 인정하다 (동의 하다) mit et.[3] einverstanden sein/akzeptieren

14) 한 앙케트에 의하면 국민의 85 퍼센트가 계속 증가하는 물, 공기, 토양의 오염 (중독)으로 그들의 건강에 위협을 느끼고 있다. 이 맥락에서 자주 언급되어지는 환경 화학 물질들이 사람들의 암 발병의 원인이다.
☞ 앙케트 Umfrage f.-n; 국민 Bürger m.-s; 토양 Boden m.-s, Böden; 오염 (중독) Vergiftung f.-en; ~의 건강에 위협을 느끼다; sich in js. Gesundheit bedroht fühlen; 이 맥락에서 in diesem Zusammenhang; 언급된 genannt 환경화학물질들 Umweltchemikalien (pl.); 암 발병의 원인 die Ursache der Krebserkrankung

15) 우리들의 젊은 시절처럼 꼭 같이 생각하고 느끼면서 있기를 우리들이 생애에 노력하여야 한다는 신념은 나의 (인생의)길에 충실한 동반자처럼 나를 동반하였다.
☞ 우리들의 젊은 시절에서와 꼭 같이 so~wie wir es in unserer Jugend waren; 생각하고 느끼며 있다 denkend und empfindend bleiben; (애써) 노력하다 um et. ringen; ~을 하여야 하다 zu Inf. haben; 신념 Überzeugung f.-en; 충실한 treu; 동반자 Begleiter m.-s; ~를 동반하다 jn. begleiten

21. 접속법 (Der Konjunktiv) (I)

독일어에서 접속법은 간접화법과 비현실적인 사실을 나타낼 때 주로 사용된다. 접속법의 인칭 변화와 시제는 다음과 같이 변한다.

A) 접속법의 인칭변화

접속법의 인칭 변화는 접속법 I형과 II형으로 나눈다. 접속법 I형의 변화는 sein 동사를 제외하고는 동사 부정형의 어간을 접속법의 어미에 대입한다. 접속법 II형은 동사의 과거형을 접속법의 어미에 대입한다. 그러나 동사의 과거형 중에서 변모음이 가능한 강변화 동사일 경우는 모두 변모음 하나 약변화 동사인 경우는 변모음 하지 않는다.

1) 접속 I 형

		sein	haben	werde	gehen	kommen	loben
ich	-e	sei	habe	werde	gehe	komme	lobe
du	-est	sei(e)st	habest	werdest	gehest	kommest	lobest
er	-e	sei	habe	werde	gehe	komme	lobe
wir	-en	seien	haben	werden	gehen	kommen	loben
ihr	-et	seiet	habet	werdet	gehet	kommet	lobet
sie	-en	seien	haben	werden	gehen	kommen	loben
Sie	-en	seien	haben	werden	gehen	kommen	loben

2) 접속법 II 형

		war	hatte	wurde	ging	kam	lobte
ich	-e	wäre	hätte	würde	ginge	käme	lobte
du	-est	wärest	hättest	würdest	gingest	kämest	lobtest
er	-e	wäre	hätte	würde	ginge	käme	lobte
wir	-en	wären	hätten	würden	gingen	kämen	lobten
ihr	-et	wäret	hättet	würdet	ginget	kämet	lobtet
sie	-en	wären	hätten	würden	gingen	kämen	lobten
Sie	-en	wären	hätten	würden	gingen	kämen	lobten

* 화법동사 중에서 sollte, wollte는 변모음 하지 않는다.

** brennen, kennen, nennen, rennen, senden, wenden의 접속법 II형은 brennte, kennte, nennte, rennte, sendete, wendete이다.

*** 접속법 II형 에서 두 가지 형태로 사용되거나 규칙에서 벗어나는 것도 몇 개 있다.

helfen > hülfe/hälfe; stehen > stünde/stände; sterben > stürbe

B) 접속법의 시제

접속법의 시제는 현재, 과거, 미래로 나눈다. 접속법의 현재형은 단순 시제로 나타내고 과거형은 복합시제 (완료시제)로 나타낸다. 접속법 II 형의 würde 는 주로 조건문에서 혹은 정중한 표현에서 사용한다.

--

		접속법 I형	접속법 II형
현재	능동	er komme	er käme
		er schlage	er schlüge
	수동	er werde geschlagen	er würde geschlagen
과거	능동	er sei gekommen	er wäre gekommen
		er habe geschlagen	er hätte geschlagen
	수동	er sei geschlagen worden	er wäre geschlagen worden
미래	능동	er werde kommen	er würde kommen
		er werde schlagen	er würde schlagen
	수동	er werde geschlagen werden	er würde geschlagen werden

* * *

C) 접속법 I 의 용례
접속법의 시제는 현재 · 과거 · 미래로 나누어진다.
[1] 접속법 I 형의 용법 (간접화법을 제외함)
[2] 화자가 제삼자의 말을 전달하는 간접화법

[21-1] 접속법 I의 용법

접속법 I 형의 현재는 다음과 같이 사용된다.
1) 기원문
2) 요구를 나타내는 문
3) 인용문 (Konzessivsatz)
4) 목적문 (Finalsatz)

[21-1-1]

운명이 새로운 전쟁에서 우리를 보호하여 주시기를!

☞ 운명 Schicksal n.-s,-e; 새로운 전쟁 ein neuer Krieg m.; ～으로부터 보호하다; jn. vor et.[3] behüten

(해설)
(1) 가능한 소원을 기원할 때 접속법 현재 I 형을 쓰고 문장은 정치법, 도치법이 가능하다.
(2) 때로는 mögen 동사의 접속법 I형을 함께 사용하기도 한다.

(예)
① 황제 폐하 만세!
Hoch **lebe** der Kaiser!

② 네 생애에 큰 성공을 거두기를!
☞ 큰 성공을 이룩하다 großen Erfolg haben

Du **mögest** in deinem Leben großen Erfolg **haben**!

(= Mögest du in deinem Leben großen Erfolg haben!)

【역례】
Das Schicksal **behüte** uns vor einem neuen Krieg!

[21-1-2]

쌀을 씻어 그것을 천위에 말려서 뜨거운 기름에 넣으시오.

☞ 쌀 Reis m.-es,-e; 천 Tuch n.-es,Tücher; 말리다 trocknen; 뜨거운 heiß; 기름 Öl n.-s; ~을~에 넣다 et.[4] in et.[4] geben

(해설)
(1) 요리법, 약의 사용법, 기계의 사용법을 설명할 때 주어를 man을 사용하여 접속법 I의 현재형을 쓸 때가 많다.
(2) 2인칭 Sie를 명령형 형태로 존대를 뜻하고 복수 1인칭(wir)의 문을 도치하면 "~하자"의 뜻의 권유 형이다.
(3) <es sei+p.p (수동 가능한 과거분사)>의 형식으로 학술적인 전문용어에서 사용되는데 <Wir möchten ~> 으로 문장을 변형 할 수 있다.

(예)
① 이 약에서 매일 세 번 세 방울을 설탕에 타서 드세요.
☞ 약 Medizin f.-en; 방울 Tropfen m.-s; 매일 täglich/jeden Tag; 설탕에 타서 auf Zucker; ~을 들다 et.[4] nehmen

Von dieser Medizin **nehme man** täglich dreimal drei Tropfen auf Zucker.
(=Von dieser Medizin soll man täglich dreimal drei Tropfen auf Zucker nehmen.)

① 우리대표는 즉시 여행 떠나시오.
Unser Vertreter **reise** sofort **ab**.
(= Unser Vertreter soll ... abreisen).

② 내일 나에게로 오세요. 새로운 극작품에 대하여 이야기합시다.
☞ 극작품 Theaterstück n.; ~에 대해 이야기하다 sich über et.[4] unterhalten

Kommen Sie morgen zu mir, und **unterhalten wir** uns über das neue Theaterstück!

③ 우리들은 여기에서 단지 ver- 접두어의 다의성을 언급하고자 한다.
☞ 접두어 Präfix n.-es,-e; 다의성 Vieldeutigkeit f.; ~을 언급하다 et.[4] erwähnen

Es sei nur die Vieldeutigkeit des Präfix ver- **erwähnt**.
(= Wir möchten hier nur die Vieldeutigkeit des Präfix ver- erwähnen.)

【역례】
Man **wasche** den Reis, trockne ihn auf einem Tuch und **gebe** ihn in das heiße Öl.

[21-1-3]

무슨 일이 일어날지라도 나는 그것을 실행하겠다.

☞ ~일이 일어나다 geschehen: ~을 실행하다 et.[4] durchführen

(해설)
사실 인용을 나타내는 부문장에는 접속법 I형을 쓰고 주문장은 일반적으로 정치법을 쓴다.
(1) 의문사 <was (wer, wie) ~ auch (immer)+접속법 I형 혹은 möge od. mag>는 사실 인용으로 <~뭣이 (누가, 어떻게) ~일지라도>의 뜻이다.
(2) 관용적(慣用的)인 인용문으로 sei es, wie es wolle; sei dem (dem sei), wie es ihm wolle; wie dem auch sei 는 <사정이 어떻든 간에>의 뜻이다.
(3) <sei es~, sei es~> od. <sei es~ oder~> 는 <~이거나 아니면 ~이건(간에)> (양자택일)

(예)
① 그가 누구이든 간에 들어와도 좋다.

Wer es auch sei (sein mag, sein möge), er mag eintreten.

② 그의 성적이 어떻든 간에 아버지는 공부하는 것을 허락하지 않을 것이다.
☞ 성적 Zeugnis n.-ses,-se; ~에게 ~을 허락하다 jm. et.[4] erlauben

Sein Zeugnis sei, wie es wolle, sein Vater erlaubt ihm das Studium doch nicht.

③ 원리는 공기 중에 있건 물속에 있건 간에 같은 원리이다.
☞ 원리 Prinzip n.-s,-ien; 공기 Luft f.; 같은 원리 das gleiche

Das Prinzip ist das gleiche, **sei es** in der Luft, **sei es** im Wasser.

【역례】
Was auch immer geschehe (geschehen möge oder mag), ich führe (führe ich) es durch.

[21-1-4]

그가 비에 젖지 않게 하기 위해 나는 그에게 나의 우산을 가져다 주었다.

☞ 비에 젖다 naß werden; 하기 위하여 damit; 우산 Regenschirm m.

(해설)
damit로 이끌어지는 목적문에서 가끔 접속법 I형을 쓸 때가 있는데 이때 주문장은 대개는 직설법 과거형이다.

【역례】
Ich brachte ihm meinen Regenschirm, **damit** er nicht naß **werde**.

[21-2] 간접화법

간접화법에서는 접속법 I 형을 사용한다. 그러나 화자가 제 3자의 말을 전할 때 전달 내용을 확실한 소신을 가지고 전할 때 직설법을 사용할 수 있고 단순한 전달일 때는 간접화법을 사용하고 세 가지로 나눈다.

Er sagte: „Ich bin krank."
→ Er sagte, daß er krank ist. (확신을 가지고)
→ Er sagte, daß er krank sei. (단순한 전언)

1) 서술문 (Aussagesatz)
2) 의문문 (Fragesatz)
3) 명령문 (Befehlssatz)

[21-2-1]

신문이 보도하기를 바그다드의 박물관에서 도난당했다고 여겼던 고미술품의 대부분이 다시 발견되었다고 한다. 무진장 값진 물건들이 이라크의 중앙은행 밑 비밀창고에 감추어져 있었다고 한다.

☞ 바그다드의 박물관에서 aus Bagdads Museen; 도난당했다고 여겼던 gestohlen geglaubt; 고미술품 Antiquität f.-en; 대부분 Gros n.-; ~을 발견하다 et.[4] entdecken; 무진장 unermeßlich; 값진 wertvoll; 물건 Stück n.-s,-e; 이라크의 irakisch; 중앙은행 Zentralbank f.; 비밀창고 Geheimkammer f.; 숨겨있다 versteckt sein

(해설)
(1) 간접화법에서 서술문의 종속접속사는 daß를 사용하지만 자주 daß를 생략할 때가 있다. 그 때는 부문장은 정치법 또는 경우에 따라서는 도치법을 쓴다.
(2) 접속법 I형의 단수 1인칭 및 복수 1·3 인칭은 직설법의 그것과 동일하므로 간접화법에서 이를 피하기 위하여 부문장의 동사가 강변화 동사이면 접속법 II 형으로, 약변화 동사일 때는 <würde+약변화의 부정형>으로 바꾸어 쓰거나 접속법 II형을 쓴다.
(3) 직설법의 과거, 현재완료, 과거완료는 간접화법에서 동일하게 접속법 I형의 과거를 (현재완료형태) 쓴다.

(예)
① 고속도로 경찰의 한 대변인이 말하기를 토요일 이태리 북부에 버스 사고 때 여섯 명이 사망하였다고 하였다. 대부분의 승객들은 모로코에서 왔다고 한다.
☞ 고속도로경찰 Autobahnpolizei f.; 대변인 Sprecher m.-s; 이태리 북부에 im Norden Italiens; 버스 사고 때 bei einem Busunfall; 사망하다 ums Leben kommen; 승객 Insasse m.-n; 모로코 Marokko

Ein Sprecher der Autobahnpolizei erzählte, daß sechs Menschen am Samstag bei einem Busunfall im Norden Italiens ums Leben **gekommen seien**. Die meisten Insassen **seien** aus Marokko **gekommen**.

(= ..., sechs Menschen seien ... ums Leben gekommen. Die meisten ...)

② 그 학생들은 그들이 축구경기를 2:1로 이겼다고 말했다.
☞ 축구 경기 Fußballspiel n.; 2:1 로 mit zwei zu eins; 이기다 gewinnen

Die Schüler sagten, sie **hätten** (statt haben) das Fußballspiel mit 2 zu 1 **gewonnen**.

② 그 여자는 나에게 그녀의 양친이 시골에서 사신다고 이야기하였다.
☞ 시골에서 살다 auf dem Land leben

Sie erzählte mir, ihre Eltern **würden** auf dem Land **leben** (=ihre Eltern lebten).

③ 페터는 그의 양친이 어제 백화점에 갔었다고 했다. 그들은 그를 위해 자전거를 샀다고 했다.
☞ 백화점 Kaufhaus n.; 자전거 Fahrrad n.

Peter sagte, seine Eltern **seien** gestern im Kaufhaus **gewesen**. Sie **hätten** dort für ihn ein Fahrrad **gekauft**.

※ ③의 간접화법을 직접화법으로 바꾸면 세 가지 형태로 나타난다. 왜냐하면 직접화법의 과거, 현재완료, 과거완료는 간접화법에서 동일하게 접속법 I형의 과거를 쓰기 때문이다.

Peter sagte: „Meine Eltern waren gestern im Kaufhaus. Sie kauften ...“
Peter sagte: „Meine Eltern sind ... gewesen. Sie haben ... gekauft.“
Peter sagte: „Meine Eltern waren ... gewesen. Sie hatten ... gekaut.“

【역례】
Die Zeitung berichtet, der Gros der gestohlen geglaubten Antiquitäten aus Bagdads Museen sei wieder **entdeckt worden**. Die unermeßlichen, wertvollen Stücke **seien** in einer Geheimkammer unter der irakischen Zentralbank **versteckt gewesen**.

[21-2-2]

재판관은 청소년인 피고에게 그가 절도를 했느냐고 물었다.

☞ 청소년인 피고 der jugendliche Angeklagte; 절도를 하다 den Diebstahl begehen

(해설)
(1) 직접화법에서 의문사 없는 의문문은 간접화법에서 접속사 ob을 쓴다.
(2) 직접화법에서 의문사 was, wann, wie. welche등의 의문사가 있으면 의문사를 접속사로 쓴다.

(예)
① 그는 나에게 물었다: “너는 내일 투표하러 가니?”

Er fragte mich: „Gehst du morgen zur Wahl?“
→ Er fragte mich, **ob ich** morgen zur Wahl **ginge**.

② 그는 나에게 물었다: "너는 언제 투표소에 가며 어느 당을 선출하니?"
☞ 투표소 Wahllokal n.; 선출하다 wählen

Er fragte mich: „Wann gehst du zum Wahllokal und welche Partei willst du wählen?"
→ Er fragte mich, **wann ich** zum Wahllokal **ginge** und welche Partei ich **wählen wolle**.

【역례】
Der Richter fragte den jugendlichen Angeklagten, **ob er** den Diebstahl **begangen habe**.

[21-2-3]

그는 우리들에게 선거 결과에 관해 토의를 중단하도록 명했다.

☞ 선거결과 Wahlergebnis n.; ~에 관해 토의하다 über et.[4] diskutieren; 그만두다 aufhören; ~에게~을 명하다 jm. et.[4] befehlen

【해설】
(1) 간접화법에서 친절한, 정중한 간청을 나타낼 때는 mögen을 쓴다.
(2) 명령을 강조할 때는 sollen, müssen을 쓴다.

(예)
① 그는 나에게 부탁했다: "제발 그렇게 흥분하지 말게!"
☞ 흥분하다 sich aufregen

Er bittet mich: „Reg dich doch bitte nicht so auf!"
→ Er bittet mich, ich **möge** mich nicht so **aufregen**.

② 선생님은 학생들에게 명하였다. "조용히 앉아 있어!"

Der Lehrer befahl den Schülern: „Bleibt doch ruhig sitzen!"
→ Er befahl den Schülern, sie **sollten** doch ruhig **sitzen bleiben**.

【역례】
Er befahl uns, wir **sollten aufhören**, über das Wahlergebnis zu diskutieren.

◈ 연 습 문 제 21 ◈

* 6-15까지는 직설법으로 독작문하여, 그 문장을 간접화법으로 바꾸어 써라.
1) 천재 (天災)는 그것이 지진이건 홍수이건 인류에게 항상 충격을 준다.
☞ 천재 Naturkatastrophe f.; 항상 (재삼재사) immer wieder; 지진 Erdbeben n.; 홍수 Überschwemmung f.-en; ~이건, ~이건 간에, seien es ~, seien es ~; ~에게 충격을 주다 jn.(et.) erschüttern

2) 작은 한 스푼의 네스 커피를 덜어서 그것을 찻잔에 넣어 뜨거운 물을 부어서 잘 저으시오.
☞ Löffel m.-s; 네스 커피 Neskaffee m.-s; ~을 덜다 et.[4] nehmen; 넣다 geben; (뒤에) 붓다 nachgießen; 젓다 umrühren

3) 사정이 어떻든 간에 나는 이 세미나에 참석하지 않을 것이다. 왜냐하면 나는 그것에 대해 관심이 없기 때문이다.
☞ 사정이 어떻든 간에 sei es, wie es wolle; 세미나 Seminar n.-s; 참가하다 an et.[3] teilnehmen/sich an et.[3] beteiligen; ~에 관심이 있다 Interesse an et.[3] haben

4) 예각 삼각형 ABC가 주어져 있다고 하자.
☞ 예각 삼각형 das spitzwinklige Dreieck; 주어져 있다 gegeben sein

5) 일 파운드의 밀가루, 세 개의 계란과 우유를 가지고 전체를 골고루 섞어서 반죽으로 만드시오.
☞ 일 파운드 밀가루 ein Pfund Mehl n.-s; 우유 Milch f.; ~을 가지다 et.[4] nehmen (접속법 I형 3인칭 사용 할 것); ~휘저어 섞어서 ~이 되게 하다 et.[4] zu et. verrühren; 반죽 Teig m.-es,-e

6) 버나드 쇼는 언젠가 말하였다. "사람들은 공산주의라는 낱말이 무엇을 의미하고 있는지를 전혀 모르고 있다."
☞ 버나드 쇼 Bernard Shaw; 언젠가 einmal; 공산주의 Kommunismus m.; 말 Wort n.-es,-e; 의미하다 bedeuten; 전혀 모르다 einfach (gar) nicht wissen

7) 내가 말했다. "너는 네가 적은것에도 만족함으로서 너의 친구들에게 좋은 인상을 남길 수 있다."
☞ 적은 것 weniges; 만족하다 sich mit et.[3] bescheiden/sich mit et.[3] begnügen, 친구들에게 bei js. Freunden; 좋은 인상을 남기다 einen guten Eindruck hinterlassen

8) 어느 날 부인이 남편에게 말하였다. "당신의 학생들이 당신의 시험에 큰 두려움을 가지고 있어요. 좀 더 관대하게 평가할 수 없겠어요?"
☞ 어느 날 eines Tages; ~에 대해 큰 두려움을 가지고 있다 große Angst vor jm. (et.[3]) haben; 좀 ein wenig; 더 관대하게 milder; ~를 평가하다 et.[4] beurteilen

9) 재판관은 젊은 피고에게 물었다. "너는 언제 출생했느냐? 어느 해에 네 아버지가 세상을 떠났느냐? 누가 너를 교육 시켰느냐? 너는 무엇으로 생활을 하느냐?"
☞ 출생하다 geboren sein; 교육시키다 jn. erziehen; ~으로 생활하다 von et. leben

10) 칼이 나에게 편지를 썼다. "네가 우리와 함께 가기를 원하는지와 언제 네가 가능한지 (언제 우리들이 기대할 수 있는지)를 나에게 편지해주게! 제발 나에게 곧 해주게!"
☞ ~에게 편지를 쓰다 jm. einen Brief schreiben; "언제 네가 좋을지"는 "우리들이 언제 너를 기대할 수 있는지"로 번역한다. Wann können wir dich erwarten?; 제발 부탁 하네

aber bitte

11) 어느 여대생이 이야기하였다. "내가 어제 드레스덴에 갔었다. 내가 그 도시의 이곳저곳을 돌아다니고 있었을 때 나의 고향에서 온 옛 친지를 만났다. 우리들은 어느 카페에 앉아서 잠시 환담을 하였다. 그녀는 이미 상당히 오랜 시절을 라이프찌히에 살고 있었으며 거기에서 결혼하여 어느 기업체에 일하러 다니고 있다."
☞ 드레스덴 Dresden; 도시의 이곳저곳을 돌아다니다 durch die Stadt bummeln; 친지 Bekannte f.(형용사 변화); 카페에 앉다 sich in ein Café setzen; 약간 ein wenig; 환담하다 sich unterhalten/plaudern; 상당히 오랜 시절 geraume Zeit; 라이프찌히 Leipzig; 결혼하다 verheiratet sein; 일하러 다니다 arbeiten gehen

12) 그녀는 계속해서 이야기했다. "지난해에 나는 나의 남편과 수주일 동안 뮌헨의 어느 호수에 갔었다. 거기에서 우리들은 수영을 많이 하였으며 범선도 탔었다. 지금 나는 약간 덜 자주 수영 간다."
☞ 범선을 타다 segeln; 수영가다 zum Schwimmen gehen; 약간 덜 자주 weniger oft

13) 전문가들은 다음 것에 주의를 환기 시켰다. "독일에 있는 숲들의 많은 부분들이 황산 비 때문에 서서히 고사의 위협을 받고 있다. 침엽수 뿐 아니라 활엽수들도 해를 입고 있다."
☞ 다음의 것에 주의를 환기 시키다 darauf hinweisen; 많은 부분들이 große Teile; 황산 비 schwefelsäurehaltiger Regen; 때문에 durch; 서서히 고사하는 것 allmähliches Absterben; ~에서 위협을 받고 있다 von et.[3] bedroht sein; 침엽수 Nadelbaum m.; 활엽수 Laubbaum m.; 해를 입다 geschädigt werden

14) 그들은 또한 주장하였다. "활엽수들은 부분적으로는 침엽수들보다 한층 더 민감한 반응을 나타내기까지 한다. 산림 고사의 가장 위험한 장본인으로서 사람들은 유해 물질을 높은 굴뚝을 통하여 배출하는 화력 발전소로 보고 있다."
☞ 부분적으로 zum Teil; 한층 noch; 더 민감한 empfindlicher (비교급); 까지 sogar; ~에 반응을 나타내다 auf et.[4] reagieren; 산림 고사 Waldsterben n.; 가장 위험한 장본인 gefährlichste Verursacher (pl.); m.-s; 으로서 als~; 유해 물질 Schadstoff m.; 굴뚝 Schornstein m.; ~을 배출하다 et.[4] ableiten; 화력발전소 Kohlekraftwerk n.; ~을 ~으로 보다 et.[4] als et.[4] ansehen

15) "현재 유럽협의회의 구조에서 새로운 상황이 발생하였다. 독일어가 그사이 회원국들의 전체 주민들 중에서 모국어로서 혹은 제일 외국어로서 가장 많이 사용되는 (말하여지는) 언어이다." 유럽 협의회의 여사무총장이 말했다.
☞유럽협의회 Europarat m.; 현재구조에서 bei der gegenwärtigen Zusammensetzung f.; 상황 Situation f.-en; 발생하다 entstehen; 회원국 Mitgliedland n.; 주민 Bevölkerung f.; 가운데서 unter et.[3] ; 가장 많이 사용되는 언어 die am meisten gesprochene Sprache; 여 사무총장 Generalsekretärin f.

22. 접속법 (Der Konjunktiv) (II)

접속법 II형은 사람들이 상상은 하지만 사건이 아직 일어나지 않았거나 또는 현실화 될 수 없는 것을 표현할 때 쓴다. 다시 말하면 현실과는 전혀 상반되는 것을 나타낸다. 그 외에 의혹, 외교적 표현 및 추측을 나타낼 때 사용된다. 이 때 접속법의 시제는 접속법 현재, 미래는 각각 접속법 II형의 현재, 미래에 따르고 과거는 접속법 II형의 과거를 따른다. 접속법 II형의 용법을 두 가지로 나누어 본다.

[1] 단순문에서 접속법 II형의 용법
[2] 복합문에서 접속법 II형의 용법

[22-1] 단순문에서 접속법 II형의 용법

접속법 II형의 중요한 용법은 단순문에서 다음과 같이 사용된다.

1) 원망(願望)의 접속법
2) 어떤 사건이 일어 날려다 불발 하였을 때
3) 현실과 비현실을 구별하기 위하여
4) 의혹의 접속법
5) 겸손의 (외교적) 접속법
6) 조심스러운 추측을 나타낼 때
7) 마땅히 할 일을 하지 않았거나 금지된 일을 하였을 때

[22-1-1]

내가 나의 양친으로부터 곧 독립하면 좋을 텐데!

☞ ～로부터 독립하다 von jm. unabhängig sein

(해설)

현실과 자기의 소원이 상반되는 것을 표현하는 문장을 원망문 (Wunschsatz)이라고 한다. 원망문을 사용할 때는 다음의 규칙이 필요하다.

(1) 원망문에는 wenn을 사용할 수 있는데 wenn이 문두에 오면 동사가 후치하고 wenn을 생략하면 동사가 문장의 제일의 위치에 온다.

(2) 원망문에 꼭 필요한 문장의 요소는 doch (nur), nur, bloß 이다.

(3) 현재, 미래 접속법은 접속법 II 형의 현재, 미래형을 따르고 과거는 접속법 과거 II형을 따른다.

(예)

① 내가 박람회에 갈수 있으면 좋을 턴데!

☞ **박람회** Ausstellung f.-en

Wenn ich doch nur zu der Ausstellung **fahren könnte**! (현재)
(= Könnte ich doch nur zu der Ausstellung fahren!)

① 네가 언제 오는지를 나에게 편지를 했었다면 좋았을 텐데! (과거)
☞ ~에게 편지하다 jm. schreiben

Wenn du mir **doch nur geschrieben hättest**, wann du kommst!
(= Hättest du mir doch nur geschrieben, wann du kommst!)

② 그가 건강했더라면 좋았을 텐데!

Wenn er doch (doch nur, nur, bloß) gesund **gewesen wäre**!
(= Wäre er ... gesund gewesen!)

③ 외국어를 배우는 것이 그렇게 힘들지 않으면 좋을 텐데!(현재)
☞ ~에게 어렵다 jm. schwer fallen

Fiele mir **das Lernen der Fremdsprache doch** nicht so schwer!

③ 재미있는 일거리를 찾으려는 나의 소원이 이루어졌다면 좋았을 텐데! (과거)
☞ 재미있는 interessant; 일거리 Job m.-s,-s; 이루어지다 in Erfüllung gehen

Wäre doch mein Wunsch, einen interessanten Job zu finden, **in Erfüllung gegangen!**

【역례】
Wenn ich nur bald von meinen Eltern **unabhängig wäre**!
(= Wäre ich nur bald von meinen Eltern unabhängig!)

[22-1-2]

그는 그의 부주의로 인하여 오늘 하마터면 사고를 낼 뻔했다.

☞ 부주의 Unachtsamkeit f.; 인하여 durch; 하마터면 beinahe; 사고를 내다 einen Unfall verursachen

(해설)
(1) <하마터면 (거의) ~ 할 뻔하였다> 의 표현은 접속법 II형의 과거를 사용한다. 이러한 문장에는 beinahe, fast, um ein Haar, ums Haar 등이 문장에 들어간다.

(예)
① 네가 나를 도와주지 않았더라면 거의 자포자기할 뻔했다.
☞ 자포자기 하다 verzweifelt sein

Ich **wäre fast** verzweifelt **gewesen**, wenn du mir nicht **geholfen hättest**.

① 너는 사기 당했니? - 아니, 그러나 하마터면 사기당할 뻔했다.
☞ 사기 당하다 betrogen werden
Bist du betrogen worden? - Nein, aber **beinahe wäre ich betrogen wor**den.

【역례】
Er **hätte** heute durch Unachtsamkeit **beinahe** einen Unfall **verursacht**.

[22-1-3]

버스는 아직 도착하지 않았다. 하지만 그 버스는 이미 십분 전에 왔어야 했다.

☞ 도착하다 da sein/ankommen; 하지만 dabei/doch

(해설)
(1) 두 사실 중에서 사실과 비 사실을 구별하기 위하여 접속법을 쓴다.

(예)
① 그는 나에게 돈을 빌려 줄 수 있었지만 그는 빌려주지 않으려 한다.

Er **könnte** mir Geld **leihen**, aber er will nicht.

【역례】
Der Bus ist noch nicht da, dabei **hätte** er schon vor 10 Minuten **kommen müssen**.

[22-1-4]

그 증인이 정말 착각하지 않았단 말입니까? - 아니요, 그의 진술은 상당히 사실들과 일치합니다

☞ 증인 Zeuge m.-n,-n; 정말 wirklich/tatsächlich; 착각하다 sich irren; 진술 Aussage f.-n; 사실 Tatsache f.-n; ~에 일치하다 et.[3] entsprechen

(해설)
(1) 믿지 못할, 예기치 않았던, 놀라움과 의아스런 생각을 의문문으로 나타낼 때 접속법 II형을 사용하고 wirklich, tatsächlich을 자주 함께 사용한다. 이것을 <의혹의 접속법>이라한다.

(예)
① 그것이 정말 사실입니까? - 예, 나는 그렇게 믿습니다.

Sollte es **wirklich** wahr **sein**? - Ja, das glaube ich schon.

① 그가 의도적으로 나에게 거짓으로 알렸다고요? - 아니요, 그가 단지 또 한번 주의를 기울이지 않았을지도 모릅니다.
☞ 의도적으로 mit Absicht; ~에게 알리다 jn. informieren; 거짓으로 falsch; ~을 주의하다 auf et.[4] aufpassen

Sollte er mich mit Absicht falsch **informiert haben**? - Nein, **er dürfte** nur wieder mal nicht **aufgepaßt haben**.

【역례】
Sollte sich der Zeuge wirklich nicht **geirrt haben**? - Nein, seine Aussage entspricht ziemlich den Tatsachen.

[22-1-5]

정부청사로 어떻게 가는지 혹시 나에게 말씀을 해 줄 수 있을 지요?

☞ 정부청사 Regierungsgebäude n.

(해설)
정중한 표현의 의문문을 나타낼 때 접속법 II 형을 사용하고 <겸손의 화법>이라 한다.
(1) 정중한 간청 및 요구는 접속법 II형이나 혹은 <würden+Inf.>로 바꾸어 쓸 수 있다. <würden+Inf.>의 문장은 정중한 표현으로 사용되었으나 오늘날은 대개는 겸손의 뜻이 퇴색하고 하나의 관례적 표현으로 사용한다.

- ich würde gern ～
- ich würde sagen (meinen) ～
- ich hätte gern ～

(2) 의문문을 정중하게 표현할 때는 Würden Sie ～, dürfte ich로 쓸 때가 있다.

(예)
① 당신에게 질문을 하나 하고 싶습니다.

Ich **hätte gerne** eine Frage an Sie zu stellen.

② 부탁입니다만 이 편지를 우체통에 넣어 주실 수 있을까요?
☞ 부탁입니다 (나에게 호의를 베풀어 주세요) Tun Sie mir einen Gefallen!; 우체통 Briefkasten m. -s; ～을 ～에넣다 et.[4] in et.[4] einwerfen

Würden Sie mir bitte **einen Gefallen tun** und zwar den Brief in den Briefkasten **einwerfen**?

② 그 소금을 나에게 건너 주시겠어요?

Würden Sie so **freundlich sein**, mir das Salz zu reichen?

② 모두를 포장하여 나의 집으로 보내 주실 수 있겠습니까?
☞ 모든 것을 포장하다 alles einpacken; 나의 집으로 보내다 zu mir nach Hause bringen lassen; ～있겠습니까? (부탁 드려도 되겠습니까?) Dürfte ich Sie bitten

Dürfte ich Sie **bitten**, alles einzupacken und zu mir nach Hause bringen zu lassen.

【역례】
Könnten Sie mir **vielleicht sagen**, wie ich zum Regierungsgebäude komme?

[22-1-6]

나의 친구는 오늘 아침 8 시에 비행기 편으로 제주도에 갔다. 지금쯤은 거기에 벌써 도착했을지도 모른다.

☞ 비행기 편으로 가다 fliegen; 제주도 die Jeju-Insel

(해설)
(1) 자기의 의견을 조심스럽게 추측을 나타낼 때는 können, dürfen 의 접속법 II 형인 könnte, dürfte를 사용한다. 그리고 과거 사실의 추측을 나타낼 때는 <dürfte+p.p+haben (sein)>이다.

(예)
① 그가 그의 세금 신고를 정말 부정확하게 기제 하였단 말입니까? - 네, 그의 신고가 부적합하였을지도 모르겠습니다.
☞ 세금신고 Steuererklärung f.-en; 부정확한 ungenau; ~을 기재하다 et.[4] ausfüllen; 신고 Angabe f.-n; 부적합한 unzutreffend

Sollte er seine Steuererklärung wirklich ungenau ausgefüllt haben? - Ja, seine Angaben **dürften** unzutreffend **sein**.

【역례】
Mein Freund ist heute morgen um 8 Uhr auf die Jeju-Insel geflogen. **Er dürfte** schon dort **sein**.

[22-1-7]

신호등이 빨강일 때는 너는 걸음을 멈춰 섰어야 했었는데!

☞ 빨강신호등 Rot n.-s; ~일 때 bei+ et.[3] ; 멈춰서다 stehenbleiben

(해설)
(1) 비현실로, 이제는 이루어질 수 없는 요구를 나타낼 때는 화법조동사 müssen, sollen, nicht dürfen을 사용하여 표현한다. 일반적으로 접속법 II 형의 과거를 사용한다.

(예)
① 신호등이 빨강일 때는 계속 가서는 안 되었는데!

Bei Rot **hätten Sie** nicht **weitergehen dürfen**.

【역례】
Bei Rot **hättest du stehenbleiben müssen**.

[22-2] 복합문에서 접속법 II형의 용법

접속법 II형이 복합문에서 사용되는 것은 주로 다음과 같은 문장이다.
1) 비사실의 조건문
2) 비사실의 인용문
3) 비사실의 비교문
4) 비사실의 결과문
5) 관계문에서 접속법 II형을 사용할 때
6) glauben, denken, meinen, annehmen 등에 이어지는 부문장
7) ohne daß의 부문장

[22-2-1]

내가 문학을 집중적으로 공부하였더라면 그 테마를 잘 다루었을 텐데.

☞ 문학 Literatur f.-en; 집중적으로 intensiv; 테마 Thema n.-s,-en (-ta); ~을 잘 다루다 et.[4] bewältigen

(해설)

(1) 조건문은 wenn으로 시작하는 비사실의 가정의 부문장과 비사실의 결론을 나타내는 ~so (dann)으로 된 주문장으로 구성된다. 그러나 wenn 이 생략되면 부문장의 동사가 부문장의 제일의 위치에 있게 된다.

(2) 주문장이 의문문일 때는 주문장이 부문장보다 항상 선행한다.

(3) 주문장과 부문장의 동사가 모두 약변화 동사로서 접속법 II형이 분명 하지 않을 때는 문장의 오해를 피하기 위하여 <würde+Inf.> 로 바꾸어 쓴다. 그뿐 아니라 강변화 동사에서 파생한 접속법 II형인 böte, träte, grübe등도 요즘은 자주 < würde + bieten, treten, graben> 등으로 바꾸어 쓴다.

(4) wenn 으로 이끄는 부문장 대신에 bei, mit, ohne의 전치사 구문이 있을 때도 그 문장에서 접속법 II 형을 사용하여 비사실의 결론을 내릴 수 있다.

(5) <an deiner (seiner, ihrer, usw.) + Stelle>는 "~가 너의 (그의, 그녀의) 입장이라면"의 뜻이고 비사실의 결론을 나타내는 접속법 II형이 따른다.

(예)

① 나룻배가 운행 중이면 우리들은 우회할 필요가 없을 텐데.

☞ 나룻배 Fähre f.-n; 운행 중이다 in Betrieb sein; 우회하다 einen Umweg machen

Wenn die Fähre in Betrieb wäre, dann **machten** wir keinen Umweg.
(= Wäre die Fähre in Betrieb, dann ...)

① 그러므로 우리들의 풍습과 풍속이 남자들을 음흉하게 만들은 것 같이 보인다. 만약 이것이 일반적이고 예외 없는 경우라면 남성은 우리들의 눈에는 거미들과 늑대들 보다 더 흉측스러울 것이다.

☞ 그러므로 ~인 것 같다 es scheint also, daß ~; 풍속과 습관들 Sitten und Gebräuche (pl.); 음흉한 bösartig; 예외 없이 ohne Ausnahme; 경우 Fall m.-s, Fälle; 남성 das männliche Geschlecht: 거미 Spinne f.-n; 늑대 Wolf m.-es, Wölfe; 우리들 눈에는 거미들이다 es sind in unseren Augen Spinnen.; 더 끔직한 scheußlicher als ~

Es scheint also, daß unsere Sitten und Gebräuche die Männer bösartig gemacht haben. **Wäre dies** allgemein und ohne Ausnahme der Fall, so **wäre das männliche Geschlecht** scheußlicher, als es in unseren Augen die Spinnen und Wölfe sind.

② 당신이 백만장자라면 나를 도와주실 수 있겠습니까?

☞ 백만장자 Millionär m.-s,-e

Könnten Sie mir **helfen, wenn Sie** ein Millionär **wären**?

② 너희들이 만약 오늘 시간이 있다면 무엇을 할 것인가?

Was machtet ihr, wenn ihr heute Zeit **hättet**?

③ 나의 아버지가 나에게 돈을 보내 주신다면 내가 양복을 한 벌 살수 있을 턴데.

Wenn mir **mein Vater** Geld **schickte**, **würde ich** mir einen Anzug **kaufen**. (statt: ..., kaufte ich ...)

④ 그 일에 전력 집중한다면 너는 적어도 월말까지는 끝마칠 수 있을 텐데.
☞ 전력의 voll; 집중 Konzentrierung f.-en; 월말 Monatsende n.; 끝마치다 mit et.[3] fertig sein

Bei voller Konzentrierung auf die Arbeit würdest du wenigstens bis Monatsende fertig **sein**.
(= Wenn du dich voll auf die Arbeit konzentriertest, würdest du ...)

④ 네가 좀 더 많이 노력했더라면 너도 기간을 지킬 수 있었을 것이다.
☞ 좀더 많이 etwas mehr; 노력 Anstrengung f.-en; 기한을 지키다 den Termin einhalten

Mit etwas mehr Anstrengung hättest auch **du** den Termin **einhalten können**.
(= Wenn du dich etwas mehr angestrengt hättest, hättest du ...)

④ 시간을 정확히 분할하지 않았더라면 나는 그 일을 기한 내에 맞춰서 하지 못하였을 것이다.
☞ 정확히 genau; 분배 Einteilung f.-en; 기한에 맞춰 termingemäß; ~을 하다 et.[4] schaffen

Ohne genaue Einteilung der Zeit hätte ich die Arbeit nicht termingemäß **geschafft**.

⑤ 그는 속도 제한을 지키지 않았다. 내가 그의 입장이라면 그것을 지켰을 텐데.
☞ 속력 제한을 지키다 sich an die Geschwindigkeitsbegrenzung halten

Er hat sich nicht an die Geschwindigkeitsbegrenzung gehalten. **An seiner Stelle hätte ich** mich daran **gehalten**.

【역례】
Wenn ich die Literatur intensiv **studiert hätte, hätte ich** das Thema **bewältigt**.

[22-2-2]

가령 그녀가 병나지 않았을 지라도 그녀는 디플롬 논문을 기한에 맞춰 완성하지 못했을 것이다. 왜냐하면 그 테마가 너무 광범위하기 때문이다.

☞ 병나다 krank werden/erkranken; 디플롬 논문 Diplomarbeit f.; ~을 완성하다 et.[4] schaffen; 광범위 한 umfangreich

(해설)

(1) 비사실의 인용문을 auch wenn, wenn~auch, selbst (sogar) wenn으로 나타낸다. 부문장이 선행하는 경우는 주문장의 어순은 정치 또는 도치법을 쓸 수 있다.
(2) <의문사+auch>로도 비사실의 인용을 나타낼 수 있다.

(예)

① 네가 나에게 백만 유로를 준다고 할지라도 나는 이 일을 하지 않을 것이다.

Auch wenn du mir eine Million Euro **gäbest, täte ich** diese Arbeit nicht.
(= ..., ich täte ...)

② 네가 나에게 어떤 무엇을 주었다고 할지라도 너의 제안을 거절하였을 것이다.
☞ 제안 Antrag m.-s, Anträge; ~을 거절하다 et.⁴ ablehnen

Was du mir **auch gegeben hättest, ich hätte (hätte ich)** deinen Antrag **abgelehnt**.

【역례】

Auch wenn sie nicht krank **geworden wäre, hätte sie** ihre Diplomarbeit nicht termingemäß **geschafft**, denn das Thema ist zu umfangreich.

[22-2-3]

그 여자는 나를 이해하지 못한 것처럼 나를 바라보았다.

☞ 이해하다 verstehen; ~을 바라보다 jn. anschauen

(해설)

(1) 비사실의 비교문은 als ob, als wenn, wie wenn 등의 접속사를 사용하고 als ob, als wenn에서 ob, wenn을 생략할 때가 있다. 이 때는 부문장의 동사는 als 다음에 위치한다.

(예)

① 나는 당신의 집에서 마치 내가 집에 있는 것처럼 편안하게 느낍니다.
☞ 편안하게 느끼다 sich wohl fühlen

Ich fühle mich bei Ihnen so wohl, **als ob ich** zu Haus **wäre**.
(= ..., als wäre ich zu Hause.)

【역례】

Sie schaut mich an, **als ob sie** mich nicht **verstanden hätte**.

[22-2-4]

그 소도시의 길은 너무 좁아서 빠른 통행은 불가능하다.

☞ 소도시 Kleinstadt f.; 좁은 eng; (비교적) 빠른 zügig; 통행 Durchgangsverkehr m.

(해설)

(1) 비사실의 결과문 (irrealer Konsekutivsatz)은 <zu (od. allzu: 강조할 때) + als daß ~>를 사용한다.
(2) so ~, daß ~문의 부문장에서 언급된 결과가 나타나지 않을 때는 부문장에서 비사실의 접속법 II형을 쓴다.

(예)
① 시간이 너무 늦어서 우리들은 그의 집에 전화를 할 수 없다.
☞ ~집에 전화를 걸다 bei jm. anrufen

Es ist **allzu** spät, **als daß wir** bei ihm **anrufen könnten**.

② 그는 아주 시간이 많아서 그는 일년 내내 여행할 수 있을 터인데. (여행을 하지 않는다.)

Er hat **soviel** Zeit, **daß er** das ganze Jahre **verreisen könnte**.

【역례】
Die Straßen der Kleinstadt sind **zu** eng, **als daß ein zügiger Durchgangsverkehr** möglich **wäre**.

[22-2-5]

너를 더 잘 도와 줄 수 있는 또 다른 의사를 나는 알지 못한다.

☞ 또 다른 의사 ein anderer Arzt; ~를 알다 jn. kennen

(해설)
(1) 선행사가 <kein+Substantiv>, niemand등의 부정을 뜻하는 명사 및 대명사 이고 관계문장에 주로 형용사 및 부사의 비교급이(드물게 원급) 있을 때, 자주 그 관계문장에는 접속법 II형이 사용된다.

(예)
① 나는 기분 나쁜것에 대해서는기분전환 하는 것 외에 무엇이 더 도움이 될 수 있는지 모른다.
☞ 기분 나쁜 것 schlechte Laune; 기분전환 Ablenkung f.; ~에 대해 더 효과가 있다 gegen et mehr helfen, als ~

Ich weiß nichts, was gegen schlechte Laune mehr **helfen würde**, als Ablenkung.

① 그들은 운명에 만족하고 있는 한 사람도 발견할 수 없었다.
☞ 운명 Schicksal n.-es,-e; ~에 만족하다 mit et.[3] zufrieden sein

Sie konnten **keinen** Menschen finden, **der** mit seinem Schicksal **zufrieden wäre**.

【역례】
Ich kenne **keinen** anderen Arzt, **der** dir **besser helfen könnte**.

[22-2-6]

그가 계산을 지불할 것이라고는 나는 믿지 않았다.

☞ 계산을 지불하다 die Rechnung bezahlen

(해설)
(1) 주문장의 동사 glauben, meinen, denken, annehmen과 연결되는 부문장의 의미가 상황이 불확실한 것을 뜻하면 부문장은 접속법 II형을 자주 쓴다.

(예)
① 나는 그가 결국에는 달라지지 않으면 안 된다고 생각한다.
☞ 달라지다 sich ändern

Ich meine, daß er sich endlich **ändern müßte**.

① 인생의 4분의 3은 행복을 준비하는데 지나간다. 그러나 마지막의 것은 그것을 누리는데 지나가리라고 믿어서는 안 된다.
☞ 인생의 4분의 3 drei Viertel; ～을 준비하다 et.⁴ vorbereiten/sich auf et.⁴ vorbereiten; ～을 누리다 et.⁴ genießen

Drei Viertel des Lebens vergehen damit, das Glück vorzubereiten, **man darf** aber nicht **glauben**, **daß** das letzte damit **verginge**, es zu genießen.

【역례】
Ich habe nicht geglaubt, daß er die Rechnung **bezahlen könnte**.

[22-2-7]

그는 계속 그의 가족을 돌보지 않고 그의 가족을 떠났다.

☞ 가족 Familie f.-n; ～를 돌보다 sich um jn. kümmern

(해설)
(1) ohne daß 절에서 기대했던 결과가 나타나지 않았을 때 접속법 II형을 쓴다.

(예)
① 나의 아저씨는 (그 일에 관해)한마디의 언급도 없이 고아들을 돌보았다.
☞ ～에 관해 언급하다 ein Wort über et.⁴ verlieren; 고아 Waise f.-n/ verwaiste Kinder

Mein Onkel sorgte für die verwaisten Kinder, **ohne daß er** ein Wort darüber **verloren hätte**.

① 악(惡)은 사람들이 선(善)을 함께 없애지 않고는 근절되어질 수 없다.
☞ 악 das Böse; 선 das Gute; 없애다(근절하다) ausrotten

Das Böse kann nicht ausgerottet werden, ohne daß man das Gute mit ausrotten würde.

【역례】
Er hat seine Familie verlassen, **ohne daß er** sich weiter um seine Familie **gekümmert hätte**.

◈ 연 습 문 제 22 ◈

1) 겨울이 빨리 지나가면 좋을 텐데! 나는 이처럼 살을 에는 듯한 추위를 이젠 더 견딜 수 없다.
☞ 지나가다 vorbei sein; 살을 에는 듯한 schneidend; 추위 Kälte f.-n; ～을 견디다 et.[4] aushalten

2) 당신이 교차로에서 감속하였더라면 좋았을 텐데요!
☞ 교차로 Kreuzung f.-en; 감속하다 die Geschwindigkeit herabsetzen

3) 비행기가 추락했습니까? - 아니요, 그러나 하마터면 떨어질 뻔했습니다.
☞ 추락하다 abstürzen; 하마터면 ～할 뻔한 beinahe/fast

4) 기독교의 표현의 희랍어와 라틴어의 차용어들은 동로마 교회의 전문용어들로서 고트인의 선교사들을 통하여 남쪽과 동남쪽에서 도입되었을지도 모른다.
☞ 기독교의 표현 christliche Prägung; 희랍어의 griechisch; 라틴어의 lateinisch; 차용어 Lehnwort n; 동로마의 oströmisch; 전문용어 Fachwort n; 고트인의 gotisch; 선교사 Missionär m.-es,-e; 동남쪽 Südosten m.; ～을 도입하다 et.[4] einführen

5) 내가 "안 돼"라고 말하였더라면 지금 내 마음이 더 평안하련만! 그리고 여기 있는 화주(火酒)를 나는 마시지 않고 팔았을 텐데.
☞ 안 돼 nein; 나의 마음이 더 편하다 (기분이 더 좋다) mir ist wohler; 여기에 있는 화주 der Schnaps hier; ～하지 않고 statt ～zu Inf.

6) 노동자들은 지금 초과 시간의 일을 하여야 한다. 그렇지 않으면 회사는 (물품) 인도 기일을 지킬 수 없을지 모른다.
☞ 지금 zur Zeit; 초과 시간을 하다 Überstunden machen; 그렇지 않으면 andernfalls; 인도 기일 Liefertermin m.-s,-e; ～을 지키다 et.[4] einhalten

7) 나의 양친이 아직 생존하신다면 나는 양친에게 한층 더 순종하고 그들에게 큰 즐거움을 드릴 수 있을 텐데.
☞ 생존하고 있다 am Leben sein; ～에게 한층 더 순종하다 jm. (noch) gehorsamer sein; 큰 즐거움을 주다 jm. große Freude bereiten

8) 가령 그 행사가 17시에 비로소 시작하였다고 할지라도 많은 대학생들은 아주 늦었을

것이다. 왜냐하면 강의가 17시 지나서까지 계속 하였기 때문이다.
☞ 가령~일지라도 auch wenn ~; 행사 Veranstaltung f.-en; 비로소 erst; 강의 Vorlesung f.-en; 후에 까지 bis nach; 계속하다 dauern

9) 고도(古都)에 있는 역사적 건물의 복원은 너무나 복잡하므로 건축공사들의 빠른 종결은 기대되어질 수 없다.
☞ 고도 Altstadt f.; 역사적 historisch; 복원 Rekonstruktion f.-en; 복잡한 kompliziert; 건축공사 Bauarbeit f.-en; 빠른 종결 ein baldiger Abschluß; 기대되어질 수 있다 zu erwarten sein

10) 한 학생이 작문에서 양(良)을 받았다. 선생이 학생에게 훈계하였다. "네가 집에서 또 한번 모든 것을 철저히 공부하여야 했었는데."
☞ 작문에서 양을 받다 im Aufsatz eine Vier schreiben; ~에게~하도록 훈계하다 jn. zu et.[3] ermahnen; 철저히 (쉬지 않고)공부하다 gründlich durcharbeiten

11) "시간은 돈이다" 라고 사람들이 가끔 말하는 것을 듣는다. 마치 각자가 일을 충분히 가지고 있고 그가 원하자 곧 돈을 벌 수 있는 것처럼.
☞ 가끔 사람들이 말하는 것을 듣는다. man hört oft sagen; ~을 충분히 가지고 있다 et. genug haben; ~하자 곧 sobald; 원하다 wollen; 돈벌다 Geld verdienen

12) 그 자동차 정비사는 그가 아직 한번도 모터를 분해한 일이 없는 것처럼 행동 한다.
☞ 자동차 정비사 Automechaniker m.; 아직 한번도~않는 noch nie; 모터 Motor m.-s,-en; 분해하다 auseinandernehmen; 행동 (처신)하다 sich anstellen

13) 그녀는 그녀가 마치 공식 코뮈니케를 낭독하는 것처럼 놀랄 정도로 객관적이고, 보고하는 듯 한 어조로서 말하는 동안 지속적으로 나를 관찰하였다.
☞ 공식 코뮈니케 ein offizielles Kommunique; 읽어서 알리다 verlesen; 놀랄 정도로 erschreckend; 객관적 nüchtern; 보도하는 듯한 berichtend; 어조 Ton m.-es, Töne; 동안 während; 지속적으로 unentwegt; ~를 관찰하다 jn. beobachten

14) 관중이 너무나 선입견에 사로 잡혀 있었으므로 (축구)심판 결정을 객관적으로 평가할 수 없었다.
☞ 관중 Publikum n.-s; 편견에 사로잡힌 voreingenommen; 추구신판의 결정 Schiedsrichterentscheidung f.-en (복수를 사용); 객관적 objektiv; ~을 평가하다 et.[4] beurteilen

15) 어떠한 공장들은 환경오염에 관심을 두지 않아서 공기와 물이 공장들에 의해서 오염이 된다.
☞ 어떠한 공장들은 gewisse Industriebetrieben (pl.); 환경오염Umweltverschmutzung f.; 에 관심을 두다 (~을 돌보다) sich um et kümmern; 않아서 (~하는 것 없이) ohne daß~; 공기와 물 Luft und Wasser; 오염되다 verschmutzt werden

16) 가령 그 학생이 그의 문법지식을 바로잡는다고 할지라도 그는 통역관으로서는 일할 수 없을 것이다. 왜냐하면 통역관으로 일할 수 있기 위해서는 졸업시험 증서가 필요하기 때문이다.
☞ 문법지식 Grammatikkenntnisse (pl.); (더 좋아지도록) 고치다 (바로잡다) verbessern; 통역관 Dolmetscher m.-s; 통역관으로 일할 수 있기 위해서는 dazu; 졸업시험 Abschlußprüfung f.; 증서 Zeugnis n.-ses,-se; 필요하다 brauchen

17) 아무도 그 여류 시인을 돌보아 주지 않고 그녀는 그녀의 만년을 보냈다.
☞ 여류 시인 Dichterin f.-nen; ~에게 관심을 갖다 (돌보아 주다) sich um jn. kümmern; 만년 을 보내다 die letzte Lebensjahre(den Lebensabend) verbringen

18) 사람들이 이 문제에 대해 모든 참가자들의 입장을 밝히게 하면 가장 좋을 것 입니다.
☞ 이 문제 dieses Problem; ~에 대해 태도를 밝히게 하다; jn. zu et.[3] Stellung nehmen lassen; 모든 참가자들 alle Beteiligten; 가장 좋을 것이다 es wäre am besten,

19) 모든 것을 지속적인 점검을 하지 않는다면 부정확성과 결함은 제거되어질 수 없다.
☞ 모든 것을 (~에 대해) von allem; 지속적인 ständig; 점검 Überprüfung f.-en; 않는다면 ohne~, wenn ~ nicht~ 부정확성 Ungenauigkeit f.-en; 결함 Fehler m.-s; 제거되다 sich ausschließen lassen

20) 분명한 구분이 가능한 것은 아니지만 (가능한 것 없이) 문헌학 분야에서 두 방향이 인식되어질 수 있다. 그 하나는 고대언어, 특히 라틴어를 강력하게 따르는 (집중하는) 편이고 다른 하나는 독일의 선사 시대와 독일어에 전념한다.
☞ 분명한 klar; 구분 Scheidung f.-en; ~가능한 것 없이 ohne daß et. möglich wäre; 문헌학의 philologisch; 방향 Richtung f.-en; 인식되어질 수 있다 sich erkennen lassen; 그 하나는, 다른 하나는 die eine ~, die andere; 고대언어 die antike Sprache; ~을 강력히 따르는 (집중하는) 것 eine starke Orientierung an et.[3] ; ~편들다 für et. eintreten; 선사시대 Vorzeit f.; ~에 전념하다 sich et.[3] zuwenden

23. 부정(否定)하는 낱말 (Die Negationswörter)

A) 부정하는 낱말의 품사의 종류

여러 가지 부정하는 낱말이 있고 이들 부정하는 낱말들은 품사와 용법에 따라 상이하게 나타나고 품사로서 다음과 같이 분류할 수 있다.

- **대명사**: Keiner(Niemand, Nichts) kommt.
- **부사**: nie (niemals), nirgendshin, nirgendwo, nirgendwohin, nicht, keinesfalls, keineswegs usw.
- **부정관사류의 낱말**: Er liest kein Buch.
- **문장의 동가의 품사**: Schläft er? - Nein, er schläft nicht.
- **접속사**: Ich habe dafür weder Zeit noch Geld.
- **불변사**: Nicht ein Schüler war krank.

B) 부정하는 낱말들의 용례

[1] kein 과 nicht의 용법

[2] 문장에서 nicht의 위치

[3] nicht, kein을 제외한 대명사 또는 부사의 부정하는 낱말

[4] schon, noch를 부정할 때

[5] 양자부정의 접속사 weder ～ noch, ebensowenig ～ wie(als)

[23-1] kein 과 nicht의 용법

1) <ein + (형용사) + 명사>와 무관사의 단·복수명사의 부정

2) 무관사의 물질명사의 부정

3) 기능동사구의 부정

4) 목적어의 성질을 갖지 않는 4 격 명사의 부정

5) 지리적 명칭 앞에는 nicht 로 부정

6) <als+(직업을 의미하는)명사>의 부정

[23-1-1]

그 여행단의 책임자는 고고학에 정통한 학자 입니까? - 아니요, 그는 고고학에 정통한 학자처럼 보이지는 않습니다.

☞ 여행단 책임자 Reiseleiter m.-s; 고고학에 정통한 학자 ausgebildeter Archäologe m.-n,-n; ～처럼 보이다 scheinen zu Inf.

(해설)

(1) 부정관사가 명사 앞에 있을 때의 부정은 kein을 써서 부정한다.

(2) 무관사의 단수 혹은 복수명사를 부정할 때는 kein-을 써서 부정한다.

(3) 관용대구 (Zwillingsformel) 에서는 kein을 써서 각각의 명사 앞에서 각각의 명사를

부정한다: Baum und Strauch → kein Baum und kein Strauch; Haus und Hof → kein Haus und kein Hof

(4) nicht ein 은 kein으로 부정하나 kein을 쓰지 않고 nicht ein을 쓰면 ein은 수사 <하나>의 뜻이 되고 하나의 뜻이 강조된다.

(예)

① 너 니코틴이 적은 (적게 함유한) 담배 있니? - 아니, 유감스러우나 니코틴이 적은 (적게 함유한) 담배는 없다

☞ 니코틴이 적게 함유한 nikotinarm

Hast du **eine** nikotinarme Zigarette? - Nein, leider habe ich **keine** nikotinarme Zigarette.

① 네게는 빨간 스카프가 파란 스카프 보다 더 마음에 드니? - 나에게는 둘 중의 어느 것도 마음에 안 든다.

☞ ~의 마음에 들다 jm. gefallen; 스카프 Tuch n.-es, Tücher

Gefällt dir das rote Tuch besser als das blaue? - Mir gefällt **kein(e)s** von beiden.

② 페터는 이번 여름에 휴가여행을 하려고 하니? - 아니, 그는 이번 여름에는 여행을 않으려 한다.

☞ 휴가여행 Ferienreise f.; ~을 하다 et.[4] machen/unternehmen

Will Peter in diesem Sommer **Ferienreisen** machen? - Nein, er will in diesem Sommer **keine Ferienreisen** machen.

② 너는 나의 건강 상태를 고려할 필요는 없다.

☞ ~을 고려하다 Rücksicht auf et.[4] nehmen; 건강상태 Gesundheitszustand m.

Du brauchst **keine Rücksicht** auf meinen Gesundheitszustand zu nehmen.

③ 저기 언덕에는 나무와 관목은 없다.

☞ 나무와 관목 Baum und Strauch

Es gibt **keinen** Baum und **keinen** Strauch dort auf dem Hügel.

④ 나의 연구를 위하여 그는 나에게 일전 한 푼도 주지 않았다.

☞ 연구 Arbeit f.-en; 한 푼 ein Pfennig

Für meine Arbeit hat er mir **nicht einen** Pfennig gegeben.

【역례】

Ist der Reiseleiter **ein** ausgebildeter Archäologe? - Nein, er scheint **kein** ausgebildeter Archäologe zu sein.

[23-1-2]

운전 시작 전에 술을 마셔서는 안 된다.

☞ **운전 시작** Antritt (od. Beginn) der Fahrt; **술** Alkohol m.-s; **해서는 안 된다(금지)** nicht (kein, nichts) dürfen

(해설)
(1) 무관사의 물질 명사 Alkohol, Bier, Kaffee등은 kein으로 부정한다.
(2) -zeug, -werk 같은 접미어 있는 명사 앞에는 kein 으로 부정한다.

(예)
① 저녁 5시 이후에는 나는 커피를 마시지 않고 차를 마신다.

Nach 5 Uhr abends trinke ich **keinen Kaffee**, sondern nur Tee.

② 그 소년은 생일에 장난감을 원하지 않고 좋은 볼펜을 바란다.
☞ **장난감** Spielzeug n.-es,-e

Der Junge wünscht sich zum Geburtstag **kein Spielzeug**, sondern einen guten Kugelschreiber.

【역례】
Man darf vor Antritt der Fahrt **keinen Alkohol** trinken.

[23-1-3]

그 출판사는 그 책이 내년에 꼭 출판될 수 있다는 확약을 할 수 없다.

☞ **출판사** Verlag m.-s,-e; **꼭** schon; **출판되다** erscheinen; **확약하다** Zusicherung geben

(해설)
(1) 기능동사구의 명사가 무관사인 경우는 kein으로 부정하나 전치사구로 구성된 기능동사구는 전치사 앞에 nicht를 두어 부정한다.
(2) <추상명사+haben>이 <형용사+sein>으로 문장 변경이 가능하면 kein으로 부정한다. Hunger (Mut, Durst) haben → hungrig (mutig, durstig) sein의 변형이 가능 하므로 부정은 keinen Hunger (Mut, Durst) haben이다
(3) <von+추상명사>가 형용사의 의미로 사용될 때의 부정은 <von+kein-+추상명사>로 부정한다.

(예)
① 그 소년은 약간 고집이 있어 보였지만 그의 태도는 나에게 나쁜 인상을 주지 않았다.
☞ **고집이 있어 보이다** hartnäckig aussehen; **~에게 인상을 주다** Eindruck auf jn. machen

Obgleich der Junge ein bißchen hartnäckig aussieht, macht sein Verhalten **keinen** schlechten **Eindruck auf mich**.

① 그의 개인적인 어려움들은 회의에서 언급 되지 않았다.
☞ 개인적인 어려움들 persönliche Schwierigkeiten; 회의 (집회) Versammlung f.-en; ~이 언급 (토의)되다 zur Sprache kommen

Seine persönlichen Schwierigkeiten sind auf der Versammlung **nicht zur Sprache gekommen**.

② 네 목마르지 않니? - 그래, 아주 몹시 목마르다.

Hast du **keinen Durst**? - Doch, ich habe großen Durst.

③ 이것은 아주 대단히 중요한 문제는 아니다.
☞ 중요한 것 Bedeutung f.-en; 문제 Problem n.-es,-e

Das ist ein Problem **von keiner** sehr großen **Bedeutung**.

【역례】
Der Verlag kann **keine Zusicherung geben**, daß das Buch schon im nächsten Jahr erscheinen kann.

[23-1-4]

너는 내일 우리들과 함께 축구할 수 없니? - 아니, 유감스러우나 나는 내일 회의에 참석해야 한다.

☞ 축구하다 Fußball spielen; 회의에 참가하다 an einer Konferenz teilnehmen

(해설)
(1) 목적격의 성질을 갖지 않는 무관사의 4격이 거의 동사의 일부가 되어버린 명사들 앞에는 nicht를 명사 앞에 둔다. 다음 자주 사용되는 몇 개를 예로 든다.
Auto (Bus, Boot, Karussell) fahren 자동차 (버스, 보트, 회전목마를) 타다; Kolonne fahren 긴 행렬로 가다; Lift (Rad, Rollschuhe, Schlitten) fahren 리프트 (자전거, 롤러스케이트, 썰매)를 타다; Schlittschuhe (Seilbahn,) fahren 스케이트(케이블카를) 타다; Wort halten 약속 지키다; Radio hören 라디오 듣다; Amok fahren 미친 듯이 자동차를 몰아 살상하다; Gefahr laufen 위험에 빠지다; gegen et. Sturm laufen ~에 대해 강력히 투쟁하다; Ski laufen 스키 타다; Bankrott machen 파산하다; Feierabend machen 일을 종료하다; Schluß machen 끝맺다; Bescheid sagen 알려주다; Maschine schreiben 타자를 치다; Pfeife rauchen 파이프 피다; Flöte spielen 피리 (플루트)를 부다; Fußball (Karten, Tennis) spielen 축구 (카드놀이, 정구)하다; Klavier spielen 피아노 치다; Schach spielen 장기 두다; Schlange stehen 장사진을 치다

【역례】
Kannst du morgen mit uns **nicht Fußball spielen**? - Nein, leider muß ich morgen an

einer Konferenz teilnehmen.

[23-1-5]

그 교수는 지금 뮌헨에 사십니까? - 아니요, 그는 뮌헨에 사시지 않고 베를린에 사신다.

☞ 뮌헨 München; 살다 wohnen; 베를린 Berlin

(해설)
(1) 지명고유명사 앞에는 kein을 쓰지 않고 nicht를 쓴다. 만약 지명고유명사 앞에 전치사가 있으면 전치사 앞에 nicht를 둔다.
(2) 장소의 의미를 가진 명사 앞에 전치사가 있을 때는 <nicht+전치사+명사> 또는 <전치사+kein+명사>의 두 가지를 사용할 수 있다.

(예)
① 독어 독문학회 회의는 금년에는 서울에서 아니고 부산에서 개최된다.
☞ 독어 독문학회 germanistische Gesellschaft; 회의 (학술회의) Tagung f. -en; 개최되다 stattfinden

Die Tagung der germanistischen Gesellschaft findet in diesem Jahr **nicht in Seoul** statt, sondern in Pusan.

② 그는 고등학교에 다니니? - 아니, 그는 고등학교에 다니지 않는다.

Geht er **in eine Oberschule**? - Nein, er geht **nicht** in eine Oberschule.
(= Nein, er geht in keine Oberschule.)

② 그는 큰 도시 출신 아니고 어촌 출신이다.

Er kommt **nicht aus einer großen Stadt**, sondern aus dem Fischerdorf.
(= Er kommt aus keiner großen Stadt, sondern ...)

【역례】
Wohnt der Professor jetzt in München? - Nein, er wohnt jetzt **nicht in München**, sondern in Berlin.

[23-1-6]

사람들은 그를 생물학 분야에 정통한 연구가로 인정하지 않았다.

☞ 생물학 분야에 auf dem Gebiet der Biologie; 정통한 bewandert; 연구가 Forscher m.-s; ～으로 인정하다 als et.[4] bestätigen

(해설)
(1) <als+(직업)명사> 의 구조에는 nicht 는 als 앞에 위치한다.
(2) <(직업)명사+sein (od. werden)> 에서는 kein 혹은 nicht가 명사 앞에 위치한다.

(예)

① 그는 교사로 재직하는 것이 아니고 은행가로 재직 중이다.
☞ ~으로 재직 하다 als et.[1] tätig sein

Er ist **nicht als Lehrer** tätig, sondern als Bankier.

② 아버지는 그의 아들이 군인이 되지 않기를 바란다.

Der Vater hofft, daß sein Sohn **nicht (od. kein) Soldat wird**.

【역례】
Man hat ihn **nicht als Forscher** bestätigt, der auf dem Gebiet der Biologie bewandert ist.

[23-2] 문장에서 nicht의 위치

문장에서 nicht의 위치는 일반적으로 다음과 같이 나누어서 생각할 수 있다.
1) 부분 부정 (개별 품사 및 구)을 부정할 때
2) 전문부정 (동사 부정)일 때
3) 기능동사구에서 <명사+기능동사> 와 <전치사+명사+기능동사>의 전문 부정
4) 전치사구와 동사가 밀접한 관계를 가지고 문장 틀을 구성할 때 전문 부정
5) 분리전철 있을 때의 전문 부정

[23-2-1]

국가와 민족에 대하여 언급하는 사람 모두가 애국자는 아니다.

☞ 국가와 민족 Staat und Volk; ~에 대해 언급하다 von et.[3] sprechen; 애국자 Patriot m.-en,-en

(해설)
부분부정은 원칙적으로 부정하려는 문장의 성분 앞에 위치한다. 예를 들면 다음과 같다.
• Er ist heute nicht zu Hause. 그는 오늘 집에 없다. (전문부정)
• Er ist nicht heute zu Hause.그가 집에 있는 것은 오늘이 아니다. (heute 부정)
• Nicht er ist heute zu Hause. 오늘 집에 있는 것은 그가 아니다. (er 부정)
그러나 동일한 문장이라 할지라도 억양에 따라서 전문부정과 부분부정이 구별될 때도 있다.
(a) Heute ist der Freund nicht gekommen. (전문부정)
(b) Heute ist der Freund nicht gekommen. (부분부정)
(a)는 정상적인 전문부정이고 (b)처럼 Freund에 강음이 있으면 Freund를 부정하는 부분부정이다.
부분 부정할 때는 다음의 세 가지로 나누어서 생각할 수 있다.
(1) 한 개의 낱말을 부정한다.
(2) 문장의 성분 중에서 구를 부정한다.
(3) 낱말의 일부만을 부정할 때 있다.

(예)

① 호텔주인은 어제 마이어 씨에게 객실 계산서를 주지 않았다. (전화요금계산서를)

Der Hotelier gab gestern Herrn Meier **nicht die Zimmerrechnung**. (sondern die Telefonrechnung)

① 호텔주인은 어제 객실 계산서를 마이어 씨에게 주지 않았다. (후버씨에게)

Der Hotelier gab gestern **nicht Herrn Meier** (sondern Herrn Huber) die Zimmerrechnung.

① 호텔주인은 마이어 씨에게 객실 계산서를 준 것은 어제가 아니다. (오늘 아침)

Der Hotelier gab **nicht gestern** (sondern heute morgen) Herrn Meier die Zimmerrechnung.

① 어제 마이어 씨에게 객실 계산서를 준 것은 호텔주인이 아니다. (호텔수위)

Nicht der Hotelier (sondern der Portier) gab gestern Herrn Meier die Zimmerrechnung.

② 그는 전차로 가지 않고 버스로 간다.

Er fährt **nicht mit der Straßenbahn**, sondern mit dem Bus.

③ 그는 화물차에 나무를 싣지 않고 부렸다.
☞ 화물차 Lastkraftwagen m.; ～을 싣다 et.[4] beladen; ～을 부리다 et.[4] entladen

Er hat den Lastkraftwagen mit Holz **nicht be-**, sondern entladen.

【역례】
Nicht jeder, der von Staat und Volk spricht, ist ein Patriot.

[23-2-2]

의사는 그 환자의 심리 상태를 검사하지 않았다.

☞ 환자 der(die) Kranke/Patient m.-en,-en; 심리의(적) psychisch; 상태 Zustand m.-s, Zustände; 검사하다 untersuchen

(해설)
(1) 전체부정인 경우는 sein, werden 다음에 오는 술어명사 및 형용사 앞에 nicht가 위치하지만 그 밖의 경우는 대개는 정형동사와 nicht가 문장의 틀을 이루어 문장의 끝에 위치한다.
(2) 그러나 형용사에서 전용한 부사가 문장의 끝에 있을 때는 nicht가 부사 앞에 위치하고 본래의 부사가 문장의 끝에 있을 때는 nicht는 부사의 전 후에 위치가 가능하다.

(예)
① 악동들이 밤에 거리에서 어느 상인을 습격하여 넘어뜨렸으나 그들은 돈을 뺏어가지 않았다.

☞ 악동 Lausbub m.-en,-en; 밤에 nachts 습격하고 넘어뜨리다 überfallen und niederschlagen; ~에게~을 뺏다 jm. et.[4] rauben

Die Lausbuben haben nachts einen Kaufmann auf der Straße überfallen und niedergeschlagen, aber sie **raubten** ihm **das Geld nicht**.

① 그는 어제 그 여자를 카페에서 만나지 않았다. 그는 그녀와 함께 볼링 하러갔다.

Er **traf** sie gestern im Café **nicht** und ging mit ihr zum Kegeln.
* nicht im Café (, sondern)경우는 부분 부정이 된다.

② 그의 학생시절에는 그는 열심히 공부하지 않았다. 그럼에도 불구하고 정치가로서 출세하였다.
☞ 학생시절 Studienzeit f.; 정치가로서 출세하다 Karriere als Politiker machen

In seiner Studienzeit arbeitete er **nicht fleißig**, trotzdem machte er Karriere als Politiker. (nicht: fleißig nicht)

② 슈미트는 이전에 D 신문사에 통신원이었으나 지금은 그곳에선 일하지 않는다. 왜냐하면 그는 직원들과 문제가 있었기 때문이다.
☞ D 신문사 D-Zeitung; 통신원 Berichterstatter m.; ~와 문제가 있다 Probleme mit jm. haben

Vorher war Schmidt Berichterstatter bei der D-Zeitung, aber jetzt arbeitet er **nicht mehr dort** (od. **dort nicht mehr**), weil er Probleme mit seinen Mitarbeitern gehabt hat.

【역례】
Der Arzt untersuchte den psychischen Zustand des Patienten **nicht**.

[23-2-3]

양국의 대표들은 그 담판 (토의)을 끝맺지 못했다.

☞ 양국 beide Staaten; 대표 Vertreter m.-s; 담판 (토의) Verhandlung f.-en; ~을 끝내다 et.[4] zum Abschluß bringen/abschließen

(해설)
(1) 전치사 구문으로 구성된 기능동사구에서는 nicht가 전치사 구문 앞에 오지만 Klavier spielen 같은 형태에서는 nicht 가 4 격 앞에 위치한다.
(2) 그러나 전치사 목적격을 가진 구문에서는 nicht가 전치사 구문의 전 후에 위치할 수 있다.

(예)
① 그 외국인 노동자는 그가 원할 때 언제나 오고 가는 자신을 위한 권리를 요구 하려 하지 않는다.
☞ 외국인 노동자 Gastarbeiter m.; 그가 원할 때는 언제나 wann er will; 오고 가는 zu

kommen und zu gehen; 자신을 위한 권리 das Recht für sich; ~을 요구하다 et.[4] in Anspruch nehmen

Der Gastarbeiter will das Recht für sich **nicht in Anspruch nehmen**, zu kommen und zu gehen, wann er will.

① 관광객들은 박물관 앞에서 장사진을 치고 있을 필요가 없다.

Die Touristen müssen vor dem Museum **nicht Schlange stehen**.

② 그는 그의 기업의 성공을 의심치 않는다.
☞ 성공 Erfolg m.-es; 기업 Unternehmen n.-s; ~을 의심하다 an et.[3] zweifeln

Er **zweifelt nicht** am Erfolg des Unternehmens. (od. Er zweifelt am Erfolg des Unternehmens **nicht**.)

【역례】
Die Vertreter beider Staaten **brachten** die Verhandlung **nicht zum Abschluß**.

[23-2-4]

나의 어머니는 날씨가 나쁘기 때문에 오늘은 뜰에 빨래를 널지 않는다.

☞ 나쁜 날씨 schlechtes Wetter; 때문에 wegen; 뜰 Garten m.-s; 빨래 Wäsche f.-n; ~을 널다 (걸다) et.[4] hängen

(해설)
(1) nicht는 동사와 문장의 틀을 형성하는 여러 종류의 부사적 규정어 앞에 위치한다.

(예)
① 다음 해에 우리들은 우리들의 양친과 바다로 가지 않는다. 우리들은 산으로 가길 더 원한다.

Nächstes Jahr **fahren** wir mit unseren Eltern **nicht an die See**. Wir wollen lieber ins Gebirge fahren

【역례】
Meine Mutter **hängt** heute wegen schlechten Wetters die Wäsche **nicht in den Garten.**

[23-2-5]

고속도로에서 심한 사고들의 연속이 끊어지지 않는다.

☞ 고속도로 Autobahn f.-en; 심한 schlimm; 사고 Unfall m.-s, Unfälle; 연속 Kette f.-n; ~이 끊어지다 et.[1] reißt ab

(해설)

(1) 분리동사는 현재와 과거 문장에서 전철이 문미에 가서 정형동사와 문장의 틀을 만든다. 이 때 nicht는 분리전철 앞에 위치한다.
(2) 완료형의 <sein (haben)+p.p> 와 <화법 (미래)조동사+부정형>일 때는 nicht 는 분사 및 부정형 앞에 위치한다. 그러나 과거분사 및 부정형이 기능동사 일 때는 이미 언급한 규칙에 따른다.

(예)
① 그 여자는 사람들이 그녀에게 미인 선발대회에 나가도록 권유하지만 참가하지 않는다.
☞ ~에게~을 권유하다 jn. zu et.[3] ermuntern; 미인선발대회 Schönheitswettbewerb; ~에 참가하다 an et.[3] teilnehmen

Sie **nimmt nicht** am Schönheitswettbewerb **teil**, obwohl man sie dazu ermuntert.

② 나는 그를 함께 가도록 설득하는데 실패했다 (성공 못했다).
☞ 나는 성공하다 es gelingt mir; 함께 가다 mitkommen; ~를 설득하다 jn. überreden

Es **ist** mir **nicht gelungen**, ihn (dazu) zu überreden, mitzukommen.

② 나는 그가 시험에 낙방하였다는 것을 상상할 수가 없다.
☞ 시험에 낙방하다 in (bei) der Prüfung durchfallen

Ich **kann** mir **nicht vorstellen**, daß er in der Prüfung durchgefallen ist.

【역례】
Die Kette der schlimmen Unfälle auf den Autobahnen **reißt nicht ab**.

[23-3] nicht, kein을 제외한 대명사 또는 부사의 부정하는 낱말

nicht, kein 외에도 부정하는 대명사, 부사 등이 있는데 (A) 형의 부정형은 (B)형이다.

	(A)	(B)
1) 대명사	jemand	niemand
	etwas	nichts
2) 부사 (시간)	einmal	nie, niemals
	irgendwann	nie, niemals
3) 부사 (장소)	irgendwo	nirgends, nirgendwo
	irgendwoher	nirgendwoher
	irgendwohin	nirgendwohin

[23-3-1]

내가 세 번 문을 노크하였으나 아무도 나에게 문을 열어주지 않았다.

☞ 문을 노크하다 an die Tür klopfen; ~에게 문을 열어주다 jm. öffnen

(해설)
(1) 불확실한 인물을 의미하는 부정대명사(不定代名詞) jemand를 부정(否定)할 때는 niemand를 쓴다.
(2) 불확실한 사물을 나타내는 부정대명사 etwas를 부정할 때는 nichts 이다.

(예)
① 나는 전화를 기다리고 있다. 누가 나에게 전화했느냐? - 아니, 아무도 전화하지 않았다.

Ich warte auf einen Anruf. Hat mich **jemand** angerufen? - Nein, **niemand**.

② 전황에 대해 새로운 소식을 들었니? - 아니, 특별한 것은 없다.

Hast du **etwas Neues** von der Kriegslage gehört? - Nein, **nichts Besonderes**.

② 그는 그가 휴가 중에 겪었든 즐겁지 않았든 일에 대해 이야기하였다.
☞ 휴가 중에 im Urlaub; 즐겁지 않았든 일 nichts Angenehmes; 이야기하다 erzählen

Er erzählte mir von **nichts Angenehmem**, was er im Urlaub erlebt hatte.

【역례】
Ich habe dreimal an die Tür geklopft, aber **niemand** hat mir geöffnet.

[23-3-2]

나는 그 휴가가 얼마나 좋았는지 결코 잊을 수가 없다.

☞ 좋은 schön

(해설)
<결코 ~ 않다>는 nie, niemals를 사용하지만 후자가 더 강조하는 부사이다.

(예)
① 나는 어제와 같은 그러한 불안을 아직 한번도 가진적이 없었다.

Ich hatte noch **niemals** solche Angst wie gestern.

【역례】
Ich kann **nie** vergessen, wie schön der Urlaub war.

[23-3-3]

내가 어제 잃어버린 열쇠를 어느 곳에서도 찾을 수가 없다.

☞ 열쇠 Schlüssel m.-s

(해설)
(1) wo에 대한 질문의 부정은 nirgends, nirgendwo 이다.
(2) woher에 대한 질문의 부정은 nirgendwoher 이다

(3) wohin에 대한 질문의 부정은 nirgendwohin 이다

(예)
① 너는 어느 곳에서 가장 기분 좋게 느끼니? - 어느 곳에서나 기분 좋은 느낌은 없다.

Wo fühlst du dich am wohlsten? - **Nirgends. (Nirgendwo)**

② 너 이것 어디에서 난거냐? – 어느 곳에서 가지고 온 것이 아니고 내 스스로 그것을 만들었다.

Woher hast du das? - **Nirgendwoher**, das habe ich selber gemacht.

③ 이것을 어디에다 두어야 하지요? - 그것을 어디에 가지고 가지 마세요! 그것은 쓰레기에 들어갑니다.

Wo soll ich das hinstellen? - **Nirgendwohin**, das kommt in den Müll.

【역례】
Den Schlüssel, den ich verloren habe, kann ich **nirgends** (**nirgendwo**) finden.

[23-4] schon, noch의 부정

schon, noch를 부정하려면 다음과 같은 규칙을 따른다.

1) schon
  schon → noch nicht
  schon etwas → noch nichts
2) noch
  noch → nicht mehr
  noch etwas → nichts mehr

[23-4-1]

당신의 부인은 벌써 자동차를 운전 할 수 있습니까? - 그러리라 믿습니다만, 그러나 그녀는 운전해서는 안 됩니다. 왜냐하면 면허증이 아직 없기 때문입니다.

☞ 자동차를 운전하다 Auto fahren; (틀림없이) 운전 하리라 믿다 ich glaube schon; 해서는 안 된다 nicht dürfen; 면허증 Führerschein m.

(해설)
schon (벌써, 이미)를 부정하는 경우는 다음과 같은 표현에 유의 하여야 한다.
(1) schon → noch nicht
(2) schon (ein) → noch kein
(3) schon jemand → noch niemand
(4) schon etwas → noch nichts
(5) schon einmal → noch nie (niemals)

(예)
① 너는 그 여점원에게 벌써 물건 값을 물어 보았니? - 아니, 나는 아직 물어보지 못했다.

☞ **여자 점원** Verkäuferin f.-nen; **물건값** der Preis der Waren; **~에게~물어보다** jn. nach et.[3] fragen

Hast du **schon** die Verkäuferin nach dem Preis der Waren gefragt? - Nein, (Ich habe sie) **noch nicht** (danach gefragt).

② (한)외국인 학생이 이 어학 강좌에 등록했니? - 아니, 아직 아무도 안했다.
☞ **외국학생** ein ausländischer Student; **어학강좌** Sprachkurs m.; **~에 등록하다** sich zu et. anmelden

Hat sich **schon** ein ausländischer Student zu diesem Sprachkurs angemeldet? - Nein, **noch keiner (noch kein ausländischer Student).**

③ 벌써 누군가가 군복무에 자원했니? - 아니, 아직 아무도 안했다.
☞ **자원하다** sich zu et.[3] melden; **군복무** Wehrdienst m.

Hat sich **jemand schon** zum Wehrdienst gemeldet? - Nein, **noch niemand** (hat sich gemeldet).

④ 너는 벌써 신임 대사에 관해 무슨 소식 들었니? - 아니, 아직 아무것도 들은 것은 없다.
☞ **신임 대사** der neuernannte Botschafter

Hast du **schon etwas** von dem neuernannten Botschafter gehört? - Nein, (ich habe) **noch nichts** (von ihm gehört.)

⑤ 너는 이미 아일랜드에 가본 일이 있니? - 아니, 나는 아직 한번도 아일랜드에 간 적이 없다.
☞ **아일랜드** Irland n.

Bist du **schon einmal** in Irland gewesen? - Nein, (ich bin) **noch nie** (in Irland gewesen).

【역례】
Kann Ihre Frau **schon** Auto fahren? - Ich glaube schon, aber sie darf **noch nicht** Auto fahren, weil sie noch keinen Führerschein hat.

[23-4-2]

기차가 출발하기 전에 당신은 시간이 좀 있겠습니까? - 아니요, 유감스럽지만 시간이 없습니다.

☞ **출발하다** abfahren; **전에** bevor; **유감스럽지만** leider

(해설)
noch (아직, 여전히)를 부정할 때는 다음과 같은 표현에 유의하여야 한다.
(1) noch → nicht mehr
(2) noch (ein) → kein mehr
(3) noch jemand → niemand mehr

(4) noch etwas → nichts mehr
(5) noch einmal → nie mehr (nie wieder)

(예)
① 그 두 사람은 더 오랫동안 어린이 교육에 관해서 토론 하였습니까? - 아니요, 그들이 더 오래 동안 (그것에 관해서 토론)하지 않았습니다.
☞ 그 두 사람 die beiden; 더 오래 동안 noch lange; 어린이 교육 문제 die Frage der Kindererziehung; ～에 관해 토론하다 über et.[4] diskutieren

Haben die beiden **noch** lange über die Fragen der Kindererziehung diskutiert? - Nein, (sie haben) **nicht mehr** (lange darüber diskutiert).

② 아직도 위장의 통증이 있습니까? - 아니요, 나는 이젠 통증이 없습니다.
☞ 통증 Beschwerde f.-n (복수를 사용할 것); 위장 Magen m.-s

Haben Sie **noch** Beschwerden mit dem Magen? - Nein, ich habe **keine** Beschwerden **mehr**.

③ 이 시각에 거리에 어떤 사람이 있는 것을 보았습니까? - 아니요, (거리에 어떤 사람도) 더 보지 못했습니다.

Hat man um diese Zeit **noch jemand** auf der Straße gesehen? - Nein, **niemand mehr**.

④ 아직도 처리 할 일이 있습니까? - 아니요, 이제는 더 처리 할 일이 없습니다.
☞ ～을 처리하다 et.[4] erledigen; ～할 것이 이젠 더 없다 es ist nichts mehr zu + Inf.

Ist es **noch etwas** zu erledigen? - Nein, (es ist) **nichts mehr** (zu erledigen).

⑤ 당신은 또 한번 열대 지방으로 가시렵니까? - 아니요, 나는 결코 다시는 가고 싶지 않습니다.
☞ 열대 지방 die Tropen (pl.)

Wollen Sie **noch einmal** in die Tropen fahren? - Nein, (ich möchte) **nie mehr** (od. wieder) (in die Tropen fahren).

【역례】
Haben Sie **noch etwas** Zeit, bevor der Zug abfährt (od. vor der Abfahrt des Zuges)? - Nein, leider (habe ich) **keine** Zeit **mehr**.

[23-5] 양자 부정의 접속사

양자 부정의 접속사로서 다음의 것이 있다.
1) weder～noch
2) ebensowenig～wie (als); sowenig～, ebensowenig～

[23-5-1]

그는 사실을 부인 하려고 하지도 않고 또 인정하려고 하지도 않았다.

☞ 사실 Tatbestand m.; 부인하다 verleugnen; ~을 인정하다 et.[4] bestätigen

(해설)

(1) weder~noch는 낱말과 낱말, 구와 구, 절과 절을 연결 할 수 있다. weder ~noch가 절과 절을 연결할 때 각각 문두에 있으면 이어지는 문장은 도치법을 사용한다.

(2) weder 대신에 부정하는 낱말 kein (nicht, nie, niemals, niemand) ~noch를 사용할 수 있다.

(예)

① 인생은 내세를 위한 일종의 예비학교로 해석되어질 수 없고 맹목적인 우연으로 해석 되어질 수도 없다.

☞ 내세 Jenseits n.; 일종의 예비학교 eine Art Vorschule; ~으로 als ~; 맹목적인 우연 ein blindes Ungefähr; 해석될 수 있다 aufzufassen sein

Das Leben ist **weder** als eine Art Vorschule für Jenseits **noch** bloß als ein blindes Ungefähr aufzufassen.

① 나는 밤에 혼자서 외출하려고 하지도 않고 나의 아버지도 그것을 허락하지 않는다.

☞ 외출하다 ausgehen; ~에게~을 허락하다 jm. et.[4] erlauben

Weder will ich nachts allein ausgehen, **noch** erlaubt es mir mein Vater.

① 영육(靈肉)을 가꾸고 이 두 가지로서 그의 재산을 엮어서 만든 인간의 상태는 완전하며 마음속에 근심이 없고 육체에 고통이 없다면 그의 소망(들)의 절정을 발견하게 될 것이다.

☞ 영육 Leib und Seele; 가꾸다 pflegen; 재산 Gut n.-es, Güter; 엮어서 만들다 zusammenflechten; 완전한 vollkommen; 걱정 Sorge f.-n; 육체 Körper m.-s; 소망 Wunsch m.-es, Wünsche; 정상 Gipfel m.-s

Der Zustand des Menschen, der Leib und Seele pflegt und sein Gut aus beidem zusammenflicht, ist vollkommen und findet den Gipfel seiner Wünsche, wenn **weder** Sorge im Geist ist **noch** Schmerz im Körper.

② 사람들이 부를 가지고 있지 않는다면 그때는 (사람들은) 걱정도 적들도 귀찮은 친구들도 없다.

☞ 부 Reichtum m.-s,Reichtümer; 적 Feind m.-es,-e; 귀찮은 lästig

Wenn man keinen Reichtum hat, dann hat man auch **keine** Sorge, **noch** Feinde, **noch** lästige Freunde.

【역례】

Er wollte den Tatbestand **weder** verleugnen **noch** bestätigen.

[23-5-2]

불교도 기독교처럼 한국적인 것이 아니다.

☞ 불교 Buddhismus m.; 기독교 Christentum n.

(해설)

(1) ebensowenig~wie (als)~,<~이 아닌 것처럼 ~이 아니다>

(2) sowenig~, ebensowenig~,<~이 아닌 것처럼,~도 아니다>에서 sowenig 문장은 부문장이고 ebensowenig 문이 주문장이다.

(예)

① 그 사건에 관하여 네가 모르는 것처럼 나도 모른다.

Ich weiß **ebensowenig** über die Sache **wie** du.

② 사람들이 무에서 유를 생겨나게 할 수 없는 것처럼 시인은 그 스스로가 울거나 웃어 보지 않았다면 사람을 울게 하거나 웃게 할 수는 없다.

☞ 무에서 유를 생겨나게 하다 et.[4] aus nichts entstehen lassen; ~를 울게 하고 웃게 하다 weinen und lachen machen

Sowenig man aus nichts etwas entstehen lassen kann, **ebensowenig** kann ein Dichter den Menschen weinen und lachen machen, wenn er selbst weder geweint noch gelacht hat.

【역례】

Der Buddhismus ist **ebensowenig** koreanisch **wie** das Christentum.

◈ 연 습 문 제 23 ◈

1) 그 기차는 하이델베르크에 정차합니까? - 아니요, 그 기차는 하이델베르크에 서지 않고 슈투트가르트까지 직행합니다.

☞ 하이델베르크 Heidelberg; 정차하다 Aufenthalt haben; 슈투트가르트 Stuttgart; 직행하다 durchfahren

2) 나의 일평생의 반론(反論)은 어느 현실적인 목표를 위한 반론이 아니고 근본적으로 "세상"과 대립하고 있는 종교적인 것의 반론이다.

☞ 일평생의 lebenslänglich; 반론 Opposition f.-en; 현실적 real; 목표 Ziel n.-s,-e; 위하여 zugunsten (+2격 od. zugunsten von+3격); 근본적으로 (원칙적으로) grundsätzlich; 대립되어있다 zu et. im Gegensatz stehen

3) 다년간의 경험도 사람들이 그러한 상황에서는 어떻게 행동해야 할지를 나에게 가르쳐 주지 않았다.

☞ 다년간의 langjährig; 경험 Erfahrung f.-en; 그러한 상황에서 in solchen Situationen; 행동하다 sich verhalten

4) 독일연방공화국에서 생활은 나에게 무엇보다 문제가 하나 있다. 왜냐하면 나는 처음으로 가족 없이 완전히 홀로 있기 때문이다. 아무도 나를 기다리는 사람이 없고 내가 나의 체험과 경험들에 관하여 이야기 할 수 있는 사람을 가지고 있지 않다.
☞ 독일연방공화국 die Bundesrepublik Deutschland; 나로서는 für mich; 문제 Problem n.-s,-e; 처음으로 zum ersten Mal; 완전히 홀로 ganz allein; ~이기 때문이다 (deshalb), weil ~; 체험 Erlebnis n.-ses,-se; 경험 Erfahrung f.-en (체험과 경험을 복수로); ~에 관해 이야기하다 über et.[4] sprechen

5) 인간들을 지배하는 것은 언제나 인간들이다. 세상에는 결코 신이나 혹은 절대적 진리는 없다. 신이나 혹은 절대적 진리라는 이름으로 권위를 요구하는 것은 인간들 뿐이다.
☞ ~을 지배하다 über jn. herrschen; 결코~없다 nie; 절대적 진리 die absolute Wahrheit; ~의 이름으로 im Namen+2격; 권위 Autorität f.-en; ~을 요구하다 et.[4] beanspruchen

6) 자연의 완전한 모방은 어떠한 의미에서도 가능하지 않다. 예술가는 어떤 현상의 표면을 묘사하는데 적임자일 뿐이다.
☞ 완전한 vollkommen; 모방 Nachahmung f.-en; 어떤 의미에서나 ~이 아닌 in keinem Sinne; 가능한 möglich; 예술가 Künstler m.-s; 어는 현상 eine Erscheinung; 표면 Oberfläche f.-n; 묘사 Darstellung f.-en; ~에 적임자이다 zu et. berufen sein

7) 그 지배인은 현재상황의 어려움을 이미 인식하고 있었어요? - 아니요, 그것을 아직 인식하지 못하고 있었어요.
☞ 지배인 Betriebsleiter m.; 현재의 gegenwärtig; 상황 Situation f.-en; ~을 인식하다 et.[4] erkennen

8) 당신이 이 비방에 대해 스스로 방어하지 않는다면 이 사람들은 그 사건에 무엇이 틀림없이 있을지도 모른다고 믿을 것입니다.
☞ 비방 Verleumdung f.-en; ~에 대항하다 sich gegen et. zur Wehr setzen; 그 일에 무엇이 있을지 모르다 es wäre etwas an der Sache; 틀림없이 doch

9) 사람들은 일반적으로 과학자들의 생활은 흥미롭고 만족스러우리라는 의견이다. 그렇지만 실제는 과학자들은 실망과 패배들을 극복하는 것 외에는 다른 선택의 여지가 없을 때가 종종 있다.
☞ 일반적으로 (im) allgemein(en); 흥미롭고 만족스런 spannend und befriedigend; 실제에는 in Wirklichkeit; 실망과 패배 Enttäuschungen und Rückschläge; 극복하다 mit et.[3] fertig werden/bewältigen; ~에게는 다른 선택의 여지가 없다 es bleibt jm. nichts anderes übrig als zu + Inf.

10) 여행단으로서는 장시간 차를 타고 가는 것은 문제가 없었다. 아무도 그것을 불평하지 않았다. 교통 체증도 없고 고장들도 없었다. 모든 두려움들은 부질없는 일이었고 차를 타고 가는 것이 순조롭게 (마찰 없이) 진행되었다.
☞ 여행단 Reisegruppe f.; 장시간 차를 타고 가는 것 die lange Fahrt; 그것을 불평하다 sich darüber beklagen; 교통체증 Staus (pl.); 고장들 Pannen (pl.); 양자부정 weder～noch～; 두려움 Befürchtung f.-en; 부질없는 unbegründet; 순조롭게 reibungslos; 진행하다 verlaufen

* * *

(schon, noch의 부정)
11) 당신은 이번 주 중에 일을 꼭 끝낼 수 있다고 생각 하십니까? - 이번 주에는 분명히 더는 하지 못합니다. 나는 아마도 다음 주에야 그것을 할 시간이 있을 겁니다.
☞ 이번 주 중에 im Laufe dieser Woche; 꼭 noch; 끝내다 et. erledigen; 분명히 bestimmt; ～는 더는 못하다 nicht mehr; 비로써 erst; 그것을 할 시간이 있다 dazukommen (= Zeit haben, et. zu tun)

12) 당신은 이미 한번 경주용 차를 타본 일이 있습니까? - 아니요, 아직 한번도 타본 일이 없습니다.
☞ 경주용 차 Rennwagen m.

13) 나의 아들은 벌써 삼 년 전부터 피아노 교습을 받고 있으나 아직도 여전히 피아노를 잘 칠 수 없다.
☞ 피아노 교습을 받다 Klavierstunden haben (nehmen); 아직도 여전히 immer noch

14) 당신은 연구계획안을 이미 작성하셨습니까? - 아니요, 아직 어떤 계획안도 작성 못했습니다.
☞ 계획안 Forschungsplan m.-en, Pläne; ～을 작성하다 et.[4] ausarbeiten

15) 당신은 벌써 무엇인가 새로운 체험을 하셨어요? - 아니요, 아직 아무 것도 체험하지 못했습니다. 나는 나의 시간만 허비하였습니다.
☞ 무엇인가 etwas; 새로운 체험을 하다 dazulernen; ～을 허비하다(잃어버리다) et.[4] verlieren

16) 당신은 아직 먹을 것을 아무 것도 주문하지 않았습니까? - 물론 (했지요), 나는 벌써 무엇인가를 주문하였습니다.
☞ ～을 주문하다 et.[4] bestellen

17) 당신은 무엇인가 더 마시겠습니까? - 아니요, 이젠 더 마시지 않겠습니다.
☞ 무엇인가 더 noch etwas; 이젠 아무 것도 더 않다 nichts mehr

18) 그가 새로운 직업을 가진 이래로 그는 그의 친구를 위하여 이젠 더 시간이 없다. 왜냐하면

그는 그의 일에 대단히 바쁘기 때문이다.
☞ **직업** Beruf m.-s,-e; **~에 바쁘다** mit et.[3] beschäftigt sein

19) 당신은 그래도 한 번 더 그와 이야기 해보지 않으렵니까? - 그것은 있을 수 없는 일입니다. 나는 이 녀석을 이젠 더 보지 않으렵니다.
☞ **그래도** doch; **~와 이야기하다** mit jm. sprechen; **이것은 있을 수 없는 일이다** Das kommt nicht in Frage; **이 녀석** dieser Kerl

20) 아직은 우리들이 환경 파괴에 대항하여 무엇인가를 할 수 있다 - 아마도 곧 너무 늦을지 모른다. 우리들은 자연과 조화롭게 살 수 있기를 위해서는 환경을 오염 하거나 파괴해서는 안 된다.
☞ **환경** Umwelt f.; **~에 대항하여~하다** gegen et. tun; **곧** bald; **조화롭게 살다** in Einklang mit jm. leben; **~을 오염하다** et.[4] verschmutzen; **~을 파괴하다** et.[4] zerstören (**명사형**): Zerstörung); **해서는 안 된다** nicht dürfen

24. 의문대명사 (Das Interrogativpronomen)

의문사는 사람, 사물 또는 행위의 과정 등을 묻는 대명사이고 대명사로서 또는 부가어적으로 사용된다.

[1] wer, wessen, wem, wen
was, wessen, --- ,was
[2] was für ein (m.), was für eine (f.), was für ein (n.), was für～ (pl.)
[3] welcher (m.), welche (f.), welches (n.), welche (pl.)

[24-1] wer, was의 용법

1) wer의 용법
2) was의 용법

[24-1-1]

이 사람들은 누구입니까? - 나를 방문한 나의 손님입니다.

☞ 이 사람들 diese Leute; 손님 Gast m.-es, Gäste

(해설)
(1) wer는 인물을 뜻하는 의문대명사이고 전치사의 3격과 4격의 지배를 받을 때는 전치사가 항상 의문사 앞에 선행한다.
(2) wer의 의문문에서 문장 가운데 alles가 있으면 부분을 나타내어 <누구 누구가>의 뜻이다.
(3) wer는 복수의 명사 혹은 인칭대명사와 약간의 사람들 혹은 사물들의 복수 명사 및 복수의 의미를 가진 단수의 명사와 전치사로 연결될 수 있다.

(예)
① 누가 그에게 그의 신분증을 제시하도록 요구하는가? - 경찰이 그런다.
☞ 신분증을 제시하다 Ausweis zeigen; ～에게 ～을 요구하다 jn zu et. auffordern

Wer fordert ihn auf, seinen Ausweis zu zeigen? - Der Polizist tut es.

① 너는 언제나 누구를 생각하고 있어? - 나의 어머니이지요.

An wen denkst du immer? - An meine Mutter.

① 그는 누구의 권유로 우리토론회의 밤에 참가하는가? - 나의 친구의 권유로.
☞ 권유로 auf die Veranlassung; 토론회의 밤 Diskussionsabend m.

Auf wessen Veranlassung beteiligt er sich am Diskussionsabend? - Auf die meines Freundes.

① 이 시계는 누구로부터 받은 거니? - 나의 아버지가 나에게 선사했다.

Von wem hast du die Uhr? - Die hat mir mein Vater geschenkt.

② 너는 대체 누구누구를 초대하였느냐? - 브라운씨와 그의 여자친구를 초대했다.

Wen alles hast du denn eingeladen? - Herrn Braun und seine Freundin.

③ 이 대학생들 중에서 누가 한국 출신인가? - 김씨가 한국 출신입니다.

Wer von diesen Studenten kommt aus Korea? - Herr Kim kommt aus Korea.

③ 너희들 중에서 누가 올림픽경기에 마라톤선수로 참가 하는가?
☞ 올림픽경기 die Olympischen Spiele; 마라톤선수 Marathonläufer m.

Wer von euch nimmt als Marathonläufer an den Olympischen Spielen teil?

③ 이 집에서 누가 의사입니까? - 가장 큰 형입니다.
☞가장 큰 형 der älteste Bruder

Wer in diesem Haus ist Arzt? - Es ist der älteste Bruder.

【역례】
Wer sind diese Leute? - Das sind meine Gäste, die bei mir zu Besuch sind.

[24-1-2]

민주주의라는 낱말을 당신은 어떻게 해석하십니까?

☞ 민주주의 Demokratie f.; ～을 해석하다 et.[4] unter et.[3] verstehen

(해설)
(1) was는 사물,개념 또는 사람의 직업을 물을 때도 있고 때로는 warum의 뜻으로 사용한다.
(2) was 로 시작하는 의문문에서 형용사가 명사화한 중성명사가 문중에 있을 때는 의문사는 부분을 나타내는 의미를 갖는다.
(3) was의 의문사를 가진 문장에서 alles가 있을 때는 <뭣뭣이>의 의미로 was의 부분을 나타내는 의미를 가진다.
(4) 의문사 앞에 전치사가 있을 때는 <wo(r)+전치사>를 쓴다.
(5) 의문사 was 문중에 alles와 nicht가 있을 때는 놀라움을 나타낸다.
(6) 의문사 was는 wer처럼 복수의 명사 및 대명사 및 약간의 사물들의 의미를 가지고 있는 단수명사와 함께 전치사로 연결될 수 있다.

(예)
① 브라운씨의 직업은 무엇인가? - 그는 자동차 정비공이다.

Was ist Herr Braun von Beruf? - Er ist **Automechaniker**.
① 자판기는 뭣입니까? - 자판기는 사람의 도움 없이 프로그램에 의해 작동을 하는 기계들이다.

☞ **자판기** Automat m. -en,-en; **사람의 도움 없이** ohne menschliche Hilfe; **프로그램에 의해** nach einem Programm; **작동을 하다** Arbeiten ausführen

Was sind Automaten? - Automaten sind **Maschinen,** die ohne menschliche Hilfe nach einem Programm Arbeiten ausführen.

① 왜 너는 대체 밤에 그렇게 돌아 다니지 않으면 않되나?
☞ **대체** denn; **밤에** nachts; **돌아다니다** sich herumtreiben

Was muß du dich denn nachts so herumtreiben?

② 너는 시내에서 새로운 것을 체험 하였는가? 나에게 무엇 좀 이야기 해줄 수 있겠니?

Was hast du **Neues** in der Stadt erlebt? Kannst du mir davon erzählen?

③ 너는 시내에서 무엇 무엇을 봤느냐?

Was hast du **alles** in der Stadt gesehen?

④ 그는 무엇으로 (무엇을 타고) 베를린으로 가나? - 기차 편으로

Womit fährt er nach Berlin? - **Mit dem Zug.**

④ 선생은 학생들에게 무엇을 준비시키고 있니? - 그들에게 국가고시를 준비시키고 있다.

Worauf (Wofür) bereitet der Lehrer seine Schüler vor? - Er bereitet sie **auf** (od. **für**) **das Staatsexamen** vor.

⑤ 우리들이 여행 중에서 보지 못한 것이 무엇이란 말인가!

Was haben wir **nicht alles** auf unserer Reise gesehen!

⑥ 너는 네 여자 친구에게 이 물건 중에서 무엇을 선사하려는가?

Was von diesen Sachen willst du deiner Freundin schenken?

【역례】
Was verstehen Sie unter Demokratie?

[24-2] was für ein 의 용법

was für ein 은 다음 세 가지로 나누어 생각 할 수 있다.
1) was für ein 의 부가어적 용법
2) was für ein 의 대명사적 용법
3) was für ein 의 감탄문

[24-2-1]

이것은 어떤 종류의 꽃입니까? - 이것은 장미입니다.

☞ 어떤 종류의 was für eine~

(해설)
(1) was für ein은 사람 또는 사물의 종류 및 특징을 물을 때 사용한다. 부가어적 용법은 ein이 부정관사의 성과 격의 동일한 변화한다: was für ein (m.), was für eine (f.), was für ein (n.), was für~ (pl.)
(2) 복수 및 물질명사 앞에는 was für~ 만을 사용 한다 2격은 사용하지 않는다.

(예)
① 나는 한 아이를 위해 인형을 샀다. - 어느 어린이를 위하여 샀어요? - 손자를 위하여 샀다.
☞ 인형 Puppe f.-n; 손자 Enkelkind n.

Ich habe eine Puppe für ein Kind gekauft. - Für **was für ein Kind** (haben Sie gekauft)? - Für mein Enkelkind.

② 저기 역전 광장에 사람들을 보십시오! 저들은 어떤 사람들인가요? - 저들은 독일에서 온 관광객들이다.
☞ 역전광장 Bahnhofsplatz m.; 관광객 Tourist m.-en,-en

Sehen Sie Leute dort auf dem Bahnhofsplatz! **Was für Leute** sind das? - Das sind Touristen aus Deutschland.

② 나는 커피를 즐겨 마신다. - 어떤 종류의 커피를 즐겨 마시지? - 원두커피를.
☞ 원두커피 Bohnenkaffee m.

Ich trinke gern Kaffee. - **Was für Kaffee** trinkst du gern? - Bohnenkaffee.

【역례】
Was für eine Blume ist das? – Das ist eine Rose.

[24-2-2]

A: 교수님, 어떤 학생이 교수님을 면회 하고자 합니다. B: 어떤 학생입니까? A: 함부르크에서 온 학생 입니다.

☞ ~를 면회하다 jn. sprechen

(해설)
(1) was für ein이 명사적으로 사용될 때는 ein이 정관사의 어미를 따르고 복수는 was für welche를 사용한다. 2격은 사용 않는다.

(예)

① 나는 자동차를 한 대 사고 싶다. - 어떤 종류의 차를? - 스포츠카를.

Ich möchte gern ein Auto kaufen. - **Was für ein(e)s**? - Einen Sportwagen.

① 나는 옷들을 맞추었다. - 어떤 종류의 옷을? - 여름옷을.
☞ ~(옷)을 맞추다 sich et.[4] machen lassen; 여름옷 Sommerkleid n.

Ich habe mir Kleider machen lassen. - **Was für welche**? - Sommerkleider.

【역례】
A: Herr Professor, ein Student möchte Sie sprechen.
B: **Was für einer** (ist das)?
A: Ein Student aus Hamburg.

[24-2-3]

얼마나 영리한 아이인가!

☞ 얼마나 was für ein ~

(해설)
was für ein으로 감탄문을 만들 수 있고 어순의 변화는 없다.

【역례】
Was für ein kluges Kind ist das!

[24-3] welcher의 용법

welcher 의문사의 용법은 다음 세 가지로 나누어 생각할 수 있다.
1) welcher는 이미 알려진 사람 또는 사물 가운데서 <"어느 것이냐?" 또는 "어느 쪽이?">를 물을 때 사용한다.
2) 중성의 의문대명사 welches의 술어적 용법
3) welch (ein) 의 감탄문

[24-3-1]

내가 여기에 두벌의 스웨터 (풀로버)를 가지고 있다. 어느 것이 네 마음에 드느냐? - 거기 노란 스웨터가 (마음에 든다).

☞ 스웨터 Pullover m.-s; ~의 마음에 들다 jm. gefallen

(해설)
(1) 의문사 welch-는 대명사적 혹은 부가어적으로 사용한다. 변화는 부가어적으로나 대명사적으로나 동일한 변화를 한다.

(예)
① 저기에 많은 자동차들이 있다. 어느 자동차가 네 것이냐? - 빨간 자동차이다.
Dort stehen viele Autos. **Welches (Auto)** gehört dir? - **Das rote Auto** (gehört mir).

① 어느 학생의 작품이 가장 좋은 작품인가? - 선생이 매우 칭찬하던 그 학생의 작품이다.

Die Arbeit **welchen Schülers** (Gen.) ist die beste? - **Die des Schülers**, den der Lehrer sehr lobt.

① 너는 너의 친구들 중의 어느 친구를 가장 높이 평가하는가? - 그의 가난한 친구를 항상 돕는 그 친구를 높이 평가한다.
☞ ~를 높이 평가하다/소중히 여기다 jn. schätzen; 가장 (많이) am meisten

Welchen von deinen Freunden schätzest du am meisten? - Den Freund, der seinem armen Freund immer hilft.

① 경찰은 그가 범행시각에 어느 사람들과 함께 있었는가를 알려고 했다. (접속사적 용법)
☞ 범행시각에 zur Tatzeit; 함께 있다 zusammen sein

Die Polizei wollte wissen, **mit welchen Leuten** er zur Tatzeit zusammen war.

【역례】
Ich habe hier zwei Pullover. **Welcher (Pullover)** gefällt dir? - Der gelbe da.

[24-3-2]

독일의 가장 중요한 강들은 어느 것인가?

☞ 중요한 wichtig; 강 Fluß m.-es, Flüsse

(해설)
welch- 의문대명사의 중성 welches는 sein동사의 술어로서 사용되고 동사의 단수・복수는 주어에 의해 결정된다.

【역례】
Welches sind die wichtigsten Flüsse Deutschlands?

[24-3-3]

얼마나 아름다운 차인가!

☞ 얼마나 welch (ein)

(해설)
(1) welch-는 어미 없이 welch (ein)으로 감탄문을 만들 수 있다. welch 다음에 형용사가 오면 ein이 일반적으로 탈락하자만 ein이 그대로 있을 때도 있다.

(예)
① 오늘은 날씨가 얼마나 좋은가!

Welch (ein) schöner Tag ist das heute!
(= Welcher schöne Tag ist ...!)

① 그는 그의 여행에 관한 글을 얼마나 감격하여 쓰고 있는가!
☞ 감격하여 mit Begeisterung

Mit welch einer Begeisterung schreibt er von seiner Reise!

【역례】
Welch (ein) schönes Auto!

◈ 연 습 문 제 24 ◈

1) 너는 누구와 친해졌는가? - 어느 일본 여자와 친하게 되었다. - 그 여자의 직업은 무엇인가? - 그 여자는 여대생이다. - 그 여자는 무엇을 전공하는가? - 한국학을 전공한다.
☞ ~와 친하게 되다 sich mit jm. anfreunden; 일본여자 Japanerin f.-nen; ~을 전공하다 sich mit et.[3] beschäftigen; 한국학 Koreanistik f.

2) 너희들은 또 어느 나라들로 여행하려느냐? - 우리들은 이집트와 튀니지로 간다. - 그곳에 언제 까지 머무를 것인가? - 삼월 말까지.
☞ 또 noch; 어느 나라들 welche Länder; 이집트 Ägypten n.; 튀니지 Tunesien n.; 언제까지 bis wann

3) 누가 이 소포를 가지고 왔는가? — 한 소년이요 - 어느(어떤) 소년이냐? - 나는 더 상세한 것은 모르겠어요. 그 소포가 배달되었을 때 나는 여기에 있지 않았어요.
☞ 소포 Paket n.-s,-e; 가지고 오다 bringen; 소년 Junge m.-n,-n; 어느(어떤) was für ein~; 더 상세한 것은 아무것도 모르다 nichts Näheres wissen; ~을 배달(전달) 하다 et.[4] abgeben

4) 어는 출판사의 사환이 그 소포를 배달했습니다. - 어느 출판사의 (사환이)? - 그는 경기 출판사라고 말하였습니다 - 아, 그래, 그 안에 무엇이 들어 있니? - 물론 책이지요.
☞ 출판사 Verlag m.-es,-e; 사환 Laufbursche m.-n,-n; 어느 welch- (2격을 사용할 것); ~이라고 말하다 von et. sprechen;

5) 성숙한 사람이 그의 생의 경험을 통하여 무엇을 획득하였는가 하는 것과 그가 뭣을 통하여 청소년들 보다 세상을 다르게 보고 있는가 하는 것은 공평무사이다.
☞ 성숙한 사람 der gereifte Mensch; 경험 Erfahrung f.-en; ~을 획득하다 et.[4] erlangen; 무엇을 통하여 wodurch; 청소년 der Jugendliche und der Junge; ~을 다르게 보다 et.[4] anders als~sehen; 공평무사 Unbefangenheit f.

6) 우리들은 행위의 의의와 목표에 관해 언급하게 되면 우리들은 간단하게 다음과 같은 질문을 생각한다. 우리들은 이 행위 혹은 그 결과를 통하여 어떤 종류의 소원을 이루어야 하며 혹은 어떤 바람직하지 못한 결과들은 피해야 하는가 하는 것이다.
☞ 행위 Handlung f.-en; 의미와 목표 Sinn und Ziel; 언급하다 von et.[3] sprechen;

간단하게 einfach; **생각하다** meinen; "**다음과 같이**"는 Kolon (:)을 **사용하다**; **어떤 종류의** welche Art von～; **바람직하지 않은** unerwünscht; ～을 **피하다** et.[4] vermeiden

7) 국민의 복지는 무엇에 의존하고 있는가? - 그것은 주로 그 나라의 경제와 대외 무역에 달려있다. 한나라가 건전한 국민경제를 가지면 국민의 생활수준이 향상한다.
☞ **복지** Wohlstand m.; **달려있다** von et.[3] abhängen; **주로** hauptsächlich; **경제** Wirtschaft f.; **대외무역** Außenhandel m.; **건전한** gesund; **국민경제** Volkswirtschaft f.; **생활수준** Lebensstandard m.; **향상하다** sich heben

8) 실제에 있어서 인간은 이 지상에 어느 곳에서든지 어릴 때는 어린양의 성질을 가지고 있다. 그럼 왜, 어떠한 방법으로 그렇게 자주 인간은 늑대가 되며 여우가 되는가?
☞ **실제에 있어서** in Wirklichkeit; **지상에 어느 곳에서든지** überall auf der Erde; **어린 양** Lamm n.-es, Lämmer; **그렇게 자주** so oft; **늑대가 되고 여우가 되다** zum Wolf und zum Fuchs werden

25. 부정대명사와 부정수사 (Das Indefinitpronomen und die unbestimmten Zahlwörter)

어떤 사람, 사물 또는 개념을 분명하게 말하지 않으려고 하거나 또는 나타낼 수 없을 때는 부정대명사(不定代名詞)를 사용하게 된다. 한편 사람들이 어떤 사람, 사물 또는 개념을 숫자로 분명하게 나타내려고 하지 않거나 또는 분명하게 나타낼 수 없을 때는 부정수사(不定數詞)를 사용하게 된다.

[1] 부정대명사
[2] 부정수사

[25-1] 부정대명사의 용법

다음은 자주 사용되는 부정대명사와 격변화는 다음과 같다.

1) man	---	einem	einen
2) einer	---	einem	einen
keiner	---	keinem	keinen
3) jemand	jemandes	jemand(em)	jemand(en)
niemand	biemandes	niemand(em)	niemand(en)
4) jedermann	jedermanns	jedermann	jedermann
5) jeder (m.)	jede (f.)	jedes (n.)	
6) irgendwer	---	irgendwem	irgendwen
7) etwas	nichts		

[25-1-1]

선거들의 결과가 어떻게 되었는지 (사람들은) 벌써 알고 있니?

☞ 선거 Wahl f.-en; 결과가 ~이 되다/~의 결과로 끝나다 ausgehen; ~을 알고 있다 wissen

(해설) (1) man은 <세상사람>, jedermann, jemand 등의 뜻이고 문법적으로는 단수 3인칭이다. 그리고 재귀대명사는 sich, 소유대명사는 sein, man을 받는 대명사는 er가 아니고 man을 다시 되풀이한다.
(2) man의 3격, 4격은 einem, einen 이다.
(3) man은 ich 의 우회적 표현으로 사용할 수 있다.
(4) man은 wir, ihr의 우회적 표현으로 사용할 수 있다

(예)
① 그러한 사소한 것 때문에 사람들은 그렇게 흥분할 필요는 없었을 텐데.
☞ 그러한 사소한 것 solche Kleinigkeit; 흥분하다 sich aufregen; ~이 필요하다 et.[4] brauchen

Solcher Kleinigkeiten wegen hätte **man** sich nicht so aufzuregen brauchen.

② 생애에 이런 일은 사람들에게 틀림없이 자주 발생할 수 있다.
☞ 발생하다 jm. passieren

Im Leben kann **einem** so was schon oft passieren.

③ "너 더 빨리 달릴 수 없니?" – "아니, 나는 벌써 중년의 나이잖아."
☞ 중년의 나이다 nicht mehr der Jüngste sein, in mittlerem Alter sein;

„Kannst **du** nicht schneller laufen?“ – „Nein, **man** ist ja nicht mehr der Jüngste.“

③ 그는 내가 어떤 범행을 한 것 처럼 나를 바라보았다.

Er sieht einen(**mich**) an, als hätte man (**ich**)ein Verbrechen begangen.

④ 한 시간 후에 사람들 (=우리들, 그들)은 서로 나란히 앉아서(우리들의, 그들의) 지난 일들에 관해 이야기 하였다.
☞ 서로 나란히 nebeneinander

Eine Stunde später saß **man (= wir, sie)** nebeneinander und sprach über seine Vergangenheit.

④ 우리들이 이 일을 잘 생각 해보면 그의 말이 옳았다.
☞ ~을 잘 생각하다 sich et.[4] richtig überlegen; 그의 말이 옳다 er hat doch recht.

Wenn **man**(=**wir**) sich die Sache richtig überlegt, hat er doch recht.

【역례】
Weiß **man** schon, wie die Wahlen ausgegangen sind?

[25-1-2]

자동차를 잘 아는 사람이 이 자동차의 기술적인 고장을 고칠 수 있다.

☞ 기술적 고장 technische Störungen; 이 자동차에 in dem Auto; ~에 많은 지식을 가지고 있다 viel von et.[3] verstehen; ~을 고치다 et.[4] beseitigen/beheben

(해설)
(1) einer는 jemand의 뜻으로 단수의 의미이고 er 대명사가 einer를 받는다. 여성은 eine, 중성은 ein(e)s 이고 변화는 정관사 변화를 하며 2격은 없다.
(2) einer의 복수형은 welche 이다.

(예)
① 현인들은 왕이 어떻게 치유될 수 있을 것인가를 상의했다. 그렇지만 아무도 방법을 말할 수 없었다. 단 한 사람만이 그래도 가능하다고 말하였다.
☞ 현인 der weise Mann; 치유될 수 있다 zu heilen sein; 방법을 말하다 ein Mittel

nennen; ～을 할 수 있다 wissen + zu Inf. (= können); 그래도 doch

Die weisen Männer beratschlagen, wie der König zu heilen wäre. Doch keiner wußte ein Mittel zu nennen. Nur **einer** meinte, es sei doch möglich.

① 사람은 알지 못하는 것을 평가할 수 없다.

Was **einer** nicht kennt, (das) kann er nicht beurteilen.

① 방금 구급차가 다시 한 사람을 병원으로 데리고 갔다. 그는 아마도 중환자인 것 같다.

Soeben hat man wieder **einen** ins Krankenhaus gebracht. **Er** scheint vermutlich schwerkrank zu sein.

① 잉게는 그녀가 오래전부터 만난 일이 없는 그녀의 여자 친구중의 한 사람을 어제 영화관에서 만났다.
☞ 오래전부터 seit langem

Inge traf gestern **eine** ihrer Freundinnen im Kino, die sie seit langem nicht gesehen hatte.

① 우리 노래를 하나 부르자!

Wir wollen **eins (ein Lied)** singen!

② 정류장에서 사람들이 서서 버스를 기다리고 있다.
☞ 정류장 Haltestelle f.

An der Haltestelle stehen **welche** und warten auf den Bus.

【역례】
Die technischen Störungen in dem Auto kann **einer** beheben, der viel von Autos versteht.

[25-1-3]

어느 누군가가 틀림없이 그 기계에 대해 관심을 가지게 될 것이다.

☞ 틀림없이 schon; 기계 Maschine f.-n; ～에 관심을 갖다 Interesse für et.[4] haben

(해설)
(1) 상세하게 규정되어 있지 않는 사람을 말할 때 jemand를 쓰고 2격 -es, 3격 -em, 4격 -en의 어미를 가지지만 문맥이 분명할 때는 3격과 4격에서 -em, -en을 생략한다.
(2) jemand (niemand) 다음에 형용사의 명사화한 형이 오면 jemand (niemand)는 3·4격에서 어미가 없고 형용사의 명사화한 형은 형용사의 남성 강변화를 따른다. 또 1격과 4격에서 의미의 변화 없이 중성의 어미 -es를 취할 때도 있다.
(3) jemand (niemand)다음에 anders가 따르면 이 부정대명사는 어미가 없고 anders는

어미변화 없이 따르기도 하고 1격에서 -er, 3격에서 -em 의 변화를 하기도 한다.

(예)
① 당신은 사람들이 진실을 말해줄 수 있는 (어떤)사람처럼 보입니다.
☞ ~에게 진실을 말하다 jm. die Wahrheit sagen; 처럼 보이다 aussehen, (wie)~

Sie sehen aus, wie **jemand, dem** man die Wahrheit sagen kann.

① 내가 어떤 사람의 친구가 되기를 원한다면 나도 그의 편을 들지 않으면 안 된다.
☞ ~의 편들다 für jn. eintreten

Wenn ich **jemandes** Freund sein will, muß ich auch für **ihn** eintreten.

① 어떤 사람에게 호의를 베푸는 것은 그녀에게 몹시 힘들었다.
☞ ~에게 호의를 베풀다 jm. eine Gefälligkeit erweisen; 몹시 äußerst; ~에게 힘들다 jm. schwer fallen

Jemand(em) eine Gefälligkeit zu erweisen, fiel ihr äußerst schwer.

① 사람들은 욕망들을 가지지 않고 두려움을 느끼지 않는 사람을 행복하다고 말해도 좋다.
☞ 욕망을 (마음속에) 가지다 Wünsche hegen; 두려움을 느끼다 Furcht empfinden; ~를 행복하다고 하다 jn. glücklich nennen

Glücklich darf man **jemanden** nennen, der weder Wünsche hegt noch Furcht empfindet.

② 나는 그저께 야외 맥주 집에서 우연히 어떤 친지를 만났다.
☞ 야외 맥주 집 Biergarten m.; 어떤 친지 jemand Bekannter (형용사 변화)

Vorgestern habe ich im Biergarten zufällig **jemand Bekannten(=-es)** getroffen.

② 서울의 정치학회에서 어떤 저명인사가 한국의 정치 상황에 관한 강연을 하였다.
☞ 서울의 정치학회 에서 auf einer Tagung der Politikwissenschaft in Seoul; 저명인사 jemand Bedeutender(-es); 정치상황 die politische Lage; ~에 관한 강연을 하다 einen Vortrag über et.[4] halten

Auf einer Tagung der Politikwissenschaft in Seoul hat **jemand Bedeutender (-es)** einen Vortrag über die politische Lage Koreas gehalten.

③ 네가 잔디를 깍지 않으려면 어차피 어떤 다른 사람이 그것을 해야 한다.
☞ 잔디를 깍다 den Rasen mähen; 어차피 eben; 어떤 다른 사람 jemand anders (od. anderer)

Wenn du den Rasen nicht mähen willst, muß das eben **jemand anders (-er)** machen.

③ 나는 그 교수 이외에는 다른 어떤 사람과도 이야기하고 싶지 않다.

Ich möchte mit **niemand anders (anderem)** sprechen, als mit dem Professor.

【역례】
Jemand wird schon Interesse für die Maschine haben.

[25-1-4]

우리 마을에서는 일요일마다 누구나 교회에 간다.

☞ 마을 Dorf n.-s, Dörfer

(해설)
(1) jedermann은 jeder의 동의어로서 <예외 없이 누구나>의 의미이다. 변화는 2격에서 jedermanns 가 되고 jedermanns는 언제나 명사 앞에 위치한다.

(예)
① 이러한 종류의 축제들은 누구에게나 마음에 드는 것은 아니다.
☞ 이러한 종류 diese Art; 축제 Feier f.-n; ~에 마음에 들다 et. ist jedermanns Sache/et. gefällt jm.

Feiern dieser Art sind nicht **jedermanns** Sache.

① 서울에 있는 체육 시설은 누구에게나 열려있다.
☞ 체육시설 Sportanlage f.; ~에게 열려(공개되어)있다 jm. offen stehen

Die Sportanlagen in Seoul stehen **jedermann** offen.

① 그가 왜 시험을 치르지 않았는지는 누구에게나 명백하다. 왜냐하면 그는 준비를 하지 않았기 때문이다.
☞ 시험을 치다 die Prüfung machen/ablegen; ~에게나 명백하다 für jedermann einsichtig (verständlich) sein; ~을 준비하다 sich auf et.[4] vorbereiten

Es ist für **jedermann** einsichtig, wenn er die Prüfung nicht gemacht hat, denn er hat sich darauf nicht vorbereitet.

【역례】
In unserem Dorf geht sonntags **jedermann** in die Kirche.

[25-1-5]

돈을 넉넉히 갖고 있는 반의 학생 각자가 오토바이를 산다.

☞ 넉넉히 genügend; 학생 각자 jeder Schüler; 오토바이 Motorrad n.

(해설)
(1) jeder는 부가어적 혹은 대명사적으로 사용된다. 변화는 동일하고 부정은 kein이고 복수는

alle 이다.
(2) jeder 앞에 부정관사가 오면 jeder는 형용사의 혼합변화를 따른다.

(예)
① 그렇지만 한편으로는 인간은 각자가 그에게 노력과 판단을 위해 방향을 제시해주는 어떠한 이상 상(理想像)을 가지고 있다.
☞ 한편으로는 ander(er)seits/andrerseits; 노력과 판단 das Streben und das Urteilen; 방향을 제시해주는 richtunggebend; 어떠한 gewiß; 이상적인 상 Ideal n.-es,-e

Und doch hat andererseits **jeder** Mensch gewisse Ideale, die ihm richtunggebend für das Streben und für das Urteilen sind.

① 그의 공부를 중단하려는 결심하는 사람은 미리 그것을 심사숙고해야 할 것이다.
☞ ~을결심하다 sich zu et.[3] entschließen; 공부를 중단하다 das Studium abbrechen; ~을 심사숙고하다 sich et.[4] überlegen

Jeder, **der** sich dazu entschließt, sein Studium abzubrechen, sollte es sich vorher überlegen.

① 매년 8월 13일에는 우리들은 베를린 장벽을 쌓는 것을 기억하게 된다.
☞ 매년 8월 13일에 am 13. August jedes Jahres; 베를린 장벽의 건설 der Bau der Berliner Mauer; ~을 기억하다 et.[2] gedenken

Am 13. August **jedes Jahres** gedenken wir des Baues der Berliner Mauer.

① 너는 낮이나 밤이나 어느 때든지 나에게(나의 집에) 전화 하여도 좋다.
☞ 낮이나 밤이나 어느 때든지 zu jeder Tages- und Nachtzeit; ~에게(~의 집에) 전화하다 bei jm. anrufen

Du kannst zu **jeder Tages- und Nachtzeit** bei mir anrufen.

② 각자의 자의식(自意識)은 (그가) 원하는 것을 할 수 있다는 것을 아주 분명하게 나타내고 있다.
☞ 각자의 ein jeder 의 2격 (대명사적 용법); 자아의식 Selbstbewußtsein n.; 분명히 말하다 deutlich aussagen

Das Selbstbewußtsein **eines jeden** sagt sehr deutlich aus, daß er tun kann, was er will.

② 선생은 학급에 있는 학생 한 사람 한 사람에게 소풍에 참가하느냐고 질문하였다.

Der Lehrer hat **einen jeden (Schüler)** in der Klasse gefragt, ob er an dem Ausflug teilnimmt.

【역례】

Jeder Schüler in der Klasse, der genügend Geld hat, kauft sich ein Motorrad.

[25-1-6]

어느 누군가가 토론을 중단하도록 제의하였다.

☞ 토론 Diskussion f.-en; ~을 중단하다 et.[4] abbrechen; ~을 제의하다 et[4] beantragen

(해설)

(1) irgendwer는 jemand의 동의어 이다. 변화는 wer와 동일하지만 2격은 없다. 복수형은 1격과 4격에서 irgendwelche, 3격에서 irgendwelchen 이다.

(예)

① 어는 누군가가 양친들이 버린 그 아이들을 돌보지 않으면 안된다.
☞ ~를 버리다 jn. im Stich lassen; ~를 돌보다 sich um jn. kümmern

Irgendwer muß sich um die Kinder kümmern, die ihre Eltern im Stich gelassen haben.

① 나는 내가 터놓고 이야기 할 수 있는 어떤 사람과 너에 관해 이야기하려고 했다
☞ 탁 털어놓고 이야기하다 sich rückhaltlos anvertrauen; ~에 관해 이야기 하다 über et.[4] sprechen

Ich wollte mit **irgendwem**, dem ich mich rückhaltlos anvertrauen kann, über dich sprechen.

① 나는 어떤 사람에게 차에서 내릴 때 나를 도와달라고 부탁했다.

Ich habe **irgendwen** gebeten, mir beim Aussteigen zu helfen.

① 사람들은 그러한 계획을 어떤 사람들과 함께 실행에 옮길 수 있다. 그러기 위해서는 전문가들이 필요하다.
☞ 계획 Unternehmen n.; 어떤 사람들과 함께 mit irgendwelchen Leuten; ~을 실행에 옮기다 et.[4] durchführen; 전문가 Spezialist m.-en.-en

Solches Unternehmen kann man mit **irgendwelchen Leuten** durchführen, dazu braucht man Spezialisten.

【역례】

Irgendwer hat beantragt, die Diskussion abzubrechen.

[25-1-7]

나를 언제나 압박하는 것은 자금 조달의 문제이다.

☞ ~를 억압하다 jn. bedrücken; 자금조달 Finanzierung f.-en

(해설)

(1) etwas는 상세히 규정되어 있지 않는 사물 또는 개념을 나타낸다. etwas는 변화는 없고 뒤따르는 관계대명사는 was, das 이다.
(2) <etwas+형용사의 중성명사화 한 것>은 「어떤~인것」하는 뜻이며 뒤의 중성명사는 형용사의 강변화하고 대문자를 쓴다.
(3) <etwas + 명사>일 때는 etwas는 ein bißchen, ein wenig의 뜻이다.
(4) etwas의 부정형(否定形)은 nichts이고 변화는 없다.
(5) <nichts+형용사의 중성명사화 한 것>에서 중성명사화 한 것의 변화는 (2)에 준한다. 단 <nichts+ander->의 ander-는 소문자를 쓴다.

(예)

① 내가 당신을 무엇인가 도울 수 있다면 기꺼이 하겠습니다.

Ich würde gern tun, wenn ich Ihnen mit **etwas** helfen kann.

① 나는 그로부터 어떤 소식을 들었는데 나는 그것을 믿을 수가 없다.

Ich habe **etwas** von ihm gehört, was (das) ich nicht glauben kann.

② 미국 여행 중에 나는 어떤 새로운 것 (나쁜 것, 유사한 것)을 체험했다.
☞ 미국 여행 Amerikareise f.; 나쁜 것 (유사한 것)을 체험하다 Schlechtes (Ähnliches) erleben

Auf der Amerikareise habe ich **etwas Neues** (Schlechtes, Ähnliches) erlebt.

③ 네가 약간의 인내와 끈기가 있다면 너는 틀림없이 너의 목표에 도달할 수 있다.
☞ 인내와 끈기 Geduld und Ausdauer; 틀림없이 bestimmt; ~의 목표에 도달하다 js. Ziel erreichen

Wenn du **etwas Geduld und Ausdauer** hast, kannst du bestimmt dein Ziel erreichen.

③ 저기에 아직 케이크가 있다. 그것을 좀 먹어라. (생략적 용법)

Da ist noch Kuchen. Nimm dir doch **etwas** davon!

④ 그는 언제나 무엇이든지 만족 못하고 있다. 그는 불평꾼이다.
☞ ~에 만족하다 mit et. zufrieden sein; 불평꾼 Nörgler m.-s

Er ist immer mit **nichts** zufrieden. Er ist Nörgler.

④ 케이크가 오븐에서 다 타버렸다. 그러므로 전체의 일이 허사가 되었다.
☞ 오븐 Ofen m.-s; 타버리다 verbrennen; 그러므로 also; 허사이다 für nichts sein/vergeblich sein

Der Kuchen ist im Ofen verbrannt. Die ganze Arbeit war also für **nichts**.

⑤ **오늘 신문에는 새로운 것 (중요한 것)이 없다.**
☞ **오늘 신문** die heutige Zeitung/die Zeitung von heute; **새로운 것** (**중요한 것**) Neues (Wichtiges)

In der heutigen Zeitung steht **nichts Neues (Wichtiges)**.

⑤ **내일 우리들은 다른 일에 전념하지 말자.**
☞ <jemand (etwas, nichts, irgendwo-) +anders>는 <어떤 다른 사람 (어떤 다른 것, 다른 것이 아닌 것, 어떤 다른 곳에)>

Morgen wollen wir uns mit **nichts anderem** beschäftigen.

【역례】
Etwas (das), was mich immer bedrückt, ist die Frage der Finanzierung.

[25-2] 부정수사의 용법

부정수사는 이미 언급하였듯이 확실히 말할 수 없거나 말하고 싶지 않을 때 사용하는 수를 의미한다. 변화는 각각 다르고 전혀 변화 없는 것과 위치에 따라서 형용사 및 정관사 변화를 따르는 것이 있다.

1) all-, gesamt-, sämtlich-
2) einig-, etlich-, mehrer-
3) manch-
4) viel, viel-, mehr
5) wenig, wenig-
6) ein paar, ein bißchen, ein wenig

[25-2-1]

행복한 가운데의 생활을 모두가 원하고 있지만 모두가 꼭 같이 암중모색 하고 있다.

☞ **행복한 가운데의 생활** ein Leben im Glück; **모두가** alle; **꼭 같이** ebenso; **암중모색하다** im dunklen tappen

(해설)
(1) all-은 복수를 나타내지만 중성으로는 명사적인 alles, alles, allem, alles를 사용하여 단수의 의미를 가진다.
(2) all-은 추상명사 및 물질명사 앞에는 단수의 정관사 변화를 한다.
(3) all-이 정관사와 소유대명사 앞에서는 어미 없이 사용될 때가 많고 소유대명사 및 정관사, 지시대명사가 all- 앞에 오면 소유대명사, 정관사 및 지시대명사의 변화와 all-은 각각 독자적 변화를 한다: unser aller Wunsch, das alles Salz
(4) all-의 동의어로서 ganz, gesamt, sämtlich 등이 있다.

(예)
① **오늘 저녁 식사에 초대 받은 모든 친구들은 정각에 도착했다.**

Alle (Freunde), die für heute abend zum Essen eingeladen worden waren, trafen pünktlich ein.

① 나는 너와 헤어지기 전에 모든 것을 정리하고 싶다.
☞ **헤어지다** sich von jm. trennen; **모든 것을 정리하다** alles in Ordnung bringen

Ich möchte **alles** in Ordnung bringen, bevor ich mich von dir trenne.

① 용기가 있으면 모든 것을 극복할 수 있다.
☞ **용기가 있다** Mut haben; **~을 극복하다** mit allem fertig werden

Man kann mit **allem** fertig werden, wenn man Mut hat.

② 신년을 맞이하여 당신에게 만복을 빕니다.

Zu Neujahr wünsche ich Ihnen **alles Gute**.

② 독일 속담에는 "모든 시초는 어렵다"라고 하는 것이 있다.

Im deutschen Sprichwort heißt es: All**e**r Anfang ist schwer.

③ 그 국가의 복지는 모든 그의 국민들의 손에 있다.
☞ **복지** Wohl n. -s; **모든 그의 국민들의** all seine Bürger; **손에 있다** in der Hand liegen

Das Wohl des Staates liegt in der Hand **all seiner** Bürger.

③ 네가 빨리 건강하게 되는 것이 우리 모두의 소원이다.
☞ **~하는 것이 ~ 이다** es ist ~, daß ~; **우리 모두의 소원** unser aller Wunsch

Es ist **unser aller** Wunsch, daß du bald gesund wirst.

④ 나는 어제 교보서점에서 쉴러 전집을 샀다.
☞ **교보서점** die Kyobo-Buchhandlung f.; **쉴러 전집** Schillers sämtliche Werke

Ich habe gestern Schillers **sämtliche Werke** in der Kyobo-Buchhandlung gekauft.

【역례】
Ein Leben im Glück wünschen sich wohl **alle**, ebenso tappen aber auch **alle** im dunkeln.

[25-2-2]

시청광장에서 몇 명의 대학생이 비상조치법에 항의하는 시위를 하였다.

☞ **시청광장** Rathausplatz m.; **몇 사람의** einige; **비상조치법** Notstandsgesetz n.; **~에 항의 하는 시위를 하다** eine Kündigung gegen et.[4] veranstalten (od. machen)

(해설)
(1) einig-는 mehrer-의 동의어로서 <소수의, 몇 명의>의 뜻으로 둘 이상의 소수를 나타내고 복수로서 사용되고 변화는 정관사의 변화를 한다.
(2) einig-, mehrer-가 물질명사, 추상명사 앞에서 소량을 나타낼 때 단수의 정관사를 따르고 부가어적, 대명사적으로 사용된다.
(3) etlich-는 einig- , mehrer- 보다는 다수의 뜻으로 용법과 변화는 (2)에 준한다.

(예)
① 그는 시골에 계시는 양친에게 가서 거기에서 이삼일간을 지내려고 한다.
☞ 시골에 살다 auf dem Land wohnen

Er will zu seinen Eltern fahren, die auf dem Land wohnen, und **einige** Tage dort verbringen.

① 그 소년은 홀로 집에 있을 때면 그는 때때로 몇 가지 이상한 생각들을 한다.
☞ 홀로 집에 있다 allein zu Hause sein; 때때로 zuweilen; 몇 가지 이상한 생각 merkwürdige Gedanken

Der Junge hat zuweilen **einige merkwürdige** Gedanken, wenn er allein zu Hause ist.

① 그는 바지를 한 벌 사기전에 몇 벌의 바지를 입어보았다.
☞ 바지 Hose f.-n; 몇 벌의 mehrere; ~을 입어 (신어)보다 et.[4] anprobieren (모자를 써보다 einen Hut aufprobieren)

Er probierte **mehrere Hosen** an, bevor er eine kaufte.

② 그가 그의 일을 끝마칠 때까지 아직 약간의 시간이 필요하다.

Er braucht noch **einige Zeit**, bis er seine Arbeit beendet hat.

② 그는 우리들이 아직도 모르고 있든 몇 가지의 것을 우리들에게 이야기하였다.

Er erzählte uns **einiges, was** wir noch nicht wußten.

③ 내가 그를 마지막 본 것은 벌써 여러 해가 된다.
☞ ~한 것은 벌써 여러 해가 되다 es ist schon etliche Jahre her, daß ~

Es ist schon **etliche Jahre** her, daß ich ihn das letzte Mal gesehen habe.

③ 내가 그녀와 작별하려고 했을 때 아직 해결되어야 할 문제에 대한 몇 가지가 나의 생각에 떠올랐다.
☞ ~와 작별하다 sich von jm. verabschieden; 문제에 대한 여러 가지 einiges zu dem Problem; ~에게 생각이 떠오르다 jm. einfallen

Als ich mich von ihr verabschieden wollte, da fiel mir **etliches** zu dem Problem ein, das noch gelöst werden sollte.

【역례】
Am Rathausplatz veranstalteten **einige Studenten** eine Kündigung gegen das Notstandsgesetz.

[25-2-3]

두 세 곳의 학용품 가게에서는 우표도 구입할 수 있다.

☞ 학용품가게 Schreibwarengeschäft n.; 우표 Briefmarke f.-n

(해설)
(1) manch-는 부가어적 또는 대명사적으로 사용되고 변화는 정관사의 변화와 동일하다. 뜻은 einig-, mehrer-의 동의어이나 manch-는 어느 집단 중에서 개별적인 표본 중의 약간의 수를 의미한다.
(2) 어미 없는 <manch+ein>으로 사용할 수 있다. 복수형은 없고 부가어적으로는 ein이 부정관사의 변화, 대명사적일 때는 정관사의 변화를 하며 (1)의 의미를 강조할 때 사용한다.

(예)
① 나는 대학시절에 이미 여러 명의 유명한 시인들과 만난 일이 있었다.
☞ 대학시절 Studienzeit f.; ～와 만나다 mit jm. zusammentreffen

In der Studienzeit bin ich schon mit **manchen** berühmten Dichtern zusammengetroffen.

① 할머니는 손녀에게 몇 가지의 동화를 이야기 해주었다.
☞ 동화 Märchen n.-s

Die Großmutter hat ihrem Enkelkind **manche Märchen** erzählt.

① 내가 유년시절부터 잘 알고 있는 몇몇 사람은 (여러 사람 중에서) 매우 독특한 취향을 가지고 있다.
☞ 독특한 eigenartig; 취향 Geschmack m.-es

Manche, die ich seit meiner Kindheit gut kenne, haben einen sehr eigenartigen Geschmack.

① 불가능하게 보였던 여러 가지 일까지도 실현되었다.
☞ 불가능하게 보이다 unmöglich scheinen; 까지도 (so)gar

Gar (Sogar) **manches** ist wahr geworden, **was** unmöglich schien.

② 많은 사람은 대도시에서 나쁜 경험을 한다.
☞ 대도시 Großstadt f.; 경험 Erfahrung f.-en

Manch einer macht in der Großstadt üble Erfahrungen.

② 기차로 고향 행 여행은 크리스마스 전야에 많은 사람에게는 악몽이 되었다.
☞철도로 mit der Bahn; 고향으로 nach Hause; 크리스마스 전야 Weihnachtsabend m.; 많은 사람 manch einer (명사적); 악몽 Alptraum m.

Die Reise mit der Bahn nach Hause wurde am Weihnachtsabend für **manch einen** zum Alptraum.

② 그는 이미 많은 시간을 이 문제에 몰두하였다.

Er hat sich schon **manch eine Stunde** mit diesem Problem beschäftigt.

【역례】
In **manchen Schreibwarengeschäften** kann man auch Briefmarken kaufen.

[25-2-4]

어제 저녁 많은 사람이 나를 방문 하였으나 몇 사람만이 한 밤중까지 머물러있었다.

☞ 한밤중 까지 bis Mitternacht

(해설)
(1) viel-은 정관사 변화이고 복수 viele는 사람을 나타내기도 하지만 문장 중에서 언급 되어진 사물을 받을 수 있다. 부가어적으로 또는 대명사적으로 사용할 수 있다. viele를 따르는 형용사는 viele 와 동일한 어미를 따르지만 복수 2격에서는 -er 또는 -en을 취하기도 한다.
(2) viel-은 또 단수 중성 어미로 사물을 뜻할 수 있다.
(3) 어미 없는 viel 다음에 형용사가 중성명사화 한 것이 오면 중성명사화 한 것은 중성 강변화하고 viel이 정관사 중성의 어미를 취하면 형용사가 중성 명사화 한 것은 형용사의 약변화를 한다. (예: vieles Gute)
(4) 단수에서 viel은 어미 없이 물질명사, 추상명사 앞에서 양을 나타내고 viel 다음에 형용사가 따르면 형용사는 형용사의 강변화를 따른다.
(5) <정관사 및 지시대명사 + viel->은 형용사의 약변화, <소유대명사 + viel-> 은 형용사의 혼합변화를 따른다.

(예)
① 미국은 추측하건대 13000 명의 아랍사람들을 국외로 추방하려고 한다. 이에 관련되는 많은 사람은 당국의 가혹한 기준에 놀라고 있다. - 그들 중 거의 한 사람도 테러리스트의 혐의가 있는 것은 아니다.
☞ 미국 die USA; 추측하건대 offenbar; 아랍인 Araber m.-s; ~를 국외로 추방하다 jn. des Landes verweisen; 관련자 der Betroffene (형용사 변화; 복수를 사용할 것); 당국자 Behörde f.-n; 가혹한 기준 die harte Linie; 놀라다 überrascht sein; 그들 중의 한사람 einer von ihnen; 테러리스트 Terrorist m.-en,-en; 테러리스트의 혐의가 있다 unter Verdacht stehen, ein Terrorist zu sein; 거의 ~아니다 kaum

Die USA wollen offenbar 13000 Araber des Landes verweisen. **Viele** der Betroffenen sind von der harten Linie der Behörden überrascht. - Kaum einer von ihnen steht unter Verdacht, ein Terrorist zu sein.

① 책임감이 있는 많은 국민들의 생각이 정치가들에 의해 진지하게 받아들여지지 않았다.
☞ 책임감이 있는 verantwortungsbewußt; 국민 Bürger m.-s; 생각 Bedenken n.; ～을 진지하게 받아들이다 et.⁴ ernst nehmen

Die Bedenken **vieler verantwortungsbewußter** Bürger wurden von den Politikern nicht ernst genommen.

① 하인츠와 루디는 받아쓰기에서 똑같이 많이 틀렸다.
☞ 하인츠와 루디 Heinz und Rudi; 받아쓰기 im Diktat; 틀리다 Fehler haben; 똑같이 gleich

Heinz und Rudi haben im Diktat gleich **viele** Fehler.

② 그는 학교에서 많은 것을 배웠으나 약간의 것만을 기억하고 있다.
☞ 많은 것 vieles; 약간의 것 weniges; ～을 기억하고 있다 et.⁴ behalten

Er hat **vieles** in der Schule gelernt, aber nur weniges behalten.

③ 나는 그로부터 현재 독일에서 일어나고 있는 많은 새 소식을 들었다.

Ich habe **viel Neues** von ihm gehört, was zur Zeit in Deutschland geschieht.

③ 한 달 전부터 그는 아주 흥미로운 것에 전념하고 있다.
☞ 아주 흥미로운 것 vieles Interessante

Seit einem Monat beschäftigt er sich mit **vielem Interessanten**.

④ 이 일은 많은 인내가 필요하고 많은 시간을 요구한다.
☞ 인내 Geduld f.-en; ～을 요구하다 et.⁴ in Anspruch nehmen

Die Arbeit benötigt **viel Geduld** und nimmt **viel Zeit** in Anspruch.

④ 당신이 감기에 걸리시면 많은 럼주를 차에 넣으시오. 다음에 그 차를 드시오.
☞ 럼주 Rum m.-s,-s; ～을 차에 넣다 et.⁴ in den Tee nehmen

Wenn Sie sich erkälten, nehmen Sie **viel Rum** in den Tee. Dann trinken Sie den Tee.

④ 아주 좋은 뜻이 있으면 너는 그 일을 성공적으로 해낼 수 있다.
☞ 많은 좋은 뜻이 있으면 mit viel gutem Willen; ～을 하다 et.⁴ schaffen/tun

Mit **viel gutem Willen** kannst du die Arbeit erfolgreich schaffen.

⑤ 그 많은 물은 세탁물 빨래하기에 충분하다.
☞ 빨래하는것 Wäschewaschen n.; ～하기에 충분하다 zu et.[3] genügen

Das viele Wasser genügt zum Wäschewaschen.

【역례】
Gestern abend haben mich **viele (Leute)** besucht, aber nur wenige sind bis Mitternacht geblieben.

[25-2-5]

그는 많은 친구가 있지만 불과 몇 사람만이 그의 파티에 참석했다.

☞ 불과 몇 사람만이 nur wenige; 파티 Party n.-s,-ties

(해설)
(1) wenig-는 viel처럼 정관사의 어미변화를 따르는 것과 변화 하지 않는 것이 있다. wenig-는 수를 나타내어 <wenig-+형용사+명사>일 때는 wenig-와 형용사는 동일하게 형용사의 강변화 하지만 남・중성 3격만은 형용사의 어미는 약변화의 어미 -en을 가진다. (mit wenigem guten Willen). 정관사류 (der, dieser)가 wenig 앞에 위치할 때는 wenig-는 형용사 약변화를 따른다. 그리고 어미 없는 viel, wenig 다음에는 형용사는 강변화를 한다.
(2) 어미 없는 wenig은 <조금>이라는 뜻 외에 <거의～없다>의 뜻이 있다.
(3) 극히 작은 수의 뜻으로 die wenigsten (= eine geringe Zahl)을 쓴다.

(예)
① 그 여자는 소수의 진품의 패물을 소유하고 있으나 그것으로 만족하고 있다.
☞ 소수의 진품의 패물 weniger echter Schmuck; ～을 소유하다 et.[4] besitzen

Die Frau besitzt **wenigen echten** Schmuck, aber sie ist damit zufrieden.

① 있으면 아끼고 없으면 헤프다. (속담)

Mit vielem hält man haus, mit **wenigem** kommt man aus.

① 아주 소수의 청중이 참석하였으므로 강연은 개최 될 수 없었다.
☞ 아주 소수의 so wenig(e); 청중 Zuhörer m.-s; 참석하다 da sein 강연회 Vortrag m.-s, Vorträge; 개최되다 stattfinden

Es waren so **wenig(e)** Zuhörer da, daß der Vortrag nicht stattfinden konnte.

① 너는 시월축제에 갔었니? -그래, 그러나 나는 유감스럽게도 그곳에 두 서넛 시간만 있었다.
☞ 시월축제(1810년 이래 뮌헨에서 이 주간 동안 열리는 민속 축제) Oktoberfest n.

Warst du auf dem Oktoberfest? - Ja, aber ich war leider nur **wenige (ein paar)** Stunden dort.

① 그의 생애에서 약간의 좋은 일과 많은 나쁜 일 모두가 그의 마음속에 다시 되살아났다.
☞ 약간의 좋은 일 (나쁜 일) das wenige Gute (Schlechte); 그의 마음속에 in ihm; 되살아나다 lebendig werden

Das wenige Gute und das viele Schlechte in seinem Leben wurden alles in ihm wieder lebendig

① 그 노인은 약간의 수면이 필요하다. 왜냐하면 그는 힘든 일로 지쳐있기 때문이다.
☞ 필요하다 et.[2] bedürfen; ~으로 지쳐있다 von et. müde sein

Der alte Mann bedarf **wenigen Schlafes**, denn er ist von der schweren Arbeit müde.

② 그 권투선수는 세계 챔피언 타이틀을 획득할 기회를 아직 거의 가지지 못하고 있다.
☞ 권투선수 Boxer m.-s; 챔피언타이틀 Weltmeistertitel m.

Der Boxer hat nur noch **wenig** Chancen auf den Weltmeistertitel.

③ 많은 사람들이 그 가난한 사람들을 도우려고 했지만 단지 극소수의 사람만이 그들을 도왔다.
☞ 가난한 사람들 die Armen

Viele wollten den Armen helfen, aber nur **die wenigsten** haben ihnen geholfen.

【역례】
Er hat viele Freunde, aber nur **wenige** waren bei seiner Party.

[25-2-6]

우리들은 마치 약간 소원해진 것처럼 보였다.

☞ 마치 ~인 것처럼 보이다 es scheint, als ob~; 소원해지다 sich entfremden; 약간 ein wenig

(해설)
(1) ein wenig은 ein bißchen, etwas의 동의어로서 부가어적, 대명사적으로 사용되며 변화는 없고 <소량 (eine kleine Menge)>의 뜻이다.
(2) ein bißchen은 ein wenig과 거의 동일하게 사용된다. 그러나 <소량>이라는 것을 강조하기 위하여 ein 다음에 klein을 넣어 ein klein bißchen으로 사용한다. 이때 ein klein bißchen 혹은 ein kleines bißchen 으로 klein 이 의미의 변화 없이 변화 할 수도 있다. ein은 klein 앞에서 3 격에서 만 mit einem kleinen bißchen Geld처럼 변화를 한다. ein 대신에 정관사, 지시대명사 (dieser), 소유대명사 등이 bißchen 앞에 가면 bißchen은 변화 없지만 mit dem bißchen Wasser, mit meinem bißchen Geld처럼 정관사, 지시대명사, 소유대명사는 격 변화한다. 그리고 so 가 ein 앞에 오면 ein은 부정관사의 변화를 한다.
(3) ein paar는 소수를 뜻하고 복수명사 앞에 온다. ein paar는 변화는 없으나 뒤에 따르는

형용사는 복수 강변화 한다. ein 대신에 정관사, 지시대명사, 소유대명사가 사용되면 paar는 변화 없지만 그 앞에 대명사들은 변한다.

(예)
① 그녀에게 사실을 말하기에는 약간의 용기가 필요하다.
☞ ~에게 사실을 말하다 jm. die Wahrheit sagen; 약간의 용기 ein wenig Mut; ~이 필요하다 et.[1] gehört zu et.[3]

Ein wenig (etwas) Mut gehört dazu, ihr die Wahrheit zu sagen.

② 잠시 (약간) 또 기다려보세! 곧 비가 그칠 터이니.

Warte noch **ein bißchen**, gleich hört es auf zu regnen.

② 너는 나에게 좀 더 많은 시간의 여유를 주어야겠어. 내가 이 일을 끝마칠 때까지는 적어도 삼일은 더 필요해.
☞ ~에게 시간의 여유를 주다 jm. Zeit lassen

Du mußt mir **ein bißchen** mehr Zeit lassen. Ich brauche wenigstens noch drei Tage, bis ich diese Arbeit beendet habe.

② 그 약간의 돈은 어려운 가운데 있는 수재민들에게 많은 도움이 될 수는 없다.
☞ 어려움 가운데 있다 in Schwierigkeiten sein; 수재민들 die unter Hochwasser Leidenden; ~에게 도움이 되다 jm. behilflich sein/jm. helfen

Das bißchen Geld kann den unter Hochwasser Leidenden, die in Schwierigkeiten sind, nicht viel behilflich sein.

② 네가 과외수업을 하여 틈틈이 약간의 돈을 벌지 않으면 네 아버지가 달마다 보내는 약간의 돈으로서 생활을 꾸려나가도록 노력해야한다.
☞ 과외수업을 하여 mit Nachhilfestunden; 돈을 벌다 Geld verdienen; ~으로 생활을 꾸려나가다 mit et.[3] auskommen

Du mußt versuchen, mit **dem bißchen Geld**, das dir dein Vater monatlich schickt, auszukommen, wenn du dir mit Nachhilfestunden nicht etwas Geld nebenbei verdienst.

② 그는 나를 위하여 전혀 시간이 없다. 왜냐하면 그가 최근에 몹시 바쁘기 때문이다.
☞ 전혀~없다 kein bißchen; 몹시 바쁘다 alle Hände voll zu tun haben

Er hat **kein bißchen** Zeit für mich, weil er in der letzten Zeit alle Hände voll zu tun hat.

② 나의 아버지가 나에게 보내신 약간의 돈으로서 나는 세계여행을 할 수 없다.

Mit **meinem bißchen** Geld, das mir mein Vater geschickt hat, kann ich keine Weltreise machen.

② 이렇게 약간의 버터를 가지고 나는 빵을 바를 수 없다.

Mit **so einem bißchen** Butter kann ich kein Brot streichen (schmieren).

③ 영화관 비용 이삼 유로는 너는 아마도 아직 가지고 있을 테지.
☞ 영화관 비용이 들다 das Kino kostet; 이삼 유로 ein paar Euro

Ein paar Euro, die das Kino kostet, wirst du wohl noch haben.

③ 이 (너의, 그) 이삼 유로를 가지고서는 (너는) 네가 필요한 약간의 것만을 구입할 수 있다.

Mit **diesen (deinen, den) paar Euro** kannst du nur etwas kaufen, was du brauchst.

【역례】
Es scheint, als hätten wir uns **ein wenig** entfremdet.
(= ..., als ob wir uns ein wenig entfremdet hätten.)

※참고※
(1) ein paar는 einige, wenige의 동의어로서 부정수사이며 어미변화는 없다.
(2) ein Paar에서 Paar는 중성명사이며 <한 쌍>의 뜻이다. 변화는 n.-s,-e 이다.
Ein Paar Schuhe kostet (kosten) 100 Euro.

◈ 연 습 문 제 25 ◈

1) 인간은 왜 그렇게 쉽게 복종할 용의를 가질수 있으며 왜 인간에게는 불복종은 그렇게 어려운가? 사람들은 국가, 교회와 여론의 권력에 복종하는 동안 사람들은 안전함과 보호받음을 느낀다.
☞ 복종할 용의가 있다 bereit zu gehorchen sein; 불복종 Ungehorsam m.; ~에게는 어렵다 jm. schwerfallen; 동안 solange; 국가, 교회와 여론의 권력 die Macht des Staates, der Kirche und der öffentlichen Meinung; 안전하고 보호받음을 느끼다 sich sicher und behütet fühlen

2) 여기에 저렴한 양복들이 있다고 하지만 나는 아직도 한 벌도 보지 못했다. 너는 어떤 것을 벌써 발견했느냐? - 아니, 유감스러우나 아직 한 벌도 발견 못했다.
☞ 저렴한 preiswert; 양복 Anzug m.-es, Anzüge; ~이 있다고들 하다 es soll et.⁴ geben; 어떤 것들 welche (einer의 복수)

3) 많은 사람들이 홀로 (가족 없이) 있다. 그리고 그들은 돌보아줄 사람이 아무도 없다 (돌보아줄 사람을 가지고 있지 않다). 무엇보다도 그들은 그들이 함께 대화 할 수 있고 그들을 조언과 행동으로 도와줄 (어떤)사람이 필요하다.

☞ 많은 사람들 viele Leute; 홀로 있는 alleinstehend; ~을 돌보아주다 sich um jn. kümmern; 뭣보다 vor allem; ~와 대화하다 sich mit jm. unterhalten; 조언과 행동으로 mit Rat und Tat; ~를 도와주다 jn. unterstützen/jm. helfen

4) 한집에 세든 모든 사람들이 저녁 늦게까지 축제를 벌였다. 모두가 유쾌했다. 나는 이 기회에 세든 모든 사람들을 알게 되었다.
☞ 한집에 세 든 사람 Hausbewohner m.; 저녁 늦게 까지 bis zum späten Abend; 축제를 벌이다 feiern; 유쾌하다 vergnügt sein; 이 기회에 bei dieser Gelegenheit; ~을 알게 되다 jn. kennenlernen

5) 사람들이 인생을 한번 자세히 관찰하면 인간에게 크게 보이던 저 사물들이 그림자놀이에 불과하다는 것을 (다를 바 없다는 것을) 발견하게 될 것이다. 그 때문에 인간은 (하나의) 무(無)라고 일컫는 것은 당연한 일이다.
☞ 인생 Menschenleben n./das menschliche Leben n.; ~을 자세히 관찰하면 et.[4] bei Licht betrachtet; ~에게 크게 보이다 jm. groß vorkommen; 모든 저 사물들 alle jene Dinge; 그림자놀이 Schattenspiel n.; ~에 불과하다 nichts anderes als ~; ~을 발견하다 et.[4] entdecken; 하나의 무 ein Nichts; ~이라 일컫는 것은 당연한 일이다 es heißt mit Recht, daß ~

6) 모든 손님이 정각에 도착하였다. 거의 각자가 꽃다발을 하나씩 가지고 왔다. (예외 없이) 각자가 방명록에 이름을 기록하도록 부탁 받았다. 이름을 기록한 것은 모두가 아니었다.
☞ 정각에 pünktlich; 도착하다 eintreffen/ankommen; 거의 모두가 fast jeder; 꽃다발 Blumenstrauß m.; (예외 없이)각자가 jeder einzelne; 방명록 Gästebuch n.; 이름을 ~에 기록하다 sich in et.[4] eintragen/seinen Namen in et.[4] schreiben; 부탁 받다 gebeten werden; 모두가 하는 것은 아니다 Nicht alle tun es.

7) 뷔페는 이미 준비되어 있었다. 각자가 그가 원하는 것을 들었다. 모두가 셀프 서비스를 하여야만 했다. 그러나 이 모든 음식에서 몇몇 사람은 그가 무엇을 먼저 들어야 할지를 몰랐다.
☞ 뷔페 Büffet n.-es,-s; 준비 되어있다 vorbereitet sein; ~을 들다 (sich) et.[4] nehmen; 셀프 서비스하다 sich selbst bedienen; 모든 좋은 음식에서 bei all den guten Sachen; 몇몇 사람 mancher/mehrere/einige

8) 십 년 전에 그 사정(경우)은 아주 분명했었다. 첫 번째의 텔레비전의 화면이 아늑한 가정에서 가물거리며 비치기 시작했던 그 당시에 사람들은 텔레비전 수상기를 한 대를 가지고 있거나 전혀 갖지 않거나 했다.
☞ 사정(경우) Fall m.-s, Fälle; 아주 분명한 ganz klar; 텔레비전 수상기의 화면 Bildschirm m.; 아늑한 가정에 im trauten Heim; 가물거리며 빛이다 flimmern; ~했던 그 당시 damals, als ~; 텔레비전 Fernseher m.-s/ Fernsehapparat m.; (양자 중의) 하나 entweder ~ oder ~

9) 이미 텔레비전을 소유하고 있었다면 사람들은 그것을 자랑스럽게 여겼다.

안방극장(텔레비전)의 초기에는 아직 상당히 소수의 텔레비전 소유자들은 우연히 만나는 아는 사람들의 각각에게 질문을 하였다. “어제 저 그 사람의 퀴즈는 대체 당신의 마음에 드셨습니까?”

☞ **~을 소유하다** et.[4] besitzen; **그것을 자랑스럽게 여기다** stolz darauf sein; **텔레비전 (안방극장)** Pantoffelkino n. (= Fernsehapparat m.); **초기** Frühzeit f.; **~가 ~를 우연히 만나다** jd. ist jm. über den Weg gelaufen. = jd. ist jm. zufällig begegnet.; **아는 사람 각각** jeder Bekannte; **저 그 사람/저 누구든가** (이름을 모르거나 또는 사람의 이름을 말하고 싶지 않을 때) Dings (der, die, das의 성을 가질 수 있음); **퀴즈** Quiz n.-,-

10) 이 삼년 후에는 벌써 약간 달라졌다. 텔레비전의 안테나들이 따뜻한 비가 내린 후에 버섯들처럼 지붕 위에 무성하게 솟아났다. 별안간에 텔레비전 수상기를 집에 가지고 있는 것은 그렇게 특별히 희한 것은 아니었다.

☞ **이 삼년 후에** ein paar Jahre später; **약간** ein bißchen/etwas; **텔레비전 안테나** Fernseherantenne f.; **따뜻한 비가 내린 후에** nach einem warmen Regen; **버섯** Pilz m.-es,-e; **무성하게 솟아나다** wuchern; **별안간에** plötzlich; **집에** daheim/zu Hause/in dem eigenen Haus; **이제는~아니다** nicht mehr; **특별한** besonders; **희한한** (멋진, 세련된) schick

26. 수사 (Das Numerale)

수사는 기수와 서수로 두 개의 집단으로 나누어지고 이 두 가지 수에서 다른 다섯 가지의 수사들이 파생된다.

[1] 기수 (Grundzahlen)
[2] 서수 (Ordnungszahlen)
[3] 기타의 수사 (andere Zahlwörter)
  1) 분류수 (Einteilungszahlen)
  2) 분수 (Bruchzahlen)
  3) 종수 (Gattungszahlen)
  4) 반복수 (Wiederholungszahlen)
  5) 배수 (Vervielfältigungszahlen)

[26-1] 기수

1) eins의 용법
2) zwei, drei와 zwei, drei 이상의 숫자
3) 기수의 명사적 용법
4) <기수 + -er>
5) hundert, tausend의 중성명사 das Hundert, das Tausend와 복수 Hunderte, Tausende
6) eine Million, eine Milliarde, eine Billion
7) 연도의 표현

[26-1-1]

우리들은 하나의 야전침대에 잤고, 하나의 잔으로 마셨고 한 조각의 빵을 나누었다.

☞ 야전침대 Feldbett n.-es,-e; 하나의 잔으로 마시다 aus einem Glas trinken; 빵 한 조각 ein Bissen Brot; 나누다 teilen

(해설)

(1) eins는 부가어적, 대명사적으로 사용된다. 부가어적으로는 부정관사의 변화를 따르고 강음이 있다. 대명사적으로는 정관사의 변화를 한다.

(2) 정관사, 지시대명사가 eins 앞에 있으면 eins는 형용사의 약변화를 하고 소유대명사가 eins 앞에 오면 eins는 형용사의 혼합변화를 한다.

(예)

① 나는 새로운 한 벌의 와이셔츠가 필요하다. 정확히 말하면 나의 빨간 넥타이에 맞는 한 벌이 필요하다.

☞ 와이셔츠 Oberhemd n.; 정확히 말하면 und zwar; 빨간 넥타이 rote Krawatte; ~에 맞다 zu et.[3] passen

Ich brauche **ein neues Oberhemd**, und zwar **eins**, das zu meiner roten Krawatte paßt.

① 나는 백 파운드 중국산 감자를 사서 지하실에 저장하였다.
☞ 백 파운드 ein Zentner m.-s; 감자 Kartoffel f.-n; ～을 지하실에 저장하다 et.[4] einkellern

Ich habe **einen** Zentner chinesischer Kartoffeln gekauft und eingekellert.

① 나는 철도국원의 한 사람에게 기차의 출발 시각을 물었다.
☞ 출발시각 Abfahrtszeit f.; 철도국원 Bahnbeamter m.; ～에게 ～에 관해 묻다 sich bei jm. nach et.[3] erkundigen

Ich habe mich bei **einem der Bahnbeamten** nach der Abfahrtszeit des Zuges erkundigt.

① 나의 여자동료 중의 한 사람이 독일에서 연구를 계속하기위해 직장을 그만 두었다.
☞ 여자동료 Kollegin f.-nen; 연구를 계속하다 das Studium fortsetzen

Eine meiner Kolleginnen hat ihre Stellung aufgegeben, um ihr Studium in Deutschland fortzusetzen.

② 우리의 한 아들은 교사이고 다른 한 아들은 의사이다.

Unser einer Sohn ist Lehrer, unser anderer Arzt.

② 저기에 있는 부인들은 누구인가? - 그 중 한 부인은 뮐러 부인이고 다른 한 부인은 나는 모르겠다.

Wer sind die Frauen dort? - **Die eine** ist Frau Müller, **die andere** kenne ich nicht.

【역례】
In **einem Feldbett** haben wir geschlafen, aus **einem Glas** getrunken, **einen** Bissen Brot geteilt.

[26-1-2]

두 증인의 입을 통하여 진실이 밝혀진다.

☞ 증인 Zeuge m.-n; 입 Mund m.-es, Münder; 알려지다 kund werden

(해설)
(1) 기수는 원칙적으로 2에서 999,999 까지는 변하지 않는다.
(2) 그러나 zwei, drei는 격의 명시가 필요한 경우에는 2격에서 -er, 3 격에서 -en을 가질 때가 있고 또 sieben을 제외하고 2에서 12 까지 3 격에 -en, 그 밖에 격은 -e를 가질 때가 있다. (auf allen vieren (동물이) 네 발로; alle viere von sich strecken 사지를 뻗다)

(3) 이미 언급되어진 <두 사람> 또는 <두 물건>을 말할 때는 zwei 대신 beide (사람) 또는 beides (사물)를 쓴다. beide는 정관사 복수 변화를 하고 <정관사+beide>는 형용사의 약변화, <소유대명사+beide>는 형용사의 혼합변화, beides는 alles의 변화를 한다.

(예)

① 일요일에 당국자들은 (재난으로 죽은) 희생자의 수를 2047로 올려 잡았다. 그렇지만 그들은 1980년에 이미 있었던 지진 때처럼 사망자가 3000명 이상이 넘은 것을 두려워하고 있다.

☞ 당국자 Behörde f.; (재난으로 죽은) 희생자 Todesopfer n.; ～을 ～으로 올려 잡다 et.[4] auf et.[4] erhöhen; 이미 있었던 지진 때처럼 wie bereits bei dem Erdbeben; 3000명 이상의 사망자 über 3000 Tote (형용사변화); ～을 두려워하다 et.[4] befürchten

Am Sonntag erhöhten die Behörden die Zahl der Todesopfer auf **2047**. Sie befürchten jedoch über **3000** Tote, wie bereits bei dem Erdbeben im Jahre 1980.

② 이 호텔에는 3 개의 상이한 나라들의 외교관이 거주하고 있다.

☞ 상이한 verschieden; 외교관 Diplomat m.-en,-en

In diesem Hotel wohnen die Diplomaten **drei(er)** verschiedener Länder.

② 누구든지 두 주인을 동시에 섬길 수는 없다.

☞ 주인 Herr m.-n,-en; ～을 섬기다 jm. dienen

Niemand kann **zwei(en) Herren** gleichzeitig dienen.

② 방과 후 그 소녀들은 둘이서 노래를 부르면서 집으로 왔다.

☞ 둘이서 (둘씩) zu zweien (zu zweit); 셋이서 (셋씩) zu dreien (zu dritt)

Nach der Schule kamen die Mädchen singend **zu zweien** (od. **zu zweit**) nach Hause.

③ 당신이 아시다시피 나는 두 딸이 있습니다. 이 둘은 벌써 결혼했습니다.

Wie Sie wissen, habe ich zwei Töchter. **Die beiden** sind bereits verheiratet.

③ 나의 친구 중 두 사람이 사고를 당했다. 그러나 두 사람은 지금 건강하게 지내고 있다.

Zwei meiner Freunde hatten einen Unfall. **Beiden** geht es aber jetzt gut.

【역례】

Durch **zweier Zeugen Mund (od. den Mund zweier Zeugen)** wird die Wahrheit kund.

[26-1-3]

몇몇 사람들은 13을 행운의 숫자로, 다른 사람들은 불운의 숫자로 간주한다.

☞ 몇몇 사람 einige; 13 Dreizehn f.-en (명사적); 행운 (불운)의 숫자 Glückszahl (Unglücks-) f.-en; ～을 ～으로 간주하다 et.[4] für et.[4] halten

(해설)
(1) 기수를 명사적으로 사용할 때는 대문자로 쓸 때가 있고 성은 여성이고 sieben을 제외하고 복수에서 -en을 붙인다.
(2) 시계의 문자반(文字盤)의 숫자를 명사적으로 대문자를 쓸 때가 있다.
(3) 전차, 버스 등의 번호를 말할 때 명사적으로 대문자를 쓴다.
(4) 학교의 성적을 말할 때는 명사로 대문자를 쓴다.

(예)
① 언제부터 사람들은 7의 숫자가 행운의 숫자라고 믿고 있습니까?

Seit wann glaubt man, daß **die Sieben** eine Glückszahl ist?

② 분침은 5의 숫자에, 시침은 8과 9 사이에 있다.
☞ 분침 (큰 침) der große Uhrzeiger; 시침 (작은 침) der kleine Uhrzeiger

Der große Uhrzeiger steht auf der **Fünf**, der kleine zwischen der **Acht** und der **Neun**.

③ 먼저 3번으로 타시오! 다음 역전에서 9번 전차 (버스)로 바꿔 타세요!

Steigen Sie bitte zuerst in **die Drei** (ein), und dann steigen Sie vor dem Bahnhof in **die Neun** um!

④ 잉게는 산수에서 C (미)와 라틴어에서 A (수)를 받았다.
☞ 산수에서 im Rechnen; 라틴어에서 im Lateinischen

Inge hatte im Rechnen **eine Drei** und im Lateinischen **eine Eins** bekommen.

④ 세 개의 A와 두 개의 B를 가진 성적표는 상당히 좋은 것이다.
☞ 성적 Zeugnis n. -ses, -se

Ein Zeugnis mit **drei Einsen** und **zwei Zweien** ist ziemlich gut.

【역례】
Einige halten **die Dreizehn** für Glückszahl, die anderen für Unglückszahl.

[26-1-4]

한국에서는 종종 칠십 년대의 빠른 경제성장에 관하여 이야기하고 있다.

☞ 70 년대 in den siebziger Jahren; 빠른 rasch; 경제성장 Wirtschaftswachstum n.

(해설)

(1) <기수+-er>의 형식으로 부가어적으로 사용하지만 변화는 없고 의미는 연대를 말한다. 또 남성 명사로서 (대문자를 씀) 단수 2격에서 -s, 복수 3격에서 -n의 어미를 가지고 대략의 나이를 말한다.

- in den sechziger Jahren (zwischen 1960 und 1969) 육십년대
- ein Vierziger (jd., der zwischen 40 und 49 Jahre alt ist) 40대의 남자

(2) 구어체에서 지폐, 동전의 단위 또는 우표 등의 가격을 나타낸다.

(예)

① 지난 세기의 20년대 초 그 남작은 가족이 돌보지 않았던 포도원에서 세계의 가장 좋은 포도주를 짜기 시작했다.

☞ 20년대의 초 der Anfang der 20er Jahre; 남작 Baron m.-s,-e; 가족이 돌보지 않았던 포도원 auf einem vernachlässigten Weingut der Familie; 짜다 keltern; ~을 시작하다 sich an et.[4] machen.

Anfang **der 20er Jahre** des vorigen Jahrhunderts machte sich der Baron daran, auf einem vernachlässigten Weingut der Familie den besten Wein der Welt zu keltern.

① 그 여자는 80대이다. 그러나 그 여자는 마치 건장한 50대의 여자처럼 보인다.

☞ 80대 이다 in den Achtzigern sein; ~인 것처럼 als ob~; 건장한 rüstig; 50대의 여자 eine Fünfzigerin

Die Frau ist in **den Achtzigern**, aber sie sieht aus, als ob sie eine rüstige Fünfzigerin wäre.

② 자판기에서 담배를 꺼내려고 하지만 10페니히가 부족하다.

☞ 자(동)판(매)기 Automat m. -en, -en; ~에서 담배를 꺼내다 aus et.[3] Zigaretten holen; 십 페니히 Zehner(Pfennig); ~에게는 부족하다 jm.fehlen

Zigaretten aus dem Automat will ich holen, aber mir fehlt **ein Zehner (zehn Pfennig).**

② 20페니히 석장과 10페니히의 우표 다섯 장을 주세요!

Bitte drei **Zwanziger** und fünf **Zehner**!

【역례】

In Korea spricht man oft von dem raschen Wirtschaftswachstum in **den siebziger Jahren**.

[26-1-5]

주민들의 수 백명이 그 끔찍한 산불을 대피하였다.

☞ 수 백명 Hunderte (pl.); 주민 Bevölkerung f.-en ; 끔찍한 산불 der verheerende Waldbrand m.; ~을 피하여 달아나다 vor et.[3] flüchten

(해설)

(1) hundert, tausend는 중성의 명사형 das Hundert, das Tausend를 사용할 수 있다. 변화는 강변화 2형-s -e를 따른다. 이 명사들은 사람 혹은 사물의 백, 천의 수・용량 단위를 나타낸다. 다시 말하면 das Hundert, das Tausend는 각각 백명 단위의 사람 또는 백개 단위의 사물, 천사람 또는 천개단위의 사람 또는 사물을 뜻한다. 복수는 불확실한 대략의 수를 뜻하며 Hunderte, Tausende 는 각각 수백 사람 (수백 개), 수천 사람 (수천개)을 의미한다. 복수변화에서 주의를 할 것은 Hunderte,Tausende가 복수 2격에서 다른 낱말에 의해 격이 명시된다면 명사변화(강변화 2)를 따르지만(a) 다른 낱말에 의해 격이 명시되지 않을 경우는 형용사의 강변화를 따른다.(b)

Sie erwarteten die Beteiligung **vieler Hunderte (Tausende)**.(a)
Sie erwarteten die Beteiligung **Hunderter (Tausender)**.(b)

(2) 여성명사로서 Hundert, Tausend는 여성 복수 약변화를 한다. 그리고 100, 1000 의 숫자를 의미한다.
(3) Hundert, Tausend의 중성 단수로 단위를 뜻하여 퍼센트를 나타낼 때가 있다.

(예)

① 중대(中隊)의 첫 번째 백 명은 도로공사에 투입되어 있었다.
☞ 첫째 백 명 das erste Hundert; 도로공사 Straßenbau m.; ~에 투입되어 있다 zu et.[3] eingesetzt sein

Das erste Hundert der Kompanie war zum Straßenbau eingesetzt.

① 민속의상회의 한 축하 퍼레이드가 거행되는 동안 사람들이 수백 명씩 길 양편에 늘어서있었다.
☞ 민속의상회의 한 축하퍼레이드 ein festlicher Umzug der Trachtenvereine수백 명씩 zu Hunderten; 거행되다 veranstaltet werden; 동안 während; ~길의 양편에 늘어서다 die Straßen säumen

Zu Hunderten säumten die Menschen die Straßen, während ein festlicher Umzug der Trachtenvereine veranstaltet wurde.

① 그 도로 공사는 수 백명의 노동력을 필요로 한다.
☞ 수 백명 Hunderte von Menschen; 노동력 Arbeitskraft f.

Der Straßenbau braucht die Arbeitskraft **Hunderter** von Menschen.

① 오늘 데모에 경찰은 (참가자들을)수 만명으로 추산하고 있다.
☞ 오늘의 heutig; 경찰 Polizei f. -en; 수 만명 Zehntausende(pl.); ~을 추산하다 mit et.[3] rechnen
Bei der heutigen Demonstration rechnet die Polizei mit **Zehntausenden**.

① 세탁기의 수리비용이 수백 유로에 이른다.
☞ **세탁기** Waschmaschine f.; **수리** Reparatur f.-en; **비용** Kosten(pl.); **~이 수백(수천) 유로에 이르다** et. geht in die Hunderte(Tausende) od. mehrere hundert Euro

Die Kosten für die Reparatur der Waschmaschine gehen in **die Hunderte**.

① 알제리에서 일어난 지난해의 지진 때 (재난의) 사망자의 수가 수천 명에 이르렀다.
☞ (재난의) 사망자 Todesopfer n.-s

Die Zahl der Todesopfer ging bei dem Erdbeben des letzten Jahres in Algerien in **die Tausende**.

② 천은 네 자리 숫자이다.

Die Tausend ist eine vierstellige Zahl.

③ 나는 K 은행에 천만 원의 대부를 받았다. 이자율은 8 퍼센트에 달한다.
☞ **대부를 받다** einen Kredit aufnehmen (erhalten); **이자율** Zinssatz m.; **~에 달하다** et.[4] betragen

Ich habe einen Kredit (in Höhe) von zehn Millionen bei der K-Bank erhalten. Der Zinssatz beträgt 8 Prozent (**8 v. H. =8 von Hundert)**.

【역례】
Viele Hunderte der Bevölkerung flüchteten (sich) vor dem verheerenden Waldbrand.

[26-1-6]

서울시는 인구가 천만이 넘는다. 그래도 인구는 해마다 증가하고 있다.

☞ **서울시** die Stadt Seoul; **인구** Einwohner m.-s; **천만** zehn Millionen

(해설)
(1) 기수는 명사적 용법을 제외하면 항상 소문자를 쓰고 1, 2, 3의 숫자와 2에서 12까지의 관용적 용법을 제외하면 변화는 없고 항상 붙여 쓴다:
(999,999→neunhundertneunundneunzigtausendneunhundertneunundneunzig).
(2) 그러나 Million (백만), Milliarde (십억), Billion (일조)은 여성명사로 대문자를 쓰고 변화는 복수에서 여성 약변화의 어미 -en을 붙인다.

(예)
① 당신은 자동차 수리바로 834 유로를 지불하여야 합니다.
☞ **자동차 수리비로** für die Reparatur des Autos; **~에게~을 지불하다** jm. et.[4] schulden
Sie schulden mir **834(achthundertvierunddreißig)** Euro für die Reparatur des Autos.

② 그는 적어도 10 억 유로 가치의 재산의 소유자이다.
☞ **적어도** mindestens; **십억 유로 가치의** im Wert von einer Milliarde Euro; **재산** Vermögen n.-s; **소유자** Besitzer m.-s

Er ist Besitzer eines Vermögens im Wert von **einer Milliarde** Euro.

【역례】
Die Stadt Seoul hat mehr als **zehn Millionen** Einwohner. Aber sie nehmen jährlich zu.
(= Die Stadt Seoul hat über **zehn Millionen** Einwohner. Aber sie ...)

[26-1-7]

세계 제 일차 대전은 1914년에 발발하여 1918년까지 계속 되었다.

☞ **세계 제 일차 대전** der Erste Weltkrieg; **발발하다** ausbrechen; **계속하다** dauern

(해설)
(1) 연도를 읽을 때는 1099 까지는 다음과 같이 읽는다.
im Jahre 1099 (= tausendneunundneunzig)
im Jahre 850 (= achthundertfünfzig)
(2) 1100 년 이후는 다음과 같이 읽는다.
im Jahre 1100 (= elfhundert)
im Jahre 1101 (= elfhunderteins)
(3) 2000 연도부터는 다음과 같이 읽는다.
im Jahre 2001 (= zweitausendeins)
(4) <~년에>할 때는 im Jahre를 앞에 두고 그 해의 숫자를 나타내지만 im Jahre를 생략하고 숫자만을 나타낼 때가 있다.
(im Jahre) 1914

【역례】
Der Erste Weltkrieg brach **(im Jahre) 1914** aus und dauerte **bis 1948**.

[26-2] 서수

서수는 erst, dritt, sieb(en)t, acht를 제외하면 다음과 같이 만든다. 첫째로 2부터 19 까지는 <기수+-t>, 20 이상은 <기수+st >이다.
zweit, elft, achtzehnt, zwanzigst, hundertst, hunderterst, tausendst, tausenderst
1) 날짜
2) 순서 및 등급
3) 왕, 황제의 「~세」
4) zu zweit, zu dritt
5) der erstere~, der letztere

[26-2-1]

서울에서 1965년 9월 19일에 출생한 박복동씨는 1987년 1월 1일부터 1988년 3월 31일까지 우리들의 기업에서 근무했다.

☞ 출생하다 geboren sein; 박복동 Bak, Bokdong; 우리 기업에서 in unserem Unternehmen; 근무하다 tätig sein

(해설)
(1) 날짜를 말할 때는 서수를 쓰고 숫자를 표시할 때는 그 숫자에 피리어드를 찍고 월도 숫자로 표시하면 동일하게 피리어드를 찍는다. 날짜는 일반적으로 숫자를 쓰지만 월명은 관공서나 서신에서는 숫자로 표현한다.
(2) 날짜를 물을 때는 <Der wieviel(s)te ist heute?/Den wieviel(s)ten haben wir heute?>로 묻고 요일을 함께 말할 때는 요일이 날짜 앞에 위치한다.
(3) 편지 서두에는 날짜를 기입하는데 그때는 정관사의 4 격을 쓰고 다음에 날짜와 월을 서수로, 년은 기수로 쓴다.
(4) ~세기, ~번째의 기념일등은 서수로 표시한다.

(예)
① 9월 20일에 나의 아내와 나는 가족의 범위 내에서 은혼식의 축하연을 가집니다.
☞ 가족범위 Familienkreis m.; 축하연을 가지다 feiern; 은혼식 silberne Hochzeit

Am 20.9. (September) feiern meine Frau und ich im Familienkreis die silberne Hochzeit.

② 오늘은 며칠입니까? - 오늘은 2월 18일입니다.

Der wieviel(s)te ist heute? - Heute ist **der achtzehnte** Februar.
(= **Den wieviel(s)ten** haben wir heute? - Heute haben wir **den achtzehnten** Februar.)

② 너의 아버지는 며칠에 서울에 도착하시는가? - 그는 2월 20일 수요일에 도착하신다.
Am wieviel(s)ten kommt dein Vater in Seoul an? - Er kommt **am Mittwoch, dem 20. Februar an.**

③ 서울에서, 1999년 3월 3일 (편지의 서두)

Seoul, den 3. (dritten) 3. (März) 1999

④ 19세기의 언어학은 특히 언어사에 관심이 있었다. 사람들은 이 방법(론)을 역사 · 비교 언어학이라 일컫는다.
☞ 언어학 Sprachwissenschaft f.; 특히 vor allem; 언어사 Sprachgeschichte; 방법 Methode f.; 역사 비교언어학 historisch-vergleichend

Die Sprachwissenschaft **des 19. Jahrhunderts** war vor allem an der Sprachgeschichte interessiert. Man nennt die Methode historisch-vergleichend.

④ 에베레스트 산에서 헬리콥터의 추락은 카트만두의 첫 등정(登頂) 50번째 기념일의 축제를 그늘지게 한다.

☞ 에베레스트 산에서 am Mount Everest; 헬리콥터 Hubschrauber m.; 추락 Absturz m.; 카트만두의 첫 등정 die Erstbesteigung in Katmandu; 50번째의 기념일의 축제 die Feiern zum 50. Jahrestag; ~을 어둡게 하다 et.[4] überschatten

Der Absturz eines Hubschraubers am Mount Everest überschattet die Feiern zum **50. Jahrestag** der Erstbesteigung in Katmandu.

【역례】
Herr Bokdong Bak, geboren **am 19. September** 1965 in Seoul, war vom **01.01.1987 bis (zum) 31.03.1988** in unserem Unternehmen tätig.

[26-2-2]

회사의 사무실은 왼쪽에서 여섯 번째 집의 2층에 있다.

☞ 회사 Firma f.-en; 왼쪽에 auf der linken Seite; 2층 erster Stock (참고: 일층 Erdgeschoß n, 지하층 Keller m.-s)
(해설)
(1) 차례를 나타낼 때는 der (die, das) erste (zweite, dritte) 복수는 die ersten (zweiten, dritten)이라고 한다. 그리고 학교성적의 수석, 차석, 셋째 등은 der (die) beste, der(die) zweitbeste, der(die) drittbeste라고 쓰고 동 종류 중에서 제 일, 제 이 라고 표현할 때도 이와 유사하게 der höchste (Berg), der zweithöchste처럼 나타낸다.
(2) 제 일끝은 der (die, das) letzte이고 그 앞은 der (die, das) vorletzte, 끝의 앞의 앞은 der (die, das) vorvorletzte이다.

(예)
① 한스는 그의 반에서 수석이나 칼은 꼴찌 앞이다.

Hans ist **der beste** in seiner Klasse, Karl aber **der vorletzte**.

② 한라산은 남한에서 가장 높지만 전 한국에서 둘째로 높은 산이다.

Der Berg Hanra ist **der höchste** Berg in Südkorea, **der zweithöchste** aber in ganz Korea.

【역례】
Im **sechsten** Haus auf der linken Seite befindet sich das Büro der Firma im **ersten** Stock.

[26-2-3]

칼 I세는 800년에 황제 위에 오르게 되었다.

☞ 칼 I세 Karl I. (der Erste); 황제 위에 오르다 zum Kaiser gekrönt werden

(해설)
(1) 황제, 법왕들의 <~세> 등은 <정관사+서수>를 쓰며 서수는 대문자를 쓰고 형용사의 격변화를 한다.

Karl der Erste
Karls des Ersten
Karl dem Ersten
Karl den Ersten

(예)
① 칼 5세 하에서는 황궁(皇宮)과 다른 독일의 (영주들의) 궁전들 사이에 아주 자주 프랑스어로 서신 왕래를 하였다.
☞ 황궁과 다른 독일의 궁전들 der kaiserliche und andere deutsche Höfe; 아주 자주 vielfach; 프랑스어로 französisch; 서신 왕래를 하다 die Korrespondenz führen (여기서는 수동형으로 die Korrespondenz wurde ... geführt)

Unter Karl dem Fünften (1519-1556) wurde die Korrespondenz zwischen dem kaiserlichen und anderen deutschen Höfen vielfach französisch geführt.

① 칼 4세의 프라하 관청에서 상부독일어와 중부독일어의 요소를 가진 다듬어진 독일의 관청어가 생겨났다.
☞ 칼 4세의 Karls IV. (des Vierten); 관청 Kanzlei f.-en; 상부독일어의 oberdeutsch; 중부독일어의 mitteldeutsch; 요소 Element n.-s,-e; ~을 가지다 et.[4] aufweisen; 다듬어진 gepflegt; 관청용어 Kanzleisprache f.; ~이생겨나다 entstehen

In der Prager Kanzlei **Karls des Vierten** (1346-1378) entstand eine gepflegte, deutsche Kanzleisprache, die oberdeutsche und mitteldeutsche Elemente aufwies.

【역례】
Karl der Erste wurde im Jahre 800 zum Kaiser gekrönt.

[26-2-4]

그 군인들이 세 명씩 일렬로 행진하여 갔다.

☞ 군인 Soldat m.-en,-en; 세 명씩 zu dritt(od. zu dreien); 일렬로 in einer Reihe; 행진하다 marschieren

(해설)
<zu+서수>는 변화 없이 사용되고 뜻은 「셋이서」이며 zu dritt로 쓴다. 동일한 뜻으로 <zu+기수+en>으로 zu dreien을 쓴다. (참고 [26-1-2])

【역례】
Die Soldaten marschierten **zu dritt** (od. **zu dreien**) in einer Reihe.

[26-2-5]

후버씨와 파울씨는 동창생이다. 전자는 지금 교수이고 후자는 의사이다.

☞ 동창생 Kommilitone m.-n; 전자 der erstere; 후자 der letztere

(해설)

erst, letzt의 비교급 형태로서 전자 후자를 나타내기 위하여 der (die, das) erstere ~, der (die, das) letztere ~를 사용한다. 변화는 형용사 약변화를 한다. (참고 [13-5])

【역례】
Herr Huber und Herr Paul sind Kommilitonen. **Der erstere** ist jetzt Professor, **der andere** Arzt.

[26-3] 기타의 파생수사

기타의 수사는 기수와 서수에서 파생한 수이므로 기수와 서수에서 일정한 접미어를 붙여서 만들어진다.

1) 분류수: 서수 + -ens → erstens, zweitens
2) 분수: 서수 + -el → ein Drittel
3) 종수:기수 + -erlei → einerlei,dreierlei
4) 반복수: 기수 + -mal (부사), -malig (형용사) → einmal, zweimalig
5) 배수:기수 + -fach, -fältig → einfach, einfältig

[26-3-1]

나는 같이 가지 않겠다. 첫째로 나에게는 그 길이 너무 멀고 둘째로 나는 가고 싶지 않다 (~의 의욕이 없다).

☞ 같이 가다 mitkommen; ~에게는 그 길이 너무 멀다 jm. ist der Weg zu weit; ~을 하고 싶다 zu et. Lust haben

(해설)
(1) 분류수 (erstens, zweitens)는 부사이므로 문두에 오면 문장이 도치된다.

(예)
① 첫째는 돈이 없고 둘째는 시간이 없고 셋째는 나는 너무 피곤하다.

Erstens habe ich kein Geld, **zweitens** keine Zeit, und **drittens** bin ich zu müde.

① 첫째로 나는 갈증이 나고 둘째로 도보에 지쳤기 때문에 맥주 집을 찾도록 제안한다.
☞ 갈증이 나다 Durst haben; 도보에 지치다 vom Wandern müde sein; 맥주 점 Bierlokal n.; ~를 (어떤 일정한 목적으로) 찾아가다 jn.aufsuchen; ~에게~을 제안하다 jm. et.^{4} vorschlagen

Da ich **erstens** Durst habe und **zweitens** vom Wandern müde bin, schlage ich vor, daß wir ein Bierlokal aufsuchen.
【역례】
Ich komme nicht mit. **Erstens** ist mir der Weg zu weit und **zweitens** habe ich keine Lust dazu.

[26-3-2]

서울에서 부산 행 새마을 열차는 매 30 분마다 간다.

☞ 매 삼십 분마다 jede halbe Stunde

(해설)
(1) 1/1 ganz, 1/2은 halb 로 쓰고 부가어적으로는 형용사의 변화를 하지만 중성고유명사 앞에서는 변화하지 않는다. (ganz Korea, halb Berlin) 그리고 1 1/2, 2 1/2는 각각 ein und ein halb-, zwei und ein halb-로 나타내고 halb-는 형용사 변화를 한다. 그밖에 eineinhalb (= anderthalb, zweieinhalb)도 각각 ein und ein halb-, zwei und ein halb-의 뜻으로 나타내지만 부가어적으로 변화는 없고 뒤에 오는 명사는 복수이다.
(2) halb의 명사형은 Hälfte 이다.
(3) 1/3부터는 <서수+-el>이고 대명사적으로 대문자를 쓰고 중성이며 2격에서 -s를 붙이고 부가어적어로 사용할 때는 소문자를 쓰고 변화하지 않으며 숫자를 붙여서 쓴다. (3 1/4 = dreieinviertel)

(예)
① 나는 반 킬로의 버찌와 2리터 반의 포도주를 샀다.
☞ 버찌 Kirsche f.-n

Ich habe **ein halbes** Kilo Kirschen und **zwei und einen halben (zweieinhalb)** Liter Wein gekauft.

② 사과를 가운데 잘라서 절반을 나에게 주게!
☞ ~을 자르다 et.[4] durchschneiden; 가운데 in der Mitte

Schneide den Apfel in der Mitte durch und gib mir **die Hälfte**!

③ 참석자의 3분의 1은 의견이 달랐다.
☞ 의견이 다르다 anderer Meinung sein

Ein Drittel der Anwesenden war anderer Meinung.

③ 주민의 4분의 3이 농업에 종사하고 있다.
☞ 농업 Landwirtschaft

Drei Viertel der Bevölkerung beschäftigen sich mit der Landwirtschaft.

③ 나는 어제 4시간 45분 동안 잠을 잤다.

Ich habe gestern **vierdreiviertel Stunden** geschlafen.

【역례】
Der Saemaul-Zug von Seoul nach Pusan fährt **jede halbe Stunde**.

[26-3-3]

벼룩시장에서 우리들이 일상적으로 필요한 모든 종류의 상품들이 판매되었다.

☞ 벼룩시장에서 auf dem Flohmarkt; 상품 Ware f.-n; 일상으로 alltäglich

(해설)
(1) <기수+-erlei>는 종류를 나타내고 대명사적 및 부가어적으로 사용되나 어떤 경우에든지 변화는 없다.
(2) einerlei는 「한 가지 종류의」 뜻 외에 <상관없는>의 뜻이 있다.

(예)
① 분쟁의 평화적 해결을 찾을 세 가지 종류의 가능성이 있다.
☞ 평화적인 friedlich; 해결 Lösung f.-en; 가능성 Möglichkeit f.-en

Es gibt **dreierlei** Möglichkeiten, friedliche Lösung des Konflikts zu finden.

① 독일에서는 몇 번의 식사 때 (정해진 식사 때)가 있습니까? - 세 가지 종류의 식사 때가 있는데 아침, 점심, 저녁식사입니다.
☞ 식사 Mahlzeit f. -en

Wievielerlei Mahlzeiten gibt es in Deutschland? - Es gibt **dreierlei Mahlzeiten**: Frühstück, Mittagessen, Abendessen.

② 그 여자가 나에게 만족하고 있는지 아닌지는 나에게는 아무래도 좋아요 (상관이 없습니다).

Das ist mir **einerlei (egal)**, ob sie mit mir zufrieden ist oder nicht.

【역례】
Auf dem Flohmarkt wurden **allerlei Waren**, die wir alltäglich brauchen, verkauft.

[26-3-4]

너는 한 달에 몇 번이나 너의 아버지에게 편지를 쓰느냐? - 나는 한 달 에 두 번 그에게 편지를 쓴다.

☞ 한 달에 im Monat/monatlich; 몇 번이나 wievielmal/wie oft

(해설)
(1) <서수+-mal>은 반복, 회수를 나타내며 부사로 사용한다.
(2) <서수+-malig>은 부가어적으로만 사용한다.

(예)
① 나는 그녀에게 세 번이나 전화를 걸었다. 그러나 아무도 전화를 받지 않았다.
☞ ~댁에 전화를 걸다 bei jm. anrufen

Ich habe bei ihr **dreimal** angerufen. Aber niemand hat sich gemeldet.

② 데모를 해산하려는 경찰의 두 번째의 시도도 실패하였다.
☞ 데모를 해산하다 die Demonstration auflösen; ~이 실패하다 et.[1] scheitert

Der zweimalige Versuch der Polizei, die Demonstration aufzulösen, war auch gescheitert.

【역례】
Wie oft (Wievielmal) hast du im Monat deinem Vater geschrieben? - **Monatlich zweimal** (habe ich ihm geschrieben).

[26-3-5]

연금 인상 신청서를 세부 작성하여 정부에 제출하여야 한다.

☞ 신청서 Antragsformular n.-s; 연금 인상 Erhöhung der Rente; 세부 작성하여 in dreifacher Ausfertigung

(해설)
(1) <기수+-fach>는 배수를 나타내고 부사 및 형용사적으로 사용하며 부가어적일 때는 형용사 변화를 한다. 또 <기수+-fältig>도 동일한 의미로 사용되나 고상한 문어체에서 사용된다. 그리고 zweifach 대신에 doppelt를 사용할 때가 있다.

(예)
① 이 서식 용지를 몇 부 기재해야 합니까? - 세부를 기재하십시오.
☞ 서식용지 Formular n.-s,-e; 기재하다 ausfüllen

Wievielfach (Wie oft) muß man die Formulare ausfüllen? - Füllen Sie sie **dreifach** aus!

① 당신은 2부를 작성한 이력서와 두장의 신분증용 사진을 당신의 이력서에 첨부 하십시요.
☞ 지원서 Bewerbung f.-en; 두부를 작성하여 in doppelter Ausfertigung f.-en; 이력서 Lebenslauf m.; 신분증용사진 Paßfoto n.-s,-s; ~을 첨부하다 et.[4] beilegen

Legen Sie Ihrer Bewerbung bitte einen Lebenslauf **in doppelter(=zweifacher) Ausfertigung** und zwei Paßfotos bei!

① 그 비행기는 음속의 2배로 비행한다.
☞ 2배의 zweifach od. doppelt; 음속 Schallgeschwindigkeit f.

Die Maschine fliegt mit **zweifacher(=doppelter)** Schallgeschwindigkeit.

【역례】
Man muß bei der Regierung die Antragsformulare für die Erhöhung der Rente in **dreifacher Ausfertigung** abgeben.

◈ 연 습 문 제 26 ◈

1) 그 사이에 공화국 근위대 5000명 정도의 부대가 대략 천대의 차량과 함께 남쪽으로 가고 있다고 미국의 리포터가 보도했다.

☞ 그사이 unterdessen/inzwischen; 근위대 Garde f.-n; 공화국의 Republikanisch (형용사변화); 약 5000 명의 부대 eine rund 5000 Mann starke Einheit; 차량 Fahrzeug n.-es,-e; 가다 (여기서는 차량이 굴려가다 는 뜻에서) rollen

2) 나는 1998년 5월 10일자의 C-신문에서 당신들의 광고를 읽었으며 당신들에 의해 공모된 부서에 지원하고자 합니다.
☞ 1998년 5월 10일자의 C-신문 die C-Zeitung vom 10. Mai 1998; ~에 의해 공모된 von jm. ausgeschrieben; 부서 (Dienst-)Stelle f.-n; ~을 지원하다 sich um et.[4] bewerben

3) 현재 나는 1998년 6월 29일에 끝날 예정인 고등학교 졸업시험 중에 있습니다. 나는 연방군 (독일군대)에 소집되기 전에 시간을 뜻있게 이용하여 미리 약간의 직업의 세계와 특별히 금융업을 알아두고자 합니다.
☞ 현재 zur Zeit; 끝날 예정이다 abgeschlossen sein werden; 고등학교 졸업시험 중이다 in der Abiturprüfung stehen; 연방군대에 소집 Einberufung zur Bundeswehr; 시간을 뜻있게 이용하다 die Zeit sinnvoll nutzen; 미리 bereits; 직업의 세계 Berufswelt f.; 특별이 speziell; 금융업 das Geldgeschäft n.; ~을 알게되다 et.[4] kennenlernen

4) 1998년 3월 4일자의 송금으로 우리들은 2340,00 유로를 받았습니다. 이 금액은 287,37 유로의 부가가치세를 포함하고 있습니다.
☞ 송금 Überweisung f.-en; 2340,00 유로 zweitausenddreihundertvierzig Euro; 금액 Betrag m.-s, Beträge; 부가가치세 Mehrwertsteuer f.; ~을 포함하다 et.[4] enthalten

5) 1998년 5월 4일 토요일에 우리 딸이 결혼합니다. 당신은 틀림없이 이미 청첩장을 받았을 것입니다. 신부의 부모로서 우리들은 친히 당신을 축하연에 초대하고자 합니다.
☞ ~와 결혼하다 jn. heiraten/sich mit jm. verheiraten; 청첩장 Einladungskarte zur Vermählung; 틀림없이 이미 sicher bereits; 신부의 양친으로서 als Brauteltern; 친히 ganz persönlich; 축하연 Feier f.-n

6) 우리들의 재고품들이 바닥이 났으므로 우리들 역시 공급을 지연하기에 이르렀습니다. 1999년 10월 30일까지 우리들에게 상품을 보내주시기를 부탁드립니다.
☞ 재고품 Lagerbestand m.; 바닥이 나다 aufgebraucht sein; ~하므로 ~, so daß; 공급을 지연하게 되다 in Lieferverzug geraten; 상품 Ware f. -n; 까지 bis zum

7) 우리들은 한번 초인종을 울렸다. 다음 두 번째 울렸다. 그러나 세 번째 울렸을 때야 어떤 사람이 문을 열었다.
☞ 초인종을 울리다 klingeln; 다음 dann; 두 번째 (einmal 다음에는 zweimal 대신에 흔히) zum zweiten Mal od. zum zweitenmal; 세 번째 울렸을 때 beim dritten Mal od. beim drittenmal; 문을 열다 die Tür aufmachen/öffnen

8) 이 새로운 진공청소기는 첫째로 가격이 대단히 저렴하고 둘째로 (그것은) 사용이 간단하며

셋째로 (그것은) 전력을 거의 소모 하지 않는다.
☞ 진공청소기 Staubsauger m.; 첫째로 erstens; 가격이 저렴한 preisgünstig; 간단히 사용되어지다 einfach zu handhaben sein; ~은 전력을 거의 소모하지 않는다 et. ist sehr sparsam im Stromverbrauch (et. verbraucht wenig Strom)

9) 75년 전 4월 5일 베를린에서 Maria Heimsuchung 병원이 산과병원으로 설립되었다. 기념축제는 4월 4일부터 다양한 행사로 행해지고 5월 24일에 절정에 달한다.
☞ (전문)병원 Klinik f.-en; 산과병원 Entbindungsanstalt f.-en; ~을 설립하다 et.[4] gründen; 가지가지의 verschieden; 행사 Veranstaltung f.-en; (으로)부터 ab+3격; 축제를 행하다 feiern; 기념일 Jubiläum n.-s; 절정에 이르다 Höhepunkt haben (Höhepunkt 앞에 소유대명사를 쓸 것)

10) 5월 23일에 그 축제는 간단한 축하행사로 제 이 라운드에 접어든다. 절정은 5월 24일 토요일이다. 방문객 등은 10시부터 16시까지 병원의 역사를 통해 짧은 시간여행 (발전 과정을 더듬어보는 것)을 할 수 있다.
☞ 축제 Fest n./Feier f./Feierlichkeiten (pl.); 축하행사 Festakt m.; 제 이 라운드에 접어들다 in die zweite Runde gehen; 짧은 시간 여행하다 eine kleine Zeitreise machen; 통하여 durch

27. 동사의 격 지배
(Rektion der Verben)

동사가 동사에 종속하고 있는 명사에 일정한 격을 요구하는 것을 동사의 격 지배라고 한다. 동사의 격 지배는 다음과 같이 나누어서 생각할 수 있다.

[1] 1격 (술어로서) 지배동사
[2] 4격 지배동사
[3] 4·2격 지배동사
[4] 3격 지배동사
[5] 3·4격 지배동사
[6] 두개의 4격 지배동사
[7] 2격 지배동사
[8] 전치사 목적격 지배동사

[27-1] 1격 지배동사 (두개의 1격)

1) 1격의 술어명사를 취하는 동사
2) 수동태의 형태로서 1격을 취하는 동사

[27-1-1]

그의 성은 뭐라고 합니까? - 그의 성은 브라운이라 합니다.

☞ 이름 Name m.-n (성과 이름을 구별할 때 이름 Vorname, 성 Nachname); 그의 성은 뭐라고 합니까? Wie heißt er mit Nachnamen?

(해설)
(1) sein, werden, bleiben, heißen, scheinen의 다음에는 1격의 술어명사를 취한다. ([2-1] 참고)
(2) <werden+1격>은 Lehrer, Arzt, Soldat처럼 어떤 직업을 습득하거나 혹은 혈족관계를 이루게 되는 사람 Mann, Frau, Mutter을 뜻한다. 그러나 < zu etwas werden>이면 일정한 신분 또는 직위에 도달하거나 어떠한 습관이나 습성을 가지게 된 사람 (Trinker)을 뜻한다.
(3) scheinen은 zu Inf.부정형을 자주 취한다.

(예)
① 그는 이혼한 이래 아주 다른 사람이다.
☞ 그가 이혼한 이래 seit er geschieden ist

Er **ist ein ganz anderer Mensch**, seit er geschieden ist.

① 그는 행복하건 불행하건 언제나 나의 친구로 있다.
☞ 행복하거나 불행하거나 마찬가지로 sowohl im Glück als auch im Unglück

Er **bleibt** sowohl im Glück als auch im Unglück immer **mein Freund**.

② 양친은 그들의 아들이 의사가 되기를 바라지만 그는 수학자가 되려고 한다.
☞ 수학자 Mathematiker m.

Die Eltern hoffen darauf, daß ihr Sohn **Arzt wird**, er aber will **Mathematiker werden**.

② 사람이 규칙적으로 그리고 습관에서 많은 술을 마시면 그는 알코올 중독자가 된다.
☞규칙적으로 regelmäßig; 습관에서 aus Gewohnheit; 알코올 중독자 Alkoholiker m.

Wenn einer regelmäßig und aus Gewohnheit viel Alkohol trinkt, **wird** er zu **einem Alkoholiker**.

② 그는 사후에 세계에서 가장 유명한 시인 중의 한사람이 되었다.

Nach seinem Tod ist er zu einem der berühmtesten Dichtern der Welt **geworden**.

③ 그는 난방시설 전문기술자인 것처럼 보인다. 왜냐하면 그는 난방에 관해 잘 알고 있기 때문이다.
☞ 난방시설 전문기술자 Fachmann für Heizungstechnik; ~을 잘 알다 viel von et. verstehen

Er **scheint** ein Fachmann für Heizungstechnik **zu sein**, denn er versteht viel davon.

【역례】
Wie heißt er mit Nachnamen? - Mit seinem Nachnamen **heißt** er **Braun**.

[27-1-2]

그녀는 세례명이 마틸데 (마틸데라고 세례 받다)지만 힐데라고 불린다.

☞ 마틸데 Mathilde; 힐데 Hilde; 세례 받다 getauft werden; 불리다 gerufen werden

(해설)
1) 두개의 4격의 동사가 수동태로 변형이 될 때는 목적어서술어(Objektsprädikativ)는 1격이 된다. ([9-1-1] 의 3) 참고)

① 그 여자의 이름은 게르트루데이지만 트루데라 불린다.

Sie heißt Gertrude, aber sie **wird Trude genannt**.

① 그는 그의 할아버지의 이름을 따라서 요한이라 불린다.
☞ 그의 할아버지의 이름을 따라 nach seinem Großvater

Er **wird Johann** nach seinem Großvater **genannt**.

【역례】
Sie ist Mathilde **getauft worden**, **wird** aber **Hilde gerufen**.

[27-2] 4격 지배동사

1) 모든 타동사는 4격 지배동사이다.
2) 비분리동사가 타동사가 많지만 특히 be-, ver-, zer-전철의 동사는 거의 타동사이다.
3) 사람의 감정 느낌을 나타내는 타동사가 es를 주어로 비인칭적으로 사용되는 것이 있다.
4) es gibt et.⁴

[27-2-1]

사람들은 그의 외모에 의해 평가되어서는 안 된다.

☞ 그의 외모에 의해서 nach seienm Äußeren; ～를 평가하다 jn. beurteilen

(1) 독일어의 동사 중에서 타동사가 가장 많으며 목적격으로 사람, 사물, 추상명사 및 인칭대명사가 사용된다.

bauen	짓다	bitten	간청하다	hassen	미워하다
lieben	사랑하다	loben	칭찬하다	pflanzen	심다
hängen	걸다	säugen	젖먹이다	sprengen	폭파하다
pflügen	밭갈다	kennen	알고있다	tränken	물먹이다

(2) 타동사는 목적어로 명사, zu + Inf.와 ～daß…절 또는 ～, daß…의 내용 또는 zu + Inf.를 받는 es를 목적어로 취한다.

(예)
① 독자가 일간신문을 펴면 그에게 특별히 관심을 끌게 하는 것은 뭣인가?
☞ ～에게 관심을 끌게 하다 jn. interessieren; 독자 Leser m.; 특히 besonders; 일간신문 Tageszeitung

Was **interessiert den Leser** ganz besonders, wenn er **eine Tageszeitung aufschlägt**?

② 한 도시가 새로운 박물관을 설립한다면 그 도시는 그것을 매력적으로 꾸미도록 노력해야한다.
☞ 새로운 박물관을 설립하다 ein neues Museum einrichten; 매력적으로 꾸미다 attraktiv gestalten; ～을 노력하다 et.⁴ versuchen

Wenn eine Stadt **ein neues Museum einrichtet**, sollte sie **versuchen**, **es attraktiv zu gestalten**.

② 나는 이 대책들이 바로 지금 도입 된다는 것은 불리하다고 간주한다.
☞ 이 대책들 diese Maßnahmen; 바로 지금 gerade jetzt; 도입되다 eingeleitet werden; 불리한 ungünstig; ～을～으로 간주하다 et.⁴ für et.⁴ halten

Ich halte **es** für ungünstig, **daß diese Maßnahmen gerade jetzt eingeleitet werden**.

② 관리로서 나는 그 일에 대해 감히 입장을 밝힐 수 없습니다.
☞ 관리 Beamter(형용사 변화); 그 일에 대해 입장을 밝히다 dazu Stellung nehmen; 감히 ~을 하다 es sich erlauben

Als Beamter kann ich **es** mir nicht erlauben, **dazu Stellung zu nehmen**.

【역례】
Man darf einen Menschen nicht nach **seinen Äußeren beurteilen**.

[**27-2-2**]

나는 영어를 약간 이해는 하지만 말을 할 수는 없다.

☞ 영어를 이해하다 Englisch verstehen

(해설)
(1) 타동사로 가장 많이 사용되는 비분리 전철은 be-, ver-, zer-이다.

bekommen	받다	verstehen	이해하다	besuchen	방문하다
benützen	이용하다	zerreißen	찢다	zerstören	파괴하다
verlassen	떠나다	zerbrechen	깨다		

(예)
① 그는 자기에 관한 이 소문을 알았을 때 그는 정말 소리 크게 웃지 않으면 안 되었다.
☞ 자기에 관한 이 소문을 알다 von diesem Gerücht über sich erfahren; 정말 schier; 소리 크게 웃다 es zerreißt jn. (vor Lachen)/jd. muß laut lachen

Als er von diesem Gerücht über sich erfuhr, hat es **ihn** schier **zerrissen**.

① 내가 너를 올바로 이해하였다면 내가 또 큰 실수를 했다고 말하는 거니?
☞ 올바르게 이해하다 richtig verstehen; 큰 실수를 하다 einen großen Fehler begehen; 말하는 거니 meinst du, daß ...

Meinst du, daß ich wieder einen großen Fehler begangen habe, wenn ich **dich** richtig **verstanden habe**?

① 그 대학생은 자료를 강의노트에 깨끗하게 기입하기 위하여 강의(시간) 사이에 시간을 이용한다.
☞ 강의노트 Kollegheft n.; 자료 Stoff m.; 깨끗하게 기입하다 sauber eintragen; 강의 사이에 zwischen den Vorlesungen; 시간을 이용하다 die Zeit benützen
Der Student **benützt (= benutzt) die Zeit** zwischen den Vorlesungen, um den Stoff sauber ins Kollegheft einzutragen.

【역례】
Ich **verstehe** etwas **Englisch**, kann es aber nicht sprechen.

[27-2-3]

그가 어려운 가정사정 때문에 공부를 중단한 것을 벌써 오래 전부터 후회하고 있다.

☞ 어려운 가정사정 때문에 wegen seiner schwierigen Familienverhältnisse; 벌써 오래 전부터 schon längst; 공부를 중단하다 das Studium abbrechen; 후회하다 es reut jn. (besser: er bereut)

(해설)
(1) 타동사가 비인칭주어 es로서 4격 목적격을 가질 때가 있다. 이때 대부분의 목적격은 인칭대명사이고 주어 es는 뒤따르는 zu + Inf.와 daß 의 종속절의 내용을 받을 수 있다. ([10-2-2] 참고)

• es ärgert mich, daß...	나를 화나게 하다
• es beleidigt uns, daß ...	우리를 모욕하다
• es beunruhigt ihn, daß ...	그를 불안하게하다
• es erschreckt ihn, daß ...	그를 놀라게 하다
• es freut den Kunden, daß ...	고객을 기쁘게 하다
• es langweilt die Schüler, daß ...	학생을 지루하게하다
• es macht mich froh (traurig), daß ...	나를 기쁘게 (슬프게)하다
• es stößt mich ab, daß ...	나 에게 반발심을 일으키다
• es wundert mich, daß ...	나를 의아스럽게 하다
• es reut euch (besser: ihr bereut), daß ...	너희들은 후회하다
• es befremdet ihn, daß ...	그를 의아하게하다

(예)
① 그가 그렇게 오랫 동안 그녀로부터 소식을 받지 못한 것을 나는 이상스럽게 생각한다.
☞ ~로부터 소식을 받다 Nachricht von jm. erhalten

Es wundert mich, daß er so lange keine Nachricht von ihr erhielt.

① 당신이 약속된 기간들을 지키지 않은 것이 내게는 이상스럽게 여겨집니다.
☞ 약속된 기간 der vereinbarte Termin; ~을 지키다 et.⁴ einhalten; ~를 이상스럽게 하다 jn. befremden

Es befremdet mich, daß Sie die vereinbarten Termine nicht einhalten.

① 학생들이 수 시간 동안 문법연습만을 해야만 하는 것은 학생들을 지루하게 한다.
☞ 문법연습을 하다 Grammatikübungen machen
Es langweilt die Schüler, daß sie stundenlang nur Grammatikübungen machen müssen.

① 학생들이 무례하게 행동 한것에 대해 선생은 극도로 화를 내었다.
☞ 극도로 maßlos

Es ärgerte den Lehrer maßlos (darüber), daß sich seine Schüler frech benommen haben. (= Der Lehrer ärgerte sich darüber, daß ...)

【역례】
Es reut ihn (besser: Er bereut) schon längst, **daß** er wegen seiner schwierigen Familienverhältnisse sein Studium abgebrochen hat.

[**27-2-4**]

너의 고향에는 많은 높은 산들이 있니?

☞ 있다 es gibt et.[4] ; 고향 Heimat f.

(해설)
1) 「있다」의 뜻으로 es gibt +4격을 사용한다. es는 언제나 생략할 수 없다.

(예)
① 그들은 서로 만나면 언제나 다툰다.

Wenn sie aufeinander treffen, **gibt es** immer **Streit.**

① 인생에 있어서 사람들은(사람들이) 생각하는 것 보다는 달리 행동해야할 경우들이 있다.
☞ 경우 Fall m. -s, Fälle

In dem Menschenleben **gibt es Fälle**, in denen man anders handeln muß, als man denkt,.

① 사람들은 페터를 언제나 신뢰 할 수 있어. 못 믿을 이유는 전혀 없어.
☞ ~를 신뢰하다 sich auf jn. verlassen; 반대할 이유는 전혀 없다 의 강조의 뜻으로 da gibt es gar nichts.

Auf Peter kann man sich immer verlassen, da **gibt es** gar nichts.

【역례】
Gibt es in deiner Heimat viele hohe Berge?

[27-3] 4·2격 지배동사
1) 4격+2격+동사
2) sich (4)+2격+동사

[**27-3-1**]

경찰은 자동차운전자의 취중운전을 확인하였다.

☞ 자동차운전수 Autofahrer m.; 취중운전 Trunkenheit am Steuer

(해설)
(1) 4·2격 지배동사는 현대독어에서는 많이 사용되지 않으며 jn. eines Dinges entbinden → jn. von einem Ding entbinden으로 전치사로 바꾸어 쓴 것처럼 2격은 전치사로 바꾸어 쓴다. 법정에서는 아직도 이용법들이 사용된다.

(예)

• jn. des Hochverrates anklagen	반역죄로 고소하다
• jn. des Diebstahls bezichtigen	절도를 책망하다(죄를 씌우다)
• jn. des Geldes berauben	돈을 탈취하다
• jn. des Mordes beschuldigen	살인죄를 씌우다
• jn. des Amtes entkleiden(entheben)	면직하다
• jn. des Verbrechens überführen	범죄를 확인(인정)하다
• jn. des Diebstahls verdächtigen	절도의 혐의를 두다
• jn. des Landes verweisen	국외로 추방하다
• jn. keines Blickes würdigen	시선을 주지 않다

(예)
① 그 선수는 골키퍼에 대한 반칙으로 경기장에서 퇴장 당했다.
☞ 선수 Spieler m; 골키퍼 Torwart m.; 반칙 Foul n.-s,-s; ~를 경기장에서 퇴장 시키다 jn. des Feldes verweisen

Nach einem Foul am Torwart wurde der Spieler **des Feldes verwiesen**.

① 그는 의장직에서 면직 되었다.

Er wurde **seines Amtes** als Vorsitzender **enthoben**.

① 사람들은 그에게 시선도 주지 않고 인사도 하지 않고 대답도 하지 않았다.
☞ 시선 Blick m.; 인사 Gruß m. -es, Grüße

Man **würdigte** ihn **keines Blickes, keines Grußes und keiner Antwort**.

① 사람들은 그 어머니를 자식학대로 기소하였다.
☞ 자식 학대 Kindesmißhandlung f.
Man hat die Mutter **der Kindesmißhandlung angeklagt**.

【역례】
Die Polizei **überführte** den Autorfahrer der **Trunkenheit** am Steuer.

[**27-3-2**]

이것은 이 표현을 위해 적절한 말이 아닙니다. 다른 낱말을 사용 하십시오.

☞ 적절한 낱말 ein passendes Wort; 이 표현 Ausdruck m.-s, Ausdrücke; ~을 사용하다 sich bedienen et. [2]

(해설)

(1) 일반적으로 타동사는 의미가 허락하는 한 재귀적으로 사용하지만 4·2격에서는 거의 관용적으로 재귀동사로 사용되는 것이 있다.

• sich eines Kindes annehmen	아이를 돌보다
• sich des Armen erbarmen	가난한 사람을 불쌍히 여기다
• sich einer deutlichen Aussprache befleißigen	분명한 발음을 하려 애를 쓰다
• sich der Kleider entledigen	옷을 벗다
• sich der Staatsgewalt bemächtigen	국가권력을 장악하다
• sich des Eindrucks erwehren	그 인상을 억제하다 (없애다)
• sich des Rauchens entwöhnen	금연하다(흡연의 습관을 버리다)
• sich der Freundschaft versichern	우정을 시험하다 (확인하다)
• sich des Alkohols enthalten	술을 끊다 (억제하다)

(예)

① 그는 그의 임무를 능숙하게 처리하였다.

☞ 임무 Auftrag m.; 능숙하게 mit viel Geschick; ~을 해치우다 sich et.[2] entledigen

Er hat **sich seines Auftrages** mit viel Geschick **entledigt**.

① 유괴범들은 그들의 아버지를 협박하여 아버지로부터 돈을 뺏기 위하여 두 아이를 인질로 잡고 있었다.

☞ 유괴범 Entführer m.; 인질 Geisel m.; ~을 잡고(점유하고) 있다 sich et.[2] bemächtigen; ~를 협박하여 ~로부터 돈을 뺐다 von jm. Geld erpressen

Die Entführer **bemächtigten sich zweier Kinder als Geiseln,** um von ihrem Vater Geld zu erpressen.

① 나는 그녀가 약간은 뻔뻔스럽게 행동한 그 인상을 지울 수가 없었다.

☞ 뻔뻔스럽게 행동하다 sich frech benehmen; 인상을 지우다 sich des Eindrucks erwehren

Ich konnte **mich des Eindrucks** nicht **erwehren**, daß sie sich etwas frech benommen hatte.

① 너는 우리들이 처음으로 만났던 작은 카페를 기억 할 수 있겠니?

Kannst du **dich des kleinen Cafés (od. sich an das kleine Café)** erinnern, wo wir uns zum ersten Mal getroffen haben?

【역례】

Das ist kein passendes Wort für diesen Ausdruck. Bitte, bedienen Sie **sich eines anderen Wortes!**

[27-4] 3격 지배

1) 전철이 없는 3격 지배동사
2) 분리전철을 가진 3격 지배동사
3) 사람의 느낌, 감정을 나타내는 3격 비인칭동사

[**27-4-1**]

그 쌍둥이는 계란이 다른 계란과 닮은 것 같이 서로 닮아 있다.

☞ **쌍둥이** Zwilling m.-s,e; **계란** Ei n.-s,-er; **닮다** jm. gleichen

(해설)

(1) 3격 지배동사에서 3격은 주로 인물을 뜻하며 사물의 의미는 드물다. 그리고 3격 지배는 숫자가 한정이 되어있다. 여기서는 비분리전철 er-, miß-, ge-의 복합동사와 전철 없는 동사만을 다룬다.

ähneln	닮다	antworten	대답하다	begegnen	만나다
danken	감사하다	erwidern	대답하다	fehlen	부족하다
folgen	따르다	gefallen	마음에들다	gehören	속하다
gehorchen	순종하다	gelingen	성공하다	genügen	만족하다
glauben	믿다	gratulieren	축하하다	helfen	돕다
mißfallen	불만스럽다	mißlingen	실패하다	nützen	유익하다
raten	충고하다	schaden	해롭다	schmecken	맛나다
gleichen	유사하다	drohen	위협하다		

(예)

① 우리들의 첫사랑의 체험들은 이상하게도 유사하다.
☞ 우리들의 첫사랑의 체험들 unsere Erlebnisse der ersten Liebe; 이상하게도 komischerweise

Unsere Erlebnisse der ersten Liebe **ähneln sich** komischerweise.

① 우리들은 위급한 상황에 신중하고 단호하게 대처했다.
☞ 위급한 상황 eine kritische Situation (Lage); 신중하게 mit Umsicht; 단호하게 mit Entschlossenheit; ~에 대처하다 et.[3] begegnen
Wir sind **einer kritischen Situation** mit Umsicht und Entschlossenheit **begegnet**.

① 그는 그의 아버지의 예를 따라서 역시 의사가 되었다.
☞ 아버지의 예를 따르다 dem Beispiel seines Vaters folgen; 역시 ebenfalls

Er ist **dem Beispiel seines Vaters gefolgt** und ebenfalls Arzt geworden.

① 그는 그의 아버지의 소원에 순종하여 고등학교로 진학하였다.
☞ 그의 아버지의 소원에 순종하다 dem Wunsch seines Vaters gehorchen; 고등학교에

진학하다 auf die höhere Schule gehen

Er gehorchte **dem Wunsch seines Vaters** und ging auf die höhere Schule.

① 석유수출금지를 고집하는 경우에는 몇 개의 국가들은 산유국들에게 정치적, 경제적 제재를 가하겠다고 위협 하였다.
☞ 석유수출금지 Ölboykott m./Ölembargo n.; 고집하는 경우에는 im Falle der Aufrechterhaltung f.; 산유국들 erdölfördernde Länder (pl.); 국가 Staat m.; 정치적, 경제적 제재 politische und wirtschaftliche Sanktionen; ~에게~으로 위협하다 jm. mit et. drohen

Im Falle der Aufrechterhaltung des Ölboykotts **drohen** einige Staaten **den erdölfördernden Ländern** mit politischen und wirtschaftlichen Sanktionen.

【역례】
Die Zwillinge **gleichen sich (einander)**, wie ein Ei dem anderen.

[27-4-2]

내가 어려우면 그는 언제나 나를 도와주었다.

☞ ~를 돕다 jm. beistehen/helfen; 어려운 자운데 있다 in Not sein

(해설)
(1) an-, ab-, auf-, bei-, ein-, nach-, vor-, bevor-, zu-와의 복합동사는 3격 지배동사로 사용된다. 그 외에 wider- 와 복합어가 된 비분리 동사도 3격 지배이다.

abraten	않도록 충고하다	beistimmen	동의하다	anstehen	차례를 기다리다
beiwohnen	참석하다	auffallen	눈에 띄다	einfallen	생각이 떠오르다
aufwarten	시중들다	einleuchten	분명해지다	ausweichen	피하다
beistehen	돕다	entgegengehen	향해가다	nachgeben	양보하다
zuhören	경청하다	nachstellen	모방하다	zukommen	접근하다
vorbeugen	예방하다	zureden	설복하려하다	zuvorkommen	선수 치다
zusagen	약속하다	zustimmen	동의하다	zusehen	바라보다

(예)
① 그는 그녀의 호기심어린 질문에 농담을 하여 피했다.
☞ 호기심어린 질문 neugierige Fragen; 농담으로 mit einem Scherz; ~을 피하다 et.[3] ausweichen

Er **wich ihren neugierigen Fragen** mit einem Scherz **aus**.

① 마지막 순간에 그는 치과의사에게 진료시간을 배정받았다는 생각이 떠올랐다.
☞ 마지막 순간에 in letzter Minute; 의사에게 진료시간 배정 받다 einen Termin beim Arzt haben

In letzter Minute **fiel ihm ein**, daß er einen Termin beim Zahnarzt hatte.

① 이 약물의 남용을 강력히 저지하여야 한다.
☞ 약물의 남용 Mißbrauch von Medikamenten; 강력히 energisch; ~을 저지하다 et.[3] entgegentreten

Diesem Mißbrauch von Medikamenten muß man energisch **entgegentreten**.

① 내가 파티에 초대한 거의 모두가 오기를 나에게 약속하였다.
☞ 파티에 초대하다 zur Party einladen; ~에게~을 약속하다 jm. et.[4] zusagen

Fast alle, die ich zu meiner Party eingeladen habe, haben **mir zugesagt** zu kommen.

① 우리들은 빨리 결정하지 않으면 안 되었다. 그렇지 않았다면 관심을 가지고 있는 다른 사람들이 우리들을 앞질렀을 것이다.
☞ 빨리 결정하다 sich rasch entscheiden; 관심을 가진 사람 Interessent m. -en,-en; ~를 앞지르다 jm. zuvorkommen

Wir mußten uns rasch entscheiden, sonst wären andere Interessenten **uns zuvorgekommen.**

【역례】
Er hat **mir** immer **beigestanden**, wenn ich in Not war.

[**27-4-3**]

나에게는 사실을 밝히는 것이 중요하다.

☞ 사실을 밝히다 die Wahrheit herausfinden; ~에게는 ~이 중요하다 jm. geht es um et.[4]

(해설)
(1) 3격 지배동사가 비인칭적으로 사용할 수 있다. 비인칭 주어 es는 뒤따르는 daß절의 내용을 받을 때가 많다. ([10-2-2] 참고)
* es ahnt mir. (나는 예감하다.) * es träumt mir. (나는 꿈꾸다.)
es behagt mir. (나는 유쾌하다.) **es geht mir gut. (나는 잘 지낸다.)
**es gefällt mir. (나의 마음에 든다.) **es fehlt mir. (내게는 없다.)
es kommt mir vor. (나에게는 생각이 든다.)
*es ahnt mir, es träumt mir.는 오늘날에는 각각 ich ahne; ich träume로 표현한다. 그리고 3격지배동사가 비인칭적으로 사용될 때 문장이 도치되면 es가 생략이 된다.
** 문장이 도치되어도 es는 생략되지 않는것도 있다.

(예)
① 지진의 희생자에게 양식과 숙소들이 부족하다.

☞ 지진의 희생자 die Opfer des Erdbebens; 양식과 숙소 Nahrung und Unterkünfte; ～에게～이 부족하다 jm. an et. fehlen/ et. fehlt jm.

Den Opfern des Erdbebens fehlt es an Nahrung und Unterkünften.

① 모터가 한결 같이 작동하지 않는다는 것이 눈에 띄었다.

Es fiel mir auf, daß der Motor nicht gleichmäßig lief.

① 이것이 그의 마음을 상하게 할 수 있으리라고는 나는 알지 못했다.
☞ ～의 마음을 상하게 하다 jn. kränken

Es ahnte mir nicht (besser: **Ich ahnte**), **daß** ihn das kränken würde.

① 나는 그가 그의 이름을 말하려 하지 않는 것이 의아스럽게 생각되었다.
☞ 그의 이름을 말하다 seinen Namen nennen; 의아스런 verdächtig

Es kam mir verdächtig **vor, daß** er seinen Namen nicht nennen wollte.

【역례】
Mir geht es darum, die Wahrheit herauszufinden.

[27-5] 3·4격 지배동사
1) 전철이 없는 3·4격 지배동사
2) 비분리·분리전철이 있는 3·4격 지배동사

[**27-5-1**]

베토벤은 나포레온에게 그의 제 3 교향곡을 헌정하였다.

☞ 베토벤 Beethoven; 나폴레옹 Napoleon; 제 3 교향곡 die 3. Symphonie; ～에게～을 헌정하다 jm. et.⁴ widmen

(해설)
(1) 3·4격 지배동사는 수가 많다. 이들 동사 중에서 3격은 대부분 사람을 나타낸다.

bieten	제공하다	geben	주다	liefern	공급하다
stehlen	훔치다	schenken	선사하다	borgen	빌리다, 빌려주다
melden	보고하다	rauben	탈취하다	schicken	보내다
bringen	가지고가다	leihen	빌려주다	nehmen	취하다
reichen	주다	widmen	헌납하다	sagen	말하다
senden	보내다	zeigen	보여주다		

(예)
① 네가 추우면 기꺼이 네게 외투를 빌려 주지.

Ich **borge dir** gern **meinen Mantel**, wenn du frierst.

① 그 딸은 아버지에게 입 맞추도록 뺨을 내 밀었다.
☞ 입 맞추도록 zum Kuß; ~에게 뺨을 내밀다 jm. die Wange reichen

Die Tochter **reichte dem Vater die Wange** zum Kuß.

① 그는 그들에게 그가 돈을 묻어서 감추었던 곳을 가리켰다.
☞ 돈을 묻어서 감추다 das Geld vergraben; 곳 die Stelle; 가리키다 zeigen

Er **zeigte ihnen die Stelle**, wo er das Geld vergraben hatte.

① 모든 주거지이동은 일주일 이내에 관할 관청에 신고 되어야 한다.
☞ 모든 주거지 이동 jeder Wohnungswechsel; 일주일 이내에 innerhalb von acht Tagen; 관할 관청 die zuständigen Behörden (pl.); 신고 되어지다 zu melden sein

Jeder Wohnungswechsel ist innerhalb von acht Tagen **den zuständigen Behörden zu melden**.

① 이 스캔들은 신문에 많은 화제거리를 제공하였다.

Der Skandal **lieferte der Presse viel Gesprächsstoff**.

【역례】
Beethoven **widmete Napoleon seine 5. Symphonie**.

[**27-5-2**]

정부는 관리들에게 봉급인상을 승인했다.

☞ 승낙하다 bewilligen; 공무원 Beamter m.(형용사변화); 봉급인상 Gehaltserhöhung f.

(해설)
(1) 3·4격 지배동사 중에서 be-, ent-, er-, ge-, ver-등의 비 분리전철이 많고 4격 목적격은 부정법이나 daß절이 올 때가 있다.

befehlen	명령하다	entwenden	가로채다	bestimmen	결정하다
entziehen	빼앗다	gewähren	승낙하다	verbieten	금지하다
geloben	약속하다	vergeben	용서하다	erzählen	이야기하다
erweisen	증명하다				

(2) 분리전철 ab-, an-, auf-, bei-, ein-, entgegen-, nach-, über-, unter-, vor-, zu-등을 가진 동사는 3·4격 지배로 사용되는 것이 많다.

abschlagen 거절하다	beifügen 동봉하다	nachweisen 입증하다
vorlegen 제시하다	antragen 신청하다	aufbürden 짊어지게 하다
unterwerfen 굴복시키다	zumuten 요구하다	zuwenden 향하게 하다

(예)
① 장군은 군인들에게 그들이 철수하기 전에 교량을 폭파하도록 명령하였다.
☞ **장군** General m.; **철수하다** sich zurückziehen; **전에** bevor; **교량을 폭파하다** die Brücke sprengen

Der General **befahl den Soldaten, die Brücke zu sprengen**, bevor sie sich zurückzogen.

① 당신은 당신의 발언 시간을 넘겼기 때문에 유감스러우나 나는 지금 당신의 발언을 중지시켜야겠습니다.
☞ **발언 시간을 넘기다** die Redezeit überschreiten; **발언을 중단시키다** jm das Wort entziehen

Da Sie Ihre Redezeit überschritten haben, muß ich **Ihnen** jetzt leider **das Wort entziehen.**

① 교황은 순례자들에게 알현을 승낙하다.
☞ **교황** Papst m.; **~에게 알현을 승낙하다** jm. eine Audienz gewähren

Der Papst **gewährte den Pilgern eine Audienz**.

① 나의 아버지는 내가 소형 오토바이로 이태리로 가는 것을 금할 것이다.
☞ **소형 오토바이** Moped n.-s,-e; **~에게 ~을 금하다** jm. et. verbieten

Mein Vater wird **mir** verbieten, **mit dem Moped nach Italien zu fahren**.

② 그 의원은 다수의 의견에 굴복하였다.
☞ **다수의 의견** die Meinung der Mehrheit; **굴복하다** sich jm. unterwerfen

Der Abgeordnete hat **sich der Meinung der Mehrheit unterworfen**.

② 사람들은 나에게 내가 이 주장을 말없이 감과하도록 요구할 수는 없다.
☞ **말없이** stillschweigend; **~을 감과하다** et.[4] übergehen; **~에게 ~을 요구하다** jm. et.[4] zumuten

Man kann **mir** nicht **zumuten, daß** ich diese Behauptung stillschweigend übergehe.

② 여비서가 편지를 타자친 후에 그 편지를 사장에게 서명하도록 앞에 내놓는다.
☞ **여비서** Sekretärin f.; **타자 치다** tippen; **사장** Chef m.; **서명하도록** zur Unterschrift; **~에게~을 내놓다** jm. et.[4] vorlegen

Nachdem die Sekretärin einen Brief getippt hat, **legt** sie **ihn dem Chef** zur Unterschrift **vor**.

② 사람들은 그가 문제의 시간에 거기에 있었다는 것을 그에게 입증 할 수 있었다.
☞ 문제의 시간에 zur fraglichen Zeit; 있다 sich aufhalten; ～을 입증하다 et.[4] nachweisen

Man konnte **ihm nachweisen, daß** er sich zur fraglichen Zeit dort aufhielt.

【역례】
Die Regierung **bewilligte den Beamten eine Gehaltserhöhung**.

[27-6] 두 개의 4격 지배동사

1) nennen형의 두개의 4격
2) kosten, lehren, bitten, fragen의 동사

[**27-6-1**]

그가 이 나쁜 짓을 한 다음 무뢰한이라 불리는 것은 당연하다.

☞ 이번 나쁜 짓을 한 다음 nach diesen Spitzbübereien; 무뢰한 Schurke m. -n; ～를 ～이라 부르는 것은 당연하다 jn. mit Recht et.[4] nennen

(해설)
(1) nennen형의 두개의 4격 ([2-4-2], [9-1-1] 참고)

(예)
① 국민은 그 장군을 그의 이해할 수 없는 실수들 때문에 배신자라 욕하였다.
☞ 국민 Volk n.; 이래할 수 없는 실수들 unbegreifliche Fehler; 배신자 Verräter m.; ～를 욕하다 jn. schimpfen

Wegen seiner unbegreiflichen Fehler **schimpfte** das Volk **den General einen Verräter**.

【역례】
Nach diesen Spitzbübereien **nannte** man **ihn** mit Recht **einen Schurken**.

[**27-6-2**]

이 집은 나에게 일천만 유로가 들었다.

☞ 일천만 유로 zehn Millionen; ～에게 ～이 들다 jn. et.[4] kosten

(해설)
(1) lehren, kosten 다음의 한 개의 4격은 「～에게」의 뜻으로 사람을 뜻하고 다른 하나의 4격은 사물을 뜻한다.
(2) fragen, bitten 은 다음에 지시대명사 혹은 부정수사가 목적격일 때는 전치사 없이 사용한다.

(예)
① 그 여선생은 학생들에게 영어와 제 2 외국어로서 불어를 가르친다.

Die Lehrerin **lehrt die Schüler Englisch und Französich** als zweite Fremdsprache.

① 이 문제를 빨리 규명하는데 나에게는 약간의 노력이 필요하다.
☞ 이 문제 diese Angelegenheit; ～을 규명하다 et.[4] aufklären; 약간의 노력 geringe Mühe; 나에게는 필요하다 es kostet mich

Es **kostet mich nur geringe Mühe**, diese Angelegenheit schnell aufzuklären.

② 내가 네게 한 가지 부탁이 있다. "제발 침묵을 지키게!"

Ich **bitte dich eines**: „Schweig endlich still!"

② 너는 나에게 너무 많이 묻는다. (「나는 그것을 모른다.」 의 뜻)

Du **fragst mich zuviel**.

【역례】
Das Haus **kostet mich zehn Millionen Euro**.

[27-7] 2격 지배동사
현대독어에서는 2격 지배동사가 거의 사용되지 않는다. 대개는 전치사 목적어를 취하거나 다른 말로 대치한다.

[27-7-1]

6월 25일에는 우리들은 한국전의 희생자들을 추모한다.

☞ 한국전 der Koreanische Krieg; ～을 추모하다 et.[2] gedenken

(해설)
(1) 2격 지배는 여기서는 gedenken, bedürfen만 취급 하겠다.
(예)
① 이 어려운 논문은 상세한 주석이 필요하다.
☞ 논문 Abhandlung f.; 주석 Erläuterung f.

Die schwierige Abhandlung **bedarf einer ausführlichen Erläuterung**.

【역례】
Am 25. 6. **gedenken** wir **der Opfer** des Koreanischen Kreiges.

[27-8] 전치사 목적격 지배동사
많은 동사들이 고정된 일정한 전치사와 함께 사용되고 전치사와 목적격이 하나의 전치사 목적

격을 형성한다. 다음은 빈도수가 높은 전치사 목적어들이다.

[27-8-1]

그는 프랑스 문학에 전념하고 있다.

☞ 프랑스 문학 französiche Literatur

(해설)

(1) 동사의 종속한 필수적인 전치사 목적격은 3격과 4격 중의 하나이다. (A = Akusativ, D = Dativ)

abhängen	von	D	den Eltern	양친에 의존하다
achten	auf	A	den Passanten	통행인을 주의하다
anfangen	mit	D	der Arbeit	일을 시작하다
sich anpassen	an	A	die Umgebung	환경에 적응하다
sich ärgern	über	A	den Nachbarn	이웃에 화내다
aufhören	mit	D	dem Rauchen	흡연을 중지하다
sich befreien	von	D	den Fesseln	속박에서 벗어나다
	aus	D	der Gefahr	위험에서 벗어나다
beginnen	mit	D	der Begrüßung	환영인사를 시작하다
sich beklagen	bei	D	dem Chef	사장에게
	über	A	den Kollegen	동료에 대해 불평하다
sich bemühen	um	A	eine Stelle	직장을 얻으려 애쓰다
sich beschäftigen	mit	D	den Problemen	문제에 전념하다
sich beschweren	bei	D	dem Direktor	부장에게
	über	A	den Kollegen	동료에 대해 불평하다
jn. bitten	um	A	einen Rat	충고를 부탁하다
bürgen	für	A	die Qualität	품질을 보증하다
jm. danken	für	A	die Mühe	수고에 대해 감사하다
denken	an	A	die Schulzeit	학창시절을 회상하다
sich entschuldigen	bei	D	dem Lehrer	선생에게
	für	A	den Fehler	실수를 사과하다
sich erinnern	an	A	die Heimat	고향을 회상하다
jn. erkennen	an	D	der Stimme	목소리로~를 알다
sich erkundigen	bei	D	dem Beamten	관리에게
	nach	D	dem Paß	패스에 대해 문의하다
jn. fragen	nach	D	dem Weg	~에게 길을 묻다
sich freuen	auf	A	die Ferien	방학을 고대하다
	über	A	das Geschenk	선물을 기뻐하다
sich fürchten	vor	D	dem Hund	개를 무서워하다
jm. garantieren	für	A	die Qualität	질을 보증하다

gehören	zu	D	einer Gruppe	그룹 중에 하나에 속하다
geraten	in	A	Vergessenheit	잊혀지다
sich gewöhnen	an	A	das Klima	기후에 익숙해지다
glauben	an	A	Gott	신을 믿다
jn. halten	für	A	einen Betrüger	사기꾼으로 간주하다
viel halten	von	D	dem Plan	계획을 중히 여기다
es handelt sich	um	A	das Kind	아이가 문제이다
herrschen	über	A	ein Land	나라를 지배하다
hoffen	auf	A	die Geldsendung	송금을 바라다
sich interessieren	für	A	das Buch	책에 관심을 갖다
sich irren	in	D	dem Datum	날짜를 착각하다
kämpfen	mit	D	dem Freund	친구와 다투다
	gegen	A	die Feinde	적에 대항하여 싸우다
	für	A	den Freund	친구를 위해 싸우다
	um	A	die Freiheit	자유를 얻으려 싸우다
es kommt an	auf	A	die Entscheidung	결정에 달려있다
es kommt jm. An	auf	A	diesen Termin	이 기간이 중요하다
sich konzentrieren	auf	A	den Vortrag	강연에 집중하다
sich kümmern	um	A	den Gast	손님에게 신경 쓰다
lachen	über	A	den Komiker	익살꾼을 조롱하다
leiden	an	D	einer Krankheit	병을 앓고 있다
	unter	D	dem Lärm	소음에 고생하다
jm. liegt viel	an	D	einem Rat	충고가 중요하다
es liegt	an	D	einer Lichtmaschine	원인은 발전기에 있다
nachdenken	über	A	den Plan	계획을 심사숙고하다
sich rächen	an	D	den Feinden	적에게
	für	A	das Unrecht	부정에 대해 복수하다
jm.raten	zu	D	dem Studium	공부하도록 권고하다
rechnen	auf	A	dich	너를 신뢰하다
	mit	D	deiner Hilfe	너의 도움을기대하다
schreiben	an	A	den Vater	아버지에게 편지 쓰다
	an	D	einem Roman	소설을 쓰다
	über	A	ein Thema	테마에 관해 글 쓰다
sich schützen	vor	D	der Gefahr	위험에서 자기를 지키다
sich sehnen	nach	D	der Heimat	고향을 그리워하다
sich sorgen	um	A	die Familie	가족을 걱정하다
sorgen	für	A	die Kinder	아이를 돌보다
sprechen	mit	D	der Freundin	여자친구와 이야기 하다
	über	A	ein Thema	테마에 관해 토론하다

	von	D	einem Erlebnis	체험에 관해 이야기 하다
staunen	über	A	die Leistung	그 업적에 경탄하다
sterben	an	D	einer Krankheit	어떤 병으로 죽다
	für	A	eine Idee	이념을 위해 죽다
streiten	mit	D	den Erben	상속인들과
	um	A	das Vermögen	재산 때문에 싸우다
teilnehmen	an	D	der Versammlung	집회에 참가하다
etwas zu tun haben	mit	D	dem Beruf	직업과 관계가 있다
sich unterhalten	mit	D	dem Freund	친구와
	über	A	ein Thema	어떤 주제에 관해 환담하다
sich verlassen	auf	A	deine Zusage	너의 약속을 믿다
sich verlieben	in	A	ein Mädchen	소녀에 반하다
sich vertiefen	in	A	ein Buch	몰두하다
vertrauen	auf	A	die Freunde	친구를 믿다
verzichten	auf	A	das Geld	돈을 체념하다
sich vorbereiten	auf	A	die Prüfung	시험 준비를 하다
jn. warnen	vor	D	der Gefahr	위험을 경고하다
warten	auf	A	den Brief	편지를 기다리다
sich wundern	über	A	die Technik	기술에 놀라다
zweifeln	an	D	der Aussage	진술을 의심하다

(예)

① 그가 나의 실수를 얼마다 기뻐하는지를 상기하면 나는 언제나 격분하게 된다.
☞ 나의 실수를 기뻐하다 sich auf meinen Fehler freuen; ~을 상기하다 sich an et.[4] erinnern; 격분하게 되다 in Wut geraten

Wenn ich **mich daran erinnere**, wie sehr er **sich über meinen Fehler gefreut** hat, **gerate** ich immer **in Wut**.

① 나는 이 과제의 어려움을 두려워하지 않는다.
☞ 이 과제의 어려움 die Schwierigkeit dieser Aufgabe; ~을 두려워하다 sich vor et.[3] fürchten

Ich **fürchte mich** nicht **vor der Schwierigkeit dieser Aufgabe**.

① 사람들은 그 당시의 수수께끼 같은 사건을 오늘은 거의 기억하지 못하고 있다.
☞ 그 당시의 수수께끼 같은 사건 der damalige, rätselhafte Vorfall

Man **erinnert sich** heute kaum **an den damaligen, rätselhaften Vorfall**.

① 수년전부터 학자들은 이 문제에 전념하며 어느 것이 올바른 해법인지를 서로 다투고 있다.

☞ **수년전부터** seit Jahren; **학자들** Wissenschaftler m.; **~에 전념하다** sich mit et.[3] beschäftigen; **어느 것이** welches; **올바른 해결** die richtige Lösung; **다투다** sich streiten

Seit Jahren **beschäftigen sich** die Wissenschaftler **mit diesem Problem** und **streiten sich**, welches die richtige Lösung ist.

① 그는 그의 목표에 도달 하기 위하여 이 계획의 실천에 전력을 집중한다.
☞ **그의 목표에 도달하다** sein Ziel erreichen; **이 계획의 실천** die Verwirklichung dieses Vorhabens; **~에 그의 전력을 집중하다** seine ganze Kraft auf et.[4] konzentrieren

Er **konzentrierte** seine ganze Kraft **auf** die Verwirklichung dieses Vorhabens, um sein Ziel zu erreichen.

① 그가 독일에서 공부하였을 때 그는 고독으로 인하여 대단히 고생을 하였다.
☞ **고독으로 인해 고생하다** unter seiner Einsamkeit leiden

Als er in Deutschland studierte, **litt** er sehr **unter** seiner Einsamkeit.

【역례】
Er **beschäftigt sich mit französicher Literatur.**

◈ 연 습 문 제 27 ◈

1) 그 운동선수는 보아하니 강한 상대를 물리치는데 많은 애를 썼다는 것을 그의 긴장된 얼굴을 보고 알았다.
☞ **운동선수** Sportler m.; **보아하니** offensichtlich; **강한 상대** starker Gegner; **물리치다** besiegen; **애를 쓰다** große Mühe haben; **긴장된 얼굴에** an seinem angestrengten Gesicht

2) 나는 그 여자가 어느 한 때 그의 어린이를 시간에 맞추어 학교에 보낸 것을 기억할 수 없다. 매일 저녁이면 그 여자는 그녀의 남편과 생활비 때문에 싸움한다.
☞ **어느 한 때** jemals; **시간에 맞추어** rechtzeitig; **학교에 보내다** zur Schule schicken; **~을 기억하다** sich darauf besinnen; **생활비** Wirtschaftsgeld n.; **~ 때문에 싸움하다** sich über et.[4] zanken

3) 각자가 그의 의견을 말, 글과 그림으로 자유로이 진술하고 보급하며 어디에서나 접근 가능한 정보통에서 방해 받지 않고 정보를 입수할 권리를 가지고 있다.
☞ **말, 글과 그림으로 자유로이 진술 하다** in Wort, Schrift und Bild frei äußern; **~을 보급하다** et.[4] verbreiten; **어디에서나 접근 가능한 정보통에서** aus allgemein zugänglichen Quellen; **방해받지 않고** ungehindert; **정보를 입수하다** sich unterrichten

4) 그 관리들은 나를 미친 사람으로 생각할지도 모르겠고 내가 마침내 모든 것을 체념할 것 이라고 믿겠지. 그러나 그들은 이점에서는 나를 잘못 알고 있어.
☞ ~를 미친 사람으로 생각할지 모르다 jn. wohl für einen Irren halten; 마침내는 endlich; 모든 것을 체념하다 auf alles verzichten; ~을 믿다 sich darauf verlassen; 이 점에서는 da; ~를 잘못 알다 sich in jm. irren

5) 텔레비전이 도입된 이래로 일간신문의 상황은 눈에 띄게 더 어려워졌다. 왜냐하면 사람들은 저녁 때 벌써 텔레비전에서 뉴스를 보았기 때문이다.
☞ 텔레비전이 도입된 이래로 seit der Einführung des Fernsehens; 일간신문의 상황 die Lage der Tageszeitung; 눈에 띠게 merklich; 텔레비전에서 im Fernsehen; 뉴스를 보다 die Nachrichten sehen

6) 매일 나는 헤아릴 수 없이 나의 외적이나 내적인 생활은 현존하는 사람이나 이미 고인이 된 사람들의 일에 근거를 두고 있다고 생각한다.
☞ 헤아릴 수 없이 unzählige Male; 나의 외적이나 내적인 생활 mein äußeres und inneres Leben; 현존하는 사람이나 이미 고인이 된 사람 die jetzigen und die schon verstorbenen Menschen; 일에 근거를 두다 auf der Arbeit beruhen

7) 나는 진리와 정신의 힘을 신뢰하기 때문에 나는 인류의 미래를 믿는다. 윤리적인 세계와 생의 긍정은 자체 내에 낙관적인 욕망과 희망을 간직하고 있다.
☞ 진리와 정신의 힘 die Kraft der Wahrheit und des Geistes; ~을 신뢰하다 auf et.[4] vertrauen; 인류의 미래 die Zukunft der Menschheit; 윤리적인 세계와 생의 긍정 ethische Welt-und Lebensbejahung; 자체 내에 in sich; 욕망과 희망 Wollen und Hoffen; ~을 간직하고 있다 et.[4] enthalten

8) 인간은 행복은 (원하면) 얻어질 수 있다고 믿고 있다. 그가 그것을 믿고 있기 때문에 그는 끊임없이 그리고 모든 방향에서 그것을 찾고 있다. 결국 그는 모든 방향으로 찾은 후에 진실한 행복은 소위 쾌락들에서 이루어져 있지 않다는 것을 알게 된다.
☞ 얻어질 수 있다 sich erwerben lassen; 끊임없이 그리고 모든 방향으로 unablässig und in allen Richtungen; 결국 schließlich; 모든 방향으로 찾은 후 nach allem Suchen; 쾌락 Vergnügungen; ~으로 이루어지다 aus et.[3] bestehen

9) 각자가 (사람에게) 반하는 것이 얼마나 쉬운가 하는 것과 정말 사랑하는 것은 얼마나 어려운가 하는 것을 알고 있고 그것을 체험한다. 사랑은 살 수는 없다. 살 수 있는 즐거움은 있으나 살 수 있는 사랑은 없다.
☞반하다 sich verlieben; 정말 사랑하다 wirklich lieben; 살 수 있다 käuflich sein; 살 수 있는 즐김 käuflicher Genuß

10) 예의 바른 사람을 무뢰한으로 만들고 그의 의지와는 반대로 그를 거짓말이나 사기에 익숙하게 하는 직업들이 있다.
☞ 예의 바른 사람 ein anständiger Mensch m.; 무뢰한 Schurke m.-n; 그의 의지와는 반

대로 wider seinen Willen; **거짓말이나 사기** (das) Lügen und Betrügen; **～에게 ～을 익숙하게 하다** jn. an et.[4] gewöhnen

28. 기능동사구
(Das Funktionsverbgefüge)

[1] 기능동사구의 개념

기능동사구는 1960년대부터 독일에서 많은 연구가 되었고 학자에 따라서 이를 Schwefelform, Streckform 이라고도 한다. 기능동사를 Bußman (Lexikon der Sprachwissenschaft)은 다음과 같이 규정하고 있다. "기능 동사는 bringen, kommen, finden, stehen, nehmen처럼 일정한 문맥에서 완전 동사로서 그들의 어휘적 의미를 완전히 상실한 동사들을 의미한다. 이들 동사들은 소위 말하는 기능동사구에서 주어와 전치사 목적어 사이에 연결 품사로서 나타나고 그러함으로서 통사적, 형태론적 자질의 소유자가 됨으로서 기능동사로서 특히 문법적 기능들을 충족시킨다."라고 하고 있다. 기능동사구는 하나의 기능명사 혹은 하나의 전치사 목적어와 한 개의 기능동사로서 구성된 통사적 어군으로 하나의 동사의 의미를 갖게 된다. 기능동사구에는 다음의 조어과정이 기초가 되어 있다. 예를 들어서 aufführen, beweisen, wüten등의 동사가 추상명사화 하여 Aufführung, Beweis, Wut가 되고 조동사기능의 보충동사로서 bringen, stellen, kommen은 주어와 목적어의 연결어가 된다.

(예)

- et. zur Aufführung bringen → et. aufführen
- et. unter Beweis bringen → et. beweisen
- in Wut kommen → wütend werden

기능동사구는 특히 관청의 행정용어, 신문 등에서 광범위하게 사용되고 있다. 그 이유는 언어의 정확성과 언어경제를 표방하는 것 및 기능동사구의 여러 가지의 의미론적인 동작양태(動作樣態)에 기인한다.

(1) 동작양태의 변화가 생긴다. 예를 들면 verwirren 의 명사형 Verwirrung으로 다음과 같은 기능동사구가 구성될 수 있다.

- Seine Sinne **waren in Verwirrung**.
- Sie ist durch diese Bemerkung vollkommen **in Verwirrung geraten**.
- Der Schüler hat den Lehrer mit dieser Frage **in Verwirrung gebracht**.

(2) 수동태 구문의 대용으로 사용할 수 있다. 이 경우는 <추상명사 (동사에서 파생한)+finden, erfahren, erhalten>등으로 구문이 구성된다.

- Das Theaterstück hat beim Publikum gute **Aufnahme gefunden**.

(= Das Theaterstück ist ... gut aufgenommen worden.)

- Die Verkehrssituation in der Großstadt muß **eine Veränderung erfahren**.

(= Die Verkehrssituation ... muß verändert werden.)

(3) 중요한 의미를 지니고 있는 요소들이 문장의 끝으로 옮겨지고 이와 함께 내용 전달의 좋은 위치로 옮겨짐으로서 구조의 변화를 가지고 온다.

Er **gab** freiwillig seine **Einwilligung**.
(= Er willigt freiwillig ein.)

결론적으로 말하면 기능동사구는 다음과 같이 구성된다.
a) <전치사+(정관사)+(동사에서 파생한) 추상명사 +기능동사>: unter Beweis stellen
b) <(동사에서 파생한)추상명사+기능동사>: Zusicherung geben
c) <전치사 +(-heit, -keit에서 파생한)추상명사+기능동사>: et. in Sicherheit bringen
d) <(-heit, -keit에서파생어)추상명사+기능동사>: eine Dummheit begehen

※ 관용구는 예를 들어서 auf die Nase fallen (실패하다), aus dem Häuschen sein (기뻐서 어쩔 줄 모르다)등과 기능동사구는 구별되어야 한다. 기능동사구에서는 전치사 및 명사의 의미가 나타나지만 관용구에서는 그 구를 분석하면 전치사구 및 명사와 관계없는 낱말들이 함께 어울려 성구를 이루고 있는 점이다. 여기에 열거한 것 중에서 기능동사와 약간의 성구들도 섞여 있는데 기능동사의 전문적인 연구가 아니고 작문 연습이기 때문에 독자들의 이해를 바란다.

[2] 다음 빈도수가 많은 기능동사구를 열거한다.

1) <전치사+(정관사)+기능명사+sein od. stehen>
- in der Lage sein, et. zu tun (dazu fähig sein, et. zu tun) ～을 할 수 있다
- imstande sein, et. zu tun ～ (상동)
- außerstande sein, et. zu tun ～을 할 수 없다
- in Betrieb (außer Betrieb) sein ～가동 (고장) 중이다
- im Entstehen sein ～생성 중이다
- im Werden sein ～형성되는 중이다
- außer Zweifel (im Zweifel) stehen ～이 확실하다 (의심스럽다)
- außer Frage (in Frage) stehen ～확실하다 (불확실하다)
- jm. zur Verfügung stehen ～의 마음대로 사용하다
- zur Diskussion stehen ～논쟁의 주제이다

(예)
승강기 (전화, 난방)가 가동 중이다.
Der Lift(das Telefon, die Heizung) **ist in Betrieb**.

그녀는 흥분하여 말할 수 없었다.
Vor Aufregung **war** sie nicht **imstande**, zu sprechen.

이 테마가 논의 된다.
Das Thema **steht zur Diskussion**.

2) 많은 경우에 있어서 기능동사 erfahren, finden, erhalten, gehen, gelangen, geraten, kommen이 동작명사 (nomina aktionis)와 함께, 대개는 -ung으로 끝나는 명사와 결합하여 수동태와 동가의 기능동사구가 된다. 그 밖의 경우는 상태의 변화 및 시작을 뜻할 때가 있다. (* 표는 수동태의 뜻이 아님)

(a) <기능명사+erfahren, finden, erhalten>
- Beachtung finden (= beachtet werden) ～주의를 끌게 되다
- Verbreitung finden (= verbreitet werden) ～보급되다
- Aufnahme finden (= aufgenommen werden) ～수용되다
- Berücksichtigung finden (= berücksichtigt werden) ～고려되다
- Anerkennung finden (= anerkannt werden) ～인정되다
- *Beifall finden ～박수갈채를 받다
- *Gefallen an jm. (et.) finden ～를 좋아 하다
- Verbesserung erfahren (= verbessert werden) ～개선되다
- Veränderung erfahren (= verändert werden) ～변화되다
- Vervollkommnung erfahren (= vervollkommnet werden) ～완성되다
- Unterstützung erhalten (= unterstützt werden) ～도움을 받게 되다
- Anregung erhalten (= angeregt werden) ～자극 받다

(예)
그는 다음 표창 때는 무조건 고려되어야한다.
Er muß unbedingt bei der nächsten Auszeichnung **Berücksichtigung finden**.

서비스 업종들은 본질적으로 개선되어야한다.
Die Dienstleistungen müssen wesentliche **Verbesserungen erfahren**.

그 여자 환자는 세 들어 사는 많은 사람들로부터 도움을 받았다.
Die kranke Frau **hat** von vielen Hausbewohnern **Unterstützung erhalten**.

(b) <전치사+(정관사)+기능명사+gehen, gelangen, kommen>
- in Erfüllung gehen (= erfüllt werden) ～실현되다
- in Druck gehen (= gedruckt werden) ～인쇄되다
- in Produktion gehen (= produziert werden) ～생산되다
- *in die Brüche gehen (= et. geht entzwei) ～망가지다
- *in Scherben gehen (= et. zerbricht) ～깨어지다
- zur Aufführung gelangen od. kommen (=aufgeführt werden) ～공연되다
- zur Durchführung gelangen od. kommen (=durchgeführt werden) ～실시 되다
- zur Uraufführung gelangen od. kommen (= uraufgeführt werden) ～초연 되다
- zur Einigung gelangen od. kommen (= geeinigt werden) ～합의되다
- zur Verständigung(mit jm) gelangen od. kommen(= verständigt werden)～타협되다
- zur Anwendung kommen (= angewendet werden) ～사용되다

- zur Sprache kommen (= ausgesprochen werden) ~언급되다
- zur Einsatz kommen (= eingesetzt werden) ~투입되다
- in Vergessenheit geraten od. kommen (= vergessen werden) ~잊혀지다
- *ins Stocken geraten od. kommen ~멈추기 시작하다
- *ins Rollen geraten od. kommen ~진행하기 시작하다
- *ins Schleudern geraten od. kommen ~당황하게 되다, 미끄러지다
- *ins Rutschen geraten od. kommen ~미끄러지다
- ** in Wut(Gefahr) geraten 분노(위험)하게 되다
- ** in Not(Schwierigkeiten) 곤경(난관)에 빠지다
- ** in Verdacht geraten 혐의를 받게 되다

* anfangen + zu + Inf. et. fängt an zu rollen, stocken usw.
** adj. + werden: wütend, gefährlich, schwierig, verdächtig werden

(예)
나의 꿈은 금년에 드디어 이루어졌다.
Mein Traum **ist** in diesem Jahr endlich **in Erfüllung gegangen**.

새 보트가 망가져 버렸다.
Das neue Boot **ist in die Brüche gegangen**.

이 자동차 공장에서는 로봇이 사용되지 않는다.
Roboter **kommt** in dieser Autofabrik nicht **zur Anwendung**.

그 자동차가 험한 비탈길에서 미끄러지기 시작했다.
Das Auto **ist** auf dem steilen Abhang **ins Rutschen geraten**.

전에는 그는 유명한 팝 스타였지만 오늘날은 완전히 잊혀져 버렸다.
Früher **war** er ein bekannter Popstar, aber heute ist er ganz **in Vergessenheit geraten**.

이 드라마는 1969년에 초연 되었다.
Das Drama **gelangte** im Jahr 1969 **zur Uraufführung**.

3) <Dat.+zu+(정관사)+기능명사+gereichen>
- jm. zum Schaden gereichen ~에게 해가 되다
- jm. zum Nutzen gereichen ~에게 이익이 되다
- jm. zur Freude gereichen ~에게 즐거움이 되다
- jm. zum Vorteil (Nachteil) gereichen ~에게 이익이 (손해)되다
- jm. zur Ehre gereichen ~에게 명예가 되다

(예)
이 행위는 그에게 이익이 되지 않았다.
Diese Tat **gereichte** ihm nicht **zum Vorteil**.

이 의자는 방(의 장식)에 전혀 어울리지 않는다.
Dieser Sessel **gereicht** dem Zimmer nicht **zur Zierde**.

4) <Akk.+3격의 기능명사+unterziehen>
- jn. einem Verhör unterziehen (= jn. verhören) ~를 신문하다
- jn. einer Prüfung unterziehen (= jn. prüfen) ~를 시험하다
- jn. einer Untersuchung unterziehen (= jn. untersuchen) ~를 검진하다
- et. einer Probe unterziehen (= et. proben) ~을 시험하다

(예)
경찰은 범인을 수 시간에 걸친 신문을 하였다.
Die Polizei **hat** den Verbrecher **einem stundenlangen Verhör unterzogen**.

그 신사는 병원에서 퇴원하기 전에 또 한번 정밀 검사를 받아야 한다.
Der Herr muß **sich** noch einmal **einer gründlichen Untersuchung unterziehen**, bevor er aus dem Krankenhaus entlassen wird.

5) <기능명사(-heit, -keit 로 파생한 명사 혹은 보통명사)+기능동사>
(a) <기능명사(-heit, -keit 혹은 보통명사)+begehen>
- einen Fehler begehen ~실수를 하다
- eine Dummheit begehen ~어리석은 짓을 하다
- eine Sünde begehen ~죄를 짓다
- einen Mord begehen ~살인하다
- ein Fest begehen ~축제를 거행하다

(예)
우리들은 어제 우리 교수님의 60회 생신에 즈음하여 잔치를 하였다.
Wir **haben** gestern anläßlich des 60. Geburtstags unseres Professors **ein Fest begangen**.

그는 또 큰 바보짓을 하였다.
Er **hat** wieder **eine große Dummheit begangen**.

(b) <기능명사+halten>
- eine Rede halten ~연설하다
- Ordnung halten ~질서를 지키다
- Ruhe halten ~조용히 하다
- Wache halten ~지키다
- Unterricht halten (= unterrichten) ~를 가르치다
- Mittagsschlaf halten (= mittags schlafen) ~낮잠 자다
- Ausschau nach jm. (et.) halten (= ausschauen) ~을 고대하며 찾다

(예)
나는 오랫동안을 편지배달부를 고대하고 있었다.
Ich **habe** lange nach dem Briefträger **Ausschau gehalten**.

군인들이 매일 쉬지 않고 국경선에서 보초를 서고있다.
Die Soldaten **halten** jeden Tag pausenlos an den Grenzen des Landes **Wache**.

(c) <기능명사+stiften>
- Verwirrung stiften ～혼란을 야기하다
- Chaos stiften ～큰 혼란을 (전쟁으로 또는 지진 등으로) 일으키다
- Unruhe stiften ～불안 (소요)을 일으키다.
- Frieden stiften ～평화를 심다

(예)
유엔은 이스라엘과 팔레스타인, 양국 사이에 평화를 심으려는 노력이 헛되었다.
Die UN versuchten vergebens, **Frieden** zwischen den beiden Ländern, Israel und Palästina zu **stiften**.

6) <기능명사+(전치사구)+기능동사(전치사구 중에는 필수적인 것과 임의적인 것이 있다)>
(a) <기능명사+(전치사구)+führen>
- Beschwerde (über jn./et) führen (= sich über jn./et. beschweren) ～을 불평하다
- den Beweis (für et.) führen (= et. beweisen) ～을 증명하다
- ein Gespräch (mit jm.) führen (= mit jm. sprechen) ～와 이야기하다
- ein Telefongespräch (mit jm.) führen (= mit jm. telefonieren) ～와 전화통화 하다
- einen Kampf (gegen jn.) führen (= jn./et. bekämpfen) ～에 대항하여 싸우다
- einen Krieg (gegen jn./et.) führen (= jn./et. bekriegen)～에 대항하여 싸우다
- einen Prozeß (gegen jn.) führen (= gegen jn. prozessieren) ～에 소송을 제기하다
- Verhandlungen (mit jm.) führen (= mit jm. verhandeln) ～와 상의(담판) 하다
- *ein ruhiges (armes) Leben führen (= ruhig/arm leben) ～편안한 (가난 한)생활하다
- *den Nachweis führen, daß ～ (= nachweisen, daß ～) ～을 입증하다

*는 전치사구가 없는 것

(예)
그는 소음 때문에 그의 이웃에 대해 불평을 토로하였다.
Er hat über den Lärm **eine Beschwerde gegen** seinen Nachbarn **geführt**.

그 부인은 그녀의 여자친구와 한 시간 동안이나 사적인 전화통화를 하였다.
Die Frau **führte** eine Stunde lang ein privates **Telefongespräch** mit ihrer Freundin.

(b) <기능명사+(전치사구)+treffen>
- eine Abmachung (mit jm.) treffen (= mit jm. abmachen) ～와 합의하다
- eine Absprache (mit jm.) treffen (= mit jm. absprechen) ～와 협정하다

- eine Entscheidung (über jn./et.) treffen (= über jn./et. entscheiden) ～결정하다
- eine Vereinbarung (mit jm.) treffen (= mit jm. vereinbaren) ～와 약속하다
- Vorbereitungen (für Akk./zu Dat.) treffen (= für Akk./zu Dat. vorbereiten) ～을 준비하다
- eine Verabredung (mit jm.) treffen (= et. mit jm. verabreden) ～을 (구두로) 약속 하다
- Maßnahmen (gegen et.) treffen ～대책을 강구하다

(예)
정부는 실직자들에 대한 대책을 강구하여야한다.
Die Regierung **muß Maßnahmen** gegen die Arbeitslosen **treffen**.

피고의 죄의 유무에 대해서는 법정이 결정할 것이다.
Über Schuld oder Unschuld des Angeklagten wird ein Gericht **Entscheidungen treffen**.

(c) <기능명사+(전치사)+treiben>
- Handel (mit jm.) treiben (= mit jm. handeln) ～와 무역 거래를 하다
- Mißbrauch (mit jm./et.) treiben (= jm./et. mißbrauchen) ～을 남용하다
- Spionage treiben (= spionieren) 간첩(첩보) 활동을 하다
- js. Spott mit jm./et. treiben (= über jm./et. spotten) ～를 조롱하다

(예)
그는 치부하기 위하여 그의 직무를 남용하였다.
Er **hat** mit seinem Amt **Mißbrauch getrieben**, um sich zu bereichern.

(d) <기능명사+(전치사)+ machen>
- eine Bemerkung (über et.) machen (= et. bemerken) ～을 언급하다
- Beobachtungen (über et.) machen (= et. beobachten) ～을 관찰하다
- Besorgungen machen (= et. besorgen) ～을 마련(구입) 하다
- einen Besuch (bei jm.) machen (= jn. besuchen) ～를 방문하다
- Einkäufe machen (= et. einkaufen) ～을 구입하다
- einen Eindruck (auf jn.) machen (= jn. beeindrucken) ～에게 인상을 주다
- ein Foto (von jm./et.) machen (= jn./et. fotografieren) ～를 사진 찍다
- Gebrauch (von et.) machen (= et. gebrauchen) ～을 사용하다
- Fortschritte (mit et.) machen ～에 발전을 하다
- die Bekanntschaft (von jm.) machen (= jn. kennenlernen) ～를 알게 되다
- ein Interview (mit jm.) machen (= mit jm. interviewen) ～와 인터뷰하다
- eine Reise machen (= verreisen) ～여행하다
- einen Spaziergang machen (= spazierengehen) ～산책하다
- *jm. ein Geschenk machen (= jm. et. schenken) ～에게 선물하다
- *jm. ein Geständnis machen (= jm. et. gestehen) ～에게 고백하다

- *jm. einen Vorschlag machen (= jm. et. vorschlagen) ～제안하다
- *jm. einen Vorwurf machen (= jn. vorwerfen) ～를 비난하다

*는 3격 보족어를 가짐

(예)
크리스마스를 위하여 나는 몇 가지 물품을 샀다.
Für Weihnachten **habe** ich ein paar **Besorgungen gemacht**.

1973년에 벌써 나는 김 양을 알게 되었다.
Im Jahre 1979 **habe** ich schon **die Bekanntschaft von** Fräulein Kim **gemacht**.

그는 박사학위 논문에 큰 진전을 보이고 있다.
Er **macht** große **Fortschritte** mit seiner Doktorarbeit.

7) <Dat.+기능명사+기능동사>
(a) <Dat.+동작명사+geben od. erteilen>
- jm. Antwort geben od. erteilen (= antworten) ～대답하다
- jm. Auskunft geben ～에게 정보를 주다
- jm. einen Befehl geben od. erteilen (= jm. et. befehlen) ～에게 명령하다
- jm. Bescheid geben ～에게 정보를 주다
- jm. js. Einwilligung (zu et.) geben (= in et. einwilligen) ～을 승낙 하다
- jm. die Erlaubnis geben(= jm. et. erlauben) ～에게 허락하다
- jm. Nachricht von et. geben (= jn. von et. benachrichtigen) ～에게 소식을 전하다
- jm. Rat geben (= jm. et. raten) ～에게 충고하다
- jm. einen Stoß geben (= jn. stoßen) ～를 밀치다
- jm. Tritt geben (= jn. treten) ～를 발로 차다
- jm. Unterricht geben od. erteilen (= jn. unterrichten) ～를 가르치다
- jm. ein Versprechen geben (= jm. et. versprechen) ～에게 약속하다

(예)
장군은 군인들에게 공격 명령을 내렸다.
Der General **gab** den Soldaten **den Befehl zum Angriff**.

아버지는 마침내 그녀에게 결혼을 허락하였다.
Der Vater **gab** ihr endlich seine **Einwilligung zu ihrer Heirat**.

(b) <Dat.+기능명사+schenken>
- jm. Aufmerksamkeit schenken (= jn./et. beachten) ～을 주의하다
- jm. Beachtung schenken (= jm./et. beachten) ～을 주의하다
- jm. Beifall schenken (= jm. Beifall klatschen) ～에게 박수갈채를 하다
- jm. Gehör schenken (= jm. et. zuhören) ～에게 귀를 기울이다
- jm. Glauben schenken (= jm. glauben) ～를 믿다

• jm. Vertrauen schenken (= jm. vertrauen) ~를 신뢰하다

(예)
나에게 잠시 귀를 기우려!
Schenke mir einen Augengblick **Gehör**!

청중은 바이올린 주자에게 열광적으로 박수쳤다.
Das Publikum **schenkt** dem Violinisten begeistert **Beifall**.

(c) <Dat.+기능명사 od. 기능명사+(전치사구)+leisten>
• jm. Abbitte leisten ~를 용서 하다
• jm. gute Dienste leisten(tun) (= jm. gut dienen) ~에게 잘 봉사하다
• jm. Beistand leisten (= jm. beistehen) ~를 돕다
• jm. Ersatz leisten (= jm. et. ersetzen) ~에게 배상을 하다
• jm. Gefolgschaft leisten ~에게 충실히 따르다
• jm. Gehorsam leisten ~에게 순종하다
• jm. Hilfe leisten (= jm. helfen) ~를 돕다
• jm. Gesellschaft leisten ~에게 동무 (말 상대)되어주다
• einen Beitrag (zu et.) leisten ~에 기여하다
• Widerstand (gegen et.) leisten ~에 저항하다
• Gewähr (für et.) leisten ~을 보증하다
• einen Eid (auf et.) leisten ~을 맹세하다
• Verzicht (auf et.) leisten ~을 체념하다

(예)
그 정치가는 우리나라의 발전을 위해 큰 기여를 하였다.
Der Politiker hat **einen** bedeutenden **Beitrag** zur **Entwicklung unseres Landes geleistet**.

당신의 말동무가 되어드릴까요?
Darf ich Ihnen **Gesellschaft leisten**?

그 정보가 옳다는 보증을 할 수 없습니다.
Ich kann **keine Gewähr dafür leisten**, daß die Information richtig ist.

(d) <Dat.+기능명사+(전치사구)+erstatten od. abstatten>
• jm. Bericht (über et.) erstatten (= jm. über et. berichten) ~에게 보도하다
• jm. Meldung (über et.) erstatten (= jm. über et. melden) ~보고하다
• Anzeige (gegen jn.) erstatten (= jn. anzeigen) ~를 고발하다
• einen Besuch abstatten (= jn. besuchen) ~를 방문하다
• jm. Dank abstatten (= jm. danken) ~에게 감사하다

(예)
나는 경찰에게 그 사기꾼을 고발하였다.
Ich **habe Anzeige gegen** den Betrüger bei der Polizei **erstattet**.

그 장관은 오늘 대통령을 예방한다.
Der Minister **stattet** heute dem Präsidenten einen Besuch **ab**.

8) <Akk.+전치사+(정)+기능명사(혹은 기능명사+전치사구)+기능동사>
(a) < et.+전치사+(정)+기능명사+ bringen>
• et. in Erfahrung bringen ～(들어서) 알다, 알게 되다
• jn. in Gefahr bringen ～를 위태롭게 하다
• et. in Ordnung bringen ～정리 (수정)하다
• et. in Gang bringen (setzen) ～을 작동시키다
• jn. in Verwirrung bringen ～을 당황하게 하다

(예)
그 장관은 마침내 상의를 시작하였다.
Der Minister **brachte** endlich die Verhandlung **in Gang**.

그 기사는 망가진 라디오를 고쳤다.
Der Techniker **hat** das kaputte Radio **in Ordnung gebracht**.

(b) <et.+전치사+(정)+기능명사+(혹은 기능명사+전치사구)+nehmen>
• et. in Angriff nehmen (= anfangen, et. durchzuführen) ～을 착수하다
• et. in Anspruch nehmen (= et. beanspruchen) ～을 요구하다
• et. in Betrieb nehmen (= anfangen, et. zu betreiben) ～을 가동하다
• et. in Empfang nehmen (= et. empfangen) ～을 받다, 수령하다
• et. in Produktion nehmen(= anfangen, et. zu produzieren) ～생산하기 시작하다
• Abschied (von jm.) nehmen (= sich von jm. verabschieden) ～와 작별하다
• ein Bad nehmen (= baden) ～목욕하다
• Einfluß auf jn./et. nehmen (= jn./et. beeinflußen) ～에 영향을 끼치다
• ein gutes Ende nehmen (= gut enden) ～좋게 끝나다
• Rache an jm. nehmen (= sich an jm. rächen) ～에게 복수하다
• sich das Leben nehmen (= Selbstmord begehen) ～자살하다
• Stellung zu et. nehmen ～에 입장을 밝히다

(예)
신문(언론)은 장관으로부터 이 사건에 대한 분명한 입장 표명을 요구하였다.
Die Presse forderte vom Minister, **eine klare Stellung zu** diesem Vorfall zu **nehmen**.

나는 이로서 당신의 액면 500 유로의 수표를 수령하였음을 확인합니다.

Ich bestätige hiermit, Ihren Scheck über 500 Euro **in Empfang zu nehmen**.

(c) <et.+전치사+기능명사+setzen>
- et. außer Betrieb setzen (= et. ausschalten) ~스위치를 끄다
- et. in Betrieb setzen (= et. einschalten) ~스위치를 넣다(가동을 시키다)
- et. in Bewegung setzen (= et. bewegen) ~을 움직이다
- jn. in Erstaunen setzen ~를 놀라게 하다
- jn. in Kenntnis (von et.) setzen ~에게 ~을 알리다
- et. in Gang setzen (bringen) ~을 가동시키다

(예)
경찰에게 당신의 주소(거주지) 변경을 알리시오.
Setzen Sie die Polizei **vom** Wechsel Ihres Wohnsitzes **in Kenntnis**!

그녀의 태도가 나를 대단히 경악하게 하였다.
Ihr Verhalten **hat** mich sehr **in Erstaunen gesetzt**.

(d) <jn/et.+전치사+(정)+기능명사(혹은 기능명사+전치사구)+stellen>
- jm. et. in Aussicht stellen (= jm. et. versprechen) ~에게 약속하다
- et. in Frage stellen (= et. anzweifeln) ~을 의심하다, 반신반의하다
- et. in Zweifel stellen (= et. bezweifeln) ~을 의심하다
- et. in Abrede stellen (= et. bestreiten) ~을 부정(부인)하다
- jn. vor Gericht stellen (= jn. anklagen) ~를 고소하다
- et. unter Beweis stellen (= et. beweisen) ~을 증명하다
- et. zur Diskussion stellen (= et diskutieren lassen) ~을 토론하게하다
- et. zur Schau stellen (= et. ausstellen) ~을 전시하다
- jm. et. zur Verfügung stellen (= jn. über et. verfügen) ~에게 ~을 마음대로 사용하게 하다
- einen Antrag auf et. stellen (= et. beantragen) ~신청하다
- jm. eine Aufgabe stellen (= jm. et. aufgeben) ~에게 임무를 맡기다
- eine Diagnose stellen(= diagnostizieren) ~진단하다
- jm. eine Frage nach et. stellen (= jn. nach et. fragen) ~을 질문하다

(예)
나의 친구가 오늘 나에게 그의 차를 빌려 주었다.
Mein Freund **hat** mir heute sein Auto **zur Verfügung gestellt**.

많은 보상금이 우리들에게 약속되었다.
Eine hohe Belohnung ist uns **in Aussicht gestellt worden**.

우리들은 의사일정의 변경을 제안하였다.
Wir **haben einen Antrag auf** eine Änderung der Tagesordnung **gestellt**.

◈ 연 습 문 제 28 ◈

다음의 빈자리에 적당한 기능동사 혹은 전치사 목적격을 가진 동사를 넣어서 문장을 완결하고 그때 현재, 과거 시칭의 변화가 동시에 가능한 때는 현재인칭 변화를 써라. (경우에 따라서는 동일한 의미로 두 개 이상의 동사가 가능 할 때도 있다.)

[A]

1. Gewisse Anfangsschwierigkeiten muß man immer in Kauf _______.
2. Ich bin jederzeit bereit, meine Vorstellungen zur Diskussion zu _______.
3. Er wollte seine Unschuld unter Beweis _________________.
4. Seine Unschuld ____________ außer Zweifel.
5. Darf ich Ihnen meine Kamera zur Verfügung _____________?
6. Die Soldaten haben tapferen Widerstand _______________.
7. Der Zeuge mußte vor Gericht einen Eid ______________.
8. Vor dem Unfall war der Wagen ins Schleudern ______________.
9. Wir wollen die neue Maschine in Betrieb _________________.
10. Kennedy hat schon wieder vor den UN eine Rede ______________.
11. Ich ___________ anderer Meinung als er.
12. Die UN haben dem Kongo Wirtschaftshilfe in Aussicht ________.
13. Die Produktion ___________ ins Stocken.
14. Bitte, ________ Sie die Polizei von einem Wechsel Ihres Wohnsitzes in Kenntnis!
15. Ich habe eine große Dummheit _____________.
16. Könnten Sie mir eine Auskunft _____________.
17. Er wird bald seine Habilitationsschrift in Angriff ___________.
18. Über seinen jetzigen Aufenthalt war nichts in Erfahrung _________.
19. Das Publikum ____________ dem Violinisten starken Beifall.
20. Er hat kein ehrliches Leben ______________.
21. Dieses Thema _________ hier nicht zur Diskussion.
22. Diese Vorgänge sind längst in Vergessenheit ____________.
23. Die Stadtverwaltung muß wegen des ständig zunehmenden Verkehrs neue Maßnahme ____________.
24. Seine neue Oper ___________ endlich zur Aufführung.
25. Ich habe neulich die Bekanntschaft von Meister Erhardt ___________.
26. Wir __________ Klage (Vorwürfe, Beschwerde) gegen ihn.
27. Die Türkei ___________ teilweise ganz europäische Züge.
28. Sein neues Buch hat schon große Verbreitung ______________.

29. Bei ihm ________ sich Aktivität und Selbstkontrolle die Waage.
30. Bitte, Sie können gern von meinen Büchern Gebrauch __________.
31. Ich möchte Ihre kostbare Zeit nicht länger in Anspruch __________.
32. Beim letzten Umzug sind fast alle meine Sammeltassen zu Bruch __________.
33. Gandhi hat in Indien Frieden ______________.
34. Der Direktor wird die neuen Angestellten bestimmt einer Probe __________.
35. Nachdem sie auf die Probe __________ worden waren, wurden sie entweder angestellt oder entlassen.
36. Hoffentlich wird dir deine Nachlässigkeit nicht zu großem Schaden ________.
37. Die Versammlung __________ einen ausgezeichneten Verlauf.
38. Die Studenten _________ mich in große Verlegenheit.
39. Der dänische Königshof wird bald Vorbereitungen für die Prinzenhochzeit __________.
40. Trotz meiner Bemühung habe ich keine gute Arbeit zustande ________.
41. Der Vortrag hat großen Eindruck auf mich ______________.
42. Darf ich Ihnen herzliche Grüße an Herrn Müller ______________?
43. Wären Sie so freundlich, ihm diese Grüße zu______________.
44. Die Polizei hat laufend Nachforschungen ______________.
45. Wollen Sie mir einen Gefallen ___________?
46. Der Arzt ist verpflichtet, auch in seiner Freizeit einem Verletzten Hilfe zu __________.
47. Das Staatliche Theater wird das Stück zur Aufführung __________.
48. Der Reporter ________ die Erlaubnis, die Ehrenbühne zu betreten.
49. Das auf mich zurasende Auto hat mir großen Schrecken _________.
50. Sie sollten nicht verzweifeln, Sie sollten wieder Mut ____________.
51. Können Sie mir einen Hinweis __________, wie ich machen soll?
52. Er hat das Verbot __________ und ist deshalb bestraft worden.
53. Er hat die schreckliche Krankheit ___________.
54. In seinem Befinden ist eine leichte Besserung ____________.
55. Das Stadtviertel _________ sich im Aufbau.
56. Unsere Handballmannschaft hat einen großen Sieg _________ und dem Gegner eine schwere Niederlage ___________.
57. Unsere Fußballmannschaft hat dagegen eine Niederlage ___________.
58. Ich möchte Ihnen meine herzliche Teilnahme ______________.
59. Wir __________ dieses Problem nicht zur Debatte.
60. Er ___________ auf seine Freunde nicht Rücksicht.
61. Wir ________ die Vorzüge zur vollen Geltung.

62. Das Unwetter hat großen Schaden ______________.
63. Er sagte, daß er der Aufforderung Folge nicht ___________.
64. Die Wirtschaftsexperten sind der Ansicht, daß weitere Lohnernöhungen die Lohn-Preis-Spirale erneut in Bewegung _________ werden.
65. Vor der Ausreise in ein tropisches Land müssen Sie sich einer gründlichen Untersuchung ___________.
66. Er hat die Prüfung mit Erfolg ______________.
67. Der Ankläger hat von seiner Anzeige Abstand ____________.
68. Der Minister hat innerhalb des Kabinetts immer mehr an Einfluß __________.
69. Wir __________ die Absicht, die Wohnung zu wechseln.
70. Es ist zu hoffen, daß das Treffen der Außenminister die steckengebliebenen Abrüstungsverhandlungen wieder in Gang _______.
71. Der Student _________ unter dem Verdacht, bei der Klausur abgeschrieben zu haben.
72. Er hat sich große Verdienste um die Firma _________.
73. Der Sprecher der Opposition __________ heftige Kritik an Maßnahmen der Regierung.
74. Seine Einnahme _________ mit seiner Ausgaben nicht Schritt.
75. Der Frühling ist da. Jetzt __________ die Bäume in Blüte.
76. Das hat mir Spaß (Vergnügen, Freude) ____________.
77. Es ist nicht einfach, dieses Problem zu ______________.
78. Er versuchte immer wieder, unter seinen Mithäftlingen Unruhe zu _________.
79. Es wäre sehr schön, wenn Sie mir diese Bitte _________ könnten.
80. Es ist dringend notwendig , hier Ordnung zu ____________.
81. Der Verbrecher hat einen Mord ______________.
82. Der Bundeskanzler hat mit Präsidenten de Gaulle den Termin für ein neues Treffen ___________.
83. Wir haben alle Vorbereitungen für diese Reise ______________.
84. Er will nicht, daß sein Name mit dieser Geschichte in Verbindung______ wird.
85. Unser Wunsch ist wider Erwarten schnell in Erfüllung __________.
86. Auf der regennassen Asphaltdecke _______ der Wagen ins Schleudern.
87. Bei unserer nächsten Sitzung werde ich diesen Punkt zur Sprache ________.
88. Daß das die beste Lösung war, wird heute von niemandem in Zweifel _________.
89. Sein Ausscheiden ________ das ganze Unternehmen in Frage.
90. Es scheint, daß ihre Freundschaft in die Brüche ________ ist.
91. Wenn es um seinen Vorteil geht, ________ er selbst seine Geschäftspartner rücksichtslos unter Druck.

92. Mit dieser Frage wollte er mich auf die Probe ____________.
93. Als seine möglichen Nachfolger sind bis jetzt nur Meier und Müller in die engere Wahl ____________.
94. Daß es zu Preisabsprachen zwischen den großen Ölkonzernen gekommen ist, __________ wohl außer Frage.
95. Er hat mir freundlicherweise seinen Wagen zur Verfügung __________.
96. Diese Gesichtspunkte halte ich für so entscheidend, daß man sie unter keinen Umständen außer acht __________ sollte.
97. Wir sollten auch diese Möglichkeiten in Betracht __________.
98. Die Produktion des neuen Autotyps ist erstaunlich schnell in Gang __________.
99. Das Nachrichtenmagazin hat bei dem Meinungsforschungsinstitut eine Wählerumfrage in Auftrage __________.
100. In Kaufhäusern _______ man immer wieder in Versuchung, mehr zu kaufen, als man eigentlich braucht.

[B]

1. Kaum hatte die Polizei den ersten Schuß _______, da _____ die Putschisten auch die Flucht.
2. Das Parlament _________ diesen Beschluß einstimmig.
3. Die Bundesrepublik ______ Handel mit allen südamerikanischen Staaten.
4. Die Lösung dieser Frage dürfte keine großen Schwierigkeiten _______.
5. Ohne staatliche Genehmigung dürfen Sie diesen Beruf nicht _________.
6. Trotz des guten Willens aller Beteiligten konnte in wichtigen Punkten keine Einigung ________ werden.
7. Mein Sohn hat in seiner letzten Mathematikarbeit nur zwe Fehler ______.
8. Ich glaube, Sie ________ einen großen Fehler, wenn Sie ihre Aktien gerade jetzt verkaufen.
9. Dann ist er wieder mit dem Gesetz in Konflikt ____________.
10. Die Witwe _________ einen Antrag auf Erhöhung ihrer Rente.
11. Die Bundesrepublik _______ diplomatische Beziehungen zur Sowjetunion.
12. Auf den Präsidenten der Vereinigten Staaten wurde ein Attentat __________.
13. Die Polizei __________ Nachforschung __________.
14. Der Herr ________ ein volles Geständnis __________.
15. Die französische Literatur ________ zu allen Zeiten einen großen Einfluß auf deutsche Literatur __________.
16. Die Regierung sah sich gezwungen, harte Maßnahmen zu _________.
17. Dem Dolmetscher ist ein bedauerlicher Übersetzungsfehler ________.

18. Der Präsident muß bei seinem Amtsantritt einen Eid auf die Verfassung _________.
19. Der Botschafter ________ dem Präsidenten einen Besuch __________.
20. Ich muß unbedingt eine Tablette _________, ich kann die Schmerzen nicht länger _____________.
21. Ich hatte den Eindruck, daß er mir mit dieser Frage eine Falle_______ wollte.
22. In diesem Semester wird Professor Panzer eine Vorlesung über Irland ______.
23. Wenn Sie sich gegen diese Verleumdungen nicht zur Wehr _________, wird man glauben, es wäre doch was an der Sache.
24. Wenn morgen schönes Wetter ist, __________ wir einen Ausflug.
25. Der Meteorologe __________ die Behauptung _______, er könne das Wetter mit 100%-iger Sicherheit voraussagen.
26. Er war nicht für Halbheiten und _________ immer die ganze Arbeit.
27. Herr Meier soll Selbstmord __________ haben.
28. Herr Braun soll sich das Leben ___________ haben.
29. Das Visum ist vom Koreanischen Konsulat ____________ worden.
30. Das Rätsel, das Sie mir _______ haben, kann ich nicht __________.
31. Bald ________ er sich auf freiem Fuß.
32. Der Minister _________ eine aufsehenserregende Rede.
33. Die Bundesrepublik hat mit fast allen Nachbarländern Kulturabkommen __________.
34. In seiner Freizeit _________ er Sprachstudien.
35. Plötzlich ________ die Frau einen gellenden Schrei ___________.
36. Ich habe noch nicht gewagt, ihm diese Frage zu ____________.
37. Manche Geologen_____die Meinung, daß in diesem Gebiet mit Erdölfunden gerechnet werden kann.
38. Schon jetzt werden Vorbereitungen für den Ernstfall _________.
39. Mir ist nicht bekannt, ob solche Überlegungen schon _______ worden sind.
40. Der Professor _________ die Vermutung ________, daß diese Krankheit auf falsche Ernährung zurückzuführen sei.
41. Ein Mitglied _____ den Wunsch, diesen Punkt auf die Tagesordnung zu setzen.
42. Laute Verwünschung _______, verließ er den Raum.
43. Dem Beamten wurde von seiner vorgesetzten Dienststelle ein strenger Verweis _________.
44. Der Empfänger hat die Annahme der Sendung ___________.
45. Mit dieser Kritik will ich seine Verdienste nicht ____________.
46. Durch Artilleriebeschuß _________ die Kompanie schwere Verluste.
47. Ich bin nicht bereit, die Verantwortung für diese Maßnahme zu ______.

48. Er ließ sich durch meine Frage nicht aus Ruhe ______________.
49. Wo wollen Sie ihren Urlaub ___________?
50. Ich warne Sie, daraus vorteilige Schlüsse zu ________________.
51. Bitte, ___________ Sie mich in Ruhe!
52. Auf diese Weise werden Sie ihr Ziel nie _____________.
53. Diese Veröffentlichung ________ großes Aufsehen.
54. Wir hoffen, daß wir Ihren Auftrag zu Ihrer Zufriedenheit __________ haben.
55. Ich will tun, was ich kann, aber ich kann sicher nicht alle ihre Wünsche ____________.
56. Er _________ ein hohes Amt in Außenministerium
57. Es _______ ans Wunder, daß es ihm gelang, eine vier Meter hohe Mauer zu übersteigen.
58. Der Patient wurde sofort ins nächste Krankenhaus ____________.
59. Bitte, ________ Sie das Formular _________ und schicken Sie es an unsere Dienststelle zurück!
60. Der Bundeskanzler hat mit dem Redakteur des „Spiegels" ein Interview _________.
61. Die Bewerbungen sind schriftlich bei uns ______________.
62. Ich glaube nicht, daß Sie aus diesen Geschäftsverbindungen großen Nutzen ______ werden.
63. Die erhöhten Rohstoffpreise machen es erforderlich, die Preise aller unserer Erzeugnisse zu _______________.
64. Er _________ jede Gelegenheit, die sich ihm ________, beim Schopofe.
65. Ich könnte die Arbeit nicht mehr _________ und war gezwungen, Personal __________.
66. Die deutschen Interessen in diesem Land werden zur Zeit vom Botschafter der Französischen Republik __________.
67. Die Art, auf der er geflohen ist, _______ etwas aus dem Rahmen.
68. Diese Arbeit ________ hohe Anforderung an die Arbeitskräfte.
69. Man sollte diesen Äußerungen keine allzu große Bedeutung _______.
70. Ich ________ den größten Wert auf die Feststellung, daß er mit diesem Mann weder verwandt noch identisch ist.
71. Bei dem anschließenden Prozeß _________ der Richter ein zu hartes Urteil.
72. Es fällt mir sehr schwer, ihn zu verstehen, aber ihm gelingt es nicht, sich in meine Lage zu ___________.
73. Alle Besucher müssen sich künftig einer strengen Leibesvisitation ________.
74. Dieses Dorf _________ im Krieg drei Tage lang unter Beschuß.
75. Um meine Familie zu sichern, habe ich eine Lebensversicherung__________.

76.Der Bundeskanzler wird morgen vor dem Bundestag eine Regierungserklärung ______.

77. Die Rede wird von allen Sendern ___________.

78. In meiner Schule wurde der Religionsunterricht vom Pfarrer ________.

79. Als ich Student war, hatte ich nie Geld. Ich mußte Privatstunden ____________.

80. Diese Bestimmungen haben nicht den Zweck, die Bewegungsfreiheit der Unternehmer __________.

81. Ich beabsichtige bei der Volksbank ein Konto zu ____________.

82. Ich habe leider kein Geld bei mir, aber ich __________ schnell einen Scheck ____________; den können Sie jederzeit bei der Volksbank ____________.

83. Der Arzt hat mir Tabletten _________, die ich sofort in der Apotheke besorgen soll.

84. Unsere Unsicherheit __________ ihm sichtlich großes Vergnügen.

85. Wie wir erfahren haben, ____________ der Bundespräsident morgen einen großen Empfang zu Ehren des hohen Gastes.

86. Mein Wagen ________ ihnen selbstverständlich jederzeit zur Verfügung.

87. Nach 40-jähriger Amtszeit ist Direktor Meier gestern in den Ruhestand _________.

88. Ich würde nie einer politischen Partei ____________.

89. Es dürfte schwierig sein, hier eine Entscheidung zu __________.

90. Von dort aus zweigten fünf Wege ab, so daß wir nicht wußten, welche Richtung wir __________ sollten.

91. Ich ________ Ihnen folgenden Vorschlag: „Gehen wir zu mir und diskutieren wir dort weiter."

92. Der Architekt __________ uns mehrere Vorschläge, die alle nicht unseren Vorstellungen ____________.

93. Man hat ihm oft den Vorwurf ___________, er habe seine Absichten nicht klar genug erkennen lassen.

94. Dem General wurde ein hoher Orden ___________.

95. Die Rentnerin ________ von ihrer Nachbarin Unterstützung.

96. Gleich zu Beginn der Sitzung ________ der Präsident das Wort.

97. Er _________ ein geruhsames Leben.

98. Bei diesem Treffen ______ unsere Truppen eine schwere Niedeerlage.

99. Von diesem Schriftstück müssen wir mindestens 10 Kopien _________.

100. Ich gehe nur schnell zur Post, um ein Telegramm ____________.

[C]

1. Wir wollen diesmal das Drama von Goethe zur Aufführung ________.
2. Eines Tages wird es schon ans Licht _______, wer mir damals das Geld weggenommen hat.
3. Gib mir bitte drei Tage Bedenkzeit! Ich muß erstmals mit mir zu Rate __________, ob ich das Angebot annehmen kann.
4. Er wurde gefaßt, als er Anstalten________. Das Gartentor des Gefängnisses mit einem Dietrich zu öffnen.
5. Dieser Mordfall bleibt mysteriös. Man wird die Wahrheit wohl nie ans Licht ___________.
6. Es wurden alle Vorkehrungen _________, daß sich so ein Fall in Zukunft nicht wiederholt.
7. Die Ereignisse haben einen guten Verlauf _________.
8. Du darfst keinen blinden Gehorsam gegenüber dem Vorgesetzten _____.
9. Der Pförtner _________ der Polizei Mitteilung von dem, was er in dieser Nacht beobachtet hat.
10. Niemandem wird sich die Gelegenheit bieten, heimlich in Besitz von Ausbruchswerkzeugen zu ____________.
11. Die Polizei wollte einen auf einen Herrn rasenden Wagen zum Halten _______.
12. Der Verlag kann keine Zusicherung ________, daß das Buch schon im nächsten Jahr erscheinen kann.
13. Unter Aufbietung aller Kräfte wurde das Projekt zu Ende _________.
14. Ich habe keine Lust, Überstunden zu machen, und wenn der Chef mich auf die Straße ___________.
15. Er ___________ ein Heer von Handwerkern auf die Beine, um die Messestadt aufzubauen.
16. Werden die Spritzen mich wieder auf die Beine _______, Doktor?
17. Nach dem Umzug bin ich noch nicht zur Ruhe __________.
18. Die Polizei ________ das Eigentum des Toten nicht in Verwahrung.
19. Er __________ bei den Verhandlungen der Kommission das Protokoll.
20. Das Buch hat allgemeine Anerkennung _____________.
21. Ein unheimlicher Traum hat sie heute sehr in Angst ___________.
22. Beim Skilaufen ist er zu Fall __________ und hat sich das Bein gebrochen.
23. Vor der Reise pflegen wir die Bücher auf dem Schreibtisch in Ordnung ___________.
24. Ihre Ehe ist endlich wieder in Ordnung ___________.
25. Wir wollen für die Sendung ein Programm auf die Beine _________, das alles Bisherige übertrifft.
26. Während der nachfolgenden Diskussion mußte der Leiter einige Störenfriede

mehrmals zur Ordnung __________.

27. „Glaubst du, die Sache _________ in Ordnung?" -„Ja, auf Fritz kannst du dich verlassen."
28. Durch den Absturz des Flugzeuges kamen alle Passagiere ums Leben _________.
29. Die Mutter _________ der Tochter die Erlaubnis zur Reise.
30. Diese Eindrücke haben ihm viele Anregungen für einen neuen Roman ____________.
31. Die Landwirtschaft Koreas ___________ eine gute Entwicklung.
32. Die Herstellungstechnik hat in den letzten Jahren eine starke Vervollkommnung _____.
33. Der Wissenschaftler hatte über seine Objekte Beobachtungen und Berechnungen ____________.
34. Wir müssen versuchen, diese unangenehme Situation in Ordnung zu _______.
35. Es war die große Tat von Henri Dunant, das Rote Kreuz ins Leben zu ____________.
36. Das Theaterstück hat beim Publikum gute Aufnahme ____________.
37. Der Passant konnte dem Ertrinkenden nicht mehr zu Hilfe _________.
38. Er _________ jegliche Beteiligung an dem Komplott in Abrede.
39. Wenn du die Kosten der Bahn- und Flugreise vergleichst, dann mußt du auch in Rechnung _________, daß wir bei der Bahnreise zwei Tage länger unterwegs sind und entsprechend Verpflegungen benötigen.
40. Der Herstellerbetrieb _______ Ersatz für den defekten Rasierapparat.
41. Die Verkehrssituationen in der Großstadt müssen eine Veränderung ____________.
42. Er muß unbedingt bei der nächsten Auszeichnung Berücksichtigung _______.
43. Der Kunde muß zwischen den angebotenen Küchenmöbeln Wahl _____.
44. Die Polizei hat den Verdächtigen vorerst in Haft ____________.
45. Nach seinem Unfall ist der Patient nicht wieder richtig zu Kräften __________.
46. Die Kinder haben aus Leichtsinn das Stroh in Brand __________.
47. Die Ergebnisse der Prüfung ________ die Studenten in Verwunderung.
48. Die offenen Probleme _______ in dem neuen Buch keine Erklärung.
49. Ich könnte ja auch noch ins Feld ________, daß ich älter bin als er.
50. Das weiße Porzellan der Koryo-Zeit ist durch Unvorsichtigkeit zu Fall _______ und in Scherben _____________.

[D]

1. Mein Freund hat für seinen Freund Bürgschaft ______ und muß nach dessen Konkurs mit seinem Vermögen eintreten.
2. Wir müssen in solchen schwierigen Fällen der operativen Behandlungen den Vorzug ___________.
3. Er hat in dieser Firma nur ein kurzes Gastspiel ___________.
4. Das Verfahren zur Herstellung dieses Produktes hat eine technische Vervollkommnung ________.
5. Die Methode zur Bestimmung der spezifischen Wärme hat mit der Zeit vielfache Vereinfachungen __________.
6. Der neue Staat strebt danach, die baldige, diplomatische Anerkennung zu __________.
7. Diese Therapie hat noch keine Anwendung auf die Praxis _________.
8. Der Dekan hat bei der Professorensitzung den Vorsitz __________.
9. Der Angeklagte versuchte, den Beweis dafür zu ________, daß er am selben Abend, an dem der Mordanschlag __________ wurde, zu Hause geblieben war.
10. Der Angeklagte wollte keine genaue Angaben _______, aus welchem Grund er an dieser Angelegenheit teilgenommen hatte.
11. Die Iraker prahlen, daß sie für ihr Vaterland bis zum letzten Mann den Kampf gegen die Alliierten __________ und ihnen schließlich eine große Niederlage _________ würden.
12. Er versuchte, vor der Kommission umständlich darüber Ausführungen zu _________, wie sich alles zugetragen hat.
13. Er ________ vorsichtig Andeutungen, daß es Zeit ist aufzubrechen.
14. Leider muß ich heute auf die Gesellschaft meiner Freundin Verzicht ________.
15. Während des Aufenthaltes meines Freundes in Seoul mußte ich für seine Unterkunft und Verpflegung Zahlung ______________.
16. Der Präsident tritt morgen eine Besichtigungsreise in die Gegenden um Pusan an, um Einsicht in das Lebensverhältnis des Volks zu __________.
17. Die Dokumente habe ich sorgfältig im Schreibtisch in Verwahrung ___________.
18. Auf grausame Art wollte er an seinem ehemaligen Gegner für seine Gemeinheit Rache __________.
19. Das Gericht _________ gestern an den Besitzer die Verfügung (Anordnung) über die Schließung des Lokals.
20. Die Wirtin_____ zu hohe Ansprüche, wenn sie ein Zimmer an Ausländer vermietet.
21. Wir müssen immer Vorsorge für schlechte Zeit __________, die uns im Krieg

bevorsteht.

22. Ihr Vater hat endlich seine Einwilligung zu ihrer Heirat ___________.
23. Der Vertrag __________ automatisch außer Kraft, wenn er nicht in einem Monat erneuert wird.
24. Der Luxusdampfer wurde erst vor zwei Jahren in Dienst __________.
25. Die Arbeiter ________ die zu übertriebene Forderung an den Fabrikbesitzer, daß sie ihre Arbeitszeit in der Woche auf 4 Tage verkürzen wollen.
26. Er hat vergeblich über die Beilegung des Streikes mit seinem Vertragspartner verhandelt, ohne daß er eine Vereinbarung (Abmachung)_______ konnte.
27. Sie haben offensichtlich miteinander über ihre Aussage eine Absprache ________.
28. Im Fallen war ihm etwas in der Hosentasche ins Rutschen ________.
29. Trotz der vorsorglichen Maßnahme der Regierung __________ wieder eine Protestbewegung der Studenten ins Rollen.
30. Der Posten _________ sofort die Alarmanlage in Betrieb.
31. Der Direktor hat mir den Auftrag dazu______. eine Konferenz vorzubereiten.
32. Ich ________ nicht in Zweifel, daß mein Sohn in Zukunft seine Arbeit erfolgreich ausführen würde.
33. Der Gelehrte hat einen bedeutsamen Beitrag zur Sprachwissenschaft __________.
34. Ich würde gern meinem Freund Abbitte _________, daß ich ihm zu meiner Schulzeit unrecht getan habe.
35. Über Politik streiten ist ja auch schön, aber man sollte es nie auf die Spitze ___________.
36. Es tut mir sehr leid, daß die öffentliche Meinung nicht ins Gewicht ________ ist.
37. Ich muß meinem Kollegen Dank für seine Hilfe ________, als ich in Not war.
38. Heute morgen hat ein amerikanischer Reporter eine Meldung über den Ausbruch des Krieges zwischen den Alliierten und den Irakern ____________.
39. Der Politiker wird morgen eine Stellung dazu ________, ob er der neuen Partei beitreten kann.
40. Ihr ewiges Gerede von der Gleichberechtigung zwischen Mann und Frau __________ einfach kein Ende.
41. Der Gläubiger hat eine Frist von drei Monaten _________, in der der Schuldner eine Schuld von 30.000 Euro begleichen soll.
42. Bei uns ___________ die meisten Universitäten im Mai Studentenfeste.
43. Beim Unterricht _______ uns der Lehrer durch pausenlose Fragestellung in Atem.
44. Es ist wirklich schwer, bei der Konferenz trotz des leeren Geredes der anderen

Ruhe zu ___________.

45. Der Mensch soll nicht vom rechten Weg abweichen, sondern im Leben Maß ___________.
46. Ich _________ Ihnen in Vorschlag, daß wir in Sommerferien eine Europareise machen.
47. Der Schürzenjäger wird das brave Mädchen in schlechten Ruf _______.
48. Er griff in seine Tasche und __________ etwas Geld zum Vorschein.
49. Als er das Paket öffnete, ___________ ein bunter Ball zum Vorschein.
50. Der Politiker wollte seinen politischen Gegner durch eine Intrige zu Fall ___________.

[E] 다음 문장을 기능동사구를 사용하여 문의가 동일하게 바꾸어 써라!

(예)

Das Staattheater führt das Stück von Brecht auf.

→ Das Staattheater bringt das Stück von Brecht zur Aufführung.

1. Auf der vereisten Straße begann mein Wagen zu schleudern.
2. Der Sekretär protokollierte die gesamte Diskussion.
3. Der Minister besucht heute den Präsidenten.
4. Du darfst meine Schreibmaschine jederzeit benützen.
5. Das Jugendwerk des Dichters ist von allen vergessen worden.
6. Das Konsulat hat mir auf meinen Brief nicht geantwortet.
7. Auf der Messe werden die neuesten Automodelle gezeigt.
8. Herr Meier unterrichtet Mathematik.
9. Seine Hoffnungen verwirklichten sich nicht.
10. Zweifellos ist er ein ehrlicher Mann.
11. Der Chef machte mir Hoffnung auf einen Dienstwagen. (Er versprach es, aber noch nicht fest.)
12. In unserer Firma wurde etwas Wichtiges entschieden.
13. Er handelt mit Südfrüchten.
14. Ganz unvorhergesehen mußte er sich von seinen Freunden verabschieden.
15. Man hat ihn bei der Polizei angezeigt, weil er gestohlen hat.
16. Ich habe etwas Interessantes beobachtet.
17. Darf ich dazu auch etwas bemerken?
18. Ich möchte diese schwierige Frage diskutieren lassen.
19. Seine ewige Fragerei macht mich ganz nervös.
20. Morgen muß sich der Kandidat prüfen lassen.
21. Morgen wird er von drei Professoren geprüft.

22. Dein schlechtes Benehmen wird dir noch schaden.
23. Alle interessieren sich für sein neues Buch.
24. Schauen Sie schnell aus dem Fenster!
25. Ich habe die Zeitung heute nur überflogen.
26. Neulich habe ich Sofie Loren kennengelernt.
27. Man warf mir sehr vor, daß ich immer so unpünktlich bin.
28. Seine neue Oper wurde gestern aufgeführt.
29. Die Politiker haben lange mit dem ausländischen Gast gesprochen.
30. Darf ich Sie nach Ihrer wirtschaftlichen Situation fragen?
31. Auf der Party wurde das Mädchen kaum beachtet.
32. Der Abgeordnete sprach vor 3.000 Zuhörern.
33. Diesem Mädchen kann man nicht vertrauen.
34. Der Beleidigte wurde wütend.
35. Die Beamten müssen auf die Verfassung schwören.
36. Der Löwendressurakt fesselte uns sehr.
37. Warum beantragen Sie keine Steuerermäßigung?
38. Das Experiment hat die Richtigkeit der Thesen bewiesen.
39. Die Versammlung der Studenten ist erfolgreich verlaufen.
40. Betriebsdirektor hat seinen engsten Mitarbeitern die bevorstehenden Aufgaben angedeutet.
41. Ich meine,das ist falsch.
42. Der Redner stockte plötzlich.
43. Er hat sich selbst getötet.
44. Da tauchte unerwartet ein 50 Markschein auf.
45. Die Maschine arbeitet schon lange nicht mehr.
46. Der Angeklagte leugnete, er sei um diese Zeit dort gewesen.
47. Mäßigen Sie sich beim Trinken!
48. Bitte, lassen Sie mich nicht allein!
49. Der Staatsanwalt glaubt den Aussagen des Zeugen nicht.
50. Hier entstehen viele Neubauten.

문제풀이 (Lösungsschlüssel)

1.고유명사

1) Im Urlaub wollen Müllers an die Ostsee fahren und dort den Urlaub verbringen.
2) Goethes „die Leiden des jungen Werthers“ gehört zu den weltberühmten Romanen.
3) Die scharfe Kritik Luthers an der traditionellen Kirche führte zur inneren Reform der Kirche.
4) Die Republik Korea ist ein demokratischer Staat. Alle Staatsgewalt geht vom Volk aus.
5) Die Verfassung Koreas bestimmt die Form der Regierung und die Rechte und die Pflichten der Bürger.
6) Die UN (die Vereinten Nationen) stellen dem Kongo die Wirtschaftshilfe in Aussicht.
7) Die Zahl der Geburten in China nimmt jährlich stark zu. Im Gegensatz zu China nimmt die Einwohnerzahl in Korea nach und nach ab.
8) Im Süden Asiens wüten die schlimmsten Überschwemmungen seit vielen Jahren. Die Fluten haben schon mehrere hundert Todesopfer gefordert.
9) Zwischen Rußland und den USA (den Vereinigten Staaten) wird ein neues Handelsabkommen unterzeichnet.
10) Im nächsten Jahr will er eine Reise nach Osteuropa machen. Dabei will er auch Budapest, das alte Prag und den neuaufgebauten Dresden besuchen.
11) Professor Braun hält morgen einen Vortrag über Florenz' Geschichte (die Geschichte von Florenz).
12) Köln, Bonn und Koblenz liegen in einer Linie entlang des Rheins. Deshalb können wir mit dem Schiff von Köln nach Koblenz fahren.
13) Die Isar fließt in die Donau, und die Donau mündet in das Schwarze Meer.
14) Man betrachtet die Frankfurter Allgemeine Zeitung als die beste der Bundesrepublik.
15) Die Berliner Morgenpost ist politisch überparteilich, jedoch sehr stark engagiert.

2. 명사의 격의 용법

1) Die Regierung besteht aus dem Regierungschef und den Ministern. In der Bundesrepublik Deutschland heißt der Regierungschef Bundeskanzler. In vielen anderen Ländern heißt er Ministerpräsident.

2) Alle Männer und Frauen, die das Volk wählt, bilden das Parlament. Es muß die Gesetze beraten und die Regierung kontrollieren.
3) Weil der Mensch kein Einzelgänger, sondern ein Gemeinschaftswesen ist, lebt er mit anderen Menschen zusammen.
4) In den Sommerferien habe ich die Absicht, auf die Jeju-Insel zu fliegen, denn sie bietet den Touristen größte Sehenswürdigkeiten.
5) Auf dem Mond gibt es kein Lebewesen, nicht einmal Moose oder einfache Pflanzen. Auf den Planeten, die mit unserer Erde die Sonne umkreisen, gibt es ebenfalls keine höheren Lebewesen, die uns gleichen.
6) Die Gegend selbst gefällt mir nicht besonders. Da gibt es erstens zu viele Industrien, und zweitens ist das Klima in diesem Gebiet sehr schlecht.
7) Herr Braun wurde als ordentlicher Professor für`Deutsche Geschichte' an die Universität S. berufen. Der Dekan stellt ihn bei der Professorensitzung allen Professoren vor.
8) Er übermittelte seiner Frau die fröhliche Nachricht, daß der Sohn das Staatsexamen bestanden hat.
9) Nach wenigen Minuten kam er zurück und fand am Wagen einen Strafzettel. Er nahm ihn, ging zum nächsten Polizisten und gab ihm den Zettel.
10) Als Drucksache senden wir Ihnen Prospektmaterial über alle Geräte, die wir zur Zeit liefern. Die Prospekte enthalten Abbildungen und Beschreibungen sowie die Maße und Gewichte der einzelnen Geräte.
11) Die Bundesbahn hat ihm die Rückerstattung der Fahrkarten verweigert und ihm auch die Bitte um Preisermäßigung abgeschlagen.
12) Gib mir drei Tage Bedenkzeit! Ich muß erst mal mit mir zu Rate gehen, ob ich dein Angebot annehmen kann.
13) Ich war ganz benommen, aber ein starker Kaffee hat mir dann auf die Beine geholfen.
14) Ein Fahrer hat sehr schwer gegen die Verkehrsregeln verstoßen, denn er hat betrunken am Steuer gesessen. Deshalb entzog ihm der Polizist den Führerschein.
15) Eine schwache, alte Frau wollte in den Bus einsteigen. Dabei half ihr ein Junge beim Einsteigen in den Bus.

3. 배어법

1) Mein Vater kommt morgen nachmittag um 3 Uhr wegen dringender Angelegenheit mit dem Flugzeug in Seoul an.
2) Als er auf dem Bahnhof (am Bahnhof) angekommen war, fuhr ihm der Zug vor der Nase weg.

3) Der Student hat mit seinen Freunden eine Ferienreise gemacht und ist zwei Wochen an der Ostsee geblieben. Am Tag sind sie an den Strand gegangen. Am Abend haben sie aber zusammengesessen, sich miteinander unterhalten und ferngesehen.
4) Nach der Vorlesung sind wir in die Mensa zum Mittagessen gegangen. Am Abend sind wir in die Oper gegangen. An diesem Tag hat der „Freischütz" von Weber auf dem Programm gestanden.
5) Während meines Aufenthaltes in München bin ich einmal im Monat mit meinem Arbeitskollegen zum Bowling (Kegeln) gegangen. Das hat uns wirklich Spaß gemacht.
6) Am Anfang habe ich mich hier nicht ganz zu Hause gefühlt. Ich konnte überhaupt kein Deutsch sprechen, und der Umgang mit den Leuten war nicht leicht. Aber mit meinen besseren Sprachkenntnissen sind solche Schwierigkeiten verschwunden.
7) Heute vormittag kam ich nach der Vorlesung mit einem Studenten ins Gespräch. Er hat mir erzählt, daß einer der Bekannten plötzlich sein Studium unterbrechen muß, und daß sein Zimmer frei wird.
8) Eben fällt mir ein, wie mein Freund voriges Jahr ein Zimmer in München gemietet hat. Er hatte schon vieles vergeblich versucht und war nahe daran, wieder München zu verlassen.
9) In den meisten Städten ist die Nachfrage nach Wohnungen leider noch größer als das Angebot.
10) Heute morgen hat ein amerikanischer Reporter eine Meldung über den Ausbruch eines Krieges zwischen den Alliierten und den Irakern erstattet.
11) Nachdem alle Teilnehmer an der Konferenz eine kurze Pause gemacht hatten, begaben sie sich alle in den Sitzungssaal.
12) Bei der Überschwemmung im Jahre 1998 in Korea sind mehr als 100 Menschen ums Leben gekommen, dabei sind ebenfalls Tausende obdachlos geworden.
13) Nach 40-jähriger Amtszeit ist Herr Braun in den Ruhestand getreten. Bei seiner Abschiedsrede hat er gesagt: „Von jetzt an werde ich mich für den Umweltschutz einsetzen (engagieren)."
14) Dort, wo viele Soldaten während des Koreanischen Krieges im blutigen Gefecht gefallen waren, errichtete man ein Denkmal zur Erinnerung an die Opfer.
15) Zugleich fordert der Papst die Gläubigen zum aktiven Widerstand gegen die Staatsgesetze auf, die unter bestimmten Bedingungen Abtreibung oder Sterbehilfe gestatten.
16) Herr Müller hat mit dem Bauen lange warten müssen, weil er das notwendige Geld nicht so schnell hat zusammensparen können.

4. 복합동사

1) Die Polizei sorgt für Ordnung in der Öffentlichkeit und klärt Verbrechen auf. Bei ihrer Arbeit muß sich die Polizei genau an die Gesetze halten.
2) Auch die Ampeln sind Verkehrszeichen und drücken viele Verkehrsregeln aus. Manche Verkehrszeichen gelten nur für Auto- und Radfahrer, andere auch für Fußgänger.
3) Ein Betrunkner fuhr ein Verkehrsschild um und wollte Fahrerflucht begehen. Aber er wurde auf frischer Tat ertappt.
4) Sie stellen sich gar nicht vor, wie billig das Reisen sein kann. Man muß nur richtig planen und auch eventuelle Schwierigkeiten ins Auge fassen.
5) Sagen Sie mir bitte Bescheid, wann Sie hier in Seoul ankommen! Ich hole Sie gern vom Flughafen ab.
6) Er hat seine Freunde zum Abendessen eingeladen und sich sehr angestrengt, um ihnen einen schönen Abend anzubieten.
7) Die Theateraufführung findet heute abend um 7 Uhr in der Aula statt. Wenn du Interesse hast, komm doch mit!
8) Nach der Ankunft in der Bundesrepublik muß man sich beim Einwohnermeldeamt anmelden, wenn man sich lange in Deutschland aufhalten will.
9) Der General wollte die an der Grenze stationierten Truppen zurückziehen, denn die Kriegslage hatte sich verschlechtert.
10) Der Professor stellt die Vermutung auf, daß diese Krankheit auf schlechte Ernährung zurückzuführen sei.
11) Der Meteorologe stellt die Behauptung auf, er könne in absehbarer Zeit das Wetter mit 100-prozentiger Sicherheit voraussagen.
12) Im Jahre 2000 fand die Olympiade in Sydney statt. Sie wurde in alle Welt über (per via) Satellit übertragen.
13) Abends um 7 Uhr herum herrscht starker Verkehr. Deswegen müssen wir versuchen, die große Stadt mit ihrem dichten Verkehr zu umfahren, um nicht im Berufsverkehr steckenzubleiben.
14) Dann ging der Redner auf einige Probleme der wirtschaftlichen Entwicklung ein und wies auf vorhandene Disproportionen hin, die in den vergangenen fünf Jahren noch nicht überwunden werden könnten.
15) In dieser Dichtung spiegeln sich die politischen Verhältnisse der Epoche (Zeit) deutlich wider.

5. 전치사 (I)

(A) 2격 지배

1) Wenn die erwartete Überweisung nicht innerhalb einer Woche eintrifft, müssen wir gründliche Nachforschung anstellen, um die Ursachen herauszufinden.
2) Anlässlich des 100. Todestages des Dichters wurden seine Werke neu herausgegeben.
3) Die Stadtverwaltung muß wegen des ständig zunehmenden Verkehrs neue Maßnahmen treffen.
4) Herr Braun wurde wegen Trunkenheit am Steuer zu einer Geldstrafe verurteilt.
5) Seit drei Tagen lebe ich hier in einem kleinen Dorf außerhalb der Stadt Seoul und abseits (von) der Landstraße.
6) Die Wohnung liegt unweit der Universität. Wegen der Nähe der Universität habe ich keine Ausgabe für Verkehrsmittel. Deshalb nehme ich das Zimmer trotz der hohen Miete.
7) Er wollte heute kommen, konnte aber nicht. Stattdessen rief er uns an und entschuldigte sich, daß er wegen seiner Krankheit nicht kommen konnte.
8) Laut Gesetz, das am 12. Mai 2202 in Kraft getreten ist, sind Sie verpflichtet, dem Finanzamt folgende Abgaben zu entrichten.
9) Während des Krieges wurde die Stadt stark bombardiert, und viele Häuser wurden dabei zerstört. Für die Obdachlosen wurden größere Summe gespendet.
10) Als der Dichter gestorben war, hinterließ er seiner Familie statt des Vermögens nur viele Schulden.

(B) 3격 지배

1) Bevor wir die Straße überqueren, müssen wir nach links und nach rechts schauen.
2) Nächst der Umweltverschmutzung ist heutzutage die Überbevölkerung das größte Problem.
3) Die Offiziere wollten eine Verschwörung gegen die Regierung anzetteln. Sie wurden aber alle verhaftet, weil ein Verräter bei der Polizei Anzeige gegen sie erstattet hatte.
4) Rückflug und Landung eines Raumschiffs sind sehr gefährlich. Das Raumschiff muß im richtigen Augenblick und mit der nötigen Geschwindigkeit aus der Umlaufbahn den Kurs auf die Erde einschlagen.
5) Zu Ostern fahren wir meist zum Schifahren in die Alpen, zu Weihnachten bleiben wir zu Hause, zu Silvester sind wir gern bei den Freunden und feiern.
6) Die Arbeitsgeber lehnten die Forderung der Gewerkschaften nach mehr Lohn ab. Ab gestern wurde deshalb gestreikt.
7) Seit einer Woche ist die Gewerkschaft schon in Verhandlung mit der

Betriebsleitung. Nach den Angaben einiger Gewerkschaftsführer hat man sich bis jetzt nicht über die Lohnerhöhung geeinigt.
8) Einem Nachbarn gegenüber äußerte der Bauer den Verdacht der Brandstiftung. Aber entgegen diesem Verdacht stellte man später fest, daß ein Kurzschluß die Ursache des Brandes ist.
9) Gemäß den Satzungen des Vereins gehören der Tierschutz und die Tierpflege zu den wichtigsten Aufgaben der Mitglieder.
10) Dank zahlreichen Spenden konnte der Verein ein neues Tierheim erbauen. Außer Katzen und Hunden werden auch alle anderen Haustiere aufgenommen.

6. 전치사 (II)

(A) 4격 지배

1) Die Studenten haben beschlossen, aktiv (eifrig) an der Kampagne (dem Kampf) gegen die Umweltverschmutzung teilzunehmen.
2) Die Maschine konnte nicht pünktlich abfliegen. Wegen des dichten Nebels wurde der Start der Maschine um eine Stunde verschoben.
3) Die Nerven nennt man das Nachrichtensystem des Körpers. Die Nerven nehmen alle Sinneseindrücke auf und leiten sie zum Gehirn. Ohne Nerven können wir zum Beispiel nicht hören und sehen.
4) Gegen die schädlichen Wirkungen aller Bazillen und Bakterien gibt es viele Impfstoffe. Durch das Impfen werden im Körper Abwehrstoffe gegen gefährliche Krankheiten gebildet.
5) Für das neue Auto brauchte ich einen Bankkredit. Wider Erwartung besorgte mir mein Onkel einen Kredit von einem Geldinstitut. Bis zur völligen Zurückzahlung bleibt der Wagen natürlich Eigentum der Bank.
6) Ohne Geld macht uns das Kartenspielen keinen Spaß. In die Karten des anderen heimlich zu schauen, ist wider die Spielregel.
7) Das Klima hier ist für mich sehr gesund. Morgens gehe ich schon immer um 7 Uhr aus dem Haus an den Strand.
8) Meistens leihe ich mir für 4 Euro ein Boot und fahre auf das Meer hinaus. Die Sonne steht dann schon ziemlich hoch am Himmel.
9) Der Staatsanwalt hat das wichtige Dokument Seite für Seite (ganz genau) überprüft. Er erledigt alles sorgfältig und überlegt sich, bevor er sich entscheidet. Darin zeigt sich seine Persönlichkeit ganz klar.
10) Das Thermometer zeigt draußen zwei Grad über Null (unter Null). Für die Jahreszeit ist es viel zu kalt.
11) Die moderne Landwirtschaft kommt ohne Maschinen und ohne technische Hilfsmittel nicht mehr aus. Für die Landwirtschaft gibt es besondere

landwirtschaftliche Maschinen.

(B) 3 · 4격 지배

1) Sonntag vormittag ging die Familie gemeinsam zum Gottesdienst in die Kirche, und am Nachmittag fuhr sie mit dem Auto spazieren.

2) Die Neuigkeiten habe ich im Radio gehört, im Fernsehen gesehen und jetzt auch in der Zeitung gelesen, nun weiß ich wirklich Bescheid.

3) In München konnten wir keine Unterkunft im Hotel finden und mußten im Freien (unter freiem Himmel) übernachten.

4) Zum Wochenende fahren wir meist aufs Land, ans Meer oder ins Gebirge.

5) Er hat kein festes Einkommen und lebt von der Hand in den Mund. Daher hat er auch keine Möglichkeit, etwas auf die Seite zu legen. Seit 10 Jahren liegt er nun seinem Vater auf der Tasche.

6) Das Gesetz tritt am 15. Januar 2003 in Kraft. Für die Zwischenzeit bleibt es bei der alten Regelung.

7) Die im Herbst begonnenen Bauarbeiten wurden vor Einbruch der Kälte eingestellt und sollen erst in zwei Monaten wieder aufgenommen werden.

8) Die Kellnerin war über die Frechheit des Gastes empört. Vor Wut schüttete sie dem Gast die Suppe ins Gesicht.

9) Beim Rundfunkgerät spricht man von Mittel-, Lange-, Kurz- und Ultrakurzwellen. Auf jeder dieser Wellen können verschiedene Programme ausgestrahlt werden.

10) Soldaten sind Beamte auf Zeit. Sie stehen im Dienste des Staates, solange sie als Soldaten ihre Wehrpflicht ableisten. Unter Wehrpflicht versteht man die Pflicht, für einige Zeit Soldat zu sein.

11) Mit unserer Antenne können wir neben den koreanischen Programmen die japanischen und die chinesischen empfangen.

12) Wir waren so langsam, daß wir ständig hinter dem Rest der Wandergruppe zurückgeblieben waren.

13) Auf dem Supermarkt gibt es neben Lebensmitteln Teller und Tassen, Kochtöpfe und Mikrowellenherde zu kaufen.

14) Wegen eines Stipendiums wenden Sie sich bitte an die Botschaft!

15) Die Mutter saß zwischen ihrem Sohn auf der rechten Seite und ihrem Mann auf der linken Seite.

7. 화법조동사

1) Nach der Wahlniederlage zieht er sich aus seinem politischen Leben zurück, und nun hat er die Absicht, den Rest des Lebens ruhig auf dem Land zu verbringen.

2) Die Bürger können unter verschiedenen Parteien oder Personen wählen, d.h. jeder erwachsene Bürger darf seine Stimme der von ihm bevorzugten Partei oder dem von ihm gewünschten Kandidaten geben.
3) Auf der Autobahn darf man nicht radfahren (mit dem Fahrrad fahren). Mit dem Fahrrad auf der Autobahn zu fahren, ist nicht nur lebensgefährlich, sondern gesetzlich verboten.
4) Die Polizei soll zweimal das Zimmer des Untermieters durchsucht haben. Außerdem soll er sich häufig mit zwielichtigen Personen getroffen haben, und diese sollen oft bei ihm gewesen sein.
5) Die Erwartungen der heutigen Jugendlichen an ihre Lebenspartner können durchaus mit denen ihrer Elterngeneration verglichen werden.
6) Der wirtschaftliche Fortschritt, der den Lebensstandard sichern soll, ist vor allem auch abhängig von der Grundlagenforschung eines Landes.
7) Die Arroganz seiner Freundin hatte er nicht leiden mögen. Da mußte er sich von ihr trennen.
8) Gestern abend war ich mit meinem Freund zu Hause. Trotzdem will sie mich gestern abend im Kino gesehen haben.
9) Leider habe ich kein Geld bei mir, aber ich kann schnell einen Scheck ausschreiben; den können Sie jederzeit bei der Kugmin-Bank einlösen.
10) Eben haben sie einen Fernsehbericht über Persien angekündigt, jetzt zeigen sie Bilder über Polen. Da muß doch wieder ein Irrtum passiert sein.
11) In den Ortschaften dürfen die Kraftfahrzeuge gewöhnlich höchstens 50 Kilometer in der Stunde fahren. Man darf die vorgeschriebene Höchstgeschwindigkeit nicht überschreiten.
12) Welche Fähigkeit muß ein Wissenschaftler haben? Zunächst einmal muß er einen gewissen Forscherdrang besitzen, d.h. er sollte ausdauernd und methodisch forschen können.
13) Mit dem Zug fahren wir 6 Stunden lang von hier bis Busan, mit dem Flugzeug können wir aber schon in einer halben Stunde dort sein.
14) Auch Radfahrer und Fußgänger können von einem Polizeibeamten ein Strafmandat erhalten, wenn sie gegen die Verkehrsregeln verstoßen. Bei Unfällen und sehr schweren Verstößen muß die Polizei den Verkehrsteilnehmer bei Gericht anzeigen.
15) Der Dichter soll sein ganzes Vermögen an eine Hilfsorganisation verschenkt haben und zu seinen Lebzeiten ein sparsames Leben geführt haben.

8. 복합시칭

1) Einstein hat die Relativitätstheorie entwickelt. Die moderne Physik ist dadurch entscheidend beeinflußt worden.

2) Seit dem Altertum haben sich Philosophen, Grammatiker und Sprachforscher mit Sprache und Grammatik beschäftigt. Doch erst die Entdeckung der Verwandtschaft der indoeuropäischen Sprachen führte zu einer wissenschaftlichen Sprachforschung im modernen Sinne.

3) An der Straßenkreuzung hat der Schutzmann den Verkehr gestoppt. Er hat die Wagenkolonne mit dem Ministerpräsidenten ungehindert passieren lassen wollen.

4) Die Bestimmungen haben den Zweck nicht gehabt, die Bewegungsfreiheiten der Studenten einzuschränken.

5) Der Schiefe Turm von Pisa stürzt trotz aller Voraussagen noch immer nicht ein. Aber am 5. Januar 1990 geschah etwas, was niemand für möglich gehalten hatte. Der Turm wurde wegen möglicher Einsturzgefahr zum ersten Mal in seiner 800-jährigen Geschichte für Besucher geschlossen.

6) Einige Länder hatten vor einigen Jahren noch viele veraltete Einreisebestimmungen gehabt. Das hat natürlich den internationalen Reiseverkehr sehr stark behindert.

7) In uns(e)rer Gegend ist über Nacht viel Schnee gefallen. Der Verkehr auf den Straßen ist heute infolgedessen sehr stark behindert.

8) In der Stadt ist plötzlich der (elektrische) Strom ausgefallen. Ein wahres Chaos ist infolgedessen auf den Straßen und in den Geschäftshäusern entstanden.

9) Die Bergsteiger haben anläßlich des Jubiläums der Erstbergbesteigung den 8850 Meter hohen Gipfel des Mount Everest erklimmen wollen.

10) In Hamburger Hafen hat sich bei dichtem Nebel ein folgenschwerer Unfall ereignet. Dabei ist folgendes geschehen: Ein Frachter hat die größte Hubbrücke Europas gerammt.

11) Die Wetterlage hat sich gestern verändert. Die Meteorologen hatten es so in ihrer Wettervorhersage angekündigt.

12) Mein Aufenthalt in Busan hat leider wenige Tage gedauert. Aber ich habe die Zeit genützt und die interessantesten Sehenswürdigkeiten dieser großen Hafenstadt besichtigt.

13) Als ich an einer Straßenkreuzung angekommen war, da kam plötzlich ein Radfahrer von rechts und fuhr gegen meinen Wagen.

14) Er hat sich Kartons besorgt und darin die Bücher verpackt. Er hat sich einen Lieferwagen geliehen und ist damit zu seiner alten Wohnung gefahren. Die Freunde haben die Möbel hinuntergetragen und sie im Auto verstaut.

15) Gas ist in das Zimmer gedrungen. Die Familie ist fast erstickt. Die Ambulanz ist gekommen und hat die Leute ins Krankenhaus gebracht.

9. 수동태

1) Ein Verkehrschaos soll verhindert werden, und zu diesem Zweck soll der Straßenraum neu verteilt werden. Für Radfahrer und Fußgänger soll ausreichend Platz geschaffen werden. Sie wollen als gleichberechtigte Verkehrsteilnehmer behandelt werden.
2) Fahrer verstoßen manchmal gegen die Verkehrsregeln und verursachen einen Unfall. Dann begehen sie Fahrerflucht, um zu verhindern, daß sie bestraft werden.
3) Der Kraftfahrer hat den Fußgänger überfahren. Dann wurden die Uraschen des Falls von der Polizei untersucht, und er wurde wegen der mangelnden Rücksichtnahme angeklagt.
4) 1976 wurde in der Bundesrepublik die Gurtpflicht (Anschnallpflicht) für Autofahrer eingeführt. Seit 1983 wird derjenige mit Bußgeld bestraft, der sich nicht daran hält. Manche Autofahrer schnallen sich aber immer noch ungern an.
5) Wenn Rundfunk und Fernsehen in den Händen einer Partei oder eines Privatmannes wären, könnten sie leicht mißbraucht werden.
6) Unfair, einseitig und parteilich wird die Berichterstattung erst dann, wenn Tatsachen, die gegen die eigene politische Meinung sprechen, einfach ignoriert oder verdreht werden.
7) Zweimal in der Woche werden allgemeine Konferenzen abgehalten, Patienten werden besprochen, auch ihre Krankheitsgeschichte, ihre Befunde, und dann wird man entscheiden, ob eine Operation nötig ist, und wie die Operation durchgeführt werden soll.
8) Um Facharzt zu werden, muß eine bestimmte Zahl von Operationen selbständig ausgeführt werden. Am Anfang werden natürlich leichte Operationen gemacht, aber später werden auch die großen Operationen selbständig vorgenommen.
9) Krankheiten können durch Verletzungen hervorgerufen werden oder dadurch, daß ein Organ unseres Körpers nicht richtig arbeitet. Manche Krankheiten werden durch Krankheitserreger verursacht.
10) Der Puls des Kranken muß gezählt werden, und das Fieber muß gemessen werden. Dann muß man beides auf einer Karte einzeichnen.

(11) 부터는 능동태로서 수동태의 의미를 가지는 작문

11) In Kaufhäusern kommt man immer wieder in Versuchung, mehr zu kaufen, als man eigentlich braucht.
12) Er kann den Führerschein für einige Zeit entzogen bekommen, auch wenn er gar keinen Unfall verursacht hat.
13) Es ist nichts dagegen einzuwenden, daß im Bildungsbereich und zumal an den

Universitäten derart Reform langsam und bedacht in Angriff genommen werden muß.
14) In einem kleinen Geschäft läßt sich der Kunde vom Inhaber beraten lassen und kann sich bei ihm beschweren. Hier gilt noch etwas die menschliche Beziehung.
15) Die Zahl der stark gebeugten Zeitwörter ist nicht mehr groß und nimmt weiter ab, da sich im Laufe der Zeit von manchen dieser Zeitwörter auch schwach gebeugte Formen entwickeln und durchsetzen.

10) 재귀동사 · 비인칭 동사

(A) 재귀동사

1) Wer, von der Gier nach Ruhm und Reichtum beherrscht, sich keine freie Stunde mehr gönnt und sich immer nur plagt und müht, ist wahrhaftig ein Narr.
2) Unmündigkeit ist das Unvermögen, sich seines Verstandes ohne Leitung eines anderen zu bedienen. Selbstverschuldet ist diese Unmündigkeit, wenn die Ursache derselben nicht am Mangel des Verstandes, sondern am Mangel der Entschließung und des Mutes liegt, sich seiner ohne Leitung eines anderen zu bedienen.
3) Der Umgang mit der Macht ist das Kernproblem des Christen in der Politik. Christen können sich für oder gegen die Wehrpflicht, für oder gegen die Atombewaffnung, für oder gegen die Planwirtschaft, die Todesstrafe aussprechen.
4) Ein Deutscher, der alt genug ist, sich an die Zeiten des `Dritten Reichs` und des Zweiten Weltkrieges zu erinnern, mußt sich in der Bundesrepublik zuweilen wie verzaubert vorkommen.
5) Manche Menschen nehmen Medikamente ein, auch wenn sie sie gar nicht benötigen. Sie haben sich an die Mittel gewöhnt und werden in einigen Fällen süchtig.
6) Man hat sich zu sehr an das Vorbereiten gewöhnt, und wenn man damit fertig ist, sich für sich selbst vorzubereiten, bereitet man sich für die anderen vor.
7) In der Gemeinschaft ist einer auf den anderen angewiesen. Deshalb müssen wir aufeinander Rücksicht nehmen und uns gegenseitig helfen.
8) Am wichtigsten sind Aufmerksamkeit und Rücksicht. Jeder Verkehrsteilnehmer muß sich so benehmen, daß kein anderer Mensch geschädigt, gefährdet, behindert oder belästigt wird.
9) Über manche Satelliten werden Telefongespräche und Fernsehsendung von einem Erdteil zum anderen übertragen. Andere Satelliten sind für Wettervorhersage eingesetzt. Am Bord der Satelliten befinden sich viele Meßinstrumente und Funkgeräte, die selbständig arbeiten.
10) Die Umlaufbahn befindet sich so weit von der Erde entfernt, daß sich der Satellit

dort in einem Gleichgewicht zwischen der Anziehungskraft und der Fliehkraft befindet

(B) 비인칭 동사

1) Es blitzte und donnerte die ganze Nacht. Später hat es gestürmt und gehagelt. Jetzt regnet es.
2) Es ist trotz anderslautender Wettervorhersage sehr schön geworden. Hoffentlich bleibt es noch einige Tage heiter.
3) Am Dienstag überwiegen in Süden die Wolken, und es gibt noch hier und da Schauer. Sonst ist es freundlich und trocken.
4) Gestern gab es einen Unfall auf der Autobahn. Beim Anblick des verunglückten Wagens schüttelte es mich am ganzen Körper.
5) An Sachverständigen auf den Gebieten der Kernenergie und Elektronik mangelt es uns.
6) Mir kommt es mehr auf ein gutes Arbeitsverhältnis als auf hohe Bezahlungen.
7) Es kommt auf die Entscheidung der Eltern an, ob ich weiter studieren kann, denn ich bin finanziell ganz von ihnen abhängig.
8) In dem Vortrag des Gastprofessors handelt es sich um Entwicklungstendenzen in der Gegenwartssprache.
9) Das vorliegende Buch ist aus jahrelanger Praxis im Unterricht mit Ausländern entstanden und für alle gedacht, denen es an gründlichen und zusammenhängenden Kenntnissen in der deutschen Grammatik fehlt.
10) Es handelt sich bei dem Angeklagten um einen überaus einfältigen Menschen. Seine Antworten auf Fragen nach seiner Kindheit lassen auf seine schwere Familienverhältnisse schließen.

11. 형용사

1) Wir hatten großen Hunger und gingen in das neu eröffnete Schnellrestaurant an der Ecke. Wir nahmen Platz und bekamen auch die Speisekarte. Wir blätterten darin und bestellten ein Menü.
2) Die Zimmer sind alle sehr modern mit kaltem und warmem Wasser, mit elektrischem Licht und Zentralheizung. Die großen Zimmer kosten im Monat 500.000 Won mit Vollverpflegung, mit Zentralheizung und Bedienung.
3) Ein Betrunkner fuhr gestern auf der Autobahn in der falschen Richtung. Dabei rammte er einen Bus.
4) Ein besonderes Merkmal der illustrierten Zeitschriften ist die Bildreportage. Hierbei geht es darum, den Leser in wenigen Worten, aber in guten und

eindrucksvollen Photos zu informieren, zu unterhalten oder zum Nachdenken anzuregen.

5) Eine ernste Gefährdung der Freiheit kleinerer Lokalzeitungen ergibt sich aus der Tatsache, daß ein großer Teil ihrer Einnahmen aus Anzeigen herrührt.

6) Während seines Urlaubs ist er ins Gebirge gefahren, um sich von seiner Arbeit zu erholen, aber mehr erschöpft als erholt kam er aus dem Urlaub zurück.

7) Da man die Nachrichten abends schon im Fernsehen gesehen hat, ist das Interesse an der Morgenzeitung kleiner geworden. Viele Zeitungen legen daher mehr Wert auf Hintergrundinformationen als auf reine Nachrichten.

8) Je schlechter die Wirtschaftslage des Landes ist, um so schwieriger ist es, daß man eine Arbeitsstelle findet.

9) Die beiden Söhne des Kaisers genossen im Reich des Kaisers unumschränkte Macht und nutzen sie aufs grausamste.

10) Den Sinn erhält das Leben einzig durch die Liebe. Das heißt, je mehr wir zu lieben und uns hinzugeben fähig sind, desto sinnvoller wird unses Leben.

11) Die globale Umweltverschmutzung (Die Umweltverschnutzung der Erde) dürfte unser Klima nachhaltig verändern. Wenn so viele fossile Brennstoffe verfeuert werden, muß der Kohlendioxidgehalt in der Atmosphäre ansteigen.

12) Landwirtschaftliche Produkte (Agrarprodukte) können in einigen Ländern sehr viel billiger erzeugt werden als in Korea, weil es in jenen Ländern mehr und größere Bauernhöfe gibt.

13) Heimweh. Mehrmals habe ich vor Sehnsucht nach meiner Mutter den ganzen Tag geweint. Trotzdem konnte ich nicht in die Heimat zurückkehren.. Ich zog in immer größere Städte, besuchte immer weiter entfernte Länder und schaute immer seltner bei meinen Eltern vorbei.

14) Wir Menschen sind weniger als Tiere, wenn wir versuchen wollen, ohne Sinn zu leben. Sinn gewinnt das Leben, wenn wir es, soweit möglich, dem naiven Streben nach egoistischer Lust entziehen.

15) Beide Parteien versuchen dabei, durch ihre Argumente ihren jeweiligen Standpunkt zu verdeutlichen. Je sachlicher und emotionsfreier das Gespräch verläuft, um so befriedigender kann es für beide Seiten enden.

12. 형용사의 격지배

1) Die Eltern sind jedem Kind behilflich, wann und wo sie können. Aber jedes Kind soll auch ihnen gehorsam und immer treu und dankbar sein, wann und wo es kann.

2) Der laute Knall hat das Kind zu Tode erschreckt. Vor Angst war es keiner Rede (keines Wortes) mächtig.

3) Im Leben kann der Mensch keinen Augenblick aller Sorge ledig leben, wie der Fisch ohne Wasser nicht leben kann.

4) Das Zimmer hat eine Fläche von 20 Quadratmeter. Er ist 5 Meter lang und 4 Meter breit.

5) Radioaktive Strahlen sind dem menschlichen Körper sehr schädlich, und Krankheiten werden oft dadurch hervorgerufen. Am Anfang kann man nicht wahrnehmen, daß man radioaktiv verseucht ist, denn schädliche Wirkung von radioaktiven Strahlen zeigt sich oft erst nach vielen Jahren.

6) Es ist uns gleichgültig, ob du dagegen oder dafür bist. Wir müssen morgen auf jeden Fall eine Entscheidung treffen.

7) Der ältere Herr mag die jungen Leute von nebenan. Sie sind ihm sympathisch, und er ist ihnen herzlich zugetan. Umgekehrt sind sie ihm beim Einkaufen und Tragen der Sache gefällig.

8) Viele Menschen sind beunruhigt über die politische Entwicklung. Sie sind entsetzt über die Furchtbarkeit der modernen Waffen und überzeugt von den Notwendigkeiten, den Frieden zu bewahren.

9) Im Grunde genommen kann ich nicht verstehen, daß die Jugendlichen von dem Rockkonzert begeistert sind.

10) Du bist den berufstätigen Frauen gegenüber (gegen die Frauen) voreingenommen. Das ist ja ein unbegründetes, reines Vorurteil. Du mußt frei davon sein.

11) Der Professor ist bei seinen Kollegen sehr angesehen, denn er ist bekannt für seine gerade, mutige Haltung und seine wissenschaftliche Arbeit. Er ist freundlich zu allen Studenten und verständnisvoll gegenüber dem Anliegen der Studenten.

12) Das Leben der meisten Menschen ist reich an Sorgen und Nöten, aber arm an Glück und Freuden.

13) Die Lehrerin hat dem Schüler darauf aufmerksam gemacht, daß er in seiner Arbeit nachlässig war. Er wurde abwechselnd blaß und rot vor Zorn, denn er war darüber beleidigt.

14) Der Bauer ist mit seiner Ernte sehr zufrieden, aber er ist darüber verbittert, daß durch die reiche Getreideernte die Preise fallen.

15) Wer zur Vorbereitung auf die Prüfung fertig ist, ist frei von allen Sorgen.

13. 지시대명사

1) In manchen Betrieben muß Tag und Nacht gearbeitet werden. Die Arbeiter und Angestellten werden in Schichten eingeteilt. Die erste Schicht beginnt beispielsweise am Morgen, die zweite am Mittag und die dritte am Abend.

2) Diejenige Kraft, die alle Körper in der Richtung auf den Erdmittelpunkt zieht, heißt Schwerkraft (Gravitation).
3) Unser ganzes Wesen beruht auf Geist und Körper, das Herrschende ist der Geist, der Körper mehr das Dienende; den ersteren haben wir mit den Göttern gemein, den letzteren mit den Tieren.
4) Ruhm, Ehre und Macht wünschen sich der schlechte und der gute Mensch in gleichem Maße; nur sucht dieser sein Ziel auf rechtem Weg zu erlangen, während jener mit Lust und Trug darum kämpft, weil ihm die guten Eigenschaften fehlen.
5) Die Erinnerung an ihn ist für mich immer mit der(jenigen) an seine Mutter verknüpft, die ich nie in meinem Leben vergessen kann.
6) Was ist `Metaphysik`? Wie die Logik den Geist studiert, so ergründet die Metaphysik das Sein als solches.
7) Bei mir wohnen vier Studenten. Und mir ist es sogar recht, wenn ein Herr oder eine Dame zu Besuch kommt. Das ist normal. Dagegen habe ich nichts.
8) Der Kanzler will noch am selben Tag dem Bundespräsidenten vorschlagen, den Bundestag aufzulösen. Es besteht kein Zweifel daran, daß der Präsident diesem Vorschlag alsbald folgen wird.
9) Nach 20 Jahren kehrte er in seine alte Heimat zurück, wo er geboren und aufgewachsen war. Sie ist immer noch dieselbe wie damals (früher).
10) Wir erlauben uns, Ihnen den Betrag für Übernachtung in Höhe von 110 Euro in Rechnung zu stellen. In diesem Betrag sind 14% Mehrwertssteuer enthalten. Wir bitten Sie, diesen Rechnungsbetrag bis zum 28.9.2001 auf unser Konto zu überweisen.
11) In der Türkei hat es im Jahr 1999 ein heftiges Erdbeben der Stärke 6.5 auf der Richter-Skala gegeben. Auf das Erdbeben folgten in den nächsten Tagen noch einige leichtere Nachbeben (Erdstöße).
12) Sie trug solch ein schönes Kleid, daß sich alle Leuten nach ihr umdrehten. Solch eines möchte ich auch gern haben.
13) Längst nicht alle Bazillen, Bakterien und Viren verursachen Krankheiten und sind schädlich. Es gibt unter ihnen auch solche, die sehr nützlich sind. Einige davon bewohnen unseren Darm und spielen bei der Verdauung eine wichtige Rolle.
14) Ich habe auf dem Bahnhof diesen und jenen getroffen und mich über dieses und jenes unterhalten, aber jemand, der dich interessieren könnte, war nicht darunter.
15) Der Bundestag verhandelte gestern über Gesetzvorschläge zum Vorfahrtsrecht und zur Rentenversicherung. Über die erstere konnte man sich schnell einigen, über die letzteren kam es zu einer lebhaften Debatte, die jedoch ergebnislos abgebrochen werden mußte.

14. 관계대명사

(A)

1) Als Volk bezeichnet man alle Menschen, die gleiche Sprache als Muttersprache sprechen und eine gemeinsame Herkunft und Geschichte haben.
2) Das Parlament ist die Versammlung aller Männer und Frauen, die vom Volk gewählt werden. Diese Männer und Frauen gehören verschiedenen Parteien an.
3) Auf den Planeten, die mit unserer Erde die Sonne umkreisen, gibt es ebenfalls keine höheren Lebewesen, die uns gleichen.
4) Das Bedürfnis zwingt uns zur Arbeit, mit deren Ertrage das Bedürfnis gestillt wird. Das immer neue Erwachen der Bedürfnisse gewöhnt uns an die Arbeit.
5) Die Frankfurter Buchmesse, auf deren lange Tradition die Frankfurter sehr stolz sind, ist aus der Frankfurter Kultur- und Wirtschaftsleben nicht mehr wegzudenken.
6) Die Freiheit, über die so viele dicke Bände geschrieben worden sind, ist, richtig verstanden, nur die Fähigkeit zu handeln. Freiheit ist also nur das Vermögen, etwas zu tun, was man will, und kann auch nichts anderes sein.
7) Im Sanatorium hatte sie die notwendige Ruhe und Pflege, deren sie nach der schweren Operation bedurfte.
8) Neutral ist keine der Tageszeitungen, da sie alle von Menschen gemacht werden, die eine Meinung haben und diese vertreten.
9) Diejenigen, die gegen den Ruhm schreiben, erstreben den Ruhm, gut geschrieben zu haben. Und ich, der ich das schreibe, hege vielleicht denselben Wunsch.
10) Der Verkäuferin, die in der Lebensmittelabteilung gearbeitet hat, wurde gekündigt, weil sie mehrere Diebstähle begangen hat.

(B)

1) Wem noch etwas Wichtiges eingefallen ist, der soll es auf einen Zettel schreiben und ihn mir geben.
2) Wer im Leben einen großen Erfolg haben will, der muß mit aller Kraft auf sein Ziel losgehen. Sonst hat man keine Aussichten auf Erfolg.
3) Wer die schriftliche Prüfung nicht bestanden hat, (der) wird nicht zur mündlichen Prüfung zugelassen.
4) Wer in der schriftlichen Prüfung ein „sehr gut" hat, dem wird die mündliche Prüfung erlassen.
5) Wer einen Spickenversuch begangen hat, den schließt die Prüfungskommission von der Prüfung aus.
6) Die Regierung trägt für das, was im Namen des Staates geschieht, die

Verantwortung. Sie führt die Gesetze aus, die das Parlament beschließt.
7) Der Pressefreiheit sind auch dort Grenzen gesetzt, wo die Persönlichkeit und das Privatleben berührt werden. Wenn eine Zeitung unbewiesene Behauptung aufstellt, kann der betroffene Bürger eine sogenannte Gegendarstellung verlangen.
8) Auf einer Geschäftsreise bleibe ich gegenwärtig hier in der Altstadt Kyongju. Weil ich sie zum ersten Mal besuche, lasse ich mich von allem, was ich sehe und höre, überraschen.
9) Die Reinheit der Substanzen ist das Wichtigste, worauf wir bei dem Experiment achten müssen.
10) Touristen aus aller Welt kommen nach Heidelberg, wo es viele Sehenswürdigkeiten gibt. Der Ort am Neckar, woher viele bekannte Persönlichkeiten stammen, hat den Ruf einer romantischen Stadt.
11) An einem Hang oberhalb der Stadt liegt das berühmte Schloß, von wo aus (aus dem) man einen schönen Blick auf die Altstadt hat.

15. 접속사 (I)

(A)
1) Trotz seiner großen Fortschritte muß der Promovend noch viel arbeiten, denn er hat den schwierigsten Teil seiner Dissertation noch nicht abgeschlossen.
2) Anfänglich standen sich Goethe und Schiller kühl ablehnend gegenüber, dann lernten sie sich näher kennen und schätzten. Schließlich waren sie durch enge Freundschaft miteinander verknüpft.
3) Zahlreiche deutsche Dichter studierten in ihrer Jugend die Rechte. Sie blieben aber nicht dabei, sondern wandten sich der Dichtkunst zu.
4) Die Schulklasse hat gestern einen Ausflug gemacht. Zuerst sind die Jungen an einen See gefahren, haben dort gebadet, sind mit dem Motorboot gefahren und haben zuletzt gemeinsam am Strand gespielt.
G5) Ich rate Ihnen zu einem längeren Urlaub, sonst laufen Sie Gefahr, daß sich Ihre Gesundheit erheblich verschlechtert.
6) Gestern ist mein Visum vom japanischen Konsulat ausgestellt worden. Somit kann ich endlich mit meiner Reisevorbereitung beginnen.
7) Alle seine Freunde rieten ihm von seinem Vorhaben ab. Trotzdem nahm er es in Angriff. Jetzt wird ihm kaum noch zu helfen sein.
8) Ich möchte natürlich noch einmal ins Theater gehen, eine Oper oder ein Konzert hören und mir einen Film ansehen. Und deshalb möchte ich Geld verdienen.
9) Ich bin nun bereit, Ihre Arbeit durchzusehen, aber Sie müssen mir etwas Zeit dazu lassen. Nur bitte ich Sie, mir etwas Zeit zu lassen.

10) Die wirklichen Ursachen der Krebserkrankung sind noch nicht aufgefunden worden. Mithin ist vorläufig nicht damit zu rechnen, daß dieser furchtbaren Krankheit wirklich Einhalt geboten werden kann.

11) Als Vertreter einer großen Firma muß er viel reisen. Deshalb will er sich jetzt ein Auto kaufen. Allerdings kann er es in vierteljährigen Raten abzahlen.

12) Ich weiß, daß du kein Freund von Unterhaltungsfilmen bist. Du kannst mir aber doch heute abend Gesellschaft leisten, wenn ich ins Kino gehe.

13) Auf der letzten Konferenz hat er ein Hauptreferat gehalten, hingegen leitet er diesmal nur einen Diskussionsbeitrag.

14) Die Rohstoffpreise sind bedeutend gestiegen, deshalb sind wir ebenfalls zu Preiserhöhung gezwungen.

15) Dreifach ist der Schritt der Zeit. Zögernd kommt die Zukunft hergezogen, pfeilschnell ist das Jetzt, aber ewig steht die Vergangenheit still.

(B)

1) Der Gesandte wurde von seinem Posten zurückberufen, und zwar erfolgte die Abberufung unter wenig ehrenden Umständen.

2) Die Geschäftsführer sprachen sich gegen den Plan aus. Teils hielten sie seine Durchführung für verfrüht, teils sahen sie ihn für zu kostspielig an.

3) Im Examen bewies der Prüfling weder Vorbereitung noch Auffassungsgabe, noch zeigte er Schlagfertigkeit.

4) Zwar hat er sich redlich Mühe gegeben, seine Kräfte reichen aber für die Zielsetzung (doch) nicht aus.

5) Dieser Videorekorder zeichnet nicht nur jedes Fernsehprogramm auf, sondern er stellt sich auch in Ihrer Abwesenheit automatisch an und ab.

6) Einerseits hat das Land sehr gute Möglichkeit zur Förderung des Tourismus, anderseits fehlt aber das Geld dazu.

7) Der Mensch kommt weder gut noch böse zur Welt, aber die Erziehung, das gute oder schlechte Beispiel, die Staatsordnung, kurz, die äußeren Umstände und Gelegenheiten bestimmten ihn zur Tugend oder zum Verbrechen.

8) Wir verkaufen Ihnen nicht nur ein Fernsehgerät zu einem günstigen Preis, sondern wir bringen ihn auch ins Haus und stellen ihn ein.

9) Entweder der Arbeitslose nimmt die angebotene Stelle an, oder er verliert die Arbeitslosenunterstützung.

10) Einerseits ist er geizig und rechnet mit jedem Pfennig, anderseits gibt er das Geld mit vollen Händen aus.

11) Bald war er greifbar nah, bald schien er unendlich fern zu sein.

12) Der junge Mann arbeitet als Postbeamter bei der Post. Er hat zwar nicht viel

Geld, doch kauft er sich viele nützliche Bücher.
13) Als ich noch ein Kind war, hatten wir weder Gasgerät, noch Wasserleitung, noch Elektrizität, noch Fahrstuhl noch Rolltreppe.
14) Teils (zum Teil) liegt noch Schnee auf den Feldern, teils ist der Schnee schon geschmolzen.
15) Kaum war der Tag angebrochen, da (od. so) macht sich der Arbeiter an die Arbeit.

16. 접속사 (II)

1) Auch die Schmerzen werden von den Nerven aufgenommen. Schmerzen sind ein wichtiges Alarmzeichen. Sie zeigen an, daß irgend etwas mit dem Körper nicht in Ordnung ist.
2) Hast du auch jedesmal ein bißchen Angst, wenn du an die Grenze kommst? - Ja, als mich neulich der deutsche Zollbeamte nach Zigaretten fragte, fing ich gleich an zu stottern.
3) Bevor man in Deutschland einen Arbeitsplatz annehmen darf, muß man in seine Heimat fahren und von dort aus die Aufenthaltsgenehmigung beantragen. Sie ist auf ein Jahr befristet und kann verlängert werden.
4) Bis das erste Betäubungsmittel entdeckt wurde, mußten die Menschen bei Operationen große Schmerzen aushalten.
5) Seit der erste Telefonkabel von Europa nach USA im Jahr 1956 verlegt worden war, wurde der Telefonverkehr sicherer und störungsfreier.
6) Während man den Verletzten in ein Krankenhaus transportierte, wurde er bereits von einem Notarzt behandelt. Sobald er im Krankenhaus angekommen war, untersuchten ihn Fachärzte.
7) Nachdem der Patient in seine Wohnung zurückgekehrt war, mußte er noch vierzehn Tage im Bett bleiben.
8) Die Ideen, die das Wesen und das Leben eines Menschen bestimmen, sind in ihm auf geheimnisvolle Weise gegeben. Wenn er aus der Kindheit heraustritt, fangen sie an,in ihm zu knospen. Wenn er von der Jugendbegeisterung für das Wahre und Gute ergriffen wird,blühen sie und setzen Frucht an.
9) Wir mußten auf eine Bergwanderung verzichten, zumal man starke Schneefälle vorausgesagt hatte.
10) Bevor ich das Lokal betrete, schaue ich mir die Preise auf der Speisekarte vor der Tür an. Wenn sie zu hoch sind, dann gehe ich in ein anderes Lokal.
11) Die Hochschule bemüht sich darum, daß der ausländische Wissenschaftler zu einem Gastvortrag kommt.

12) Als die Amerikanerin Rachel Carson in ihrem Buch „Der stumme Frühling“ vor 11 Jahren die Zukunftsvision beschrieb, glaubten viele von uns: „Das ist doch Spinnerei!“
13) In Deutschland sterben nicht nur Störche und viele Schmetterlingsarten aus. Fast 90 Vogelarten droht der Tod, weil ihnen Industrie, Umweltverschmutzung und Insektenvertilgungsmittel keinen Lebensraum lassen.
14) Nachdem die Teilnehmer der Konferenz eine kleine Pause gemacht hatten, hielt einer von ihnen Lichtbildervortrag. Danach setzte eine lebhafte Diskussion ein.
15) Wenn ein Raumschiff wieder in die Atmosphäre eintaucht, entstehen sehr hohe Temperaturen, weil es sich an der Lufthülle reibt.

17. 접속사 (III)

1) Als der Zweite Weltkrieg zu Ende war, befand sich Deutschland in einer hoffungslosen Lage. Um das Land vor dem Untergang zu retten, mußte sich die deutsche Regierung vor allem darum bemühen, die Wirtschaft wieder in Gang zu bringen.
2) Die menschliche Natur ist das rohe Material, das von der Gesellschaft zu einem vollendeten Verbrecher oder zu einem vollendeten Mitmenschen verarbeitet wird, je nachdem, in welche Richtung sie den Druck des Eigeninteresses leitet.
3) Die Temperatur des Kühlschranks kann in begrenztem Umfang verändert werden, indem der Regulierknopf verdreht wird.
4) Es ist nicht ratsam, sich allzu jung zu verheiraten, es sei denn, daß zu einem eigenen Herd eine feste materielle Grundlage vorhanden ist.
5) Wenn es sich um sehr wichtige Mitteilungen oder Dokumente handelt, schicken Sie den Brief am besten per Einschreiben. Wenn der Brief den Empfänger möglichst schnell erreichen soll, können Sie ihn als Eilbrief schicken.
6) Die Atomenergie kann das Leben auf der Erde bereichern oder zerstören, je nachdem, wie sie verwendet wird.
7) Die Erde bebte plötzlich so stark, daß die Menschen zu Tode erschraken und aus ihren Häusern rannten.
8) Die Öffnungszeiten der Bibliothek wurde verlängert, so daß man auch abends in der Bibliothek arbeiten kann.
9) Obwohl die technische Ausrüstung des Versuchslabors viel verbessert worden ist, haben die Wissenschaftler keine neuen Untersuchungsergebnisse erzielt.
10) Obwohl sich die Hausbewohner wiederholt beschwerten, wurde der Müll nicht pünktlich abgefahren.
11) Wie jung und unerfahren sie auch ist, erfüllt sie die ihr übertragenen Aufgaben

zur vollen Zufriedenheit.
12) Wie gut die Verfilmung des Romans auch ist, gefällt der Roman mir besser.
13) Er war aufs äußerste angespannt und verbrachte schlaflose Nächte. Deshalb nahm er seine Schlaftabletten, damit er leichter einschlafen konnte
14) Wir können heute Informationen auf funktelegraphische Weise übermitteln, ohne daß wir an eine bestimmte Entfernung gebunden sind.
15) Die Aufgabe ist viel zu schwierig, als daß man sie auf Anhieb lösen könnte.
16) Der Dieb muß um so strenger bestraft werden, als er schon einmal wegen Diebstahls im Gefängnis war.
17) Der Student verbummelt die Zeit, anstatt daß er sich auf die Prüfung vorbereitet.
18) Es ist nicht einfach, ein solches Lebensglück zu erlangen. Hat man nämlich den Weg einmal verfehlt, kann man sich sogar vom Ziel entfernen und zwar um so weiter, je hastiger man sich ihm nähern will.
19) Die Regierung kann die Luft vor industrieller Verschmutzung schützen, indem sie Rauch- und Abgasfilter gesetzlich vorschreibt.
20) Wenn die Verhandlungen zwischen den Arbeitsgebern und der Gewerkschaft ohne Ergebnis bleiben, kann es zu einem Streik kommen.

18. 부사

1) Ich werde heute mit meinem Teilhaber sprechen und Ihnen morgen früh einen schriftlichen Bescheid zugehen lassen.
2) Aus technischen Gründen verzögert sich die Einweihung des Kulturhauses um einige Tage.
3) Das historische Gipfeltreffen zwischen Süd- und Nordkorea ist überraschend um einen Tag auf Dienstag verschoben worden. Nordkorea hatte angeblich aus technischen Gründen um die Verlegung gebeten.
4) Es ist die erste Begegnung der verfeindeten Staaten seit Teilung der koreanischen Halbinsel vor 52 Jahren. Vorgesehen sind auch Gespräche über Versöhnung, Frieden und Zusammenarbeit.
5) Auf Veranlassung meines Hausarztes hin fahre ich zur Wiederherstellung meiner Gesundheit ans Meer und bleibe dort drei Monate lang.
6) In Hinsicht auf seine Verdienste hat man ihm das Amt des Vorsitzenden übertragen.
7) Der alte Mann wäre vor Kummer und Einsamkeit krank geworden, wenn ihm nicht die Nachbarn geholfen hätten.
8) Er hat aus bloßer Langeweile das Gerät auseinandergenommen und zusammengesetzt.

9) Die zweite Konferenz zwischen Süd- und Nordkorea über die Möglichkeiten einer Familienzusammenführung soll auf einen späteren Termin aufgeschoben worden sein.
10) Mindestens zwei Menschen sind bei einem heftigen Erdbeben in Taiwan getötet worden. Nach Angaben des Taiwaneschen Rundfunks wurde außerdem 22 Personen verletzt.
11) Aus Angst und Unkenntnis nehmen manche Menschen bei Krankheiten keine Medikamente ein.
12) Der Junge befand sich auf dem Weg zur Schule. Durch Zufall sah er, daß die Leute sich in Massen vor einem Kaufhaus versammelten.
13) Am Anfang wußte er nicht, was geschehen war. Dann erfuhr er, daß ein Dieb aus dem Kaufhaus geflüchtet war und zum Glück zur rechten Zeit von den Passanten gestellt worden war.
14) Der Lärm der Straße dringt zum offenen Fenster herein, aber der Lehrer ermahnt die Schüler nicht zum Fenster hinauszusehen, sondern in die Bücher hineinzusehen.
15) Das Erdbeben der Stärke 6.7 auf der Richter-Skala war das stärkste in diesem Jahr und dauerte etwa eine Minute.
16) Das Erdbeben weckte Erinnerungen an das schwere Erdbeben im vergangenen September mit 2000 Menschenopfern. Viele Menschen rannten in Panik auf die Straße.
17) Der König soll am kommenden Dienstag in seinem Heimatort beigesetzt werden. Das verlautete am Samstag aus offiziellen Quellen.
18) Diese Homepage handelt von einem der interessanten Themen im klimatischen und meteorologischen Bereich der heutigen Zeit.
19) Die Homepage bringt die teils komplizierten Abläufe des El-Nino-Phänomens in einer anschaulichen und verständlichen Weise näher.
20) El-Nino wird in Zukunft eine noch größere Rolle auf der Erde spielen und sollte daher von allen interessierten und auf der Höhe der Zeit lebenden Erdenbürgern verstanden werden.

19. 부정법

1) Dies ist der Zeitpunkt für uns alle Einigkeit zu zeigen. Dies ist nicht der Zeitpunkt, um in dieser großartigen Allianz Meinungsverschiedenheiten heraufzubeschwören.
2) Je geringer unser Verlangen nach Eingriff und Tat wird, desto größerer wird unsere Fähigkeit, dem Leben der Natur und dem Leben der Mitmenschen zuzuschauen und zuzuhören.

3) Schon als Kleinkinder lernen Mädchen schneller sprechen als Jungen, entwickeln einen größeren Wortschatz. Sie sind geduldig, basteln geschickt, lesen und schreiben.
4) Nur wenn er sich als Individuum ganz entwickelt und dabei die Fähigkeit erworben hat, selbständig zu denken und zu fühlen, dann kann er den Mut aufbringen, zu einer Macht nein zu sagen und ungehorsam zu sein.
5) Sie sind darauf stolz, inzwischen schon viele Häuser an ein Solar- oder Windstromsystem angeschlossen zu haben. Es ist ihnen gelungen, eine eigene Energieversorgung aufzubauen und dabei Sonne und Wind als Energiequellen zu nutzen.
6) Die verschiedenen Organisationen - Vereine, Gewerkschaften, die Kirchen - plädierten dafür, das soziale Elend zu mindern.
7) Ich habe das eine Ziel erreicht, diese Warnung und Mahnung nicht in einem privaten, kleinen Diskutierklub, sondern an verantwortlicher, an höchster richterlicher Stelle vorzubringen. Ich setze für diese Mahnung, für diese beschwörende Bitte zur Rückkehr mein Leben ein.
8) Es muß ein eigenartiges Gefühl sein, in einer Rakete durch den Weltraum zu fliegen und von aller Welt abgeschnitten zu sein.
9) Der neue Direktor des Unternehmens will es sich angelegen sein, die schon bestehenden Geschäftsverbindung zu pflegen und neue anzuknüpfen.
10) Unrecht leiden ist besser als Unrecht tun. Falsch ist es, mit dem Mittel der Gewalt das Erwünschte erreichen zu wollen.
11) Das Gipfeltreffen wird ein Wendepunkt um Bemühen, von der koreanischen Halbinsel die Kriegsdrohung zu nehmen und den Kalten Krieg zu beenden.
12) Keiner erhebt den Anspruch, ein eigenes Telefon, Auto oder einen eigenen Fernseher zu besitzen. Sie haben es sich abgewöhnt, hohe Ansprüche zu stellen und sind bereit, auf Komfort und Luxus zu verzichten.
13) Um ungehorsam zu sein, muß man den Mut haben, allein zu sein, zu irren und zu sündigen. Die Fähigkeit zum Mut hängt aber vom Entwicklungsstadium des Betreffenden ab.
14) Aus Unkenntnis und Angst wagen es die Gastarbeiter oft nicht, die ihnen zustehenden Rechte wahrzunehmen (= nutzen), weil sie das gelobte Land nicht wieder verlassen wollen.
15) Ohne Transparente, Lautsprecher und ähnliche Hilfsmittel forderten sechs Frauen am Samstag auf dem Bahnhofsvorplatz ihre Mitbürger auf, bei ihren Einkäufen Preistreiber zu boykottieren.

20. 분사

1) Im Gegensatz zu den südlich der Alpen vorherrschenden, sonnigen und trocknen Klima ist es bei uns niederschlagsreich.

2) Sofort löschte die Feuerwehr, aus den umliegenden Ortschaften herbeigeeilt, den Brand, der die Fabrik zu vernichten drohte.

3) Der 1930 in Berlin geborene Schriftsteller hatte vor kurzem einen neuen Roman veröffentlicht und bekam dadurch einen Literaturpreis verliehen.

4) Das mit Medikamenten für das notleidende Gebiet beladene Flugzeug erreichte seinen Bestimmungsort.

5) Auf den Ausgangspunkt seines Vortrags zurückkommend, forderte der Sprecher schärfere Kontrollen zum Schutz der Natur.

6) Auf eine Statistik der zunehmenden Luftverschmutzung hinweisend, begründete er die Notwendigkeit härterer Gesetze.

7) Die in langjährigen Wetterbeobachtungsreihen festgestellten Ergebnisse reichen noch nicht aus, sichere Prognose zu stellen.

8) Die sozialdemokratischen Fraktionsmitglieder trafen sich zu dem vom Vorsitzenden festgelegten Zeitpunkt im Hotel, um den Gesetzentwurf über das neue Streikrecht zu debattieren.

9) Die Bundesregierung besteht aus dem vom Bundestag gewählten und vom Bundespräsidenten ernannten Bundeskanzler und den Bundesministern.

10) Eine neue und hellere Epoche der Weltgeschichte wird gewiß nicht von den Siegern der nächsten Kriege geschaffen werden, vermutlich aber von den Leidenden und auf Gewalt Verzichtenden.

11) Statistisch gesehen werden bei 5000 Minenentschärfungen ein Minenräumer getötet und zwei verletzt.

12) Die gesetzlichen Vorschriften sind scharf. Wenn Müll schon nicht vermieden werden kann, dann muß er zumindest getrennt, gesammelt und fachgerecht entsorgt werden.

13) Kurz gesagt; um als Alter seinen Sinn zu erfüllen und seiner Aufgabe gerecht zu werden, muß man mit dem Alter und allem, was es mit sich bringt, einverstanden sein.

14) Nach einer Umfrage fühlen sich 85 Prozent der Bürger durch die ständig zunehmende Vergiftung von Wasser, Luft und Boden in ihrer Gesundheit bedroht. Die in diesem Zusammenhang häufig genannten Umweltchemikalien sind für diese Menschen die Ursache der Krebserkrankung.

15) Die Überzeugung, daß wir im Leben darum zu ringen haben, so denkend und empfindend zu bleiben, wie wir es in unserer Jugend waren, hat mich wie ein treuer Begleiter auf meinem Weg begleitet.

21. 접속법 (I)

1) Naturkatastrophen werden immer wieder die Menschheit erschüttern, seien es Erdbeben, seien es Überschwemmungen.
2) Man nehme einen kleinen Löffel Neskaffee, gebe ihn in die Tasse, gieße heißes Wasser nach und rühre ihn gut um.
3) Sei es, wie es wolle, ich werde nicht an diesem Seminar teilnehmen, denn ich habe kein Interesse daran.
4) Gegeben sei das spitzwinkelige Dreieck ABC.
5) Man nehme ein Pfund Mehl, drei Eier und etwas Milch und verrühre das Ganze zu einem Teig.
6) Bernard Shaw hat einmal gesagt: „Die Menschen wissen einfach nicht, was das Wort Kommunismus bedeutet."
= die Menschen wüßten einfach nicht, was dieses Wort ... bedeute.
7) Ich sagte: „Du kannst einen guten Eindruck bei deinen Freunden hinterlassen, indem du dich mit wenigem bescheidet."
= Ich sagte, er könne ... bei seinen Freunden hinterlassen, indem er sich ... bescheide.
8) Eines Tages sagte die Frau ihrem Mann: „Deine Studenten haben große Angst vor deinen Prüfungen. Kannst du nicht ein wenig milder beurteilen?"
= ..., daß seine Studenten große Angst vor seinen Prüfungen hätten. Ob er ... beurteilen könne.
9) Der Richter fragte den jugendlichen Angeklagten: „Wann bist du geboren? Im welchem Jahr ist dein Vater gestorben? Wer hat dich erzogen? Wovon lebst du?"
= ..., wann er geboren sei. In welchem Jahr sei sein Vater gestorben. Wer habe ihn erzogen? Wovon lebe er?
10) Karl schrieb mir: „Schreibe mir, ob du mit uns gehen willst und wann wir dich erwarten können. schreibe mir aber bitte sofort!"
= ..., ich solle Karl schreiben, ob ich mit ihnen gehen wolle und wann sie mich erwarten könnten. Ich müsse (solle) ihm sofort schreiben.
11) Eine Studentin erzählte: „Ich war gestern in Dresden. Als ich durch die Stadt bummelte, traf ich eine alte Bekannte aus meiner Heimat. Wir haben uns in ein Cafe gesetzt und ein wenig geplaudert. Sie wohnt schon geraume Zeit in Leipzig, ist dort verheiratet und geht in einen Betrieb arbeiten."
= ..., daß sie gestern in Dresden gewesen sei.Als sie durch die Stadt gebummelt sei, habe sie ... aus ihrer Heimat getroffen. Sie hätten sich ... gesetzt und ein wenig geplaudert. Sie (die Bekannte) wohne ... in Leipzig, sei ... verheiratet und gehe ... arbeiten.

12) Sie erzählte weiter: „Im vergangenen Jahr war ich mit meinem Mann mehrere Wochen an einem See in München. Dort sind wir viel geschwommen und gesegelt. Jetzt komme ich weniger oft zum Schwimmen."

= ..., im vergangenen Jahr sei sie ... gewesen. Dort seien sie mit ihrem Mann ... und gesegelt. Jetzt komme sie ... zum Schwimmen.

13) Fachleute weisen darauf hin: „Große Teile der Wälder in Deutschland sind durch schwefelsäurehaltigen Regen von einem allmählichen Absterben bedroht. Nicht nur die Nadelbäume, sondern auch Laubbäume werden geschädigt."

= ,große Teile ...seien... bedroht. Nicht nur ... würden geschädigt.

14) Sie behauptet: „Die Laubbäume reagieren zum Teil sogar noch empfindlicher als Nadelbäume. Als gefährlichste Verursacher des Waldsterbens sieht man die großen Kohlekraftwerke an, die die Schadstoffe durch hohe Schornsteine ableiten."

= ..., die Laubbäume würden ... reagieren. Als ... sehe man ... an, die... ableiten würden.

15) „Bei der gegenwärtigen Zusammensetzung des Europarates ist eine neue Situation entstanden. Deutsch ist inzwischen die unter der gesamten Bevölkerung der Mitgliedländer am meisten gesprochene Sprache als Muttersprache, oder als eine erste Fremdsprache" sagte die Generalsekretärin des Europarates.

= Bei ... sei ... entstanden.Deutsch sei ... als eine erste Fremdsprache, sagte die Generalsekretärin.

22. 접속법 (II)

1) Wenn der Winter doch schnell vorbei wäre! (= Wäre der Winter ... vorbei!) Ich kann diese schneidende Kälte nicht mehr aushalten.

2) Hätten Sie doch (nur) vor der Kreuzung die Geschwindigkeit herabgesetzt.

3) Ist das Flugzeug abgestürzt? - Nein, aber es wäre beinahe abgestürzt.

4) Griechische und Lateinische Lehnwörter christlicher Prägung dürften als Fachwörter der oströmischen Kirche durch gotische Missionäre von Süden und Südosten her eingeführt worden sein.

5) Hätte ich nein gesagt, wäre mir wohler, und den Schnaps hier hätte ich verkauft, anstatt ihn zu trinken.

6) Die Arbeiter müssen zur Zeit Überstunden machen; andernfalls könnte die Firma die Liefertermine nicht einhalten.

7) Wenn meine Eltern noch am Leben wäre, wäre ich ihnen noch gehorsamer und würde ihnen viel größere Freuden bereiten.

8) Auch wenn die Veranstaltung erst um 17 Uhr begonnen hätte, viele Studenten wären (od. wären viele Studenten ...) zu spät gekommen, denn die Vorlesung

dauerte bis nach 17 Uhr.
9) Die Rekonstruktion des historischen Gebäude in der Altstadt ist zu kompliziert, als daß ein baldiger Abschluß der Bauarbeiten zu erwarten wäre.
10) Ein Schüler hat im Aufsatz eine Vier geschrieben. Der Lehrer ermahnte ihm: „Du hättest zu Hause noch einmal alles gründlich durcharbeiten müssen."
11) „Zeit ist Gold", hört man oft sagen, als ob ein jeder Arbeit genug hätte und Geld verdienen könnte, sobald er nur wollte!
12) Die Automechaniker stellte sich an, als ob er noch nie einen Motor auseinandergenommen hätte.
13) Während sie sprach, in einem erschreckend nüchternen, berichtenden Ton, als verläse sie ein offizielles Kommunique, beobachtet sie mich unentwegt.
14) Das Publikum war zu voreingenommen, als daß es die Schiedsrichters-entscheidungen objektiv hätte beurteilen könnten.
15) Luft und Wasser wurden von gewissen Industriebetrieben verschmutzt, ohne daß diese sich um die Umweltverschmutzung gekümmert hätte.
16) Auch wenn der Student seine Grammatikkenntnisse verbessern würde, er könnte nicht als Dolmetscher arbeiten, denn er braucht dazu das Zeugnis der Abschlußprüfung.
17) Ohne daß sich jemand um die Dichterin gekümmert hätte, hatte sie ihre letzten Lebensjahre verbracht.
18) Am besten wäre es, wenn man alle Beteiligten zu diesem Problem Stellung nehmen ließ.
19) Ohne die ständige Überprüfung von allem ließen sich Ungenauigkeiten und Fehler nicht ausschließen. (= Wenn man alles nicht ständig überprüfen würde, ließen ...)
20) Ohne daß eine klare Scheidung möglich wäre, lassen sich auf philologischem Gebiet zwei Richtungen erkennen. Die eine tritt für eine starke Orientierung an den antiken Sprachen, besonders am Latein, ein, die andere wendet sich der deutschen Vorzeit und der deutschen Sprache zu.

23. 부정하는 낱말

1) Hat der Zug in Heidelberg Aufenthalt? - Nein, der Zug hat in Heidelberg keinen Aufenthalt, sondern er fährt bis Stuttgart durch.
2) Meine lebenslängliche Opposition ist nicht die zugunsten eines realen Zieles, sondern die des Religiösen, die grundsätzlich immer zur „Welt" im Gegensatz steht.
3) Auch die langjährige Erfahrung lehrte mich noch nicht, wie man sich in solchen Situationen zu verhalten hat.

4) Das Leben in der Bundesrepublik Deutschland ist für mich vor allem deshalb ein Problem, weil ich zum ersten Mal ohne die Familie ganz allein bin. Niemand wartet auf mich, und ich habe keinen, mit dem ich über meine Erlebnisse und Erfahrungen sprechen kann.

5) Es sind immer Menschen, die über Menschen herrschen. Nie ist Gott, oder die absolute Wahrheit in der Welt. Es sind nur die Menschen, die im Namen Gottes oder der absoluten Wahrheit die Autorität beanspruchen.

6) Eine vollkommene Nachahmung der Natur ist in keinem Sinne möglich. Der Künstler ist nur zur Darstellung der Oberfläche einer Erscheinung berufen.

7) Erkannte der Betriebsleiter schon die Schwierigkeiten der gegenwärtigen Situation? - Nein, er erkannte sie nicht.

8) Wenn Sie sich gegen diese Verleumdung nicht zur Wehr setzen, wird man glauben, es wäre doch etwas an der Sache.

9) Man ist allgemein der Meinung, das Leben eines Wissenschaftlers sei sehr spannend und befriedigend. In Wirklichkeit jedoch bleibt es dem Wissenschaftler oft nichts anderes übrig als mit Enttäuschungen und Rückschlägen fertig zu werden.

10) Für die Reisegruppe war die lange Fahrt kein Problem. Niemand beklagte sich darüber. Es gab weder Staus noch Pannen. Alle Befürchtungen waren unbegründet und die Fahrt verlief reibungslos.

11) Glauben Sie, daß Sie die Arbeit noch im Laufe dieser Woche erledigen können? - In dieser Woche bestimmt nicht mehr. Ich werde wohl erst in der nächsten Woche dazu kommen.

12) Sind Sie schon einmal mit einem Rennwagen gefahren? - Nein, ich bin noch nie mit einem Rennwagen gefahren.

13) Mein Sohn nimmt schon seit drei Jahren Klavierstunden, aber er kann immer noch nicht gut Klavier spielen.

14) Haben Sie schon einen Forschungsplan ausgearbeitet? - Nein, wir haben noch keinen ausgearbeitet.

15) Haben Sie schon etwas dazugelernt? - Nein, ich habe noch nichts dazugelernt. Ich habe nur meine Zeit verloren.

16) Haben Sie noch nichts zu essen bestellt? - Doch, ich habe schon etwas bestellt.

17) Möchten Sie noch etwas trinken? - Nein danke, ich trinke nichts mehr.

18) Seit er einen neuen Beruf hat, hat er keine Zeit mehr für seine Freunde, denn er ist mit seiner Arbeit sehr beschäftigt.

19) Wollen Sie nicht doch noch einmal mit ihm sprechen? - Das kommt gar nicht in Frage; ich will diesen Kerl nicht mehr sehen.

20) Noch können wir etwas gegen die Zerstörung der Umwelt tun, bald ist es vielleicht zu spät. Wir dürfen die Umwelt weder verschmutzen noch zerstören, um in

Einklang (harmonisch) mit der Natur leben zu können.

24. 의문대명사

1) Mit wem hast du dich angefreundet? - Mit einer Japanerin. - Was ist die Japanerin von Beruf? - Sie ist Studentin. - Was studiert sie? - Koreanistik.
2) In welche Länder fahrt ihr noch? - Wir fahren nach Ägypten und Tunesien.- Bis wann wollt ihr dort bleiben? - Bis Ende März.
3) Wer hat diese Pakete gebracht? - Ein Junge. - Was für ein Junge? - Ich weiß nichts Näheres. Ich war nicht hier, als sie abgegeben wurden.
4) Der Laufbursche eines Verlages hat sie abgegeben. - Welchen Verlages? - Er sprach vom Kyonggi-Verlag. - Ach so, was ist drin? - Natürlich Bücher.
5) Was der gereifte Mann durch die Erfahrung seines Lebens erlangt hat und wodurch er die Welt anders sieht als der Jüngling und der Junge, ist Unbefangenheit.
6) Wenn wir von Sinn und Ziel einer Handlung sprechen, meinen wir einfach die Frage: Welche Art von Wunsch sollten wir erfüllen durch diese Handlung oder ihre Folgen, oder welche unerwünschten Folgen sollten vermieden werden?
7) Wovon hängt der Wohlstand eines Volks ab? - Er hängt hauptsächlich von der Wirtschaft und von dem Außenhandel ab. Wenn ein Land eine gesunde Volkswirtschaft hat, hebt sich der Lebensstandard des Volks.
8) In Wirklichkeit hat der Mensch überall auf der Erde als Kind die Natur eines Lammes. Warum also und auf welche Weise wird er so oft zum Wolf und zum Fuchs?

25. 부정대명사 · 부정수사

1) Weshalb ist der Mensch so leicht bereit zu gehorchen, und weshalb fällt ihm der Ungehorsam so schwer? Solange man der Macht des Staates, der Kirche und der öffentlichen Meinung gehorcht, fühlt man sich sicher und behütet.
2) Hier soll es preiswerte Anzüge geben, aber ich habe noch keinen gesehen. Hast du schon welche entdeckt? - Nein, leider habe ich noch keinen entdeckt.
3) Viele Leute sind oft alleinstehend und haben niemand(en), der sich um sie kümmert. Vor allem brauchen sie jemand, mit dem sie sich unterhalten können, und der sie mit Rat und Tat unterstützt.
4) Alle Hausbewohner feierten bis zum späten Abend. Alle waren sehr vergnügt. Ich habe bei dieser Gelegenheit sämtliche Hausbewohner kennengelernt.
5) Wenn man einmal das menschliche Leben bei Licht betrachtet, da wird man

entdecken, daß alle jene Dinge, die den Menschen groß vorkommen, nichts anderes sind als ein Schattenspiel. Darum heißt es auch mit Recht, daß der Mensch ein Nichts sei.

6) Alle Gäste waren pünktlich eingetroffen. Fast jeder Gast hatte einen Blumenstrauß mitgebracht. Jeder einzelne wurde gebeten, sich in das Gästebuch einzutragen, aber nicht alle taten es.

7) Das Büffet war schon vorbereitet, und jeder nahm sich, was er wollte. Alle mußten sich selber bedienen, aber bei all den guten Sachen wußte mancher nicht, was er zuerst nehmen sollte.

8) Vor zehn Jahren war der Fall noch ganz klar. Damals, als die ersten Bildschirme im trauten Heim zu flimmern begannen, hatte man entweder einen Fernseher oder keinen.

9) Besaß man schon einen Fernseher, dann war man stolz darauf. In der Frühzeit des Pantoffelkinos fragte die noch ziemlich wenigen Fernseherbesitzer jeden Bekannten, der ihnen über den Weg lief: „Wie hat Ihnen denn gestern das Quiz vom Dings gefallen?“

10) Ein paar Jahre später war es schon ein bißchen anders. Die Fernseherantennen wucherten auf den Haudächern wie die Pilze nach einem warmen Regen. Und auf einmal war es nicht mehr so besonders schick, einen Bildschirm daheim zu haben.

26. 수사

1) Unterdessen rollte eine rund 5000 Mann starke Einheit der Republikanischen Garde mit etwa 1000 Fahrzeugen in der Richtung Süden, berichtet der amerikanische Reporter.

2) Ich habe ihre Anzeige in C-Zeitung von 10. Mai 2001 gelesen und möchte mich um die von Ihnen ausgeschriebene Stelle bewerben.

3) Zur Zeit stehe ich in der Abiturprüfung, die am 29. Juni 1998 abgeschlossen sein wird. Die Zeit vor der Einberufung zur Bundeswehr möchte ich sinnvoll nutzen und bereits ein wenig die Berufswelt und speziell das Geldgeschäft kennenlernen.

4) Mit Überweisung vom 04.03.1998 erhielten wir 2.340,00 Euro. Dieser Betrag enthält 287,37 Euro Mehrwertsteuer.

5) Am Donnerstag, dem 4. Mai 1999, heiratet unsere Tochter. Sie haben die Einladungskarte zur Vermählung sicher bereits erhalten. Wir als Brauteltern möchten Sie ganz persönlich zur Feier einladen.

6) Unsere Lagerbestände sind aufgebraucht, so daß auch wir in Lieferverzug geraten. Bitte schicken Sie uns die Waren bis zum 30.10.1999.

7) Wir klingelten einmal, dann zum zweiten Mal (zum zweitenmal), aber erst beim dritten Mal (beim drittenmal) machte jemand die Tür auf.
8) Dieser neue Staubsauger ist erstens sehr preisgünstig, zweitens ist er einfach zu handhaben, drittens ist er sehr sparsam im Stromverbrauch.
9) Am 5. April vor 75 Jahren wurde die Klinik Maria Heimsuchung als Entbindungsanstalt in Berlin gegründet. Das Jubiläum wird mit verschiedenen Veranstaltungen ab dem 4. April gefeiert und hat seinen Höhepunkt am 24. Mai.
10) Am 23. Mai gehen die Feierlichkeiten mit einem Festakt in die zweite Runde. Der Höhepunkt ist am Sonnabend, dem 24. Mai. Von 10 Uhr bis 16 Uhr können die Besucher eine kleine Zeitreise durch die Geschichte der Klinik machen.

27. 동사의 격지배

1) An seinem Gesicht sah man, daß der Sportler offensichtlich große Mühe hatte, seinen starken Gegner zu besiegen.
2) Ich kann mich nicht darauf besinnen, daß sie ihre Kinder jemals rechtzeitig zur Schule geschickt hat. Jeden Abend zankte sie sich mit ihrem Mann über das Wirtschaftsgeld.
3) Jeder hat das Recht, seine Meinung in Wort, Schrift und Bild frei zu äußern und zu verbreiten und sich aus allgemein zugänglichen Quellen ungehindert zu unterrichten.
4) Die Beamten halten mich wohl für einen Irren und verlassen sich darauf, daß ich endlich auf alles verzichte. Aber da irren sie sich in mir.
5) Seit der Einführung des Fernsehens ist die Lage der Tageszeitung merklich schwieriger geworden, weil man die Nachrichten abends schon im Fernsehen gesehen hat.
6) Jeden Tag denke ich unzählige Male daran, daß mein äußeres und inneres Leben auf der Arbeit der jetzigen und der schon verstorbenen Menschen beruht.
7) Weil ich auf die Kraft der Wahrheit und des Geistes vertraue, glaube ich an die Zukunft der Menschheit. Ethische Welt- und Lebensbejahung enthält optimistisches Wollen und Hoffen in sich.
8) Der Mensch glaubt, Glück lasse sich erwerben. Da er es glaubt, sucht er unabläßig und in allen Richtungen danach. Schließlich findet er nach allem Suchen, daß wahres Glück nicht aus sogenannten Vergnügungen bestand.
9) Jeder weiß und erlebt es, wie leicht es ist, sich zu verlieben, und wie schwer und schön es ist, wirklich zu lieben. Liebe ist nicht käuflich. Es gibt einen käuflichen Genuß, aber keine käufliche Liebe.
10) Es gibt Berufe, die einen anständigen Menschen zum Schurken und ihn wider

seinen Willen ans Lügen und Betrügen gewöhnen.

28. 기능동사구

(A)

1) nehmen
2) stellen
3) stellen
4) steht (ist)
5) stellen
6) geleistet
7) leisten (ablegen, schwören)
8) geraten (gekommen)
9) setzen
10) gehalten
11) bin
12) gestellt
13) gerät (kommt)
14) setzen
15) begangen
16) geben (erteilen)
17) nehmen
18) gebracht
19) klatscht (schenkt)
20) geführt
21) steht
22) geraten (gekommen)
23) treffen (ergreifen)
24) gelangt (kommt)
25) gemacht
26) führen
27) trägt
28) gefunden
29) halten
30) machen
31) nehmen
32) gegangen
33) gestiftet
34) unterziehen
35) gestellt
36) gereichen
37) nimmt
38) versetzen
39) treffen
40) gebracht
41) gemacht
42) auftragen
43) bestellen (übermitteln, ausrichten)
44) angestellt
45) erweisen (tun)
46) leisten
47) bringen
48) erhält (hat)
49) eingejagt
50) fassen
51) geben
52) übertreten
53) überstanden
54) eingetreten
55) befindet
56) davontragen, beigebracht (zugefügt)
57) erlitten
58) aussprechen
59) stellen
60) nimmt
61) bringen
62) herbeigeführt (verursacht)
63) leistete
64) setzen
65) unterziehen

66) bestanden
67) genommen
68) gewonnen
69) hegen (haben)
70) bringen
71) steht
72) erworben
73) übt
74) hält
75) stehen
76) gemacht
77) lösen
78) stiften
79) gewähren
80) halten (schaffen)
81) begangnen
82) vereinbart
83) getroffen
84) gebracht
85) gegangen
86) gerät (kommt)
87) bringen
88) gezogen (gestellt)
89) stellt
90) gegangen
91) setzt
92) stellen
93) gezogen
94) steht
95) gestellt
96) lassen
97) ziehen
98) gekommen
99) gegeben
100) kommt

B)

1) abgegeben (abgefeuert), ergriff
2) faßt
3) treibt
4) bereiten
5) ausüben (ergreifen)
6) erzielt
7) gemacht
8) begehen
9) kommt (gerät)
10) stellt ... auf
11) unterhält
12) verübt
13) stellt ... an
14) legt ... ab
15) übt ... aus
16) treffen
17) unterlaufen
18) ablegen (leisten, schwören)
19) stattet ... ab
20) einnehmen, aushalten
21) stellen
22) halten
23) setzen
24) machen
25) stellt ... auf
26) verrichtete
27) begangen
28) genommen
29) ausgestellt
30) aufgegeben, raten (lösen)
31) befindet
32) hält
33) geschlossen (getroffen)
34) betreibt
35) stößt ... aus
36) stellen
37) vertreten
38) getroffen
39) angestellt

40) stellt ... auf
41) hegt
42) ausstoßend
43) erteilt
44) verweigert
45) herabsetzten (schmälern)
46) erlitt
47) tragen
48) bringen
49) machen (verbringen)
50) ziehen
51) lassen
52) erreichen
53) erregt
54) ausgeführt
55) erfüllen
56) bekleidet
57) grenzt
58) eingeliefert
59) füllen ... aus
60) geführt (gemacht)
61) eingereicht
62) ziehen
63) erhöhen
64) ergriff, bot
65) verrichten, einzustellen
66) vertreten
67) fiel
68) stellt
69) beimessen
70) lege
71) erteilt
72) versetzen
73) unterziehen
74) steht
75) abgeschlossen
76) abgeben
77) übertragen
78) erteilt (gegeben)
79) geben (erteilen)
80) einzuschränken
81) eröffnen
82) kann, ausschreiben, einlösen
83) verschrieben
84) bereitet
85) bereitet
86) steht
87) getreten
88) beitreten
89) treffen
90) einschlagen
91) mache
92) macht, entsprechen
93) gemacht
94) verliehen
95) erhält
96) ergreift
97) führt
98) erlitten
99) anfertigen
100) aufzugeben

C)

1) bringen
2) kommen
3) gehen
4) machte
5) bringen
6) getroffen
7) genommen
8) leisten
9) macht
10) kommen (gelangen)
11) bringen
12) geben
13) gebracht

14) setzte
15) bringen
16) bringen
17) gekommen
18) nimmt
19) führt
20) gefunden
21) versetzt
22) gekommen
23) bringen
24) gekommen
25) stellen
26) rufen
27) geht
28) gebracht
29) gibt (erteilt)
30) gegeben
31) nimmt
32) erfahren
33) angestellt
34) bringen
35) rufen
36) gefunden
37) kommen
38) stellt
39) stellen
40) leistet
41) erfahren
42) finden
43) treffen
44) genommen
45) gekommen
46) gesetzt (gesteckt)
47) setzen
48) finden
49) führen
50) kommen, gegangen

D)

1) geleistet
2) eben (einräumen)
3) gegeben
4) erfahren
5) erfahren
6) finden
7) gefunden
8) geführt
9) führen, verübt
10) machen
11) führen, beibringen (zufügen)
12) machen
13) macht
14) leisten
15) eisten
16) nehmen
17) genommen
18) nehmen
19) trifft
20) stellt
21) treffen
22) gegeben
23) tritt
24) gestellt
25) stellen
26) treffen
27) getroffen
28) gekommen (geraten)
29) gerät (kommt)
30) setzt
31) gegeben
32) ziehe (stelle)
33) geleistet
34) leisten
35) treiben
36) gefallen
37) abstatten

38) erstatten
39) nehmen
40) nimmt
41) gesetzt
42) begehen
43) hält
44) halten
45) halten
46) bringe
47) bringen
48) bringt
49) kam
50) bringen

E)

1) ... geriet mein Auto ins Schleudern.
2) ... führte über die gesamte Diskussion Protokoll.
3) ... stattet heute dem Präsidenten einen Besuch ab.
4) ... stelle dir jederzeit meine Schreibmaschine zur Verfügung.
5) ... ist von allen in Vergessenheit geraten.
6) ... hat mir keine Antwort auf meinen Brief gegeben.
7) ... werden die neuesten Automodelle zur Schau gestellt.
8) ... erteilt (gibt) Unterricht in Mathematik.
9) ... werden nicht Wirklichkeit.
10) Es steht außer Zweifel, daß er ...
11) ... stellte mir einen Dienstwagen in Aussicht.
12) ... wurden einige wichtige Entscheidungen getroffen.
13) ... treibt Handel mit Südfrüchten.
14) ... mußte er von seinem Freund Abschied nehmen.
15) ... hat bei der Polizei Anzeige gegen ihn erstattet.
16) ... habe über einige interessante Beobachtungen angstellt.
17) Darf ich dazu auch einige Bemerkungen machen?
18) ... möchte diese schwierige Frage zur Diskussion stellen.
19) ... fällt mir ganz auf die Nerven.
20) ... muß sich der Kandidat einer Prüfung unterziehen.
21) ... wird er von drei Professoren einer Prüfung unterzogen.
22) ... wird dir noch zum Schaden gereichen.
23) ... finden für sein neues Buch Interesse.
24) Werfen Sie schnell ... einen Blick!
25) ... habe heute einen flüchtigen Blick in die Zeitung geworfen.
26) ... habe ich die Bekanntschaft von Sofia Loren gemacht.
27) ... machte mir den großen Vorwurf, daß ...
28) ... gelangte (kam) gestern zur Aufführung
29) ... haben lang ... ein Gespräch geführt.

30) Darf ich Ihnen eine Frage nach ... stellen?
31) ... wurde dem Mädchen keine Beachtung geschenkt.
32) ... hielt vor 3000 Zuhörern eine Ansprache (eine Rede).
33) ... kann man kein Vertrauen schenken.
34) ... kam sehr in Wut.
35) ... einen Eid auf die Verfassung leisten (ablegen, schwören).
36) ... hielt uns sehr in Bann.
37) ... stellen Sie keinen Antrag auf Steuerermäßigung?
38) ... hat die Richtigkeit der Thesen unter Beweis gestellt.
39) ... hat einen erfolgreichen Verlauf genommen.
40) ... hat .... über die bevorstehende Aufgaben Andeutungen gemacht.
41) Ich bin der Meinung ...
42) ... geriet kam) plötzlich ins Stocken.
43) ... hat einen Selbstmord begangen.
44) ... kam unerwartet ein 50 Markschein zum Vorschein.
45) ... steht schon lange außer Betrieb.
46) ... stellte ... in Abrede.
47) Halten Sie beim Trinken Maß!
48) ... leisten Sie mir Gesellschaft!
49) ... schenkt den Aussagen der Zeugen keinen Glauben.
50) ... sind viele Neubauten im Entstehen.

저자약력

서울대학교 문리과대학 독어독문학과 졸업
성균관대학교 대학원 독어학 박사
뮌헨 Goethe-Institut 어학교사 Diplom
부산 동아대학교 문과대학 독어독문학과 전임강사
경기대학교 인문대학 독어독문학과 교수 (1996년 2월 정년)

독일어작문연습 값 18,000원

2004년 4월 20일 1판발행
2006년 7월 20일 2판발행

저 자 김 영 도
발 행 자 홍 석 우
발 행 처 탐 구 당

서울특별시 용산구 한강로1가 158번지
전화 (02) 3785-2211~2
FAX (02) 3785-2272
등록 1950. 11. 1 서울 제 03-00993 호
www.tamgudang.co.kr
ISBN 89-87314-87-1